리더십

이론과 실제

Peter G. Northouse 지음
김남현 옮김

LEADERSHIP

THEORY AND PRACTICE

LEADERSHIP : THEORY AND PRACTICE, 9th Edition
by Peter G. Northouse

9th
Edition

리더십

이론과 실제

Peter G. Northouse 지음
김남현 옮김

LEADERSHIP

THEORY AND PRACTICE

한빛아카데미
Hanbit Academy, Inc.

지은이 Peter G. Northouse

웨스턴미시간대학교의 커뮤니케이션학과 교수로 재직하고 있으며 오랜기간 동안 학부와 대학원과정의 교과과정 개발에 관여하고 리더십 및 조직의사소통에 관한 강의를 담당해왔다. Jounal of Health Communication의 편집위원으로 활동하고 있으며 리더십 윤리, 변혁적 리더십, 갈등 관리 등에 대해 연구하고 있다. 덴버대학교에서 스피치 커뮤니케이션으로 박사학위를 취득했다.

옮긴이 김남현

전남대학교를 졸업하고 미국 오클라호마대학교에서 기업의 행동과학 분야를 연구하여 석사학위를 받았다. 워싱턴대학교와 UCLA대학원에서 수학한 바 있으며 경북대학교에서 조직행동과 리더십 연구로 경영학박사 학위를 취득하고 오하이오주립대학교에서 박사후과정을 수료했다. 현재는 계명대학교 명예교수이다.

리더십: 이론과 실제 9판

초판발행 2023년 1월 2일
2쇄발행 2025년 8월 14일

지은이 Peter G. Northouse / **옮긴이** 김남현 / **펴낸이** 전태호
펴낸곳 한빛아카데미(주) / **주소** 서울시 서대문구 연희로2길 62 한빛아카데미(주) 2층
전화 02-336-7112 / **팩스** 02-336-7199
등록 2013년 1월 14일 제2017-000063호 / **ISBN** 979-11-5664-641-9 93320

총괄·책임편집 김은정 / **기획·편집** 김민송 / **교정** 김정미 / **진행** 김민송
디자인 표지 이아란, 내지 박정우 / **전산편집** nu:n / **제작** 박성우, 김정우
영업 김호철, 김태진, 김성삼, 이정훈, 임현기, 이성훈, 김주성, 심지연

이 책에 대한 의견이나 오탈자 및 잘못된 내용은 출판사 홈페이지나 아래 이메일로 알려주십시오.
파본은 구매처에서 교환하실 수 있습니다. 책값은 뒤표지에 표시되어 있습니다.
홈페이지 www.hanbit.co.kr / 이메일 question@hanbit.co.kr

김남현 교수는 전남대학교를 졸업하고 미국 오클라호마대학교에서 기업의 행동과학분야를 연구하여 석사학위를 받았다. 워싱턴대학교와 UCLA대학원에서 수학한 바 있으며 경북대학교에서 조직행동론, 리더십 연구로 경영학박사 학위를 취득하고 오하이오주립대학교에서 박사후과정을 수료했다. 현재 계명대학교 교수(명예교수)로서 조직행동론, 인적자원관리, 경영리더십론, 갈등 관리 및 협상 등의 강의를 담당했으며, 미국 오하이오주립대학교에서 객원교수로 일한 바 있다. 또한 계명대학교 재무처장, 경영대학 학장, 경영대학원 원장을 역임했고, 한국 인사 · 조직학회의 회장 및 학회지 '인사 · 조직연구'의 편집장을 역임하였다. 1995년도 세계갈등관리학회로부터 박사후과정의 논문 "Community and Industrial Mediation in South Korea"로 '최우수논문상'을 수상했으며, 국제학술지 Academy of Management Journal, the Journal of Conflict Resolution, The International Journal of Conflict Management, Advances in Management, SECURITY DIALOGUE 등에 여러 편의 논문을 게재하였다. 또한 The 30th Anniversary Pan–Pacific Conference에서 "The Characteristics of Necessity, Commoner & Parasite with Multicultural Data Comparison"에 관한 논문(공저)을 발표하기도 했다.

또한 노드하우스의 「리더십」(2018년 7판 ; 2013년 6판 ; 2011년 5판 ; 2009년 4판 ; 2005년 3판 ; 2001년 2판, 경문사), 랙스 도날드선의 「조직의 상황적합이론」 (2003, 경문사), 맨츠 · 심스의 「슈퍼리더십」 (2002, 경문사), 브룸과 제이고의 「뉴리더십」 (1994, 매일경제신문사), 롤러의 「임금과 조직개발」 (1991, 경문사), 로빈스의 「조직행동론」 (1985, 경문사), 롤러의 「임금과 조직효과」 (1984, 경문사), 로빈스의 「경영조직론」 (1983, 경문사), 허시와 블랜차드의 「조직행동의 관리」 (1982, 경문사), 스톤의 「연구방법론」 (1981, 경문사), 슈터마이스터의 「인적자원과 생산성」 (1980, 학문사), 딤자의 「국제경영전략」 (1977, 계명대출판부)을 우리말로 번역했고, 「관리적 리더십론」 (1983, 학문사), 「신경영학원론」 (2000, 경문사)과 「경영학의 이해」 (2003, 경문사)의 저자이기도 하다.

그리고 김남현 교수는 미국 오클라호마 털사의 LEI 본부에서 문맹자교육훈련과정을 수료했고 LEI 및 한국의 GLM–세계문맹자교육선교기관–의 활동에 참여하여 스리랑카의 싱할라어 및 타밀어, 버마어, 몽골어, 알바니아어, 카작어, 중국어 등의 문맹자 교육 교재 개발에 참여 실습교육을 수료하였다. 그 다음 독자적으로 베트남어, 태국어, 태국의 라후어, 라오스어, 몽족어, 내몽골어, 러시아어 등의 문맹자 교재를 개발했으며, 현지인 문맹자 교육의 지도자들에게 문맹자 교육 지도 방법을 전수하였다. 현재는 LEI/GLM의 동남아 및 중앙아시아 대표 고문으로 일하고 있다.

달성해야 할 비전과 목표(visions and goals)가 있고 그것을 위한 과업(tasks)과 그 과업을 수행하기 위한 자원(resources)이 필요한 곳에는 항상 리더십이라는 사회적 현상이 존재한다. 리더십은 비전과 목표 달성을 위해 다른 사람들의 행동에 영향을 미치는 과정이기 때문이다. 따라서 모든 유형의 집단, 조직, 그리고 지역사회나 국가에는 효과적인 리더십이 필요하며, 효과적으로 리더십을 발휘할 수 있는 유능한 리더가 요구된다. 그래서 리더십은 모든 집단이나 조직의 중요한 자산이며 모방할 수 없는 경쟁 요인이다.

리더십에 관한 연구는 꾸준한 발전을 통해 많은 이론이 개발되면서 구축되었고, 타당성과 유용성을 갖춘 '좋은 이론'으로 평가받고 있다. 그러나 서점들의 서가에 즐비하게 꽂혀 있는 대부분의 리더십 책들은 처세술에 가까운 내용이거나 한 사람의 전기적인 내용을 담고 있다. 아마도 리더십 이론과 실무 간의 괴리에서 기인된 현상일 것이다. 따라서 이론과 실무를 연결하는 리더십 서적의 필요성을 통감하던 중 이 책 'LEADERSHIP : Theory and Practice'를 발견하고 저술보다는 번역을 하기로 하였다. 2판을 번역한 이후 독자들의 열렬한 성원에 힘입어 3판부터 7판까지 차례로 번역하였고, 사정상 8판을 뛰어 넘어 9판을 번역하기에 이르렀다.

이 책은 거의 모든 리더십 이론을 총망라하고 있으며, 이론의 핵심적 내용과 이론의 효용, 이론의 강점과 비판, 응용, 사례 연구 및 측정 도구 등을 각 이론별로 일목요연하게 검토하여 분석한다. 한마디로 '리더십의 모든 것'을 수록하고 있는 책이라고 말할 수 있다. 따라서 리더십을 연구하는 학자들과 대학원생들부터 모든 유형의 조직의 리더들(기업조직의 관리자, 교회의 목회자, 정부기관의 관리자, 병원의 관리자 등)에 이르기까지 리더십을 이해하고 그것을 실제상황에 응용하고자 하는 모든 사람들에게 필독서이다. 리더십은 리더십에 관한 지식 그 자체보다는 행동으로 옮길 수 있는 실행력이 중요하기 때문이다.

이 책의 번역서 2판(2001년)이 국내에 처음 출간된 후 독자들의 지속적인 성원을 받아오던 중 새로운 장과 절을 추가하여 3판을 이어서 출간했다. 4판에서는 '문화와 리더십', '여성과 리더십', '심리 역학적 접근', '팀리더십'이 새로 추가되어 발행되었다. 5판에서도 새로운 장으로 '진성 리더십'이 추가되었고 6판에서는 새로운 장으로 '섬김의 리더십'이 추가되었다. 7판에서는 6판의 '상황적합 이론'을 '리더십 적응 이론'으로 대체하였고 '심리 역학적 접근'의 내용을 완전히 수정하여 새로운 내용의 장으로 구성했다. 또한 경영 윤리와 관련된 과목에 대한 교육이 강조되는 만큼 16개의 장 중에서 4개 장을 윤리적 리더십과 관련된 내용들을 배열하여 경영학 교육의 변화에 부응하고 있다.

이번 판에서는 원서의 8판과 9판의 보강된 내용이 함께 반영되었다. 이전 판의 '심리 역학적 접근'과 '문화와 리더십'은 제외되었고, '포용적 리더십'과 '실행자의 실행력(followership)'이 추가되었다.

그동안 수십 권의 '경영관리' 및 '리더십'에 관한 번역서들을 출간하면서 느낀 것은 번역 작업의 난해성과 보다 자연스러운 표현과 정확한 단어를 선택하는 것의 어려움은 물론 제2 창조의 노작을 실감하였다.

끝으로 각계각층에서 훌륭한 리더로 활약하고 있는 대학 재직 30년간의 제자들과 더불어 미국 유학길에 오르기 전 고등학교 재직 시절의 제자들이 성장하여 훌륭하게 리더십을 발휘하고 있는 것에 고마움을 표하고, 아울러 이 책의 번역을 고무하신 한빛아카데미㈜ 임직원 여러분께도 깊은 감사를 드린다.

계룡산이 바라보이는 서재에서 번역 작업에 몰두하도록 도움을 준 아내, '조 실비아'에게도 따뜻한 감사의 마음을 전한다.

2022년 12월

옮긴이 **김남현**

저자 소개

Peter G. Northouse, Ph. D.는 미국 Western Michigan University의 Communication학과의 교수(명예교수)로 재직하고 있다. 「Leadership : Theory and Practice」는 세계에서 가장 많이 팔린 리더십 학술 도서이며 16개 언어로 번역되었다. 전문학술지와 여러 편의 논문을 발표한 것 이외에도 「Leadership: Concepts and Practice」 (5판)의 저자이자 「Leadership Case Studies in Education」 (3판)의 저자이며, 「Health Communication : Strategies for Health Professions」 (3판)의 공동 저자이기도 하다. 그가 관심을 두고 있는 연구 분야는 리더십 모형, 리더십 평가, 윤리적 리더십, 리더십과 집단역학 등이다. 그리고 그는 30년 동안 대학과 대학원에서 리더십, 대인 간의 의사소통 및 조직 의사소통의 강의를 하고 있으며 리더십 개발, 리더십 교육, 리더십 연구의 추세 그리고 조직 의사소통 등 다양한 분야의 경영 자문을 하고 있다. 그는 the University of Denver에서 Speech Communication으로 박사학위를 취득하였고, Michigan State University에서 Communication Education으로 학사와 석사학위를 취득하였다.

기고자 소개

Donna Chrobot-Mason, PhD는 University of Cincinnati(UC)의 부교수이자 조직 리더십 센터장으로, UC의 잠재력이 뛰어난 여성을 위한 10개월간의 경영 리더십 프로그램인 UC Women Lead의 이사를 맡고 있다. 그녀의 연구와 컨설팅 업무는 20년에 걸쳐 이루어졌으며 다양성, 형평성, 포용성을 지원하고 그룹 간 협력을 촉진하는 조직을 만들기 위한 전략과 차이점을 극복하는 리더십에 중점을 두고 있다. 그녀는 Journal of Management, The Leadership Quarterly, Journal of Organization Behavior, 그리고 Group and Organization Management와 같은 학술지에 40여 개의 논문과 학술지를 발표했다. 그녀는 경영학, 인사 심리학, 비즈니스 및 심리학 학술지의 편집 검토 위원회에서 근무했다. 또한 Chris Ernst와 공동 저자로 집필한 저서인 Boundary Spanning Leadership: Six Practices for Solving Problems, Driving Innovation 그리고 Transforming Organizations는 2010년 McGraw-Hill Professional에서 출간되었다. Chrobot-Mason 박사는 브루킹스 연구소, 연방수사국, 환경보호청, 국세청, 가톨릭 건강 파트너스 그리고 국제 리더십 협회를 포함한 수많은 청중들에게 연설하기 위해 초대되었다. 그녀는 Briggs & Stratton, Dayton Public Schools, Boehringer-Ingelheim, Emory University, Milacron 그리고 Forest City Enterprises 등 수많은 조직과 상담했다. 그녀는 조지아대학교에서 응용 심리학 박사 및 석사 학위를 받았다.

Crystal L. Hoyt는 University of Richmond의 Jepson School of Leadership에서 윤리적 리더십에 대한 Thorsness Endowed Chair를 맡고 있다. 그녀의 연구는 오명과 차별, 리더십의 윤리적 실패, 리더십과 교육 성과 격차, 공중 보건, 부의 불평등을 포함한 다양한 사회 문제에서 사고방식, 자기효능감, 고정관념, 정치적 이데올로기 그리고 리더십에서 여성과 소수 종족의 경험과 지각 등이고, 더욱 더 응용적인 연구는 역할 모델 같은 요인들을 검증하고 있다. 그리고 고정 관념과 차별의 해로운 영향으로부터 개인들을 보호하는 문제도 관심 분야이다. 그녀는 70개 이상의 논문과 책을 출간했고 세 권의 책을 공동 편집했다. 그녀는 Journal of Experimental Psychology: General의 부편집장이고 Leadership Quarterly와 Sex Roles의 편집위원을 역임하였으며 45개 이상의 학술지를 검토했다.

Susan E. Kogler Hill, PhD는 미국 Cleveland State University의 Communication학과에서 교수 겸 학과장으로 재임하고 있다. 그녀의 연구와 자문은 주로 대인 간 의사소통과 조직 의사소통, 특히 집단 리더십, 팀워크, 하위자의 자유 재량권 확대, 그리고 멘토링 등의 영역에서 이루어지고 있다. 그녀는 학술서적인 "Improving Interpersonal Competence"의 저자이기도 하다. 그 외에도 그녀는 여러 전문학술지에 논문을 발표하였으며 몇 권의 책의 일부 장들을 저술하기도 하였다.

Quinetta Roberson, PhD는 Michigan State University의 경영 및 심리학 석좌교수로 이전에 그녀는 Villanova University의 기부 의장과 Cornell University의 종신 교수이다. 그녀는 6개 대륙의 대학에서 초빙 연구원으로 활동했으며 20년 이상의 글로벌 경험을 바탕으로 교육 과정, 워크숍 진행, 조직에 다양성과 포용성, 리더십, 인재 관리에 대해 조언하고 있다. Roberson 박사는 40개 이상의 학술 저널 기사와 책의 일부 장을 출판했으며, 직장 내의 다양성을 다룬 핸드북을 편집했다. 그녀의 연구와 컨설팅 업무는 사람들, 특히 다양한 작업팀의 전략적 관리를 통해 조직 능력 개발 및 효율성 향상에 중점을 두고 있으며 박사 학위를 취득하기 이전에 재무 분석가 및 소규모 비즈니스 개발 컨설턴트로 근무한 배경을 바탕으로 정보를 얻고 있다. 그녀는 University of Maryland에서 조직행동으로 박사 학위를 받았고 재무에서 학부와 대학원 학위를 취득했다.

Stefanie Simon은 현재 Siena College 심리학과 조교수이다. 그녀는 Tulane University에서 사회 심리학 박사 학위를 받았고, Siena 교수진에 합류하기 전에 Carleton College에서 Liberal Arts 혁신을 위한 Robert A. Oden Jr. 박사후과정을 밟았다. 그녀의 연구는 편견, 차별, 리더십에 초점을 둔 다양성의 심리학이었다. 이 같은 그녀의 연구에서 편견과 차별 가해자의 시각은 물론 편견과 차별의 대상의 관점에도 중점을 둔다. 그리고 그녀는 Leadership Quarterly, Group Processes & Intergroup Relations, Social Psychological and Personality Science, Sex Roles를 비롯한 다양한 심리학 및 리더십 논문을 학술지에 게재했다.

COVID-19 팬데믹으로 인해 전 세계적으로 확인된 사망자 수는 600만 명이 넘는다. 이 끔찍한 전염병은 전 세계를 새로운 도전에 직면하게 했고 이러한 위기 상황 속에서 우리 모두에게 리더십이 작동하는 방식과 리더십의 가치를 이해하는 것의 중요성은 강조되고 있다. 이를 위해 이번 판에서는 리더십에 대해 단순한 대중적인 접근 방식과 추상적인 이론적 접근 방식 사이의 간극을 메우기 위해 노력했다. 또한 이전 판과 마찬가지로 선별된 다수의 리더십 이론을 검토하고 분석하면서 각각의 이론적 접근법이 실제 조직에서 어떻게 적용될 수 있는지 각별히 주목하고 있다. 본질적으로, 이 책의 목적은 리더십 이론이 리더십이 실행되는 방식에 정보를 제공하고 지시할 수 있는 방법을 탐구하는 것이다.

9판의 새로운 내용

이번 판에서는 포용적 리더십의 본질과 이러한 토대가 어떻게 기능하는지 검토하는 '포용적 리더십' 내용이 새롭게 추가되었다. Donna Chrobot-Mason과 Quinetta Roberson이 저술한 이 장에서는 리더십에 대한 새로운 접근 방식의 정의, 모델, 최신 연구 및 응용 방안을 제시한다. 또한 포용을 (1) 다른 사람과의 연결성 (2) 개인의 고유성과 같은 두 가지 요소의 통합이라고 강조한다. 마지막으로, 다양한 맥락에서 포용적 리더십을 실천하는 방법을 탐구하기 위한 사례 연구와 리더십 도구를 제공한다.

'포용적 리더십'에 대한 논의 외에도 이번 판에는 리더십과 도덕성에 대한 확장된 분석으로 Adolf Hitler와 관련된 내용이 포함되어 있다. 리더십 과정이 본질적으로 공익과 관련된 도덕적 과정인지 아니면 공익 증진에 의존하지 않는 중립적 과정인지에 대해서도 질문하고 논의한다.

또한 이번 판에서는 각 장에 실제 사례 연구를 새롭게 추가하였다. 본문에서 논의된 리더십 접근 방식의 행동과 개념을 실제 리더의 사례를 들어 개념을 요약할 수 있도록 돕는다. 이 새로운 실제 사례 연구에는 아프리카의 할머니, 이탈리아 에너지 회사 및 뉴질랜드 총리 Jacinda Ardern을 활용한 정신 건강 프로그램을 비롯하여 전 세계의 리더 사례가 포함된다. 또한 대학을 폐쇄하고 미국 항공모함에서 코로나19와 싸우는 등 위기에 대응하는 지도자들의 내용도 담았다.

이 판은 이전 판의 많은 특별 기능을 유지하면서 리더십 주제에 관한 새로운 연구 결과, 그림 및 표, 측정 도구를 최신으로 업데이트하였다. 또한 감정 지능과 리더십의 관계를 확장하여 살펴본다. 이 판의 형식은 이전 판에서 사용된 책의 큰 틀과 유사하다. 이 책은 리더십에 대한 다양한 접근 방식과 이를 보다 효과적으로 실행하는 방법에 대한 이해를 높이는 것을 목표로 한다.

• 이 책의 특징

본문은 광범위한 리더십 연구를 제시하고 분석하지만, 명확하고 간결하며 흥미로운 방식으로 개념을 설명하기 위해 많은 노력을 기울였다. 이 책을 평론한 많은 사람들은 이 책의 주요 장점 중 하나로 일관되게 '명확성'을 꼽았다. 저술된 방식 외에도 독자 친화적인 이 책의 특징은 다음과 같다.

❶ 각 장은 동일한 구성을 따르며 이론과 실습을 가장 먼저 설명한다.

❷ 모든 장에는 해당 장에서 설명하는 접근 방식의 장점과 비판에 대해 논의하며, 각 접근 방식의 상대적 장점을 고려하여 결정하는 데 도움을 준다.

❸ 각 장에는 접근 방식의 실용적인 측면과 오늘날의 조직 환경에서 어떻게 사용될 수 있는지 논의하는 응용 부분이 포함되어 있다.

❹ 일반적인 리더십 문제와 딜레마를 설명하기 위해 각 장에 세 가지 사례 연구가 제공된다. 각 사례 연구에는 다양한 질문이 이어지며 독자들이 사례를 다양한 관점에서 해석하는 데 도움을 준다.

❺ 독자들이 접근 방식을 자신의 리더십 유형이나 환경에 적용할 수 있도록 각 장에 측정 도구가 제공된다.

❻ 그림과 표는 이론의 내용을 설명하고 개념을 더 이해하기 쉽게 구성되었다.

이러한 특징을 통해 본문을 실질적이면서 이해하기 쉽고 실용적으로 만들기 위해 모든 노력을 기울였다.

• 이 책의 독자

이 책은 리더십 이론에 대한 심도 있는 설명과 실제상황에서 어떻게 적용되는지에 대한 다양한 개념을 설명한다. 따라서 이 책은 경영, 리더십 연구, 사업, 공공 행정, 조직 심리학, 의사소통, 종교, 정치 등 다양한 분야의 학부와 대학원 수업을 수강하는 학생들에게 적합하다. 또한 학계 외부에서 중소기업이나 대기업을 비롯한 다양한 기관에서 리더십 기술 개발을 지원하는 데 활용될 수 있다. 조직행동 또는 MBA 교과 과정 내의 교재로도 적합하다. 이 책은 학생 활동, 평생 교육, 현직 훈련 및 기타 리더십 개발 프로그램의 교재로 유용하게 사용될 수 있다.

•이 책의 구성 요소

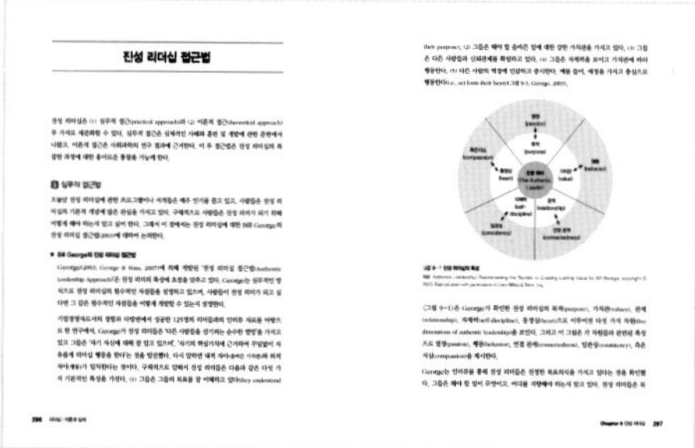

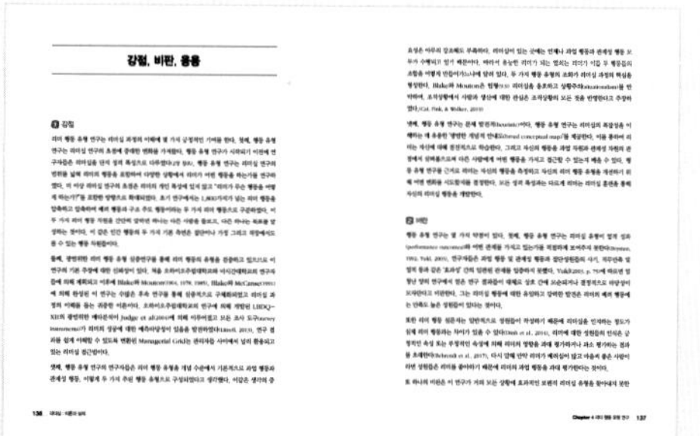

|본문|

다양하고 실증적인 연구를 바탕으로 주요 이론을 서술한다. 표와 그림을 함께 보여주어, 내용을 쉽게 이해할 수 있다.

|강점, 비판, 응용|

본문에서 소개한 개념을 평가하고 강점과 비판을 강조한다. 더 나아가 현재의 조직 상황에 응용할 수 있는 방법을 제시한다.

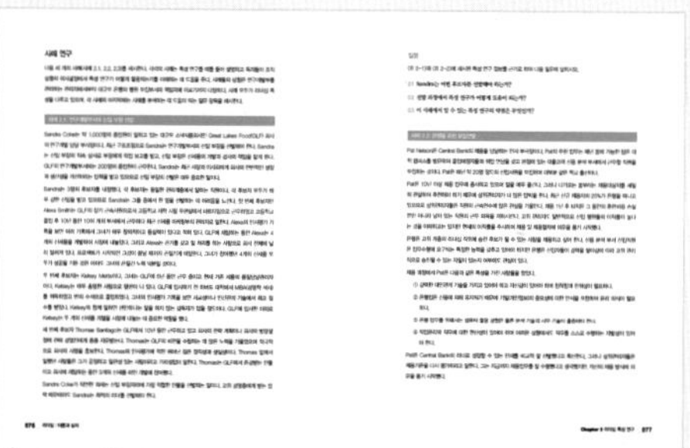

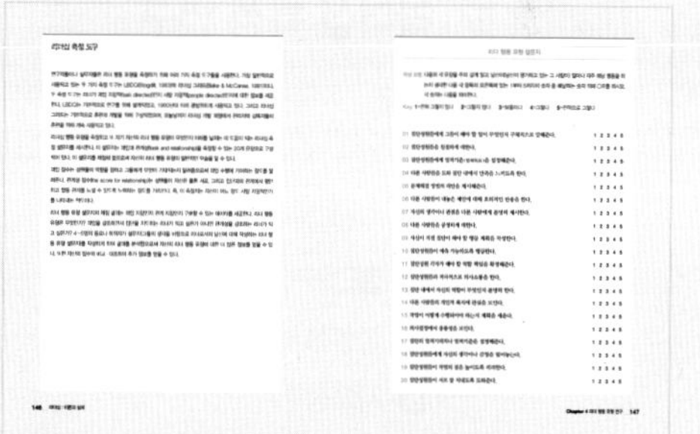

|사례 연구|

본문의 내용과 관련된 조직과 기업들의 사례를 소개하고 사례별 적절한 질문을 통해 개념을 응용하고 확장할 수 있다.

|리더십 측정 도구|

리더십 측정 도구로 설문지를 제공한다. 설문지를 작성하고 측정 결과를 통해 리더십 이론을 스스로 적용해 봄으로써, 개념을 더 깊이 이해할 수 있다.

차례

CHAPTER 1

서론

- 리더십의 정의
- 리더십의 본질
- 이 책의 구성
- 요약

들어가기 전에

효과적인 리더십이란 모든 조직이 추구하고, 모방할 수 없는 경쟁 가치로 조직의 자산이다. 이 책의 초판이 출간된 후 지난 25년 동안 리더십에 대한 대중적인 관심이 기하급수적으로 늘고 있다. 서점마다 리더십에 관한 책이 즐비하였고, 리더십에 관한 수많은 이론이나 주장에 사람들이 현혹될 정도였다. 이처럼 많은 사람들은 "어떻게 하면 유능한 리더가 될 수 있는가?"에 대한 더 많은 정보를 원하고 있다.

많은 사람들은 '리더십 발휘란 사람들의 개인적, 사회적, 전문직업인으로서 삶을 개선하는 수단'이라고 믿는다. 그리고 회사나 조직은 '리더십 능력(leadership ability)'이 있는 사람을 찾는다. 리더십 능력을 갖춘 사람이 조직에 커다란 유익을 가져다줄 것이라고 믿기 때문이다. 그래서 전 세계의 많은 연구기관은 수많은 리더십 연구 프로젝트를 시행하고 있으며, 대학의 석사과정 및 박사과정에도 리더십 연구 과정이 포함되어 있다.

이처럼 리더십이 사회 모든 분야에서 주목받고, 전 세계 연구자들의 연구 대상이 되어 많은 학자의 리더십 연구논문들이 다양한 학술지를 통해 발표되었다. 리더십에 관한 학술 연구의 개관을 통해 우리는 리더십 과정의 복잡성을 설명하는 폭넓고 다양한 이론적 접근 방법이 있음을 알 수 있다(e.g., Bass, 1990; Bryman, 1992; Bryman, Collinson, Grint, Jackson, & Uhl-Bien, 2011; Day & Antonakis, 2012; Gardner, 1990; Hickman, 2009; Mumford, 2006; Rost, 1991).

어떤 연구자들은 리더십을 리더의 특성(trait)이나 행동(behavior)으로 개념화하는가 하면, 또 다른 연구자들은 리더십을 정치적 시각에서 보기도 하고, 인본주의적 관점에서 다루기도 한다. 또 리더십 연구는 여러 상황(소집단, 대규모 집단 등)에서 정량적(quantitative) 방법, 정성적(qualitative) 방법 등 다양한 방법으로 연구되고 있다. 이같이 다양한 상황을 대상으로 다양한 방법에 따라 연구된 결과를 종합하면 리더십은 세간의 인기 서적에서 제시하는 단순한 관점보다는 훨씬 더 복잡하고 정교한 과정임을 확인할 수 있다.

이 책에서는 리더십을 복합적인 차원으로 이루어진 하나의 복잡한 과정으로 다룬다. 그리고 연구 문헌을 바탕으로 리더십에 관한 다양한 접근법을 깊이 있게 설명할 뿐만 아니라 리더십 상황에 적용하는 방법도 함께 제시한다. 아울러 이론이 실무에 어떤 의미를 제공하는지 탐구할 것을 강조한다. 이를 위해 이 책에서는 각 이론을 설명한 후 그 이론이 실제상황에 어떻게 적용될 수 있는지 설명한다.

리더십의 정의

"리더십(leadership)이란……"으로 시작하는 문장을 완성하는 데는 여러 가지 방법이 있다. Stogdill(1974, p. 7)이 리더십 연구의 개관에서 이야기한 것처럼 리더십을 정의하려고 시도한 학자들의 수만큼 다양한 리더십 정의가 있다. 그것은 마치 민주주의, 사랑, 평화 등의 단어와 같다. 우리는 민주주의, 사랑, 평화라는 단어가 어떤 의미인지 직관적으로 알 수 있지만, 사람마다 받아들이는 의미는 모두 다르다. 이처럼 우리는 '리더십' 단어의 정의를 직관적으로는 알고 있지만 사람마다 다르게 정의할 수 있다.

〈Box 1. 1〉과 같이 리더십을 연구하는 학자들과 실무자들은 리더십을 정확하게 정의하려는 시도를 한 세기 넘게 꾸준히 해왔으나 보편적이고 일반적인 합의나 의견일치에 이르지는 못했다.

Box 1. 1

'리더십 정의'의 진화 과정

많은 사람들이 '리더십이란 무엇인가?'에 대한 직관적인 수준의 이해를 바탕으로 리더십을 정의했다. '리더십의 정의'는 학자들이나 실무자들에게 도전적인 노력의 대상이 되어 왔다. 한 세기가 흐르는 동안 리더십은 학술적인 성찰의 주제가 되었고, '리더십의 정의'는 진화를 거듭했다. 이 같은 정의는–세계적인 사건들 그리고 정치제도의 변화에서 리더십을 연구하는 학문 영역에 이르기까지–많은 요인의 영향을 받았다. Rost(1991)는 1900년대부터 1990년대까지 기록된 리더십에 관한 자료를 분석하여 200개 이상의 서로 다른 리더십 정의가 있다는 것을 확인하였다. 그는 이 같은 분석을 통해 지난 세기 동안 리더십이 어떻게 정의됐는가에 대해 연대별로 구분하였다.

1900년~1929년

20세기의 첫 30년 동안 나타난 리더십 정의들은 '지배'와 '통제'라는 공통된 주제를 가지고(with a common theme of domination) 통제와 권력의 집중(control and centralization of power)을 강조한다. 1927년 리더십 학술회의에서는 리더십을 다음과 같이 정의하였다. "리더십이란 리더의 의지를 구성원들이 지각하게 하여 복종과 존경, 충성 및 협동을 끌어내는 능력이다."(Moore, 1927, p. 124).

1930년대

리더십은 '지배와 통제'라기보다는 '영향'을 미치는 것이라는 견해가 등장하면서 특성, 즉 '리더의 특성'이 '리더십 정의'의 초점이 되었다. 그래서 리더십을 한 개인의 독특한 성격 특성과 집단 특성의 상호작용으로 정의한다. 많은 사람의 태도나 활동이 한 사람의 리더에 의해 영향을 받기도 하고, 반대로 많은 사람이 한 사람의 리더에게 영향을 미칠 수도 있다.

1940년대

'집단접근법(group approach)'이 리더십 정의의 핵심이었다. 즉, 리더십을 집단활동을 지도하는 리더(개인)의 행동으로 정의하였다(Hemphill, 1949). 이와 동시에 설득의 리더십(leadership by persuasion)과 감독이나 강요에 따른 리더십(leadership by drivership or coercion)을 구분하였다(Copeland, 1942).

1950년대

이 시기에는 세 가지 주제가 리더십 정의에 지배적인 영향을 미쳤다.

- 집단이론의 연속(continuance of group theory): 리더십을 '집단의 목표를 달성하기 위해 리더가 하는 일'로 정의하였다.
- 공유된 목표를 개발하는 관계로서의 리더십(leadership as a relationship that develops shared goals): 리더의 관계성 행동을 기반으로 하여 리더십을 정의하였다.
- 효과성(effectiveness): 리더십을 전체 집단의 효과성에 영향을 미치는 능력으로 정의하였다.

1960년대

전 세계에 걸친 격정적이고 소란스러운 상황에도 불구하고 1960년대에는 리더십 학자들 간에 의견 일치를 볼 수 있었다. Seeman(1960)은 '리더십은 사람들이 공유된 목표를 달성하도록 영향을 미치는 행동'이라고 정의하였다. 그는 또 '리더십을 공유된 목표의 방향으로 나아가도록 다른 사람들에게 영향을 미치는 사람들의 행위'로 정의하기도 했다(p. 53).

1970년대

리더십의 정의에서 집단에 대한 초점은 조직행동 접근법(the organizational behavior approach)에 자리를 내주었다. 조직행동 접근법에서는 "리더십을 집단이나 조직의 목적을 달성하기 위해 조직(집단)의 업무 수행을 촉진하고 조직(집단)을 유지 발전시키는 행동"으로 정의했다(Rost, 1991, p. 59). 그러나 Burns(1978)는 새로 등장한 가장 중요한 리더십 개념을 사용하여 리더십을 "리더와 성원들이 공유한 목적을 실현하기 위해 경쟁과 갈등의 상황 속에서 사람들이 자주적이고 협력적으로 어떤 동기와 가치, 경제, 정치적 및 그 밖의 자원을 동원하여 실행하는 상호작용의 과정"(p. 425)이라고 정의했다.

1980년대

이 시기에는 리더십의 본질에 대한 학술연구와 인기에 영합하는 연구들이 폭발적으로 등장했다. 그 결과 리더십이란 주제를 학술적 관심과 대중적 관심의 정점에 올려놓았다. 이처럼 '리더십에 대한 정의'가 많아짐에 따라 몇 가지 끈질기게 주장된 연구주제들이 리더십 정의에 대한 혼란 상태의 원인으로 작용하였다.

- 리더가 원하는 대로 하게 하는 것(Do as the leader wishes): 리더십의 정의는 '리더십이란 성원들이 리더가

원하는 것을 하도록 하는 것이다'라는 메시지를 전달한다.

- 영향을 미치는 것(Influence): 영향이란 말은 1980년대의 리더십 정의에서 가장 많이 사용된 용어일 것이다. 영향이란 용어는 다각도에서 검토되었다. 그러나 리더십과 관리를 구분하려는 노력(논의)에서 학자들은 리더십이란 비강압적인 영향력이라고 주장했다.
- 리더의 특성(Traits): 1982년에 출간된 Peters & Waterman의 저서 탁월성의 추구(In Search of Excellence)의 영향을 받은 '탁월성 추구의 리더십운동'(leadership- as-excellence movement)으로 인해 '리더의 특성'이 다시 주목받았다. 그 결과 많은 사람들이 리더의 특성에 근거하여 리더십을 이해했다.
- 변화와 변혁(Transformation): Burns(1979)는 '리더십이란 상황을 더욱 높은 수준으로 변화 및 변혁시키는 과정(leadership as a transformational process)'이라고 정의하는 운동을 주도한 학자이다. 그는 "리더와 성원이 서로 협동하여 동기유발 수준과 윤리적 수준을 더욱 높은 상황으로 끌어올리려 하는 곳에 리더십이 존재한다."(p. 83)고 주장했다.

1990년대

이 시기에는 리더십과 관리(management)가 분리된 개념인가에 대하여 논쟁이 계속되었고 연구자들은 직무의 수행자 또는 부하에 중점을 두고 연구를 진행하였다. 이 과정에서 리더가 공동 목표를 달성하기 위해 성원들의 집단(the group of individuals)에 어떻게 영향을 미치는지 검토하는 몇 가지 접근법이 연구되었다.

- 섬김의 리더십(Servant leadership): 리더는 다른 사람들(followers)을 섬기는 역할을 하는 사람이며 성원들의 필요에 초점을 맞추어 배려의 원칙을 활용하면서(utilizing caring principles) 성원들이 더 자율적이고 식견(정보)이 있는 사람이 되도록 도움을 주고 성원들 자신도 섬기는 사람이 되도록 이끈다(Graham, 1991).
- 지도자의 지시에 따라 능동적으로 업무를 수행하는 능력(Followership): 직무 수행자(부하)가 리더십 과정에서 수행하는 역할에 초점을 두고 연구한다(Hollander, 1992).
- 적응적 리더십(Adaptive leadership): 리더가 성원들을 격려하여 당면한 문제, 도전 및 변화에 적응하여 해결하는 것을 강조한다(Heifetz, 1994).

21세기 이후

21세기 전환기에는 리더십에 대한 도덕적 접근이 등장했고 진정성과 윤리적인 리더십은 연구진과 경영진의 관심을 받았다. 새로운 접근 방식에는 리더의 겸손과 믿음도 포함된다. 리더십 이론과 연구는 리더와 추종자 간의 의사소통을 강조했으며 조직 인구가 점점 더 다양해짐에 따라 포용적 리더십이 도입되었다. 이러한 접근 방식은 다음과 같다.

- 진성 리더십(Authentic leadership): 리더와 리더십의 진정성을 강조하는 접근 방식이다(George, 2003).
- 윤리적 리더십(Ethical leadership): 개인적 행동이나 대인관계에서 리더의 행동이 적절하고, 부하의 업무수행을 촉진하고 있는가에 초점을 맞추는 접근법이다(Brown, Treviño, & Harrison, 2005).
- 영적(정신적) 리더십(Spiritual leadership): 성원들의 동기를 유발하기 위해 소중한 가치(values), 소명감(sense of calling), 회원자격(membership)을 강조하는 접근 방식이다(Fry, 2003).
- 종잡을 수 없는 리더십(Discursive leadership): 리더의 특성(traits), 숙련된 기술(skills) 및 행동을 통해 얻어

지는 것이 아니라 리더와 부하직원 간에 협의하는 의사소통을 통해 얻어지는 것이라는 데 초점을 두는 접근법이다(Aritz, Walker, Cardon, & Zhang, 2017; Fairhurst, 2007).

- 겸손한 리더십(Humble leadership): 부하들과 관련하여 자신을 낮추거나 업무 수행에 대한 명확한 자세를 가지고 업무 수행 결과에 따라 부하들이 어떻게 성장하는가를 보는 리더십이다(Owens & Hekman, 2012).
- 포용적 리더십(Inclusive leadership): 다양성에 초점을 맞추고 구성원들이 개성이나 인격을 유지하면서도 집단에 대한 소속감을 촉진하는 행동에 초점을 맞추는 리더십이다(Shore, Cleveland, & Sanchez, 2018).

이처럼 수십 년에 걸쳐 '리더십 정의'에 대한 불일치를 경험하였지만 리더십 학자들 사이에 한 가지 사실에 대해서만은 의견을 같이한다. 그것은 모든 사람이 공감할 수 있는 리더십 정의를 찾을 수 없다는 사실이다. 사람에 따라 리더의 특성이나 역량을 강조하기도 하고 리더십의 관계적 측면을 강조하기도 한다. 글로벌 시대의 영향과 세대 간의 차이에서 오는 여러 가지 요인들 때문에 리더십의 의미는 사람마다 다르게 인식된다. 결론적으로 리더십은 복잡한 개념이며, 리더십에 대한 정의는 앞으로도 오랫동안 유동적일 것이다.

1 리더십의 개념화 방법

지난 60년 동안 리더십 차원을 정의하기 위해 개발된 분류 시스템(classification system)은 65개에 이른다(Fleishman et al., 1991). 이 책의 내용과 직접 관련 있는 분류 시스템은 Bass(2008, pp. 11-20)에 의해 개발된 분류 시스템이다. 어떤 리더십 정의는 리더십을 집단과정에 초점(the focus of group process)을 두고 있는 개념으로 파악한다. 이 같은 시각으로 보면 리더가 집단변화와 집단활동의 중심에 있고 집단의 의지를 통합하는 지위에 서게 된다. 또 다른 정의는 리더십을 성격의 시각(personality perspectives)에서 개념화하고 있는데, 리더십이란 다른 사람들이 과업을 완성하기 위한 노력을 유발하는 성격 특성이나 그 밖의 특성의 조합(a combination of special traits or characteristics)이다. 또 다른 리더십 정의는 리더십을 행위 혹은 행동(an act or behavior), 즉 집단 내의 변화를 도모하기 위해 리더가 취하는 행동이라고 정의한다.

그밖에도 리더십을 리더와 성원 간의 권력관계(the power relationship that exists between leaders and followers)로 보는 리더십 정의도 있다. 이 같은 관점에서 보면 리더는 권력을 사용하여 다른 사람들의 행동 변화에 영향을 미치는 사람이다. 또 다른 리더십은 리더십을 목표 달성의 수단(an instrument of goal achievement)으로 보고, 리더는 집단성원들을 도와 목표와 욕구를 성취 및 충족시키는 사람이라고 한다. 이 같은 리더십 개념은 비전 설정(vision setting), 역할 모델(role modeling), 개별적인 배려(individualized attention)를 통해 성원들을 변화시키는 리더십 개념을 포괄한다.

마지막으로 어떤 학자들은 리더 역량의 시각(a skills perspective)에서 리더십을 연구한다. 리더 역량의 시각이란 효과적인 리더십을 가능케 하는 것은 리더 역량(지식과 능력)이라고 보는 관점이다.

2 리더십의 정의와 구성 요소

이처럼 리더십을 개념화하는 여러 가지 다양한 정의에도 불구하고 리더십 현상(the phenomenon of leadership)의 중심이 되는 몇 가지 요소들을 다음과 같이 구별할 수 있다. ① 리더십은 과정이다(Leadership is a process), ② 리더십 과정은 영향을 미치는 과정이다(Leadership involves influence), ③ 리더십은 집단상황에서 일어나는 현상이다(Leadership occurs within a group context), ④ 리더십은 목표 달성을 위한 과정이다(Leadership involves goal attainment).

리더십의 구성 요소를 기초로 하여 이 책에서는 다음과 같이 리더십을 정의한다.

리더십이란 공동 목표를 달성하기 위하여 한 개인이 집단의 성원들에게 영향을 미치는 과정이다(Leadership is a process whereby an individual influences a group of individuals to achieve a common goal).

과정으로서의 리더십이란 리더의 성격이나 특성이 아니라 리더와 구성원들 간에 일어나는 하나의 거래적 사건(a transactional event)이라는 의미이다. 과정이란 리더가 다른 사람에게 영향을 미치기도 하고 영향을 받기도 한다는 것을 의미하기 때문이다. 또한 리더십이란 선형적이거나 일방적인 것(a linear, one-way event)이 아니라 상호작용적(an interactive event)이라는 것을 강조한다. 리더십이 이러한 방식으로 정의될 경우 리더십은 공식적인 리더에게만 적용되는 개념이 아닌 모든 사람에게 통용되는 개념이다.

영향을 미치는 과정으로서의 리더십은 리더가 성원들에게 어떻게 영향을 미칠 것인가와 관련된다. 영향을 미치는 것은 리더십의 필수 요건이다. 영향을 미치지 않는다면 리더십은 존재하지 않는다.

리더십은 집단상황에서 일어나는 현상이라는 정의에서 집단은 리더십이 일어나고 있는 현장이다. 그래서 리더십은 성원들로 구성된 집단, 즉 공동 목적이 있는 집단에 영향을 미치는 과정이다. 이 경우 집단은 소집단일 수도 있고 공동체 집단(community group)일 수도 있다. 그리고 많은 집단을 포괄하는 대규모 조직일 수도 있다. 따라서 이 정의에서는 '리더십 훈련 프로그램에서 자기 스스로 영향을 미치도록 가르치는 것'을 리더십의 한 부분으로 고려하지 않는다.

리더십은 공동 목표 달성 과정이라는 정의는 리더십이 성원들로 구성된 집단을 지휘하여 어떤 과업이나 목표를 달성하는 것과 관련된 현상이라는 것을 의미한다. 이때 리더는 무엇인가를 함께 성취하려고 노력하는 사람을 대상으로 자신의 영향력을 발휘한다. 그래서 리더십은 성원들과 공동 목표를 지향하고 있는 상황에서 영향을 미치는 현상이다. 여기에서 주목할 것은 공동 목표(common goals)라는 말이다. 공동 목표란 리더와 성원들이 공동 노력을 통해 함께 달성해야 할 상호 목표(mutual purpose)로, 리더십 개념에 윤리적 함의(ethical overtone)를 제공한다. 목표 달성을 위해 리더의 일방적인 영향이 아니라 성원들과 함께 노력해야 할 필요성을 강조하기 때문이다. 이처럼 상호성(mutuality)은 리더가 강제적이고 비윤리적인 방식으로 성원들에게 영향을 미칠 가능성을 낮추고 리더와 성원들이 공동 목표를 위해 함께 노력할 가능성은 높인다(Rost, 1991).

이 책 전반에 걸쳐 리더십을 발휘하는 사람을 리더라고 하고 리더십 발휘의 대상이 되는 사람을 성원이라고 부르기로 한다(그러나 문맥에 따라 '성원' 대신 '추종자', '부하', '하위자', '종업원'이란 용어를 사용하기도 한다). 리더십 과정은 리더와 성원이 모두 함께 참여하게 된다. 리더에게는 추종자가 필요하고 추종자들은 리더가 필요하기 때문이다(Burns, 1978; Heller & Van Til, 1983; Hollander, 1992; Jago, 1982). 리더와 추종자는 밀접한 연관 관계가 있지만 관계를 주도하고 의사소통의 연결고리를 만들어 관계를 유지해야 할 책임은 리더에게 있다.

리더와 추종자에 관한 논의에서 리더에 관한 현안은 물론 추종자에 관한 현안에 대해서도 똑같이 논의한다. 리더는 성원들의 필요나 관심에 주목해야 할 윤리적 책임이 있기 때문이다. Burns(1978)가 지적한 바와 같이 리더십 논의에서 리더의 영향력이나 중요성 때문에 리더를 추종자가 아닌 선택된 엘리트로 보는 경우가 있다. 그러나 리더가 추종자의 위에 있다거나 리더가 추종자보다 더 우수하다는 것은 아니다. 리더와 추종자는 상호 간의 관계라는 맥락(Hollander, 1992)에서, 그리고 집단이라는 맥락(Burns, 1978)에서 이해되어야 한다. 리더와 추종자는 서로가 리더십 관계, 상호 간의 영향 관계, 다르게 말하면 동전의 양면 관계에 있다(Rost, 1991).

리더십의 본질

리더십의 정의와 관련된 문제 이외에도 리더십의 성질(the nature of leadership)과 관련된 몇 가지 문제에 대한 논의도 중요하다. 이 절에서는 '성격 특성으로서의 리더십과 과정으로서의 리더십은 어떻게 다른가? 임명된 리더와 자생적 리더는 어떻게 다른가? 권력의 개념과 강제(coercion) 및 관리의 개념은 어떻게 다른가?' 등과 같은 문제들을 중심으로 논의한다.

1 리더십 특성론과 리더십 과정론

우리는 흔히 "그는 타고난 리더이다(He is born to be a leader)." 그리고 "그녀는 천부적으로 리더십 재능을 가지고 태어났다(She is a natural leader)."란 말을 한다. 이 같은 말들은 리더십에 대한 특성론적 관점을 가진 사람들이 일반적으로 하는 말이다. 특성론적 시각에선 어떤 사람들은 리더가 될 수 있는 특별한 천부적 특성이나 자질을 가지고 태어난다고 본다. 리더와 비리더의 차이는 이 같은 천부적 특성이나 자질의 차이로 설명될 수 있다는 것이다. 그 사람이 리더가 될 수 있는지를 확인하기 위해 사용되는 개인적 특성에는 특유한 신체적 특성(예: 신장), 성격 특성(예: 내향성 및 외향성), 능력 특성(예: 언어의 유창성)(Bryman, 1992)과 같은 것들이 있다. 2장에서 이 같은 특성을 검토한 많은 연구 결과를 논의해 보기로 하겠다. 리더십을 특성론으로 설명하는 것과 과정론으로 설명하는 것에는 큰 차이가 있다(그림 1-1 참조). 리더십의 특성적 관점은 리더십을 '다른 사람들이 상이한 정도로 소유하고 있는 특성이나 속성'으로 개념화한다(Jago, 1982). 그리고 리더십 자질이나 특성은 특정한 사람에게서 찾아볼 수 있고 리더십은 특별히 리더십 재능을 타고난 사람들에게만 제한적일 수밖에 없다고 주장한다.

그러나 과정론적 관점에서 보는 리더십은 상황 속에 존재하는 현상이고 리더십 발휘는 누구나 가능하다고 주장한다. 과정으로서 리더십은 리더 행동(leader behaviors)에서 관찰될 수 있는 현상(Jago, 1982)이라는 것이다. 또한 리더십은 후천적인 학습으로 습득될 수 있다고 주장한다. 리더십의 과정론적 정의는 앞에서 제시한 리더십 정의와 같은 관점을 가진다.

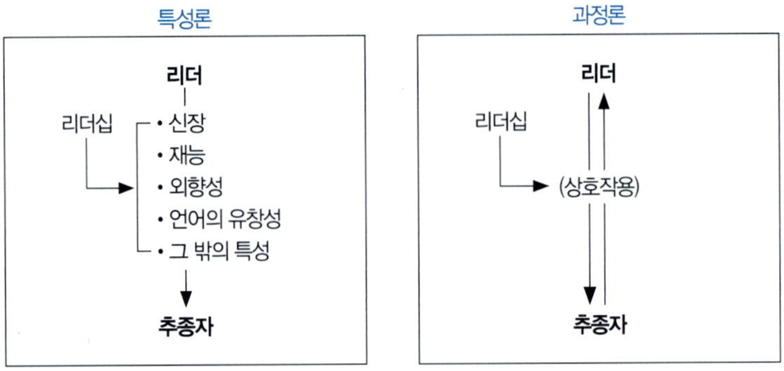

그림 1-1 리더십의 두 가지 관점(특성론과 과정론)

출처: A Force for Change: How Leadership Differs From Management (pp. 3-8), by J. P. Kotter, 1990, New York, NY: Free Press.

2 임명된 리더십과 자생적 리더십

어떤 사람은 조직 내 공식적 직위 때문에 리더가 되는가 하면, 또 어떤 사람은 조직의 공식적 직위는 없지만 집단성원들이 그에게 반응하는 방식(the way other group members respond to him) 때문에 리더가 되는 경우도 있다. 이 두 가지의 리더십 형태를 임명된 리더십(assigned leadership)과 자생적 리더십(emergent leadership)이라 부른다.

임명된 리더십은 조직 내의 어떤 직위를 근거로 한다. 팀 대표, 공장관리자, 부서장, 감독자, 행정사무관 등은 모두 임명된 리더십의 예이다. 그러나 어떤 사람이 리더십 직위에 임명 받았다 해도 진정한 리더가 아닌 경우도 있다. 조직의 한 성원이 다른 성원들에 의해 가장 영향력이 있는 사람으로 인식되면 직책의 명칭과 관계없이 리더십을 발휘한다. 이 같은 리더십을 자생적 리더십이라고 한다. 행동을 수용하고 지지해주는 다른 구성원들에 의해 자생적 리더십이 발휘된다. 자생적 리더십 유형은 어떤 직위에 임명되지는 않았지만 일정기간에 걸친 의사소통이나 상호작용을 통하여 저절로 만들어진다. 자생적 리더가 성공적으로 나타나도록 하는 긍정적인 의사소통 행동(the positive communication behaviors)의 예로는 서로 말을 주고받는 것, 정보를 알려 주는 것, 다른 사람의 의견을 묻는 것, 새로운 아이디어를 창출하는 것, 굳은 신념을 보이지만 경직되지 않는 것 등이 있다(Ellis & Fisher, 1994).

이 같은 의사소통 행동(communication behaviors) 이외에도 개인의 성격(personality)이 자생적인 리더십의 출현에 중요한 역할을 한다는 연구 결과도 있다. Smith와 Foti(1998)는 160

명의 남자 대학생을 표본으로 한 연구에서 몇 가지 성격 특성(personality traits)이 자생적 리더십과 관련있다는 것을 발견하였다. 더욱 지배적인 성격(dominant), 더욱 높은 지능, 업무 수행에 대한 자기 유능감 등이 과업 집단 성원들의 지지로 부상하는 자생적 리더십과 관련이 있다는 것이다. 이 같은 연구 결과가 여성 리더에도 적용 가능한지 확실치 않지만 Smith와 Foti(1998)는 세 가지 성격 특성을 활용하여 자생적 리더를 확인할 수 있다고 주장한다. 자생적 리더십은 성 편견의 인식(gender-biased perception)에 영향 받을 수 있다.

최근 4개의 남녀 혼성집단을 대상으로 한 연구에서 Watson과 Hoffman(2004)은 다음과 같은 점을 발견하였다. 여자들에게 과업 집단이 질적으로 우수한 의사결정 내용을 받아들이도록 설득하게 하였고, 남자들에게도 똑같은 말과 같은 빈도로 과업 집단을 설득하도록 하였다. 여자들은 집단 내에서 남자와 동일하게 영향력이 있었지만 유일하게 리더십 적격자로는 남자보다 상대적으로 낮게 평가 받았다. 이 같은 연구 결과는 일부 상황에서 여자가 리더로 부상하는 데 있어 장벽이 존재한다는 것을 알 수 있다.

자생적 리더십에 관한 독특한 시각은 사회적 정체성 이론(social identity theory; Hogg, 2001)에 제시되었다. 이 시각에 의하면 자생적 리더십은 어떤 사람이 전체로서의 그 집단의 정체성과 합치되고 있는 정도를 나타내는 것이라고 한다. 시간이 경과됨에 따라 집단이 발전하면 집단의 원형(a group prototype)도 함께 발전된다. 개인이 집단의 원형과 가장 닮았을 때(집단의 본보기가 될 때) 리더로 부상한다. 집단의 원형을 닮는다는 것은 개인이 집단에 매력적이도록 만들고 나아가 집단에 대한 영향력으로 이어진다는 것이다.

이 책에서 논의하게 될 리더십 접근법들은 임명된 리더십과 자생적 리더십에 동일하게 적용된다. 한 개인이 리더십을 발휘하고 있을 때 그 사람이 임명된 리더이건 자생적 리더이건 간에 그는 리더이기 때문이다. 그래서 이 책에서는 '어떤 개인이 집단목표 달성을 위해 다른 집단성원들에게 영향을 미치고 있을 때 나타나는 리더십 과정'에 초점을 맞춘다.

3 리더십과 권력

권력의 개념은 리더십과 관련된 개념이다. 권력이란 영향력을 행사하는 과정의 일부분이기 때문이다. 권력은 영향을 미칠 수 있는 능력이나 잠재 능력(the capacity or potential to influence)이다. 다른 사람들의 신념, 태도 및 행동 방식에 영향을 미칠 수 있는 능력이 있을 때 권력(영향력)을 가진다고 말할 수 있다. 목사, 의사, 코치와 교사들은 우리에게 영향을 미치는 잠재력을 가진 사람들의 표본이다. 그들은 영향을 미치려고 할 때 그들에게 있는 권력을 사용한다. 그리고 우리에게 어떤 변화를 일으키려고 할 때 권력과 관련된 자원을 활용한다.

연구 문헌에서 권력과 리더십(power and leadership)에 관한 분명하고 명확히 전개된 이론은 없지만 권력은 사람들이 리더십과 연관시키는 개념이다. 일반적으로 사람들은 리더(좋든 나쁘든 간에)를 다른 사람들에게 권력을 휘두른 사람으로 본다. 그래서 권력과 리더십을 동의어로 생각하는 경우가 대부분이었다. 또한 사람들은 리더들이 권력을 어떻게 사용하느냐에 흥미를 갖는 경우가 많다. Hitler나 Alexander 대왕 같은 유명한 리더들이 다른 사람들을 변화시키기 위해 그들의 권력을 어떻게 사용하였는지에 관한 연구는 사람들의 흥미를 불러일으킨다. 왜냐하면 권력이 실제로 변화를 실현케 할 수 있다는 것을 강조하고 권력만 있다면 자신들도 역시 변화를 실현할 수 있다는 것을 뒷받침하기 때문이다. 그러나 '권력과 리더십'에 대한 사람들의 일반적인 관심과 관계없이 권력은 리더십 이론에서 주요한 변인(변수)이 아니다. 사실상 권력은 전반적인 리더십 과정의 구성 요소임은 분명하지만 역할에 관한 연구가 시작된 것은 얼마 되지 않았다.

최근 저서 "The End of Leadership(2012)"에서 Kellerman의 주장은 지난 40년 동안의 리더십 권력(leadership power)과는 차이가 있다. 종래 권력은 리더의 세력범위 안에 있다고 생각하였으나 세력은 감소하여 성원들에게로 이동하고 있다. 권력 문화에서 이 같은 변화가 의미하는 것은 성원들이 리더들에게 더 많은 것을 요구하고 있고, 리더들은 거기에 반응한다는 점이다. 기술을 활용하는 권한이 성원들에게 위임되어 있고 성원들이 엄청난 양의 정보에 접근하여(예: 인터넷을 통해) 자신의 업무에 활용할 수 있게 되었으며, 리더의 업무활동은 더욱 더 투명해졌다. 그 결과 리더들의 세력이 기울게 되었고 리더의 합법적 권력(legitimate power), 즉 리더의 직위에서 오는 권력이 감소하게 되었다. 사실상 성원들은 정보권력(information power)을 활용하여 일터를 평등하게 만들었다. 그래서 리더의 권력은 더 이상 리더십과 동의어가 아니며 리더와 성원 간의 사회적 계약 관계에서 전보다 더 적은 권력을 행사하게 되었다고 Kellerman은 주장한다. Posner(2015)는 비영리조직의 위원회 임원으로서 자진해서 업무를 처리하고 있는 임원들을 예로 들었다. 조직 내에서 지위권한(Situational authority)은 없지만 조직의 리더십에 영향을 미칠 수 있다. 이처럼 자발적 리더들(volunteer leader)은 유급 리더들보다 더 리더십 행동을 하고 있다.

표 1-1 6가지 권력

보상적 권력	다른 사람에게 보상을 줄 수 있는 데서 나오는 권력이다. 열심히 일하는 성원에게 보상을 주는 관리자는 보상적 권력을 행사하는 것이다.
강제적 권력	다른 사람에게 벌칙을 적용하고 처벌할 수 있는 데서 나오는 권력이다. 연습 시간에 늦었다고 벤치에 앉아 있게 하는 야구코치는 강제적 권력을 행사하는 것이다.
합법적 권력	지위, 신분이나 공식적 직무권한과 관련된 권력이다. 법정에서 선고하는 판사는 합법적 권력을 가진다.
전문적 권력	리더의 능력(역량)에 대해 가지는 성원들의 인식에 근거하는 권력이다. 외국에 관해 해박한 지식을 가진 여행안내자는 전문적 권력을 가진다.
준거적 권력	성원들이 리더와 공감하고 일체화(동일시)되며 호감을 느끼는 데 근거하는 권력이다. 학생들의 존경을 받는 교사는 준거적 권력을 갖는다.
정보적 권력	다른 사람들이 갖고 싶어 하거나 필요한 지식이나 정보를 가지고 있는 데에서 나오는 권력이다. 성원들의 승진 자격을 결정하는 새로운 기준에 관한 정보가 있는 상사는 정보적 권력을 가진다.

출처: "The Bases of Social Power," by J. R. French Jr. and B. Raven, 1962, in D. Cartwright (Ed.), Group Dynamics: Research and Theory (pp. 259-269), New York, NY: Harper & Row; and "Social Influence and Power," by B. H. Raven, 1965, in I. D. Steiner & M. Fishbein (Eds.), Current Studies in Social Psychology (pp. 371-382), New York, NY: Holt, Rinehart, & Winston.

오늘날 대학 강좌에서 가장 널리 인용되고 있는 '권력에 관한 연구'는 French와 Raven(1959)의 연구이다. 이 연구에서는 영향을 미치고 영향을 받는 '상하 쌍방 간의 관계'의 틀(the framework of a dyadic relationship)을 기초로 권력을 개념화하였다. French와 Raven이 확인한 일반적이고 중요한 다섯 가지 권력 유형은 다음과 같다. ① 보상적 권력(reward power), ② 강제적 권력(coercive power), ③ 합법적 권력(legitimate power), ④ 전문적 권력(expert power), ⑤ 준거적 권력(referent power)이다. 여기에 마지막으로 Raven(1965)은 ⑥ 정보적 권력(information power)을 더하였다(표 1-1 참조).

이러한 권력 유형은 다른 사람의 태도, 가치관 및 행동에 영향을 미치는 리더의 영향력을 높인다. 조직 내에는 지위 권력(position power)과 개인 권력(personal power)이라는 두 가지 종류의 주요한 권력이 있다.

지위 권력이란 한 개인이 공식조직시스템 내의 어떤 직책이나 직위에 앉게 되면서 얻게 되는 권력을 말한다. 지위 권력은 리더가 일반종업원들보다 더 높은 지위 신분 때문에 얻게 되는 영향력이다. 부사장이나 부서의 장은 조직 내 직위 때문에 인사 담당 스태프(간부)보다 더 많은 권력을 갖는다.

개인 권력이란 동료 직원들이 리더에게 호감을 느끼고 리더가 정통하고 박식한 사람으로 인식할 때 동료 직원들에게 얻게 되는 영향력을 말한다. 리더가 '동료 직원들이 옳다고 생각하고 중요하다고 생각하는 방식으로 행동할 때' 권력을 얻는다. 예를 들어, 영향력이 있는 관리자는 그의 부하들이 그를 훌륭한 역할 모델이라고 생각하기 때문이다. 또 영향력이 있는 또 다른 관리자도 역시 그의 부하들이 그를 매우 유능하고 동정심이 많은 사람으로 이해하고 있기 때문이다. 이 두 가지 모두 이들 관리자의 권력은 사람들과의 관계에서 다른 사람들이 그들을 어떻게 보는가에 근거한다. 개인 권력에는 전문적 권력이나 준거적 권력을 포함한다(표 1-2 참조).

리더십 논의에서 리더를 권력을 휘두르는 사람이나 다른 사람들을 지배하는 사람으로 묘사하는 경우를 흔하게 볼 수 있다. 이 경우 권력은 리더가 자기 목적을 달성하기 위해 사용하는 수단으로 개념화한다. 이 같은 권력 개념과는 반대로 Burns(1978)는 권력을 상호관계라는 관점에서 보고 강조하였다. Burns는 권력이란 리더가 자기 자신의 사적 목적을 달성하기 위해 다른 사람에 대하여 행사하는 영향력의 실체가 아니라고 주장한다. 오히려 권력은 상호관계 속에서 파악해야 하고 집단 목표 달성에 유익하도록 활용되어야 한다.

표 1-2 권력의 유형과 기반

지위 권력	개인 권력
합법적 권력 보상적 권력 강제적 권력 정보적 권력	준거적 권력 전문적 권력

출처: A Force for Change: How Leadership Differs From Management (pp. 3-8), by J. P. Kotter, 1990, New York, NY: Free Press.

이 책의 리더십 논의에서는 권력을 다룰 때 리더와 성원들(업무실행자들) 양쪽을 위한 상호관계 속에서 다루고, 리더가 공동 목표를 달성하기 위해 성원들과 더불어 어떻게 일을 해야 하는지를 다룬다. '동료 직원들이 옳다고 생각하고 중요하다고 생각하는 방식으로 행동할 때' 그것이 곧 리더에게 권력을 가져다 준다.

4 리더십과 강제적 권력

강제적 권력은 리더가 활용 가능한 권력의 구체적 측면 중 하나다. 강제적 권력 행사 과정에서 어떤 변화를 위해 강제적인 힘을 사용한다. 다시 말해서 '작업 상황에서 처벌이나 보상을 교묘히 활용하여 다른 사람들이 리더가 원하는 것을 하도록 하는 것'을 의미한다. 강제적 권력의 행사과정에서 활용되는 처벌이나 보상에는 위협, 벌주기, 그리고 부정적 보상방법(negative reward schedule) 등이 포함된다. 강제적 권력을 활용했던 사례로는 독일의 Adolf Hitler, 아프가니스탄의 탈레반 지도자, 가이아나의 Jim Jones, 필리핀의 Rodrigo Duterte 등을 들 수 있는데, 이들 모두는 처벌과 강제력을 행사하여 추종자들이 극단적 행동을 하게 했다.

강제와 리더십을 구분하는 것은 매우 중요하다. 그렇게 함으로써 Hitler, Jones 그리고 Rodrigo의 행동을 올바른 리더십 행동의 예에서 분리시킬 수 있다. 이 책의 리더십 논의에서는 강제력을 행사하는 사람들은 이상적인 리더십의 모델로 내세우지 않는다. 앞에서 제시한 '리더십 정의'에서처럼 리더십은 집단성원들이 공동 목표를 지향하도록 영향을 미치는 사람들에게 적합한 말이다. 강제력을 즐겨 쓰는 리더들은 자신의 목표 달성에만 관심이 있고 하위자의 요구나 원하는 것에는 거의 관심이 없다. 강제력을 사용하는 것은 공동 목표를 달성하기 위해 동료 직원이나 업무실행자들과 함께 더불어 일하는 것과 어긋난다.

5 리더십과 도덕성

리더십과 도덕성(leadership and morality)의 관계에 대해 생각해보기 위해 다음과 같은 질문에 답하는 것으로 시작해보자. 독일에서 Adolf Hitler의 통치는 리더십의 좋은 사례(Hitler's rule in Germany could be considered a good example of leadership.)라고 하는데 이 의견에 동의하는가 아니면 동의하지 않는가?

미국을 비롯한 전 세계에 걸쳐 대학교의 교실에서 리더십에 관해 이야기할 때 Hitler는 위대한 리더였는지에 대해 불가피하게 논의된다. 여기에 대한 시각은 일반적으로 둘 중 하나이다. 리더십을 도덕적 차원이 포함된 개념으로 보는 것과 도덕적 차원이 포함되어 있지 않은 중립적인 개념(neutral concept)으로 보는 것이다. 만약 우리가 리더십 개념을 도덕적 차원이 포함되어 있지 않은 중립적 개념이라고 본다면 우리는 Hitler가 분명히 리더십이 있는 리더였다고 말할 것이다. 왜냐하면 Hitler는 대중을 이끄는 매력과 설득력이 있었고 그의 활동이 독일과 온 세계에 커다란 영향을 미쳤기 때문이다. 반대로 위와 같은 설명에 동의하지 않는다면 Hitler의 리더십은 결코 긍정적으로 볼 수 없고 리더십 모델이 아닌 증오의 대상이 될 것이다. 왜냐하면 리더십 개념을 비파괴적이고 공익을 위해 변화를 창출하는 것으로 생각하기 때문이다. 즉, 리더십은 사회적 가치 기준(유용성)과 분리될 수 없는 개념이고, 거기에는 도덕적 현상과 도덕적 요소가 포함되어 있기 때문이다.

리더십 연구가 진행되는 동안 리더십에 도덕적 차원이 포함되어 있는가에 대한 논쟁은 리더십 학자들의 연구 초점이었다. 그것은 매우 중요한 논쟁이다. 도덕성은 리더십 현상에 실제적으로 포함된 핵심이기 때문이다. 또한 우리가 리더십을 어떻게 정의하느냐는 리더십에 관한 논의의 중심이고 리더십의 구성 요소를 어떻게 발전시키고 어떻게 연구하고 교육할 것인가의 중심이 되기 때문이다.

리더십과 도덕성의 관계에 관한 두 가지 노선이 있다. 하나는 리더십은 가치 중립적 과정(neutral process)으로서 공익을 지향하는 가치 시스템에 의존하거나 유도되지 않는 것이고 다른 하나는 공익(common good)을 촉진하는 가치 시스템에 의존하거나 유도되는 도덕적 과정(moral process)이다.

■ 리더십은 가치 중립적 과정

사람들은 일반적으로 리더십을 가치 중립적 과정으로 생각한다. 이 같은 시각에서 리더십은 좋은 목적이나 나쁜 목적으로 사용될 수 있다. 다시 말해 리더십은 가치있고 좋은 의도가 있는 사람들에 의해서 발휘될 수 있고 나쁜 의도를 가진 사람들에 의해서도 발휘될 수도 있다. 예를 들어 Mother Teresa, Nelson Mandela 그리고 Martin Luther King Jr.와 같은 리더들은 선하고 좋은 목적을 위해 리더십을 발휘하였고, 반면에 Adolf Hitler, Pol Pot 그리고 Idi Amin 등은 파괴적 리더십을 발휘하였다. 이 같은 모든 사례에는 리더들이 리더십을 발휘하여 다른 사람들의 행동에 영향을 미쳐 어떤 목표를 지향하고 목표를 달성한다는 공통점이 있다. 유일한 차이점은 어떤 리더들은 칭찬받을 수 있는 방식으로 리더십을 활용하고 어떤 리더들은 매우 파괴적인 방식으로 리더십을 활용한다는 점이다.

리더십을 비도덕적 개념(amoral concept)으로 다룬 역사적으로 고전적인 사례는 Niccolò Machiavelli's The Prince(c. 1505; Nederman, 2019)에서 찾아볼 수 있다. 이 책에서 Machiavelli는 의사결정에서 도덕적 가치의 역할은 요구되지 않는 대신 리더는 목적 달성을 위해 권력이나 영향력을 활용하는 데 전념(집중)해야 한다고 주장한다. 그래서 리더들의 행동 초점은 리더십 발휘 목적이나 리더십 발휘 결과에 있고 목적 달성을 위한 방법에 있지 않다. Machiavelli는 필요하다면 과업 완수를 위해 부하들이 공포를 느끼게 하거나 속임수를 활용해도 좋다고 주장한다. 그래서 Machiavelli는 리더가 실질적이고 실용적인 일을 하도록 해야 한다고 하였고 리더 행동의 옳고 그름에 대해 말하지 않았다.

리더십에 관한 정의는 많고 다양하다. 리더십 정의의 대부분은 도덕적 개념을 중립적으로 다룬다. 리더십이 단지 긍정적인 결과만을 초래하기를 요구하지 않는다고 정의한다. 한 예로 Rost는 리더십을 목표 달성과 결부된 성과를 올리기 위한 조직화된 집단 과정이라고 정의한다. 여기서 말하는 조직화된 집단 과정에는 리더와 부하 및 상황 여건들이 포함되어 있다. 그의 관점에서 보면 리더십은 가치 중립적이고 건설적인 목적이나 파괴적인 목적을 위해 사용될 수 있다. 그래서 Padilla는 Hitler 리더십의 결과는 끔찍할 정도로 파괴적이었지만 한 사람의 리더라고 주장한다. 리더십과 도덕적 과정에서, 리더십은 가치 중립적 과정으로 설명하는 것과는 대조적으로 리더십 연구 분야의 몇몇 학자들이 말하는 리더십은 가치적 차원이다.

■ **리더십과 도덕적 과정**

리더십을 가치 중립적 과정으로 설명한 것과는 대조적으로 리더십 연구 분야의 몇몇 학자들은 리더십을 가치적 차원(value dimension)이라고 주장한다. 리더십은 다른 사람들의 행동에 영향을 미쳐 변화를 유도하여 공익을 달성하려고 하기 때문이다. 이 같은 시각으로 보면 공익을 방해한 Hitler는 위대한 리더였다고 생각할 수 없다.

리더십을 도덕적 과정으로 개념화하였던 초기 학자 중 한 사람은 James MacGregor Burns였다. 그의 저서 "리더십(Leadership, 1978)"에서 리더십이란 부하들의 동기유발 수준이나 사기 수준(moral levels)을 높이는 것이고, 리더는 부하들이 자신들의 가치와 조직의 필요를 깨닫도록 도움을 준다. 보다 높은 수준의 기능을 발휘하도록 하며 자유, 정의, 평등의 가치를 중요시하는 수준까지 의식 수준을 높인다(Ciulla, 2014). 그래서 Burns(2003)는 도덕적 가치가 리더 행동의 중심이 되어야 한다고 주장한다.

Bass(1985)는 Burns의 연구를 확대하여 리더십 모형을 개발하였다.(8장 참조) 여기에서 Burns가 그리는 변혁적 리더십은 부하들의 가치에 대한 의식 수준에 영향을 미치는 리더십이다. 하지만 Hitler 같은 리더를 설명할 때 변혁적 리더십(transformational leadership)이란 용어를 사용하기가 어려우므로 유사 변혁적 리더십(pseudotransformational leadership)이란 용어가 Bass에 의해 만들어졌고 그것은 공익을 넘어 자신의 목표 달성에 초점을 맞추어 행동하는 리더들을 가리키는 용어였다. 그같은 리더들은 자기 소모적이고 착취적이며, 권력 지향적이고 뒤틀린 도덕적 가치관을 가지고 있다(Bass & Riggio, 2006; Bass & Steidlmeier, 1999). 유사 변혁적 리더십과는 대조적으로 실제적이고 이상적인 변혁적 리더십을 **사회화된 리더십**(socialized leadership)으로 설명하는데 그것은 집단의 유익과 관련된 리더십이다. 사회화된 리더십을 발휘하는 리더는 다른 사람을 위해서 자기 자신의 이익을 초월한다(Howell & Avolio, 1993).

추가적으로 도덕적 가치는 확고하게 자리잡은 리더십의 두가지 이론, 진성 리더십(authentic leadership)과 섬김의 리더십(servant leadership)에서도 중심 역할을 한다.(9장 참조) 진성 리더십은 변혁적 리더십을 확대한 것이다. 리더가 부하들과 사회를 위해 올바르고 유익한 일을 하는가에 초점을 맞춘 진성 리더십에서는 리더가 자신의 가치를 이해하고 부하들의 필요를 자기 자신들의 가치(유익)보다 우위에 놓고 보다 큰 공동이익(공익)을 창출하기 위해 부하들과 연대하여 업무 수행을 촉진한다. 이와 마찬가지로 섬기는 리더십도 매우 강한 도덕적 차원이다. 섬기는 리더십에서는 이타주의를 리더십 과정의 핵심 구성 요소로 보고 리더십을 다른 사람들의 유익을 위한 노력을 중심으로 논의한다. 이 같은 패러다임(인식체계) 안에서 리더는 다른 사람을 지배, 지령, 통제 및 강제하는 것이 아니고 유능한 관리와 숙련된 리더십 모두를 키워가야 한다.

Hitler가 적절한 리더십 사례인가에 대한 질문으로 다시 돌아가보면, Hitler에 관한 생각은 리더십에 관한 생각과 연결되어 있다. 만약 당신의 생각이 리더십은 가치 중립적인 과정으로서 도덕적 요구가 필요 없다고 판단한다면 Hitler는 리더십의 사례가 될 수 있다. 만약 리더십은 도덕적 배려가 포함된 개념이기에 도덕적 가치의 수준을 높이고 부하들의 목표 달성 등 도덕적 원칙에 기초를 두고 있다면 Hitler는 리더십 사례가 될 수 없다. 이 관점에서 그는 하나의 폭군일 뿐이다. 그는 권모술수에 능한 독재자이고 수백만의 무고한 사람들의 투옥과 학대와 처형에 책임이 있는 사악한 독재자일 뿐만 아니라 인류 역사에서 치명적인 무력 갈등인 제2차 세계 대전의 근원에 지나지 않는다.

6 리더십과 관리

리더십은 여러 면에서 관리(management) 과정과 비슷하다. 리더십 과정이 영향력을 포함하고 있는 것처럼 관리 과정에서도 영향력이 행사된다. 리더십이 다른 사람들과 더불어 일하는 것을 요구하는 것처럼 관리의 경우도 마찬가지다. 그리고 리더십이 효과적인 목표 달성과 관련되어 있는 것처럼 관리도 효과적인 목표 달성을 지향한다. 일반적으로 많은 관리 기능(the functions of management)은 이 책의 서두에서 제시한 리더십 정의와 일치된 활동이다.

그러나 리더십은 관리와 다른 점도 있다. 리더십 연구의 시초는 Aristotle까지 거슬러 올라가지만 관리는 20세기 초 산업사회의 출현과 더불어 새롭게 떠오른 개념이다. 당시 조직 내의 혼란 상태를 해소하려는 방법으로 관리가 처음 등장하게 되었고, 조직을 보다 더 효과적이고 능률적으로 운영하려는 방법으로 관리 기능의 개념이 창안되었다.

Fayol(1916)에 의해 처음으로 정리된 기본 관리 기능은 계획(planning), 조직화(organizing), 충원(staffing), 통제(controlling) 등이다. 이 같은 기능들은 오늘날까지도 관리 분야의 대표적 기능이다. 관리와 리더십의 기능을 비교한 책에서 Kotter(1990)는 두 가지의 기능은 아주 다르다고 주장한다(표 1-3 참조).

관리의 주된 기능은 조직의 질서와 일관성(안정성)을 추구하는 반면, 리더십의 일차적인 기능은 변화와 발전을 가져오는 것이다. 다시 말해서 관리는 질서와 안정을 추구하고 리더십은 변화에 대한 적응과 건설적인 변화 및 발전을 추구한다.

관리의 주된 활동들은 리더십의 주된 활동들과는 다르게 수행된다. 계획과 예산에서 관리는 자세한 일정을 강조하고 몇 개월부터 몇 년에 이르는 시간표를 강조하며, 조직 목표의 달성을 위해 필요한 자원의 배분을 강조한다. 이와는 대조적으로 리더십은 방향 설정, 방향 윤곽의 명료화, 장기적인 비전의 설정, 필요한 조직변화를 위한 전략 수립 등을 강조한다.

조직화나 충원에서도 관리는 개인들의 작업을 구조화하고 조직 내에서 그들 간의 관계에 초점을 맞추고 또 작업의 물리적 환경에도 관심을 기울인다. 여기에서는 적재적소의 원칙이 강조되고 작업수행을 위한 규칙이나 절차를 개발한다. 그러나 리더십은 조직화와 충원의 과정에서 비전에 관해 성원들과 의사소통하고, 헌신을 유도하며, 팀을 구축하여 협동적으로 일하고 또 조직 사명의 실현에 유익한 연합체를 형성하는 것 등을 중점으로 본다.

통제와 문제해결 활동에서 관리의 초점은 성원의 동기유발을 위한 유인 시스템(incentive system)의 개발, 문제의 해결, 업적 목표를 향한 진행상태의 점검, 업적이 궤도를 벗어났을 때 수정 조치를 취하는 것 등에 있다. 이와는 대조적으로 리더십은 성원들을 격려 및 동기유발, 성원들의 자율성을 강조하고 성원들에게 활력을 불어넣으며, 그들의 욕구 충족을 강조한다.

표 1-3 관리와 리더십의 기능 비교

관리 질서와 일관성(안정성) 추구	리더십 변화와 발전 추구
계획 · 예산 • 행동지침의 설정 • 계획표(시간표) 작성 • 자원의 배분	**방향 설정** • 비전 설정 • 전체적인 상황의 확인 • 전략 설정
조직화 · 충원 • 조직 구조의 설계 • 직무배치 • 규칙과 절차의 개발	**목표를 위한 제휴 · 협력** • 목표에 대한 의사소통 • 헌신과 몰입의 추구 • 팀과 연합체의 구축
통제 · 문제해결 • 인센티브제도의 수립 • 창의적인 해결책 • 수정 조치	**동기유발 및 의욕(영감)의 고취** • 의욕(영감)과 활기의 고취 • 성원들에게 자율권 부여 • 미 충족된 욕구의 충족

출처: A Force for Change: How Leadership Differs From Management (pp. 3-8), by J. P. Kotter, 1990, New York, NY: Free Press.

Kotter(1990)의 주장에 따르면 조직이 번창하기 위해서는 관리와 리더십 모두 필수이다 (pp. 7-8). 만약 조직에 리더십 없이 강한 통제만 있다면 업무처리에 숨이 막히고 관료적인 결과가 나타날 것이다. 그와 반대로 조직에 관리가 없이 강한 리더십만 있다면 변화 그 자체를 위한 변화, 즉 의미 없고 방향이 없는 변화로 나타난다. 따라서 효과적인 조직을 만들기 위해서는 관리와 리더십을 동시에 강화해야 한다.

Kotter 외에도 리더십과 관리는 별개의 구성 개념(construct)이라고 주장하는 학자들이 많다. Bennis와 Nanus(2007)는 두 구성 개념 간에 상당한 차이가 있다고 주장한다. 관리는 직무 활동을 완수하고 일상적인 일에 숙달시키는 것을 의미하지만 지도는 다른 사람의 행동에 영향을 미치고 변화를 위해 비전을 제시하는 것을 의미하기 때문이다. Bennis와 Nanus는 흔히 인용되는 다음과 같은 말로 두 개념을 명확하게 구분한다. "관리자는 일을 올바르게 하는 사람이고, 리더는 올바른 일을 하는 사람이다(Managers are people who do things right and leaders are people who do the right things. p. 221)."

Rost(1991)도 리더십과 관리를 구분한다. 리더십은 다방향의 영향 관계(multidirectional influence relationship)이고, 관리는 단일방향의 권한 관계(unidirectional authority relationship)라고 주장한다. 리더십은 공동 목표의 개발과정에 관심이 있지만, 관리는 직무 수행을 위한 여러 활동의 조정을 지향한다. 리더와 실행자들은 진정한 변화를 가져오기 위해 함께 일하지만, 관리자와 하위자들은 힘을 합해서 제품과 서비스를 생산하고 판매한다(Rost, 1991. pp. 149-152).

Simonet과 Tett(2012)는 최근 연구에서 리더십과 관리를 어떻게 잘 개념화할 수 있는가를 탐구하였다. 이 연구에서 전문가 43명에게 63가지 역량에 관해 리더십과 관리 간의 유사점과 차이점을 식별하였다. 그들은 많은 역량들(22)을 리더와 관리자 모두를 설명하는 데 사용했다(예를 들어, 생산성, 소비자(고객)지향, 전문직, 목표 설정 등). 그러나 연구자들은 리더십과 관리 각각에 몇 가지 고유한 역량을 부여하고 있는 것을 발견하였다. 구체적으로 리더십은 내적 동기유발(intrinsic motivation), 창조적 사고(creative thinking), 전략 계획(strategic planning), 모호성의 감내(tolerance of ambiguity), 사람에 대한 이해력 등의 특성이 있고, 관리는 규칙 지향성(rule orientation), 단기계획, 외적 동기유발, 질서 정연, 안전에 대한 관심(safety concerns), 적시성(timeliness) 등의 특성을 가졌다.

Zaleznik(1977)는 더욱 좁은 관점에서 리더와 관리자는 별개이고 기본적으로 다른 유형이라고 주장한다. 그의 주장에 따르면 관리자는 반응적이고 사람들과 함께 일하는 것을 선호하지만, 정서적인 관여도는 낮다(low emotional involvement). 그리고 관리자는 선택을 제한하는 역할을(to limit choices) 한다.

반면에 리더는 정서적으로 적극적이다. 그리고 그들은 어떤 아이디어에 반응적이기보다는 새로운 아이디어의 창출을 추구하는 데 전향적인 사람들이다. 그리고 그들은 장기적인 안목에서 활용할 수 있는 선택의 폭을 확대하려고 노력한다. 마지막으로 리더는 가능성(what is possible)을 추구하도록 사람들의 사고방식을 변화시킨다.

이처럼 리더십과 관리 그리고 리더와 관리자 간에 명백한 차이가 있으나 상당부분 겹친다. 관리자가 집단의 목표를 달성하기 위해 집단성원들에게 영향을 미칠 때 리더십을 발휘한다. 그리고 리더가 계획, 조직화, 충원 및 통제 활동에 개입하여 관리한다. 리더십 과정이나 관리 과정 모두 목표 달성을 위해 집단성원들에게 영향을 미치는 것은 동일하다. 이 책에서는 논의의 편의를 위해 리더십 과정에 초점을 맞춘다. 예를 들어 설명할 때나 사례 연구에서 관리자의 역할이나 리더의 역할을 비슷하게 다루고 두 역할의 차이에 대해서는 강조하지 않는다.

이 책의 구성

이 책은 독자의 편의를 중점에 두고 기술했다. 그리고 중요한 리더십 이론을 바탕으로 하고 있으나 실무에 적용을 강조한다. 각 장마다 같은 구성 체제를 취한다. 각 장의 첫 번째 절은 리더십 접근법을 간략하게 서술하고 그 이론에 해당하는 다양한 실증연구를 논의한다. 각 장의 두 번째 절은 각 접근법을 평가하고 강점과 비판을 강조하였다. 여기에서 특히 유의해야 할 것은 이론이 리더십 과정의 전반적인 이해에 대한 공헌 여부를 평가한다. 다음 절에서는 간단한 사례 연구를 통해 이론이 현재의 조직 상황에 어떻게 응용될 수 있는가에 대해 설명한다. 각 장의 마지막 절에서는 리더십의 측정 도구로 설문지가 제시되고 그 설문들이 리더의 리더십을 어떻게 측정하고 있는가를 구체화하고 있다. 그리고 각 장의 마지막에는 이 장의 핵심 내용을 정리하는 요약이 수록되어 있다. 또한 이 책의 마지막에는 참고문헌이 수록되어 있다.

사례 연구

〈사례 1.1은〉 리더십의 다양한 차원들을 설명하고 리더와 리더십의 정의에 대한 관점을 알아보기 위해 제공된다. 사례의 마지막에는 사례를 분석하는 데 도움이 되는 질문 항목을 제시한다.

사례 1.1: 공격담당 코디네이터의 탐욕

미국 GVSU(Grand Valley State University)의 학생신문 Lanthorn 사의 편집기자가 GVSU의 Lakers 축구팀의 공격 코디네이터로 취임한 Morris Berger에게 "역사적인 인물 중에 가장 함께 식사하고 싶은 인물 세 사람을 말해보라고 질문을 받는다면 누구를 말하겠습니까?"라고 물었다. 그의 대답은 Adolf Hitler, John F. Kennedy 그리고 Christopher Columbus였다.

"아마도 좋은 평가를 받지 못하겠지만 나는 Adolf Hitler라고 말할 것이다. Hitler의 행동은 굉장히 슬프고 나쁜 동기에서 나온 것이지만, 그가 휘두를 수 있었던 권력은 누구에게도 뒤지지 않았다. 어떻게 집단을 결집하고 자신을 뒤따르게 하였는지 알고 싶다. 물론 그것은 사악한 의도였으나 그렇다고 그가 위대한 리더가 아니라고 할 수는 없다.(Voss, 2020)"라고 Berger는 답하였다.

위와 같은 내용이 대학 신문에 기사로 게재되자 많은 논쟁을 불러일으켰다. 얼마 후 기사를 올린 Kellen Voss는 대학의 체육 담당 부서에서 기고한 기사를 변경하든지 삭제해 달라는 요구를 받았다. Lanthorn 사는 처음에는 따르겠다고 동의하였으나 다시 입장을 바꿔 인터뷰 전체 내용을 추가하여 다시 게재하였고 이후 입소문을 타고 널리 퍼지게 되었다. Washington Post 신문, 미국 스포츠 방송 ESPN에 실렸으며 심지어 미국 Tonight Show에서 Jimmy Fallon의 독백이 방송되었다(Boatner, 2020).

대중의 실망에 더하여 GVSU의 Hiller지부에서 한 유대인 조직이 Berger 코치의 언급에 대해 강력하게 비판하였고 페이스북 페이지에 "Grand Valley 시민의 일원이 홀로코스트(유대인 대학살)를 미화하는 것을 보는 것은 너무나 불행한 일이다. 우리들의 세계에 파괴와 비극을 가져온 사건이 아닌가."라고 게시하였다. "우리는 대학의 신속한 대응과 교육을 위해 대학과 계속 협력하여 대학 공동체를 교육하고 모든 학생을 위해 안전하고 포용적 환경을 제공할 것이다."(Colf, 2020)

신문에 관련 기사를 게재한지 7일 후에 GVSU는 Berger에게 정직 처분을 내렸고 그 후 사임하였다. 팀의 수석코치인 Matt Mitchell은 "지금은 모든 사람에게 어려운 시간인 것 같습니다. Berger 코치의 사직을 수용하였습니다. 이는 다른 곳에서 활동이 계속되고, 우리 팀이 2020시즌에 집중하도록 하기 위해서였습니다."라고 말했다(Wallner, 2020).

또 다른 기사에서 Berger는 "떠나게 되어 매우 실망스럽지만 학생들이 정신적으로 흩어지기를 원치 않습니다. 그리고 Mitchell 코치가 다가오는 다음 시즌을 잘 준비하는 데 방해가 되고 싶지 않습니다."(Walliner,2020)

Berger는 트위터에 게시물을 올려 보다 개인적인 사과를 했다.

> 나는 나 자신에게나 부모님 그리고 대학에 대한 보답에 실패한 사람입니다. 내가 했던 대답은 부모님이 내게 심어준 가치관과 일치하지 않았고 내가 확고하게 믿는 신념을 나타내 보이지도 않았습니다. 내가 답변을 잘못 하였기 때문에 목표에 한참 못미쳤습니다.
>
> 나는 지난 11년 동안 주어진 모든 기회를 위해 지치지 않고 열심히 하였고, LA Lakers의 일원이 되는 것이 흥분되었습니다. 평생 나는 교사, 멘토, 모범적인 역할 모델 그리고 지역사회의 일원으로서 책임에 대한 자부심을 가지고 살아왔습니다. 나의 사과를 받아주시기를 희망합니다. 내가 저지른 상처와 난처함을 되돌릴 수 없음을 인정합니다.
>
> 그러나 내 스스로의 잘못에서 배우고, 실망시킨 모든 사람에게 신뢰와 존경을 다시 얻을 수 있도록 하는 방법은 내가 통제할 수 있다고 생각합니다(Berger, 2020).

몇 주가 지난 후 GVSU는 홀로코스트와 미국 원주민의 역사와 관련된 교과 과정을 증설한다고 발표하였다. "우리는 이 기회를 통해 모두를 위한 더 건실한 대학 환경을 만드는 제도적 시스템 변화를 위해 열심히 노력할 것이다." 라고 대학 총장인 Philomena Mantella 박사는 말하였다(Colf, 2020).

질문

01 이 사례에서 누가 리더인가? 이 장에서 말한 리더십 정의에 기초하여 그들의 행동을 어떻게 설명하겠는가?

02 Berger가 Hitler를 위대한 리더로 언급한 것이 잘못되었다고 생각하는가?

03 Berger가 GVSU의 축구팀 코치 계약서에 날인을 한 지 한 주 만에 해임된 것에 대해 어떻게 생각하는가?

04 이 장에서 설명한 도덕성과 리더십 내용을 바탕으로 Berger의 언급이 가치 중립적인 리더십에 근거하고 있는가 아니면 도덕적 차원의 리더십 과정으로서의 리더십에 근거하고 있는가? 그렇다면 그 이유는 무엇인가?

05 대학이 리더십을 어떻게 보고 있으며, 대학의 반응은 무엇을 시사하는가?

06 당신이 대학의 총장이고 리더십을 정의해 달라는 요청을 받는다면 어떻게 정의하겠는가?

07 Bobby Knight는 수상한 리더십 전술을 사용한 것으로 알려져 있다. Berger가 Knight에게 저녁식사를 함께하자고 요구해도 괜찮다고 생각되는가? 그렇다면 그 이유는 무엇인가?

리더십 측정 도구

리더십의 의미는 복잡하고 많은 차원으로 구성되어 있다. 어떤 사람들에게 리더십은 성격 특성(traits)과 능력(ability)이 핵심이고, 어떤 사람들에게는 수완이나 역량(skill) 그리고 행동(behavior)이 핵심이며, 또 다른 사람들에게는 관계(relationship)와 과정(process)이 핵심이다. 그러나 실제로 리더십은 모든 차원을 구성 요소로 포함하고 각 차원은 리더십의 면면을 설명한다.

"리더십에 가장 밀접하게 관련된 리더십 차원은 무엇인가?" 그리고 "리더십을 어떻게 정의하고 있는가?"와 같은 질문에 대한 대답은 매우 중요하다. 리더십을 어떻게 생각하고 있는가는 리더십을 어떻게 발휘하는가에 강력하게 영향을 미치기 때문이다. 이 섹션에서는 리더십을 어떻게 보고 있으며 어떻게 정의하는지를 측정하기 위해 사용할 수 있는 측정 도구로 리더십의 개념에 관한 설문지를 제공한다.

리더십 개념에 관한 설문

목적: 다음 설문은 리더십에 대한 시각과 리더십의 여러 측면을 어떻게 인식하고 있는가를 탐색해 보기 위한 것이다.

작성 요령: 다음 설문의 문항에서 설명하는 리더십에 대해 어느 정도로 동의하고 또 어느 정도로 동의하지 않는지 표시하시오.

Key: **1**=전혀 그렇지 않다 **2**=그렇지 않다 **3**=보통이다 **4**=그렇다 **5**=전적으로 그렇다

01	리더십을 생각할 때 특별한 성격 특성을 가진 사람을 생각한다.	1 2 3 4 5
02	피아노를 연주하고 테니스를 치는 것처럼 리더십은 학습된 능력이다.	1 2 3 4 5
03	리더십은 관련된 지식과 노하우가 필요하다.	1 2 3 4 5
04	리더십은 리더가 누구인가 보다 리더가 무엇을 하는가에 관한 것이다.	1 2 3 4 5
05	부하들도 리더들처럼 리더십 과정에 영향을 미칠 수 있다.	1 2 3 4 5
06	리더십은 다른 사람들의 행동에 영향을 미치는 과정에 관한 것이다.	1 2 3 4 5
07	리더들은 리더로 타고난 사람들이다.	1 2 3 4 5
08	어떤 사람들은 리더십을 위한 능력을 갖추고 태어났다.	1 2 3 4 5
09	성공적인 리더십의 핵심은 올바른 리더십 기술의 보유 여부이다.	1 2 3 4 5
10	리더십은 리더가 무엇을 하는가로 설명할 수 있다.	1 2 3 4 5

11	리더들과 부하들은 리더십 과정에서 정보를 공유한다.	1 2 3 4 5
12	리더십은 긍정적인 목표를 지향하는 일련의 행동이다.	1 2 3 4 5
13	유능한 리더가 되기 위해서는 걸맞은 특성을 보여야 한다.	1 2 3 4 5
14	모든 사람은 리더가 될 수 있는 역량이 있다.	1 2 3 4 5
15	유능한 리더들은 자신들의 역할을 수행할만한 자격이 있는 사람들이다.	1 2 3 4 5
16	리더십의 본질은 과업을 수행하고 사람을 다루는 것이다.	1 2 3 4 5
17	리더십은 리더와 부하의 공동 목표의 달성과 관련된 것이다.	1 2 3 4 5
18	리더십은 단지 리더 자신에게만 의존하지 않고 리더와 부하들 그리고 상황을 포함한다.	1 2 3 4 5
19	위대한 리더가 되는 것은 성격 특성 때문이다.	1 2 3 4 5
20	리더십은 개발될 수 있다.	1 2 3 4 5
21	유능한 리더는 리더가 될 수 있는 능력과 지식을 가진 사람들이다.	1 2 3 4 5
22	리더십은 목적 달성을 위해 사람들과 함께 일해갈 방법에 관한 것이다.	1 2 3 4 5
23	유능한 리더십은 리더와 부하 간 관계에 의해 가장 잘 설명될 수 있다.	1 2 3 4 5
24	리더는 부하에게 영향을 미치기도 하고 영향을 받기도 한다.	1 2 3 4 5

설문지 채점

1. 1, 7, 13, 19 문항의 합계(성격 특성을 중시)
2. 2, 8, 14, 20 문항의 합계(능력을 중시)
3. 3, 9, 15, 21 문항의 합계(역량을 중시)
4. 4, 10, 16, 22 문항의 합계(행동을 중시)
5. 5, 11, 17, 23 문항의 합계(관계를 중시)
6. 6, 12, 18, 24 문항의 합계(과정을 중시)

합계 점수

1. 성격 특성을 중시:
2. 능력을 중시:
3. 역량을 중시:
4. 행동을 중시:
5. 관계를 중시:
6. 과정을 중시:

채점 결과의 해석

설문지에서 얻은 점수는 당신이 리더십을 어떻게 보고 어떻게 정의하고 있는가에 관한 정보를 제공한다. 리더십의 다양한 차원에 대해 중요시하는 정도는 리더십 과정을 어떻게 접근하고 있는가를 보여준다. 예를 들어 최고점이 '성격 특성'이라면 이는 리더십 과정에서 리더의 역할이나 리더의 특수한 능력을 중시한다는 것을 의미한다. 최고점이 '관계의 중시'라면 리더의 특수한 성격 특성보다는 리더와 부하들 간의 의사소통에 중점을 둔다는 것을 의미한다. 점수를 비교해 봄으로써 자신이 리더십의 여러 측면 중에 어느 것을 가장 중요시하고 중요시하지 않는지 확인할 수 있다. 리더십을 어떻게 생각하고 있는가는 실제적인 리더십 발휘에 영향을 미친다.

요약

리더십은 모든 사람이 흥미를 가지는 주제로, 신문이나 학술적 연구 문헌에 리더십에 관한 많은 내용들이 실린다. 이처럼 리더십이란 주제에 관한 풍부한 문헌 정보에도 불구하고 리더십은 '리더십을 이해하는 데 관심 있는 학자들이나 실무자들'에게 주요한 도전이다. 리더십이란 주제가 매우 중요하고 매우 복잡한 현상(phenomenon)이기 때문이다.

여러 해에 걸쳐 리더십은 여러 가지로 정의되고 개념화되었다. 대부분 정의의 공통점은 리더십은 집단성원들을 도와서 목표 달성을 지향하도록 영향을 미치는 과정이라는 것이다. 이 책에서는 구체적으로 리더십을 공동 목표를 달성하기 위하여 한 개인이 집단의 성원들에게 영향을 미치는 과정이라고 정의한다.

리더와 조직 구성원은 각각 리더십 과정의 한 부분을 이루고 있으므로 리더의 문제는 물론 구성원의 문제를 다 같이 강조하여 설명하는 것이 중요하다. 리더와 조직성원들은 서로를 관련시켜 이해해야 한다.

그동안 많은 연구가 성격 특성으로써의 리더십에 초점을 맞추었다. 특성 이론 시각이 제기하는 주장은 '우리 사회에는 리더의 자질을 타고 난 사람들이 있다'는 것이다. 이 같은 견해에 의하면 리더십 직위는 특별한 리더십 자질을 가진 사람들에게만 제한적으로 주어져야 한다. 하지만 이 책에서는 리더십이란 하나의 과정으로 학습될 수 있고 누구나 리더십을 발휘할 수 있다는 접근법을 취하고 있다.

리더십의 두 가지 일반적 형태는 임명된 리더십과 자생적 리더십이다. 임명된 리더십은 '조직 내의 공식적인 직위를 기반으로 하는 리더십'이고, 자생적 리더십은 '그가 하는 것(what one does)이 훌륭하거나 구성원에게 받는 지지에 의해 초래된 리더십'이다. 리더십은 하나의 과정으로 임명된 리더십 역할이나 자생적 리더십 역할을 하는 모든 사람에게 적용된다.

권력, 즉 영향력(the potential to influence) 개념은 리더십과 관련된 개념이다. 지위 권력(position power)과 개인 권력(personal power)의 두 가지 종류의 권력이 있다. 지위 권력은 임명된 리더십과 흡사한 것으로, 한 개인이 공식적인 조직시스템 내의 어떤 직위에 앉게 됨으로써 얻게 되는 권력을 가리키는 말이다. 개인 권력은 조직 구성원에게서 나온다. 개인 권력은 "조직 구성원들이 그 리더가 가치 있는 것(something of value)을 가지고 있다고 믿기 때문에" 그에게 주어진다. 그리고 권력을 하나의 공유된 자원(a shared resource)으로 보는 것은 매우 중요하다. "리더란 혼자서 권력을 휘두르는 사람이다"라는 생각은 상호 관계인 리더십 개념에 맞지 않기 때문이다.

강제력(coercion)은 어떤 직위에서 책임을 맡은 사람들이 발휘하는 일반적인 영향력이지만 이상적인 리더십 발휘로 보지 않는다. 우리의 리더십 정의는 각 개인이 공동 목표를 지향하도록 영향력을 행사하는 것을 강조한다. 그러나 '강제력'은 리더를 위해 성원들의 변화를 이끌어내기 위한 위협이나 처벌의 활용을 의미한다. 그래서 강제력은 리더십의 올바른 개념을 거스르는 개념이다. '강제력'은 '공공의 목표를 달성하기 위해 성원들과 함께 상호작용하는 과정'을 강조하는 리더십 개념을 담고 있지 않기 때문이다.

리더십과 도덕성에 관한 두 가지 주장이 있다. 하나는 리더십이란 가치 중립적인 과정으로, 리더에 의해 좋은 목적이나 나쁜 목적을 위해 사용할 수 있다고 생각하고 Hitler를 강한 리더십의 사례로 생각한다. 그러나 다른 한편으로 리더십은 공익의 달성을 위해 다른 사람들에게 영향을 미치는 과정이라고 정의한다. 이 같은 시각에서 보면 Hitler는 리더십의 사례가 될 수 없다.

리더십과 관리는 상당한 부분이 중복되기는 하지만 서로 다른 개념이다. 관리는 전통적으로 계획, 조직화, 충원, 지휘, 통제 활동에 초점을 맞추지만 리더십은 일반적인 영향 과정(influence process)을 강조한다. 연구자들에 의하면 관리는 조직에 질서와 안정을 가져오는 것에 많은 관심을 기울였지만, 리더십은 상황 변화에 대한 적응과 건설적인 변화 및 창의적인 발전에 많은 관심을 가진다고 한다. 또 어떤 학자들은 관리자들과 리더들은 별개 유형의 사람들이라고 주장하기도 한다. 관리자들은 더 반응적(reactive)이고 정서적으로 보다 덜 열중하며, 리더들은 보다 더 전향적(proactive)이고 정서적으로 더 열중한다는 것이다. 리더십과 관리의 공통점은 모두 목표 달성을 위해 집단 구성원들에게 영향을 미치고 있다는 점이다.

이 책에서는 리더십을 하나의 복잡한 과정으로 설명한다. 연구 문헌에 근거하여 리더십에 관한 엄선된 접근법(이론)을 기술하고 이러한 접근법이 실제상황에서 리더십 개선을 위해 어떻게 적용될 수 있는가를 평가한다.

CHAPTER 2

리더십 특성 연구

- 서술
- 특성 연구의 효용
- 강점, 비판, 응용
- 요약

서술

특성 연구(trait approach)는 20세기 전반에 걸쳐 학자들의 관심 대상이 되었던 것으로, 리더십 연구를 위한 최초의 체계적인 시도였다. 20세기 초에 무엇이 사람들을 위대한 리더가 되게 만드는가를 알아보기 위해 리더십 특성을 연구하기 시작하였다. 이때 개발된 이론이 소위 말하는 '위인 이론(great man theory)'이다. 왜냐하면 연구자들의 연구가 위대한 사회적, 정치적, 군사적 리더들(예를 들어, Thomas Jefferson, Abraham Lincoln, and Gandhi)이 소유하고 있는 타고난 자질이나 특성 등이 무엇인가를 확인하는 데 초점을 맞추고 있었기 때문이다. 위대한 리더들은 그 같은 특성을 가지고 태어나며 소유하고 있다고 믿었다. 이 시기에는 주로 리더와 비리더(일반 성원들)를 확실하게 구별하는 구체적인 특성이 무엇인지 알아보는 데 연구가 집중되었다(Bass, 1990; Jago, 1982).

그러나 20세기 중반에 와서 이 같은 특성 연구는 리더십 특성의 보편성(the universality of leadership traits)에 의문을 제기했던 연구들에 의해 도전을 받게 되었다. Stogdill은 1948년 리더십 연구의 개관(review)에서 여러 가지 다양한 상황에 따라 리더와 비리더를 구별하는 일관된 특성이 없다는 것을 발견하였다. 어떤 특정한 리더십 특성을 가진 사람이 어떤 상황에서는 리더가 될 수 있어도 다른 상황에서는 리더가 되지 못할 수 있다는 것이다. 리더십이 어떤 개인이 가진 자질이라기보다는 사회적 상황 속에서(in a social situation) 발생하는 사람들 간의 관계라고 개념화하였다. 리더십과 관련된 인적 요인들(personal factors)은 계속 중요한 요인들이지만 연구자들의 주장으로는 이들 요인들은 상황의 요구에 따라 달라진다는 것이다.

근래에 와서 특성 연구에 관한 관심이 다시 증가하고 있다. 인적 특성(personal traits)이 리더십에 어떻게 영향을 미치고 있는가를 설명한다(Bryman, 1992). 예를 들어, 인적 특성에 대한 많은 선행연구의 분석에 기초하여 Lord, DeVader 그리고 Alliger(1986) 등은 성격 특성들이 개인의 리더십에 대한 지각과 밀접한 상관성이 있다는 것을 발견하였다. 마찬가지로 Kirkpatrick과 Locke(1991) 등은 유능한 리더들이야말로 실제로 여러 중요한 측면에서 다른 사람들과 구별되는 유형의 사람들이라는 주장까지 하고 있다.

특성 연구에 대한 새로운 시각은 많은 연구자가 최근 강조하고 있는 비전적 리더십과 카리스마적 리더십의 연구를 통해 잘 나타나고 있다(Bass, 2008; Bennis & Nanus, 2007; Jacquart & Antonakis, 2015; Nadler & Tushman, 2012; Zaccaro, 2007; Zaleznik, 1977). 카리스마적 리더십(Charismatic leadership)은 2008년 미국의 대통령 선거에서 대중들의 주목 대상으로 떠올랐다. 미국 최초의 흑인 대통령으로 당선된 Barack Obama의 여러 가지 자질 중에서 카리스마적 특성이 부각되었기 때문이다. 카리스마적 리더와 다른 리더들을 구분 짓는 특성이 무엇인가에 관한 연구에서 Jung과 Sosik(2006)은 카리스마적 리더는 일관되게 다음과 같은 특성이 있다는 것을 발견하였다. 자신을 관찰하고 조절하는 특성(traits of self-monitoring), 인상 관리(impression management), 사회적 영향력에 대한 열망(motivation to attain social power), 자기실현에 대한 열망(motivation to attain self-actualization) 등이 그것이다. 특성 연구는 아직도 계속되고 있고 건실하다. 특성 연구는 처음에 위인들의 자질을 확인하는 것을 강조하는 것으로 시작되었고 리더의 행동 스타일의 연구로 바뀌었다가 상황변수들의 리더십에 대한 영향에 관한 연구를 거쳐 최근에는 효과적인 리더십에 영향을 미치는 개인 특성의 중요한 역할을 다시 강조하는 방향으로 되돌아오고 있다.

리더십 특성 연구를 논의할 때 리더의 성격 특성이 의미하는 것이 무엇인가를 먼저 논의해야 한다. 리더의 성격 특성은 그 사람이 가지고 있는 차별화된 특성이나 자질 및 성질을 가리킨다. 이러한 것들은 타고난 것으로 시간이 지나도 변함이 없다. 다시 말해 성격 특성은 사람의 개성을 구성하고 있는 내부 요인이고 다른 사람들과 구별짓는 요인이다. 성격 특성은 개성과 관련된 것으로서 기본적으로 고정되어 있으므로 본 장에서는 리더십 개발을 위해 성격 특성의 변화를 어떻게 시도할 것인가에 대하여 논의하는 대신 리더의 성격 특성을 확인하고 리더십에서 작용하는 성격 특성의 역할에 초점을 맞추어 논의하려고 한다.

특성 연구가 20세기 전 기간에 걸쳐 실시됐지만 특성 연구에 대한 훌륭한 개관(overview)이 두 차례에 걸쳐 Stogdill(1948, 1974)에 의해 완성되었다. 첫 번째 연구에서 Stogdill은 1904년부터 1947년 사이에 이루어졌던 124건의 특성 연구를 종합 분석하였고, 두 번째 연구에서 그는 1948년부터 1970년 사이에 완성된 163건의 특성 연구를 분석하였다. 이 같은 특성 연구의 결과들을 면밀히 검토한 끝에 "개인의 특성이 리더십 과정에 어떤 영향을 미치는가?"에 대해 보다 더 면밀한 이해를 할 수 있게 되었다.

Stogdill은 첫 번째 연구에서 리더가 되는 것과 밀접한 관련성을 가진 중요한 리더십 특성을 알게 되었다. 그의 연구 결과를 통해 ① 지능(intelligence), ② 민감성(alertness), ③ 통찰력(insight), ④ 책임감(responsibility), ⑤ 솔선 · 주도성(initiation), ⑥ 지속성(persistence), ⑦ 자신감(self-confidence), ⑧ 사교성(sociability) 항목을 기준으로 리더십 역할을 하는 사람은 일반 집단 구성원과 차이가 있다는 것을 확인할 수 있었다.

Stogdill의 첫 번째 연구 결과에 따르면 한 개인이 어떤 특성만 소유한다고 리더가 되는 것이 아니다. 오히려 리더가 가지고 있는 특성은 리더가 활동하는 상황에 적합해야 한다. 다시 말해 어느 한 상황에서 효과적인 리더가 다른 상황에서도 반드시 효과적인 리더가 되는 것은 아니다. 연구에 따르면 리더십은 수동적인 것이 아니라 리더와 집단성원 간의 작업상의 관계(working relationship)에서 기인된다. 바로 이 연구가 '리더십 행동과 리더십 상황에 초점을 맞추었던 새로운 리더십 연구'의 단초가 되었다.

1974년에 발표된 Stogdill의 두 번째 연구는 163건의 새로운 특성 연구를 분석한 연구 결과를 첫 번째 연구에서 나타난 연구 결과와 비교하였다. 그의 두 번째 연구는 리더십 특성의 역할에 관한 설명을 통해 첫 번째 연구보다 더 균형 잡힌 내용을 발표하였다. 첫 번째 연구는 리더십이 성격 특성이 아니라 주로 상황 요인들에 의해 결정된다고 이야기했으나 두 번째 연구는 성격 특성과 상황 요인 모두가 리더십의 결정 요인이라고 주장하였다. 요컨대, 두 번째 연구는 원래의 특성론적 아이디어, 즉 리더의 특성이 정말로 리더십의 한 부분을 이루고 있는지 여부를 검증하는 것이었다.

Stogdill의 두 번째 연구에서도 첫 번째 연구와 비슷하게 리더십과 긍정적인 상관성을 가지고 있는 리더의 특성을 확인하였다. 특성 목록(the trait list)에는 다음과 같은 10가지 특성이 있다.

① 과업 완성을 위한 책임감과 추진력(drive for responsibility and task completion)

② 목표 추구에 있어서 활력과 지속성(vigor persistence in pursuit of goals)

③ 문제해결에 있어서 모험성과 독창성(venturesomeness and originality in problem solving)

④ 사회적 상황에서의 솔선, 주도성의 발휘(drive to exercise initiative in social situation)

⑤ 자신감 및 자기정체감(self-confidence and sense of personal identity)

⑥ 의사결정 및 활동의 결과를 수용하려는 자발성(willingness to accept consequences of decision and action)

⑦ 대인 간의 스트레스 완화를 위한 준비성(readiness to absorb interpersonal stress)

⑧ 좌절과 지연을 참아내려는 의지(willingness to tolerate frustration and delay)

⑨ 다른 사람의 행동에 영향을 미치는 능력(ability to influence other person's behavior)

⑩ 목표를 위해 사회적 상호작용시스템을 구조화하는 역량(capacity to structure social interaction system to the purpose at hand)

Mann(1959)도 이와 비슷한 연구를 하였는데 소집단연구에서 성격 특성과 리더십에 관한 1,400건 이상의 연구 결과를 검토하였다. 그러나 상황 요인들이 리더십에 어떻게 영향을 미치는가에 대해서는 덜 강조하였다. Mann은 성격 특성이 리더와 비리더를 구분하는 기준으로 사용될 수 있을 거라고 시사했다. 연구 결과에 따르면 리더는 지능(intelligence), 남성적 기질(masculinity), 적응성(adjustment), 지배성(dominance), 외향성(extroversion), 보수 기질(conservatism)과 같은 6가지 특성에서 강한 면모를 보인다.

Lord(1986)는 메타분석(meta-analysis)이라는 보다 정교한 분석 방법을 이용하여 Mann(1959)에 의해 제시된 연구 결과를 재평가하였다. Lord와 그의 동료 연구자들은 지능, 남성적 기질 및 지배성 등이 개인들의 리더에 대한 지각(how individuals perceived leaders)과 유의한 관계가 있다는 것을 발견하였다. 연구 결과를 토대로 '성격 특성들'이 모든 상황에 걸쳐 일관되게 리더와 비리더를 구분하는 데 사용될 수 있다고 주장했다. 위와 같은 연구들이 이루어졌던 시기는 미국 역사에서 경영계나 사회의 거의 모든 분야에서 남성 리더십(male leadership)이 일반적인 시기였다. 14장에서 우리는 '여성과 리더십'에 관한 현대 연구를 탐색해 볼 것이다. 그리고 '남성적 기질'이나 '지배성' 등과 같은 특성들이 아직도 리더와 비리더를 구분짓는 중요한 특성으로 입증되고 있는지를 확인하게 될 것이다.

그 밖에도 리더십 특성의 중요성을 주장하는 또 다른 연구가 있다. Kirkpatrick과 Locke(1991) 등은 "리더들은 리더가 아닌 다른 사람들과 분명한 차이점이 있다는 것을 명백하게 말할 수 있다."고 주장했다(p. 59). Kirkpatrick과 Locke은 선행연구를 대상으로 한 정성적 종합연구(qualitative synthesis)를 바탕으로 "리더와 비리더는 추진력(drive), 지도욕구(the desire to lead), 정직성과 성실성(honesty and integrity), 자신감(self-confidence), 인지적 능력(cognitive ability), 사업지식(knowledge of business) 이렇게 6가지 특성에서 차이가 있다."고 주장했다. 그들에 의하면 개인은 이런 특성을 태어날 때부터 가지고 있을 수도 있고, 학습될 수도 있으며, 두 가지 모두 해당할 수도 있다. 그래서 앞서 설명한 6가지 특성들은 리더가 되기 위해 꼭 필요한 것(right stuff)이다. 또한 Kirkpatrick과 Locke의 주장에 따르면 리더십 특성을 통해 리더와 비리더를 구분할 수 있으므로 6가지 특성에서의 차이가 리더십 과정의 중요한 부분으로 인정될 필요가 있다.

1990년대에 와서 연구자들은 사회적 지능, 즉 사회적 이해력(social intelligence)과 관련된 리더십 특성들을 연구하기 시작하였다. '사회적 지능'이란 자기 자신의 느낌이나 행동, 생각을 있는 그대로 이해하고, 또 다른 사람들의 느낌이나 행동, 생각을 이해하여 거기에 따라서 적절하게 행동하는 능력을 말한다(Marlowe, 1986). Zaccaro(2002)는 사회적 지능은 사회적 인식력(social awareness), 사회적 예민성(social acumen), 자기관찰 및 조절능력(self-monitoring)이며, 어떤 사회적 환경이나 상황에 처했을 때 거기에 걸맞은 최선의 반응행동을 선택하여 행동하는 능력이라고 정의하였다. 그 밖에 많은 실증연구에서도 사회적 능력이 효과적인 리더십을 위한 핵심적 특성으로 입증되고 있다. 그래서 Zaccaro, Kemp, Bader(2017)는 사회적 지능을 리더십의 중요한 속성으로 리더십 특성의 범주 속에 포함하고 있다(표 2-1 참조).

표 2-1 권력의 유형과 기반

Stogdill (1948)	Mann (1959)	Stogdill (1974)	Lord et al. (1986)	Kirkpatrick & Locke(1991)	Zaccaro, Kemp & Bader(2004)
지능 민감성 통찰력 책임감 진취성 지속성 자신감 사교성	지능 남성적 기질 적응성 지배성 외향성 보수적 기질	성취욕 지속성 통찰력 진취성 자신감 책임감 협동성 참을성 영향력 사교성	지능 남성적 기질 지배성	추진력 동기유발 성실성 자신감 인지적 능력 사업지식	인지적 능력 외향성 면밀성(양심성) 정서적 안정 개방성 동조성 동기유발 사회적 지능 자기관찰 및 조정 정서적 지능 문제해결력

출처: "The Bases of Social Power," by J. R. P. French Jr. and B. Raven, 1962, in D. Cartwright (Ed.), Group Dynamics: Research and Theory (pp. 259–269), New York, NY: Harper and Row; Zaccaro, Kemp, & Bader (2004).

〈표 2−1〉은 특성 연구에서 연구자에 의해 확인된 성격이나 특성을 요약한 것이다. 표는 리더십과 관련된 특성들의 범위를 분명하게 나타내며, 어떤 특성이 결정적인 리더십 특성인지 선택하는 것이 얼마나 어려운지를 보여준다. 어떤 특성은 여러 연구에 나타나는 반면 어떤 특성은 한두 개의 연구에만 나타나기 때문이다. 그러나 〈표 2−1〉은 정확성과는 관계없이 '어떤 특성들이 리더십 특성인가'에 관한 연구를 종합적으로 보여주고 있다.

지난 10년 이상에 걸쳐 리더의 성격 특성에 대한 관심은 부흥기를 경험하였다. Zaccaro, Green, Dubrow 그리고 Kolze(2018)는 기본적인 성격 특성과 능력이 누가 유능한 리더로 부상하는가에 기여한다는 것을 발견하였다.

그렇다면 특성 연구는 무엇이라고 말할 수 있을까? 리더십 특성에 관한 100년 동안의 연구가 우리에게 시사하는 점은 무엇일까? 바로 우리에게 폭넓은 특성 목록(an extended list of traits)을 제공한다는 것이다. 다시 말해 리더 지망생들이 다른 사람들에 의해 리더로 지각되기를 원할 때 소유하고 싶고 개발하고 싶은 리더십 특성 목록을 제공해준다. 이 목록에서 중심이 되는 특성은 지능, 자신감, 결단력, 성실성, 사교성 등이다(표 2-2 참조).

표 2−2 주요한 리더십 특성

- 지능(intelligence)
- 자신감(self−confidence)
- 결단력(determination)
- 성실성(integrity)
- 사교성(sociability)

1 지능

지능(intelligence)이나 지적 능력은 리더십과 긍정적인 관계가 있다. 지능과 리더십의 최근 연구에 대한 분석을 바탕으로 Zaccaro, Kemp 그리고 Bader(2017)는 "리더들은 비리더들보다 더 높은 지능을 가지는 경향이 있다."는 것을 발견하였다. 강력한 언어 능력, 지각 능력, 추리력을 가지고 있으면 보다 더 좋은 리더가 될 수 있다는 것이다(Jacquart & Antonakis, 2015). 연구에 따르면 총명한 것이 좋기는 하지만 리더의 지적 능력이 부하들의 지적 능력과 너무 차이가 나서도 안 된다. 리더의 IQ가 부하들과 너무 차이가 날 경우, 리더십에 비생산적인 영향을 미치기 때문이다. 지나치게 높은 지적 능력을 가진 리더는 성원들과 의사소통하는 데 어려움을 겪는다. 리더의 생각이 너무 앞서나가면 성원들이 이해할 수 없다.

다국적 회사들(Antonakis, House 그리고 Simonton)의 중간계층 리더들을 대상으로 한 연구(2017)에서 리더십을 위한 최적의 IQ는 집단 구성원들의 평균 IQ보다 표준편차 1을 넘는 정도로 나타났다. 그들의 연구에서 IQ 수준과 인지된 리더십 간에 곡선적 관계가 있음을 발견하였다. 즉, IQ 수준이 높아질수록 인지된 리더십도 어느 점까지만 높아지고, 지나치게 높은 IQ 수준은 오히려 리더십에 부정적인 영향을 미치고 있었다. 달리 말하면 리더가 높은 지능을 가지고 있는 것은 좋지만 지나치게 높은 수준이라면 거기에서 오는 장점은 점점 더 낮아지고 부정적이 될 수 있다.

지능 수준이 매우 높은 특성을 가지고 있었던 리더로 Apple의 창시자이자 CEO였던 Steve Jobs를 들 수 있다. Steve Jobs는 "내 안에 믿을 수 없을 만큼 엄청난 제품들이 있다. 나는 그것을 밖으로 내보내야 한다(Sculley, 2011, p. 27)."라고 말했다. 그 첫 번째는 Apple Ⅱ와 Macintosh였고, 이어서 iMac, iPod, iPhone 그리고 iPad 등과 같은 환상적인 제품의 출시는 개인용 컴퓨터와 전자부품, 전자 기기 산업에 혁명을 일으켰다. 다양한 발명품은 사람들이 일하는 방식을 변화시켰다.

다음 장에서는 리더십을 리더 역량의 시각(a skills perspective)에서 집중적으로 다룬다. 지능은 리더의 "복잡한 문제해결 역량"과 "사회적 판단 역량"에 영향을 미치는 특성으로 확인되고 있으며 효과적인 리더십을 위한 개인 역량에 대한 긍정적인 영향 요인으로 설명된다.

2 자신감

자신감(self-confidence)은 개인이 리더가 되는 데 도움을 주는 또 하나의 특성이다. 자신감은 자신의 유능성이나 역량(competencies and skill)에 대해 확신하는 능력이다. 여기에는 자존감(a sense of self-esteem), 자기 능력에 대한 신뢰(self-assurance), '해낼 수 있다는 믿음' 등과 같은 것들이 포함된다. 리더십은 다른 사람에게 영향을 미치는 과정이며, 자신감은 리더가 다른 사람에게 영향을 미치는 시도가 적정하고 옳다는 확신을 갖게 한다.

Steve Jobs는 자신감 넘치는 리더의 좋은 예이다. Steve Jobs가 새롭게 제작하고 싶은 전자기기에 대해 설명했을 때 많은 사람이 그것은 불가능하다고 말했다. 그러나 그가 만든 제품이 세상을 바꾸리라는 것은 절대 의심하지 않았다. 많은 반대에도 불구하고 그는 스스로 최선이라고 생각하는 방식대로 일을 진행했다. "Steve Jobs는 그가 하고 싶은 대로 회사를 경영했던 CEO 중 한 사람이었다. 그는 누구보다 자신이 회사경영에 대해 더 많이 알고 있다고 믿었기 때문에 그렇게 했을 것이다."라고 그의 한 동료가 말하였다(Stone, 2011).

3 결단력

많은 훌륭한 리더들은 결단력을 가지고 있다. 결단력(determination)이란 일을 완성하겠다는 욕망과 의지를 일컬으며 진취성, 지속성, 지배성, 추진력 등과 같은 특성을 포함한다. 결단력이 있는 사람은 기꺼이 자기주장을 내세우며 전향적(proactive)이고 장애물에 직면하여도 굽히지 않고 인내하는 능력이 있다. Duckworth, Peterson, Matthews와 Kelly(2007) 등은 결단력의 개념을 확대하여 목표 달성을 향한 불굴의 의지 정도를 측정하기 위하여 "끈기(grit)"에 관한 연구를 시작하였다(Duckworth et al., 2007).

Paul Farmer 박사의 결단력은 Haiti와 제3세계의 가난한 사람들을 위해 건강관리 프로그램을 확립하고 폐결핵을 근절하기 위한 노력에서 찾아볼 수 있다. 이 같은 노력은 대학을 졸업한 후 Haiti의 Cange 지역을 여러 번 여행하고 일하는 경험에서 시작했다. 그곳에서 머무는 중에 Harvard 의과대학의 입학허가서를 받게 되었다. Haiti에서의 경험이 그가 구상하는 미래의 사역에 매우 중요하다는 것을 알고 있었기 때문에 재학기간 동안 학교 수업을 위해 Cambridge, Massachusetts와 Haiti를 왕래하면서 여러 달을 보내곤 하였다. Cange에서의 그의 첫 번째 노력은 방 한 칸짜리 진료소를 설치하고 찾아오는 모든 사람을 진료하고 지역사회의 건강관리 업무를 수행할 수 있는 의료 종사자를 훈련하는 일이었다. Farmer는 단지 약을 투약하고 나누어주는 일보다 더 많은 건강관리 서비스를 제공해야 할 필요성을 느끼게 되었고, 필요한 자금을 후원 받아 학교, 주택, 수도 등 공중위생시설을 건립하였다. 그리고 그는 그 지역의 모든 어린이를 위한 예방접종을 진두지휘하여 그 결과 어린이들의 영양실조와 사망률이 극적으로 감소하였다. Haiti에서 그 같은 의료사역을 계속하기 위하여 미국으로 돌아와 PIH(Partners In Health)를 설립하고 그 기금 마련을 위한 모금도 하였다. PIH가 설립되어 Haiti의 많은 지역사회는 건강을 개선하는 데 성공했을 뿐만 아니라 Lesotho, Malawi, Peru, Russia, Rwanda 및 United States에서도 같은 프로젝트를 실시하고 있으며 Mexico와 Guatemala에서는 다른 의료 프로젝트를 지원하고 있다(Kidder, 2004; Partners In Health, 2017).

4 성실성

성실성(integrity)은 또 하나의 중요한 리더십 특성이다. 성실성은 정직성과 신뢰성을 의미한다. 일련의 강력한 원칙을 지키고 자신의 행동에 책임을 지는 사람들은 성실성을 보인다. 성실성을 가진 사람들은 다른 사람들이 신뢰한다. 그리고 그들은 충성스럽고 신뢰할 만하고(dependable) 속임수가 없는 사람들이다. 기본적으로 성실성은 리더를 신용하고 신뢰받을 수 있게 만든다.

우리 사회에서 성실성은 최근 몇 년 동안 많은 주목을 받고 있다. 예를 들어, Clinton 대통령의 탄핵청문회를 보고 많은 국민이 공직자들에 대해 보다 더 높은 정직성을 요구했다. 마찬가지로 Enron이나 WorldCom같은 기업경영계의 부정 사건의 결과로 사람들이 경영자들에게 고도의 윤리성을 요구하기에 이르렀다. 교육 분야에서도 인성, 가치관, 윤리적 리더십을 가르치기 위한 새로운 K-12 교육과정이 전국에 걸쳐 개발되고 있다. 다시 말해 오늘날 사회는 리더들에게 더욱 더 높은 수준의 성실한 품성을 요구한다.

5 사교성

리더들에게 중요한 마지막 특성은 사교성(sociability)이다. 사교성이란 즐거운 사회적 관계를 추구하는 리더의 성향을 가리키는 말이다. 사교적인 리더들은 친절하고 외향적이고 예의 바르며 재치가 있고 외교적이다. 그리고 다른 사람의 필요(요구)에 민감하고 다른 사람의 복지에 관심을 보인다. 그리고 사교적인 리더들은 좋은 대인기술(interpersonal skill)을 가지고 있으며 성원과 협동적인 관계를 만든다.

매우 훌륭한 사교성을 가진 리더의 예로 대학총장인 Michael Hughes를 들 수 있다. Hughes 총장은 회의장으로 갈 때 도보로 가는 것을 더 선호하였다. 캠퍼스를 걸으며 학생들, 직원들, 교수들과 인사를 나눌 수 있기 때문이다. 점심시간에 그는 기숙사 식당이나 학생식당에서 점심을 먹었고 식당에서 낯선 사람들이 먹고 있는 식탁의 빈자리에 앉곤 하였다. 학생들은 그를 매우 가까이하기 쉬운 사람으로 평가하였고 교수들은 그의 문호 개방 정책을 높이 평가했다. 또한 Hughes 총장은 교수나 학생, 직원이 어떤 일에서 성공을 거둘 때 친필 축하 편지를 보냈다.

리더십 특성에 대한 논의는 5가지의 주된 특성(지능, 자신감, 결단력, 성실성, 사교성)에 초점을 맞추고 있지만, 이 5가지 특성이 모든 특성을 포함하는 것은 아니다. 〈표 2-1〉에는 효과적인 리더십과 상관성이 있는 특성들이 망라되어 있지만 우리가 확인한 다섯 개의 특성들은 한 개인이 좋은 리더가 될 수 있을 것인가의 여부와 실질적으로 관련되고 있는 것들이다.

최근까지 리더십과 성격 특성 연구를 개관한 바에 따르면 거의 모든 연구가 정성적 연구(qualitative research)였다. 정성적 연구들에는 공통된 연구의 틀이 없었다. 그러나 다음 절에서 설명할 연구는 리더십 특성(leadership traits)의 정량적 측정(a quantitative assessment of leadership traits)을 시도하였다. 더욱이 이 연구는 개념적 틀을 가지고 '성격의 5요인 모델(the five-factor model of leadership)'을 중심으로 분석하였고, '5가지 주된 성격 특성'이 리더십과 어떤 관련성이 있는가를 설명한다.

6 5요인 성격 모형과 리더십

과거 25년에 걸쳐 소위 말하는 성격을 구성하고 있는 '기본적 요인'에 관해 연구자 간에 의견 일치가 이루어졌다(Goldberg, 1990; McCrae & Costa, 1987). 그 요인들을 일반적으로 'The Big Five'로 부르는데, 신경증적 성질(neuroticism), 외향성(extraversion; surgency: 감성적 외향성), 개방성(openess; intellect: 지적 개방성), 동조성(agreeableness), 성실성(conscientiousness; dependability: 신뢰할 수 있는 성실성 내지는 과단성)으로 구성된다(표 2-3 참조).

표 2-3 'The Big Five' 성격 요인

신경증적 성질	의기소침하고 불안해하며 자심감이 없고 상처받기 쉬운 경향성
외향성	사교적이고 적극적이며 자신감과 활기가 넘치는 경향성
개방성	견문이 넓고 창의적이며 직관력(통찰력)이 있으며 호기심이 강한 경향성
동조성	수용적이고 순응적이며 믿어 의심치 않으며 양육적인 경향성
성실성	철저하고 조직적이며 감정을 잘 통제하며 신뢰할 수 있고 결단력이 있는 경향성

출처: Goldberg, L. R. (1990). An alternative "description of personality": The Big-Five factor structure. Journal of Personality and Social Psychology, 59, 1216-1229.

'The Big Five'와 리더십 간의 상관관계를 측정하기 위하여 Judge, Bono, Ilies & Gerhardt(2002)는 1967년부터 1998년 사이에 출간된 '성격과 리더십'에 관한 78건의 연구들을 대상으로 메타분석을 실시하였다. Judge 등은 The Big Five 성격 특성과 리더십 간에는 일반적으로 강한 상관관계가 있는 것을 발견했다. 이것은 사람이 '어떤 성격 특성을 가지고 있는 것'과 '효과적인 리더가 되는 것' 간에 관련성이 있다는 것을 의미한다.

연구에서 외향성(extraversion)은 리더십과 가장 강한 상관관계를 가지며 효과적이고 훌륭한 리더가 되는 데 가장 중요한 요인이다. 그리고 성실성(conscientiousness)은 리더십과 두 번째로 강한 관계를 가지고 있었다. 개방성(openness)은 리더십과 그 다음으로 강한 관계가 있었고, 신경증적 성질(neuroticism)은 리더십과 부정적인 관계(negatively related)를 가지고 있었다. 마지막 요인인 동조성(agreeableness)은 리더십과 약한 관계가 있을 뿐임을 발견하였다. 최근 연구에서 Sacket와 Walmsley(2014)는 성실성은 전반적인 직무 수행, 과업 수행, 조직 시민행동, 비생산적인 작업행동과 가장 높은 상관관계가 있다는 것을 발견했다. 또한 다양한 직무의 취업 면접에서 가장 많이 평가되는 특성이다.

7 뛰어난 업무 수행 능력과 리더십

최근에 강조되고 있는 뛰어난 업무 수행 능력과 리더십은 리더십 성격 특성과 매우 밀접하게 관련된 연구이다. '뛰어난 업무 수행 능력과 리더십'의 배후에 있는 생각은 누구나 뛰어나고 싶고 성공하고 싶어 하므로 리더들은 자기 능력을 인지하고 이용할 수 있을 뿐만 아니라 부하들의 능력도 인지하고 활용할 수 있어야 한다는 것이다. 그래서 뛰어난 업무 수행 능력은 성공적인 업무 수행 능력이 있다고 암시하는 개인의 속성 및 자질이라고 정의한다(Buckingham & Clifton, 2001; Rath, 2007). 뛰어난 업무 수행 능력이란 시종일관 꾸준히 뛰어난 업무 수행을 나타내 보이는 능력이라고 말한다.

Gallup은 조직에서 독창적인 연구를 하였다. 40년이 넘는 세월 동안 개인의 뛰어난 업무 수행 능력을 확인하고 측정하였고 인간의 능력을 주제로 한 연구를 설계하였으며, 지금은 "CliftonStrengths의 측정"이라고 불리는 "StrengthsFinder 프로필"을 개발하여 사람들의 특수한 재능과 잠재적인 '뛰어난 업무 수행 능력'을 측정했다. 이들은 안정적이고 쉽게 변하지 않는 특성이 있다. 특수한 재능에서 뛰어난 업무 수행 능력이 나온다는 점이다. 따라서 뛰어난 업무 수행 능력은 특수한 재능에서 나오고 추가적으로 지식이나 기량과 실무적 경험이 더해져서 발전된다(Rath, 2007).

'뛰어난 업무 수행 능력'의 관점에서 뛰어난 개인은 인상적인 타고난 '원력(raw power)'보다는 개인의 강점을 식별하고 강점을 활용하는 능력에 의해 구별된다(Gardner, 1997). MacKie는 업무 수행 능력이 충분히 활용되고 있는지 여부와 약점을 발견할 수 있을 때 리더십 능력이 더 강화될 수 있다고 주장한다.

긍정심리학 연구자에게도 뛰어난 업무수행 능력은 흥미로운 관심 대상이다. 이들 긍정심리학자는 사람의 약점보다는 그 사람의 긍정적인 측면을 보고 싶어 한다. 이 분야의 연구에서 가장 주목을 받는 Peterson과 Seligman은 "Values In Action Classification" 목록을 개발하였다(표 2-4 참조).

표 2-4 VIA 성격의 강점과 미덕 분류

분류	뛰어난 업무 수행 능력
지혜와 지식 인지적 능력	**1.** 창의력 **2.** 호기심 **3.** 열린 마음 **4.** 학문에 대한 애정 **5.** 관점
용감성 정서적 능력	**6.** 정직성 **7.** 용감성 **8.** 불굴의 의지 **9.** 강한 관심
인간애 대인간의 사교능력	**10.** 친절 **11.** 사랑 **12.** 사회적 지성
정의감 시민의 능력	**13.** 공정성 **14.** 지도력 **15.** 협력
절제 지나치지 않는 능력	**16.** 용서 **17.** 겸손 **18.** 신중성 **19.** 자기관리
초월성 의미 있는 일에 대한 능력	**20.** 미와 탁월성의 수용 **21.** 사의 **22.** 희망 **23.** 해학 **24.** 종교적 신앙

출처: AA Primer in Positive Psychology, by Christopher Peterson, 2006, pp. 142–146.

이러한 분류에 기초하여 개인의 뛰어난 업무수행 능력을 측정할 수 있다. 측정에 사용되는 도구는 "VIA Character Strengths Survey"이며, 여기에는 기본적인 6개의 덕목을 중심으로 편성된 24가지 뛰어난 직무 수행 특성들이 있다. 가장 중요한 개인의 5가지 업무수행을 기준으로 순서대로 24가지 업무 수행 특성에 점수를 부여하였다. www.viacharacter.org에서 무료로 이용할 수 있고 작성하는 데 30분 정도 소요된다.

최근 조직에서 리더와 리더십을 향상시키기 위해 성격 특성과 업무수행 능력이 활용될 수 있는 방법에 관한 연구가 늘어났다. 예를 들어 Sosik, Chun, Ete, Arenas와 Scherer 등은 미국 공군 장교 200명을 표본으로 하여 성격 특성과 업무수행 능력을 연구한 결과 성격 특성과 업무수행 능력이 업무수행 성적을 촉진시키는 데 중추적인 역할을 하고 심리적인 사기도 드높인다는 사실을 발견했다. 리더들이 높은 수준의 정직성/겸손, 감정이입(empathy), 도덕적 용기 등과 함께 높은 수준의 자제력을 나타낼 때, 리더들의 도덕적(윤리적) 리더십(ethical leadership)과 심리적 작용 및 역할 수행에 유익했다. 또 다른 연구에서 Sosik, Gentry, and Chun 등은 미국의 영리조직과 비영리 조직에서 최고 수준의 계층에서 일하는 중역들 191명을 대상으로 한 연구에서 수집한 데이터를 측정 분석한 결과, 성격 특성 및 업무수행 능력 즉 성실성, 용감성, 사회적 정보력 등은 중역급 리더들의 업적과 긍정적인 관계가 있다는 것을 발견했다. 연구 결과에 더하여 연구자들은 정직성(integrity)이 중역급 리더들의 업적 차이를 설명하는 데 크게 기여했다. 다른 연구들과 함께 이 연구들은 '성격 특성과 업무수행 능력'에 대한 이해의 중요성과 그 같은 성격 특성과 업무 수행 능력이 리더십에서 중요한 역할을 한다는 사실을 뒷받침한다.

8 정서 지능

성격 특성이 리더십에 미친 영향을 측정하는 또 하나의 방법은 '정서 지능의 개념(the concept of emotional intelligence)'을 활용하는 방법이다. 1990년대 초에 나타난 이 개념은 많은 연구자에 의해 광범위하게 연구되었고, 많은 실무자의 주목을 받았다(Caruso & Wolfe, 2004; Goleman, 1995, 1998; Mayer & Salovey, 1995, 1997; Mayer, Salovey, & Caruso, 2000; Shankman & Allen, 2015).

두 단어가 의미하는 것처럼 '정서 지능'은 우리의 정서(감정 영역; affective domain)와 사고(인지 영역; cognitive domain), 그리고 두 영역 간의 상호작용과 관계된 개념이다. 지능(intelligence)

이 정보를 습득하여 일상의 과업에 응용하는 능력과 관계된 것이라면, 정서 지능은 정서를 이해하고 이런 이해를 일상생활에 적용하는 능력과 관계된 개념이다. 구체적으로 정서 지능은 다음과 같이 정의될 수 있다. 정서 지능이란 정서를 지각하고 표현하는 능력이고, 정서를 활용하여 사고를 촉진하는 능력이며, 정서를 이해하고 정서적 문제의 해결책을 추론하여 자신의 내적인 정서와 다른 사람과의 정서적 관계를 효과적으로 관리하는 능력이다(Mayer, Salovey, & Caruso, 2000).

정서 지능을 측정하는 방법은 많지만 새로운 측정 도구로는 'Mayer–Salovey–Caruso의 정서 지능검사(MSCEIT)'가 있다(Mayer, Caruso, & Salovey, 2000). MSCEIT는 '정서 지능'을 정서의 지각, 정서의 촉진, 정서의 이해, 정서의 관리를 포함한 일련의 정신 능력으로 측정한다. 일반적으로 MSCEIT는 수용할 만한 내용 타당성과 신뢰성이 있다(Boyatzis, 2019). 그러나 정서 지능에 관한 모든 연구 결과를 검토한 결과 측정된 정서 지능의 수준은 시간의 경과에 따라 저하되는 것으로 확인됐다. 정서 지능에 관한 초창기의 연구에서 연구 결과를 너무 과장 해석한 결과라고 몇몇 연구자들은 지적하였다(Gong & Jiao, 2019).

Goleman(1995, 1998)은 정서 지능에 대해 보다 더 폭넓은 접근을 시도한다. 정서 지능은 일련의 개인적 능력과 사회적 능력(a set of personal and social competences)으로 이루어져 있다는 것이다. '개인적 능력'은 자기 인식(가치 있는 인간으로서의 자각; self-awareness)과 자신감(confidence), 자기 조절(self-regulation), 성실성(conscientiousness) 및 동기유발(motivation) 등으로 이루어져 있고, '사회적 능력'은 감정이입(공감; empathy), 의사소통이나 갈등 관리와 같은 사회적(대인 간의) 기술(social skills)로 이루어져 있다고 주장한다.

Shankman과 Allen(2015)은 실무적인 '정서적이고 지적인 리더십' 모델을 개발하였고, 리더들은 리더십의 세 가지 기본적 측면: 상황(context), 자기 자신(self), 다른 사람들(others)을 인식해야 한다고 말한다. 이러한 리더십 모델에서 리더가 주목해야 할 21가지 기능(집단관리에 대한 전문성, 새로운 계획 능력, 낙관주의, 팀워크 등)을 통해 '정서적이고 지적인 리더'를 정의한다.

지금까지 논의해 온 성격 특성들과는 다르게 정서적 지능은 고정된 것이 아니고 훈련을 통해 개선될 수 있다. 훈련은 리더들이 자신의 정서를 확인하고 조절하는 데 초점을 맞춘다(Ashkanasy, Dasborough, & Ascough, 2009). 한 실험에서 정서관리 훈련을 받은 사람들과 훈련을 받지 않은 사람들(통제집단)을 비교 연구하였다. 훈련 받은 집단의 사람들은 정서적 지능과 능력이 향상되었고 의미 있는 개선 성과를 보였다: 낮은 스트레스, 높아진 사기, 사회적인 정중함, 예의 바름 등(Slaski & Cartwright, 2003)이다. 이와 마찬가지로 정서적 지능 훈련에 관한 58개의 연구를 메타분석한 결과 통제 집단을 포함한 모든 집단이 긍정적인 훈련 효과를 보였다(Mattingly & Kraiger, 2019).

Goleman과 Boyatzis(2017)도 정서적 지능에 대한 네 가지의 폭넓은 측면을 제시하였다: 자의식(self-awareness), 자기관리(self-management), 사회적 자아 인식(social awareness) 그리고 관계관리(relationship management)이다. 연구자들은 개인 성찰과 다음과 같은 질문들에 대한 피드백을 묶어보면 개인들은 자신의 정서적 지능을 개선할 수 있다고 주장한다.

1. **당신이 당신 자신을 보는 것과 다른 사람이 당신을 보는 것 사이의 차이는 무엇인가?**
   이것은 자신에 대한 자기 인식이 평판과 어떻게 다른가를 이해하는 데 도움을 준다.

2. **무엇이 문제인가?**
   당신이 개선하고 싶은 정서적 지능의 국면들은 당신의 열망은 물론 당신에 대한 피드백의 내용을 반영하고 있는가?

3. **이 같은 목적을 달성하기 위해 무슨 변화를 시도해 볼 것인가?**
   개선을 위한 행동을 구체적으로 말해보라.

많은 조직도 정서적 지능은 변화될 수 있는 특성으로 인식하고 정서적 지능 훈련을 리더십 훈련의 일부분으로 채택하여 리더십 훈련 프로그램에 포함시키고 있다. 예를 들어 FedEx의 국제 리더십 연구소에서는 새로운 관리자를 위한 훈련 프로그램의 일부로 정서적 지능 훈련을 하고 리더들이 매일 다음과 같이 해보도록 제안한다.

1. **당신 자신을 알라(Know yourself) – 정서와 그에 따른 반작용(reaction)에 대한 자아 인식을 확대하라.**
2. **당신 자신을 선택하라(Choose yourself) – 무의식적인 반응을 의식적인 반응으로 전환하라.**
3. **당신 자신을 내주어라(Give yourself) – 결정의 순간마다 큰 목적 의식과 결부시켜서 결정을 내려라.**

훈련의 핵심 원칙은 "**정서는 사람을 이끈다.**(emotions drive people)" 그리고 "**사람은 성과를 좌우한다.**(people drive performance)"는 것이다. FedEx는 관리자들의 정서적 지능의 개선 과정을 추적하여 발표하기를 정서적 지능 훈련의 결과 때문에 능력의 적격성이 8~11% 개선되었다고 한다. 이것은 통계적으로 유의미한 차이다(Freedman, 2014).

이에 더하여 미국 육군에서는 정서적 지능을 증대시키기 위해 간단한 인터넷 기반 훈련 프로그램을 개발하였다. 군대의 인사참모본부는 위험하고 정서적으로 스트레스가 많은 상황에서 군무를 수행하기 때문에 훈련의 설계가 우울, 침체, 불안 심리, 외상 후 스트레스 장애(PTSD)의 발생을 감소시키는 데 도움을 주고 있다. 그리고 또 훈련은 서비스 담당 직원들이 자신들의 정서에 대한 이해력과 통제력을 증대시킴으로써 그들의 정서적 융통성(emotional flexibility), 정서적 적응성에 대처해 나가는 정서적 능력을 강화하는 데 도움을 준다(Killgore, 2017).

정서적 지능이 성공적인 삶을 영위하는 데 얼마나 큰 역할을 할 수 있는가에 관한 논쟁이 있다. 몇몇 연구자들, 특히 Goleman(1995) 같은 학자는 정서적 지능이 사람들의 학교생활이나 가정생활, 그리고 직장생활의 성공 여부에 주된 역할을 한다고 주장한다. Mayer, Salovey와 Caruso(2000) 그리고 Antonakis(2009) 등 다른 연구자들은 사람들이 삶 속에서 도전에 대응하는 데 있어 정서 지능의 중요성을 약하게 평가했다. 리더십 연구에 대한 재검토 평가에서 "리더십에 있어서 정서(emotions in leadership)"를 일반적인 연구 범주로만 확인하고 정서적 지능을 전문적 연구의 범주로 간주하지 않는다(Dinh et al., 2014). 리더십 연구에서 정서적 지능에 관한 연구를 연구의 중점으로 보지 않은 것이다. 동시에 Kotsou, Mikolajczak, Heeren, Grégoire과 Leys(2019)는 정서적 지능 훈련의 효과성에 관한 실증연구가 훈련의 장기 효과를 알아보기 위한 후속 연구를 포함하지 않고 있기 때문이라고 밝혔다.

Ashkanasy와 Daus(2000)의 비판적 평가에서 다음과 같은 결론을 내릴 수 있다. 정서적 지능은 뚜렷하게 구별되는 특성이고 IQ와 같은 지능과는 긍정적인 관계에 있다. 어떤 사람은 다른 사람보다 정서적 지능 지수가 더 높을 수 있다. 정서적 지능은 평생 개발되고 훈련으로 개선될 수 있다. 마지막으로 이런 훈련에는 사람의 정서적 지능을 효과적으로 확인하고 지각하여 관리하는 능력을 기르는 것을 포함해야 한다.

요약하면 정서적 지능은 리더십 과정에서 중요한 역할을 한다. 정서 지능 연구의 기본 전제는 '정서가 다른 사람에게 미치는 영향에 대해 더 민감한 사람은 더욱 효과적인 리더가 될 수 있다'는 것이다. 정서적 지능에 대한 보다 더 많은 연구가 진행됨에 따라 정서적 지능이 리더십과 어떤 관계를 맺는가에 대한 복잡한 사항들이 더욱 더 명확히 드러나고 있다.

특성 연구의 효용

특성 연구의 효용 범위는 뒤에서 논의할 다른 연구들과는 매우 다르다. 특성 연구는 오로지 리더에만 초점을 맞추고 성원들이나 상황 변인들에는 초점을 맞추고 있지 않기 때문에 특성 연구가 다른 연구들보다 이론적으로 단순하다. 요컨대 특성 연구는 리더가 어떤 특성을 가지는지, 훌륭한 리더가 가진 특성이 무엇이고 누가 그러한 특성을 가지고 있는가를 측정하는 것과 같은 연구이다.

그리고 특성 연구는 일련의 가설이나 원칙을 설정하지 않는다. 즉 어떤 특정한 상황여건에서 어떤 리더십 특성이 필요하고 또 그 리더는 무엇을 해야 하는지에 대한 가설을 설정하지 않는 것이다. 대신 바람직한 특성이 있는 리더들을 보유하는 것은 조직의 효과성을 위해 매우 중요하다고 강조한다. 그리고 리더십 과정에서 중심을 이루는 것은 리더와 리더가 가지고 있는 성격 특성이다.

만약 관리직에 올바른 리더십을 발휘할 수 있는 인물을 임명한다면 그 조직은 더욱 효과적으로 경영될 수 있다. 올바른 인물을 찾기 위해 조직은 성격 특성 측정 도구를 사용하는 것이 일반적이다. 이 같은 절차 뒤에 숨은 가정은 올바른 인물을 선발하는 것이 조직의 효과성을 증진시키는 길이라는 것이다. 그래서 조직은 특정한 직위의 업무수행을 위해 중요하다고 생각되는 특성이나 성격 특성을 구체화한 후 어떤 사람이 그 같은 특성을 보유하고 있는지 확인하기 위해 성격 특성 측정 도구를 사용한다.

리더십 특성의 측정은 조직인력의 특성을 파악하고 개발하기 위해서도 사용된다. 관리자들은 자신의 특성을 분석하여 강점과 약점을 알 수 있다. 이를 이용하여 승진하거나 다른 직책으로 이동할 수 있는 자질이 있는지 여부를 결정하는 데 도움을 준다.

특성 연구를 통해 개인은 리더로서 자신의 모습과 자신의 모습이 조직계층의 어디에 어떻게 적합한지 정확하게 이해할 수 있다. 직위에 적합한 특성이 결여되어 있는 경우 리더는 주어진 특성의 잠재적인 영향력을 증진시키기 위해 일하는 작업상황을 변경할 수도 있다.

리더십 특성을 측정하는 데 사용되는 리더십 특성의 측정 도구를 본 장의 끝부분에 제공한다. 이 측정 도구는 많은 회사에서 리더십 잠재 능력을 측정하기 위해 사용하는 전형적인 성격 검사도구이다. 측정 도구의 문항들을 완성해보면 각자의 리더십 특성을 측정할 수 있는 좋은 방법이라는 것을 알 수 있다.

강점, 비판, 응용

1 강점

특성 연구를 통해 확인할 수 있는 몇 가지 강점이 있다. 첫 번째로 특성 연구는 직관적으로 흥미를 끈다. 리더들은 남들보다 훨씬 앞서가는 사람들이고, 우리 사회에서 우리를 이끄는 사람들이라는 우리의 생각과 일치한다. 리더의 이미지는 일간지에서나 지역사회에서 특별한 사람(특별한 일을 할 수 있는 천부적 재능을 가진 사람들)으로 일반화된다. 특성 연구는 리더에 대한 이러한 인식과 일치한다. 왜냐하면 특성 연구가 "리더는 다른 사람과는 차이가 있고 이러한 차이는 그들이 소유하고 있는 특별한 특성 때문이다."라는 전제를 바탕으로 하고 있기 때문이다. 사람들은 리더를 타고난 재능이 있는 사람으로 보려는 경향이 있다.

두 번째 특성 연구의 강점은 이를 뒷받침하기 위한 100년의 연구가 있다는 것이다. 특성 연구만큼 연구의 넓이와 깊이를 자랑할 다른 이론은 없다. 이처럼 장기간에 걸친 연구라는 점이 다른 연구에서 볼 수 없는 신뢰성의 척도이다. 오랜 기간에 걸쳐 실시된 다양한 연구에서 "성격 특성이 리더십 과정에서 중요한 역할을 한다는 것"을 강조하고 있다.

세 번째 강점은 보다 개념적인 것이지만 특성 연구가 리더십 과정의 구성 요소인 리더, 성원, 상황 중에서 첫 번째 요소인 리더에만 초점을 맞춘다는 점이다. 이것은 잠재적인 약점이 되기도 하지만 리더십 과정에서 오로지 리더의 역할만을 강조함으로써 특성 연구는 보다 깊고 심오한 이해(리더십 과정에서 리더십과 리더의 성격 특성이 어떤 관계가 있는가에 대한 이해)를 제공할 수 있게 되었다.

네 번째로 리더가 되고 싶은 경우 특성 연구는 "리더가 되기 위해 갖추어야 할 특성이 무엇인가"를 알게 해주는 기준점을 제공한다는 점이다. 특성 연구는 우리가 무슨 특성이 있어야 하고 또 내가 가지고 있는 특성이 상대적으로 가장 좋은 특성인가를 확인해주기 때문이다. 이 같은 연구 결과를 바탕으로 성격 측정의 방법들이 개발 및 사용되었고 그 결과로 리더들에게 그들의 강점과 약점에 관해 매우 가치 있는 정보를 제공한다. 그리고 또 리더들에게 전반적인 리더십 효과성을 개선할 수 있는 방법을 제공하기도 한다.

마지막으로 특성 연구는 조직이 리더십 훈련 프로그램을 시행하기 위해 훈련 받을 사람들을 확인하고 선발하는 데 도움을 줄 뿐만 아니라 조직 내에서 인력을 선발하고 배치할 때에도 성격평가 목록을 활용한다. 예를 들어 성실함, 외향성, 개방성 등은 판매직에 효과적인 특성이다(Frieder, Wang, & Oh, 2018). 그리고 개성, 특성은 인력을 선발 채용하여 리더십 훈련의 혜택을 누가 가장 많이 받을지 선별하는 데 사용할 수도 있다. 한 연구에 따르면 외향성, 친화성, 지적 호기심, 정서적 안정성 등은 훈련 프로그램에서 리더십 능력 개발에 대한 피훈련자의 자신에 대한 평가와 지도자의 평가 모두가 관련이 있다(Blair, Palmieri, & Paz-Aparicio, 2018). 그래서 성격 특성은 누가 어떤 직책에 적합하고 누가 리더십 개발에 가장 적합한가를 예측하는 방법을 제공한다.

2 비판

특성 연구에는 몇 가지 약점도 있다. 첫 번째로 특성 연구가 '결정적인 리더십 특성 목록'의 범위와 한계를 정하는 데 어려움이 있다. 과거 100년에 걸쳐 수많은 연구가 이루어졌지만, 연구의 결과는 모호하거나 때때로 불확실하였다. 더욱이 특성 목록에 나타난 특성의 수가 끝이 없는 것처럼 보인다. 앞의 〈표 2-1〉을 보면 명백해진다. 이 표는 많은 리더십 특성을 제시하고 있는데 이는 연구에 나타난 리더십 특성의 표본에 불과하다.

두 번째 비판은 특성 연구가 상황을 고려하지 않는다는 점이다. 70년전 Stogdill(1948)이 지적한 바와 같이 상황적 요인들의 영향을 고려하지 않고 리더의 특성인 성격 특성만을 따로 떼어 분리하기는 어렵다는 것이다. 특정한 어떤 상황에서 리더가 될 수 있는 특성(the traits that made the person a leader)을 소유한 사람이 다른 상황에서는 리더가 되지 못하는 경우도 있다. 또 어떤 시점에선 리더가 되는 데 도움이 되는 특성은 있었으나 시간이 지나 리더십 지위를 유지하게 하는 특성을 가지고 있지 않은 사람도 있다. 다시 말해서 상황은 리더십에 영향을 미친다. 그러므로 리더십이 발휘되고 있는 상황에서 보편적인 리더십 특성을 확인하는 것은 어려운 일이다.

리더의 성격 특성은 상황과 상호작용할 수 있다. 어떤 성격 특성은 조직에서 리더십 역할을 맡은 사람의 상황에 따라 다르게 작용한다. 예를 들어 어떤 일이나 경험하고 싶은 개발적 특성을 가진 사람은 첨단 기술을 기반으로 설립된 회사의 혁신적이고 활력이 넘치는 환경에서는 잘 활용할 수 있지만 판에 박힌 고정적인 일만 하는 상황에서는 정체감을 느끼게 되어 업무수행에 부정적인 영향을 미친다. 그러나 지금까지의 성격 특성 연구들은 상황의 작용을 포함하지 않는다(Zaccaro et al., 2018). 리더와 성원들 간의 관계(relationship), 팀의 특성들(team characteristics) 그리고 조직문화(organizational culture)처럼 업무수행을 향상하거나 제약하는 요인을 리더의 성격 특성 연구에 포함해야 한다.

세 번째 비판은 앞의 두 가지 비판에서도 나온 것으로, 이 연구가 가장 중요한 리더십 특성(the most important leadership traits)의 결정에서 매우 주관적인 결정을 하였다는 점이다. 리더십 특성에 관한 연구 결과가 매우 포괄적이고 광범위하므로 자료(연구 결과에서 얻은 자료)의 의미에 대한 해석이 매우 주관적이다. 이런 주관성은 실무지향적인 경영서적에서 쉽게 찾아볼 수 있다. 예를 들어, 어떤 저자는 야망이나 창의성(ambition and creativity)이 중요한 리더십 특성이라고 하는 반면, 어떤 저자는 영향력과 성취(power and achievement)가 가장 중요한 리더십 특성이라고 한다. 이 두 가지 모두 중요한 리더십 특성은 그 저자의 주관적인 경험과 관찰에 기반을 둔 것이다. 물론 중요한 리더십 특성들을 확인하고 설명해 주고 있기 때문에 리더십 서적들은 독자들에게 도움이 될 수 있다. 하지만 특성들의 목록을 만들어내는 데 사용된 방법은 매우 취약하다. 사람들은 일련의 실증 근거가 확실한 리더십 특성들(definitive traits of leaders)을 알고 싶어 한다. 이러한 요구에도 불구하고 저자들은 출처가 신뢰할 수 있는 연구에 근거하지 않더라도 특성들의 목록을 제시했다.

네 번째 비판은 리더십 특성 연구가 리더십의 성과와 관계있는 특성을 찾아보지 않았다는 점이다. 특성 연구가 효과적인 리더십에 요구되는 특성들의 확인을 강조했을 뿐 리더십 특성이 집단성원이나 그들의 업적에 어떤 영향을 미치고 있는지에 대해서는 강조하지 않았다. 연구자들은 보편적 리더십 특성(universal leadership traits)을 규명하기 위해 노력하면서 특정한 특성과 리더로 부상하는 것 간의 관계(link between specific traits and leader emergence)에 초점을 맞추었다. 그러나 그들은 '리더십 특성'과 생산성 혹은 성원들의 만족 등과 같은 '성과 변인들' 간의 관계를 규명하려는 노력을 기울이지 않았다. 예를 들어, 특성 연구는 "높은 지능과 강한 성실성을 가진 리더가 그 같은 특성이 없는 리더보다 더 좋은 성과를 만들어내고 있는가?"에 관한 연구 결과를 제공하지 않는다. 따라서 특성 연구는 "리더십 특성이 조직상황에서 집단이나 팀의 성과에 어떻게 영향을 미치는가?"를 설명하는 데 취약하다.

마지막 비판은 특성 연구는 리더십 훈련 및 개발에 제한적으로 유용하다는 점이다. 결정적인 리더십 특성을 식별했어도 그 특성을 갖도록 교육하는 것은 쉽지 않다. 특성이란 쉽게 얻을 수 있거나 변화되지 않기 때문이다. 예를 들어, 관리자에게 IQ를 높이는 훈련 프로그램에 참여하도록 하거나 그들을 내향적 성격 혹은 외향적 성격을 갖도록 훈련하는 것은 매우 불합리한 일이다. 요컨대 성격 특성은 비교적 고정된 심리구조이기 때문에 교육이나 리더십 훈련의 효과를 제한한다.

3 응용

앞에서 지적한 단점에도 불구하고 특성 연구는 리더십에 관한 중요한 정보를 제공한다. 그리고 모든 유형의 조직과 모든 계층의 사람들에게 적용할 수 있다. 비록 특성 연구가 일련의 결정적인 리더십 특성을 제공하지는 못하지만 리더십 지위에 오르고 싶을 경우 어떤 리더십 특성을 갖추어야 하는지에 대한 방향성을 제공한다. 성격 검사나 이와 유사한 검사를 통해 리더십 지위에 중요하다고 생각되는 특성이 있는지 통찰할 수 있고 자신들의 강점과 약점을 정확히 지적할 수 있다.

앞에서 논의한 것처럼 관리자는 "조직 내에서 위치와 지위를 보다 잘 유지하기 위해 무엇을 해야 하는가?"를 알아보기 위해 특성 연구에서 얻은 정보를 활용할 수 있다. 관리자 스스로의 성격 특성이 회사의 어느 분야에 가장 적합한지 알 수 있고 또 어떤 훈련을 더 받아야 하는지 알 수 있다. 자신의 특성 정보를 이용함으로써 관리자는 자신이 누구인가(어떤 특성의 소유자인가)에 대해 보다 깊은 이해가 가능하고 그 특성이 조직 내에서 다른 사람들에게 어떻게 영향을 미치게 될 것인가에 대한 이해의 폭을 넓히게 된다.

사례 연구

다음 세 개의 사례(사례 2.1, 2.2, 2.3)를 제시한다. 각각의 사례는 특성 연구를 예를 들어 설명하고 독자들이 조직 상황의 의사결정에서 특성 연구가 어떻게 활용되는가를 이해하는 데 도움을 준다. 사례들의 상황은 연구개발부를 관리하는 관리자에서부터 대규모 은행의 행원 모집부서의 책임자에 이르기까지 다양하다. 사례 모두가 리더십 특성을 다루고 있으며, 각 사례의 마지막에는 사례를 분석하는 데 도움이 되는 질문 항목을 제시한다.

사례 2.1: 연구개발부서의 신임 부장 선발

Sandra Coke는 약 1,000명의 종업원이 일하고 있는 대규모 스낵식품회사인 Great Lakes Food(GLF) 회사의 연구개발 담당 부사장이다. 최근 구조조정으로 Sandra는 연구개발부서의 신임 부장을 선발해야 한다. Sandra는 신임 부장의 직속 상사로 부장에게 직접 보고를 받고, 신임 부장은 신제품의 개발과 검사의 책임을 맡게 된다. GLF의 연구개발부서에는 200명의 종업원이 근무한다. Sandra는 최근 사장과 이사회에게 회사의 전반적인 성장과 생산성을 개선하라는 압력을 받고 있으므로 신임 부장의 선발은 매우 중요한 일이다.

Sandra는 3명의 후보자를 내정했다. 각 후보자는 동일한 관리계층에서 일하는 직원이다. 각 후보자 모두가 매우 강한 신임을 받고 있으므로 Sandra는 그들 중에서 한 명을 선발하는 데 어려움을 느낀다. 첫 번째 후보자인 Alexa Smith는 GLF의 장기 근속사원으로서 고등학교 재학 시절 우편실에서 파트타임으로 근무하였고 고등학교 졸업 후 10년 동안 10여 개의 부서에서 근무하다 최근 신제품 마케팅부의 관리자로 일한다. Alexa의 인사평가 기록을 보면 여러 기록에서 그녀가 매우 창의적이고 통찰력이 있다고 적혀 있다. GLF에 재임하는 동안 Alexa는 4개의 신제품을 개발하여 시장에 내놓았다. 그리고 Alexa는 끈기를 갖고 일 처리를 하는 사람으로 회사 전체에 널리 알려져 있다. 프로젝트가 시작되면 그것이 끝날 때까지 끈질기게 매달린다. 그녀가 참여했던 4개의 신제품 모두가 성공을 거둔 것은 아마도 그녀의 끈질긴 노력 덕분일 것이다.

두 번째 후보자는 Kelsey Metts이다. 그녀는 GLF에 5년 동안 근무 중이고 현재 기존 제품의 품질담당관리자이다. Kelsey는 매우 총명한 사람으로 평판이 나 있다. GLF에 입사하기 전 하버드 대학에서 MBA(경영학 석사)를 취득하였고 반의 수석으로 졸업하였다. 그녀의 인사평가 기록을 보면 사교성이나 인간관계 기술에서 최고 점수를 받았다. Kelsey와 함께 일하면 편안하다는 말을 하지 않는 감독자가 없을 정도이다. GLF에 입사한 이래로 Kelsey는 두 개의 신제품 계열을 시장에 내놓는 데 중요한 역할을 했다.

세 번째 후보자 Thomas Santiago는 GLF에서 10년 동안 근무하고 있고 회사의 전략 계획이나 회사의 방향설정에 관해 경영진에게 종종 자문받는다. Thomas는 GLF의 비전을 수립하는 데 많은 노력을 기울였으며 적극적으로 회사의 사명을 홍보한다. Thomas의 인사평가에 적힌 뛰어난 점은 정직성과 성실성이다. Thomas 밑에서 일했던 사람들은 그가 공정하고 일관성 있는 사람이라고 거리낌없이 말한다. Thomas는 GLF에서 존경받는 인물이고 회사에 재임하는 동안 3개의 신제품 라인 개발에 참여했다.

Sandra Coke가 직면한 과제는 신임 부장자리에 가장 적합한 인물을 선발하는 일이다. 고위 경영층에게 받는 압력 때문에라도 Sandra는 최적의 리더를 선발해야 한다.

질문

〈표 2-1〉과 〈표 2-2〉에 제시된 특성 연구 정보를 근거로 하여 다음 질문에 답하시오.

01 Sandra는 어떤 후보자를 선발해야 하는가?

02 선발 과정에서 특성 연구가 어떻게 도움이 되는가?

03 이 사례에서 알 수 있는 특성 연구의 약점은 무엇인가?

사례 2.2: 은행을 위한 모집선발

Pat Nelson은 Central Bank의 채용을 담당하는 인사 부국장이다. Pat의 주된 업무는 매년 봄에 가능한 많은 대학 캠퍼스를 방문하여 졸업예정자들과 취업 면담을 갖고 본점에 있는 대출고객 신용 분석 부서에서 근무할 직원을 모집하는 것이다. Pat은 매년 약 20명 정도의 신입사원을 모집하며 대부분 같은 학교 출신이다.

Pat은 10년 이상 채용 업무에 종사하고 있으며 일을 매우 즐긴다. 그러나 다가오는 봄부터는 채용대상자를 세밀히 관찰하여 추천해야 하기 때문에 상위관리자가 더 많은 압박을 한다. 최근 신규 채용자의 25%가 은행을 떠나고 있으므로 상위관리자들은 직원의 근속연수에 많은 관심을 기울인다. 채용 1년 후 퇴직은 그 동안의 훈련비용 손실뿐만 아니라 남아 있는 직원의 근무 의욕을 저하시킨다. 고위 관리자도 일반적으로 신입 행원들의 이직률이 높다는 것을 이해하고는 있지만 현재의 이직률을 주시하며 채용 및 채용절차에 의문을 품기 시작했다.

은행은 고위 계층의 리더십 직위에 승진 후보가 될 수 있는 사람을 채용하고 싶어 한다. 신용 분석 부서 신입직원은 업무수행에 요구되는 특정한 능력을 갖추고 있어야 하지만 은행은 신입자들이 경력을 쌓아감에 따라 고위 관리직으로 승진될 수 있는 자질이 있는지 여부에도 관심이 있다.

채용 과정에서 Pat은 다음과 같은 특성을 가진 사람들을 찾았다.

① 강력한 대인관계 기술을 가지고 있어야 하고 자신감이 있어야 하며 침착함과 진취성이 필요하다.

② 은행업은 신용에 의해 유지되기 때문에 기밀(개인정보)의 중요성에 대한 인식을 포함하여 윤리 의식이 필요하다.

③ 은행 업무를 위해서는 컴퓨터 활용 경험은 물론 분석 기술과 사무 기술이 출중해야 한다.

④ 직업윤리와 직무에 대한 헌신성이 있어야 하며 어려운 상황에서도 직무를 스스로 수행하는 자발성이 있어야 한다.

Pat은 Central Bank의 리더로 성장할 수 있는 인재를 비교적 잘 선발했다고 확신한다. 그러나 상위관리자들은 채용기준을 다시 평가하라고 말한다. 그는 지금까지 채용업무를 잘 수행했다고 생각했지만, 자신의 채용 방식에 의문을 품기 시작했다.

질문

특성 연구에서 제시한 아이디어를 근거로 하여 다음 질문에 답하시오.

01 Pat은 채용하려는 사람들에게서 적절한 특성을 찾았다고 생각하는가?

02 상위관리자들이 제기한 근속의 문제가 Pat의 채용기준과 관련이 있다고 생각하는가?

03 만약 Pat의 입장이라면 채용 방식을 어떻게 바꾸겠는가?

사례 2.3: ELON MUSK

Elon Musk는 12세 때 첫 번째 제품을 만들어서 판매하였다. 그가 만든 비디오 게임 Blaster는 대기권 유성과 관련된 산업 창업자로서의 Musk 경력의 시작이었다. 이후 전기자동차부터 우주여행, 대체에너지까지 모든 것에 손을 대기 시작한다.

Musk는 엔지니어이자 캐나다인 모델의 아들로 남아프리카에서 자랐다. 초등학교 시절 Musk는 내향적이었고 가끔은 따돌림을 당하기도 했다. 그러나 15세 때 가라데와 레슬링을 배워 자신을 방어하는 법을 알게 되었다. 17세 때 대학에 다니기 위해 캐나다로 이주하였고 3년 후에는 캐나다를 떠나 미국의 펜실베니아대학교에 입학하여 경제학과 물리학에서 학위를 취득하였다. 1995년에 스탠퍼드대학교의 에너지 물리학과 박사과정을 시작했지만 이틀만에 형제인 Kimbal과 함께 첫 번째 회사인 ZIP2를 창립하면서 중퇴했다. ZIP2는 온라인상에서 뉴욕타임스와 Chicago Tribune과 같은 회사 웹사이트에 콘텐츠를 제공했다.

4년 후 Compaq Computer Corporation 사는 ZIP2를 3억 7백만 달러에 인수했다. Musk 형제는 온라인 금융 서비스 회사인 X.com을 설립하였고 이 회사는 이후에 PayPal 사가 되었다. 3년 후 eBay는 PayPal을 15억 달러에 매입한다.

이제 억만장자가 된 Musk는 상업적 우주여행을 위해 재활용이 가능한 우주선을 제작하기로 하고 2002년에 우주 탐험 기술회사 SpaceX를 설립하였다. SpaceX를 설립하고 1년 후 Musk는 Tesla Motors의 공동 창업 CEO와 제품 설계자가 되었으며, 저렴한 대중 시장용 전기차와 배터리 제품 및 솔라 루프(Solar roof) 생산에 전념하였다. 이 외에도 교통량을 줄이기 위해 지하터널을 건설하는 Boring사 설립, 비영리적 연구 조직인 OpenAI의 공동의장이 되어 인류에게 유익이 되는 디지털 지능의 발달 추구 그리고 하이퍼루프(Hyperloop) 개발을 통해 편리한 형태의 도시 간 교통 시스템 구축과 같은 부가적인 몇 가지 사업을 시작했다.

초기 사업과 달리 SpaceX와 Tesla는 상당히 도전적인 사업이었다. 2008년 Musk가 책임 설계한 SpaceX의 Falcon 1 로켓발사가 세 번의 실패를 겪은 다음 최종적으로 성공한 이후 자금은 거의 바닥이 났다. 그러는 동안 Tesla는 차량 개발과정에서 과속방지턱 충돌과 자금 대량 유출로 인하여 투자자들의 신뢰를 잃었고, 소비자들 또한 차량을 받기까지 오랜 기다림에 대한 불만이 쏟아졌다.

Musk는 어린 시절 따돌림을 당해 어려움을 겪었던 것처럼 위기에 직면했다. 하지만 그는 "리더는 자신에게 보고를 올리는 부하보다 더 열심히 일해야 하고 그들의 필요를 리더의 필요보다 먼저 처리하는 모범을 보여야 한다."라고 말했다(Jackson, 2017). SpaceX에서 Musk는 계속 혁신을 추구하여 많은 1급 로켓을 완성하였고 발사 후 안전하게 위성에 착륙하였다가 안전하게 지구에 귀환하는 로켓, 물품을 국제 우주 정거장에 운송하는 로켓, 무거운 탑재량을 운반할 수 있는 로켓 개발 등과 같은 놀라운 성과를 달성했다. 2019년까지 SpaceX는 120억 달러에 달하는 6천 건 이상의 운송 계약을 체결하였다. SpaceX의 궁극적인 목표는 행성 간 생명체를 육성하는 것이며 2022년에는 화성으로 화물 운송을 계획하고 있다(Space Exploration Technologies Corp., 2020).

많은 사람들은 SpaceX의 성공비결을 회사 성장에도 불구하고 수평적 조직 구조를 그대로 유지하고 초창기의 정신과 감정을 유지하는 통합된 조직 문화에 있다고 말한다. SpaceX의 한 엔지니어는 "믿을 수 없을 정도로 놀라운 곳이다. 여기는 사람과 사람 간에 큰 유대감이 있고 모두의 마음속에 같은 목표가 있다. 모든 사람이 제품을 성공적으로 제공하기 위해 매우 열심히 일한다. 출시까지 모든 일이 완결되어 정점에 도달하였을 때 놀라운 일이 아닐 수 없다."라고 말한다(Mind & Machine, 2017).

SpaceX의 인적자원관리부서의 전임 책임자였던 Dolly Singh는 "Musk가 만든 것은 사람들이 그의 비전을 믿게 만드는 능력이다."라고 말한다(Snow, 2015). SpaceX의 초창기 엔지니어였던 Jim Cantrell은 "Musk는 내가 만난 사람 중에서 가장 현명하고 영리한 사람이다. 그동안 나는 수많은 영리하고 현명한 사람들을 만났고 함부로 가볍게 말하는 사람이 아니다. 그는 놀라운 사람이고 우연히 성공한 사람이 아니다."(Feloni, 2014)라고 덧붙여 말했다.

Tesla를 되돌리기 위해서 Musk는 옷소매를 걷어붙였다. Model 3의 생산이 4년이나 뒤처진 Tesla는 투자자와 업계분석가의 엄격한 시선을 받았다. 납품의 마감일을 여러 차례 지키지 못하게 된 후 Musk는 2018년 4월에 조직을 개편하고 엔지니어링 부서의 책임자를 맡아서 부서 활동을 두루 살폈다. 2018년 Musk는 Twitter에 "생산 목표를 충족하기 위해서는 분할과 정복을 할 때가 되었다. 나는 공장으로 돌아가 취침하려고 한다."라고 게시글을 작성했다. 2018년 6월 말까지 Tesla는 Model 3 자동차를 5,000대 생산한다는 목표를 달성하였고 또 다른 자동차 Model S세단과 Model X SUV 2,000대를 대량 생산했다(Sage & Rodriguez, 2018).

Musk는 실리콘 밸리에서도 틀에 박히지 않은 자유로운 사람으로 묘사된다. 그는 파산에 대한 농담이나 레드와인과 Ambien(불면증 치료 약물)을 혼합하는 방법에 이르기까지 트위터를 통해 적극적으로 소통한다. 잡지 표지를 장식하고 토크쇼에 출연했으며 애니메이션 심슨(The Simpsons)과 사우스 파크(South Park)에 출연하기도 했다. Musk 특유의 유머 감각은 자신의 빨간 테슬라 로드스터 스포츠카(Tesla Roadster sportcar)를 최초의 SpaceX Falcon Heavy 로켓 꼭대기에 실어 우주로 발사하는 데에서 엿볼 수 있다.

하지만 그의 변화무쌍한 행동은 골칫거리이기도 하다. 실적 발표에서 Musk가 투자자와 재무 분석가들을 향해 돌대가리 바보 같은 건조한 질문이라면서 대답을 회피하고 비난했을 때 Tesla의 주가는 10% 하락하였다(Davies, 2018). 태국의 침수된 동굴에서 코치와 함께 갇혀있는 12명의 축구선수를 구조하기 위한 도움을 주려는 Musk의 노력이 자신을 널리 알리기 위한 것이라고 비판받았을 때 그는 구조를 위해 물속으로 뛰어들었던 한 사람을 아동성애자라고 트위터를 통해 비난하기도 했다(Levin, 2018).

2018년 8월 Musk는 트위터에 Tesla를 비공개 회사로 전환하는 것을 고려하고 있으며 그러기 위해선 기금이 필요하다고 글을 작성했다. 그 결과 Tesla의 주가는 즉시 치솟았다. 그리하여 미국 증권거래위원회(Securities and Exchange Commission)의 주목을 받게 되어 조사를 받았고 Musk는 2천만 달러의 벌금을 내게 되었다. 이 일이 있고 약 2주 후 Musk는 뉴욕타임스와 인터뷰를 하였는데 웃고 울고를 반복하여 그 인터뷰를 본 많은 사람은 그의 정신상태에 의문을 갖게 되었으며, Tesla의 투자자들은 그들의 보유 주식을 매각하는 분위기가 만들어졌다(Crum, 2018).

인터뷰가 있고 얼마 후 Musk는 마음을 바꾸어 Tesla는 계속 주식회사로 남아있겠다고 말하였고 Joe Rogan Experience 팟캐스트에 참여하는 모습을 보임으로써 이 같은 결정을 유지하고 있다는 것을 보여주었다. 그는 팟캐스트에 출연해 마리화나가 가미되었다고 알려진 담배를 피웠다(Davies, 2018).

그의 형제이고 Tesla 이사회의 구성원인 Kimbal Musk는 뉴욕타임스와의 인터뷰에서 “Musk가 드라마 각본처럼 끌리는 이유는 그가 매우 투명한 사람이고 개방적이기 때문이다. 그는 다르게 행동할 줄 모르는 사람이다. 오로지 보이는 모습 그 자체가 Musk이다.” (Gelles, 2018)라고 말했다.

2018년에 모든 계획된 일이 끝나고 2019년에 Tesla가 어떻게 될지 우려가 컸다. 하지만 Tesla는 2019년 기록적인 주가인 주당 400달러 이상으로 뛰어오르며 성공적으로 마감했다.

한 분석가는 “작년의 트위터 자금 조달 사건을 통해 Musk는 냉정하게 스스로를 되돌아 보았고 상황은 반전됐다.” 라고 말했다. 그리고 “Tesla의 주식은 작년 하반기 최고 실적을 올린 회사 중 하나이고 Musk는 미국 증권거래위원회의 규제를 받고 팟캐스트에서 대마초와 같은 것을 피우거나 누군가를 아동성애자라고 불러도 아직 700억 달러 규모의 회사를 운영하고 있다는 것이 그 증거다.”(Crum, 2018)라고 말했다.

질문

01 Musk의 주된 리더십 성격 특성(표 2-2 참조)은 어떻게 나타나고 있는가? 특성 중 그가 가진 가장 강한 성격 특성과 약한 성격 특성은 무엇이라고 생각하는가?

02 Musk가 5대 성격 요인 중 어떻게 보이는지 설명하라. 이들 요인 중 어느 것이 Musk의 리더로서의 성공과 가장 상관관계가 있다고 생각하는가?

03 Shankman과 Allen(2015)은 정서적인 지능을 가지고 있는 리더는 상황 여건, 자신 그리고 다른 사람들을 의식한다고 주장한다. 세 가지 측면에서 Musk의 정서적 지능을 어떻게 특성화할 수 있는가?

04 리더십 성격 특성에 기반을 두고 리더십 훈련 프로그램을 계획하라는 요구를 받는다면 Musk와 그의 리더십 관련 이야기를 기반으로 어떻게 훈련 프로그램을 구성하겠는가? Musk의 리더십 특성 중 어떤 리더십 성격 특성이 상대적으로 더 가르치기 쉬운가? 이에 대해 토론해 보시오.

리더십 측정 도구

개인의 성격 특성을 측정하기 위해 조직에서 사용하고 있는 설문지는 매우 광범하고 다양하다. 많은 조직에서 MMPI(Minnesota Multiphasic Personality Inventory)나 MBTI(Myers–Briggs Type Indicator) 등과 같은 표준화된 성격 측정 도구를 사용한다. 이들 측정 도구들은 개인이나 조직에 매우 가치 있는 정보를 제공한다.

개인 특유의 속성은 무엇인가? 개인은 조직의 어느 부서에서 조직을 위해 가장 잘 봉사할 수 있는가와 같은 정보를 준다. 여기에서는 리더십 특성 측정 설문지(Leadership Traits Questionnaire: LTQ)를 개인의 리더십 특성을 측정하기 위한 측정 도구의 한 예로 제시하였다. LTQ는 리더 개인의 지각과 그 리더의 부하나 동료와 같은 특정 관찰자들의 지각을 계량화한다. 이 측정 도구는 개인의 성격 특성을 측정하여 특별히 강한 측면과 약한 측면을 제시한다.

LTQ 측정을 통하여 성격 측정치가 리더십 특성의 측정을 위하여 어떻게 활용될 수 있는가에 대해 이해할 수 있다. 그리고 스스로 리더십 특성을 측정해 볼 수 있다.

리더십 특성 측정 설문지(LTQ)

작성 요령: 이 설문지는 개인의 리더십 특성을 측정하기 위한 것이다. 리더 자신이 작성하거나 그 리더를 친숙하게 알고 있는 개인이 작성해야 한다. 다음에 제시된 각 형용사와 문장이 그 리더를 어느 정도로 잘 설명하고 있는지 1부터 5까지의 숫자 중 해당하는 숫자 위에 ○표를 하여라. 각 숫자는 당신의 생각에 대한 강도를 나타낸다. 이 설문지를 6부 만들어 당신과 당신이 잘 알고 지내는 다른 다섯 사람이 작성하도록 해 보자. 다음 설문은 리더십에 대한 시각과 리더십의 여러 측면을 어떻게 인식하고 있는가를 탐색하기 위한 것이다.

Key: **1**=전혀 그렇지 않다 **2**=그렇지 않다 **3**=보통이다 **4**=그렇다 **5**=전적으로 그렇다

01	**설명(표현)이 명확한:** 다른 사람들과 효과적으로 의사소통을 한다.	1 2 3 4 5
02	**지각력이 날카로운:** 식별력이 있고 통찰력이 있다.	1 2 3 4 5
03	**자신감 있는:** 자기 자신이나 자신의 능력을 믿는다.	1 2 3 4 5
04	**침착한:** 의심이 없고 확신에 차 있다.	1 2 3 4 5
05	**지속적이고 끈질긴:** 방해에도 불구하고 목표에 집착한다.	1 2 3 4 5
06	**결심이 굳고 단호한:** 확고한 입장을 취하고 확실하게 행동한다.	1 2 3 4 5

07 **신뢰할 수 있는:** 믿음직스럽게 행동한다. 1 2 3 4 5

08 **믿을 만한:** 일관성이 있고 신뢰할 만하다. 1 2 3 4 5

09 **친절한:** 친절과 온화함을 보인다. 1 2 3 4 5

10 **사교적인:** 스스럼없이 대화하고 다른 사람들과 잘 지낸다. 1 2 3 4 5

11 **면밀한:** 철저하고 조직적이며 감정을 잘 통제하며 신뢰할 수 있고 결단력이 있다. 1 2 3 4 5

12 **근면한:** 열심히 일하고 끈기가 있다. 1 2 3 4 5

13 **감수성이 강한:** 관용을 보이고, 재치가 있으며 동정적이다. 1 2 3 4 5

14 **감정이입하는:** 다른 사람의 입장을 이해하고 공감한다. 1 2 3 4 5

채점 결과의 해석

LTQ에서 얻은 점수는 당신이 자신을 어떻게 보고 있는가에 대한 정보와 다른 사람이 리더인 당신을 어떻게 보고 있는가에 대한 정보를 제공한다. 다음 표의 예시를 통해 당신의 생각이 다른 사람들과 어디에서 같으며 어디에서 차이가 있는지 확인할 수 있다.

	R1	R2	R3	R4	R5	평균	자신
1. 설명(표현)이 명확한	4	4	3	2	4	3.4	4
2. 지각력이 날카로운	2	5	3	4	4	3.6	5
3. 자신감 있는	4	4	5	5	4	4.4	4
4. 침착한	5	5	5	5	5	5	5
5. 지속적이고 끈질긴	4	4	3	3	3	3.4	3
6. 결심이 굳고 단호한	4	4	4	4	4	4	4
7. 신뢰할 수 있는	5	5	5	5	5	5	5
8. 믿을 만한	4	5	4	5	4	4.4	4
9. 친절한	5	5	5	5	5	5	5
10. 사교적인	5	4	5	4	5	4.6	4
11. 면밀한	2	3	2	3	3	2.6	4
12. 근면한	3	3	3	3	3	3	4
13. 감수성이 강한	4	4	5	5	5	4.6	3
14. 감정이입하는	5	5	4	5	4	4.6	3

R1~R5는 5명의 사람들이 표시한 값을 써넣고, 이 값의 평균을 계산한 것이다.

설문지가 제시하고 있는 3개의 특성(01, 02, 03)에 대한 점수를 예로 들어 설명하면 이 설문지가 어떻게 활용될 수 있는지 이해하는 데 도움을 준다. 예를 들어, 첫 번째 특성 '설명(표현)이 명확한' 경우 리더는 자신을 다른 사람들이 평가한 것보다 매우 더 높게 평가한다. 그리고 두 번째 특성 '지각력이 날카로운'도 리더는 자기 자신을 다른 사람들보다 매우 높게 평가한다. 그리고 또 세 번째 특성 '자신감 있는' 경우 자신의 측정이 다른 사람들의 측정보다 상대적으로 낮다.

설문지에 최선의 답 혹은 정답은 없다. 이 측정 도구의 목적은 당신의 강점과 약점을 측정하는 방법을 제공하는 것이며, 당신의 생각이 다른 사람의 생각과 같은 것과 다른 것이 무엇인지 평가하기 위함이다.

요약

특성 연구는 위대한 리더가 되게 하는 특별한 특성을 가지고 태어난다는 리더십 이론에 뿌리를 둔다. 리더와 비리더는 일련의 보편적 특성(a universal set of traits)에 의해 구분될 수 있다고 믿었기 때문에 20세기 100년에 걸쳐 연구자들은 결정적인 리더 특성을 확인해야 한다는 도전에 직면하였다.

20세기 중반에 와서 몇 개의 중요한 연구에서 "일련의 특별한 특성이 리더십을 한정한다"는 기본 전제에 의문이 제기되었다. 그 결과로 연구의 관심이 리더의 특성과 리더십에 영향을 미치는 하위자들의 역할과 상황의 영향을 결합시키는 방향으로 이동하게 되었다. 따라서 연구자들은 리더의 특성에만 초점을 맞추는 대신 리더와 리더십 상황 간에 일어나는 상호작용(interactions that occur between leaders and their context)을 연구하기 시작하였다. 최근에 와서는 특성 연구가 한 바퀴 돌아 다시 나타나는 징후를 보인다. 리더십 효과성에 결정적인 영향을 미치는 리더십 특성에 초점을 맞춘 연구에 대한 새로운 관심이 고조되고 있기 때문이다.

개인의 특성에 관해 수년에 걸쳐 실시된 수많은 연구에서 많은 특성이 리더십에 공헌한다는 사실이 명백해졌다. 많은 연구에서 일관되게 확인된 중요한 리더십 특성들은 지능(intelligence), 성실성(integrity), 사교성(sociability) 등이다. 이 같은 특성들은 많은 다른 특성 중에서 우리가 소위 훌륭한 리더라고 부르는 사람들의 특성들이다. 이에 더하여 연구자들은 리더십과 5요인 성격 모형(the five factor personality model)에 의해 설명되고 있는 성격 특성들 간에 강한 상관관계가 있다는 것을 발견하였다. 외향성(extraversion)은 리더십과 가장 강력한 관계를 가진 성격 특성이고 이어서 성실성, 개방성, 동조성 및 신경증적 성질도 리더십과 관련성이 있다.

그러나 신경증적 성질은 리더십과 부정적인 관계를 보인다. 또 하나의 최근 연구는 정서 지능과 리더십 간의 관계에 초점을 맞춘다. 이 연구에 의하면 자신의 정서에 민감한 리더, 그리고 자신의 정서가 다른 사람들에게 미치는 영향에 대해 민감한 리더는 보다 더 효과적인 리더가 될 수 있다.

실무수준에서 특성 연구는 "리더는 어떤 특성을 보이고 있는가?" 그리고 "누가 그 같은 특성을 가지고 있는가?"에 관심을 갖게 한다. 그래서 조직들은 성격 측정 도구를 도입하여 개인들을 어떻게 적재적소에 배치할 수 있는가를 확인하려고 한다. 그리고 특성 연구는 조직인력의 특성을 파악하고 인력개발을 위해서도 활용된다. 인력의 강점과 약점을 분석할 수 있도록 해주고 또 리더십 효과성을 높이기 위해 변화를 어떻게 시도해야 하는가에 대한 보다 더 명확한 이해를 가능하게 해준다.

리더십을 특성 연구의 관점에서 보는 데서 오는 몇 가지 유익한 점이 있다.

① 특성 연구는 직관적으로 흥미를 끈다. 그것은 우리의 생각, 즉 "리더들은 남들보다 훨씬 앞서가는 사람들이고 우리 사회에서 우리를 인도하는 사람들이란 생각"과 잘 조화되기 때문이다.

② 이 같은 시각의 원리를 검증한 수많은 연구가 그것을 뒷받침한다.

③ 리더십 과정의 구성 요소 중 하나인 리더에만 초점을 맞춤으로써 리더십 과정에서 리더에 대한 보다 깊은 이해를 제공한다.

④ 특성 연구는 자신들의 개인적인 리더십 속성(특성)을 평가하는 데 기준이 되는 기준점을 제공한다.

특성 연구는 결정적인 리더십 특성 목록의 한계를 정하는 데 어려움이 있다는 부정적인 측면이 있다. 그리고 리더의 특성들을 분석하는 데 있어서 리더십 상황의 영향을 고려하지 않는다. 그 밖에도 특성 연구는 가장 중요한 리더십 특성들의 목록이 주관적이므로 이러한 목록이 크게 신뢰할 만한 연구에 근거하지 않고 있다. 더욱이 특성 연구는 '리더의 특성'과 '집단(팀) 업적과 같은 성과(효과성)' 간의 상관성 연구를 하지 않았다. 마지막으로 이 연구는 리더십 훈련이나 개발을 위한 유용성이 낮다. 개인적 속성은 비교적 안정적이고 고정적이어서 성격 특성은 쉽게 변화시킬 수 없기 때문이다.

CHAPTER 3

리더 역량 연구

- 서술
- 세 가지 기본적 관리 기술 연구
- 역량 모형
- 리더 역량 연구의 효용
- 강점, 비판, 응용
- 요약

서술

앞 장에서 논의된 리더 특성 연구와 마찬가지로 리더 역량 연구(the skills approach)도 리더십을 리더 중심 관점(a leader-centered perspective)에서 보는 접근법이다. 그러나 리더 특성 연구는 연구의 초점을 리더의 타고난 특성, 즉 비교적 고착화된 성격 특성 연구에 두었으나 리더 역량 연구는 학습하고 개발할 수 있는 리더의 역량이나 능력에 초점을 둔다. 물론 확실히 리더의 성격도 리더십 발휘에 중요한 역할을 하지만 리더의 지식과 능력, 즉 리더의 역량도 효과적인 리더십 발휘에 중요하게 작용한다는 것이 리더 역량 연구의 관점이다.

리더 역량 연구는 많은 학자나 연구자에 의해 오랫동안 직접 혹은 간접적으로 연구되고 있다(Bass, 2008, pp. 97-109). 그러나 리더 역량 연구를 촉진한 것은 1955년 Harvard Business Review에 게재된 "효과적인 관리의 기술(Skills of an Effective Administrator. by Robert Katz)"이란 제목의 고전 논문이었다. Katz의 논문이 발표되었을 당시는 많은 연구자가 결정적인 리더 특성들을 확인하려는 노력이 한창이었다. 따라서 Katz의 접근법은 리더십 연구를 개발 가능한 리더 역량에 초점을 맞춤으로써 리더 특성 연구의 문제점을 극복하기 위한 시도였다. 최근 리더 역량 연구가 다시 주목 받고 있다. 1990년대 초에 많은 새로운 연구 결과들이 발표되기 시작하였는데 "리더십 효과성은 복잡한 조직문제들을 해결하는 리더의 역량에 달려 있다"고 주장하였다. 이 같은 연구들의 결과로 '리더 역량을 바탕으로 한 포괄적인 리더십 모형(a comprehensive skills-based model of leadership)'이 개발되었다(Mumford, Zaccaro, Harding, Jacobs, & Fleishman, 2000; Yammarino, 2000).

이 장에서는 리더 역량 연구에 대한 논의를 두 가지로 구분한다. 첫째로 세 가지 기본 관리 기술, 즉 전문적 기술(technical skill), 인간관계 기술 (human skill), 개념적 기술(conceptual skill)을 살펴보고, 그 다음으로 Mumford와 그의 공동연구자들에 의해 새롭게 개발된 리더십의 역량 모형(a new skill-based model of organizational leadership)을 살펴본다.

세 가지 기본적 관리 기술 연구

경영관리자들의 경영활동을 경영 현장에서 직접 관찰한 연구에 기초하여 Katz(1955)는 다음과 같이 말한다.

효과적인 경영관리(리더십)는 경영자(리더)가 가지고 있는 세 가지 기본 기술(전문적 기술, 인간관계적 기술, 개념적 기술)에 달려 있다.

Katz는 경영관리자의 역량은 리더의 성격 특성이나 인품과는 매우 다른 차원이라고 주장한다. 여기서 기술이 의미하는 것은 리더가 습득할 수 있는 것을 의미하고 성격 특성이란 리더가 어떤 성격의 사람인가(리더의 타고난 특성)를 의미한다. 이 장에서는 리더십 기술을 조직의 목표를 달성하기 위하여 자신의 지식이나 역량을 활용하는 능력이라고 정의한다. 따라서 리더십 기술은 습득될 수 있고 훈련을 통해서 개발될 수 있다.

1 전문적 기술

전문적 기술은 구체적인 작업이나 활동에 관한 지식이고 숙련도이다. 따라서 전문적 기술은 어떤 특정한 전문 영역에서 요구되는 지식과 능력이고 분석 능력이다. 그리고 적절한 도구 및 기법을 활용할 수 있는 능력이기도 하다(Katz, 1955). 예를 들어, 컴퓨터 소프트웨어 회사에서 전문적 기술이란 소프트웨어 언어와 프로그래밍 지식, 회사 소프트웨어 제품 지식, 제품 작동 지식 등을 의미한다. 마찬가지로 회계법인에서의 전문적 기술은 회계감사를 위한 일반적인 원칙들을 이해하고 적용하는 능력을 의미한다. 두 가지 사례 모두 전문적 기술은 조직의 제품 지식이나 작업 과정의 실무에 직접 참가하는 활동을 수반한다. 그래서 전문적 기술은 실제 제품이나 서비스 생산에 필수적인 역할을 한다.

〈그림 3-1〉과 같이 전문적 기술은 하위 관리계층과 중간 관리계층에 가장 중요한 기술이고 상위 관리계층에는 비교적 덜 중요하다. CEO, 사장, 고위경영자 등 최고위 계층의 리더에게

는 이 같은 전문적 기술이 하위 계층의 리더들만큼 필수적이지 않다. 사실 최고위 계층의 리더들은 운영상의 전문적 기술 문제 해결을 그 분야에 능숙한 하위자들에게 의존하기 때문이다.

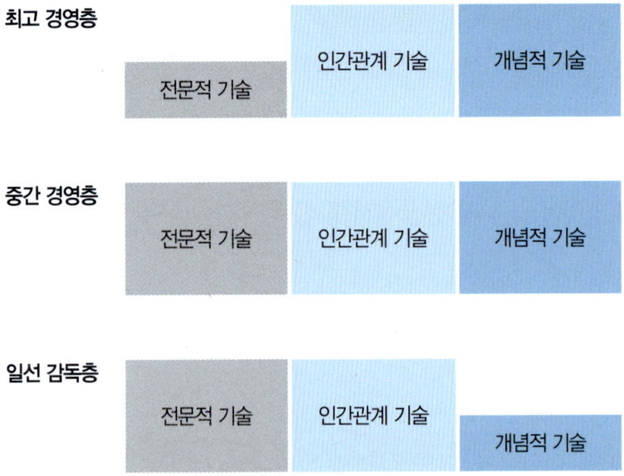

그림 3-1 조직의 관리계층에 요구되는 관리 기술

출처: "Skills of an Effective Administrator," by R. L. Katz, 1955, Harvard Business Review, 33(1), pp. 33-42.

2 인간관계 기술

인간관계 기술(human skill)이란 사람들과 더불어 일하는 데 요구되는 인간관계에 대한 지식과 사람들과 더불어 일을 할 수 있는 능력이다. 인간관계 기술은 전문적 기술과는 매우 다른 차원의 기술이다. 전문적 기술은 사람이 아닌 사물과 관련된 기술이고 인간관계 기술은 사람과 관련된 인간 기술이기 때문이다(Katz, 1955). 그래서 인간관계 기술은 리더가 부하, 동료 및 상사와 함께 효과적으로 협력하여 조직의 목표를 성공적으로 달성할 수 있도록 도움을 주는 기술이다. 인간관계 기술은 집단성원들이 공동 목표를 위해 하나의 집단으로 협력하여 일하도록 도움을 준다.

Katz에 따르면 인간관계 기술이 내포하고 있는 의미는 어떤 현안에 대한 자기 자신의 시각과 동시에 다른 사람들의 시각을 감지할 수 있는 능력이라는 것이다. 따라서 인간관계 기술을 가지고 있는 리더는 자기 생각이나 아이디어를 다른 사람의 것과 조화 및 적응시킬 수 있는 사람이다. 더 나아가 신뢰의 분위기를 조성하고 구성원들이 편안함과 안정감을 느끼며 일할 수 있도록 하고, 구성원 자신에게 영향을 미치게 될 일들을 계획하는 과정에 구성원들이 참여하도록 독려한다. 그래서 인간관계 기술을 가진 리더가 된다는 것은 곧 다른 사람들의 욕구나 동기유발에 민감하게 대응한다는 의미이며, 의사결정에 다른 사람들의 의견이나 요구를 고려한다는 의미이다. 요약하자면 인간관계 기술은 직무 수행과정에서 다른 사람들과 더불어 업무를 추진해가는 능력이다.

〈그림 3-1〉에서 보는 바와 같이 인간관계 기술은 세 가지 관리계층 모두에서 중요하다. 낮은 계층의 관리자들이 훨씬 더 많은 수의 종업원들과 의사소통을 하겠지만 중간 관리계층이나 상위 관리계층의 관리자들에게도 인간관계 기술은 매우 중요하다.

3 개념적 기술

대체로 개념적 기술(conceptual skill)은 아이디어나 개념과 관련된 능력이다. 전문적 기술이 사물이나 문제를 다루는 기술이고 인간관계 기술이 사람을 다루는 기술이라면 개념적 기술은 개념, 착상, 비전, 계획 등과 같은 아이디어와 관련된 능력이다. 개념적 기술을 가진 리더는 조직의 계획과 거기에 따른 복잡한 사항들을 해결하기 위한 아이디어를 스스럼없이 제시하는 사람이고, 조직의 목표를 설득력 있는 말로 표현하는 데 능숙하며, 조직 경영에 영향을 미치게 될 경제원칙들을 이해하고 그것을 구체적인 말로 표현하는 사람이다. 그리고 개념적 기술을 가진 리더는 추상적 개념과 가정적 추론이 요구되는 일을 쉽게 처리하는 사람이다.

따라서 개념적 기술은 조직의 비전을 창안하고 계획을 수립하는 데 핵심 역할을 한다. 예를 들어 고군분투하고 있는 제조회사의 CEO가 새로운 제품라인을 개발하여 성공적으로 회사의 수익성을 높인다는 비전을 명확하게 표명하는 것은 개념적 기술을 발휘하는 행동이다. 마찬가지로 비영리 보건의료조직의 관리자가 자원이 희소한 시장에서 영리 보건의료조직과의 성공적 경쟁을 위한 전략 계획을 수립하는 것도 개념적 기술을 발휘하고 있는 것이다. 두 가지 사례의 요점은 개념적 기술은 조직의 현안문제, 즉 정책 이슈의 의미를 구체화하는 것과 관련이 있다. 회사의 존재목적은 무엇이고, 현재 조직이 어디쯤 와 있으며, 어느 방향으로 가야 하는지에 대한 이해능력이다.

〈그림 3-1〉을 보면 개념적 기술이 최고위 경영층에 매우 중요하다는 것을 알 수 있다. 상위 계층의 관리자들이 탄탄한 개념적 기술을 가지고 있지 않으면 조직 전체를 위험에 처하게 할 수 있다. 그리고 개념적 기술은 중간 경영층에게도 역시 중요하다. 하위계층으로 내려갈수록 개념적 기술은 상대적으로 덜 중요하다.

4 세 가지 기본적 관리 기술 연구의 요약

요약하자면 세 가지 기본적 관리 기술 연구는 전문적 기술, 인간관계 기술, 개념적 기술에 관한 연구이다. 리더가 세 가지 기술을 모두 갖고 있는 것은 매우 중요하다. 그러나 관리계층의 위치에 따라 어떤 기술은 다른 기술보다 더 중요하고 덜 중요할 수 있다.

1950년대 중반 Katz의 연구는 리더십을 관리 기술의 관점에서 개념화하려는 시도였다. 그러나 1990년대 중반에 와서야 실증적 연구가 이루어졌고 실증연구에 기초한 관리 기술 연구는 리더십 연구의 한 영역으로 인정받게 되었다. 다음 절에서는 리더십의 포괄적인 역량 모형을 설명한다.

역량 모형

1990년대 초부터 미국 육군과 국방부의 연구비 지원을 받아 조직에서 문제해결 능력에 기초한 포괄적인 리더십 이론(a comprehensive theory of leadership based on problem-solving skills)을 시험하고 개발하기 시작하였다. 이 연구는 육군 소위부터 대령에 이르는 여섯 계급의 장교 1,800명 이상을 표본으로 하여 여러 해에 걸쳐 진행되었다. 이 연구 프로젝트에서 다양하고 새로운 측정 및 도구를 사용하여 장교들의 역량, 경험 그리고 그들이 일하고 있는 상황을 분석하였다.

연구원들의 주된 목적은 리더의 효과적인 업적을 가능하게 한 기본 요인이 무엇인지 설명하는 데 있다. 연구원들은 다음과 같은 질문에 초점을 맞추었다. 어떤 리더는 훌륭한 문제해결사인 데 반해 다른 리더는 그렇지 못한 이유가 무엇인가? 높은 업적의 리더들은 구체적으로 어떤 역량을 발휘하는가? 리더들의 개인 특성이나 경력상의 경험 및 환경적(상황적)인 영향이 집단이나 조직의 업적에 어떤 영향을 미치는가? 전체적으로 연구원들은 실제 조직에서 모범적이고 훌륭한 업적에 영향을 미치는 리더십 요인들(leadership factors)을 확인하고자 했다.

이 같은 연구에서 얻어진 광범위한 발견을 기초로 하여 Mumford와 동료 학자들은 리더십의 역량 모형(a skills-based model of leadership)을 개발하였다(Mumford, Zaccaro, Harding et al., 2000). 이 모형은 리더의 지식 및 능력과 리더의 업적 간의 관계를 검증하고 있기 때문에 일종의 능력 모형의 특성을 갖는다(p. 12). 리더십 능력은 교육과 경험을 통해 개발될 수 있다. 즉, 리더십 능력을 타고난 소수만이 리더십을 발휘할 수 있다는 위인 이론(2장의 주제)과는 달리 리더 역량 연구는 많은 사람이 잠재적으로 리더십 능력을 가지고 있다고 주장한다. 사람들이 경험과 학습을 통해 배울 수만 있다면 리더십 능력을 습득할 수 있다. 그리고 리더 역량 연구는 후속되는 여러 장에서 논의하게 될 다른 이론(리더의 행동 유형에 초점을 맞춘 연구들: 행동유형 연구, 변혁적 리더십, 리더-구성원 교환 이론)과도 구분할 수 있다. 리더 역량 연구는 리더가 무엇을 하느냐(what leader to)를 강조하기보다는 '효과적인 리더십'을 가능하게 하는 리더의 역량(지식과 기술)을 강조하기 때문이다(Mumford, Zaccaro, Harding et al., 2000, p. 12).

Mumford 연구팀의 리더 역량 모형은 역량(competencies), 개인 속성(individual attributes), 리더십 성과(leadership outcome), 경력상의 경험(career experiences), 환경의 영향(environmental influences) 다섯 가지 요소로 구성되어 있다. 〈그림 3-2〉는 이 모형 중 리더십 역량 모형의 전체를 이해하는 데 필수적인 세 가지 구성 요소를 보여준다.

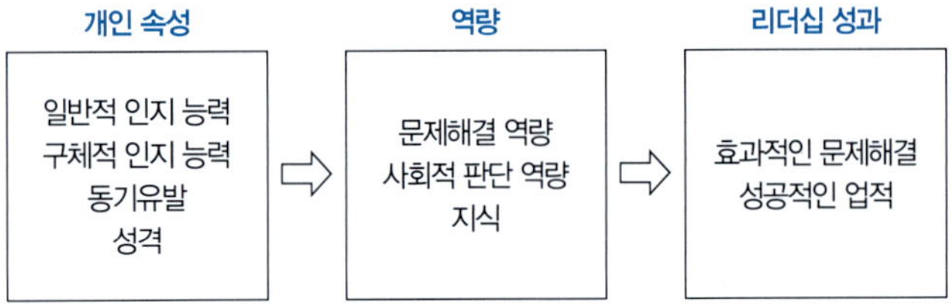

그림 3-2 역량 모형의 세 가지 구성 요소

출처: "Leadership Skills for a Changing World: Solving Complex Social Problems," by M. D. Mumford, S. J. Zaccaro, F. D. Harding, T. O. Jacobs, and E. A. Fleishman, The Leadership Quarterly, 11(1), p. 23. Copyright 2000 by Elsevier.

1 개인 속성

〈그림 3-2〉의 왼쪽에 리더십 역량이나 지식에 영향을 미치는 4가지 개인적 속성들이 제시되어 있다. '일반적 인지 능력, 구체적 인지 능력, 동기유발, 성격'과 같은 개인의 속성들은 리더십 역량 모형에서 중요한 역할을 한다. 복잡하고 복합적인 문제해결은 매우 어려운 과정이고 상위조직으로 올라갈수록 더 어려워진다. 이 같은 속성들은 리더가 자신의 리더십 능력을 발휘하는 데 큰 도움을 준다.

■ 일반적 인지 능력

일반적 인지 능력은 개인의 지능으로 지각 처리 능력(perceptual processing), 정보 처리 능력(information processing), 일반적 추론 능력(general reasoning skills), 창의적이고 다각적인 사고 능력(creative and divergent thinking capacities), 기억 능력(memory skills) 등이 포함된다. 일반적 인지 능력은 생물학과 관련이 있고 경험과는 관련이 없다. 일반적 인지 능력은 유동성 지능으로 설명되기도 한다. 성년기를 통해 성장하고 확대되었다가 나이가 들면서 쇠퇴해가는 유형이기 때문이다. 리더십 역량 모형에서 지능은 리더의 복잡한 문제해결 역량이나 지식 획득에 긍정적인 영향을 미친다.

■ 구체적 인지 능력

구체적 인지 능력(crystallized cognitive)은 시간이 지남에 따라 학습되고 획득되는 지적 능력이다. 경험을 통해 얻은 지식의 저장소이기도 하다. 우리는 평생에 걸쳐 능력을 학습하고 획득하면서 리더십 잠재 능력(예를 들어 문제해결 능력, 개념적 능력, 사회적 판단 능력 등)도 높인다. 정상적인 성인은 구체적 인지 능력이 계속 증가하고 성인기 이후에도 감소하지 않는 특성이 있다.

구체적 인지 능력에는 복잡한 정보를 터득하고 새로운 역량이나 정보를 학습할 뿐만 아니라 구두나 서면으로 다른 사람과 의사소통할 수 있는 능력이 포함된다(Connelly et al., 2000, p. 71). 다르게 표현하면 구체적 인지 능력은 습득된 지능(acquired intelligence)이다. 사람들이 경험을 통해 학습한 아이디어이고 정신 능력(mental abilities)이다. 구체적 인지 능력 유형의 지능은 시간이 지나도 비교적 안정적이기 때문에 나이가 들어도 감소하지 않는다(Rose & Gordon, 2015).

■ 동기유발

동기유발(motivation)은 모형에서 세 번째로 제시된 속성이다. Kerns(2015)는 리더가 추구하는 세 가지 범주(자기의 이익, 직업상의 고려, 보다 높은 목적)를 확인했지만 〈그림 3-2〉에서는 다르게 접근하고 동기유발의 세 가지 측면(기꺼이 하려는 의지, 주도권, 사회적 유익)을 제시한다. 동기유발의 세 가지 측면은 리더십 역량을 개발하는 데 필수적이다(M. Mumford, Zaccaro, Harding, et al., 2000, p. 22).

첫째, 리더는 복잡한 조직 문제를 해결하기 위해 주도권을 가지고 기꺼이 대처해야 한다. 둘째, 2장에서 논의한 것처럼 리더는 적극적으로 주도권을 공표하고 영향력을 행사해야 한다. 리더의 영향력은 설명할 필요 없이 주도권(dominance)과 밀접한 관계에 있기 때문에 다른 사람들에게 영향을 미칠 때 리더는 주도권에 대한 책임을 져야 한다. 셋째, 리더는 조직이 사회적 공익에 이바지하는 데 헌신해야 한다. 사회적 공익(social good)이란 용어는 다소 광범위하지만 수많은 사람들에게 돌아가는 성과를 의미하는 말이다. 그러나 리더십 역량 모형에서는 리더의 기꺼이 하려는 의지(the leader's willingness), 즉 전반적인 인간의 이익과 조직의 가치를 발전시키고 책임을 지는 의지를 말한다. 종합하면 동기유발 과정에서 동기유발의 세 가지 측면(기꺼이 하려는 자발적인 의지, 주도권, 사회적 유익)은 사람들이 리더가 될 수 있도록 한다.

■ 성격

성격(personality)은 역량 모형에서 네 번째 개인 속성이다. 성격은 리더십 역량의 개발(발전)에 영향을 미치는 개인의 속성이다. 예를 들어 개방성이나 모호성에 대한 내성(인내성), 호기심 등은 리더의 동기유발에 영향을 미쳐 조직 문제를 해결하기 위해 노력한다. 또한 갈등 상황에서 자신감이나 융통성과 같은 성격 특성은 리더의 업무수행에 도움을 준다. 그리고 역량 모형은 복잡한 조직 상황에 대처하는 데 도움이 되는 성격 특성도 리더의 업무수행과 관련이 있다고 가정한다(M. Mumford, Zaccaro, Harding, et al., 2000).

2 역량

〈그림 3-2〉에서 중간에 위치하며 문제해결 역량(problem-solving skills), 사회적 판단 역량(social judgement skills)과 지식(knowledge)은 역량 모형의 핵심이다. 이 세 가지 역량은 효과적인 업적 성과를 설명해주는 핵심 요인이다(M. Mumford et al., 2012).

■ 문제해결 역량

문제해결 역량이란 무엇인가? Mumford, Zaccaro, Harding 등(2000)에 따르면 문제해결 역량이란 조직의 새롭고 이례적이며 불명확한 문제들을 해결하는 창의적 능력이다. 따라서 문제해결 역량은 해결해야 할 문제점이 무엇인가를 명확히 하고 정보를 수집하여 문제에 관한 새로운 이해의 지평을 구축하여 문제해결을 위한 모범적인 계획을 세우는 능력이다. M. Mumford, Todd, Higgs과 McIntosh(2017, p. 28)는 리더가 문제해결을 위해 채택할 수 있는 9가지의 핵심 역량을 제시한다.

① 문제의 정의(problem definition): 주목해야 할 문제가 무엇인지 규명할 수 있는 능력 혹은 조직에 심각하게 영향을 미치는 문제가 무엇인지 규명하는 능력

② 원인/목표 분석(cause/goal analysis): 문제점과 관련된 원인과 목표를 식별하는 능력

③ 제약 요인의 분석(constraint analysis): 문제해결에 영향을 미치는 제약 요인을 식별하는 능력

④ 계획(planning): 원인 및 목표, 제약 요인의 분석에서 나타나는 문제를 해결하기 위한 계획을 수립할 수 있는 능력

⑤ 예상 능력(forecasting): 계획 실행에서 오는 영향을 예상하는 능력

⑥ 사고(creative thinking): 예측 과정에서 확인된 잠재적 위험에 대처하기 위한 대안방법을 개발하는 능력 그리고 새로운 아이디어를 개발하는 능력

⑦ 아이디어의 평가(idea evaluation): 계획의 실행에서 대안적 방법의 실행 가능성을 평가하는 능력

⑧ 지혜(wisdom): 리더가 활동하는 환경 안에서 대안방법의 적절성을 평가하는 능력

⑨ 상황 파악/선견지명(sensemaking/visioning): 부하가 문제를 이해하고 따르도록 비전을 명확하게 설명할 수 있는 능력

문제해결 역량이 정확하게 무엇을 의미하는지 알기 위하여 다음과 같이 가정해보자. 당신이 중견기업 인적자원관리부서의 리더이고 최근 사장으로부터 회사의 보건의료비용 절감 계획을 수립하라는 지시를 받았다. 이때 당신이 해야 할 일을 결정하기 위해 다음과 같은 방법으로 문제해결 역량을 발휘할 수 있다.

첫째, 보상 범위의 축소가 직원들에게 미치는 영향을 충분히 확인한다.

둘째, 보험금 지급이 어떻게 축소되는지에 대한 정보를 수집한다. 비슷한 변화를 시도한 회사들이 있는가? 그리고 그 같은 변화의 결과는 어떠하였는가?

셋째, 변화의 필요성에 대해 직원들에게 알리고 이해시키는 방법을 마련한다. 직원들이 변화의 내용을 명확하게 이해할 수 있게 변화 계획을 어떻게 구성할 것인가?

넷째, 변화의 제도적 정착을 위한 행동계획(scenario)을 만든다. 계획을 어떻게 실행에 옮길 것인가?

다섯째, 해결책을 면밀하게 검토한다. 해결책(변화)의 실천이 회사의 사명이나 자신의 경력에 어떤 영향을 미치는가?

여섯째, 변화의 실천에 방해가 되는 조직 문제(노조의 규칙 등)가 있는가?

조직 내의 특별한 문제점에 해결책을 적용하려고 할 때 리더는 자신이 문제해결을 할 수 있는지 알아야 한다. 다시 말해 자신의 리더십 능력에 대한 이해가 요구된다(M. Mumford, Zaccaro, Connelly, & Marks, 2000).

그러나 문제해결 역량을 가진 리더라 해도 조직상의 문제해결을 위한 해결책을 고려할 때 해결책의 입안 및 실천을 위한 시간 단위에 유의해야 하고 단기목표와 장기목표, 경력목표

와 조직목표, 외부적인 당면문제 등이 해결책의 실천에 영향을 미칠 수 있다는 사실에 유의해야 한다(Mumford, Zaccaro, Harding et al., 2000).

이 같은 사례가 설명해 주는 것은 새롭고 불명확한 조직문제를 다루는 과정은 복잡하고 리더의 문제해결 역량을 요구한다는 점이다. 마치 수수께끼를 푸는 것과 같고 리더가 이런 수수께끼를 풀기 위해서는 리더의 문제해결 역량이 필수라는 것을 리더십 역량 모형은 제시하고 있다.

■ 사회적 판단 역량

문제해결 역량 이외에도 효과적인 리더십에는 사회적 판단 역량(social judgment skills)이 필요하다(그림 3-2 참조). 일반적으로 사회적 판단 역량이란 사람을 이해하고 사람들 간의 사회적 시스템을 이해하는 역량을 의미한다(Mumford, Zaccaro, Connelly, & Gilbert, 2000, p. 46). 리더의 사회적 판단 역량은 리더가 문제를 해결하기 위해 다른 사람과 협력하고 조직 내 필요한 변화를 실현하기 위해 지원을 동원할 수 있게 한다. 사회적 판단 역량은 유례가 없고 복잡한 조직의 문제를 해결하는 데 필요한 인간관계 기술(people skills)이다.

개념적으로 사회적 판단 역량은 Katz(1955)의 초기 연구인 경영관리에서 인간관계 기술과 유사하다. 이와 대조적으로 Mumford와 동료들은 사회적 판단 역량을 균형 잡힌 시각(perspective taking), 사회적 지각(social perceptiveness), 행동의 유연성(behavioral flexibility), 사회적 행동(social performance)으로 구분했다.

균형 잡힌 시각은 어떤 특정한 문제나 해결책에 대한 다른 사람의 태도를 이해하는 사회적 문제해결에 적용되는 감정이입(empathy)을 의미한다. 그리고 균형 잡힌 시각은 다른 사람들의 시각에 민감하게 반응하는 것-현안에 대한 다른 사람의 견해를 이해할 수 있는 능력-을 의미한다. 따라서 균형 잡힌 시각에는 조직의 다른 구성원이 문제에 대한 해결책을 어떻게 바라보는지 파악하는 것이 포함된다. Zaccaro, Gilbert, Thor, & Mumford(1991)에 의하면 균형 잡힌 시각은 사회적 지능(social intelligence)과 유사하다. 균형 잡힌 시각이 사람에 관한 지식, 조직의 사회적 구조(social fabric) 그리고 조직 구성원들 간의 상호작용과 관련된 개념이기 때문이다.

사회적 지각은 조직 내의 다른 사람들이 어떻게 기능하는지에 대한 인식과 통찰력을 가지는 것을 의미한다. 다른 사람들에게 중요한 것은 무엇인가? 그들이 당면하고 있는 문제는 무엇인가? 그리고 그들은 변화에 대하여 어떻게 반응하고 있는가? 이처럼 사회적 지각은 조직 내의 다른 구성원들의 고유한 욕구, 목표 및 요구에 대한 이해를 의미한다(Zaccaro et al., 1991). 사회적 지각 능력을 가진 리더는 조직 내에서 제안된 변화에 대해 다른 사람들이 어떻게 반응할지에 대한 예리한 감각이 있다. 어떤 의미에서 사회적 지각 능력은 리더가 언제 어떤 이슈든지 구성원들이 어떻게 반응하는지를 알기 위해 노력하고 구성원들의 의향을 파악하는 것이라고도 말할 수 있다.

이처럼 다른 사람들을 정확하게 이해하는 것 이외에도 사회적 판단 역량에는 유연성을 가지고 다른 사람들에게 반응하는 것이 포함된다. 행동의 유연성(behavioral flexibility)은 조직 내 다른 사람들의 시각에 대한 이해에 기초하여 자신의 행동을 변화 · 적응해갈 수 있는 역량이다. 유연성이 있다는 것은 어떤 문제에 대해 한 가지 접근에만 전적으로 몰두하지 않는 것을 의미한다. 유연성 있는 사람이란 합리적이고 논리적인 뒷받침 없이 자기주장만 하는 독단적인 사람이 아니라 변화에 대한 개방성과 자발성을 가지고 있는 사람이다. 유연성이 있는 리더는 상황의 여건이 변화함에 따라 그에 따른 새로운 요구에 부응하기 위해 자신의 행동 변화를 시도한다.

사회적 행동은 광범한 리더십 역량을 포함한 개념이다. 성원들의 시각에 대한 이해를 바탕으로 리더는 자신의 비전을 다른 사람들에게 효과적으로 전달할 수 있어야 한다. 변화의 필요성과 변화의 실천을 설득하고 전달하는 기술은 리더의 사회적 행동에 필수 요소이다. 변화에 대한 저항과 변화를 둘러싸고 대인 간의 갈등이 있을 때 리더는 중재자 역할을 해야 한다. 이 같은 목적을 위해 갈등 해결 기술은 사회적 행동 역량의 중요한 측면이다. 그 밖에도 사회적 행동은 성원들이 조직목표를 지향하도록 코치하고 지시하며 지원을 요구하기도 한다. 종합하면 사회적 행동은 '훌륭한 의사전달자(good communicator)'의 행동과 관련된 여러 가지 기술이다.

다시 말해, 사회적 판단 역량이란 자신의 아이디어를 다른 사람의 아이디어와 어떻게 조화시킬지에 대한 대응 능력이다. 다른 사람들의 욕구와 동기를 잘 이해하고 있는가? 유연성을 가지고 자신의 아이디어와 다른 사람들의 아이디어를 조화롭게 할 수 있는가? 마지막으로 저항이 있거나 갈등 상황일 때도 다른 사람들과 더불어 일할 수 있는가? 이처럼 사회적 판단 역량이란 조직 내에서 필요한 변화를 추진해가는 데 요구되는 인간관계 기술이다.

■ 지식

리더 역량의 세 번째 측면은 지식(knowledge)이다. 지식은 조직에서 문제해결 기술을 적용하고 실천하는 일과 불가분의 관련성을 가지고 있다. 그 지식이 복잡한 조직문제의 정체를 밝히는 리더의 역량에 직접 영향을 미치고, 문제를 해결하려는 시도에 직접적인 영향을 미치기 때문이다(Mumford, Zaccaro, Harding et al., 2000). 그리고 지식이란 정보의 축적이며, 그 정보를 조직화하는 정신 구조(mental structure)를 가리키는 말이다. 이 같은 정신 구조를 스키마(schema: 시각이나 정보의 조직적 체계)라 부른다. 따라서 지식은 데이터를 학습하고 조직화하기 위해 각양의 복잡한 개념들을 한데 모으는 '체계화(schematization)'에서 기인한다.

예를 들어, 우리는 여러 가지 다양한 유형의 사실 정보를 마음속에 받아들여 저장한다. 우리가 해당 정보를 '범주'나 '도식(schemata)'으로 조직화하게 되면 그 정보는 더욱더 분명한 의미를 갖게 된다. 그래서 지식은 사실 정보와 그 같은 사실 정보를 조직화하는 정신 구조에서 나오게 된다. 따라서 더 다양한 지식을 가지고 있는 사람은 더 적은 지식을 가지고 있는 사람보다 더 복잡한 정신 구조를 갖게 되고, 지식이 많은 사람을 전문가라고 한다.

농구를 예로 들어보자. 농구 전문가는 농구에 대한 많은 정보를 알고 있다. 경기규칙, 경기전략, 농구 장비, 농구 선수 등 보통 사람보다 훨씬 더 많은 것을 알고 있을 것이다. 이처럼 농구 전문가의 지식에는 농구에 대한 여러 가지 사실들을 포함하지만 많은 사실을 조직화하고 구조화하는 데 사용되는 복잡한 정신 구조(complex mental structure)도 포함한다. 그는 각 선수의 전성기와 특징, 부상 정도뿐만 아니라 감독의 성격, 교체 후보선수들의 강점과 약점 등을 알고 있다. 그리고 농구 전문가는 농구 게임의 복잡한 내용과 전략의 미묘한 차이 등 농구에 대해 포괄적으로 이해하고 있다. 조직의 리더십도 마찬가지이다. 지식이 있는 리더(leaders with knowledge)는 제품, 과업, 인력, 조직의 여러 요소에 대해 많은 것을 알고 있을 뿐 아니라 이러한 요소들이 서로 어떻게 연결되어 있는지 구체적인 내용도 포괄적으로 알고 있다. 지식이 있는 리더는 조직의 여러 가지 많은 사실을 조직화할 수 있는 정신 구조(mental structure)를 가지고 있다.

지식은 리더가 조직의 문제해결을 시도하는 데 긍정적인 영향을 미친다. 사람들이 복잡한 조직 시스템의 문제를 파악하여 적절한 변화를 모색할 수 있도록 하는 것은 지식과 전문성이기 때문이다. 이 역량은 사람들이 과거의 사례와 사건들을 활용하여 요구되는 변화를 계획하고 과거의 일들을 활용하여 미래에 대한 건설적인 대처를 가능케 한다.

요약하면 역량 모형은 문제해결 역량, 사회적 판단 역량, 지식 등 세 가지 역량으로 구성되어 있고 집합적으로 효과적인 리더십과 관련이 있다(그림 3-2 참조).

3 기술개발에 미치는 영향

기술 모델은 리더의 속성과 역량, 리더십 결과와 관련된 경력상의 경험과 환경적 영향 요인을 식별한다. 〈그림 3–3〉은 역량 개발 과정으로서 서로 다른 역량들 사이의 관계를 보여준다.

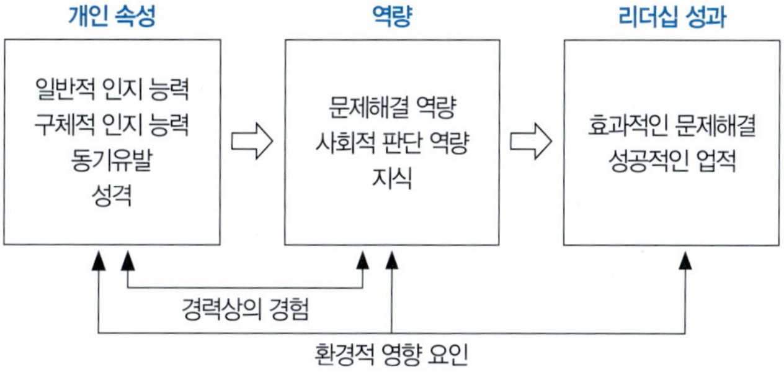

그림 3–3 리더십 역량 모형

출처: "Leadership Skills for a Changing World: Solving Complex Social Problems," by M. D. Mumford, S. J. Zaccaro, F. D. Harding, T. O. Jacobs, and E. A. Fleishman, Leadership Quarterly, 11(1), 23, 2000.

■ 경력상의 경험

〈그림 3–3〉에서 보는 바와 같이 경력상의 경험(career experiences)은 리더의 특성과 역량에 영향을 미치고 리더 역량 모델은 리더의 경력 과정에서 습득한 경험이 리더의 지식과 복잡한 문제해결 역량에도 영향을 미친다. Mumford, Zaccaro, Harding 등이 지적한 바에 따르면 (1) 도전적인 업무, (2) 멘토링, (3) 적절한 훈련, (4) 새롭고 유례없는 문제해결에 대한 직접적인 경험에서 도움을 받는다(2000, p. 24). 그 밖에도 연구자들은 리더의 경력상의 경험이 리더의 개인적 속성에 긍정적인 영향을 미친다고 생각한다. 예를 들어 확실한 직무 할당은 리더의 동기부여나 지적 능력을 향상시킬 수 있다.

이 장의 서두에서 개념적 기술이 상위계층의 관리자들에게 필수라는 Katz(1955)의 주장을 논의한 바 있다. 이 같은 주장은 리더는 자신의 역량을 개발해 간다는 Mumford 등(2000)의 주장과 일맥상통한다. 리더의 경력상의 경험은 리더의 역량과 지식을 증진시키는 데 도움을 준다. 만약 리더의 직위가 상승함에 따라 당면한 문제해결의 유형이 점진적으로 더 복잡해진다면 리더는 더욱 높은 수준의 개념적 기술을 학습하고 개발해야 한다(Mumford, Zaccaro, Connelly, & Marks, 2000).

마찬가지로 일선감독자와는 반대로 상위계층의 리더는 더 새롭고 불명확한 문제를 해결해야 하고 인간적 상호작용이 요구되는 문제를 해결해야 하기 때문에 이러한 해결이 새로운 역량의 개발로 이어진다. 그리고 리더들의 경험이 상향으로 이동하면서 보다 더 높은 수준의 문제해결 역량과 사회적 판단 역량의 필요성이 점점 중요해지고 있다(Mumford & Connelly, 1991).

그래서 리더들이 조직 내에서 점차로 더 복잡한 문제들을 다루게 되면서 리더의 역량과 지식은 경험에 의해 더욱더 확대되고 개발된다. '리더십 역량의 개발'에 대한 이 같은 주장은 특이한 주장이고 다른 리더십 모형의 시각과 상당한 차이가 있다. '리더의 역량이 경력상의 경험에 의해 형성, 확대, 개발된다.'고 말하는 것은 리더는 타고난 것이 아니라는 것을 의미하기 때문이다(Mumford, Zaccaro, Harding et al., 2000). 이번 장의 주제인 리더 역량 모델에 따르면 리더는 경험을 통하여 역량을 개발한다.

■ 환경적 영향 요인

리더 역량 모델의 마지막 구성 요소는 〈그림 3-3〉의 맨 아래쪽에 표시된 환경적 영향(environmental influences)이다. 환경적 영향은 리더의 역량, 특성 및 경험 등 외부에서 영향을 미치는 요인이다. 환경적 영향 요인은 내부적인 환경이거나 외부적인 환경이 될 수 있다.

내부 환경적 영향 요인에는 기술, 공장시설, 종업원들의 전문성 및 의사소통 시스템 등이 있다. 예를 들어, 낡은 공장이나 변화의 속도가 느린 기술, 고속의 생산기술이 없는 공장은 문제해결의 활동에 영향을 미칠 것이다. 또 다른 환경 요인의 예로 하위자들의 역량 수준을 들 수 있다. 그 리더의 하위자들이 고도로 성숙되어 있고 역량 수준이 높다면 집단의 문제해결이나 집단의 업적에 결정적인 영향을 미칠 것이기 때문이다. 마찬가지로 과업의 특성이 매우 복잡하거나 집단 내의 의사소통이 원활하지 않다면 리더의 업적은 영향을 받는다.

외부적인 환경적 영향 요인에는 자연재해는 물론 경제적, 정치적, 사회적 이슈들이 포함된다. 이러한 요인들은 리더에게 독특한 도전을 제공한다. 미국 공립학교들이 코로나19 전염병에 대응한 방법이 이에 대한 좋은 예이다. 재택근무와 재택수업이 시행되면서 대부분의 공립학교는 학기가 끝나기 몇 달 전에 문을 닫았다. 하지만 대다수의 학교는 온라인 학습으로 전환할 준비가 되어 있지 않았다. 미국 학생의 17%는 가정에 컴퓨터가 없었고, 18%는 인터넷에 접속할 수 없었다(Melia, Amy, & Fenn, 2019).

전국의 학교 지도자들은 동네에 인터넷 핫스팟을 설치하고 학생들이 온라인 학습에 접근할 수 있도록 장치를 확보하고 배포하기 위해 지방 정부 및 비영리 단체와 협력하는 것을 포함하여 해결책 마련을 위해 앞다퉈 노력했다. 게다가 대부분의 선생님이 실제로 온라인 교육을 해 본 적이 없었기 때문에 고군분투하였으나 성과가 부족했다. 그러나 다른 이들은 온라인에서 가르치는 것이 그들의 교육 성과를 향상시켰다는 것을 발견했다. 전국의 학교 지도자들은 완전히 통제할 수 없는 외부 세력에 의해 제기된 매우 독특한 도전들에 대응해야 했고 다양한 성공을 거두었다.

기술 모델은 특정 환경의 영향에 대한 목록을 제공하지 않는다. 대신 그 같은 요소의 존재를 인정하고 실제로 리더의 성과에 영향을 미칠 수 있지만 일반적으로 리더의 통제 속에 있지 않은 영향임을 인식하고 있다.

4 리더십 성과

〈그림 3-2〉의 리더십 역량 모형 오른쪽에 리더십 성과로 리더의 효과적인 문제해결과 업적(performance) 두 가지를 제시한다. 리더의 역량(문제해결 역량, 사회적 판단 역량, 지식)에 의해 성과는 강하게 영향을 받는다. 리더가 역량을 발휘할 때 효과적인 문제해결과 업적 향상이라는 높은 성과가 나타나기 때문이다.

■ 효과적인 문제해결

앞에서 이야기한 것처럼 관리 기술 모델(management skills model)은 역량 모델(capacity model)이다. 이 역량 모델은 '왜 어떤 리더들은 문제해결에 능숙하고 다른 리더들은 그렇지 못한가?'를 설명하려고 한다. 문제해결은 리더 역량 연구의 중심축이다. 〈그림 3-2〉에서 보는 바와 같이 문제해결 기술은 리더의 역량으로서 리더십 성과인 효과적인 문제해결로 이어진다. 문제해결의 효과성 기준은 문제해결 방식의 독창성과 문제해결을 위한 해결책의 질적 수준에 의해 결정된다. 따라서 효과적인 문제해결은 논리적이고 효과적이며 독특한 해결책을 제시하고 주어진 정보의 한계를 넘어 새로운 해결책을 창안하는 것이다(Zaccaro et al., 2000).

■ 성공적인 업적

모델에서 업적 성과는 리더가 자신의 직무를 어느 정도로 잘 수행해 내고 있는지를 가리키는 것이다. 여기에서는 리더의 업적 성과를 측정하기 위해 표준적인 외적 기준을 적용한다. 만약 리더가 자신의 직무를 능숙하게, 그리고 성공적으로 해내고 있다면 그 리더에 대한 평가는 긍정적일 것이고 효과적인 리더는 좋은 업적평가를 받고 하위자들과 상급자에게 유능한 리더로 인정받는다. 결국 업적이란 리더가 할당 받은 자신의 업무를 성공적으로 수행하는 정도를 가리키는 말이다. 종합하면 리더 역량 모델에서 '효과적인 문제해결'과 '성공적인 업적'은 리더십 효과성을 측정하는 방법이다. 더 나아가 효과적인 문제해결과 성공적인 업적은 서로 보완관계에 있다. 포괄적인 역량 모델에 대한 충분한 설명이 〈그림 3-3〉에 나타나 있다. 〈그림 3-2〉에서 볼 수 없었던 전반적인 리더십 업적에 기여하는 '경력상의 경험'과 '환경적 영향 요인'이라는 두 가지 다른 요소를 담고 있다.

5 역량 모델의 요약

리더십 역량 모형은 구체적인 환경적 영향 요인들의 목록을 제시하지는 않는다. 대신 환경 요인의 존재를 확인하고 리더의 업적에 영향을 미칠 수 있는 영향 요인이라는 것을 인정한다. 요약하면 리더 역량 모델은 효과적인 리더십의 다섯 가지 구성 요소로 이루어진 리더십 모델을 제시한다. 리더십 모델에는 문제해결 역량, 사회적 판단 역량 및 지식이라는 세 가지 핵심 요소가 있다. 세 가지 요소는 효과적인 문제해결과 성공적인 업적의 핵심적인 결정 요인이다. 그리고 개인 속성, 경력상의 경험, 환경적 영향 요인은 모두 리더의 역량에 영향을 미친다. 그리고 직무경험과 훈련을 통해서 리더는 자신들의 역량을 개선하고 확대할 수 있어 더 효과적인 문제해결사가 되고 보다 더 유능한 리더가 된다.

리더 역량 연구의 효용

리더 역량 연구는 기본적으로 서술 모델(descriptive model)을 제시한다. 리더십을 역량의 관점에서 설명하기 때문에 리더십 성공을 위한 방법을 제공하기보다는 효과적인 리더십의 내용 이해를 위한 구조를 제시한다.

앞에서 우리는 Katz(1955)의 연구와 Mumford, Zaccaro, Harding 등(2000)의 연구를 바탕으로 리더십의 역량적 시각에 대하여 논의하였다. 각 연구는 리더십 기능과 구조에 관해 무엇을 제시하는가? Katz는 세 가지 리더 역량 각각의 중요성은 리더가 관리계층 상의 어디에 위치하느냐에 따라 달라진다고 주장한다. 낮은 관리계층의 리더에게는 전문적 기술과 인간관계 기술이 가장 중요하고, 중간 관리계층으로 상향 이동할 경우 세 가지 관리 기술–전문적 기술, 인간관계 기술, 개념적 기술 모두 중요하지만–중에서 가장 중요한 것은 인간관계 기술이다. 그리고 상위 관리계층은 각 리더에게 개념적 기술과 인간관계 기술이 가장 중요하다고 하였다. 요구되는 관리 기술은 관리계층에 따라 달라지지만 각 계층에 공통으로 요구되는 관리 기술은 효과적인 '인간관계 기술', 즉 '대인관계 기술'이다.

이 접근법은 2007년 연구에서 한층 더 보강되었다. 2007년 연구에서는 각기 다른 계층의 관리자들에게 요구되는 관리 기술들을 조사하였다. 연구자들은 Katz의 접근법과 유사한 '네 가지 기술 모형'을 사용하여 조직의 하위 관리계층, 중간 관리계층, 상위 관리계층의 관리자 1,000명을 대상으로 인지 기술(cognitive skill), 대인관계 기술(interpersonal skill), 경영 기술(business skill), 전략 기술(strategic skill)을 측정하였다. 연구 결과에 의하면 하위계층의 관리자들에게는 경영 기술과 전략 기술보다는 인지 기술과 대인관계 기술이 더 중요하고, 상위계층으로 올라갈수록 네 가지 리더십 기술 모두 필요하다는 사실을 발표하였다(Mumford, Campion, & Morgeso, 2007).

Mumford, Zacarro, Harding 등(2000)이 개발한 역량 모델(skill model)은 관리 기술(역량)이 효과적인 리더십 발휘와 어떤 관련이 있는지 보여주기 위해 보다 더 복잡한 그림(모델)을 제시한다. 그들의 역량 모델에 따르면, 리더십 성과는 리더 역량(문제해결 역량, 사회적 판단 역량 및 지식)에 의해 초래되는 직접적인 결과라고 주장한다. 이 같은 각각의 역량에는 여러 가지 다양한 능력이 포함되어 있고 각 능력은 학습과 경험으로 개발될 수 있다. 또 이 모델은 개인의 속성들, 즉 일반적 인지 능력, 구체적 인지 능력, 동기유발, 성격 등이 리더의 역량에 미치는 영향관계를 제시한다. 마지막으로 이 역량 모델은 경력상의 경험과 환경적 영향 요인이 리더십 업적에 어떻게 직접, 간접적으로 영향을 미치는지 설명한다.

요약하자면 역량 연구는 조직에서 어떻게 효과적인 리더십을 개발할 것인가에 대한 도표를 제공한다는 점에서 그 효용 가치를 인정할 수 있다. 모든 리더는 문제해결 역량, 사회적 판단 역량 및 지식을 갖고 있어야 하며, 훈련과 경험을 통해 역량을 개선할 수 있다. 리더 각자의 개인 속성들이 리더의 역량에 영향을 미칠 수는 있지만 조직의 문제를 다루는 데 가장 중요한 것은 리더의 역량 그 자체이다.

강점, 비판, 응용

1 강점

리더 역량 연구는 리더십에 대한 이해를 위해 여러 면에서 긍정적 기여를 하고 있다.

첫째, 리더십 역량 개발의 중요성을 강조하는 리더 중심 모델(leader-centered model)이라는 점이다. 이 연구는 역량을 중심으로 리더십 과정을 구조화하고 개념화하는 첫 번째 연구이다. 리더 역량에 관한 초기 연구가 리더의 역할을 강조하고 각기 다른 관리계층에 요구되는 리더 역량의 가치를 강조하였다면 후기의 연구는 학습된 역량을 '모든 계층의 효과적인 리더십 업적'의 중심에 두었다.

둘째, 역량 모델은 직관적으로 볼 때 매우 매력적이다. 리더십을 역량의 관점에서 설명하는 것은 리더십이 모든 사람에게 있어 습득할 수 있는 기술이라는 것을 말해주기 때문이다. 성격 특성 모형과는 달리 기술은 사람들이 학습하고 개발할 수 있는 역량(competencies)이다. 이는 마치 테니스나 골프를 치는 것과 같다. 운동을 위한 타고난 능력이 없더라도 지도와 연습을 통해서 개선할 수 있다. 마찬가지로 리더십을 일련의 역량 시스템으로 볼 때 리더십도 학습하고 연습하며 습득할 수 있는 기술이다.

셋째, 역량 모델은 광범하고 다양한 구성 요소를 통합하는 '리더십의 포괄적 시각'을 제시한다. 모델의 구성 요소로 문제해결 역량, 사회적 판단 역량, 지식, 개인 속성, 경력상의 경험, 환경적 영향 요인을 포괄하고 있기 때문이다. 더 나아가 각 구성 요소는 하위 구성 요소로 세분화되어 있다. 그 결과 리더십 역량 모델은 리더십의 모형이 많은 변인들을 포괄하고 있으므로 다른 모델에서 찾아볼 수 없는 리더십의 복잡성을 쉽게 파악할 수 있다.

넷째, 역량 모델은 많은 리더십 교육 프로그램의 교과과정과 일치하는 내용을 제시한다. 전국에서 실시되는 리더십 교육 프로그램에서는 전통적으로 창의적 문제해결, 갈등해결, 경험, 팀워크 등 많은 리더십 관련 내용들을 가르친다. 이 같은 교육내용들은 역량 모델의 많은 구성 요인들을 그대로 반영한다. 역량 모델은 리더십 교육 및 개발 프로그램을 짜는 데 본보기가 될 수 있는 '틀'을 제시하는 것이다.

2 비판

모든 리더십 접근법들과 마찬가지로 리더 역량 모델에도 약점이 있다.

첫째, 역량 연구의 범위가 리더십의 범위를 넘어선다. 예를 들어, 동기유발, 비판적 사고, 성격, 갈등해결 등을 포함시킴으로써 역량 모델은 리더십 이외의 것들도 다룬다. 또 이 모델은 일반적 인지 능력과 구체적 인지 능력을 포괄한다. 두 가지 유형의 지능이 인지심리학 분야에서는 널리 연구되고 있지만 리더십 연구에서는 거의 다루어지지 않는다. 너무 많은 구성 요소들을 포함시킴으로써 Mumford의 역량 모델은 리더십 업적을 설명하는 데 너무 일반적이고 비구체적이라는 비판을 받을 수 있다.

둘째, 역량 모델은 예측력이 약하다는 비판을 받는다. 사회적 판단 역량이나 문제해결 역량의 변이가 업적에 어떻게 영향을 미치는지 구체적으로 설명하지 않기 때문이다. 이 모델은 단지 이들 구성 요소들이 상호관련성을 가진다고만 말할 뿐 어떻게 작용하여 어떻게 영향을 미치는지에 대해서는 설명하지 않는다. 다시 말해 역량 모델은 리더의 역량이 어떻게 효과적인 리더십 업적으로 이어지는지 설명하지 못한다.

셋째, 역량 연구는 사실상 모델의 주요한 구성 요소로 성격 특성 개념과 유사한 개인 속성을 담고 있으면서 특성 모델이 아닌 역량 모델이라고 주장한다는 비판을 받는다. 사실 Mumford와 동료학자들이 인지 능력, 동기유발, 성격 등의 변인을 역량에 기여하는 요인으로 설명하고 있는데, 이들 변인들은 전형적으로 특성 변인(trait variables)으로 이해되고 있는 요인들이다. '개인속성'이라는 모델의 구성 요소는 성격 특성의 성질을 가지고 있으므로 엄격하게 말해 리더십 역량 연구와는 좀 거리가 있는 연구라고 할 수 있다.

역량 연구의 마지막 비판은 리더 역량 모델이 다른 리더십 상황에도 적절하고 유용하게 적용될 수 있느냐 하는 것이다. 리더 역량 모델을 창안할 때 육군의 장교들만을 대상으로 표집하고 근무상황을 관찰하여 모델을 구성하였기 때문에 연구 결과가 다른 조직상황이나 다른 모집단에도 일반화될 수 있는지 의문을 불러일으킨다. 군대를 대상으로 한 연구 결과이지만 다른 집단에도 일반화될 수 있다고 주장하지만(Mumford, Zaccaro, Connelly, & Marks, 2000), 이 같은 비판을 극복하기 위해서는 더 많은 연구가 필요하다.

3 응용

리더 역량 모델은 비교적 새로운 이론 체계를 제시하고 있으므로 리더십 현장 상황에서 널리 활용되지 않는 모델이다. 이 모델에서 제시하고 있는 리더십 역량을 가르치기 위해 구체적으로 설계된 훈련 프로그램이 없기 때문이다. 각 리더십 상황에서 자체적으로 리더십 역량의 제고를 위해 설계된 많은 훈련 프로그램이 있으나 본 장에서 제시된 개념적 틀을 담고 있는 프로그램은 거의 없다.

공식적인 훈련 프로그램이 없지만 역량 연구는 리더십에 관한 중요한 정보를 제공한다. 그리고 리더 역량 모델은 리더 역량의 기술을 설명하고 있어 조직 내 모든 계층의 리더들이 활용할 수 있다. 더 나아가 이 모델은 전문 기술, 인간관계 기술, 개념 기술과 관련하여 우리 자신의 강점과 약점을 확인하는 데 도움을 준다. 본 장의 마지막에 제시된 리더십 역량 목록을 활용하여 자신의 리더십 역량에 대해 통찰할 수 있다.

리더십 역량에 대한 자신의 점수는 조직에 대한 전반적인 공헌도를 높이기 위해 훈련과 보완이 필요한 부분이 어디인가를 확인하는 데 도움이 될 수 있을 것이다. 폭넓은 시각에서 이 역량 모델은 미래의 광범한 리더십 개발 프로그램의 설계를 위한 본보기로 활용될 수 있다.

사례 연구

다음 세 가지 사례 연구(사례 3.1, 3.2, 3.3)는 리더 역량의 시각에서 분석 및 평가될 수 있는 리더십 상황을 제시한다. 첫 번째 사례는 연방정부의 연구기금을 받은 연구 프로젝트팀의 책임연구원에 관한 것이고, 두 번째 사례는 군대에서 일어난 사례로 한 중령이 군기지의 축소 문제를 다루는 내용이다. 세 번째 사례는 이탈리아 식당의 주인이 사업 성공을 위해 자신의 요리법을 창안한 이야기이다. 각 사례를 읽고 리더 역량 모델의 원리를 그들 리더와 리더십 상황에 적용해보아라. 각 사례의 끝에는 사례를 분석하는 데 도움이 되는 질문들이 제시되어 있다.

사례 3.1: 긴박한 상황에 처한 연구팀

Adam Wood 박사는 연방정부의 1백만 달러 연구기금으로 운영될 3년간에 걸친 '노령인구의 건강 교육 프로그램 연구팀'의 책임연구원이다. 이 연구 프로젝트의 명칭은 'Elder Care Project'였다. Wood 박사의 프로젝트 팀은 한 명 혹은 두 명의 연구원들과 연구하였던 종전의 프로젝트와는 달리 11명의 팀원으로 구성되어 있다. 두 명은 박사급 공동연구자이고 네 명은 석사급 연구 스태프이며, 나머지 다섯 명은 학사급 일반 스태프이다. 1년 차 연구 프로젝트를 진행했을 때, 프로젝트 예산이 턱없이 모자랐다. 그래서 팀원들은 시간수당이 지급되는 시간의 20~30% 이상을 초과하여 근무하고 있었다. 이 같은 자원 부족에도 불구하고 팀원들은 프로젝트 연구에 열중하였고, 연구 목적과 연구 결과의 중요성을 인식하고 있었다. Wood 박사는 고령층 건강교육 연구 분야에서 전국적으로 손꼽히는 일류학자로 인정받는다. 그는 때때로 국가정책자문위원회의 초청을 받아 일하기도 한다. 그리고 그의 연구 발표 실적은 둘째가라면 서러울 정도이다. 그가 재직하고 있는 대학교의 동료 교수들은 그를 매우 유능한 연구자로 인정한다. 그래서 많은 사람들이 찾아와 연구 설계 및 연구방법에 관한 자문을 구하기도 하고 연구를 위한 이론적 틀의 구성에 관한 자문을 구한다. 그래서 그는 연구 프로젝트에 대한 큰 그림을 그릴 수 있는 사람으로 높은 평판을 얻었다.

그의 훌륭한 연구 역량에도 Wood 박사의 연구팀에는 몇 가지 문제가 있었다. Wood 박사가 우려하고 있는 것은 처리해야 할 일거리가 정말 많음에도 불구하고 팀원들이 'Elder Care Project' 과업에 충분한 시간을 할애하고 있지 않아 프로젝트의 일상적인 연구 과업의 많은 부분을 자신이 처리한다는 점이다. 그래서 그는 최근 간부회의에서 노트를 책상 위에 던지며 "이따위 프로젝트를 맡지 말았어야 했습니다. 너무 많은 시간을 빼앗기고 있으니 말입니다. 그리고 여러분들도 자기가 해야 할 몫을 다하지 않고 있으니 말이에요!" 팀원들은 Wood 박사의 불평에 분개했다. 팀원들은 그의 연구 역량이나 유능성은 존경하지만 리더십 스타일에는 불만을 토로했다. 간부회의에서 그의 불만 토로는 연구팀의 사기를 저하하는 결과를 초래했다. 팀원들의 힘겨운 노력과 프로젝트의 성공을 위한 헌신에도 불구하고 Wood 박사는 그들의 노력에 찬사를 보내거나 칭찬해 주는 일이 거의 없었다. 팀원들은 자신들이 예상보다 더 많은 시간을 프로젝트에 쏟고 있으며 기대보다 더 적은 급여를 받고 있다고 생각한다. 프로젝트 자체가 팀원들의 많은 에너지를 필요로 했지만 Wood 박사는 이를 이해하지 못하고 또 그것을 인정하려고 하지 않는 것 같았기 때문이다.

팀원들은 허탈감을 느끼지만 중단 없이 연구를 진행해야 한다고 생각한다. 연방정부와 약속한 프로젝트 완성시간이 다가오고 있기 때문이다. 팀은 'Elder Care Project'의 관계자들을 위한 소책자(pamphlet)를 제작할 필요가 생겼다. 그러나 제작 비용이 연구기금에 계상된 예산액을 훨씬 초과한 상태라 걱정이 많았다. 이때 Wood 박사는 초과비용을 충당할 수 있는 비용을 위한 자금의 출처를 찾아내는 데 능숙한 솜씨를 발휘했다. 팀원들은 그의 능력에는 감탄하지만, 그가 이번 일을 통해 프로젝트의 모든 일을 자신이 했다는 구실로 활용할 것이라 생각한다.

질문

01 리더 역량 연구에 기초하여 Wood 박사의 리더십과 그의 프로젝트 팀원들 간의 관계를 어떻게 평가하는가? 그리고 이 프로젝트는 성공적으로 끝날 수 있을 것인가?

02 Wood 박사는 연구팀의 효과적인 리더가 되는 데 필요한 역량을 가지고 있는가?

03 역량 모델은 리더를 위한 세 가지 중요한 역량(문제해결 역량, 사회적 판단 역량, 지식)을 제시한다. 만약 이 모델을 가지고 Wood 박사를 코치한다면 어떤 역량의 발휘를 강조하라고 조언하겠는가?

사례 3.2: Andy의 조리법

Andy Garafallo는 미국 중서부 대도시 교외에서 이태리 음식점을 운영한다. 식당 내부의 맨 안쪽 벽은 Venice의 수로를 그린 정교한 벽화로 장식되어 있다. 그 반대쪽 벽 위에는 곤돌라가 걸려 있다. 그리고 다른 쪽 벽을 따라 진짜 레몬 나무가 심겨 있는 화분들이 줄지어 놓여져 있다. "나의 조상은 Sicily 출신입니다.", "할아버지께서 저 나무에 열린 것들과 똑같은 레몬을 따서 한 입 깨물어 먹는 모습을 지금도 기억하고 있답니다."라고 Andy는 말한다.

Andy는 자신의 식당 경영 방식에 자신이 있다. 지금 그는 식당 개업 25주년을 축하하고 있으니 그럴 만도 하다. "나는 내가 하고 싶은 일을 했을 뿐이지요. 손님을 끌기 위해 일시적 유행과 같은 방법을 쓰려고 하지 않습니다. 손님들은 여기 오면 맛있고 좋은 음식을 먹을 수 있다는 것을 알기 때문에 여기에 옵니다. 사람들은 자신들과 이해관계가 있는 사람을 돕고 싶어 하지요. 이것이 그 이상도 그 이하도 아닌 나의 식당 경영방식입니다." 다른 식당들은 문을 닫고 있는데 Andy는 자기 나름의 요리법을 개발하여 성공을 거두었다.

Andy는 식당 개업 이래 가장 많은 식당 매니저를 고용했다. 최근에는 세 명의 매니저(Kelly, Danielle, Patrick)가 일한다. Kelly는 주방(음식 준비) 매니저로, 매우 정직하고 믿을 만한 사람으로 인정받고 있다. 그녀는 그녀의 일을 좋아하고 능률적으로 일을 하며, 주문대로 음식을 준비하는 일도 능숙하게 잘한다. Andy는 그녀를 매우 좋게 생각하지만 배달 직원, 고객서비스 직원들과 잘 지내지 못하는 점에 있어서는 실망감을 느낀다.

Danielle는 식당의 안내 및 계산대에서 일하고 있으며, Andy와는 가장 긴 기간인 6년간 함께 하고 있다. Danielle는 진심으로 Garafallo 식당에서 일하는 것을 좋아한다. 그녀는 Andy의 경영방식, 고객제일주의를 그대로 받아들여 실천에 옮긴다. Andy는 자주 "그녀는 손님들이 요구하기 전에 그들이 원하는 것이 무엇인지 미리 알아차리는 재능을 가지고 있다."고 칭찬한다. 이처럼 그녀는 매우 붙임성 있게 손님들을 맞이하는 데는 능숙하지만 숫자에는 약하여 숫자를 다루는 일은 아직도 터득하지 못했다.

Patrick은 Andy와 4년 동안 함께 일하고 있다. 그는 보통 식당에서 안내하는 일을 하고 있지만 주방에서도 일한다. Patrick은 직업윤리의식이 강하고 숫자와 관련된 일에 능숙하지만 사람을 대하는 일에는 약하다. 그는 이런저런 이유로 손님들을 마치 염치없는 사람으로 취급하기도 하고 아무 감정 없이 차갑게 대하는 일도 있었다. 그 밖에도 그는 틀에 박힌 대로 일하는 경향이 있고, 문제에 흑백논리를 가지고 접근하기도 한다. 그래서 그는 때때로 어려움에 처하기도 한다. Andy는 그가 좀 변화하기를 원한다. "그는 매우 훌륭한 매니저이지만 어떤 일들은 그렇게 딱딱하게 다룰 필요가 없다는 것을 인식할 필요가 있다."라고 말한다.

Andy는 매니저들을 선생님이나 코치의 방식으로 대한다. 그들이 개선되도록 돕고 식당 영업의 모든 면을 가르쳐 주어야 한다는 책임의식을 가지고 있다. Andy의 목표는 매니저들이 자신의 식당을 떠나 다른 곳에서 새로운 영업을 시작할 때 일등 경영자가 되는 것이다. 식당 종업원들을 도와 그들이 식당경영에서 최선의 인물이 되게 하는 것이 그의 목표이다.

Andy는 하루에 12시간을 일하지만 영업 내용을 계산하고 분석하는 일에는 거의 시간을 들이지 않는다. 그는 수익을 개선하기 위해 식당 내부의 규모를 줄인다든가, 음식값을 올린다든가, 음식의 질을 떨어뜨리던가 하는 방식을 생각하지 않고 있다. "며칠 전에 어떤 고객의 전화를 받았는데, 자신들이 케이크를 가져가는 것을 허락한다면 동호인 집단의 모임을 Garafallo 식당에서 하고 싶은데 가능하겠느냐고 물어왔습니다. 그래서 그런 조건이라면 '좋습니다'라고 허락하였고, 그날 밤 그들은 식당에 와서 많은 돈을 쓰고 돌아갔지요." 그들은 다른 식당에 똑같은 제의를 거절당했다고 말했다.

Andy는 "고객이 원하는 것을 하기 위해 해야 할 일을 한다면 영업은 잘된다."라는 영업 방식에 확신이 있다. 다른 식당들과 비교하여 그의 식당은 영업이 잘 되고 있다. 다른 식당들은 연간 순익률이 5~7%인데 반해 Andy의 식당은 매년 30%의 순익을 올리고 있다.

질문

01 식당 영업에서 Andy Garafallo의 성공은 무엇으로 설명할 수 있겠는가?

02 역량 모델의 시각에서 세 사람의 매니저, Kelly, Danielle, Patrick 각각을 어떻게 설명할 수 있겠는가? 그리고 그들이 자신의 역량을 개선하기 위해 해야 할 일은 무엇이겠는가?

03 Andy의 역량은 어떻게 설명할 수 있겠는가? 그리고 Andy의 리더십은 효과적인 리더가 되기 위해 세 가지 역량 모두가 필요하지 않다는 것을 암시하는가?

사례 3.3: 2019년의 세계적 교사상 수상자: PETER TABICHI

Kenya의 빈곤하고 외진 곳에 있으며, 인터넷 연결상태도 좋지 않은 컴퓨터 단 1대만 있는 학교인데다가 학생과 교사의 비율이 58:1인 상황에서 어떻게 한 사람이 중등학교 수학과 과학을 배우는 500명에 가까운 학생들을 동기유발하여 성공적인 과학자의 수상을 꿈꾸는 학생들로 바꿔놓을 수 있을까?

많은 사람들이 Peter Tabichi에게 묻는다. Peter는 Pwani 마을에 있는 Keriko Mixed Day Secondary School의 교사이며, 179개국 10,000명 이상의 후보자들 중에서 선발된 후 2019년 Varkey재단으로부터 세계적 교사상을 받았다.

The Franciscan Brotherhood 가톨릭 탐방 수사였던 Peter는 학생들에 대한 이해, 그들의 문화에 대한 이해, 그들이 당면한 도전적인 일들에 대해 이해하고 학생들을 가르치기 시작하였다. Keriko는 가뭄과 기아의 피해를 많이 겪는 지역에 있는 공립학교로, Peter의 학생들은 척박한 땅에 농사를 지으며 어렵게 생계를 꾸려나가는 가난한 집안의 아이들이다. 학생들 중 3분의 1은 고아이거나 한부모 가정에서 태어나 마약을 남용하는 삶을 살고 있다. 십대에 임신, 조기 중퇴, 어린 나이의 결혼 및 자살이 많은 곳이기도 하다.

여덟 자녀 중 다섯째인 Peter는 학생들의 어려움을 이해한다. Peter의 아버지는 교사이고 어머니는 농부였다. "우리는 흙집에서 옥수수와 정원에서 기른 채소를 먹고 살았다."라고 Peter는 말했다. Peter의 어머니는 그가 11살 되던 해에 사망하였는데 그때 막냇동생은 겨우 한 살이었다. "그 후, 나는 아버지가 가르치는 학교에 다녀야 했고 학교까지의 거리는 편도 7km였다. 그것은 너무 고생스러웠지만 그래도 교육을 받을 수 있다는 것은 나에게 있어서 행운이었다. 아버지는 우리들을 교육시키기 위해 대출에 또 대출을 받았다."(Moorhead, 2019)

Peter는 교사가 되기 위해 대학교에 진학하였고 사립학교에서 교사를 시작하였다. 그는 학생들을 위해 다른 무언가를 해보겠다고 다짐했고 더 많은 노력을 하고 싶었다. 그는 주위 지역사회에서 도움을 필요로 한다고 느꼈다. 그래서 "나는 같은 사랑을 주변 지역사회에도 펼쳐보자."라고 말했다(Talking Education, 2019). "나는 Assisi의 St. Francis의 생애에서 큰 영감을 받았습니다. 그의 스스로를 낮추는 겸손과 단순한 삶의 모습이 매력적으로 다가왔습니다."라고 Peter는 말했다. Peter는 2018년에 성 프란치스코의 신부가 되기 위해 서원을 했다. "그것은 도전적인 삶이지만 올바른 길이다. 헌신이 필요한 이 삶은 커다란 행복을 가져다준다."(Moorhead, 2019)

Keriko로 돌아온 Peter는 학생들의 대다수가 책이나 교복을 구입할 여유가 없다는 것을 알기에 매년 수입의 80%를 기부하여 학생들에게 책과 교복을 제공했다. 또 Peter는 학생들이 집에서 충분히 식사할 수 없어서 학업에 집중할 수 없다는 것을 알게 되었다(Talking Education, 2019). 식량 불안정을 타개하기 위해 Peter의 과학지식과 농사 기술을 활용하여 지속 가능한 농사, 소규모의 농지와 농업용수를 활용하여 채소를 재배하는 방법을 포함한 농사법을 사람들에게 가르쳐 주었다. 사람들에게 새로운 농사법을 가르치는 것은 삶과 죽음의 문제였다."고 그는 말했다(Talking Education, 2019).

지역사회를 위한 노력의 일부는 지역인들에게 교육의 가치를 납득시키는 일이었다. Peter는 개별적으로 가정을 방문하여 자녀들의 조기퇴교 위험을 강조하였고, 그들의 딸들이 이른 나이에 결혼하지 않고 학교에 다니도록 권유하였다(Zaki, 2019).

Peter는 교실에서 수학과 과학의 기초를 가르치는 것보다 성공적인 학교에서의 교육은 학생들에게 확신을 심어주는 것이라고 생각했다. 그리고 교육에 대한 자신의 생각을 다음과 같이 설명했다. "학생들에 대한 신뢰를 가지는 것도 중요하다. 모든 학생은 잠재력과 재능이 있다. 그래서 나는 학생들을 다양한 활동에 참여하게 한다. 학생들에게 '이렇게 해'라고 말하고 말 문제가 아니다. 학생들과 더 가까이 함께하는 것이 필요하다."(Wodon, 2019)

학생들의 자존감을 높이기 위해 Peter는 유명한 Talent Nurturing Club 같은 그룹을 만들었다. "누구나 재능을 가지고 있고 그것을 발견함으로써 자신을 믿기 시작하고 모든 일에서 더 발전하기 위해 노력했다."(Moorhead, 2019)

Peter가 만든 또 하나의 중추적인 집단은 Peace Club이었다. 학교 학생들은 남녀가 섞여 있고 여러 다른 종족들 출신이며 다른 마을에서 온 학생들도 있다 보니 집단 간에 갈등이 일어나기도 하였다. Peace Club의 성원들은 함께 노력해야 하는 토론, 식목, 스포츠와 같은 활동에 참여하였다. "학생들은 개인의 노력에 따른 성취뿐만 아니라 집단의 노력에 의한 성취도 알게 되었다. 그들은 연합된 사람들로서의 자신들을 보게 된 것이다. 이것은 학생들이 교실에서 서로 잘해갈 수 있는 데 도움이 되었다. 그들은 한 팀으로서 일할 수 있게 되었기 때문이다."라고 Peter는 설명한다(Wodon, 2019).

Peter는 School's Science Club을 확대했고 매우 성공적이어서 클럽 연구 프로젝트의 60%가 전국 대회에 참가하게 되었다. 2018년도 Kenya의 과학 기술 박람회에서 학생들은 시각과 청각 장애가 있는 사람을 도와 사물을 알아보도록 하는 장치를 출품하였다. 그리하여 이 클럽의 수학 및 과학 팀은 2019년도 Intel이 후원하는 국제 과학 기술 박람회에 출품할 수 있는 자격을 획득하였다. 또 다른 집단의 학생들은 전기생산을 위해 자력 공장의 동력화를 위한 노력으로 Royal Society of Chemistry의 인정을 받았다.

단지 컴퓨터 한 대, 원활하지 않은 인터넷 통신, 도서관이나 실험실도 없는 시골학교였지만 Peter는 정보기술을 수업의 80%에 통합 적용해왔다. 그는 인터넷 카페에 들어가 온라인 내용을 내려받아 오프라인에서 사용하고 비용을 그의 사비로 지급했다. 그와 그의 동료들은 어려움을 겪는 학생들의 가정을 주말에 방문하여 일대일로 지도하고 가족들을 만나 어떤 어려움이 있는지 확인했다.

불과 3년 만에 Peter는 학생들의 성취도와 자존감을 극적으로 향상시켰다. 그 후 학교의 등록자 수는 배로 늘어났고 학생들의 성취감도 올랐을 뿐만 아니라 징계 건수도 매주 30%에서 3%로 감소했다. 2017년도에는 Keriko의 졸업생 59명 중 16명이 대학교에 진학하였으나 2018년도에는 26명이 대학에 진학하였다(Wodon, 2019).

한 동료는 Peter를 일에 몰두하고 헌신적이고 열정적이며 소박하고 겸손한 사람으로 묘사한다. "Peter의 학생에 대한 믿음이 우리 학교가 전국 과학 대회에서 좋은 성적을 얻을 수 있도록 만들었다. 그는 우리의 본보기가 되었다."(Matara & Njeru, 2019)

"많은 학생이 다양한 욕구를 가지고 있다는 사실은 내가 학생들을 가르치는 동안 최선의 방법을 찾도록 만들었다. 학생들은 인정받으면서 사랑받고 싶어 했고 정당하게 평가받으면서 존중받고 싶어했다. 그들은 꿈을 현실화 하기 위해서는 많은 회복력과 인내 그리고 헌신적 노력으로 그들과 가까이에서 함께해야 한다는 것을 가르쳐 주었다." (Koigi, 2019)

질문

01 Katz의 세 가지 능력 접근법을 적용하여 Peter의 전문적 기술, 인간 기술, 개념적 기술을 설명해 보자. 이들 세 가지 기술 중 어느 것이 Peter가 리더로서 성공하는 데 가장 기여했다고 생각하는가?

02 Peter의 능력을 어떻게 설명하겠는가?

03 Peter의 경력상의 경험과 환경적 영향이 그의 리더십 능력의 형성에 어떻게 영향을 미쳤는지 설명하시오.

04 Peter가 보여주는 문제해결 기술 몇 가지를 설명하시오. 그의 능력과 개인적 속성이 그의 문제해결에 공헌하고 있는지도 설명하시오.

리더십 측정 도구

개인의 리더십 역량을 측정하기 위한 설문지들이 많이 개발되었다. 인터넷상의 웹(Web) 사이트를 잠깐 조사해 보면 이 같은 설문지들을 많이 찾아볼 수 있을 것이다. 거의 모든 설문지는 훈련과 개발을 위해 설계되었고 자신들의 리더십 능력을 파악하기 위해 사용되었다. 사람들은 자신의 리더십 스타일을 개선하는 데 도움을 얻기 위해 여러 해 동안 설문지들을 사용해 왔지만, 신뢰성 검증과 타당성 검증이 되지 않았기 때문에 학술연구에는 거의 사용되지 않았다. 그럼에도 불구하고 리더십 역량에 대한 구체적인 정보를 제공해주기 때문에 설문지는 자조적인 도구(self-help instruments)로 유용하다.

본 장에서는 리더 역량에 대한 많은 실증적 연구를 바탕으로 개발된 포괄적인 리더십 역량 모델을 제시한다. 실증연구에서 사용되었던 설문들은 고도의 신뢰성과 타당성이 있는 측정 도구일지라도 너무 복잡하기 때문에 이 책의 리더십에 대한 보다 더 실용적인 논의에는 적합하지 않을 수도 있다. Mumford와 동료학자들(2000)은 그들의 연구에서 자유 해답식의 응답이 포함된 측정치를 사용하였고 매우 정교한 채점방식을 사용한다. 모델을 검증하기 위해서는 매우 중요한 일이지만 복잡한 측정은 자신의 리더십 역량을 개선하려는 용도로는 활용도가 낮다.

다음에 제시되는 역량 측정표(skill inventory)는 리더십 역량을 어떻게 측정하고 자신의 리더십 역량이 무엇인가를 이해하는 데 도움을 준다. 측정표에 의해 채점된 자신의 점수가 자신의 리더십 역량에 대한 감을 잡게 해 줄 것이다. 자신의 점수가 어떤 리더십 역량에서는 높고 다른 역량에서는 낮을 수도 있다. 설문지는 자신의 리더십 역량의 전체적인 모습을 보여준다. 만약 자신이 어떤 역량에서는 점수가 높고 다른 역량에서는 낮다면 미래에 어떤 리더십 역량을 개선할 것인가를 결정하는 데 도움을 줄 것이다.

리더십 역량 측정표

작성 요령: 각 문항을 주의 깊게 읽고 문항이 당신을 어느 정도로 잘 설명하고 있는지 생각한 후 1부터 5까지 숫자 중 해당하는 숫자 위에 ○표를 하시오. 여기에서 숫자가 의미하는 것은 다음과 같다.

Key: **1**=전혀 그렇지 않다 **2**=그렇지 않다 **3**=보통이다 **4**=그렇다 **5**=전적으로 그렇다

	문항	
01	나는 일의 효과적이고 구체적인 수행 방법을 즐거운 마음으로 배우고 습득한다.	1 2 3 4 5
02	일반적으로 내 생각을 다른 사람의 필요에 적응시키는 것은 비교적 쉬운 일이다.	1 2 3 4 5
03	나는 추상적인 아이디어와 관련된 일들을 즐겨 수행한다.	1 2 3 4 5
04	기술과 관련된 일들이 나를 즐겁게 해준다.	1 2 3 4 5
05	다른 사람들을 이해하는 것은 나의 일 중에서 가장 중요한 부분이고 그 같은 일에 능숙하다.	1 2 3 4 5
06	"큰 그림"을 그리는 것은 나에게 쉬운 일이다.	1 2 3 4 5
07	나의 역량 중 하나는 일들이 잘 되도록 하는 데 능숙한 것이다.	1 2 3 4 5
08	나의 주된 관심사는 원활한 의사소통을 위해 협력적인 분위기를 조성하는 것이다.	1 2 3 4 5
09	나는 복잡한 조직 문제를 해결하는 일에 흥미를 느낀다.	1 2 3 4 5
10	지시에 따라 일하고 서식대로 서류를 작성하는 일은 나에게 즐겁고 쉬운 일이다.	1 2 3 4 5
11	조직의 사회적 구조(구성원 서로 간의 사회적 관계)를 이해하는 것이 나에게는 매우 중요하고 능숙하다.	1 2 3 4 5
12	나는 스스로 조직 성장을 위한 전략을 수립하여 실행에 옮기는 것을 좋아한다.	1 2 3 4 5
13	나는 내게 부여된 일들을 완성하는 데 능숙하다.	1 2 3 4 5
14	모든 사람들이 협동하여 일하게 하는 것은 나를 즐겁게 하는 도전이다.	1 2 3 4 5
15	조직의 사명 선언문을 작성(창안)하는 일은 가치가 있는 일이다.	1 2 3 4 5
16	나는 나에게 부여된 일들의 기본 수행 방법을 이해한다.	1 2 3 4 5
17	나는 다른 사람들에게 미치게 될 영향을 고려하면서 의사결정을 한다.	1 2 3 4 5
18	조직이 추구하는 가치와 경영 철학을 세우고 그것을 실천에 옮기는 것은 즐겁고 보람 있는 일이다.	1 2 3 4 5

채점 결과의 해석

리더십 역량 측정표는 세 가지 광범위한 유형의 리더십 역량–전문적, 인간관계, 개념적–을 측정하기 위해 설계되었다. 채점 방법은 다음과 같다. 첫째, 문항 1, 4, 7, 10, 13, 16의 점수를 합하여 얻은 점수가 전문적 기술의 점수이다. 둘째, 문항 2, 5, 8, 11, 14, 17의 점수를 합하여 얻은 점수는 인간관계 기술의 점수이다. 마지막으로 문항 3, 6, 9, 12, 15, 18의 점수를 합한 점수가 개념적 기술의 점수이다.

총점	전문적 기술	인간관계 기술	개념적 기술

점수 해석

역량 측정표에서 얻은 점수는 세 가지 영역에서 자신의 리더십 역량에 대한 정보를 제공한다. 각 영역 점수 간의 차이를 비교함으로써 어떤 리더십 역량이 강하고 어떤 리더십 역량이 약한지를 가늠할 수 있다. 그리고 자신이 어느 관리계층에 가장 적합한지 알 수 있다.

요약

리더 역량 연구는 리더의 역량을 강조하는 리더십의 리더 중심 시각(leader-centered perspective)이다. 이 같은 시각은 세 가지 관리 기술에 관한 Katz의 초기 연구(1955)와 최근 Mumford와 동료학자들의 연구(Mumford, Zaccaro, Harding et al., 2000)에 잘 나타나 있다. 이들 학자들이 포괄적인 리더십 역량 모델의 개발을 주도하였다.

세 가지 관리 기술 연구에서 효과적 리더십은 세 가지 기본적 관리 기술, 즉 전문적 기술, 인간관계 기술, 개념적 기술에 달려 있다고 주장한다. 이들 관리 기술들은 모든 리더에게 중요하지만 각 기술의 중요성은 관리계층에 따라 다르다. 낮은 관리계층은 전문적 기술과 인간관계 기술이 가장 중요하고 중간계층의 관리자는 세 가지 기술 모두 중요하지만 그 중에서 더 중요한 것은 인간관계 기술이다. 상위 관리계층의 경우는 개념적 기술과 인간관계 기술이 가장 중요하고 전문적 기술은 덜 중요하다. 따라서 리더 자신의 기술과 관리계층이 일치할 때 리더십은 더 효과적이다.

1990년대에 와서 새로운 리더 역량 모델이 개발되었다. 이 모델에 의하면 효과적인 리더십을 가능케 하는 것은 리더 역량(지식과 기술)이라고 한다. Katz의 패러다임보다 훨씬 더 복잡한 이 모델은 효과적인 리더 업적과 관련이 있는 5가지의 요소들을 서술한다. 즉, 역량, 개인속성, 리더십 성과, 경력상의 경험, 환경의 영향 등이 그것이다. 모델의 핵심 부분은 리더 역량(leader competencies)인데 리더 역량은 문제해결 역량, 사회적 판단 역량, 지식 등이다. 이 같은 역량들은 리더의 개인 속성에 의해 직접적으로 영향을 받게 되는데, 여기서 개인 속성이란 리더의 일반적 인지 능력, 구체적 인지 능력, 동기유발 및 성격 등을 말한다. 그리고 리더 역량은 그의 경력상의 경험과 환경 요인에 의해 영향을 받는다. 요약하면 이 모델의 주장은 리더십의 성과인 '효과적인 문제해결'과 '성공적인 업적'은 리더의 기본적 역량에 달려 있고, 그 같은 역량은 리더의 개인 속성, 경험 및 환경에 의해 영향을 받는다는 것이다.

리더십을 역량의 관점에서 개념화하는 데에는 몇 가지 강점이 있다. 첫째, 리더중심 모델

(leader-centered model)로 리더 능력의 중요성을 강조하며 학습된 능력은 효과적인 리더십 업적을 위한 핵심 요인이다. 둘째, 역량 모델은 리더십을 능력만 있으면 누구나 사용할 수 있는 방식으로 이해한다. 능력이란 우리가 모두 개발할 수 있고 개선해갈 수 있는 역량이기 때문이다. 셋째, 역량 모델은 효과적인 리더십 업적을 어떻게 달성했는지 설명하는 정교한 지도를 제시한다. 이 같은 지도를 근거로 연구자들이 리더십 과정의 연구를 위한 복잡한 연구계획을 만들 수 있다. 넷째, 역량 모델은 리더십 교육, 리더십 개발 프로그램을 위한 프로그램 구성의 틀을 제공한다. 이 같은 교육 · 개발 프로그램에는 창의적인 문제해결, 갈등 해결, 경청, 팀워크 등에 관한 내용을 포함한다.

역량 모델에는 긍정적인 측면이 있는가 하면 다음과 같은 부정적인 측면도 있다. 첫째, 모델의 범위가 리더십의 경계를 벗어난다. 비판적 사고, 동기 유발이론, 성격 이론 등을 포괄하고 있기 때문이다. 둘째, 역량 모델은 예측력이 약하다. 리더 개인의 역량이 효과적인 리더십 업적으로 어떻게 이어지고 있는지 설명하지 않는다. 셋째, 역량 모델은 '성격 특성 모델(trait approach)'이 아니라고 주장하지만 인지 능력, 동기유발, 성격 등과 같은 개인적 성격 특성이 모델에서 큰 역할을 한다. 넷째, 역량 모델은 일반화하여 상용화할 수는 없다. 이 모델의 개발이 군 장교들에게서 수집한 데이터에 근거하여 이루어졌기 때문이다. 다른 모집단–다양한 소규모·대규모 조직들–을 대상으로 이 모델에 대한 검증연구가 이루어질 때까지 타당성에 대한 의문은 계속 남는다.

CHAPTER 4

리더 행동 유형 연구

- 서술
- 오하이오주립대학교의 연구
- 미시간대학교의 연구
- Blake와 McCanse의 리더십 그리드 연구
- 최근의 연구
- 행동 유형 연구의 효용
- 강점, 비판, 응용
- 요약

서술

리더 행동 유형 연구(behavioral approach)는 리더의 행동을 강조한 연구로 리더의 성격 특성을 강조하는 리더 특성 연구(2장)와 리더의 역량을 강조하는 리더 역량 연구(3장)와는 차이가 있다. 리더십 연구의 방향이 리더가 보유해야 하는 특성의 관점에서 리더의 행동 유형을 개념화하는 방향으로 전환되었다. 리더 행동 유형 연구는 오로지 '리더가 무엇을 하는가?' 그리고 '리더는 어떻게 행동하는가?'에 초점을 맞춘다. 이처럼 리더십 연구의 방향이 리더십 유형 내지는 리더 행동 연구로 전환됨에 따라 리더 행동 유형 연구는 다양한 상황에서 성원들을 지도하는 리더의 다양한 행동을 모두 포괄하는 연구로 확대되었다.

리더 행동 유형 연구에 참여한 연구자들은 "리더십이란 기본적으로 일반적인 두 가지 종류의 행동으로 이루어져 있다."고 단정하였다. 두 가지 종류의 리더 행동이란 과업 행동(task behavior)과 관계성 행동(relationship behavior)을 말한다. 과업 행동은 목표 달성을 촉진하는 행동으로, 집단성원들이 그들의 과업 목표를 달성하도록 도와주는 행동이다. 관계성 행동은 성원들이 서로 좋은 인간관계를 가지고 잘 지내도록 도와주며 일터의 과업 수행에서 만족을 느끼도록 도와주는 행동이다. 리더 행동 유형 연구의 주요 목적은 리더가 어떻게 하면 이들 두 가지 유형의 행동을 적절히 조합하여 성원들의 과업 목표를 위한 노력에 영향을 미치는지를 설명하는 데 있다.

정밀한 리더 행동 유형 연구를 위하여 많은 연구가 수행되었다. 첫 번째 연구는 Stogdill(1948)의 연구 결과를 토대로 1940년대 말에 미국 오하이오주립대학교(The Ohio State University)에서 실시되었다. 이 연구에서는 리더십 과정에서 리더의 특성보다 리더의 배려 행동(관계성 행동)의 중요성을 지적하였다. 두 번째 연구는 이와 비슷한 시기에 미국의 미시간대학교(University of Michigan)에서 리더십이 소집단에서 어떻게 기능하는지 연구하였다. 세 번째 연구는 1960년대 초 Blake & Mouton에 의해 수행되었다. 이 연구에서는 조직상황에서 관리자들이 과업 행동과 관계성 행동을 어떻게 조합하여 행동하고 있는지를 탐구하였다.

이와 유사한 많은 조사 연구도 '리더 행동 유형 연구'로 분류할 수 있지만, 오하이오대학교의 연구와 미시간대학교의 연구, Blake & Mouton의 연구(1964, 1978, 1985)가 리더 행동 유형 연구의 대표적인 연구이다. 다음은 각 연구를 면밀히 검토해 봄으로써 리더 행동 유형 연구의 내용과 시사점에 대해 설명한다.

1 과업 행동과 관계성 행동

리더 행동은 과업 행동과 관계성 행동이다. 강력한 과업 행동이 요구되는 상황이 있는가 하면 강력한 관계성 행동이 요구되는 상황이 있다. 리더는 성격과 삶의 경험을 바탕으로 모든 상황에서 보다 더 과업 지향적이거나 더 관계 지향적이거나 아니면 두 가지 행동을 잘 혼합하여 활용한다. 이는 순간적인 우연한 행동이라고 생각할 수도 있지만 리더의 효율성과 관련하여 두 가지 행동을 적절하게 활용하는 것이 성공과 실패를 좌우하는 절대적인 요인이다.

2 과업 지향

과업 지향적인 사람들(task-oriented people)은 계획된 과업을 즉각적으로 실행에 옮기는 사람들로, 그들의 리더십 행동은 주로 목표 달성을 촉진하는 행동이다. 과업 지향적인 사람은 과업 달성을 중심으로 생각하고 과업 달성과 관계가 있는 요소들을 '일의 조직화, 역할의 규명, 생산을 촉진하기 위한 정책이나 절차들의 결정' 모두를 과업 달성과 관련지어 결정한다.

3 관계성 지향

관계성 지향적인 사람들은 과업 지향적인 사람들과 비교했을 때 리더십 발휘에서 목표 달성뿐만 아니라 다른 사람들과의 연결 관계에 더 많은 관심이 있다. 따라서 관계성 지향적인 리더십 행동은 성원들의 복지와 안녕에 초점을 맞춘다. 구성원들과의 관계는 어떠한가? 일하고 있는 직장의 분위기는 어떤가? 관계성 지향적인 리더십은 우정, 존경, 신뢰, 리더와 성원들 간의 관계, 성원들의 특이성을 가치 있게 여기고 그들의 개인적 필요를 살핀다.

과업 행동과 관계성 행동은 서로 밀접하게 관련이 있다. 그래서 리더 행동 유형 연구는 리더들이 두 가지 행동을 어떻게 하고 있으며 상황 요인들이 이들 두 가지 행동에 어떻게 영향을 미치고 있는지를 살펴본다.

오하이오주립대학교의 연구

성격 특성으로서의 리더십의 연구 결과가 성과가 없어 보였기 때문에 오하이오주립대학교의 연구자들은 "리더들은 집단이나 조직을 지도할 때 어떻게 행동하는가?"를 분석하였다. 이 분석은 리더의 지도를 받는 성원들이 '리더의 행동에 관한 설문지'에 응답하는 것에서 시작하였다. 설문지는 리더가 질문에 해당하는 행동을 얼마나 하는가를 기록하게 되어 있다.

이 연구에서 사용된 최초의 설문지는 리더 행동의 여러 측면을 모두 기술하고 있는 1,800여 가지 행동의 목록을 기초로 하여 작성되었다. 리더 행동 목록을 기초로 리더 행동들에 대한 150문항으로 구성된 설문지가 작성되었다. 이 설문지를 소위 LBDQ(Leader Behavior Description Questionnaire)라고 부른다(Hemphill & Coons, 1957). LBDQ를 교육, 군대 및 산업 분야의 조직에 종사하는 100여 명의 사람에게 배부하고 응답하도록 하였다. 이 같은 설문조사를 분석한 결과 비슷한 행동을 한데 묶어 몇 가지 전형적인 리더 행동으로 분류할 수 있었다. 5년 후 Stogdill(1963)은 LBDQ의 축소판을 발표하였고 LBDQ-XII라고 호칭하였다. 이 설문지는 아직도 널리 활용되고 있다. LBDQ와 유사한 리더 행동 유형 설문지가 이 장의 끝부분에 제시되어 있으므로 설문지를 통해 자신의 리더 행동을 측정할 수 있다.

연구자들은 마침내 설문지에 대한 성원들의 응답을 구조 주도(initiating structure)와 배려(consideration)라는 두 가지 유형의 리더 행동을 중심으로 분류할 수 있다는 것을 발견하였다(Stogdill, 1974). 구조 주도 행동은 기본적으로 과업 행동이며, 과업 행동에는 일의 조직화, 작업 상황의 구조화, 역할 및 책임의 분담, 작업활동의 일정계획 등과 같은 활동이 포함된다. 배려 행동(consideration behaviors)은 기본적으로 관계성 행동인데 거기에는 성원 간의 동료애, 존경, 신뢰 구축, 리더와 성원 간의 인간관계 등이 포함된다.

LBDQ-XII에 의해 확인된 두 가지 유형의 리더 행동은 리더 행동 유형 연구(behavioral approach)의 핵심 내용을 대표한다. 두 가지 유형의 행동은 리더들이 행하는 것(what leaders do)의 핵심이기 때문이다. 두 가지 유형의 행동이란 리더가 성원들에게 작업 활동을 구조화하고 보살피며 양육하는 행동이다. 오하이오주립대학교의 연구에서는 두 가지 행동을 별개로 보았다. 다시 말해, 두 가지 행동을 하나의 단일한 연속체(a single continuum)상의 두 점으로 보지 않고 두 개의 독립된 연속체로 보았다. 예를 들어, 리더는 구조 주도 행동에는 높은 성향을 보이지만 배려 행동에서는 낮다거나, 구조 주도 행동에는 낮은 성향을 보이지만 배려 행동에서는 높은 성향을 보이는 등 리더가 어떤 한 가지 행동 유형을 보이는 정도는 다른 유형의 행동을 보이는 정도와 관련이 없다는 것이다.

"어떤 리더 행동 유형이 어떤 상황에서 가장 효과적인가"를 규명하려고 많은 연구가 이루어졌다. 어떤 상황에서는 높은 배려 행동이 가장 효과적이었고, 또 다른 상황에서는 높은 구조 주도 행동이 가장 효과적임이 판명되었다. 또 어떤 연구는 두 가지 행동 유형 모두에서 높은 성향을 보이는 것이 최선의 리더십 유형이라고 주장한다. 따라서 "리더가 과업 행동과 관계성 행동 간의 최적 조합을 어떻게 유지할 것인가?"는 리더 행동 유형 연구자들의 핵심 연구과제가 되었다. 6장에서 논의하게 될 경로-목표 이론(the path-goal theory)은 리더가 어떻게 '배려 행동'과 '구조 주도 행동'을 리더 행동 속에 통합(조합)해야 하는가를 설명하는 리더십 이론이다.

미시간대학교의 연구

오하이오주립대학교의 연구자들이 LBDQ를 개발하고 있는 동안 미시간대학교의 연구자들도 리더 행동을 탐구했다. 그들은 리더 행동이 소집단의 업적에 미치는 영향에 특별한 관심을 기울였다(Cartright & Zander, 1960; Katz & Kahn, 1951; Likert, 1961, 1967).

미시간대학교의 연구에서도 종업원 지향(employee orientation)과 생산 지향(production orientation)이라는 두 가지 유형의 리더 행동을 확인하였다. 종업원 지향은 종업원과의 좋은 인간관계를 강조하는 리더의 행동이다. 종업원 지향의 리더들은 사람 대 사람으로 종업원에 대한 관심이 크고, 개성을 가치 있게 여기며, 종업원 개개인의 욕구에 특별한 관심을 보인다(Bowers & Seashore, 1966). 종업원 지향적 행동은 오하이오주립대학교의 연구에서 '배려 행동'으로 분류되었던 행동과 유사하다.

생산 지향 행동은 직무의 기술적 측면과 생산 측면을 강조하는 리더 행동이다. 여기에서는 작업자들을 과업 완성을 위한 수단으로 여긴다(Bowers & Seashore, 1966). 생산 지향적 리더 행동은 오하이오주립대학교의 연구에서 확인된 '구조 주도 행동'과 일치한다.

미시간대학교의 연구자들은 오하이오주립대학교의 연구자들과는 달리, 그들의 초기 연구에서 종업원 지향 행동과 생산 지향 행동을 단일 연속체(a single continuum)상의 양극단에 있다고 개념화했다. 다시 말해 생산 지향적인 리더는 덜 종업원 지향적이고 종업원 지향적인 리더는 덜 생산 지향적이라는 것이다. 그러나 많은 연구가 거듭되면서 연구자들은 이 두 구성 개념을 오하이오주립대학교의 연구와 비슷하게 두 가지의 독립된 리더십 지향(two independent leadership orientations)으로 재개념화했다(Kahn, 1956). 이들 두 가지 리더 행동이 두 가지의 독립된 지향성으로 다루어질 때 리더는 생산 지향도 될 수 있고 종업원 지향도 될 수 있다.

1950년대와 1960년대에 오하이오주립대학교와 미시간대학교의 연구자들에 의해 수많은 연구가 수행되었다. 연구자의 주된 관심은 "리더의 행동이 성원들의 만족과 업적에 미치는 정적인 영향을 극대화하기 위해 어떻게 하면 그들의 과업 행동과 관계성 행동을 가장 잘 조합할 수 있는가"에 있었다. 요컨대, 연구자들은 모든 상황에서의 리더십 효과성을 설명해주는 보편적 리더십 이론을 추구한다. 그러나 수많은 연구문헌에 나온 결과는 상호 모순되고 불명확하다(Yukl, 2003). 어떤 연구 결과에 따르면 모든 상황에서 높은 과업 행동 지향이고 높은 관계성 행동(both high task and high relationship oriented in all situations) 지향이라는 점을 지적했지만(Misumi, 1985) 이 연구에서의 타당성과 신뢰성은 아직 미지수이다.

Blake와 McCanse의 리더십 그리드 연구

가장 잘 알려진 관리 행동(리더 행동) 모형으로는 관리 격자 모형(the managerial grid) 또는 리더십 그리드(leadership grid) 모형이 있다. 이 모형은 1960년대 초에 처음으로 등장하였고 그 후 계속해서 여러 차례에 걸쳐 가다듬어지고 또 개정되었다(Blake & McCanse, 1991; Blake & Mouton, 1964, 1978, 1985). 이 모델은 조직의 관리자 훈련이나 리더십 개발 분야에서 광범위하게 활용된다. 관리 격자 모형은 나중에 '리더십 그리드'로 이름을 바꾸었지만, "두 요인-생산을 위한 관심과 사람을 위한 관심(concern for production and concern for people)-을 통해 리더가 어떻게 하면 조직을 도와 목표를 달성할 수 있도록 할 것인가?"를 설명하기 위해 만들어졌다. 두 요인을 리더십 지향성(leadership orientations)으로 서술하기도 하지만 이 장에서 논의한 과업 행동 및 관계성 행동과 매우 유사하다.

성과에 대한 관심은 리더가 "조직의 과업 달성을 위해 어떻게 노력하고 있는가?"를 나타낸다. 광범한 활동을 포괄하고 정책 결정, 신제품 개발, 생산 과정상의 문제해결, 작업 분담, 마케팅 등과 관련된 활동 등이 포함된다. 다양한 많은 활동을 모두 거론할 필요 없이 생산을 위한 관심은 조직이 달성하기 위해 추구하는 모든 것을 말한다(Blake & Mouton, 1964).

사람에 대한 관심은 리더가 목표 달성을 위해 노력하고 있는 성원들을 위해 어떻게 마음을 쓰고 배려하는지를 가리킨다. 여기에는 여러 가지 행동들이 포함된다. 즉, 조직을 위한 헌신과 신뢰의 구축, 성원들의 개인적 가치의 실현, 좋은 작업환경의 제공, 공정한 임금 구조의 유지, 좋은 사회적 관계의 촉진 등과 같은 활동이다(Blake & Mouton, 1964).

리더십 그리드(leadership grid)는 두 개의 교차하는 축선(two intersecting axes)으로 된 모델 속에 '성과에 대한 관심'과 '사람에 대한 관심'이 결합한다(그림 4-1 참조). 횡축선은 리더의 성과에 대한 관심을 나타내고, 종축선은 리더의 사람에 대한 관심을 나타낸다. 이들 두 축선은 9점 척도로 되어 있고 각 척도상의 1은 가장 낮은 관심, 9는 가장 높은 관심을 의미한다. 각 축선상에 점수를 표시하면 여러 가지 리더십 유형들이 나타날 수 있다. 리더십 그리드는 권한-

순응형(9.1)(authority-compliance), 컨트리 클럽형(1.9)(country club management), 방관형(1.1)(impoverished management), 중도형(5.5)(middle-of-the-road management), 팀형(9.9)(team management)의 다섯 가지 주된 리더십 유형을 제시한다.

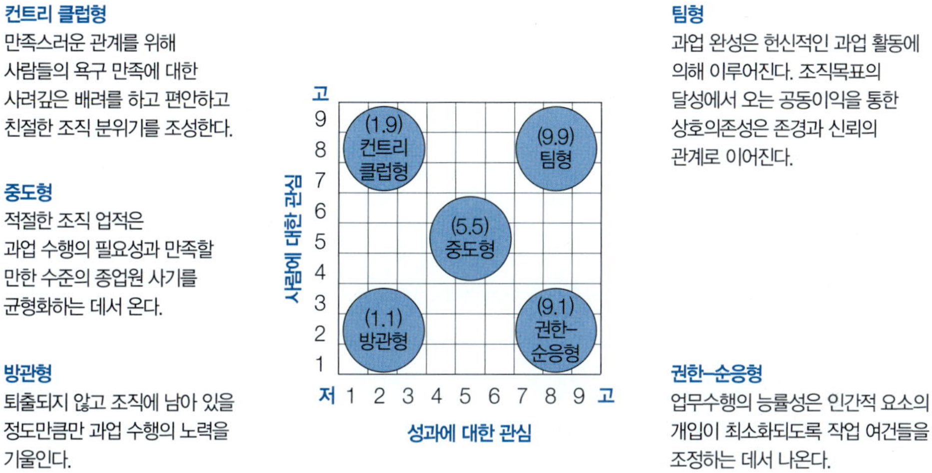

그림 4-1 리더십 그리드

출처: The Leadership Grid Figure, Paternalism Figure, and Opportunism from Leadership Dilemmas — Grid Solutions, by Robert R. Blake and Anne Adams McCanse(Formerly the Managerial Grid by Robert R. Blake and Jane S. Mouton), Houston: Gulf Publishing Company(p. 30), Copyright 1991 by Scientific Methods, Inc. Reproduced by permission of the owners.

■ 권한-순응형(9.1)

9.1 리더 행동 유형은 성원들이 과업 완수와 직무상의 요구에 따르기를 강하게 강조하는 유형이다. 그리고 '성원들이 직무완성의 수단이라는 생각'을 제외한 사람에 대한 관심은 매우 낮다. 작업지시 이외에 성원들과의 의사소통이 강조되지 않는다. 이 유형은 성과 지향적이고 사람을 목표 달성의 수단으로 여긴다. 그래서 9.1형 리더는 지위 권한을 활용하여 통제하고 너무 많은 것을 지시하며 여기에 순응하기를 요구하고 강하게 몰아붙여 고압적이다.

■ 컨트리 클럽형(1.9)

1.9 리더 행동 유형은 과업 완수에 대한 관심은 낮고 대인 간의 관계에 대한 관심이 높은 유형이다. 생산을 덜 강조하는 1.9형 리더는 사람들의 태도와 감정에 대한 관심이 높고 성원들의 개인적 욕구와 사회적 욕구가 충족되도록 한다. 그리고 성원들이 만족할 수 있도록

열심히 도우며 편안함을 느끼도록 하고 논쟁이 없는 화기애애한 긍정적인 분위기를 조성하려고 노력한다.

■ **방관형(1.1)**

1.1 리더 행동 유형은 과업 수행이나 대인관계 어느 쪽에도 거의 영향을 주지 않는 유형이다. 이 같은 유형의 리더는 리더 역할은 하지만 일에 상관하지 않고 소극적이며 한 걸음 물러나 있다. 1.1형 리더는 성원들과 거의 접촉하지 않는다. 그래서 이들은 무관심하고, 확실한 의견을 주지 않으며, 체념적이고 냉담하다고 할 수 있다.

■ **중도형(5.5)**

5.5 리더 행동 유형은 절충형 리더(compromiser)라고도 말한다. 절충형 리더는 과업 수행을 위해 중간 정도의 관심을 보이고 과업을 수행하는 사람을 위해서도 중간 정도의 관심을 보인다. 그들은 작업상 요구사항의 준수를 강조하면서도 사람과 관련된 사항을 고려하는 균형감각도 가지고 있다. 중도형 리더들은 생산을 밀어붙이기식으로 추진하지 않으며, 성원들의 욕구에 지나치게 많은 관심을 보이지도 않는다. 균형을 맞추기 위해 5.5형 리더는 갈등을 피하고 적당한 정도의 생산활동과 대인관계를 유지한다. 그래서 중도형 리더는 적당주의 리더 혹은 편의주의자라고 묘사된다. 또한 중간 입장을 더 선호하며 의견 불일치가 있어도 표현을 완곡하게 하고 진보와 발전을 위한 확고한 신념이 부족하다.

■ **팀형(9.9)**

9.9 리더 행동 유형은 과업 수행과 대인관계 모두를 강조하는 유형이다. 팀형 리더는 높은 정도의 참여와 팀워크를 촉진한다. 참여와 헌신을 촉진하기 위해 성원들의 기본 욕구를 충족시킨다. 9.9형 리더를 묘사할 때 사용하는 말을 열거하면 '참가를 자극하고 촉진함, 결연히(단호하게) 행동함, 현안을 공개함, 우선순위를 명백히 밝힘, 일을 끝까지 잘 마무리함(follow through), 열린 마음으로 행동함, 일하는 것을 즐김' 등이 있다.

리더십 그리드에 설명된 다섯 가지 주요 리더십 유형 외에도 Blake와 그의 동료연구자들은 그리드의 여러 측면을 통합하는 두 가지 다른 행동을 확인했다.

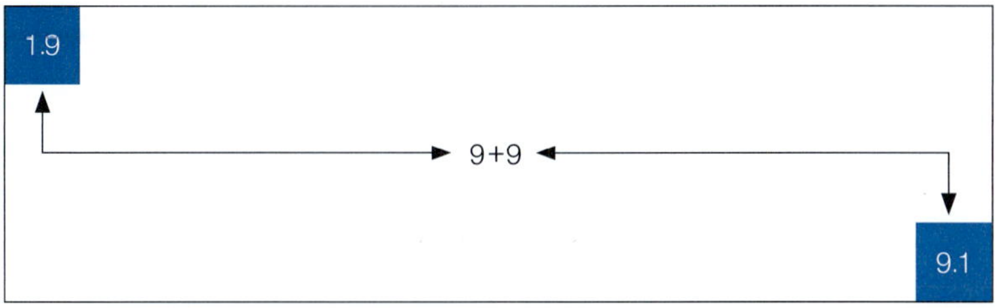

충성과 순종의 대가로 인정과 보상이 주어지고, 순응하지 않으면 처벌이 주어진다.

그림 4-2 온정주의 리더

출처: The Leadership Grid© figure, Paternalism figure, and Opportunism figure from Leadership Dilemmas—Grid Solutions, by Robert R. Blake and Anne Adams McCanse. (Formerly the Managerial Grid by Robert R. Blake and Jane S. Mouton.) Houston, TX: Gulf Publishing Company (Grid figure: p. 29, Paternalism figure: p. 30, Opportunism figure: p. 31). Copyright 1991 by Scientific Methods, Inc. Reproduced by permission of the owners.

1 온정주의 리더

온정주의 리더(paternalism/maternalism)란 1.9형과 9.1형 양쪽 모두를 활용하지만 통합하지는 않는 리더이며 '자비로운 독재자'라고도 불린다(그림 4-2 참조). 행동은 우아하지만 목표 달성을 위해서 엄격하고 단호하다. 온정주의 리더는 사람을 과업과 분리하여 다룬다. 온정주의 리더를 아버지나 어머니같이 행동하는 리더로 설명하는 경우도 있다. 이와 같은 리더는 조직을 가정으로 여기고 모든 중요한 결정은 자신들이 하고 충성과 순종은 보상하고 복종하지 않으면 처벌한다.

2 임기응변적 리더

임기응변적 리더(opportunism)는 5가지 기본 유형을 조합하여 리더십을 발휘하는 리더를 말한다(그림 4-3 참조). Blake & Mouton(1985)에 의하면 사람은 일반적으로 대부분의 상황에서 사용하는 '주된 그리드 유형(dominant grid style)'과 압력을 받고 있을 때 과업 수행이 잘 안되고 있을 때 취하는 유형인 '보조 유형(a backup style)'을 가지고 있다. 요약하면, 리더십 그리드(leadership grid)는 실무적 리더십 모델의 한 표본이며, 두 가지 주된 리더 행동, 즉 과업 행동과 관계성 행동을 기반으로 한다. 이 모델은 오하이오주립대학교와 미시간대학교의 연구에서 나타난 연구 결과 및 생각과 일치한다. 그리고 이 모델은 전 세계에 걸쳐 조직 개발과 리더십 개발에 활용된다.

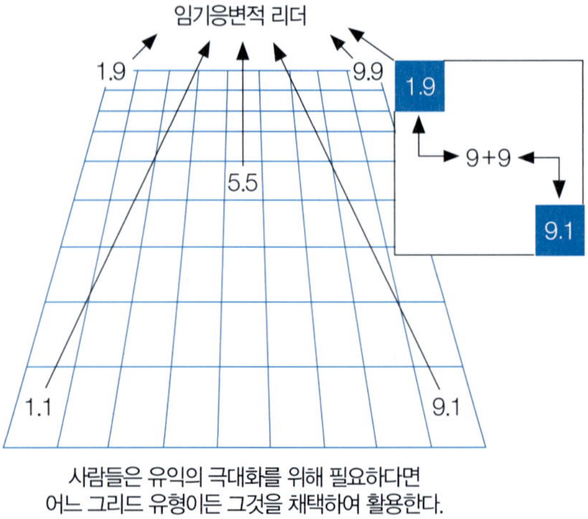

그림 4-3 임기응변적 리더

출처: The Leadership Grid© figure, Paternalism figure, and Opportunism figure from Leadership Dilemmas—Grid Solutions, by Robert R. Blake and Anne Adams McCanse. (Formerly the Managerial Grid by Robert R. Blake and Jane S. Mouton.) Houston, TX: Gulf Publishing Company (Grid figure: p. 29, Paternalism figure: p. 30, Opportunism figure: p. 31). Copyright 1991 by Scientific Methods, Inc. Reproduced by permission of the owners.

최근의 연구

최근 Behrendt, Matz 그리고 Göritz(2017)는 리더십 행동 모델(a leadership behavior model)을 만들었다. 이 모델은 조직환경 내에서 전개되는 요구사항을 반영한다. 리더십 행동의 통합 모델(IMoLB:Integrated Model of Leadership Behavior)로서 많은 리더 행동 연구 결과에 기초하고 있고 Yukl(2012)에 의해 개발된 리더 행동의 분류법에 기초하고 있다. IMoLB는 과업 지향 행동을 조직 변화의 필요와 변화의 모습을 마음속에 그려보기, 개혁 및 학습의 고무 등과 연관시킨다. 조직 변화 행동은 하위자가 네트워크 외부 요구에 잘 대처하도록 영향을 미치고 환경을 관찰하며 환경의 요구에 대응하기 위해 자원을 동원한다.

이 모델은 아직 개발 초기단계에 있고 이 책이 인쇄되어 발행될 때까지도 측정되거나 검증되지 않았으나 여전히 현대 조직의 환경과 리더십 행동의 관계에 대한 적절한 관련된 견해를 제공한다.

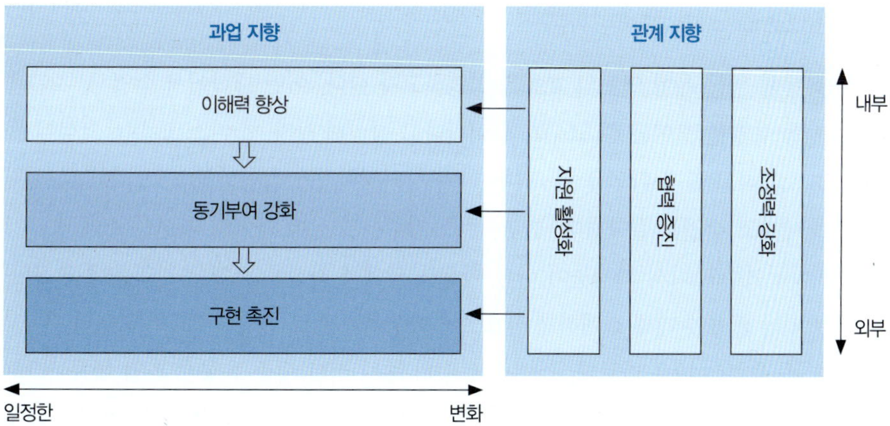

그림 4-4 리더십 행동의 통합 모델(IMoLB)

출처: Behrendt, P., Matz, S., & Göritz, A. S. (2017). An integrative model of leadership behavior. The Leadership Quarterly, 28(1), 229-244.

행동 유형 연구의 효용

이 책에서 논의하고 있는 많은 다른 접근법과 달리 행동 유형 연구는 효과적인 리더십 행동을 위한 방법을 간결하게 정리하여 제공하는 가다듬어진 이론은 아니다. 행동 유형 연구는 과업과 관련된 행동이나 관계성과 관련된 행동처럼 리더 행동을 광범하게 측정할 수 있는 틀을 제공한다. 행동 유형 연구는 리더들에게 어떻게 행동하라고 말만 하지 않고 행동의 주된 구성 요소를 설명해 줌으로써 효력을 발휘한다. 그리고 행동 유형 연구는 리더들이 성원들의 과업행동의 수준과 관계성 행동의 수준에 적합한 행동을 해야 한다고 주장한다(on a task level and a relationship level). 어떤 상황에서 리더는 더 과업 지향적으로 되어야 하고 또 어떤 상황에서는 보다 더 관계 지향적이어야 한다. 마찬가지로 어떤 성원은 지시 행동을 많이 하는 리더가 필요하지만 다른 성원은 지원적 행동을 많이 하는 리더와 양육적 행동을 많이 하는 리더를 필요로 한다. 때에 따라 리더는 두 가지 접근법을 결합(조합)하여 사용하기도 한다. 행동 유형 연구는 리더가 자신의 행동이 두 가지 행동 차원의 어디에 해당하는가를 파악하는 방법을 제공한다(Casimir & Ng, 2010).

다음 예시를 통해 행동 유형 연구의 효용을 설명하고자 한다. 어떤 대학에서 수업 첫 시간에 전혀 다른 행동 유형을 보이는 두 교수가 들어왔다고 상상해 보자. 스미스 교수는 교실에 들어와 자신을 소개하고 출석 확인을 한 후 한 학기 강의계획서를 설명하였다. 그러고 나서 첫 번째 과제를 내주고 수업을 끝마쳤다. 한편, 존스 교수는 교실에 들어와 자신을 소개하고 강의계획서를 나누어주고 나서 학생들이 다른 학생들 앞에서 자신을 소개할 기회를 주고 전공 및 좋아하는 기타 활동에 대해 소개하게 함으로써 학생들이 서로 친숙해지도록 하였다. 두 교수의 리더 행동 유형은 매우 다르다. 스미스 교수의 주된 리더 행동 유형은 과업 행동이라고 할 수 있고, 존스 교수의 주된 리더 행동 유형은 관계성 행동이라고 할 수 있다. 이렇게 행동 유형 연구는 두 교수 행동의 차이를 구분하는 방법을 제공한다. 두 교수는 자신들의 행동 유형에 대한 학생들의 반응에 따라 강의 효과를 높이기 위해 자신의 리더 행동을 변화하려고 할 수도 있다.

전반적으로 리더 행동 유형 연구는 일반적인 방법으로 자신의 리더 행동을 측정하는 방법을 제공한다. 그리고 이 연구는 리더가 성원들에게 미치는 효과적인 영향은 그 리더의 과업 행동과 관계성 행동을 통해 나타난다는 사실을 상기시킨다.

강점, 비판, 응용

1 강점

리더 행동 유형 연구는 리더십 과정의 이해에 몇 가지 긍정적인 기여를 한다. 첫째, 행동 유형 연구는 리더십 연구의 초점에 중대한 변화를 가져왔다. 행동 유형 연구가 시작되기 이전에 연구자들은 리더십을 단지 성격 특성으로 다루었다(2장 참조). 행동 유형 연구는 리더십 연구의 범위를 넓혀 리더의 행동을 포함하여 다양한 상황에서 리더가 어떤 행동을 하는가를 연구하였다. 더 이상 리더십 연구의 초점은 리더의 개인 특성에 있지 않고 "리더가 무슨 행동을 어떻게 하는가?"를 포함한 방향으로 확대되었다. 초기 연구에서는 1,800가지가 넘는 리더 행동을 압축하고 압축하여 배려 행동과 구조 주도 행동이라는 두 가지 리더 행동으로 구분하였다. 이 두 가지 리더 행동 차원을 간단히 말하면 하나는 다른 사람을 돌보고, 다른 하나는 목표를 달성하는 것이다. 이 같은 인간 행동의 두 가지 기본 측면은 집단이나 가정 그리고 직장에서도 볼 수 있는 행동 차원들이다.

둘째, 광범위한 리더 행동 유형 실증연구를 통해 리더 행동의 유형을 검증하고 있으므로 이 연구의 기본 주장에 대한 신뢰성이 있다. 처음 오하이오주립대학교와 미시간대학교의 연구자들에 의해 계획되고 이후에 Blake와 Mouton(1964, 1978, 1985), Blake와 McCanse(1991)에 의해 완성된 이 연구는 수많은 후속 연구를 통해 실증적으로 구체화되었고 리더십 과정의 이해를 돕는 귀중한 이론이다. 오하이오주립대학교의 연구에 의해 개발된 LBDQ-XII의 광범위한 메타분석이 Judge et al(2004)에 의해 이루어졌고 모든 조사 도구(survey instruments)가 리더의 성공에 대한 예측타당성이 있음을 발견하였다(Littrell, 2013). 연구 결과를 쉽게 이해할 수 있도록 변환된 Managerial Grid는 관리자들 사이에서 널리 활용되고 있는 리더십 접근법이다.

셋째, 행동 유형 연구의 연구자들은 리더 행동 유형을 개념 수준에서 기본적으로 과업 행동과 관계성 행동, 이렇게 두 가지 주된 행동 유형으로 구성되었다고 생각했다. 이같은 생각의 중요성은 아무리 강조해도 부족하다. 리더십이 있는 곳에는 언제나 과업 행동과 관계성 행동 모두가 수행되고 있기 때문이다. 따라서 유능한 리더가 되는 열쇠는 리더가 이들 두 행동들의 조합을 어떻게 만들어가느냐에 달려 있다. 두 가지 행동 유형의 조화가 리더십 과정의 핵심을 형성한다. Blake와 Mouton은 팀형(9.9) 리더십을 옹호하고 상황주의(situationalism)를 반박하며, 조직상황에서 사람과 생산에 대한 관심은 조직상황의 모든 것을 반영한다고 주장하였다.(Cai, Fink, & Walker, 2019)

넷째, 행동 유형 연구는 문제 발견적(heuristic)이다. 행동 유형 연구는 리더십의 복잡성을 이해하는 데 유용한 '광범한 개념적 안내도(broad conceptual map)'를 제공한다. 이를 통하여 리더는 자신에 대해 점진적으로 학습한다. 그리고 자신의 행동을 과업 차원과 관계성 차원의 관점에서 살펴봄으로써 다른 사람에게 어떤 행동을 가지고 접근할 수 있는지 배울 수 있다. 행동 유형 연구를 근거로 리더는 자신의 행동을 측정하고 자신의 리더 행동 유형을 개선하기 위해 어떤 변화를 시도할지를 결정한다. 모든 성격 특성과는 다르게 리더는 리더십 훈련을 통해 자신의 리더십 행동을 개발한다.

2 비판

행동 유형 연구는 몇 가지 약점이 있다. 첫째, 행동 유형 연구는 리더십 유형이 업적 성과(performance outcomes)와 어떤 관계를 가지고 있는가를 적절하게 보여주지 못한다(Bryman, 1992; Yukl, 2003). 연구자들은 과업 행동 및 관계성 행동과 집단성원들의 사기, 직무만족 및 업적 등과 같은 '효과성' 간의 일관된 관계를 입증하지 못했다. Yukl(2003, p. 75)에 따르면 엄청난 양의 연구에서 얻은 연구 결과들이 대체로 상호 간에 모순되거나 결정적으로 타당성이 모자란다고 비판한다. 그는 리더십 행동에 대한 유일하고 강력한 발견은 리더의 배려 행동에는 만족도 높은 성원들이 있다는 것이다.

또한 리더 행동 설문지는 일반적으로 성원들이 작성하기 때문에 리더십을 인지하는 정도가 실제 리더 행동과는 차이가 있을 수 있다(Dinh et al., 2014). 리더에 대한 성원들의 인식은 긍정적인 속성 또는 부정적인 속성에 의해 리더의 영향을 과대 평가하거나 과소 평가하는 결과를 초래한다(Behrendt et al., 2017). 다시 말해 만약 리더가 배려심이 많고 마음씨 좋은 사람이라면 성원들은 리더를 좋아하기 때문에 리더의 과업 행동을 과대 평가한다는 것이다.

또 하나의 비판은 이 연구가 거의 모든 상황에 효과적인 보편적 리더십 유형을 찾아내지 못한다는 점이다. 리더 행동의 유형을 연구하는 연구자는 일관되게 효과적인 성과를 내는 보편적 리더 행동을 확인하려고 노력하였고 그것을 목표로 하였다. 그러나 일관되지 않은 연구 결과 때문에 연구자들의 목표는 달성될 수 없었다. 다시 말해 결정적인 리더십 특성을 찾을 수 없었던 특성 연구에서와 같이 리더 행동 유형 연구에서도 리더십 효과성과 일관되게 관련성을 가지고 있는 보편적 리더 행동을 확인할 수는 없었다.

이처럼 보편적인 리더십 유형을 확인할 수 없는 것은 상황적 요인들의 영향(the impact of contextual factors) 때문이다. 예를 들어 Martin, Rowlinson, Fellows 그리고 Liu(2012)의 연구에 따르면 어떤 리더십 행동이 다른 리더십 행동보다 더 효과적인지에 대해 강력한 영향을 미치는 상황적 요소를 발견했다. 또 리더십 유형과 다기능 팀(cross-functional teams) 연구에서 팀의 목표가 무엇이냐에 따라 다른 리더십 행동이 요구되는 것을 발견하였다. 조직 및 국가와 종족의 경계에 걸쳐 있는 프로젝트의 관리자는 "경계를 넘어 문제가 있는 팀을 관리하는 데 관여할 경우 업무 중심과 사람 중심의 리더십이 충돌한다. 따라서 과업 지향적 행동과 사람 지향적 행동을 교묘히 잘 혼합하여 행동해야 한다."고 언급하고 있다(p. 19).

리더십의 효과성 역시 리더의 특성, 부하들의 특성 그리고 상황의 특성에 의해 영향을 받는다. 그리고 리더의 행동 유형 접근법은 이들 세 가지 영향 요인들 간의 상호작용 가능성에 대한 관심과 주의가 부족하다. 예를 들어 강력한 보상시스템을 가지고 있는 경우 다재다능한 부하들을 성공적으로 지도하는 데 더 용이하다. 이처럼 리더들의 효과성(leaders' effectiveness)은 업무수행을 위해 그들의 재능을 사용하는 데 대한 보상을 받는 부하들의 속성에 더 기인하게 된다.

리더 행동 유형 연구에 대한 또 하나의 비판은 가장 효과적인 리더 행동 유형이 높은 과업 행동과 높은 관계성 행동(high task and high relationship), 즉 '팀형 리더십 유형'이라고 주장한다는 점이다. 비록 몇몇 연구자들(Blake & McCanse, 1991; Misumi, 1985)이 팀형 리더가 가장 효과적이라 말하지만 모든 경우에 해당하는 것은 아니다. 사실 모든 연구 결과를 검토해본 결과 제한적으로 팀형 리더십 유형이 효과적인 리더 행동 유형(high-high style)이 될 수 있다(Yukl, 2003). 상황에 따라서는 팀형 리더 행동 유형이 아닌 다른 리더 행동 유형이 요구되기 때문이다.

어떤 상황은 복잡하여 높은 과업 행동이 요구될 수 있고 다른 상황은 단순하여 관계성 행동이 요구될 수도 있다. 리더 행동 유형 연구의 현시점에서 '높은 과업 행동—높은 관계성 행동'의 유형이 가장 선호할 만한 리더 행동 유형인지는 아직 불명확하다.

마지막 비판은 행동적 접근법에 관한 대부분의 연구가 미국 중심의 시각(U.S.-centric perspective)에서 실시되었으며 미국 중심적 관점에서 유래했다는 점이다. 최근에는 행동적 리더십 개념을 미국 외 상황에 적용한 소수의 연구가 진행되었다. 연구 결과에 따르면 문화마다 미국 경영 관행이 지지하거나 선호하는 것과는 다른 리더십 스타일을 선호한다(Begum & Mujtaba, 2016; Engle, Elahee, & Tatoglu, 2013; Iguisi, 2014; Martin et al., 2012). 예를 들어, 자비심과 권위주의가 결합된 가족주의적 리더십 유형(the paternalistic leadership style)은 터키, 중국, 인도에서 효과적이었다(Pellegrini & Scandura, 2008).

3 응용

리더 행동 유형 연구는 리더십 상황의 현장에 쉽게 응용할 수 있다. 모든 형태의 조직과 조직 내의 모든 계층에서 리더들은 계속하여 과업 행동이나 관계성 행동을 한다. 자신들의 행동 유형을 측정함으로써 리더 자신이 성원들에게 어떤 유형의 리더 행동을 하는가를 파악하고 더 좋은 리더가 되기 위해 자신의 행동을 어떻게 변화해야 하는지 알 수 있다. 요컨대, 행동 유형 연구는 리더들에게 "나는 리더로서 어떻게 행동하고 있는가?"라는 질문에 대답하는 데 도움이 되는 하나의 거울을 제공한다.

전 세계의 리더십 훈련과 개발에서 많은 훈련 및 개발 프로그램들이 행동 유형 연구를 중심으로 구성되어 있다. 대부분의 프로그램들이 훈련 프로그램에 참가하고 있는 리더들에게 설문지 형식의 측정 도구를 나누어주고 성원들에 대한 자신들의 과업 행동과 관계성 행동을 측정한다. 참가자들은 측정 결과를 통하여 자신들의 전반적인 리더 행동 유형을 개선한다.

오로지 리더 행동 유형만을 가지고 리더십 훈련을 하고 개발 프로그램을 편성하여 실시하는 한 예로 Blake와 Mouton의 리더십 그리드(전에는 관리 그리드; managerial grid) 세미나를 들 수 있다. 그리드 세미나는 생산성 증진, 성원들의 사기 진작, 성원들의 헌신을 이끌어내는 것으로 국제적인 조직개발회사에서 개발한 과학적 방법(scientific methods[1])을 동원하여 자신의 리더 행동 유형의 측정과 소집단 경험 및 편견 없는 비판을 통해 다음 세 가지 항목을 학습한다.

---

1 Scientific Methods, P. O. Box 195, Austin, TX 78767.

① 효과적인 리더십을 어떻게 정의할 것인가.

② 최적의 결과를 얻기 위해 어떻게 행동할 것인가.

③ 비효과적인 리더 행동을 어떻게 확인하고 어떻게 변화시켜 갈 것인가.

그리드 세미나의 구조적인 개념적 틀은 리더 행동 유형 연구이다. 간단히 말해서 행동 유형 연구는 리더 행동의 거의 모든 영역에 응용될 수 있다. 리더 행동 유형 연구는 많은 리더에게 리더십 효과성의 개선과 조직의 생산성을 개선하는 방법을 가르치는 훈련 및 개발기관들이 하나의 모델로 채택한다.

사례 연구

각각 다른 조직상황에서 일하는 세 명의 리더들의 상이한 리더 행동 유형을 설명하는 다음 세 가지 사례가 있다(사례 4.1, 4.2, 4.3). 첫 번째 사례는 대규모 병원에서 시설관리자로 근무하고 있는 리더이고 두 번째 사례는 소규모 운동기구 판매업체 관리자에 대해 다룬다. 그리고 세 번째 사례는 전국적으로 인정받는 응원단의 리더십과 관련된 내용이다. 각 사례의 끝에는 행동 유형 연구의 관점에서 사례를 분석하는 데 도움이 되는 질문이 제시된다.

사례 4.1: 처음에는 교련담당 하사관

Mark Young은 대형 병원의 도색담당부서(painting department)의 책임자이고 20명의 노조 가입 직원을 관리한다. 이 부서에 오기 전에는 노조에 소속되지 않은 계약직으로 근무하다가 도색작업이 필요하게 되어 새롭게 창설된 도색담당부서의 부장이란 직책을 맡게 되었다.

이 부서를 맡자마자 Mark는 4개월에 걸쳐 도색서비스의 직접비와 간접비를 분석하였다. 그의 분석결과는 도색서비스가 능률적이지 않고 고비용으로 이루어지고 있다는 그의 상위자들의 생각을 뒷받침하고 있었다. 그래서 Mark는 부서의 구조를 완전히 새롭게 재구성하고 새로운 작업절차를 만들어 업적의 기대 수준을 다시 정하였다.

Mark는 새로운 직무를 처음 시작할 무렵에 그는 마치 교련담당 하사관처럼 어떤 부하들의 의견도 구하지 않고 모든 것을 자기 생각대로 처리하였다. Mark는 병원환경은 조금이라도 오류의 여지가 없어야 하므로 도색공들이 병원환경의 제약 조건 아래에서 한치의 오차도 없이 좋은 직무 수행을 하도록 하기 위해서는 엄격한 관리가 필요하다고 생각했기 때문이다.

그러나 시간이 지남에 따라 Mark의 리더 행동 유형은 느슨해지고 부하들에게 요구하는 것도 줄어들었다. 일부 책임은 두 명의 조장에게 일임하고 결과만 보고하도록 하였으며 항상 긴밀하게 연락했다. 매주 그는 소집단 작업자들을 데리고 나가 햄버거를 사먹이기도 했다. 그리고 그는 종업원들과 농담을 주고받기를 좋아하고 야단을 치거나 비난하는 것을 가능한 절제하였다.

Mark는 그의 부서를 매우 자랑스럽게 생각한다. Mark는 항상 코치가 되고 싶고, 그것이 곧 그의 부서를 운영하는 방식이 되어야 한다고 말한다. 그는 사람들과 더불어 일하기를 선호한다. 특히, 종업원들이 직무를 훌륭하게 수행하고, 스스로 그런 일을 해냈다고 깨달았을 때 그들의 눈빛이 반짝이는 것을 보는 것만큼 즐거운 건 없다.

Mark의 리더십 덕분에 도색부서는 많이 개선되었고 다른 부서의 사람들은 도색부서가 병원시설관리부문에서 가장 생산성이 높은 부서라고 생각한다. 도색서비스가 고객들에게 92점이라는 다른 부서들보다 높은 점수를 받았다.

질문

01 리더 행동 유형 연구의 관점에서 Mark의 리더십을 어떻게 설명하겠는가?

02 시간이 지남에 따라 그의 리더 행동 유형은 어떻게 변화하였는가?

03 그의 리더십은 일반적으로 과업 지향적인가 아니면 관계성 지향적인가?

04 만약 그가 Blake와 Mouton의 그리드 검사를 받았다면 어떤 리더 행동 유형이며 몇 점이라고 생각하는가?

사례 4.2: 우리는 가족이다

Betsy Moore는 미국 중서부 지역에 있는 중간 규모 대학의 마케팅 및 의사소통부서의 부서장으로 채용되었다. 마케팅 및 홍보활동(public relations) 전문가로 오랫동안 성공한 경력을 가진 그녀를 직원 채용위원회의 만장일치로 선발했다. Betsy는 대학발전담당 부총장 Marianne을 직속 상사로 두었으며 Marianne도 Betsy와 유사한 배경의 출신이었다. Marianne와의 회의에서 Betsy는 현재 대학이 마케팅 및 대내외 의사소통을 개선하고 활성화하는 노력이 필요하다고 들었다. Betsy와 Marianne은 학교의 프로그램을 위한 방향성에 의견이 일치했고, Marianne도 부서 내에 팀워크와 권한 위임의 문화를 구축하고 있다고 설명한다. 그리고 관리자이기보다는 성원들의 멘토가 되기를 강력하게 지지한다.

Betsy는 4명의 부하 직원이 있다. 두 사람은 홍보기사를 작성하는 20대인 Bridget와 Suzanne이고, 다른 두 사람은 그래픽 디자인을 담당하는 50대의 Carol과 Francine이다. 첫 번째 달에 Betsy는 대학의 새로운 의사소통 계획을 개발하기 위해 네 명의 직원들과 회의를 소집하여 팀의 목표를 제시하고 목표 달성을 위해 필요한 일과 개선사항이 무엇이 있는지 새로운 아이디어를 제시하도록 요구하였다. Bridget와 Suzanne은 개선을 위한 의견을 거의 내놓지 않았고 Bridget은 신랄한 어조로 "우리에게 왜 변화가 필요한가?"라고 되물었다.

주간회의에서 Betsy는 부총장에게 팀 성원들의 변화에 대한 저항에 직면했다고 전달하였다. Marianne은 고개를 끄덕이며 주초에 그들과 점심식사를 함께 하였고, 팀원들의 생각을 들었다고 말했다. Betsy가 놀라는 모습을 보이자 Marianne은 의미 있는 미소를 지으며 "우리는 한 가족과 같아요. 그래서 일을 떠나 밖에서도 친밀한 관계를 유지하고 있지요. 나는 적어도 일주일에 한 번은 Suzanne과 Bridget와 함께 점심을 먹거나 영화를 보러 갑니다. 그러나 염려 말아요. 나는 단지 안건들에 대한 반응을 점검하는 것뿐이니까요. 그리고 그들더러 Betsy 당신을 찾아가 제기한 문제를 해결하도록 권하거든요. 그들은 당신을 상사로 여기고 있습니다."라고 덧붙였다.

그러나 두 직원은 Betsy에게 오지 않았으며, Bridget는 오전 8시에 출근하지 않고 매일 오전 10시에 사무실에 나타났다. 그러다 보니 그녀는 매주 진행하는 주간 기획 회의에도 불참하였다. Betsy가 그녀에게 다가가 문제점을 지적했을 때 "Marianne가 괜찮다고 했어요. 내가 건강증진을 위해 아침 운동을 하는데 Marianne는 시간을 최대한 지원한다고 했어요."라고 반박했다.

그 후 Betsy는 Suzanne을 만나 Suzanne이 마음에 들어 하는 내부용 뉴스레터 프로젝트 일부를 변경하여 진행해 보도록 하였으나 Suzanne은 Betsy가 자신을 모욕했고 비난했다고 느껴 화를 내고 눈물을 흘렸다. 그 후 Betsy는 Suzanne과 Marianne이 점심시간에 함께 사무실을 나가는 모습을 목격하였다. 몇 시간이 지난 후 Marianne가 Betsy의 사무실에 들어와 말하기를 "뉴스레터의 개선은 그냥 천천히 하세요. Suzanne은 좀 불안정한 사람이고 자신이 하는 일이 비판을 받고 있고 비하되고 있다고 느끼고 있거든요. 그리고 지금 자신이 당신에게 억압받고 있다고 생각하고 있어요."

이와는 대조적으로 Betsy와 다른 두 직원과의 관계는 좋은 편이다. 두 사람은 젊은 두 직원처럼 Marianne와 친밀하게 지내지 않는다. 두 사람 모두 Betsy가 원하는 프로그램 개선의 방향을 열성적으로 지지한다.

몇 주 후 지나서 Marianne는 Bridget와 Suzanne을 대상으로 정기적인 'Mentor Meeting'을 시작하였고 세 사람은 최소한 매주 두 차례 점심을 같이한다. 어느 날 세 사람이 함께 걸어가는 모습을 본 Francine이 Betsy에게 "좀 문제가 있어 보이지 않나요?"라고 물었지만 Betsy는 "Marianne의 멘토링 프로그램의 한 부분입니다."라고 조용히 답했다. Francine은 "Marianne는 아무에게도 멘토링을 하지 않아요. 매일 함께 점심 먹으러 갈 사람이 필요한 모양이지요."라고 말했다.

4개월이 지난 후 Betsy는 부총장인 Marianne에게 Bridget와 Suzanne의 친밀한 관계가 마케팅과 의사소통 프로그램에 미치는 부정적 영향에 대하여 간략히 설명하고 "제발 멈춰주세요."라고 호소하기에 이르렀다.

Marianne은 다시 한 번 알고 있다는 듯 인자한 미소를 지으며 "나는 Bridget와 Suzanne에게서 많은 잠재 능력을 보았어요. 그래서 그들의 능력을 키워주고 싶습니다. 그들은 아직 어리고 경력이 많지 않기 때문에 나와 그들과의 관계가 매우 중요합니다. 멘토링을 통해 능력 개발을 위한 지침을 제공할 수 있으니까요."라고 말했다.

"하지만 멘토링이 나와 그들 사이에 문제를 만들고 있지 않습니까?"라고 Betsy가 지적하였다. "그들이 매번 나의 제안에 동의하지 않고 나를 궁지에 빠뜨린다면 나는 그들을 관리할 수 없습니다. 우리는 아무 일도 해낼 수 없습니다. 부총장님과 저는 같은 팀이 아닙니다."라고 말하자 Marianne은 고개를 저으며, "문제는 우리의 리더 행동 유형이 서로 다르다는 데 있지요. 나는 그들에게 힘을 실어주고 싶고 당신은 그들에게 상사가 되고 싶어 하니까요."라고 말했다.

질문

01 Marianne과 Betsy는 정말로 서로 다른 리더 행동 유형을 가지고 있는가?

02 Betsy는 Bridget와 Suzanne과의 관계를 개선하기 위해 자신의 리더 행동 유형을 변경해야 하는가? Marianne도 그녀의 리더 행동 유형을 변경해야 하는가?

03 Marianne과 Betsy는 함께 일할 수 있겠는가?

사례 4.3: 응원 코치 MONICA ALDAMA

2020년 1월 Navarro 대학의 응원팀과 이 팀에서 25년간 응원코치를 한 MONICA ALDAMA가 넷플릭스를 통해 소개되었다. 2019 전국 치어리더 협회 선수권 대회를 텍사스의 대학생 40명으로 구성된 소규모 응원단원들은 4개월에 걸쳐 준비했다. 이 대회에서 Navarro 지역의 대학교도 참여하여 19년 만에 14번째 수상을 노리고 있었다.

대학에서의 응원 경쟁은 대단히 어렵고 위험한 스포츠로서, 들어 올리기, 텀블링, 피라미드 타고 오르기, 나는 것을 공중에 던져 올리기, 공중에서 몸을 비틀고 돌리다가 바닥으로 떨어져 밑에 있는 장치의 팔에 안기는 묘기 등 다양한 묘기가 포함되어 있다. 이러한 묘기는 비극적인 재앙에 가까운 부상을 초래하기도 한다. 스포츠로 인해 발생하는 심각한 부상을 연구하는 단체에서는 축구 경기 다음으로 응원 경쟁에서 오는 많은 부상을 지적한다(NCCSIR; Greenspan, 2020). 공연에서 위험한 상황은 빈번하게 발생한다. 쇼에서 충격을 느끼거나 부상을 당해 갈비뼈가 골절되고, 발목 부상, 팔다리가 부어오르는 것 등은 기본이고 팀 연습 시간에도 빈번하게 발생한다.

40명의 치어리더에게 중요한 것은 20개 자리 중 하나를 확보하여 전국 선수권 대회에 출전하기 위한 "매트 만들기(making mat)"이다. Aldama 코치는 2분 15초간 숨죽이고 보는 기술 프로그램을 만들어 최고 점수를 받음으로써 14번째 우승이라는 유산을 남기기 위해 고심하고 있다.

Aldama 코치는 모든 연습 기록을 태블릿에 기록하고 반복하여 보면서 안무를 변경해야 할지 고민하고 각 선수가 어떻게 수행하는지를 검토한다. 그녀는 Andy Cosferent와 Kāpena Kea 두 명의 코치와 상의하여 어떻게 변경할지, 운동선수 중 누구를 선발할지, 누구를 제외할지 결정한다.

리더로서 Aldama 코치는 팀원들의 개인 행동과 연습시간 출석률 그리고 연습에 몰두하는 노력 등 기대치를 정한다. 그러나 가장 중요한 기준은 책임감이라고 말한다. 학생들이 기대에 못 미칠 때 그에 따른 대가가 따른다. 한 학생이 수업을 빠지면 모든 팀원이 한 바퀴를 돌게 했다. "팀원들은 룸메이트인 경우가 많은데, 이전에는 방에서 나와 수업에 가면서 못 일어난 룸메이트는 깨우지 않고 그대로 두고 나왔으나 이제는 룸메이트가 일어났는지 확인하기 위해 휴대전화를 사용한다. 그리고 수업이 시작되려고 하면 휴대전화로 메시지를 주고받기 시작한다."고 Aldama 코치는 말한다(Zakin & Weisberg, 2020).

"자기 책임(self accountability)은 나에게 중요하다. 만약 당신 책임이라면 당신은 책임을 위해 나타나야 한다. 책임이 수업이라면 수업에 나타나야 하고, 연습이라면 연습에 나타나야 하며 일이라면 일을 위해 나타나야 한다. 만약 어떤 일에 헌신하게 되면 그 일을 위해 나타나야 한다."고 그녀는 말한다(Zakin & Weisberg, 2020).

운동선수 T.T.Barker는 여기서 고통스러운 교훈을 얻었다. Aldama가 하지 말라고 충고했는데도 대학팀이 아닌 다른 팀과 겨루다가 허리에 부상을 입고 연습장에 도착했다. Aldama 코치는 T.T.를 풀어주지 않고 연습을 계속 시켰으며 반복해서 나는 물체를 들어 올리다가 움찔거리고, 고통에 끙끙거렸으며 결국에는 매트에 쓰러져 울고 말았다.

코치인 Aldama는 재무관리 학사이며 MBA 학위도 가지고 있었고 코치를 시작했을 때는 경영 관점으로 접근하였다. "무엇이 최종 목표이지? 승리하기 위해?"에서 시작하였고 "내가 승리하기 위해 해야 할 일이 무엇이지?" 묻다 보니 결론은 명확해졌다. "나에게는 점수표(score sheet)가 있으므로 좋은 점수를 얻어야 해, 어떻게 이런 점수를 얻을 수 있을까?"에서 시작하였고 곧 깨닫게 되었다.

"코칭하는 데 점수표와 전혀 상관없는 부분이 있었구나. 말다툼하거나 남자친구와 이별 같은 것이 방해해. 그러면 이제 나는 심리학자가 되어야 할까? 조언자가 되어야 할까? 아니면 상담사? 아니면 어머니가 되어야 할까?" (Zakin & Weisberg, 2020)

많은 팀 구성원들은 어려운 생활 환경에서 자랐고 팀에 소속되는 것은 마치 곤란과 어려움에서 탈출하는 승차권과 같았다. 그중 한 사람이 Morgan Simianer이다. 그녀는 이른 나이에 친부모에게 버림받았고 오빠와 함께 자동차로 끄는 이동주택(trailer)에서 살았다. Morgan은 성공하여 코치를 기쁘게 하겠다는 확고한 의지가 있다.

"세상 사람 모두가 다 그들의 삶 속에서 강한 어머니상이 있지는 않다. Monica는 내게 없는 것에 따른 공백을 메웠다. 나는 남자친구에 관해 이야기하거나 졸업 무도회를 위해 함께 쇼핑할 사람이 아무도 없었다. 그러므로 우리가 공유하는 것에 대해 그녀에게 더욱 감사하다. 나는 그녀의 자식 같다고 느끼곤 한다."라고 Morgan은 말한다. "나는 그녀를 우상화하여 숭배한다. 나의 인생은 Monica를 통해 다양한 방식으로 변화되었고, 더 나은 사람이 되었다."(Bennett, 2020)

공연의 5번째 에피소드에서 Morgan이 응급실에 갔을 때 얼마나 혼신을 다했는지 분명히 드러났다. Morgan은 "ribiosis"로 인한 극심한 고통으로 연습시간 중간 중간에 응급실에 갔다. 팀 구성원은 아주 높은 곳에서 바닥에 있는 베이스로 반복적으로 떨어지기 때문에 생기는 갈비뼈 손상이라고 말한다. 응급실에서 Morgan은 치료를 거부했다. 왜냐하면 그녀가 처방 받은 근육완화제로 인해 오후 연습시간에 참가하지 못하기 때문이다. 갈비뼈에 더 큰 충격의 가해지면 장기에 손상을 가져와 죽을 수도 있다는 경고했지만 그녀는 병원을 떠나 체육관으로 돌아갔다. "만약 Monica가 총력을 다하자고 한다면 나도 최선을 다할 거야."라고 Morgan은 말했다.(Whiteley, 2020)

Navarro 대학은 미국 텍사스주의 보수층이 많이 사는 지방의 소도시에 있다. 팀의 일부 선수는 동성애자이지만 그녀의 기독교 신앙에도 불구하고 Aldama 코치는 "나는 나의 팀원들을 보호하기 위해 필사적으로 싸울 것이다." 라고 말했다. "세상이 매우 거칠고 남을 배려하고 이해하려고 하지 않을 때 기분 나쁘고 당황한다. 나는 전혀 정치적인 사람이 아니다. 나는 중간층에 자리한 사람이라 생각하고 매우 보수적인 사람도 좋아하고 매우 진보적이고 개방적인 사람도 좋아한다. 그리고 나는 모든 사람이 마음을 열고 다른 사람들의 생활방식을 배우는 데 개방적일 필요가 있다고 생각하며, 그렇게 폐쇄적이지 않아야 한다고 생각한다."(Silman, 2020).

교육하는 것은 제쳐놓고, Aldama 코치는 바심내 매트를 만들 운동선수를 선발하는 매우 어려운 결정을 한다. 매트를 만들기 위해 선발되었더라도 수행하지 못하면 선수들을 교체한다. 그녀는 역시 핵심 선수들이라도 규칙 위반을 이유로 퇴출시킨다. "코칭 부분과 교육 부분을 분리하려고 노력한다. 내가 그들을 선발하여 발판 위에 올려놓지 못함으로 인해 마음을 아프게 한다는 감정을 다스리기 위해 직접 발판 위에 오르곤 한다. 나는 아이들을 무엇보다 사랑하고 또 그들은 잘 극복하고 있다."라고 그녀는 말한다. "그렇지만 그들은 다른 사람이 가진 기술을 가지고 있지 않음을 알고 있다. 그것이 당신의 마음을 사로잡는 부분이며, 그곳이 내가 있어야 하는 곳이다. '좋아요. Monica 당신은 할 수 있다. 분리해서 떼어 놓아라.' 그렇게 하고 나중에 다시 이야기하자. 당신은 여전히 충분히 잘하고 있다. 단지 지금은 당신의 때가 아니다."(Zakin & Weisberg, 2020)

결과적으로 팀 구성원들은 2배의 노력을 기울였고, 종국에 가서 발판을 만들었다. Aldama 코치는 위기상황에서도 차분하고 침착했다. 전국대회에서 팀 구성원 중의 하나인 Austin Bayles는 부상을 입어 교체되었다. Austin 대신 교체된 구성원은 불과 몇 분 만에 자신의 새로운 역할을 배워야만 했다.

"결승전에서 Austin이 부상당했을 때 나는 말 그대로 집중 모드로 들어갔기 때문에 내 자신이 자랑스러웠다. 그리고 나는 겁이 났지만 매우 짧은 시간 안에 문제를 해결하기 위해 집중했기 때문에 그곳에 갈 수 조차 없었다.", "나는 항상 내 마음이 어떻든 팀원들에게 알릴 수 없다고 스스로에게 말한다."라고 그녀는 말한다. 치어리딩은 정신력을 필요로 하기 때문에 모든 일은 정신적으로 준비되어야 한다. 만약 내가 겁에 질리거나 겁에 질린 모습을 본다면 우리가 해온 모든 일은 헛수고로 돌아간다(Silman, 2020).

질문

01 구조 주도 행동과 배려 행동에 비추어 Aldama 코치의 리더십 행동을 어떻게 설명하겠는가? 그리고 그녀는 더욱더 과업 지향적인가 아니면 관계 지향적인가?

02 Blake와 Mouton의 리더십 그리드에서 Aldama 코치는 어느 위치에 있는가? 이와 관련해서 구체적으로 서술하시오.

03 Aldama 코치의 리더십 행동을 가부장주의(paternalism)와 모성주의(maternalism)에 비추어서 어떻게 설명하겠는가?

04 기회주의적 리더십 행동을 Aldama 코치에 적용할 수 있는가? 관련해서 구체적으로 서술하시오.

리더십 측정 도구

연구자들이나 실무자들은 리더 행동 유형을 측정하기 위해 여러 가지 측정 도구들을 사용한다. 가장 일반적으로 사용되고 있는 두 가지 측정 도구는 LBDQ(Stogdill, 1963)와 리더십 그리드(Blake & McCanse, 1991)이다. 두 측정 도구는 리더가 과업 지향적(task directed)인지 사람 지향적(people directed)인지에 대한 정보를 제공한다. LBDQ는 기본적으로 연구를 위해 설계되었고, 1960년대 이래 광범위하게 사용되고 있다. 그리고 리더십 그리드는 기본적으로 훈련과 개발을 위해 구상되었으며, 오늘날까지 리더십 개발 과정에서 관리자와 감독자들의 훈련을 위해 계속 사용되고 있다.

리더십 행동 유형을 측정하고 또 자기 자신의 리더 행동 유형이 무엇인지 이해를 넓히는 데 도움이 되는 리더십 측정 설문지를 제시한다. 이 설문지는 과업과 관계성(task and relationship)을 측정할 수 있는 20개 문항으로 구성되어 있다. 이 설문지를 채점해 봄으로써 자신의 리더 행동 유형의 일반적인 모습을 알 수 있다.

과업 점수는 성원들의 역할을 정하고 그들에게 무엇이 기대되는지 알려줌으로써 과업 수행에 기여하는 정도를 알려준다. 관계성 점수(the score for relationship)는 성원들이 자신은 물론 서로, 그리고 집단과의 관계에서 평안하고 협동 관계를 느낄 수 있도록 노력하는 정도를 가리킨다. 즉, 이 측정치는 자신이 어느 정도 사람 지향적인가를 나타내는 척도이다.

리더 행동 유형 설문지의 채점 결과는 과업 지향인지 관계 지향인지 구분할 수 있는 데이터를 제공한다. 리더 행동 유형은 무엇인가? 과업을 강조하면서 집단을 지도하는 리더가 되고 싶은가 아니면 관계성을 강조하는 리더가 되고 싶은가? 4~5명의 동료나 하위자가 설문지(그들의 생각을 바탕으로 리더로서의 당신에 대해 작성하는 리더 행동 유형 설문지)를 작성하게 하여 결과를 분석함으로써 자신의 리더 행동 유형에 대한 더 많은 정보를 얻을 수 있다. 또한 자신의 점수와 비교 · 대조하여 추가 정보를 얻을 수 있다.

리더 행동 유형 설문지

작성 요령: 다음의 각 문항을 주의 깊게 읽고 당신이(당신이 평가하고 있는 그 사람이) 얼마나 자주 해당 행동을 하는지 생각한 다음 각 항목의 오른쪽에 있는 1부터 5까지의 숫자 중 해당하는 숫자 위에 ○표를 하시오. 각 숫자는 다음을 의미한다.

Key: **1**=전혀 그렇지 않다 **2**=그렇지 않다 **3**=보통이다 **4**=그렇다 **5**=전적으로 그렇다

01	집단성원들에게 그들이 해야 할 일이 무엇인지 구체적으로 말해준다.	1 2 3 4 5
02	집단성원들을 친절하게 대한다.	1 2 3 4 5
03	집단성원들에게 업적기준(업적목표)을 설정해준다.	1 2 3 4 5
04	다른 사람들을 도와 집단 내에서 만족을 느끼도록 한다.	1 2 3 4 5
05	문제해결 방법의 대안을 제시해준다.	1 2 3 4 5
06	다른 사람들이 내놓은 제안에 대해 호의적인 반응을 한다.	1 2 3 4 5
07	자신의 생각이나 관점을 다른 사람에게 분명히 제시한다.	1 2 3 4 5
08	다른 사람들을 공정하게 대한다.	1 2 3 4 5
09	자신이 직접 집단이 해야 할 행동 계획을 작성한다.	1 2 3 4 5
10	집단성원들이 예측 가능하도록 행동한다.	1 2 3 4 5
11	집단성원 각자가 해야 할 역할 책임을 확정해준다.	1 2 3 4 5
12	집단성원들과 적극적으로 의사소통을 한다.	1 2 3 4 5
13	집단 내에서 자신의 역할이 무엇인지 분명히 한다.	1 2 3 4 5
14	다른 사람들의 개인적 복지에 관심을 보인다.	1 2 3 4 5
15	작업이 어떻게 수행되어야 하는지 계획을 세운다.	1 2 3 4 5
16	의사결정에서 융통성을 보인다.	1 2 3 4 5
17	집단의 업적기대치나 업적기준을 설정해준다.	1 2 3 4 5
18	집단성원들에게 자신의 생각이나 감정을 털어놓는다.	1 2 3 4 5
19	집단성원들이 작업의 질을 높이도록 격려한다.	1 2 3 4 5
20	집단성원들이 서로 잘 지내도록 도와준다.	1 2 3 4 5

채점 요령

리더 행동 유형 설문지는 리더십의 두 가지 주된 행동 유형인 과업 행동과 관계성 행동을 측정하기 위해 설계되었다. 설문지 채점 요령은 다음과 같다.

① 홀수 문항들의 점수를 합산한다. 이것이 당신의 과업 행동 점수이다.

② 짝수 문항들의 점수를 합산한다. 이것이 당신의 관계성 행동 점수이다.

총점: 과업 행동 (　　　점)　관계성 행동 (　　　점)

채점 결과의 해석

45~50	매우 높은 범주
40~45	높은 범주
35~39	중간 정도의 높은 범주
30~34	중간 정도의 낮은 범주
25~29	낮은 범주
20~24	매우 낮은 범주

요약

리더 행동 유형 연구는 리더십 위인 연구(the great person approach)나 리더십 특성 연구(the trait approach)와는 현저하게 다르다. 리더 행동 유형 연구는 "그 리더가 누구인가, 어떤 인적 특성을 가지고 있는가"보다는 "리더가 어떤 행동을 하고 있는가"에 초점을 맞추고 있다. 행동 유형 연구의 주장에 의하면 리더들은 두 가지의 기본 유형의 행동, 즉 과업 행동과 관계성 행동을 하고 있다. 그래서 이들 두 가지 유형을 어떻게 조합하여 다른 사람들의 행동에 영향을 미치는지가 행동 유형 연구의 핵심 목적이다.

행동 유형 연구는 오하이오주립대학교의 연구, 미시간대학교의 연구, Blake와 Mouton의 리더십 그리드 연구 이렇게 세 개의 상이한 연구기관들에 의해 새롭게 연구되었다. 오하이오주립대학교의 연구자들은 LBDQ(Leader Behavior Description Questionnaire)라고 하는 리더십 측정 설문지를 개발하고 핵심적 리더 행동으로서 구조 주도 행동(initiation of structure)과 배려 행동(consideration)을 확인하였다. 미시간대학교의 연구는 오하이오주립대학교의 연구와 비슷한 연구 결과가 나왔으나 주된 리더 행동을 생산 지향적 행동(production behavior)과 종업원 지향적 행동(employee orientation)이라고 불렀다.

이 같은 두 대학교의 연구를 바탕으로 수많은 후속 연구가 뒤따랐고 그들 연구에서는 리더가 과업 행동과 관계성 행동의 조합을 위한 최선의 유형을 찾아내려고 노력하였다. 최종 연구 목적은 보편적 리더 행동, 즉 모든 상황에서 리더십 효과성을 얻어낼 수 있는 최선의 보편적 리더 행동(a universal set of leadership behaviors)을 찾아내는 데 있었다. 그러나 이 같은 노력에서 얻은 결과는 확실한 결론으로는 이어지지 못하였다. 연구자들은 유일한 최선의 리더 행동 유형(one best style of leadership)을 확인하기가 어려웠다.

Blake와 Mouton은 관리자들을 훈련시키기 위한 '실무적 모형(a practical model)'을 개발하였다. 이 모델에서는 리더 행동을 두 개의 축선이 있는 격자(grid)상에 두 개의 기본적 리더 행동, 즉 생산에 대한 관심(concern for production)과 사람에 대한 관심(concern for people)

을 표시하였다. 그리하여 리더가 두 가지 기본 행동을 어떻게 조합할지 연구한 끝에 권한–순응형(authority-compliance; 9.1), 컨트리 클럽형(country club management; 1.9), 방관형(impoverished management; 1.1), 중도형(middle-of-the-road management; 5.5), 팀형(team management; 9.9)의 다섯 가지의 주된 리더 행동 유형을 제시한다.

행동 유형 연구는 몇 가지의 강점과 약점을 가지고 있으며, 긍정적 측면은 다음과 같다.

1. 리더십 연구의 범위를 넓혀 리더의 개인 특성보다는 리더의 행동 연구를 연구 범위에 포함시켰다.
2. 행동 유형 연구는 광범한 연구들에 의해 입증되고 있기 때문에 신뢰성이 있다.
3. 행동 유형 연구는 유용성이 높다. 리더 행동의 두 가지 핵심 차원, 즉 과업 행동과 관계성 행동의 중요성을 강조한다.
4. 행동 유형 연구는 광범한 개념적 안내도를 제시한다는 점에서 문제발견적 학습방법을 제공한다. 개념적 안내도는 자기 자신의 리더 행동에 대한 이해를 넓히고 개선하는 데 유용하다.

행동 유형 연구의 부정적 측면은 다음과 같다.

1. 연구자들은 리더의 행동(과업 행동과 관계성 행동)과 종업원의 사기, 직무만족, 생산성 등과 같은 효과성 변인들 간의 관계를 규명하지 못한다.
2. 행동 유형 연구의 연구자들은 보편적 리더 행동, 즉 일관되게 어떤 상황에서나 리더십의 효과성을 초래하는 보편적 리더 행동을 확인할 수 없다.
3. 행동 유형 연구는 가장 효과적인 리더 행동 유형으로 높은 과업 행동과 높은 관계성 행동(팀형 리더십; 9.9형)을 제시하고 있으나 일관된 타당성을 입증하지 못하였다.

전체적으로 보아 리더 행동 유형 연구는 '효과적인 리더 행동을 위하여 정연하게 짜여진 처방을 제공하는 세련된 이론'이 되지는 못하지만, 행동 유형 연구는 광범하게 리더십을 측정할 수 있는–과업 행동 차원과 관계성 행동 차원으로 측정할 수 있는–유용한 틀을 제공한다. 마지막으로 행동 유형 연구는(Their inpact on others occurs along both dimensions) 리더가 다른 사람들에게 미치는 영향이 두 행동 차원을 따라 나타난다는 사실을 상기시킨다.

CHAPTER 5

상황적 접근법

- 서술
- 상황적 접근법의 효용
- 강점, 비판, 응용
- 요약

서술

리더십 상황적 접근법(the situational approach to leadership)은 보다 더 광범하게 인정받는 리더십 접근 방법 중의 하나이다. 이 접근법은 Reddin(1967)의 3-D 관리 유형 이론(3-D management style theory)을 바탕으로 하여 Hersey와 Blanchard(1969)에 의해 개발되었다. 상황적 접근법은 처음 발표된 이래 여러 차례의 개정을 거듭했다(Blanchard, Zigarmi, & Nelson, 1993; Blanchard, Zigarmi, & Zigarmi, 1985; Hersey & Blanchard, 1977, 1988 참조). 상황적 접근법은 다양한 조직에서 리더십 훈련 및 개발에 광범하게 활용되고 있다.

상황적 접근법은 그 이름에서 알 수 있듯이 여러 상황에서의 리더십에 초점을 맞춘다. 따라서 이 이론의 대전제는 "다양한 상황에 따라 다양한 유형의 리더십이 필요하다(Different situations demand different kinds of leadership)."는 것이다. 이러한 관점에서 유능한 리더가 되려면 리더십 유형을 다양한 상황의 요구에 맞게 스타일을 조정해야 한다.

리더십 상황적 접근법은 Blanchard(1985)와 Blanchard et al.(1985; 2013)에 의해 개발된 상황적 리더십 Ⅱ(SLⅡ®; Situational Leadership Ⅱ)에 제시되어 있다(그림 5-1 참조). 이 모델은 원래 Hersey와 Blanchard(1969)가 개발한 것을 확대하고 보다 더 정교하게 만든 것이다. 이 장에서는 SLⅡ® 모형에 초점을 맞추어 설명한다.

리더십 상황적 접근법은 리더십이 지시적 차원과 지원적 차원(both a directive and a supportive dimension)으로 이루어져 있고 각 차원은 특정한 상황에 따라 적절하게 적용되어야 한다고 강조한다. 특정 상황에 어떤 리더십 유형이 요구되는지를 결정하려면 리더는 하위자를 평가하고 특정한 과업 수행을 위해 얼마나 유능하고 헌신성(How competent and committed he is)을 가지고 있는가를 측정해야 한다. 성원들의 기술 동기유발(skills and motivation)의 수준은 시간에 따라 달라진다는 가정하에 리더십 상황적 접근법은 다음과 같은 내용을 제시한다. 즉, 리더는 성원들의 변화하는 유능성 및 헌신성의 수준에 맞춰 지시적 행동의 정도와 지원적 행동의 정도를 변경해야 한다.

간단히 말해서 상황적 리더십 Blanchard의 SLⅡ®의 본질은 '리더의 행동 유형을 성원들의 유능성과 헌신성의 정도와 일치시켜야 하는 것'이다. 따라서 유능한 리더는 성원들이 필요로 하는 것이 무엇인지-그들의 유능성 및 헌신성의 수준에 비추어-확인하고 자기 자신의 리더십 유형을 거기에 맞추어 나가는 사람이다.

상황적 리더십의 역동성은 SLⅡ®모형에 명확하게 설명되어 있다. 이 모형은 ① 리더십 유형과 ② 하위자의 발달 수준(development level of subordinates) 두 가지로 구성된다.

1 리더십 유형

리더십 유형은 다른 사람들에게 영향을 미치려고 시도하는 한 개인의 행동 양식(behavior pattern)으로, 지시적(과업) 행동과 지원적(관계성) 행동으로 이루어진 구성 개념이다. 지시적 행동은 지시하고 목표를 설정하며, 평가 방법을 설정하고 근무 시간 및 작업시간 등을 설정할 뿐만 아니라 역할을 확정하고, 목표 달성 방법을 말해주는 등 집단성원들이 목표 달성을 위해 매진하게 하는 행동이다. 또 지시적 행동은 대개 일방적 의사소통을 통해 '수행해야 할 업무가 무엇이고, 어떻게 수행하며, 누가 업무를 수행할 책임을 지는가를 명백히 밝히는 행동'이다.

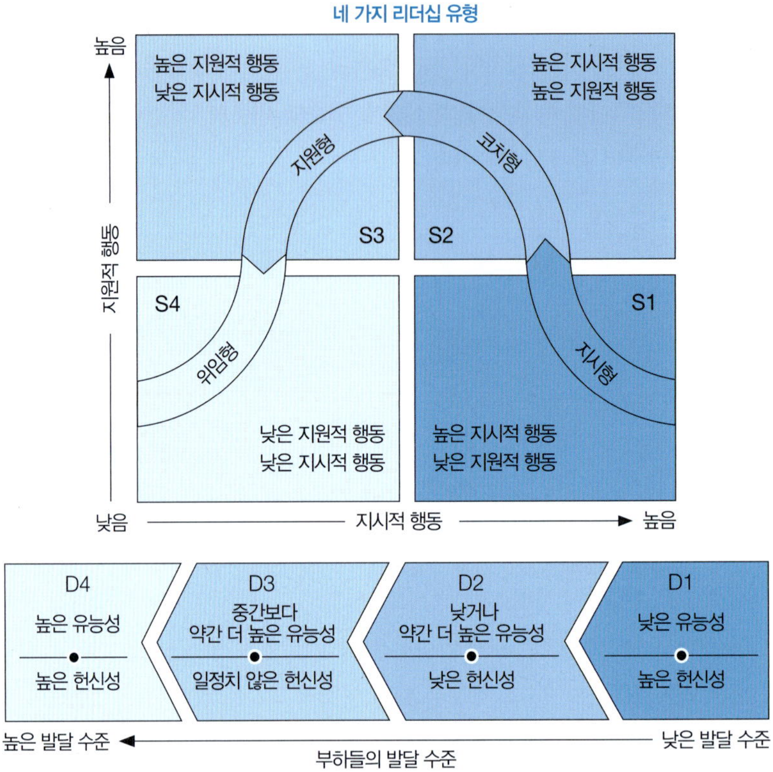

그림 5-1 상황적 리더십(SL II®)

출처: From Leadership and the One Minute Manager: Increasing Effectiveness Through Situational Leadership® II, by K. Blanchard, P. Zigarmi, and D. Zigarmi, 2013, New York, NY: William Morrow. Used with permission. This model cannot be used without the expressed, written consent of The Ken Blanchard Companies. To learn more, visit www.kenblanchard.com

지원적 행동은 집단성원들을 도와 성원들 자신에 대한 만족은 물론 동료 작업자들이나 일하고 있는 상황에 대해 만족을 느끼도록 하는 행동이다. 지원적 행동은 쌍방적 의사소통을 통해 이루어지며 집단성원들에게 사회적 지원과 정서적 지원(social and emotional support)을 하는 행동들로 이루어진 개념이다. 지원적 행동의 예로는 문제해결을 위해 의견이나 아이디어 제출 요구, 칭찬하는 행동, 정보 공유, 적극적 경청 등이 있다. 그러나 이 같은 지원적 행동은 대부분 직무 수행의 상황과 관련이 있다.

리더십 유형은 지시적 행동과 지원적 행동을 조합하여 네 가지 범주의 행동들로 분류할 수 있다(그림 5-1 참조). 첫 번째 유형(S1)은 '높은 지시적-낮은 지원적 행동 유형'으로 모델상의 지시적 접근법 또는 지시적 리더십 유형(directing or approach style)을 가리킨다. 대부분의 의사소통 초점이 목표 달성에 맞추어져 있으며, 지원적 행동을 위해 더 적은 양의 시간을 소비한다. 이 같은 리더십 유형을 사용하는 리더는 집단성원들이 무슨 목표를 어떻게 달성해야 하는가에 대해 작업 지시를 하고 성원들의 작업 활동을 주의 깊게 감독한다.

두 번째 유형(S2)은 코치형 접근법(coaching approach)이라 부르며 '높은 지시적-높은 지원적 행동 유형'이다. 여기에서 리더는 의사소통의 초점을 목표 달성과 사회정서적 지원에 맞추고 있다. 코치형 리더는 종업원들의 참여를 격려하고 아이디어의 제출을 권유함으로써 자신과 성원들이 모두 참여하는 팀 정신을 촉구한다. S2 유형은 여전히 무슨 목표를 어떻게 달성할 것인가에 대한 최종 결정을 리더가 내려야 한다는 것을 요구하고 있기 때문에 S1 유형을 확대한 것이다.

세 번째 유형(S3)은 지원적 접근법(supporting approach)으로 '높은 지원적-낮은 지시적 행동 유형'이다. 여기에서 리더는 목표에만 초점을 맞추지 않고 지원적 행동을 통하여 성원들이 달성해야 할 과업을 위해 능력을 발휘할 수 있도록 동기를 유발한다. 지원적 유형은 경청, 칭찬, 아이디어 제출의 권유 및 피드백의 제공 등과 같은 것을 포함한다. 지원적 접근법을 사용하는 리더는 일상적인 의사결정의 책임을 하위자에게 부여하지만, 문제해결을 촉진하는 책임은 리더 자신이 가진다. 그리고 리더는 하위자의 우수한 업적에 대한 신속한 피드백과 우수한 업적에 대한 인정과 사회적 지원을 제공한다.

네 번째 유형(S4)은 '낮은 지원적-낮은 지시적 행동 유형'으로 위임적 접근법(delegating approach)이라 부른다. 이 접근법은 리더가 과업 완수를 위한 지시적 행동을 덜 하고 사회적 지원도 덜 제공한다. 그리고 과업과 관련하여 자신감이나 자율성을 갖도록 격려한다. 위임적 접근법을 사용하는 리더는 계획, 세밀한 통제 및 목표를 명확히 하는 활동을 줄인다. 수행해야 할 업무에 대한 합의가 이루어지면 업무 수행방법의 결정과 업무완성의 책임을 하위자에게 위임한다. 그리고 위임적 접근법을 사용하는 리더는 통제권을 하위자에게 넘기고 불필요한 사회적 지원을 함으로써 작업 상황에 개입하는 것을 삼간다.

SL Ⅱ®모형(그림 5-1 참조)은 네 가지 상이한 리더십 유형 각각을 위해 지시적 리더십 행동과 지원적 리더십 행동이 어떻게 조합을 이루고 있는지를 잘 보여준다. 모형의 아래쪽과 왼쪽의 화살표가 보이는 바와 같이 지시적 행동은 S1과 S2에서 높고 S3과 S4에서는 낮으며, 지원적 행동은 S2와 S3에서 높고 S1과 S4에서는 낮다.

2 하위자의 발달 수준

상황적 리더십 모형의 두 번째 주된 부분은 하위자의 발달 수준(the development level of subordinates)과 관련이 있다. 발달 수준이란 그 성원이 주어진 과업이나 활동을 완성하는 데 필요한 유능성(competence)과 헌신성(commitment)을 가지고 있는 정도를 가리킨다(Blanchard et al., 2013). 다시 말해서 특정한 과업을 수행하기 위해 숙달된(정통한) 기술이나 역량을 가지고 있는지의 여부와 과업 수행에 대한 긍정적 태도와 자발성(willingness) 및 헌신성(commitment)을 가지고 있는지 여부를 말한다(Blanchard et al., 1993). 초기에는 발달 수준을 성원의 준비된 상태 내지는 준비성과 성숙성이라고 하였다.(Bass, 2008; Hersey & Blanchard, 1969a, 1969b, 1977, 1996)

만약 집단성원들이 일에 흥미와 자신감을 가지고 있고 또 과업의 수행방법을 잘 알고 있으며, 자발적이고 헌신적으로 일한다면 그들은 높은 발달 수준에 있다고 할 수 있다. 그러나 만약 집단성원들이 과업 수행을 위한 기술이 거의 없고 과업을 수행할 수 있다는 의욕이나 막연한 자신감만 느끼고 있으면 낮은 발달 수준에 있다고 할 수 있다.

〈그림 5-1〉 하단에 발달 수준이 그림으로 표시되어 있다. 발달 수준은 유능성과 헌신성의 여러 가지 조합(various combinations of commitment and competence)을 의미한다. 발달 수준은 성원이 수행하고 있는 업무에 대해서 구체적인 유능성과 헌신성을 중심으로 네 개로 구분하였으며, 모든 일에 있어서 일괄적인 것은 아니다.

특정한 과업 수행에서 성원들은 낮은 발달 수준에서 높은 발달 수준까지 네 가지 범주의 발달 수준인 D1, D2, D3, D4로 분류된다. D1에 해당하는 성원은 유능성은 낮지만 새로운 일을 한번 해보고 싶은 의욕, 다시 말해 헌신성은 높다. D1 성원은 주어진 과업이 생소하고 수행 방법을 정확히 알지 못하지만 새로운 과업 수행에서 오는 도전에 흥미를 느낀다. D2 성원은 유능성을 어느 정도 가지고 있으나 헌신성은 낮은 사람들이다. 직무 수행 방법을 이제 배우기 시작하여 약간의 유능성은 있지만 처음에 느꼈던 도전(새로운 직무에서 오는 도전)에 대한 흥미를 잃었고 동기 유발 수준도 낮다. D3 성원은 중간에서 높은 정도의 유능성이 있으나 헌신성은 낮다. 주어진 직무 수행을 위한 기술이나 노하우를 기본적으로 잘 습득하고 있지만 아직도 자기 스스로 그 과업을 완성할 수 있는지에 대해서는 확신이 없으므로 일정하지 않은 헌신성을 보인다. 마지막으로 D4 성원은 발달 수준이 최고 수준에 있는 성원들로서 유능성의 정도도 높고 직무완성을 위한 헌신성도 높다. 다시 말해서 직무 수행을 위한 기술이나 노하우(know-how)를 모두 터득하고 있고 과업을 완성하려는 동기유발 수준이 높은 사람들이다.

상황적 접근법의 효용

상황적 접근법(SL Ⅱ®)은 성원들이 발달의 연속체(developmental continuum)–성원들의 상대적인 유능성과 헌신성을 나타내는 연속체–를 따라 전진하기도 하고 후진하기도 한다는 생각을 바탕으로 구성되었다. 그래서 리더가 효과적인 리더십을 발휘하려면 성원들이 현시점에서 발달 수준의 어느 위치에 와있는지 판단하여 자신의 리더십 유형을 성원들의 발달 수준에 맞춰 조정하는 과정이 꼭 필요하다.

주어진 상황에서 리더가 첫 번째로 해야 할 일은 상황의 특성을 파악하는 것이다. 다음과 같은 질문에 답해야 한다. '성원이 수행해야 할 과업이 무엇인가? 그 과업은 어느 정도로 복잡한가? 성원이 과업을 완성하는 데 있어서 충분할 정도로 숙달되어 있는가? 그들이 과업을 일단 시작하면 그것을 끝까지 완성하려는 의욕을 가지고 있는가?' 이 같은 질문들에 대한 대답은 리더가 성원들의 구체적인 발달 수준을 정확하게 확인하는 데 도움이 된다. 예를 들어, 새로운 직무에 대해 흥미를 느끼고는 있으나 직무 수행 방법에 대한 이해가 부족한 신입 종업원은 D1 수준의 성원으로 분류될 수 있다. 반대로 좋은 경험을 쌓은 숙련된 작업자, 즉 능력이 입증되고 회사 일에 헌신적인 작업자는 D4로 분류될 수 있다.

정확한 발달 수준을 확인한 다음 리더가 할 일은 리더 행동 유형을 SL Ⅱ®모형에서 처방하고 있는 리더십 유형에 적용하는 것이다. 다시 말해서 성원의 발달 수준에 알맞은 리더십 행동(SL Ⅱ®에서 처방하고 있는 리더십 행동)을 해야 한다. 성원의 발달 수준(D1, D2 등)과 리더의 행동 유형(S1, S2 등) 간의 관계는 일 대 일의 관계다. 예를 들어, 성원이 첫 번째 발달 수준인 D1 수준이라면 리더는 높은 지시적 행동과 낮은 지원적 행동 유형(S1)을 채택하여야 한다. 만약 성원이 더욱 발전하여 두 번째 발달 수준(D2)이라면 리더는 코치형 행동 유형(S2)을 채택해야 한다. 이처럼 각 발달 수준에 알맞은 리더십 유형을 선택해야 한다.

이에 관한 하나의 사례로 Rene Martinez의 경우를 들 수 있다. Rene는 가옥 페인트 도장(house painting)을 하고 있으며, 지난 30여 년 동안 낡은 집의 복구작업을 전문적으로 낡은 집의 건축에 대한 이해, 도장 페인트의 특성, 도장 기술, 회반죽을 바르는 기술, 목공, 창유리 세공과 관련된 전문 능력과 광범위한 지식을 습득하였다. Rene은 3명의 종업원 Ashley, Levi, 그리고 Anton과 함께 일한다. Ashley는 7년 동안 일했고 입사 초기부터 훈련받았다. Levi는 2년 전 입사하기 전 4년 동안 개인 도장사(painter)로 일하면서 여러 곳을 수리하였다. 그리고 Anton은 이제 입사하여 일을 배우기 시작했다.

Ashley는 수년간의 작업 경험과 훈련으로 인해 Rene는 그녀를 D3에 해당하는 작업자로 분류하였다. 그녀는 매우 유능하지만 아직도 일부 작업에서는 Rene의 전문적 의견을 구하기 때문이다. Ashley는 벽면의 도장은 완벽할 정도로 잘하고 있고, 다른 사람을 지도할 만한 수준이지만 목공 기술이 필요한 일에는 거부감이 있다. 그래서 Rene는 그녀가 할당받은 일의 유형에 따라 S3(지원) 아니면 S4(위임)의 리더십 행동 유형을 사용한다.

도장(painting) 작업에 관련해서 Levi는 D4에 해당한다. Rene의 지도나 지원이 거의 필요하지 않기 때문이다. 그러나 낡은 집 복구를 위한 다른 작업에서는 훈련이 필요하므로 해당 기술은 D1과 D2에 해당한다. Levi는 학습능력이 매우 뛰어나기 때문에 쉽게 일을 익히도록 Rene는 사전에 시범을 보이고 작업 방법을 설명해주는 방식을 사용한다. Levi에게는 거의 모든 상황에서 S2(코칭) 리더십 행동 유형을 사용한다. 그러나 과업이 더욱 더 복잡하고 세밀한 훈련이 요구된다면 Rene는 Levi에게 S1(지도) 리더 행동 유형으로 되돌아간다.

Anton은 이 분야에서는 완전한 새내기로 D1의 발달 단계이며 경험에서 부족한 것을 에너지로 보완한다. 그는 어느 일에나 뛰어들고 무슨 일이든 기꺼이 하려고 한다. 그러나 신중히 해야 할 작업인데도 부주의하고, Rene가 잔소리하는데도 작업할 벽면의 사전청결에 필요한 적절한 기술을 사용하는 것에 소홀하다. 그래서 Rene는 자신뿐만 아니라 Ashley가 Anton을 지도할 때도 S1(지도) 리더십 행동 유형을 사용해야 한다는 것을 안다. 그러나 Levi도 어떤 업무에 대해서는 낯설기 때문에 Anton에게 S1(지도) 리더 행동 유형을 사용하기 곤란하다. 그래서 Levi의 경우 자신 없어 하는 일을 할 때만 도움을 주고 S3(지원) 리더십 행동 유형을 사용한다.

성원들은 발달 연속체를 따라 전진하기도 하고 후진하기도 하므로 리더가 리더십 행동에서 유연성(융통성)을 갖는 것이 매우 중요하다. 성원들의 발달 수준은 변화무쌍하기 때문에 S1 유형이 필요하기도 하고 S3 유형이 필요하기도 하다. 성원들의 발달 수준이 어느 한 발달 수준에서 다른 발달 수준으로 이동해가는 기간은 과업에 따라 짧을 수도 있고(1일 혹은 1주일) 좀 더

길 수도 있다(1개월). 리더는 모든 상황에서 똑같은 리더십 유형을 사용하면 안 된다. 리더십 유형을 성원들의 특유의 상황에 맞게 유연하게 대처해야 한다. 고정된 리더 행동 유형을 주장하는 특성 연구 및 역량 연구와는 달리(unlike the trait or skill approaches) 상황적 접근법은 리더가 높은 행동 유연성을 보여야 한다고 요구한다.

국가 간의 서로 다른 문화와 기술적 영향이 증가함에 따라 리더의 리더십 유형의 유연성이 점점 더 중요해지고 있다. 최근의 연구는 리더십의 상황적 접근법이 다양한 문화와 작업상황에서 어떻게 영향을 미치는지 검증한다. 상황적 리더십 접근법과 공항교통통제 담당 직원들에 관한 연구에서 Arvidsson, Johansson, Ek 그리고 Akselsson(2007)은 각기 다른 상황 여건에서 일하는 리더들을 평가했으며, 리더십 유형이 다양한 집단과 개인 상황에 맞게 변화해야 한다는 것을 발견하였다. 또한 연구자들은 가장 빈번하게 활용되고 있는 리더십 유형이 높은 지원-낮은 지시적 유형이고, 사용 빈도가 가장 낮은 리더십 유형은 높은 지시-낮은 지원적 유형임을 발견했다. 또 Larsson과 Vinberg(2010)가 사례 연구 접근 방식을 통해 성공적인 리더는 관계 지향 유형을 기본으로 하고 상황에 따라 구조 지향성과 변화 지향성 유형을 사용하는 것을 발견했다.

강점, 비판, 응용

1 강점

리더십에 대한 상황적 접근법은 실무자들을 위한 몇 가지 강점이 있다. 상황적 리더십의 첫 번째 강점은 여러 분야에서 유용하며 높은 평판을 얻고 있다는 것이다. 상황적 리더십은 잘 알려져 있고, 많은 조직에서 리더십 훈련으로 자주 활용되고 있다. Hersey와 Blanchard(1993)의 보고에 의하면 포춘지 선정 500대 기업 중 400개 이상의 기업에서 리더십 훈련 프로그램이 주요한 성공을 거두었다. 많은 기업에서 상황적 접근법은 한 개인을 훈련해 유능한 리더로 만드는 유용한 훈련 모델이라고 인식된다.

상황적 리더십의 두 번째 강점은 실용성이다. 상황적 리더십은 이해하기 쉽고 직관적으로 알아차릴 수 있으며, 다양한 상황에 쉽게 응용될 수 있다. 어떤 리더십 접근법(예를 들어, Vroom과 Yetton의 의사결정접근법, 1973)은 복잡하고 정교한 리더십 행동의 측정 방법을 제공하는 반면, 상황적 리더십은 쉽게 사용할 수 있는 단순한 접근법을 제공한다. 그리고 이 접근법은 쉽게 이해할 수 있게 설명하고 있으므로 접근법에 대한 아이디어를 쉽게 터득할 수 있다. 그리고 상황적 리더십 접근법이 제시하는 원칙들을 회사, 학교, 가정 등 다양한 상황에 걸쳐 쉽게 적용할 수 있다.

세 번째 강점은 실용성과 매우 유사한 것으로, 규범적 가치(prescriptive value)가 있다는 점이다. 많은 리더십 이론들의 특성이 서술적(descriptive)이지만 상황적 접근법은 처방적(prescriptive)이다. 여러 가지 상황에서 해야 할 리더 행동과 해서는 안 되는 리더 행동을 말해주기 때문이다. 예를 들어, 성원의 능력 수준이 매우 낮을 때 리더에게 지시적 행동 유형을 처방해주고, 성원이 유능하지만 자신감이나 헌신성이 결여되어 있을 경우 지원적 행동 유형을 처방해주도록 제안한다. 이 같은 처방은 리더십 효과성을 촉진하고 높이는 유용한 지침을 제공한다. 예를 들어 최근 연구에서 Meirovich와 Gu(2015)는 리더의 리더십 스타일이 예상된 스타일(prescribed style)과 가까운 만큼 성원들의 업적과 만족이 높다고 보고했다. 컴퓨터 시뮬레이션에서도 리더가 자신의 스타일을 오랜 시간에 걸쳐 성원의 준비 상태에 맞게 조정했을 때 업적(업무 수행 성적)이 향상되었다(Bosse, Duell, Memon, Treur, & van der Wal, 2017).

상황적 리더십의 네 번째 강점은 리더 행동의 융통성 개념(the concept of leader flexibility)을 강조한다는 점이다(Graeff, 1983; Yukl, 1989). 상황적 리더십은 리더가 성원들의 발달 수준을 파악하고 거기에 맞춰 리더 행동을 적응시켜야 한다고 강조한다. 리더는 단일한 행동 유형만 가지고 있다면 적절하게 리더십을 발휘할 수 없다. 따라서 리더는 상황의 요구에 맞게 자신의 행동 유형을 변경할 의지가 있어야 한다. 상황적 리더십은 성원들이 상이한 과업을 수행할 때마다 거기에 맞춰 다르게 행동해야 한다는 것을 강조한다. 그래서 유능한 리더는 과업의 요구(상황)와 종업원의 요구(상황)에 따라 자신의 리더 행동 유형을 기꺼이 변경하는 사람이다. 예를 들어 Zigarmi과 Roberts(2017)의 연구보고는 성원들이 리더의 행동과 성원 자신들 간의 적합성을 인지할 때 직무에 대한 영향과 신뢰 그리고 호의적인 업무 의지와 긍정적인 연관성이 있다는 것이다. 돌이켜 보면 하위자에게 초점을 맞춘 이론은 여러 해 앞서 있었고 그 이후 최근의 리더십 이론과 연구에서는 "followership(업무의 실행자)"을 강조하는 추세이다.

상황적 리더십의 마지막 강점은 성원이 하는 과업에 따라 다르게 지도해야 하고 성원들을 도와 새로운 기술을 학습할 수 있게 하여 과업 수행에서 보다 더 자신감을 갖도록 해야 한다는 것을 상기시키고 있다는 점이다(Fernandez & Vecchio, 1997; Yukl, 1998). 이 접근법이 강조하는 것은 성원들은 고유한 유능성의 수준과 헌신성의 수준이 다르기 때문에 거기에 따라 리더 행동의 유형을 달리하고 더 나은 업무 수행을 하도록 그들을 도와 유능성과 헌신성(성원들의 발달수준)을 증진시켜야 한다는 것이다. 부하들(성원들)의 헌신과 능력에 대한 초점은 거기에 맞는 리더 행동을 통해 성원들의 업적 증진에 영향을 미치도록 해야 한다(Cote, 2017).

2 비판

상황적 리더십은 리더십 훈련 및 개발 프로그램에서 광범하게 활용되고 있지만 몇 가지 한계점이 있다. 다음의 몇 가지 비판들은 상황적 리더십의 약점을 지적하고 있으며 리더십 연구와 실무에서 이 접근법의 일반적인 유용성을 위한 균형 잡힌 그림을 제공하는 데 도움이 된다.

상황적 리더십의 첫 번째 비판은 이 접근법이 제시하고 있는 가정이나 명제를 정당화하기 위한 실증연구가 단지 몇 개에 불과하다는 점이다. 많은 박사 학위 논문이 상황적 리더십의 차원을 주제로 다루고 있지만 대부분이 학술지를 통해 발표되지는 않았다. 상황적 리더십에 관한 체계적인 연구가 부족한 것은 이론적 기반에 관한 의문을 제기하게 한다(Fernandez & Vecchio, 1997; Graeff, 1997). 상황적 접근법은 확실히 타당성이 있는 접근법인가? 이 접근법이 업적의 개선을 가져온다는 것은 확실한가? 이 접근법이 성원들에게 미치는 영향이 다른 접근법들과 비교하여 더 효과적이라고 할 수 있는가? 검증 연구로 상당한 양의 연구 결과가 학술지로 발표되지 않는다면 앞에 제시된 질문들에 확실한 대답을 하기 어렵다.

상황적 리더십에 대한 두 번째 비판은 성원들의 발달 수준에 대해 모호하게 개념화(ambiguous conceptualization)하여 제시한다는 점이다. 이 모형은 헌신성과 유능성이 서로 어떻게 결합하여 네 가지 분명한 발달 수준을 형성하는지 명확하게 설명하지 않는다(Graeff, 1997; Yukl, 1989). 이 모형의 초판에서 Hersey와 Blanchard(1969)는 성원들의 성숙 수준(the level of maturity)을 네 가지로 구분하였다. 그래서 성숙 수준을 직무 수행 능력과 자발성으로 이루어진 구성 개념으로 보고 비자발적이고 능력이 없으면(unwillingunable) M1(maturity level 1), 자발적이고 능력이 없으면(willingunable) M2(maturity level 2), 비자발적이고 능력이 있으면(unwillingable) M3(maturity level 3), 자발적이고 능력이 있으면 M4(maturity level 4)라고 명시하였다. 그러나 이 모형의 최근판에서 SLⅡ®모형이라는 개정판이 제시되었다. 즉, 발달 수준(development level)을 유능성(competence)과 헌신성(commitment)으로 이루어진 구성 개념으로 하여 낮은 유능성과 높은 헌신성을 D1으로, 약간의 유능성과 낮은 헌신성을 D2로, 높은 유능성과 가변적인 헌신성을 D3로, 높은 유능성과 높은 헌신성을 D4로 구분한다.

상황적 리더십의 저자는 각 발달 단계에서 이러한 변화의 이론적 근거를 설명하지 않는다. 더욱이 유능성과 헌신성이 각기 다른 발달 단계를 걸쳐(across different development level) 어떻게 측정되는지 설명하지 않는다. Blanchard et al.(1993)도 각 발달 단계에 따른 유능성과 헌신성을 어떻게 개념화할 것인가에 대해 더 많은 연구가 필요하다고 지적한다.

세 번째로 성원들의 발달 단계가 모호하다는 일반적인 비판과 밀접하게 관련하여 헌신성이 모델에서 어떻게 개념화되어 있느냐 하는 문제이다. Graeff(1997)는 헌신성에 대한 개념이 명확하지 않다고 주장했다. Blanchard 등(1985)은 성원들의 헌신성은 자신감(confidence)과 동기유발(motivation)로 구성된 개념이라고 주장했지만, 자신감과 동기유발이 어떻게 결합하여 헌신성을 이루는지는 명확하게 설명하지 않는다. SLⅡ®모형에 따르면 헌신성은 D1에서 높게 시작하여 D2에서는 낮아지고 D3에서는 가변적이며 D4에서 다시 높아진다. 하지만 직관적으로 성원들의 헌신성의 정도가 낮은 수준에서 시작하여 중간 정도의 수준으로 그리고 높은 수준으로 가는 하나의 연속체상에 존재한다고 설명하는 것이 더욱더 논리적이다. 헌신성과 자신감을 가변적인 것으로 보기보다 점수의 범주를 구분하여 성원들을 분류한다. 예를 들어 한 성원이 높은 범주의 헌신성에 가까운 점수를 받았지만 실제로는 낮은 범주로 분류될 수 있다.

Blanchard 등(1993)이 SL II®모형에서 헌신성이 발달 단계에 따라 어떻게 다른지 다음과 같이 주장한다. 일반적으로 성원들은 처음에는 동기유발되어 열심히 배우고 그 다음에는 실망이나 환멸을 느끼고 다음으로는 자신감이나 혹은 동기유발 중 어느 하나가 결여되거나 모두 결여된다. 마지막으로 자신감과 동기유발 모두 높은 단계로 발달한다. 그렇다면 왜 이렇게 되는 걸까? 과업을 열심히 배우고자 하는 성원들이 왜 낮은 헌신성을 보이게 되는가? 발달 단계 D2와 D3의 헌신성은 상관성이 있는가? 성원들에 대한 연구 결과도 없이 성원들의 헌신성을 개념화하고 있는 것 등 상황적 리더십의 이런 부분이 불분명한 상태로 남아 있다.

Thompson과 Glaso(2015)는 발달 단계의 모호성에 대해 명확히 해야 한다고 제안하며, 상황적 리더십 접근법의 초기 모델 예측이 사실보다 더 유사하게 나타난 것은 자신감과 헌신성에 대한 리더들의 평가와 성원들의 평가가 들어 맞을 때(조화를 이룰 때)라는 것을 발견했다. 두 연구자는 평가에 대한 리더들과 성원들 사이에 동의 여부(의견 일치 여부)의 중요성을 강조한다. 이 같은 연구 결과는 여러 학자에 의해 다시 연구되었고 확대되었다(Thompson & Glaso, 2018). 다시 말해 연구 결과는 상황적 리더십 접근법이 뒷받침하는 원칙들이 헌신성과 자신감에 대한 리더들의 평가와 성원들의 평가가 일치할 때 입증된다는 것을 보여준다. 그러나 두 시각을 비교하면 성원들의 평가(헌신성과 자신감에 대한 평가)는 성원들의 업무 수행을 예측하는 데 활용될 수 없다. 그러나 리더의 평가들은 성원들에 대한 올바른 지도 유형을 결정하는 데 유용하다.

상황적 리더십의 네 번째 비판은 리더십 유형을 성원들의 발달 단계와 어떻게 적합시키느냐-모델의 처방-와 관련이 있다. Hersey와 Blanchard가 제시한 리더십 유형의 처방적 타당성을 검증하기 위하여 Vecchio(1987)는 300명 이상의 고등학교 교사와 교장을 대상으로 연구하였다. 신규로 채용된 교사들은 고도로 구조화된 리더십 유형(높은 과업 행동을 주로 하는 리더십 유형)의 교장 아래에서 더 높은 만족과 업적을 보였으나 기존의 교사들(경험이 있고 성숙성 수준이 높은 교사들)의 업적과 만족 수준은 교장들의 리더십 유형과 관련이 없다는 것을 발견했다.

Vecchio와 그의 동료들은 이 연구를 두 번 진행했는데 첫 번째는 1997년에 대학 직원을 대상(Fernandez & Vecchio, 1997)으로 진행하였고, 두 번째는 2006년에 800명 이상의 미 육군사관학교 생도를 대상(Vecchio et al., 2006)으로 진행하였다. 두 연구 모두 상황적 접근에서 제안된 기본 처방을 뒷받침하는 강력한 증거는 발견하지 못했다.

상황적 접근 방식의 가정과 타당성을 추가로 확인하기 위해 Thompson과 Vecchio(2009)는 357명의 은행 직원과 80명의 감독자로부터 수집된 정보를 활용하여 기존의 정보와 변경된 정보를 비교하여 분석했다. 그들은 모델에 대한 명확한 실증적 지원을 찾지 못했다. 기껏해야 리더가 신입 직원에게 더 지시적이고 직급이 높을수록 더 많은 지원을 하고 덜 지시적이라는 것을 뒷받침하는 몇 가지 근거만 찾았다. 또한 Meirovich와 Gu(2015)는 경험이 많은 성원들이 자율성과 참여에 대해 더 긍정적인 반응을 한다는 근거를 발견하였는데 이는 경험이 많은 직원에게 지시를 덜 내리는 리더의 중요성을 뒷받침한다. 또한 추종자의 준비 수준과 관계없이 지시적 스타일이 덜 자주 사용된다는 연구 결과가 있다(Zigarmi & Roberts, 2017). 이는 조직 문화가 성원들을 "세세하게 관리"하는 대신 "권한을 부여"하는 방향으로 이동했기 때문일 수도 있다.

상황적 리더십의 다섯 번째 비판은 어떤 인구통계적 변인들(교육, 경험, 나이, 성별 등)이 모델상의 성원에 대한 리더 행동의 처방(the leader-subordinate prescriptions of the model)에 어떻게 영향을 미치는지 설명하지 못한다는 것이다. Vecchio와 Boatwright(2002)의 연구에 따르면 교육 수준과 직무 경험이 지시적 리더십과 반비례 관계이며, 지원적 리더십과는 관계가 없다는 것이다. 다르게 말해서 많은 교육을 받고 많은 직무 경험을 가진 성원들은 덜 구조화된 리더십 상황을 선호한다. 흥미롭게도 성원들의 나이는 구조화된 상황의 선호와 긍정적인 상관성이 있다는 것을 발견했다. 나이가 많은 성원들은 젊은 성원들보다 구조화된 상황을 더 좋아한다는 것이다. 이 밖에도 리더십 유형에 대한 선호도는 남자 종업원과 여자 종업원이 차이가 있다는 것을 발견했다. 여자 종업원들은 지원적 리더십에 대한 선호가 더 강하지만 남자 종업원들은 지시적 리더십에 대한 선호가 더 강한 것으로 나타났다. 이러한 연구 결과는 인구통계적 변인들이 특정 리더십 유형에 대한 종업원들의 선호에 영향을 미치는 것으로 되어 있다. 그러나 상황적 리더십 모델은 이 같은 특성을 고려하지 않고 있다.

여섯 번째로 상황적 리더십은 조직상황에서 일대일 관계의 리더십과 집단에 대한 리더십의 문제를 충분히 다루지 않기 때문에 실용적인 관점에서 비판받을 수 있다. 예를 들어, 20명의 종업원을 지도할 때 리더십 유형을 집단전체의 발달 단계에 맞출 것인지 아니면 집단성원 개개인의 발달 단계에 맞출 것인지 명확하게 설명하지 않는다. Carew, Parisi-Carew와 Blanchard(1990)는 집단도 개인과 유사한 발달 단계를 거치기 때문에 리더는 리더십 유형을 집단의 발달 단계에 맞추어야 한다고 주장한다. 그러나 만약 리더가 리더십 유형을 집단의 평균 발달 수준에 맞춘다면 발달 수준이 평균 수준에서 훨씬 벗어난 성원들에게 어떤 영향을 미칠까? 상황적 리더십에 관한 현재까지의 연구들은 이 질문에 대해 답변하지 않는다. 따라서 리더가 어떻게 자신의 리더십 유형을 집단성원의 개인별 발달 수준과 집단전체의 발달 수준에 동시에 맞추어 갈 것인가에 대한 추가적인 연구가 필요하다.

상황적 리더십(SL Ⅱ®)의 마지막 비판은 뒤에 제공하는 리더십 설문지와 관련이 있다. 상황적 리더십의 설문지에서는 전형적으로 응답자에게 여러 가지 다양한 작업 관련 상황을 분석하도록 하고 그 각 상황에 적합한 최선의 리더십 유형을 선택하도록 한다. 설문지는 응답자가 다양한 리더십 행동이 아니라 상황적 리더십에서 제시하고 있는 구체적 매개변수들에 따라 리더십 유형(예를 들어 지시, 코칭, 지원 및 위임)을 선택하도록 구성되어 있다. 응답자가 선택할 수 있는 최선의 응답이 미리 설정되어 있으므로 설문지가 상황적 리더십 이론의 연구에 도움이 되도록(유리하게) 짜여 있다(Graeff, 1983; Yukl, 1989).

3 응용

이 장의 앞부분에서 이야기한 것처럼 상황적 리더십은 훈련부서나 실무자들 그리고 리더십컨설팅기관에서 널리 활용되고 있다. 개념화하기가 쉽고 응용하기가 쉬운 접근법이기 때문이다. 상황적 리더십의 단순성 때문에 관리자들이 실무에서 많이 사용한다.

이 접근법의 원칙들은 조직의 각기 다른 계층에 응용될 수 있다. 대규모 기업조직의 CEO가 이사회의 이사들과 함께 일하는 상황에 응용할 수 있고, 또 조립공장의 리더가 생산직 작업자의 소집단을 지도하는 데도 응용할 수 있다. 중간 관리자들도 스태프 모임을 지도하기 위해 상황적 리더십 모형을 응용할 수 있으며, 부서의 장도 조직 내의 구조적 변화를 계획하는 데 이 접근법을 응용할 수 있다. 그 밖에 이 상황적 리더십 모형을 응용할 기회는 무수히 많다.

상황적 리더십은 아이디어 형성(idea formation)이 중요한 프로젝트의 초기 단계에 응용될 수 있으며, 아울러 실천에 관한 이슈가 중요한 프로젝트의 후속 단계에도 이 상황적 리더십 모형이 응용될 수 있다. 상황적 리더십 모형의 이 같은 유연성 때문에 여러 가지 프로젝트에서 유동적으로 일하는 종업원들에게 응용하기에 이상적인 모형이다. 그리고 이 모형은 집단성원들의 성숙 수준 내지는 발달 수준을 강조하므로 집단성원들의 헌신성이나 유능성이 프로젝트 기간 동안 변할 때 활용하기 좋다.

이 접근법은 어떤 유형의 조직이나 어떤 계층, 그리고 모든 유형의 과업에 응용될 수 있으므로 광범위한 응용이 가능한 포괄적인 모델이다.

사례 연구

첫 번째 사례는 뉴욕시 마라톤 경주에서 완주를 희망하는 각기 다른 달리기 수준의 주자들을 코칭하는 리더에 관한 것이고, 두 번째 사례는 교내 방송의 새로운 DJ를 훈련하는 문제에 관한 것이며, 세 번째 사례는 리더십과 관련된 중국의 두 가지 리더십 철학인 유교와 도교를 탐구하고 이러한 철학이 직장에서 어떻게 대비되며 작업장에 미치는 영향에 관한 것이다.

상황적 리더십 모형이 각기 다른 조직 상황에 어떻게 응용될 수 있는가를 확인하는 데 도움이 되기 위해 〈사례 5.1, 5.2, 5.3〉을 분석해 볼 필요가 있다. 각 사례를 읽으면서 만약 당신이 그 같은 상황에 처해 있다면 어떻게 할 것인지 생각하고 답변해 보기 바란다. 사례의 끝에 제시된 질문에 답하는 과정을 통해 상황적 리더십의 시각에서 그 상황을 분석하는 데 도움이 될 것이다.

사례 5.1: 주력이 각기 다른 마라톤 주자들

David Abruzzo는 MSTC(the Metrocity Striders Track Club: 도시주행자 클럽)의 새로 선출된 회장이다. 클럽 회장으로서 그의 임무 중 하나는 뉴욕 마라톤 코스를 완주하고 싶어 하는 주자들을 위한 코치 역할이다. David는 많은 마라톤 코스를 달렸고 비정규 마라톤 대회에서 우승을 거둔 적이 있으므로 코치 역할을 맡는 것이 자연스러웠고 마라톤 주자들을 위한 코치 역할에 책임감도 느끼고 있다.

뉴욕 마라톤 코스를 달리고 싶은 주자들의 훈련기간은 16주이다. 훈련 초반 몇 주 동안 David는 주자들의 실력 향상에 만족하였고 코치의 역할에 별다른 어려움이 없었다. 그러나 주자들의 훈련이 8주, 즉 반환점에 이르렀을 때 주자들을 가장 잘 도울 방법에 대해 의문을 품는 일이 발생했다. 주자들이 관심을 두고 있는 문제는 David가 마라톤 훈련 프로그램에서 주자들에게서 기대했던 것들과는 아주 달랐다. 주자들의 관심사를 종합하여 주자들을 세 가지 부류로 나눠봤다.

첫 번째 부류는 이전에 마라톤 코스를 뛰어본 적이 없는 사람들로, 코치에게 여러 가지 질문 공세를 하였다. 그들은 마라톤을 어떻게 하는가에 관심이 많았고 마라톤 대회에서 성공적으로 완주해 낼 수 있는 능력이 있는가에도 많은 관심이 있다. 그들이 하는 많은 질문은 훈련 중에 얼마나 많은 거리를 뛰어야 하는지, 무엇을 먹고 무엇을 얼마나 마셔야 하는지, 무슨 신발을 신어야 하는지 등이었다. 한 주자는 마라톤 대회 전날 밤에 무엇을 먹어야 하는가에 대해서도 질문하였다. 또 어떤 주자는 결승점을 밟았을 때 기절하는 것은 아닌지 묻기도 하였다. David에게 질문은 끝이 없었고 대부분 기초적인 내용이었다.

두 번째 부류는 훈련이 그들의 주력에 미치는 영향에 관해 가장 많은 관심이 있는 사람들이다. 예를 들어, 그들은 매주 하는 주행연습거리가 그들의 마라톤 완주시간과 연관성이 있는지 자세하게 알고 싶어 하였다. '오랫동안 주행연습을 하면 마라톤에서 20마일의 벽을 통과하는 데 도움이 될까? 훈련 중 휴식을 취하는 것이 실제로 마라톤의 전체적인 주행속도를 개선하는가? 훈련 기간에 하루 쉬는 것이 실제로 전체적인 신체조건에 도움이 되는가?' 와 같은 질문이었다. 기본적으로 이 부류의 주자들은 뉴욕 마라톤 대회를 위해 David로부터 올바른 방법으로 훈련하고 있는지 확인받고 싶어 했다.

주자들의 세 번째 부류는 경험 있는 능숙한 주자들이었다. 대부분은 여러 마라톤 대회에서 마라톤 코스를 뛰어본 사람들이었고 그중의 많은 주자가 각 연령집단에서 상위 10위 안으로 완주한 사람들이었다. 이 같은 경험에도 불구하고 이들 주자는 여전히 어려움을 겪고 있는 것 같았다. 그들은 지루하고 우울한 느낌과 훈련 중에 기가 빠진 듯한 느낌을 느끼고 있었다. 그들은 완주하고 잘 끝마칠 수 있다는 자신들의 능력을 확신하고 있었지만, 뉴욕 마라톤 대회에 나가 뛴다는 것에 대하여는 흥분될 만한 자극이 없었다. 그들이 때때로 제기한 질문들은 다음과 같다. '그들의 전반적인 훈련 전략이 적절한 것인가? 그들이 받는 훈련이 뉴욕 마라톤 이외의 마라톤에도 도움이 될 수 있을 것인가?'에 관한 질문들이었다.

질문

01 SL Ⅱ®모형에 기초하여 첫 번째 부류의 주자들을 어떻게 설명할 수 있는가? 그들은 David에게 어떤 유형의 리더십을 원하는가? 그리고 David는 그들을 위해 어떤 유형의 리더십을 준비하는가?

02 두 번째 부류의 주자들과 David의 코칭 스타일 리더십 간의 적합성 여부를 어떻게 설명할 수 있는가?

03 세 번째 부류의 경험 많은 주자들이 David의 리더십에 도전하고 있는 것처럼 보이는가? SL Ⅱ®모형을 사용하여 David의 리더십이 이들 부류의 주자들에게 비효율적인 이유를 설명하시오.

04 David의 코칭에 도움을 준다면 그의 코칭 스타일의 강점과 약점을 어떻게 설명하겠는가? 그의 리더십 개선을 위해 어떤 제안을 할 수 있겠는가?

사례 5.2: 메시지 전달

Ann Caldera는 대학의 지원을 받는 대학캠퍼스 라디오 방송국(WCBA)의 프로그램 진행자이다. WCBA는 오랜 역사와 학생, 교수, 이사회 그리고 지역사회 주민들의 사랑을 받고 있다. Ann은 WCBA에서 일하는 학생들을 구하는 데는 큰 문제가 없었다. WCBA에서 일하는 것은 대학캠퍼스에서 가장 선호하는 활동 중의 하나이기 때문이다. WCBA에 채용된 신입생들은 언제나 고도로 동기유발된 학생들이었다. 그들은 직접 미디어매체에서 체험해 볼 기회를 얻게 된 것을 소중하게 생각한다. 학생들은 자신들의 라디오 방송의 업무 능력을 매우 자신하고 있었다. 이러한 그들의 열망에도 불구하고 대부분 학생은 방송의 법률적 책임에 대한 충분한 이해가 부족했다.

Ann이 학기마다 당면한 가장 큰 문제 중 하나는 신입생들을 훈련하는 문제였다. 방송 중에 뉴스, 스포츠, 음악 및 그 밖의 라디오 프로그램을 진행하고 있을 때 WCBA의 규칙과 절차를 따르도록 훈련하는 일이다. 학기마다 아나운서들이 '방송 중의 적절한 의사소통을 위한 FCC 규칙'을 위반하는 많은 사건이 일어나고 있었다. 예를 들어, 어떤 1학년 학생이 저녁 프로그램의 DJ를 하면서 "새로운 악단이 시내 모처에서 연주한다는 것과 입장료는 5달러이며 누구나 한번 감상해 보라"는 식으로 방송하였다. 하지만 이 같은 것을 방송하는 것은 명백한 FCC 규칙 위반이고 불법이다.

Ann은 그녀의 곤란한 행동 때문에 곤혹스러워하고 있으며, 왜 이 같은 일이 계속 일어나는지 이해할 수 없다. 그녀는 신임 DJ들을 돕는 데 많은 시간과 노력을 기울이지만 WCBA의 업무는 매우 신중한 것이며 FCC 규칙을 준수하는 것은 절대적인 필수요건이라는 메시지를 잘 전달하지 못하고 있는 것 같다. Ann은 지금 자신의 리더십 스타일이 핵심을 빗겨나가고 있는 것은 아닌지 곰곰이 생각한다.

매 학기 Ann은 학생들에게 WCBA의 정책과 업무 절차에 관한 인쇄물을 나누어주고 있으며, 신입생들 각자에게 개별적으로 알리는 데 노력한다. 누구나 WCBA에서 즐겁게 일하기를 원하기 때문에 방송국에서 좋은 인간관계와 좋은 근무분위기를 조성하는 데 열심이다. 학생들은 Ann이야말로 캠퍼스에서 가장 좋은 조언자라고 반복하여 말한다. Ann은 학생들의 자질을 알고 있으므로 그들이 방송국에 원하는 대부분을 허용한다.

질문

01 지금 WCBA의 문제는 무엇인가?

02 SL Ⅱ®모형에 기초하여 당신이 Ann에게 현재와는 다르게 행동하도록 어떻게 조언하겠는가?

03 SL Ⅱ®모형에 기초하여 Ann이 WCBA에서 FCC 규칙 위반 횟수를 줄이기 위해 채택할 수 있는 창의적인 행동 계획은 무엇인가?

사례 5.3: 중국 리더십의 철학

참고: 사례 연구를 읽기 전에 경영 컨설턴트 Fang Ruan의 2019 TED Talk에 접속하여 들어보자.: https://www.ted.com/talks/fang_ruan_management_lessons_from_chinese_business_and_philosophy

중국에서 경영 리더십의 특성은 오랫동안 고대 유교의 철학적 가르침(the ancient philosophical teachings of Confucius)에 의해 유도됐다. 유교는 권위(authority), 연공 서열(seniority) 그리고 순종 내지는 공손함(obedience) 등과 같은 덕목을 장려한다. 국가를 위해 질서와 화합을 위한 하나의 오랜 시간 검증된 공식이다. 그리고 회사에서도 대규모로 정확한 실행을 유지하도록 하는 데 도움이 된다. 그러나 전통적 사업경영 방식을 뛰어넘어 인터넷과 기술의 발전 그리고 밀레니얼 세대(1980년대 초반~2000년대 초반 출생한 세대를 가리키는 말)가 주요 인력으로 부상하면서 중국 내에서도 새로운 관리 방식이 등장한다.

경영 컨설턴트인 Fang Ruan은 중국의 기업가들이 우러러 공경하는 또 다른 고대 중국 사상의 리더인 Lao-tzu(Laozi)의 Daoism으로 알려진 철학사상에 기초한 보다 역동적인 리더십 스타일을 추구한다고 말했다. 중국의 유교 사상과 도가 사상(Daoism) 간의 차이를 이해하기 위해 각 철학 사상의 기본 원칙(tenets)을 이해하는 것이 중요하다.

유교

유교를 하나의 종교로 보기도 하지만 유교사상은 생각의 관습(a habit of thought)이자 삶의 철학이다. 천 년이 넘도록 중국의 지배적인 사회, 정치의 가치 시스템은 가정 존중, 근면 및 교육이라는 유교철학에 기초한다. 그리고 사회적 질서와 활동적인 삶을 강조한다(Min-Huei, 2016).

유교사상은 올바른 인간관계가 사회 교육의 기능을 발휘하는 데 필수적이라는 생각 위에 세워진 철학이다. 유교사상의 변하지 않는 네 가지 특성은 다음과 같다.

- 가족 단위 내에서의 사회화
  (즉 절제(금주), 교육, 기술 습득, 일, 직업, 가족, 의무감 등에 대한 진지한 태도를 촉진하는 것을 일반화한다.)
- 집단을 돕는 경향성(식별될 수 있음)
- 계층 의식과 계층의 자연성이나 정당성에 대한 의식
- 관계에 대한 찬사-계층 의식과 결합하여 조직 내의 공정성과 평등성에 대한 의식(Huang, 2000)

유교의 위계질서는 안정과 질서(stability and order)를 부여하는 것으로 간주한다. 구성원들은 사회에서 자신의 위치를 이해하고 존중하며 유지함으로써 조화와 화합을 이룰 수 있다. 직장에서 유교 사상에서 말하는 계층적 구조는 조직의 기능 발휘에서 적절한 역할을 한다. 충성, 순종, 존중, 봉사 등은 종업원들에게 기대되는 특성이고 지혜, 도덕적 순수성, 리더십은 관리자에게 기대되는 덕목이다(Huang, 2000). 중국 문화에서 가부장적인 특성은 유교의 가르침과 직접적인 관계가 있고 권위적이고 가부장적인 지도자를 옹호한다.

권위주의적인 문화에서는 상위자와 하위자 간의 관료주의가 발전하고 최고위 리더는 권력의 중심이 된다(Huang, 2000). 이러한 관점은 모든 사람이 자신의 위치를 알고 확립된 경계에서 벗어나지 않는 엘리트주의적이고 가부장적인 조직에 적합하다.

중국의 의사소통 방식은 간접적이고 리더십 직위에 있는 사람들에게도 적용된다. 이와 마찬가지로 Wang(2018)도 "현명한 유교주의자는 침묵 속에서 경청하기를 기대한다."고 지적한다. 그렇다고 해서 중국의 근로자들이 정보 공유를 꺼리는 것은 아니다. 의견교환에 대한 비판이나 문제점에 대한 논의가 포함되어 있으면 특히 복잡하다. 사회적 지위와 평판에 따라 다른 사람을 존중하는 면죄부 또는 "mianzi(MY-ann-ZEE)"를 방지하기 위해 이런 토론은 종종 사적으로 조용히 이루어져야 한다(Wang, 2018).

Yi-Hui Huang(2000)은 전통적인 유교주의적 신조를 다음과 같이 요약한다. "누구나 자기에게 주어진 역할을 성실히 수행한다면 세상 모든 일이 잘 될 것이다."(p. 227)

도교

공자사상에는 100여 개의 학파가 있다. 도교(Daoism 또는 Taoism)는 공자의 가르침에서 파생된 보다 더 단순하고 보다 덜 엄격한 가르침으로, 동시대에 생겨났다.

도교는 기원전 604년에 중국의 중부지역에서 태어난 중국의 학자 Laozi(Lao-tzu)로부터 유래되었다. Laozi는 그가 여행을 떠나는 기원전 516년까지 Zhou 왕조시대 궁중 기록 문서 보관소의 관리 책임자였다. 그는 영감을 받아 Dao De Jing(Tao Te Ching) 또는 "The Way."로 알려진 책에 가르침을 기록했다.

유교 또는 공자의 가르침처럼 조화(harmony)는 도교적 시각의 중심축이지만 인간은 사람들 간에 조화를 이루어야 할 뿐만 아니라 삶의 자연적인 흐름(with the natural flow of life)과 조화를 이루며 살아가야 하고 사물이 자연스럽게 흘러가도록 해야 한다. Laozi는 강요한 것보다 자연적인 방법이 더 좋다고 생각하였다. 자연법칙에 따라 사물을 진화시키는 것이 도교의 토대이다. 유교는 사회적 조화에 초점을 두고 도교의 목적은 균형을 이루는 것에 있다.

도는 어둠과 밝음, 고요함과 움직임, 해와 달과 같이 상호 보완적이기도 하고 상반되는 삶의 이원성(음과 양)을 탐색해야 할 필요성을 인식하여 더욱 역동적이고 유동적이기도 하다.

도교에서는 물에 대한 비유를 자주 활용한다. 물은 강력하지만 다른 사람들에게 봉사하기 때문에 이타적(altruistic)으로 보인다. 물은 겸손하고 정숙하며 유연하고 융통성이 있으며 소박하다. 물은 그 성질상 가장 낮은 위치를 찾는다. Lee, Han, Byron, and Fan(2008)은 "우리 인간은 특히 리더들은 물에서 많은 것을 배워야 한다. 물은 항상 가장 낮은 위치에 있고 절대 경쟁하지 않으며 도리어 물은 매우 유용하고 모든 것에게 이롭고 도움이 되기 때문이다."

> 강과 바다는 수많은 하천들을 이끈다.
>
> 그들은 낮은 곳에 머무르는 것에 능숙하다.
>
> 그래서 그들은 수많은 하천들을 이끌 수 있다(Laozi, Chapter 66).
>
> (Lee et al., 2008, p. 91)

Laozi는 리더들을 하인이나 추종자로 보았다. 사람이 다른 사람을 위해 봉사를 많이 할수록 그만큼 더 많은 사람을 지도할 수 있다. 그래서 리더십의 첫 번째 의미는 마치 물과 같은 추종자 정신 또는 서비스 정신을 의미한다. 두 번째 리더십의 의미는 비강요(non-intrusiveness) 또는 비간섭(non-interference)이다(Lee et al., 2008, p. 91).

도교의 가르침 중에서 도를 따르는 사람들은

- 하위자들의 생활에 최소한의 영향을 미친다.
- 하위자들을 격려하여 자기 일에 대한 통제권을 자신이 갖도록 한다.
- 설득, 권한 위임(empowerment), 모범을 보임, 공동작업(teamwork), 협력 및 봉사 등과 같은 유연한 지도 방법을 채용한다.
- 창의성과 유연성을 증명해 보인다.

• 자연 및 다른 사람들 간의 조화를 촉진한다.

• 지위 신분상에 방해가 되는 일을 거절하고 평등성을 증진한다.

• 다른 사람에게 나누어 주고 봉사한다(Johnson, 1999).

질문

01 SL Ⅱ® 모형에서 일반적으로 다음을 수행하는 리더를 어디에 분류할 수 있는가? 유교 철학을 엄격하게 고수하고 있는 환경에서 종업원들을 어떻게 분류하겠는가? 그 논리를 설명하시오.

02 도교의 철학에 기반을 두고 리더십을 발휘하고 있는 리더를 분류하여 SL Ⅱ® 모형상의 어느 위치에 놓을 수 있겠는가? 그리고 도교의 원리를 추종하는 환경에서 일하는 성원들을 어떻게 분류하겠는가? 그 논리를 설명하시오.

03 Raun이 말하기를 Ping An의 설립자가 획기적인 변화를 추구하고 있는데 도교에 기초한 철학을 채용하려 해도 사업의 규모와 복잡성으로 인해 그럴 수 없다는 것을 발견하였다.

A. SL Ⅱ® 모형의 시각에서 조직의 규모와 복잡성이 〈그림 5-1〉에 나타난 각 리더십의 효과성과 어떤 관계가 있는가?

B. 하위자들(종업원들)의 발달 단계와는 어떤 관계가 있는가? 조직 규모와 복잡성은 리더들에게 요구되는 지시적 행동에 어떻게 영향을 미치는가?

04 두 가지 철학 중 자신의 철학을 가장 잘 반영하는 것은 무엇인가? 당신의 철학적 관점이 리더십의 네 가지 스타일에 대한 표현에 어떤 영향을 주는가?

리더십 측정 도구

상황적 리더십을 측정하기 위해 여러 가지 측정 도구가 개발되었지만, 거의 모든 도구가 비슷한 내용으로 구성되어 있다. 대개 설문지들이 12~20개의 작업과 관련된 상황을 제시하고 응답자들에게 각 상황에 따른 네 가지의 대안들(리더십 유형들) 중에서 가장 선호하는 리더십 유형을 선택하게 한다. 상황의 내용과 리더십 유형들이 기록되어 있는데, 그것은 모델상의 네 가지 상황의 리더십 유형을 직접 나타내고 있다. 설문지의 응답 결과는 응답자에게 그의 일차적 리더십 유형과 이차적 리더십 유형, 리더십 행동의 융통성(flexibility), 그리고 리더십 효과성 등에 관한 정보를 제공한다. 여기에 제시된 간결한 설문지는 상황적 리더십에서 개발된 설문지에서 리더십 유형이 측정되는 방법을 설명해 준다. 설문지에 제시된 각 상황에서 종업원들의 발달 수준을 확인하고 그 상황에서 채택하고 싶은 리더십 유형을 네 가지 대안적 리더십 유형 중에서 하나를 골라 선택한다.

이 간결한 설문지의 확대판은 응답자들에게 리더십 유형의 전반적인 모습을 제공한다. 응답자들이 설문지에서 선택한 대안(리더십 유형)을 분석함으로써 응답자의 일차적인 리더십 유형과 이차적인 리더십 유형(primary and secondary leadership style)이 결정된다. 그리고 응답자의 선택 범위(range of choices)를 분석함으로써 리더십 융통성(leadership flexibility)이 결정된다. 그리고 리더십 효과성과 상황 진단 능력은 응답자가 그 상황을 정확하게 측정하여 그 상황에 적합한 리더십 유형을 정확하게 선택하는 수(빈도수)를 분석하여 결정한다.

이처럼 상황적 리더십은 자신이 채점한 설문지 이외에도 그것과 비슷한 설문지들을 사용하여 그 개인의 상사, 동료, 하위자(성원)들이 그 개인의 리더십 유형에 대해 지각하고 있는 것(concurrent perception)을 알아보려고 한다. 이 같은 설문지는 응답자에게 그 자신의 리더십 유형에 관한 광범위한 피드백을 제공해줄 뿐만 아니라 스스로 지각하는 자신의 리더십 유형과 다른 사람이 지각하고 있는 자신의 리더십 유형을 비교할 수 있게 한다.

상황적 리더십 측정 설문지: 축소판

작성 요령: 아래에 제시된 네 가지의 리더십 상황을 읽어보자. 각 상황에는 성원들이 어떤 발달 수준에 와 있는지 보여준다. 각 상황에 가장 적합한 리더십 유형이 무엇인지 행동 A, B, C, D 중에서 하나를 골라 보자.

상황1: 당신의 부서에 배정된 예산상의 제약 때문에 구조조정이 필요하다. 그래서 당신은 지금 부서의 직원들 중에서 매우 유능하고 경험이 풍부한 직원에게 구조조정의 책임을 맡기려고 한다. 이 사람은 부서의 모든 분야에서 일한 경험이 있고, 모든 스태프들로부터 신뢰와 존경을 받고 있다. 그리고 그 사람은 아주 기꺼이 구조조정 작업을 맡아 부서를 돕고자 하는 자발성을 가지고 있다.

A. 구조조정 프로젝트의 책임을 그녀에게 맡기고 그 프로젝트의 수행 방법도 그녀 자신이 스스로 결정하여 시행하도록 한다.

B. 그 과업을 그녀에게 맡기고 해야 할 일을 자세하게 지시하고 작업의 진행사항을 엄밀하게 감독한다.

C. 그 과업을 그녀에게 맡기고 필요할 때마다 지원을 제공하고 격려한다.

D. 그 과업을 그녀에게 맡기고 해야 할 일을 자세하게 지시하되, 그녀의 제안을 반영하겠다는 것을 확실히 한다.

발달 단계: ________________ 리더 행동: ________________

상황2: 최근 당신은 신설된 지역사무소의 부서장(department head)이 되었다. 부서의 성원에 대한 모든 것을 알아보려는 과정에서 유독 경험이 없는 한 직원이 자신에게 주어진 목표 달성을 위해 끝까지 일을 해내지 않고 있다는 것을 알게 되었다. 그러나 그녀는 자기의 직무에 매우 열성적이고 조직 내에서 남보다 앞서고 싶어 한다.

A. 그녀의 끝까지 노력하지 않는 점을 그녀와 상담하고 문제를 해결하기 위한 대안적 방법을 찾아본다.

B. 과업완수를 위해 그녀가 해야 할 일이 무엇인지를 구체적으로 말해준다. 그리고 그녀가 제시한 제안을 수용하여 반영한다.

C. 주어진 과업을 완성하는 데 필요한 업무 수행의 단계를 자세하게 지시하고 그녀의 업무 수행을 수시로 감독한다.

D. 그녀에게 후속 조치가 부족하다는 사실을 지적해주고 그녀가 자신의 업무 수행을 개선할 수 있도록 보다 많은 시간을 제공한다.

발달 단계: ________________ 리더 행동: ________________

상황3: 매우 새롭고 중요한 프로젝트에서 지난 3개월 동안 당신은 직원들이 자신들의 책임과 기대되는 업적 수준을 잘 이해하고 있는지를 확인하고 있으며, 또 그들을 밀접하게 감독해오고 있다. 그런데 최근 몇몇 프로젝트의 갑작스러운 진행상의 차질 때문에 직원들이 약간 실망하고 있다. 그들의 사기도 떨어지고 있고 그들의 업무 수행 성적도 저하되고 있다.

A. 직원들의 업무 수행을 직접 지도하고 엄밀하게 감독한다.

B. 집단성원들에게 더 많은 시간을 주고 진행상의 차질을 만회하도록 하고 때때로 그 진행 상황을 점검한다.

C. 계속해서 집단이 수행해야 할 활동이 무엇인지를 명백하게 말해준다. 집단성원들을 의사결정 과정에 더 참여시키고 그들의 아이디어를 의사결정에 반영한다.

D. 그들이 의사결정 활동에 참여하고 프로젝트의 진행상 차질을 만회하려는 그들의 노력을 격려하고 지원한다.

발달 단계: ____________________ 리더 행동: ____________________

상황4: 판매부서의 부장으로서 직원 중의 한 사람에게 새로운 판매 캠페인의 책임을 맡아 진행하도록 요청하였다. 당신은 다른 판매 캠페인에서도 그 사람과 함께 일해 본 경험이 있다. 그래서 그가 새로운 판매 캠페인에서도 성공적인 업무 수행을 해낼 수 있을 만큼 업무 지식과 경험이 있다는 것을 알고 있지만 새로운 일을 할 만한 능력이 있는지 불안해하고 있다.

A. 새로운 판매 캠페인을 그에게 맡기고 그 자신 스스로 일해가도록 한다.

B. 그 새로운 과업을 위한 목표를 설정해 준다. 그러나 그의 제안을 고려하고 그를 의사결정 과정에 참여시킨다.

C. 그의 업무에 대한 관심사를 경청한다. 그가 그 직무를 잘해낼 수 있다는 것을 확신할 수 있도록 하고 그의 노력을 지원한다.

D. 새로운 판매 캠페인의 내용이 무엇인지 정확하게 말해주고, 그에게 기대되는 것이 무엇인가에 대하여도 말해준다. 그리고 그의 업무수행을 엄밀하게 감독한다.

발달 단계: ____________________ 리더 행동: ____________________

출처: Game Plan for Leadership and the One Minute Manager (Figure 5.20, Learning Activity, p. 5), by K. Blanchard, P. Zigarmi, and D. Zigarmi, 1992, Escondido, CA: Blanchard Training and Development (phone 760-489-5005). Used with permission.

채점 결과의 해석

위에 제시된 간결한 설문지의 올바른 해답에 대해 간략하게 논의해보면 상황적 리더십 설문지의 특성을 이해하는 데 도움을 준다.

상황1

상황1에는 구조조정(기구통폐합) 과정에서 조직이 당면한 일반적인 문제를 기술하고 있다. 이 같은 특정한 상황에서 리더는 구조조정 프로젝트를 지도할 만한 사람을 확인하였다. 그는 매우 유능하고 경험도 풍부하며, 고도로 동기유발된 사람이다. SL II® 모형에 따르면 이 사람은 발달 수준 4에 와 있는 사람이다. 그래서 이 사람에게는 위임적 접근법이 적합하다. 네 가지의 응답 대안 중에서 A에 해당한다. "구조조정 프로젝트의 책임을 그녀에게 맡기고, 그 프로젝트의 수행 방법도 그녀 자신이 스스로 결정하여 시행하도록 한다." 이것이야말로 위임적 리더십 유형(S4)—낮은 지원적 행동과 낮은 지시적 행동—을 잘 나타낸다.

상황2

상황2에는 거의 모든 조직 계층의 리더에게 친숙한 문제가 기술되어 있다. 그것은 열성이 있는 종업원이 일을 끝까지 해내는 지속력의 결여에서 오는 문제이다. 상황2의 경우 그 종업원은 발달 수준 1에 있다고 볼 수 있다. 그녀가 비록 동기유발되어 있기는 하지만 그 직무를 수행하는 데 필요한 경험이 없기 때문이다. SL II® 모형은 이 같은 종업원들에게는 지시적 리더십 유형(S1)이 알맞다는 처방을 하고 있다. 그녀는 자신의 구체적 업무를 언제 어떻게 수행하는지에 대한 지시가 필요하다. 그리고 지시받은 후에도 그녀의 업무수행은 엄밀한 감독을 받을 필요가 있다. 이 설문에서 올바른 해답은 (C)이다. – "주어진 과업을 완성하는 데 필요한 업무 수행의 단계를 자세하게 지시하고 그녀의 업무 수행을 수시로 감시한다."

상황3

상황3에는 조금 다른 상황이 기술되어 있다. 이 상황에서는 종업원들이 경험도 있고 자기들에게 요구되는 일들에 대해 이해도 하고 있으나 과업 완성을 위한 동기유발이 결여되어 있다. 그리고 리더가 직접 엄밀하게 지도해오고 있지만 최근 진행상의 차질 때문에 그들의 업적과 헌신성이 정체 상태에 와 있다. SL II® 모형에 따르면 이 같은 경우 리더가 보다 지원적인 코치형 리더십 유형(S2)(coaching leadership style)으로 가야 한다는 것이다. 대안적 리더 행동에서 (C)에 해당한다. – "계속해서 집단이 수행해야 할 활동이 무엇인지를 명백하게 말해준다. 집단성원들을 의사결정 과정에 더 참여시키고 그들의 아이디어를 의사결정에 반영한다."

상황4

상황4에는 새로운 판매 캠페인을 지도하는 데 적절한 인물을 확인하려고 시도할 때 리더에게 일어나는 몇 가지 사안들이 기술되어 있다. 그 직위에 알맞다고 확인한 직원이 새로운 판매 캠페인에서 좋은 업적을 올리는 데 필요한 기술을 분명히 가지고 있다고 생각되나 그 당사자는 자기 자신의 능력에 대해 우려한다. 이 같은 상황에서 SL II® 모형은 지원적 리더십 유형(S3)을 채택하는 것이 옳다고 말하고 있다. 이 유형은 유능성은 있으나 어느 정도의 자신감은 결여된 종업원을 지도할 때 알맞기 때문이다. 지원적 스타일은 설문지의 대안적 리더 행동(C)에 해당된다. – "그의 업무에 대한 관심사를 경청한다. 그가 그 직무를 잘 해낼 수 있다는 것을 확신할 수 있도록 하고 그의 노력을 지원한다." 이제 2명의 종업원을 선택하여 네 가지 상이한 직무에서 그들의 현재 발달 수준을 진단하고 각 상황에 대한 당신의 리더십 유형을 진단하여라. 상호 적합한가? 만약 적합하지 않는다면 리더로서 그들의 성공적 업무 수행을 위해 구체적으로 무엇을 할 수 있는가?

요약

상황적 리더십은 널리 활용되고 있는 리더십의 처방적 접근법으로서 과업들이 다양하고 상이한 유형의 조직 상황에서 리더가 어떻게 효과적일 수 있는가를 제시한다. 따라서 이 접근법은 모델을 제시하고 있는데 리더가 특정한 상황의 요구에 근거하여 어떻게 행동해야 하는가를 처방하고 있다. 상황적 리더십은 리더십 유형을 4가지로 분류하고 있다. S1은 높은 지시적 행동-낮은 지원적 행동, S2는 높은 지시적 행동-높은 지원적 행동, S3은 낮은 지시적 행동-높은 지원적 행동, S4는 낮은 지시적 행동-낮은 지원적 행동 등이 그것이다. 그러나 상황적 리더십 모형(SL Ⅱ®)은 이들 네 가지 리더십 유형들이 각각 상이한 발달 수준의 종업원들에게 어떻게 적합(적용)될 수 있는지를 기술하고 있다. 즉, D1(낮은 유능성-높은 헌신성)으로부터 D2(중간 정도의 유능성과 낮은 헌신성), D3(중간 정도의 유능성과 가변적인 헌신성), D4(높은 유능성과 높은 헌신성)에 이르기까지 종업원들의 발달 수준에 맞는 리더십 스타일을 처방한다.

리더십 효과성은 리더가 과업 상황에 있는 그 성원의 발달수준을 정확하게 진단할 수 있어야 하고 그 상황에 적합한 처방된 리더십 유형을 적용할 때 나타난다. 이 접근법에서 리더십은 설문지를 통하여 측정되는데, 설문지에서는 응답자에게 일련의 작업관련 상황을 측정하도록 요구하고 있다. 그리하여 설문지에 대한 응답 결과는 리더의 상황 진단 능력, 리더 행동의 융통성 및 리더십 효과성에 관한 정보를 제공해 준다. 이 같은 정보는 리더가 여러 가지 상이한 상황에 걸쳐 보다 더 효과적이 되기 위해 자신의 리더십 스타일을 어떻게 변경시킬지 결정하는 데에도 유용하다.

상황적 리더십 접근법에는 네 가지의 주된 강점이 있다.

1. 전국에 걸쳐 리더십 훈련을 위한 표준적인 프로그램으로 인정되고 있다.
2. 상황적 접근법은 쉽게 이해되고 쉽게 활용될 수 있어서 실무적인 접근법이다.
3. 리더가 리더십 효과성을 제고하고 싶을 때 어떻게 행동해야 하는가를 말해주는 일련의 분명한 처방을 내놓고 있다는 점이다.
4. 리더십은 하나의 최선의 리더십 유형(one 'best' style of leadership)은 없다는 것을 강조하며 리더는 융통성 있는 리더십 행동을 할 수 있어야 하고 리더십 행동을 상황에 맞게 해야 한다고 주장하고 있다는 점이다.

상황적 리더십에 대한 비판은 그것이 몇 가지 한계를 가지고 있다는 점이다. 많은 다른 리더십 이론들과는 달리 이 접근법은 그 이론적 기반을 정당화하고 그 타당성을 입증하는 튼튼하고 체계적인 실증연구의 결과들이 없다는 것이다. 그 결과 리더십 과정의 측면들을 어떻게 개념화하고 있는 것인지에 관한 모호성이 있다. 그리고 성원들의 발달 수준이 어떻게 낮은 수준에서 높은 수준으로 발달해 가는지를 명백하게 설명하지 못하고 있으며 또한 성원들의 헌신성이 시간의 경과와 더불어 어떻게 변화되어 가는지도 명백하게 설명하지 못하고 있다. 그리고 뒷받침할 만한 연구 결과가 없으므로 리더십 유형을 성원들의 발달 수준에 적합시키는 기본적 처방에 대한 타당성이 의심받게 된다. 그리고 이 모델은 인구통계적 특성이 리더십 유형에 대한 성원들의 선호에 어떻게 영향을 미치고 있는가에 대해 고려하지 않는다. 마지막으로 이 접근법을 적용하는 데 있어 리더가 일대일의 상황이나 집단상황에서 이 접근법을 어떻게 사용해야 하는지에 대해선 지침을 제공하지 않고 있다.

CHAPTER 6

경로-목표 이론

- 서술
- 리더 행동
- 성원들의 특성
- 과업의 특성
- 경로-목표 이론의 효용
- 강점, 비판, 응용
- 요약

서술

경로–목표 이론(path-goal theory)은 리더가 성원들을 어떻게 동기유발시켜 설정된 목표를 달성하도록 할 것인가에 관한 이론이다. "무엇이 종업원들을 동기유발하는가"에 관한 연구 결과를 토대로 경로–목표 이론은 1970년대 전반기 Evans(1970), House(1971), House와 Dessler(1974), House와 Mitchell(1974) 등의 연구로 리더십 연구 문헌에 처음 등장하였다.

경로–목표 이론이 표방하는 목표는 성원들의 동기 유발과 과업 특성에 초점을 두어 성원들의 업적과 성원들의 만족을 높이는 것이다. 초기에 경로–목표 이론은 놀라울 정도로 혁신적인 시각으로 평가되었다. 과업이나 관계성에 주로 초점을 맞추었던 것에서 벗어나 경로–목표 이론은 성원들(하위자)의 욕구와 동기 유발에 초점을 맞추었기 때문이다.

'리더의 행동을 성원들의 발달 수준에 적응시켜야 한다는 상황적 리더십 이론'과는 대조적으로(5장 참조) 경로–목표 이론은 리더의 리더십 유형과 성원들의 특성(characteristics of followers) 및 과업의 특성 그리고 상황변인 간의 관계를 강조한다. 이 이론이 리더들에게 주는 교훈은 성원들의 동기유발을 위해 성원들의 필요(motivational needs)에 가장 적합한 리더십 유형을 활용하는 것이다. 이 같은 일은 작업상황에 결여된 것을 보완 및 보충할 수 있는 행동을 선택함으로써 이루어진다(This is done by choosing behaviors that complement or supplement what is missing in the work setting). 리더는 작업상황에서 정보나 보상을 제공함으로써 성원들의 목표 달성 수준을 제고하려고 노력한다(Indvik, 1986). 리더는 성원들에게 '그들의 목표를 달성하는 데 필요하다고 생각되는 요소들(elements)'을 제공한다. House(1996)에 따르면 경로–목표 이론의 핵심은 효과적인 리더가 되기 위해서 '리더가 하위자들(성원들)의 환경과 능력을 보완해 주는 행동을 하여야 하고 부족한 점을 보충하고 성원들의 만족이나 개인과 집단의 업적달성에 도움이 되는 행동을 해야한다.'고 말한다(p. 335). 간단히 말해서 경로–목표 이론은 건전하고 생산적인 작업환경을 활성화하고 성원들이 성공을 지향하도록 촉진하는 측면에서 리더에게 많은 책임이 있다.

House와 Mitchell(1974)에 의하면 성원들이 작업의 대가로 받게 되는 보상의 양과 종류를 증대시킬 수 있을 때 리더십은 성원들의 동기를 유발한다. 또한 리더십은 다음과 같은 경우에도 성원들의 행동을 유발할 수 있다. ① 목표 달성의 경로를 분명히 하고 코칭(coaching)이나 지도를 통해 그 경로를 쉽게 통과해 가도록 할 때, ② 목표 달성으로 가는 길에 놓인 장애물을 제거하여 줄 때, ③ 작업 그 자체에서 개인적으로 만족을 느끼도록 할 때 등이 그것이다(그림 6-1 참조).

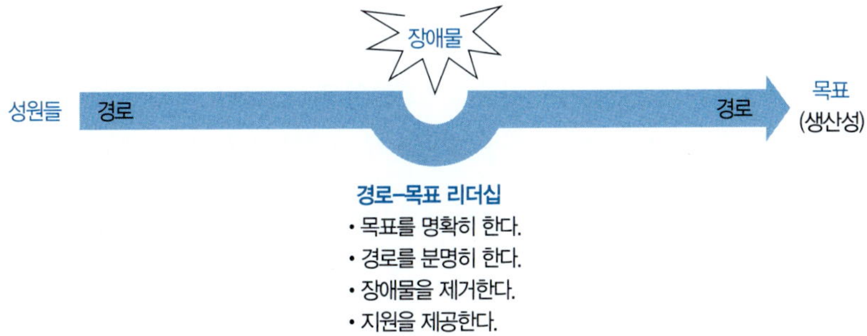

그림 6-1 경로-목표 이론의 기본적 아이디어

예를 들어 기술산업에서처럼 스스로 동기를 부여하는 직책에서 리더는 하위자들의 동기유발과 참여, 만족, 이직 않고 잔류하고 싶은 의지를 크게 향상시킬 수 있다(Stumpf, Tymon, Ehr, & vanDam, 2016). 이와 관련된 연구(Asamani, Naab, & Ansah Ofei, 2016)에서 종업원의 만족과 이직 의지는 리더의 의사소통 스타일에 의해 크게 영향을 받는다. 다시 말해 리더 행동과 하위자의 욕구 그리고 수행해야 할 과업과 관련하여 경로-목표 이론을 사용하는 것은 성원들의 참여와 동기유발 수준을 높이고 이직률을 저하시키는 노력을 하는 조직에서 상당히 유익하고 실질적인 영향을 미친다.

간단히 말해서 경로-목표 이론은 리더가 어떻게 하면 성원들의 요구와 작업 상황에 가장 적합한 리더 행동을 선택하여 그들이 목표 달성의 경로를 따라가도록 도울 방법을 설명하기 위해 설계된 이론이다. 적절한 리더십 유형을 선택함으로써 성원들의 성공적인 과업 수행과 만족에 대한 성원들의 기대치를 높인다.

경로-목표 이론의 밑바탕에 자리하고 있는 동기유발 개념은 동기유발의 기대 이론(the expectancy theory of motivation)의 관점에서 개념화되었다(Vroom, 1964). 기대 이론은 성원들이 다음과 같은 경우에 동기유발이 된다고 가정한다. ① 그들이 노력하면 그 과업을 수행해

낼 수 있다고 믿을(기대할) 때(efforts to performance), ② 노력의 결과로 어떤 성과(보상)를 받게 될 것이라고 믿을 때(performance to reward), ③ 과업 수행의 결과로 얻게 될 보상이 가치 있는 것이라고 믿을 때(reward to valence) 등이다. 기대 이론의 아이디어를 활용하는 리더의 중요한 과제는 각 성원의 목표와 그 목표 달성에 따른 보상을 충분히 이해해야 한다는 것이다. 성원들은 그들이 하려고 하는 것을 완수할 수 있을 것인가에 대한 효능감(efficacious feeling)을 느끼고 싶어 하며, 일이 완수되었을 때 그에 따른 보상으로 이어질 것이라는 사실도 알고 싶어 한다. 그래서 리더는 성원들이 수행하는 과업에 따른 보상이 무엇인가를 확인하여야 하고 또 그 같은 보상이 성원들에게(과업 수행상의 요구를 완수한 성원들에게) 유용한(가치 있는) 것이어야 한다. 간단히 말해서 기대 이론은 성원들의 과업 목표를 명확히 하고 목표 달성을 위해 성원들을 어떻게 돕고 목표를 달성했을 때 어떻게 적절히 보상하는 지에 관한 것이다.

개념적으로 경로–목표 이론은 비교적 복잡한 개념이며, 이 이론을 보다 더 작은 단위로 쪼개어 보는 것이 이해하는 데 더 도움이 된다.

〈그림 6–2〉는 리더 행동, 성원들의 특성, 과업의 특성, 동기유발 등을 포함한 경로–목표 이론의 주요한 구성 요소들을 잘 알 수 있다. 경로–목표 이론은 각각의 리더 행동이 성원들의 동기유발에 다른 영향을 미친다고 주장한다. 어떤 특정한 리더 행동이 성원들의 행동을 유발할 수 있는지 여부는 성원들과 과업의 특성에 달려 있다.

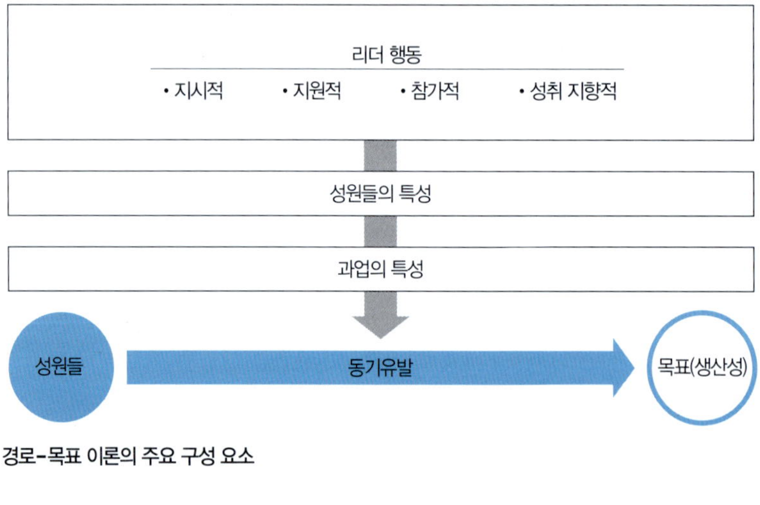

그림 6-2 경로-목표 이론의 주요 구성 요소

리더 행동

리더십의 경로–목표 이론은 처음 발표되었을 때 예측 못했던 변수들이 추가되었으며 많은 반복과 개정 작업이 이루어졌다(i.e., House, 1971, 1996; House & Mitchell, 1974). 그러나 본 장의 목적을 위해 경로–목표 이론의 한 부분인 지시적(directive), 지원적(supportive), 참여적(participative) 그리고 성취 지향적(achievement oriented)인 네 가지 기본적인 리더 행동들을 논의한다(House & Mitchell, 1974, p. 83). 네 가지 리더 행동들은 경로–목표 이론의 작용 방식을 이해하는 데 기초가 될 뿐만 아니라 현재 경로–목표 리더십 접근법을 연구하는 학자들에 의해 일반적으로 활용되고 있다(e.g., Asamani et al., 2016).

1 지시적 리더 행동

지시적 리더 행동은 4장에서 논의된 오하이오주립대학교의 연구(Halpin & Winer, 1957)에서 말한 구조 주도 행동(initiating structure)과 유사하고, 또 5장의 주제인 상황적 리더십 이론(Hersey & Blanchard, 1969)에서 말하는 지시적 행동 유형(directing style)과도 유사하다. 지시적 리더 행동의 특성은 다음과 같다. ① 하위자들에게 과업 수행을 위한 작업 지시를 하고, ② 그들에게 기대하는 것이 무엇이고, 과업이 어떻게 수행되어야 하는가에 대해 말해준다. ③ 과업이 완성되어야 할 기한을 제시한다. ④ 지시적 리더는 분명한 업적기준(clear standard of performance)을 설정하고 성원들이 따라야 할 규칙이나 규정을 명확하게 알려준다.

지시적 리더의 좋은 예로 4장에서 논의된 Smith 교수의 사례를 들 수 있다. 그는 학기 초에 학생들에게 한 학기 동안에 강의할 내용의 개요를 제공했다. 교과서의 몇 장을 읽어올 것인가? 숙제의 제출 마감일은 언제인가? 시험날짜는 언제인가? 등이 수록되어 있고 성적(학점)을 받기 위해 필요한 점수를 알 수 있도록 채점 방식에 대한 내용도 포함시켰다.

2 지원적 리더 행동

지원적 리더 행동은 오하이오주립대학교의 연구에서 확인된 배려 행동의 개념과 유사하다(Hemphill & Coons, 1957; Stogdill, 1963). 그래서 지원적 리더십은 친절하고 성원들이 접근하기 쉽도록 하는 리더 행동을 가리킨다. 그리고 이 지원적 리더 행동은 성원들의 복지와 필요에 유의하기도 한다(House, 1971). 또한 지원적 리더 행동을 하는 리더는 의도적으로 성원들의 작업이 즐거운 것이 되도록 하고 모든 작업자를 평등하게 대하며 그들을 인격적으로 존중한다.

지원적 리더 행동을 이해하기 위해 야외 음악축제가 끝난 후 쓰레기를 치우기 위해 배정된 자원봉사자의 책임자 사례를 생각해보자. 무더운 뙤약볕 아래에서 일해야 하므로 일 자체는 즐겁지 않다. 그러나 책임자는 자원봉사자들에게 음료수와 간식을 제공하고 일이 끝난 후에 먹을 식사도 준비한다. 추가로 자원봉사자들을 격려하기 위해 "trash bingo"라는 놀이 게임도 개발했다. 청소 자원봉사자들은 게임을 통해 특별한 음료수병이나 색깔이 다른 쓰레기 조각들을 찾아내면 상을 받았다. 자원봉사자들이 일하는 동안 책임자는 찬 음료, 간식, 여분의 쓰레기통, 자외선 차단제와 그 밖에 필요한 물품들을 가득 실은 왜건을 끌고와 재미있었는지 안부를 물으며 골고루 나누어 주었다.

3 참여적 리더 행동

참여적 리더 행동은 성원들을 의사결정 과정에 참여시키는 행동이다. 참여적 리더는 성원들과 상의하여 아이디어나 의견을 구하고 제안을 받아들여 집단이나 조직이 일을 어떻게 진행할지에 대한 의사결정에 반영한다. 이 같은 특별한 리더십 스타일은 성원들의 참여와 공유하고 있는 집단 목표에 대한 헌신을 통해 그룹의 성과를 향상시킬 수 있다.

참여적 리더십의 예로 개점 후 얼마 지나지 않아 유명해진 식당주인의 사례를 들어보자. 식당주인인 그녀는 빠른 성공에서 온 정서적 불안정(성장통)으로 인해 직원들과 매주 정기적인 모임을 하고 잘못된 것을 개선하기 위해 의견을 교환한다. 그녀는 한 직원에게 변경해야 할 메뉴 품목에 관해 물어보았고 주방장에게 메뉴를 변경할 방법과 가능성을 말해 보게 하였다. 동시에 고객의 대기시간을 줄이고 메뉴의 질적 수준을 그대로 유지하면서 규모를 확대(scale up)할 수 있는 계획을 논의하였다.

4 성취 지향적 리더 행동

성취 지향적 리더 행동의 특성은 성원들에게 일에 대한 도전적인 자세를 요구하여 가능한 한 최고의 수준으로 업적을 완수하도록 한다. 또 성취 지향적인 리더는 성원들에게 높은 수준의 우월성(high standard of excellence)을 설정하고 지속적인 개선을 추구한다. 성원들로부터 많은 것을 기대하는 것 외에도 성원들이 도전적인 목표를 설정하고 그 같은 목표를 달성할 수 있다는 높은 수준의 자신감을 보인다.

들판에서 발화된 불을 끄기 위해 출동한 소방대장 이야기가 성취 지향적인 리더의 좋은 사례가 된다. 소방대장의 목표는 화재진압을 포함하여 재산과 인명을 구조하는 것이다. 소방대장은 산불이 많이 발생하기 몇 달 전부터 소방대원들의 소방훈련을 엄격하게 진행하였다. 여러 번에 걸쳐 안전훈련과 진화방법을 연습시켰고 위험에 당면해서도 최고 수준의 능률로 진화하도록 하였다. 각 훈련에 대해 소방대장은 소방관들의 점수를 1부터 10까지 점수표에 기재하였고 훈련 마지막에는 최고 득표자에게 시상하였다.

House와 Mitchell은 이들 네 가지 행동 유형의 일부 혹은 모두는 상이한 상황과 상이한 성원의 특성을 나타낼 수 있다고 주장했다. 따라서 경로-목표 이론은 리더를 어느 한 가지 리더 행동 유형에 한정시키는 리더 특성 이론과는 다르다. 리더는 자신의 리더 행동을 상황이나 성원들의 동기유발(행동유발)을 위한 필요에 알맞게 조정해야 한다. 예를 들어, 성원들이 과업수행의 어느 시점에서는 참여적 리더십을 필요로 하고, 다른 시점에서는 지시적 리더십을 필요로 한다면 리더는 필요에 따라 자신의 리더십 유형을 융통성 있게 변경시킬 수 있어야 한다. 상황에 따라 다양한 유형의 리더십 행동이 필요하기 때문이다. 또한 동시에 하나 이상의 리더 행동을 통합하는 혼합형 리더십 유형(a blend of leadership style)을 활용하는 것이 더 적절할 수 있다.

이러한 리더 행동 외에도 앞의 〈그림 6-2〉는 경로-목표 이론의 두 가지 구성 요소인 성원들의 특성과 과업의 특성을 나타낸다. 이 두 가지 특성은 각각 리더의 행동이 성원들의 동기유발에 영향을 미치는 방식에 영향을 미친다. 다시 말해 리더십의 영향은 성원들의 특성과 과업의 특성에 달려 있다.

성원들의 특성

성원들의 특성은 주어진 작업 상황에서 성원들이 리더의 행동을 지각하는 데 영향을 미친다. 연구자들은 성원들의 '친화 욕구', '과업 구조의 선호(preference for structure)', '통제 위치', '과업 능력에 대한 자기지각의 수준(self-perceived level of task ability)' 등에 연구의 초점을 맞추어 왔다. 성원들의 이 같은 특성들과 더불어 다른 특성들도 리더의 행동이 만족의 직접적인 원천인지 아니면 미래의 만족을 위한 수단이 될 수 있는지에 대한 지각에 영향을 미친다. 경로–목표 이론이 예측하는 바에 따르면 친화 욕구가 강한(strong needs for affiliation) 성원들은 지원적 리더십을 더 선호한다는 것이다. 왜냐하면 친화 욕구가 강한 사람은 친절하고 사회적 욕구에 관심이 높은 리더십이 만족의 원천이 되기 때문이다. 성원들의 특성을 논의할 때 Navarro대학교의 치어리딩 팀의 선수들과 코치가 보여준 특성들과 연결 지어 생각하는 것도 도움이 된다(사례 4.3 참조).

독단적이고 권위주의적이며 불확실한 상황에서 성원들이 일하는 경우 경로–목표 이론은 지시적 리더십을 권고한다. 지시적 리더 행동은 과업의 명확성을 제공하기 때문이다. 사실 지시적 리더십은 목표로 가는 경로를 분명히 제시해주고 또 거기에서 모호한 요소를 제거해주기 때문에 성원들이 목표를 지향하는 데 도움이 된다. 그리고 권위주의적인 사람들은 작업 상황에 확신을 줄 때 더 편안함을 느낀다.

성원들의 통제 위치는 내적 통제 위치와 외적 통제 위치로 세분화할 수 있으며, 성격 개념인 통제의 위치에 관한 연구를 통해 경로–목표 연구에서 특별한 주목을 받았다. 내적 통제 위치(internal locus of control)의 성원들은 자기생애에서 일어나고 있는 사건들의 책임이 자기에게 있다고 믿지만 외적 통제 위치(external locus of control)의 성원들은 자기생애에서 일어나고 있는 사건들은 우연이나 운명 그리고 외부세력 때문이라고 믿는다.

이에 대한 경로–목표 이론의 주장은 다음과 같다. 내적 통제 위치의 성원들은 참여적 리더십을 가장 만족해한다는 것이다. 참여적 리더십이 그들로 하여금 일에 대한 책임감을 느끼도록 하고, 의사결정 과정에 참여하여 결정의 주체가 되기 때문이다. 그리고 외적 통제 위치의 성원들에게는 지시적 리더십이 가장 적절하다. 왜냐하면 자신들의 주위에서 일어나고 있는 일들은 외부세력에 의해 통제된다는 성원들의 느낌과 궤를 같이 하기 때문이다. 리더십이 성원들의 동기유발에 영향을 미치는 또 하나의 조절 요인은 성원들의 지각, 즉 어떤 특정한 과업을 수행할 수 있는 자신의 능력(자신의 과업 수행 능력)에 대한 지각이다. 자신의 능력이나 유능성에 대한 지각이 높아지면 지시적 리더십에 대한 필요성은 낮아진다. 사실 성원들이 자신의 과업 완성을 위한 자신감과 자기유능성(자기 유능감)을 느끼는 경우 지시적 리더 행동은 불필요한 행동이고 지나친 통제라고 생각한다.

과업의 특성

성원들의 특성 이외에도 과업의 특성도 '리더의 행동이 성원들의 동기유발에 영향을 미치는 데' 주요한 역할을 한다(그림 6-2 참조). 과업의 특성에는 과업의 설계, 조직의 공식적인 권한 시스템, 성원들의 일차적 작업 집단의 특성 등이 포함된다. 종합적으로 과업의 특성 자체가 성원들의 동기를 유발한다. 만약 그 작업 상황에 명확하게 구조화된 과업이 있고 강한 집단규범이 있으며 공식적 권한 시스템이 확립되어 있다면 성원들은 바람직한 목표로 가는 경로를 명확하게 알게 된다. 따라서 리더는 목표를 명확히 할 필요가 없고 또 이들 목표를 어떻게 달성할 것인가에 대해 지도할 필요도 없어질 것이다. 성원들은 자신들 스스로 과업을 완성할 수 있다고 느끼게 되고 또 자신들의 일이 가치가 있다고 느끼게 될 것이다. 따라서 이 같은 상황에서의 지시적 리더 행동은 불필요하고 지나친 통제로 비쳐진다.

그러나 다른 상황에서는 과업 특성들이 지시적 리더 행동을 요구하기도 한다. 과업의 내용이 불명확하거나 모호할 경우 과업의 용이한 실행을 위해 리더가 과업을 구조화하는 것을 필요로 하기 때문이다. 그리고 성원들이 고도로 반복적인 과업을 하는 경우 동기유발을 위해 지원적 리더십이 요구된다. 그리고 공식적 권한 시스템이 약한 작업 상황에서의 리더 행동은 규칙이나 작업상의 요구를 명백히 밝힘으로써 성원들의 과업 수행을 돕는 수단이 되어야 한다. 특히, 집단규범이 약하거나 비지원적인 작업 상황에서는 이 같은 리더십이 집단의 응집성(cohesiveness)과 역할에 대한 책임의식을 높이는 데 도움이 된다.

경로-목표 이론의 주된 초점은 성원들을 도와 장애물(목표 달성으로 가는 도정상의 장애물)을 극복할 수 있도록 하는 것이다. 여기서 장애물이란 작업 환경 내에서 성원들의 작업에 방해가 되는 모든 것으로, 지나친 불확실성과 욕구 불만의 요인들, 그리고 성원들에게 위협이 되는 것 등이다. 이 같은 상황에서 경로-목표 이론이 제안하고 있는 것은 '장애물을 제거해줌으로써 성원들을 돕는 것은 리더의 책임'이라는 것이다. 이같이 성원들을 도와 장애물을 제거해주면 과업 완성에 대한 성원들의 업적 수준의 기대가 증진되고 그들의 직무 만족도도 증대된다.

경로-목표 이론의 효용

경로-목표 이론은 이론적으로는 복잡하지만 실용적인 리더십 접근법이다. 이론 차원에서 경로-목표 이론은 일련의 가정을 제시한다. 이들 가정은 여러 가지 리더십 유형들이 어떻게 성원들의 특성 및 작업 상황의 특성과 상호작용하여 성원들의 동기유발에 영향을 미치는가에 관한 것들이다. 실무 차원에서 경로-목표 이론은 실무적 방향을 제시하고 있다. 이 실무적 방향은 리더가 어떻게 하면 성원들을 도와 그들의 과업을 만족스러운 방식으로 완수할 수 있도록 할 것인가에 관한 것이다. 〈표 6-1〉은 경로-목표 이론에서 성원들의 특성 및 과업 특성에 따른 리더 행동들을 제시한다.

표 6-1 경로-목표 이론의 효용

리더 행동	성원들의 특성	과업 특성
지시적 리더십 지침과 절차의 제공 및 심리적 지원	독단적 권위(독재)주의	모호성 불분명한 규칙 복잡성
지원적 리더십 교육 및 양육	우호관계 욕구의 불만 인간적인 접촉의 욕구	반복적 도전적이 아닌 평범한
참여적 리더십 참여시킴	자율적 자기통제의 욕구 명확성에 대한 욕구	모호성 불분명 비구조화
성취 지향적 리더십 도전의 제공	높은 기대 뛰어나고자 하는 욕구	모호성 도전적 복잡성

우선 이론적 차원을 더 자세히 살펴보면 경로-목표 이론은 리더가 성원들의 필요와 성원들이 수행하는 작업상의 필요에 가장 잘 부합하는 리더십 유형을 선택해야 한다고 주장한다. 그래서 지시적 리더십 유형은 "성원들이 독단적이고 권위주의적이며, 과업이 모호하며 규칙이나 절차가 불분명한 상황에 가장 적합한 유형"이라고 예측한다. 이러한 상황에서 지시적 리더십

유형은 성원들에게 지침과 절차를 제공함으로써 작업 상황에 결여된 것(확실성)을 보완해주기 때문이다(House & Mitchell, 1974, p. 90).

과업이 구조화되어 있고 인간적인 접촉이나 관계에 대해 불만족스럽거나 실망스러운 작업 상황에서는 리더가 지원적 리더십 유형을 활용해야 한다고 제안한다. 지원적 리더십 유형은 '반복적이고 도전적이지 않은 과업에 종사하고 있는 성원들에게 양육적(nurturance) 지원을 제공함으로써' 그들의 작업 상황에 부족한 것(what is missing)을 제공한다. 지원적 리더십(supportive leadership)은 오늘날의 평범한 기계적인 활동(mundane mechanized activity)에 종사하는 성원들에게 인간적인 감동이나 인간적인 감각(human touch)을 가능하게 해준다.

참여적 리더십은 과업이 모호한 상황에서 최선의 리더십 유형이다. 참여를 통해서 어떤 경로가 어떤 목표로 이어지는가에 대해 명백히 알 수 있게 되기 때문이다. 그래서 참여적 리더십 유형은 성원들을 도와 무엇이 무엇으로 이어지는지(what leads to what)를 알게 해준다(House & Mitchell, 1974, p. 92). 그 밖에도 '참여적 리더십 유형은 성원들이 자율적이고 자기통제의 욕구가 강할 때' 리더십 효과성에 긍정적인 영향을 미친다. 성원들이 의사결정과 과업의 구조화 과정에 참가하게 되면 호의적인 반응과 실천의지 및 헌신성을 보이기 때문이다.

경로–목표 이론의 성취 지향적 리더십은 성원들이 모호한 과업(ambiguous tasks)을 수행하는 상황에서 가장 효과적이라고 예측한다. 이와 같은 상황에서 성원들에게 높은 수준의 과업목표를 설정해주고 도전적 자세를 갖도록 고무하는 지도자는 성원들에게 자신감(자신의 능력으로 목표를 달성할 수 있다는 감정)을 고조시킨다. 실제로 성취 지향적 리더십은 성원들을 도와 그들의 노력이 효과적인 과업 수행의 결과로 이어질 수 있다는 자신감을 느끼게 해준다. 그러나 과업이 더 구조화되어 있고 덜 모호한 상황에서 성취 지향적 리더십은 성원들의 작업 노력과 유의한 상관성이 없는 것으로 나타난다.

실용적 측면에서 경로–목표 이론은 단순하다. 유능하고 효과적인 리더는 성원들이 무엇이 필요한지 유의해야 한다. 그래서 리더는 성원들을 도와 목표를 명확히 하고 목표 달성으로 가는 경로를 분명히 해야 한다. 목표 달성으로 가는 과정에 장애물이 나타날 때 리더는 성원들을 도와 장애물에 맞서서 대처하도록 해야 한다(10장의 섬김의 리더십 참조). 그리고 리더는 성원들이 장애물을 극복하도록 도와줄 수도 있고 장애물을 제거해 줄 수도 있다. 리더의 직무는 목표 달성 과정에서 성원들을 지도하고 지침을 제공하며 코칭(coaching)함으로써 성원들이 목표를 달성하도록 돕는 것이다.

House(1996)는 개정된 경로–목표 이론을 발표하였다. 그는 원래의 이론을 확대하여 8가지 유형의 리더십 행동을 제시하였다. 앞에서 논의한 4가지 유형의 행동, 즉 ① 지시적 행동, ② 지원적 행동, ③ 참여적 행동, ④ 성취 지향적 행동 이외에 다음과 같은 리더십 행동을 추가했다(표 6-2 참조). ⑤ 작업의 촉진(work facilitation), ⑥ 집단 지향적 의사결정(group-oriented decision process), ⑦ 작업 집단의 대변 및 관계 형성 행동(work-group representation and networking), ⑧ 가치중심적 리더 행동(value-based leader behavior) 등이 그것이다. 새로운 경로–목표 이론의 핵심 내용은 원래의 이론과 동일하다. 리더는 리더십 효과성을 위해 작업 환경에 '부족한 것(what is missing)'을 제공함으로써 성원들을 도와 능력상의 결함(부족)을 보충해 주어야 한다는 것이다. House의 원래 모델은 50여 회의 실증연구 결과 어떤 연구들은 그 타당성을 입증하기도 하고 또 어떤 연구들은 그 타당성 검증에 실패하기도 하였다. 그래서 1996년에 이르러 House는 그 동안의 연구 결과를 바탕으로 새로운 모델, 즉 경로–목표 리더십 모델의 최신 내용을 발표하였다. 그 내용은 다음 그림과 표로 요약할 수 있다.[1]

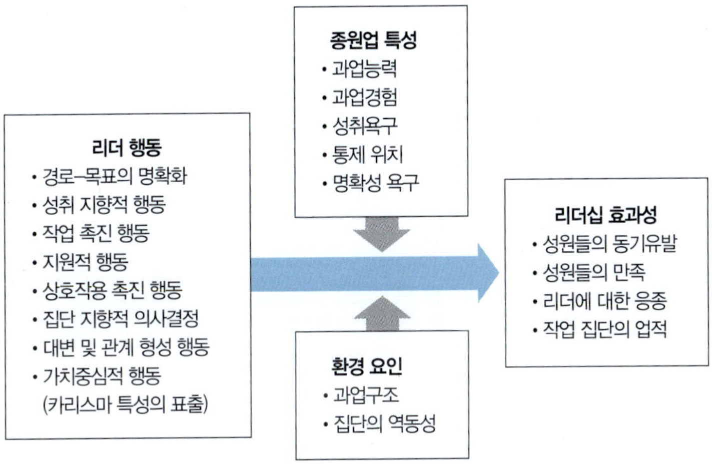

그림 6–3 경로–목표 이론의 주요 구성 요소

1 표 6–2, 표 6–3, 그림 6–3은 역자가 추가한 내용이다.

표 6-2 경로-목표 이론의 리더 행동

리더 행동의 종류	리더 행동의 내용
1. 경로-목표의 명확화	• 과업 목표를 명확히 한다. • 과업 완성 방법의 지침을 제공한다. • 업적의 기대 수준 및 평가 기준을 분명히 한다. • 업적에 따른 긍정적 · 부정적 보상을 활용한다.
2. 성취 지향적 행동	• 도전적 목표를 설정한다. • 수월성(탁월성)을 강조한다. • 성원의 능력에 대한 신뢰를 보인다.
3. 작업 촉진 행동	• 과업 활동을 계획 · 조직화 · 조정한다. • 멘토링, 코칭, 상담, 피드백을 제공한다. • 능력 개발을 돕는다. • 과업 수행상의 장애 요소를 제거한다. • 필요한 자원을 제공한다. • 성원들이 스스로 행동하고 의사결정을 할 수 있도록 자율권을 부여한다.
4. 지원적 행동	• 성원들의 욕구충족과 복지에 관심을 보인다. • 친화적이고 모든 성원들을 공정하게 대한다. • 필요할 때 과업 수행을 지원한다.
5. 상호작용 촉진 행동	• 분쟁을 해결하고, 의사소통을 촉진한다. • 소수의견도 존중하고 공유한다. • 협동적 노력과 팀워크를 강조한다. • 성원들 간의 친밀한 관계를 강조한다.
6. 집단 지향적 의사결정	• 해결책을 제시하기보다 해결해야 할 문제를 제시한다. • 집단성원들이 의사결정 과정에 참여하도록 격려한다. • 문제분석에 필요한 정보를 제공한다. • 의사결정 과정에 박식 · 총명한 성원을 참여시킨다.
7. 대변 및 관계 형성 행동	• 외부에 대해 우리 집단을 대변한다. • 집단에 영향력을 가진 외부인들과 긍정적이고 협동적 관계를 유지한다. • 조직 내의 사교 행사에 참가한다. • 다른 사람들에게 조건 없는 호의를 표시한다.
8. 가치 중심적 행동 (카리스마 특성의 표출)	• 비전을 설정하고 그것을 위한 열정을 보인다. • 비전 달성을 위해 지원한다. • 비전 실현에 대한 자신감을 보인다. • 높은 업적기대와 성원들의 성취 능력에 대한 믿음을 표출한다. • 수시로 긍정적인 피드백을 제공한다.

표 6-3 경로-목표 이론의 주요한 처방

성원의 특성 및 과업 특성	요구되는 리더 행동
높은 능력 및 높은 경험	• 집단 지향적 의사결정 • 참여적 리더 행동 • 성취 지향적 리더 행동
낮은 능력 및 낮은 경험	• 경로-목표의 명확화 • 지시적 리더 행동 • 지원적 리더 행동
내적 통제 위치 (자율적이고 자기통제의 욕구)	• 성취 지향적 리더 행동 • 참여적 리더 행동
외적 통제 위치	• 경로-목표의 명확화 • 지시적 리더 행동
단순 · 반복적인 과업	• 지원적 리더 행동
낮은 과업 구조 (역할 모호성이 높은 과업)	• 참여적 리더 행동 • 경로-목표의 명확화 • 성취 지향적 리더 행동
높은 과업 구조 욕구불만이 있는 상황	• 지원적 리더 행동

강점, 비판, 응용

1 강점

경로–목표 이론은 다음과 같은 몇 가지 긍정적 특성이 있는 리더십 접근법이다. 첫째, 경로–목표 이론은 "여러 가지 다양한 리더십 행동이 성원들의 만족과 그들의 업적(업무 수행 성적)에 어떤 영향을 미치는가?"에 대한 질문을 이해하기 위한 하나의 유용한 이론적 틀(a useful theoretical framework)을 제공한다. 이 이론은 과업 지향적 행동과 관계성 지향적 행동만을 다루었던 이전의 리더십 접근법을 개념적으로 확장하여 뚜렷하게 구분되는 네 가지의 리더십 행동(지시적, 지원적, 참여적, 성취 지향적)을 구체적으로 밝힌 첫 번째 이론이다(Jermier, 1996). 그리고 후속 연구를 통해 모두 여덟 가지의 리더십 행동을 제시한다(표 6-2 참조).

또한 경로–목표 이론은 과업 특성과 성원들의 특성이 리더십과 성원들의 업적 간의 관계에 어떤 영향을 미치는지 설명하고 있는 첫 번째 상황적(상황 적합적) 이론이다. 경로–목표 이론에서 제시한 개념적 틀(conceptual framework)은 리더에게 다음과 같은 정보를 제공한다. 즉, 과업상의 여러 가지 요구(the various demand of the task)와 과업을 수행하는 성원들의 유형(the type of subordinates)에 근거하여 적절한 리더십 유형을 선택하는 방법에 관한 정보를 제공하고 있다. 뿐만 아니라 최근 반복된 연구에 따르면 협동적 노력을 통해 업적을 증진하도록 어떻게 작업 집단의 동기를 유발할 것인가에 대해서도 제시하고 있다.

경로–목표 이론의 두 번째 긍정적 측면은 동기유발 이론인 기대 이론(expectancy theory)의 원칙들을 리더십 이론에 통합하고 있다는 점이다. 동기유발 이론을 이런 식으로 접목하는 다른 리더십 접근법이 없으므로 경로–목표 이론은 다른 이론들과 차별성을 가지는 특별한 이론이다. 그래서 경로–목표 이론은 우리가 계속해서 성원들의 동기유발에 관한 다음과 같은 질문을 하도록 요구한다. ① 성원들이 그들의 과업을 완수할 수 있는 능력이 있다고 느끼도록 하기 위해 어떻게 지도할 것인가? ② 성공적인 과업 완수에 따른 보상을 받게 된다는 것을 느끼게 하기 위해 무엇을 어떻게 할 것인가? ③ 성원들이 일에서 가장 선호하고 있는 보상을 제공하기 위해 무엇을 할 수 있는가? 등이다. 그래서 경로–목표 이론은 먼저 동기유발의 문제들을 강조하는 질문들을 계속하도록 설계되었다.

세 번째 강점은 가장 큰 강점으로, 경로–목표 이론이 어떤 면에서 매우 실무적인 모형을 제공하고 있다는 점이다. 앞의 〈그림 6–1〉에서 보는 바와 같이 리더가 성원들을 도울 수 있는 중요한 방법들을 강조하여 부각시킨다. 이 모형은 목표로 향하는 경로를 성원들에게 분명히 하고 목표로 가는 경로에 놓인 장애물들을 극복할 수 있도록 도움을 주거나 장애물을 제거해줘야 한다고 주장한다. 단순하게 말해서 리더에게 아치 모양으로 표시된 것처럼 리더가 할 가장 중요한 일은 목표 달성으로 가는 경로를 따라 나아갈 때 성원들을 지도하고 안내하며 코치하는 것임을 상기시킨다. 이 이론은 성원들과 상황의 특성을 포괄하고 있으며 이전의 상황 이론들보다 더 종합적이다.

2 비판

경로–목표 이론이 몇 가지 강점을 가지고 있지만 역시 확인할 수 있는 약점도 가지고 있다. 첫째, 경로–목표 이론이 개념적으로 꽤 복잡하고 리더십의 많은 상이한 측면들을 통합하고 있으므로 이론의 의미를 해석하는 데 혼동을 야기한다. 예를 들어, 경로–목표 이론은 다음과 같은 상황에서 네 가지 리더십 유형 중에서 어느 것이 가장 적절한 유형인지를 예측(처방)한다. 즉, ① 구조화의 정도가 상이한 과업 상황, ② 명확성의 수준이 상이한 목표를 위해 일하고 있는 상황, ③ 능력 수준이 상이한 작업자들의 경우, ④ 공식 권한의 정도가 상이한 조직상황 등에 가장 적합한 리더십 유형이 무엇인가를 예측한다. 그러나 선호하는 리더십 유형을 선정하기 위해 모든 상황 요인들을 동시에 통합하는 것은 쉬운 일이 아니다. 또 경로–목표 이론은 너무 광범위하고 상이한 '상호 관련된 가정들'을 포괄하고 있기 때문에, 어떤 특정한 조직상황의 리더십 과정을 개선하기 위한 노력의 과정에서 이 이론을 충분히 활용하기 어렵다. 이 이론은 성원들의 성격 특성을 포함한 그 밖의 특성들을 연구에 포함하는데 이론의 복잡성으로 인해 명제의 완벽한 실증적 검증이 이루어지지 않고 있다.

경로–목표 이론의 두 번째 한계점은 타당성을 검증하기 위해 실시된 많은 실증연구에서 일부분만 검증되었다는 점이다(House & Mit- chell, 1974; Indvik, 1986; Schriesheim & Kerr, 1977; Schriesheim & Schriesheim, 1980; Stinson & Johnson, 1975; Wofford & Liska, 1993). 예를 들어, 어떤 연구는 과업의 내용이 모호한 상황에서 리더의 지시적 행동이 작업자의 만족과 긍정

적인 관계가 있다는 사실을 입증하고 있으나 다른 연구에서는 그 같은 관계를 확인하지 못했다. 또 이론의 모든 측면이 골고루 주목을 받지 못했다. 지시적 리더십과 지원적 리더십의 연구를 위해서는 수많은 연구가 실시되었으나 참여적 리더십이나 성취 지향적 리더십에 관해서는 제한적인 수의 연구가 실시되었을 뿐이다. 그래서 경로–목표 이론의 주장들은 잠정적인 의견으로 남아 있다. 최근의 연구 결과에서도 이론의 기본적 가정과 추론에 충분하고 일관된 모습을 제공하지 못하고 있다(Evans, 1996; Jermier, 1996; Schriesheim & Neider, 1996). 경로–목표 이론에 대한 몇 개의 검증연구와 House(1996)의 연구 등 아직 검증되지 않은 부분이 있으므로 연구 문헌상 혼돈이 초래되고 있다(Turner, Baker, & Kellner, 2018).

세 번째는 보다 최근의 비판으로 이론이 리더십의 수행과 인식되는 방식에서 남녀 간에 어떤 차이가 있는지를 설명하지 않고 있다는 것이다(Mendez & Busenbark, 2015). 지식적, 지원적, 참여적 리더십에 대한 성별의 영향에 관한 연구가 수행되었지만, 경로–목표 이론에 통합되지 않고 있다. Eagly와 Johnson(1990)은 리더십 스타일을 비교하는 메타분석을 통해 여성이 더 참여적이고 남자가 더 지시적임을 발견했다. 또 다른 연구에 따르면 여성들에 의한 지시적 리더십은 경로–목표 이론이 규정하고 있느냐의 여부를 떠나서 부정적으로 본다고 밝혀졌다. 같은 지시적 리더 행동을 보이는 남성 리더들보다 여성 리더는 부정적으로 인식되는데(Eagly, Makhijani, & Klonsky, 1992) 이는 특히 남자가 주로 하는 일에서 더 두드러졌다(Heilman, Wallen, Fuchs, & Tamkins, 2004). 인종도 하나의 요인으로 작용한다. 흑인 여성과 아시아계 여성들이 지시적 행동을 할 때 부정적으로 인식된다(Rosette, Koval, Ma, & Livingston, 2016).

경로–목표 이론의 또 다른 비판은 리더십 행동과 작업자의 동기유발 사이의 관계를 적절하게 설명하지 못하고 있다는 점이다. 경로–목표 이론이 기대 이론의 주장들을 통합하고 있지만 이 주장과 어떻게 연관이 있는지 명백하게 설명하지 못하고 있다는 이유로 비판받고 있다. 기대 이론 원칙은 성원들이 유능성(과업 수행을 위한 자기 유능감)을 느끼고 그들의 노력으로 성과를 얻을 수 있다는 신뢰가 생길 때 동기유발된다고 제안하지만, 경로–목표 이론은 리더가 어떻게 하면 성원들이 유능감이나 신뢰감을 갖는 데 직접적으로 도움을 줄 수 있는 리더십 유형을 잘 선택할 수 있는가에 관해 설명을 하지 않고 있다. 다시 말하면 경로–목표 이론은 모호한 과업의 상황에서 지시적 리더 행동이 어떻게 성원들의 동기유발을 증진시키는지를 설명하지 않는다. 이와 비슷하게 지루하고 싫증나는 과업을 수행하고 있는 상황에서 지원적 리더십이 작업자들의 동기유발과 어떻게 관련되어 있는가에 관한 설명도 하지 않는다. 그 결과 실무자들은 리더십이 성원들의 작업에 대한 기대에 어떻게 영향을 미치는지에 대해 적절한 이해를 하지 못한 채로 남아 있다.

또한 경로–목표 이론은 모든 주어진 상황에서 성원들과 효과적으로 상호작용하기 위해 여러 가지 리더십 행동을 신속하게 전환할 수 있는 의사소통 기술을 가지고 있다고 가정한다. 성원들로부터 지속적인 피드백 없이 지시적, 지원적, 참여적, 성취 지향적인 행동 사이에서 리더가 현재의 행동을 다른 행동으로 전환하면 성원들은 모순을 느끼고 리더 행동 유형에 혼동을 느낄 것이다.

경로–목표 이론에 대한 마지막 비판은 이론의 실무적 측면과 관련이 있다. 실무적 측면에서 리더는 성원들에게 코칭하고 지도하며, 방향을 제공해주는 것이 중요하다고 주장한다. 그리고 성원들을 도와 목표를 명확히 하고 목표로 가는 경로도 제시하며, 목표 달성의 과정에서 나타나는 장애물을 극복하도록 도와주거나 제거해 주어야 한다고 한다. 그래서 성원들을 동기유발하기 위한 주요 수단이 리더의 행동에 주로 의존하는 것이라고 비판했다(Cote, 2017). 사실상 접근법은 리더십을 일방적인 사건으로 다루고 있는 것(리더가 일방적으로 성원들에게 영향을 미치는 것)이다. 이러한 유형의 '돕는' 리더십(helping leadership)에서 나타나기 쉬운 문제점은 성원들이 과업을 완수하기 위해 리더에게 쉽게 의존하게 된다는 점이다. 그래서 경로–목표 이론은 리더에게는 아주 많은 책임을 부여하고 성원들에게는 훨씬 적은 책임을 지우는 결과를 초래한다. 시간이 경과함에 따라 리더십은 원래의 뜻에 어긋나는 결과를 가져온다. 성원들의 의존성은 성원들의 자율적인 노력을 막거나 성원들이 충분한 능력을 발휘하지 못하게 하며, 자율적인 노력을 통한 업적을 높이지 못하게 만든다.

3 응용

경로–목표 이론을 응용한 관리자 훈련 프로그램이 많이 개발되지 않아 '경로–목표 리더십의 개선'이나 '경로– 목표 리더십의 평가' 등을 주제로 한 세미나를 찾아볼 수 없다. 그럼에도 불구하고 경로–목표 이론은 조직의 실제상황에서 리더십 개선을 위해 응용될 수 있는 매우 중요한 통찰력을 갖게 해준다.

경로–목표 이론은 리더십 효과성을 높이기 위해 성원들의 특성과 그들이 수행하는 과업의 특성을 근거로 리더가 여러 상황에서 어떻게 행동해야 하는가에 대한 일반적인 권고사항을 제시한다. 다시 말해서 어떤 경우에 지시적 리더십 행동을 해야 하고, 어떤 경우에 지원적 행동을 해야 하며, 어떤 상황에서 참여적 행동과 성취 지향적 행동을 해야 하는가를 알려준다. 예를 들어, 과업이 복잡할 때 리더는 지시적이어야 하고, 과업이 단순하고 반복적일 때 리더는 지원적이어야 한다. 그리고 작업자들이 스스로 통제하기를 원할 때 리더는 참여적 리더 행동을 해야 하고, 작업자들이 남보다 탁월하고 싶은 욕구가 있다면 성취 지향적인 리더 행동을 해야 한다. 일반적으로 경로-목표 이론은 성원들의 만족이나 업적을 개선하기 위한 방향을 제시해 주는 로드맵(road map)을 제공한다.

경로-목표 이론의 원칙은 모든 유형의 과업은 물론 모든 유형의 조직 계층에서 리더에 의해 응용될 수 있다. 경로-목표 이론을 응용하기 위해 리더는 먼저 성원들의 특성과 그들의 과업 특성을 면밀하게 평가하고, 그 같은 특성에 적합한 리더십 유형을 선택해야 한다. 만약 성원들이 자기 능력으로 과업 수행을 잘 해낼 수 있을지 불안을 느낀다면 리더는 성원들의 자신감을 북돋을 수 있는 리더십 유형을 채택해야 한다. 그리고 만약 성원들이 그들의 노력을 통해 선호하는 보상을 얻을 수 있을지에 대해 불확실해 한다면 리더는 과업 수행의 결과에 따른 보상에 대한 확신을 줄 수 있어야 한다. 앞에서도 논의된 바와 같이 경로-목표 이론은 매우 유용한 이론이다. 리더십의 목적은 성원들을 도와 목표를 명확히 하고 가장 능률적인 방법으로 목표에 도달하도록 도와주는 것임을 계속해서 리더에게 상기시켜 준다.

사례 연구

다음 사례(사례 6.1, 6.2, 6.3)들은 리더가 경로-목표 이론을 응용하려고 시도한 몇 가지 상황을 설명한다. 첫 번째 사례는 통해 제조회사에 있는 관리자 세 명의 리더십을 살펴본다. 두 번째 사례는 오케스트라 학생들을 가르치는 학문적 관점에서의 사례이고, 세 번째 사례는 미식축구 코치 P. J. Fleck과 그의 독특한 리더십이 어떻게 두 대학교의 팀에 활력을 불어넣었는지 보여준다. 이 사례들을 읽어가면서 경로-목표 이론의 원칙을 적용해 보고 각 상황에서 리더가 이론을 활용하여 효과를 거두고 있는지 생각해 보라.

사례 6.1: 동일한 3교대 3명의 감독

Brako는 자동차 부품을 생산하는 소규모 제조회사이다. 이 회사는 거의 모든 국산 자동차는 물론 외국산 자동차의 브레이크 조립에 필요한 부품 특허 몇 개를 가지고 있다. 이 회사는 매년 3백만 개의 부품을 생산하여 전 세계의 조립공장으로 운송한다. 부품 생산을 위하여 Brako는 3교대로 공장을 운영하고 있으며, 각 교대조에는 약 40명의 종업원이 있다.

3교대 조의 감독자들(Art, Bob, Carol)은 경험이 풍부한 관리자들이고 모두 20년 이상 근속하고 있다. 감독자들은 일에 만족하고 있으며 종업원들을 감독하는 데 별다른 어려움이 없다고 보고하고 있다.

Art는 제1교대 조의 감독자이다. 그의 팀원들은 그를 매우 부지런하고 모든 일에 일일이 참견하는 스타일의 리더라고 한다. 그는 기계시설의 일상적인 가동에도 개입한다. 작업자들은 농담으로 Art는 우리 공장이 가지고 있는 원자재의 양을 밀리그램까지 파악하고 있는 사람이라고 말한다. Art가 공장을 돌아다니며 작업자들에게 작업 수행과정에서 작업 절차를 정확하게 따르도록 상기시키는 장면을 수시로 볼 수 있다. 심지어 생산라인에서 일하는 사람들에게도 지시하고 주의시킨다.

제1교대 조의 작업자들은 Art의 리더십에 대하여 부정적인 평가는 거의 하지 않는다. 그러나 그들은 작업의 다른 측면에 대해 부정적이다. 제1교대 조의 작업 대부분은 매우 단순하고 반복적이어서 매우 단조롭고 지루하다. 생산라인이나 포장 부서의 작업 규칙들은 분명하게 설명되어 있고, 작업자들이 독립적으로 자체적인 결정을 할 필요가 없다. 작업자들은 현장에 출근하여 작업 절차에 따라 움직인다. 점심시간이면 작업자들이 모여 앉아 똑같은 일을 계속해서 되풀이하기가 지겹다는 불평불만을 털어놓는 것을 목격할 수 있다. 작업자들이 Art를 비판하지는 않지만, 그가 상황을 정확하게 이해하고 있다고 생각하지는 않는다.

Bob은 제2교대 조를 관리하는 감독자이다. 그는 Brako에서 근무하는 것을 매우 좋아하며 오후 교대 조에서 일하는 모든 작업자가 즐겁게 일하기를 원한다. Bob은 사람 지향적 감독자(people-oriented supervisor)로 작업자들은 그를 정말로 마음이 순수하고 남을 잘 돌보는 사람이라고 한다. 거의 하루도 빠짐없이 Bob은 어떤 작업자의 생일이나 그의 개인적인 업적 및 성취에 관한 메시지를 게시판에 써 붙인다. Bob은 작업자들 간의 동지애를 조성하기 위해 힘쓴다. 회사 내의 소프트볼팀을 지원하거나 직원들을 회사 밖으로 데리고 나가 점심을 같이 먹기도 하고 직원들을 자기집에 초대하여 사교행사를 갖기도 한다. 이 같은 Bob의 인간됨에도 불구하고 결근과 이직률은 제2교대 조가 가장 높았다. 제2교대 조는 한 부품의 생산에서 다른 부품의 생산으로 공정이 바뀔 때 기계와 장비를 새로 설치하는 일을 맡고 있고 기계작동을 감시하는 복잡한 컴퓨터 프로그램도 담당한다. 제2교대 조의 작업자가 일을 잘 못한다고 Brako의 다른 직원들로부터 많은 불평을 사고 있다.

제2교대 조의 작업자들은 작업을 잘할 수 있는 방법을 생각해내기가 쉽지 않기 때문에 압박감을 느끼고 있다. 기계장치마다 다른 작업 절차가 필요하다. 컴퓨터가 매우 도움이 되지만 사용된 소프트웨어가 예상을 벗어났을 때 심각한 문제가 된다. 작업자들은 Bob과 상위관리자들에게 작업의 어려움에 대해 여러 번 불평을 털어놓았다.

Carol은 제3교대 조의 감독자이다. 그녀의 스타일은 Brako의 다른 사람들과는 달랐다. Carol은 작업자들이 경험한 문제를 확인할 목적으로 '문제해결회의'라고 이름 붙인 모임을 정기적으로 소집한다. 생산라인에 고장이 있을 때마다 작업자들을 도와 해결책을 찾도록 하기 위해서였다. 그리고 작업자들이 어떤 특정 작업을 잘 하지 못할 때 그녀는 작업 수행 방법을 가르쳐 주고 자신의 능력이 불확실하다고 생각하는 사람들에게 다시 그들의 유능성을 확인시켜주었다. Carol은 각 작업자와 함께 시간을 보내려고 노력하고 작업자들을 도와 그들의 개인적 목적을 이룰 수 있도록 하였다. 그 밖에도 그녀는 회사의 목표를 강조하였고, 작업자들이 어려운 일을 잘 해냈을 때 그들에게 돌아갈 보상을 강조한다.

제3교대 조에서 일하는 사람들은 Carol의 지도하에서 일하는 것을 좋아한다. 그들은 Carol이 일을 잘할 수 있게 도와주는 역할을 잘한다고 생각한다. 그녀는 모든 일이 순조롭게 진행되도록 하는 데 훌륭한 요령을 가지고 있다. 그녀는 문제가 있을 때 그 문제해결을 강조하고, 작업자들의 사기가 떨어질 때는 사기를 북돋워준다. 작업자들은 그녀를 어떤 때는 부모처럼, 어떤 때는 코치처럼 또 어떤 때는 생산전문가처럼 행동하는 다재다능한 사람이라고 한다. Brako의 상위관리자들도 Carol의 리더십에 만족하지만, Carol의 작업조가 다른 작업조와 교대할 때 반복해서 문제가 발생하고 있다.

질문

01 경로–목표 이론의 원칙에 근거하여 왜 Art와 Bob의 리더십은 Carol보다 덜 효과적인가? 그 이유를 설명해 보라.

02 세 명의 감독자 각각의 리더십은 각 교대조의 동기유발에 어떻게 영향을 미치는가?

03 만약 당신이 리더십에 관해 Brako의 자문을 받는다면 Art, Bob 그리고 Carol의 리더십에 관해 어떤 변화와 권고사항을 제시하겠는가?

사례 6.2: 오케스트라의 지휘

Martina Bates는 캔사스주 Sparta지역의 Middletown 학군에 새로 부임한 오케스트라 지도교사이다. 줄리어드 음악대학을 졸업한 Martina는 바이올린 전문 연주자가 되고 싶었으나 마땅한 자리를 찾을 수 없게 되자 그녀의 고향 Middletown 학군으로부터 오케스트라 지도교사로 부임해달라는 요청을 받아들였다. 바이올린 전문 연주자의 자리가 생길 때까지 자신의 음악적 기술을 연마할 수 있는 좋은 곳이라 믿었다.

Middletown에서 음악수업을 하고 고등학교 오케스트라를 지도하며, 중학교와 초등학교 오케스트라 프로그램도 지도해야 했기 때문에 오케스트라 지도교사가 된다는 것은 도전적인 일이었다. Martina는 본격적인 활동을 시작하면서 자신이 가르치는 것을 좋아한다는 것을 알게 되었고, 학생들과 어울려 음악을 하는 일에서 즐거움을 느꼈다. 그러나 첫해가 지나고 난 후 그녀는 학생들을 가르치기로 한 결정에 대해 회의감을 느꼈다. 무엇보다도 세 가지 프로그램 각각의 학생들이 얼마나 다른지, 그리고 그녀 자신의 리더십이 모든 학생들에게 효과적이지 않은 것 같아 고민이 되었다.

초등학교 오케스트라 운영에는 힘든 일이 많았지만 즐거웠다. 많은 학부모가 자신의 자녀가 악기를 연주하기를 원했고, 오케스트라 출석률이나 소집률이 매우 좋았으며 Middletown의 세 개의 오케스트라 팀 중에서 규모가 가장 컸다. 많은 학생이 이전에 한 번도 악기를 다루어 본 적이 없었기 때문에 그들을 가르친다는 것은 아주 도전적인 일이었다. 코넷(cornet) 악기를 불어서 정확한 소리를 만들어내는 일, 첼로의 활을 움직여 정확한 음을 내는 것은 매우 어려웠다. 그것이 드럼(drum)이든 베이스 비올(bass viol)이든 클라리넷(clarinet), 색소폰(saxophone)이든 간에 Martina는 인내를 가지고 어린아이들에게 연주하는 법을 가르치며 그들이 작은 진전을 보이면 항상 칭찬하였다. 무엇보다 그녀는 어린이들 각자가 자신이 할 수 있다는 자신감을 갖도록 하였고, 악기를 어떻게 잡고 연주하는지, 혀의 위치는 어디에 두어야 하는지, 음표를 어떻게 읽는지 등 아이들에게 자세하고 친절하게 가르쳐 주었다. 학생들은 Martina의 친절과 인내에 잘 반응하고 학부모들은 감격하였다. 오케스트라의 춘계 연주회는 악기들의 화음은 좀 거칠었지만(wild) 아이들은 흥분하였고 학부모들은 행복해하며 성공적으로 끝났다.

중학교의 오케스트라는 약간 더 작은 규모였지만 Martina는 다양하게 도전하였다. 학생들은 자신의 악기에서 좋은 음색을 만들고 있었고 한 그룹으로 함께 연주하는 것은 좋았으나 어떤 학생들은 흥미를 잃고 그만두고 싶어 했다. Martina는 중학생들에게는 다른 유형의 리더십을 발휘하여 악기 연습을 강조하고 연주 기술 향상에 도전했다. 각 악기별로 의자의 서열을 정하며, 가장 잘하는 연주자는 맨 앞 서열의 의자에 앉게 하고, 그 다음으로 잘하는 연주자는 그 다음 서열의 의자에 앉게 하였으며, 그 다음으로 잘하는 연주자들은 순서대로 그 다음 서열의 의자에 앉게 하였다. 매주 학생들은 앞 서열의 의자에 앉기 위해 도전적으로 악기를 연습했다. 학생들은 열심히 연습하여 연주 기술이 개선되면 앞줄 높은 서열의 의자에 앉게 되고 연습하지 않은 학생들은 뒤로 밀려나 낮은 서열의 의자에 앉게 되었다. Martina는 벽에 차트를 붙여 놓고 학생들의 연습시간을 표기했고 자신이 설정한 연습시간 목표를 달성한 학생들은 보물 뽑기 주머니에서 과자, 장신구 및 선물카드 등을 보상으로 제공하였다. 학생들은 상품이 무엇인지 전혀 알지 못하지만 선물카드를 얻고 싶어하므로 동기를 부여 받았다. 악기 연습이 지루하고 싫어서 악기 연습을 피하는 학생들도 있었지만, 상을 수상하는 것은 물론 연주실력이 개선되고 있었기 때문에 많은 학생들은 악기 연습을 즐겼다. 중학교 오케스트라의 춘계 연주회는 Martina가 가장 좋아하는 연주였다. 화음도 좋았고 학생들이 잘 연주하려는 데 많은 관심이 있었기 때문이다.

Middletown의 고등학교 오케스트라는 실제로 매우 작은 규모여서 Martina는 놀랐다. 초등학교 오케스트라의 구성원은 100명이 넘는데 고등학교는 왜 그 절반도 되지 않는지 의문이 들었다. 그녀는 고등학생들을 가르치는 것을 좋아하였으나 학생들은 연주하는 것에 호기심을 느끼지 않는 것 같았다. 그녀는 고도로 훈련을 받았기 때문에 학생들에게 수준 있는 연주 기법을 보여주었고 높은 수준의 도전적인 연주를 했다. 그리고 몇 시간 동안 학생들의 연주를 듣고 나서 개별적으로 연주에 대한 피드백을 제공하였다. 그러나 안타깝게도 그녀의 방법이 학생들에게 영향을 주진 못했다. 세 번째 의자에서 트럼펫을 연주하고 있는 Chris Trotter의 경우 오케스트라를 그만두고 크로스컨트리 경주에 나가려고 한다. 마찬가지로 첫 번째 의자에 앉아 플루트를 연주하고 있는 Lisa Weiss는 파트타임 일을 하기 위해 오케스트라에서 연주를 그만두려고 했다. Martina는 실망과 좌절을 금치 못하고 있고 왜 그들이 그만두고 싶어 하는지 생각한다. 그 학생들은 매우 우수한 음악 수재들이고 자발적으로 연습하고 있다. 학생들이 훌륭한 잠재력을 가지고 있으나 그것을 활용하고 싶어 하지 않는 것 같다. 학생들은 Martina를 좋아한다고 말하지만 오케스트라팀의 성원으로 남고 싶어 하지는 않는다.

질문

01 경로–목표 리더십은 리더가 성원들이 목표에 도달하도록 어떻게 도울 수 있는가에 관한 것이다. 일반적으로 각 오케스트라 학생들의 목표는 무엇인가? 그들은 어떤 장애물에 직면하고 있는가? Martina는 어떤 방식으로 장애물을 해결하고 목표에 도달하도록 도움을 주었는가?

02 이 장에서 설명된 기대 이론의 원칙(the principles of expectancy theory)에 기초하여 Martina의 리더십이 초등학교 오케스트라와 중학교 오케스트라에 효과적인 이유는 무엇인가? 그리고 왜 이들 두 집단은 동기유발이 되어 악기 연주를 열심히 하게 되었는가? Martina는 어떤 방식으로 중학생 오케스트라를 위해 그녀의 리더십 유형을 변화시켰는가?

03 음악가로서의 Martina의 유능성(competencies)이 오케스트라에 흥미를 잃은 학생들에게는 도움이 되지 않는 것 같다. 왜 그런가? 기대 이론의 아이디어를 활용하여 그녀가 고등학교 오케스트라에 대한 리더십을 개선하기 위해 어떤 충고를 할 수 있겠는가?

04 성취 지향적 리더십은 경로–목표 리더십의 네 가지 유형의 리더십 중 하나이다. 세 집단의 오케스트라 중 어느 오케스트라에 성취 지향적 리더십이 가장 효과적이라고 생각되는가?

사례 6.3: 노를 저어라

P. J. Fleck이 Rutgers 대학교의 축구팀 코치였을 때 팀의 공격 코디네이터 Kirk Ciarrocca에게 그의 목적은 대학 축구팀 최연소 축구감독이 되는 것이라고 말했다(Mattingly, 2017a). 2년 후 그의 나이 32세에 웨스턴미시간대학교(WMU–Western Michigan University) Broncos 팀의 감독으로 임명되었다. 코치 Fleck이 Broncos 팀의 감독을 맡게 되었을 때 경기 기록은 22승 27패였으며, 4년 후 팀은 13승 1패로 28년만에 처음으로 MAC(Mid–American Conference)의 챔피언이 되었고 2017년 Cotton Bowl 대회의 참가권을 얻었다.

그 후 Fleck은 미네소타대학교(University of Minnesota) 축구팀의 수석코치가 되었다. 미네소타대학교의 축구팀은 50년 동안 우승하지 못한 BIG TEN 대학 중 하나였다. 그런데 단 3시즌 만에 강력한 팀으로 변모시켰고, 2019년에는 Golden Gophers는 시즌 성적을 10승 2패로 끝냈다. 그들은 또한 Big Ten West 타이틀에 속한 이후 처음으로 2020년 No. 9 Auburn을 꺾고 11번째 우승을 거두었다.

성공적인 축구팀의 수석 코치가 된다는 것은 팀의 선수들이 어떻게 경기를 하느냐에 달려있다. Fleck 코치는 선수들이 달성할 목표를 설정한 다음 달성하도록 이끌어야 목표를 이룰 수 있었다. 그는 선수들의 훈련 프로그램을 세 가지로 요약했다. ① 적격자 선발, ② 일관된 문화, ③ 단기간의 욕망을 넘어 장기간의 비전 등이다(Giambalvo, 2019).

웨스턴미시간대학교에서 Fleck 코치의 첫 번째 조치로 Kalamazoo에 있는 대학에 다니며 이전 코치 밑에서 구두로라도 약속했던 신입선수들에게 주기로 한 모든 장학금을 취소했다. 장학금의 철회는 전국적인 선수들의 서명(팀에 가입하기 위한 서명)이 있기 바로 몇 주 전에 일어났으며, 다른 학교에도 자리가 이미 채워졌기 때문에 학생들은 다른 장학금을 신청할 수 없었다. 잘못된 보도와 그의 평판에 미치는 타격에도 불구하고 Fleck은 참신한 선수들을 모집하려는 것은 신입선수들이 "코칭 스태프에게 헌신"했기 때문에 프로그램의 이익을 위한 결정이었다(Ambrogi, 2013).

Sports Illustrated의 해설 기자 Andy Staples는 "그는 더 좋은 선수들을 영입하여 웨스턴미시간대학교의 축구팀을 새로 구축하였다."고 말했다(Mattingly, 2017b). 이듬해까지 Fleck은 MAC회의에서 최고의 Recruiting Classes상을 받고 이후 3년 동안 승승장구하였다.

웨스턴미시간대학교에서 임기를 시작했을 때 Fleck은 운동선수들을 중요시하는 문화를 ① 학구적, ② 체육적, ③ 사회적, ④ 정신적 이렇게 네 가지 영역에서 만들어 가겠다는 것을 명확히 하였다.

Fleck은 "노를 저어가자"는 슬로건(mantra)을 확립했고 큰 소리로 외치는 표어(슬로건)였다. 그러나 이것은 슬로건 이상의 의미로 하나의 마음가짐이었다.

Fleck은 "노를 저어가자" 문구를 분해해 보면 단순하다고 설명했다. 노를 젓는 데에는 세 부분이 있다. 첫째, 노를 젓는 데 실제로 작용하는 에너지의 원천인 "노"가 있다. 둘째, 우리의 팀이나 관리부서, 후원자, 관중 그리고 프로그램을 위해 기꺼이 희생할 "배"가 있다. 셋째, 우리의 축구 프로그램에 접촉하고 있는 사람은 팬이든 팬이 아니든 누구나 선공(먼저 공격)이라는 공동 목표를 향하는 나침반이 있다(Drew, 2013).

웨스턴미시간대학교 팀의 성적이 1승 11패로 첫 번째 시즌이 끝난 후 마음가짐을 단단히 하는 것은 매우 중요했다. Fleck은 "노를 저어 가자"는 구호를 광고 게시판이나 티셔츠, 판매대 등 Kalamazoo 온 지역에 걸쳐 게시하였고, 이는 팬들이나 미디어, 상대팀 등 모든 사람들의 경멸과 조롱거리가 되었다. 그러나 그는 "노를 저어가자"는 슬로건은 불리한 때를 위한 것임을 분명히 했다.

잔잔한 바다에서 승리나 성공의 시기에 노를 젓는 것은 쉽다. 그러나 한밤중에 큰 폭풍이 일어나 파도가 치고 날이 어두워 볼 수도 없을 때는 노를 계속 바다 속에 넣어두고 있어야 한다. 힘든 시기에 시련을 겪고 있을 때도 마찬가지이다(Nothaft, 2017).

"한때 그는 그것을 믿고 있는 유일한 사람이었다."고 WMU의 Jarvion Franklin이 말하였으며 그의 목소리는 결코 흔들리지 않았다. 사람들은 그를 보고 날카롭게 외쳤고 그는 여전히 자신과 자신의 신념에 충실했다(Markgraff,

2018).

팀의 개탄스러운 기록에도 불구하고 Fleck의 능력과 카리스마는 최고 수준의 선수들을 WMU의 팀에 끌어들이기에 충분했고 큰 도움이 되었다. "자신이 프로그램을 맡게 되면 125명 선수 모두가 적응해야 한다."라고 말하면서 "프로그램에 익숙해지고 새롭게 등장한 성격에 적응하는데 2~3년이 걸리지만 신입생들이 삼 년이나 사 년 차에 접어들면 잘 적응한다."(Markgraff, 2018)

이러한 문화는 선수들이 체육에 더 집중하게 했다. Fleck은 "선수들이 대학 졸업 이후의 인생을 위해 준비하고 있다."고 강조한다. Fleck은 학생들이 성공하기 위한 발판(체육을 통한 건강)을 마련하고 어떤 인생의 비바람이 닥쳐와도 역경을 극복하는 도구를 갖추기를 원한다. "코치하는 방법은 2018년의 방법과 2008년의 방법은 다르다."고 말한다. 학생 운동선수 삶의 모든 영역이 그들의 대학 생활 모든 것에 영향을 받기 때문에 내가 이전에 했던 것보다 더 많이 네 가지 분야에 대해 교육을 해야 한다."고 말했다(Markgraff, 2018).

팀의 회의실에는 '학업적으로, 체육적으로, 사회적으로, 정신적으로 어떻게 개선해 갈 것인가'라는 표어가 적혀 있었다. 그리고 "새로 들어온 세 사람과 연결하라."라는 문구도 적혀 있었다. "네 가지 모든 분야의 안전지대에서 한 발짝 밖으로 나와 보는 것이 어떤 설명이든 간에 변화시키는 데 도움이 된다."라고 Fleck은 말했다. "우리가 여기에 와 있는 것도 날마다 올바른 일을 하는 데서 오는 변화를 위한 것이다.", "당신은 인품 이상으로 더 좋은 축구선수가 될 수 없다."(Greder, 2017)

우승 기록은 Fleck가 제시한 목표 달성의 지표이다. 2017년까지 WMU Broncos 축구팀이 가장 높은 평균 점수를 획득했다는 것이고 또 하나 지표는 선수들의 관점(미래의 전망)이 어떻게 변화했는지이다. WMU의 수비코치 Keion Adams는 "축구나 프로그램에 관한 것만이 아니라 인생에 관한 것이다."라고 말했다. "그것은 절대 포기하지 않는 것이다. 배는 희생이고 노는 나침반이며 당신이 스스로 설정한 방향이다. 그것이 내 인생을 인도했고 오늘의 나를 만들었다."(Nichols, 2016)

WMU에서 코치 Fleck의 성공은 WMU 축구팀보다 더 큰 축구팀이 필요하다는 것을 의미했으며, 팀의 Cotton Bowl 경험이 있은 후 몇 달 만에 WMU를 떠나 미네소타대학교(UM-University of Minnesota)의 축구 코치를 맡게 되었다. Fleck은 Twin Cities에 도착한 후 새로운 팀에서도 과거 WMU에서 했던 것과 같이 동지애, 인생에 대한 교훈, 선수들의 다계층 리더십 위원회 개발 등의 문화를 도입했다. 그는 선수들이 리더십 역할을 맡아야 한다고 강하게 주장하였고, 시종일관 팀의 바람직한 문화의 모델을 본보기로 삼아야 한다고 반복하였다. "나쁜팀은 지도하는 사람이 아무도 없고, 평균적인 팀은 코치가 지도하며, 엘리트 팀은 선수들 자신들이 지도한다."

Fleck은 그의 팀문화가 선수들에게 깊이 뿌리내리게 하는 데는 여러 해가 걸릴 것을 알고 있었다. 그러나 시간과 더불어 일관성과 문화적 가치에 대한 초점을 두어 지도자가 될 준비된 성숙한 선수들을 배출하였다(Markgraff, 2018). "우리는 성숙성(marturity)을 당신이 해야 할 일을 할 때 하고 싶은 일을 하는 것으로 정의한다.", "만약 우리의 성원들이 새로운 프로그램이라고 해서 해야 할 일을 하지 않는다면 그들이 성숙해지는 데 수년이 걸린다. 일단 그들에 대한 기대치가 정해지면 그들은 해야 할 일이 무엇인지 알게 될 것이고 일단 그들이 그 일을 하기를 원한다면 그들은 하고 싶어진 이유를 알게 된다. 이 같은 현상은 바로 성숙된 축구팀이 보이는 현상이다. 이 같은 현

상이 선수들 자신들이 팀을 우수한 축구팀으로 만드는 모습이디."(Markgraff, 2018)

Fleck은 ESPN(오락 스포츠 전문 방송)과의 인터뷰에서 모든 것이 다 연결되어 있고 우리가 인생을 어떻게 살아가느냐는 것은 어떻게 경기를 할 것인가와 동일하다고 말했다. 마치 슬로건 같이 들리지만 다르다. 매우 잘 연결되어있고 조직화되어 있으며 매우 상세한 문화이고 표준(기준)이다. 이러한 표준은 어떤 인생의 분야에서도 절충될 수 없다(Rittenberg, 2019).

질문

01 경로–목표 이론은 성원들의 동기유발이나 수행해야 할 과업 특성에 초점을 맞추어 리더가 성원들의 업무 성적을 향상시키는 방법에 초점을 둔다. Fleck이 어떻게 성원들의 동기유발이나 과업 특성을 통해 성원들의 업무 수행 성적을 증진시켰는가?

02 Fleck의 리더십을 경로–목표 이론의 네 가지 리더십 행동 유형(지시적 행동, 지원적 행동, 참여적 행동, 성취 지향적 행동)을 활용하여 설명하시오.

03 이 장에서 요약하고 있는 성원들의 특성과 관련하여 Fleck은 다음 항목들을 어떻게 말하고 있는가? ① 소속(관계) 욕구(needs for affiliation), ② 구조화의 선호(references for structure), ③ 통제 욕구(desires for control), ④ 과업 능력에 대한 자기지각의 수준(self-perceived level of task ability)

04 경로–목표 이론과 기대 이론은 리더가 성원들을 어떻게 도와 과업 목표를 달성하게 할 것인가 관한 이론들이다. 선수들의 노력이 자신들의 목표 달성을 위해서인가 아니면 코치 Fleck의 목표 달성을 위해서인가?

05 기대 이론(expectancy theory)에 근거하여 Fleck의 리더십을 설명하시오.

리더십 측정 도구

경로–목표 이론의 개발이 새로운 리더십 이론을 개발하고 있는 연구자들을 위한 '복잡한 이론적 가정(a complex set of theoretical assumptions)'의 개발로부터 시작되었기 때문에 리더십 과정을 측정하기 위해 다양한 측정 도구를 활용한다. 경로–목표 리더십 설문지는 경로–목표 리더십의 중요한 측면을 측정하고 학습하는 데 유용하게 활용되어 온 많은 설문지 중 하나이다(Indvik, 1985, 1988). 이 설문지는 응답자에게 상이한 리더십 유형, 즉 지시적 · 지원적 · 참가적 · 성취 지향적 리더십 유형에 관한 정보를 제공해준다. 응답자가 각 유형에서 얻은 점수는 그 응답자의 강한 유형과 약한 유형이 무엇인가를 알려주고 또 각 유형에 부여하고 있는 중요성을 알려준다.

가상의 점수를 분석해 보는 것은 경로–목표 리더십 설문지를 보다 더 잘 이해하는 데 유용하다. 예를 들어, 설문지 상에서 당신의 점수가 지시적 유형에서 29점(높음)이고, 지원적 유형에서 22점(낮음)이며, 참가적 유형에서 21점(평균), 성취 지향적 유형에서 25점(높음)이라고 가정하자. 이 점수들은 무엇을 의미하는가? 당신이 다른 리더들보다 전형적으로 더 지시적이고 더 성취 지향적이라는 것을 의미하고, 다른 리더들보다 덜 지원적이며, 참가적 유형으로 행동하는 정도는 다른 리더들과 비슷하다는 것을 의미한다.

경로–목표 이론의 원칙에 따라 만약 당신의 점수가 앞에서 제시한 가상적 점수와 같다면 과업이나 절차가 불분명하고 성원들이 확실성을 요구하는 상황에서 당신의 리더십은 효과적일 것이다. 그러나 과업이 구조화되어 있고 도전적이지 않은 상황에서는 비효과적이다. 그리고 성원들이 어떤 통제가 필요하다는 모호한 상황에서는 당신의 리더십이 중간 정도로 효과적이다. 마지막으로 높은 업적 표준을 설정할 수 있고 성원들을 자극하여 높은 업적 목표에 도전하도록 하며, 성원들을 도와 그들의 능력에 자신감을 갖도록 하는 등 불확실한 상황에서는 당신의 리더십이 매우 효과적이다.

경로–목표 리더십 설문지 이외에도 리더십 연구자들은 경로–목표 이론을 연구하기 위해 통상적으로 여러 가지 측정 도구들을 사용하고 있으며 열거하면 다음과 같다. 과업 구조의 측정 도구, 통제 위치(부위)의 측정, 종업원 기대의 측정, 종업원 만족의 측정 등이다. 이 같은 측정 도구들의 일차적인 사용 목적은 이론 구축을 위한 것이었지만, 많은 측정 도구들이 리더십 실무와 관련된 가치 있는 정보들을 제공한다.

경로-목표 리더십 설문지

작성 요령: 이 설문지는 경로-목표 리더십의 상이한 리더십 유형에 관한 문항들을 담고 있다. 각 문항을 읽고 그 문항이 당신 자신의 행동을 어느 정도로 잘 나타내고 있는지 해당되는 숫자를 각 문항 앞의 _____에 적어 넣는다. 1부터 7까지의 숫자는 정도를 나타낸다.

Key: **1** = 결코 그런 적이 없다 **2** = 거의 그런 적이 없다 **3** = 좀처럼 그러지 않는다
4 = 때때로 그렇게 한다 **5** = 가끔 그렇게 한다 **6** = 보통 그렇게 한다 **7** = 항상 그렇게 한다

_____ **01** 나는 성원들에게 '그들에게서 기대하고 있는 것이 무엇인지'를 알려준다.

_____ **02** 나는 성원들과 우호적인 '작업상의 관계'를 유지하고 있다.

_____ **03** 어려운 문제에 봉착했을 때 나는 성원들과 상의한다(성원들의 자문을 구한다).

_____ **04** 나는 수용적인 자세로 성원들의 아이디어나 제안을 경청한다.

_____ **05** 나는 성원들에게 무슨 일을 어떻게 수행해야 하는지에 대해서 알려준다.

_____ **06** 나는 성원들에게 최고 수준의 업무 수행을 기대한다고 말한다.

_____ **07** 나는 나의 성원들과 상의 없이 내 나름대로 결정하고 행동한다.

_____ **08** 나는 우리 집단의 성원이 된 것을 즐겁고 행복하게 느끼도록 하기 위해 최선을 다 한다.

_____ **09** 나는 성원들에게 표준적인 규칙이나 규정을 따르도록 요구한다.

_____ **10** 나는 꽤 도전적인 '성원들의 업적 목표'를 설정하고 있다.

_____ **11** 나는 성원들의 개인감정을 상하게 할 만한 말들을 하곤 한다.

_____ **12** 과업을 어떻게 수행할 것인지에 관한 제안이나 아이디어를 제출하도록 성원들에게 요청한다.

_____ **13** 나는 성원들에게 그들의 업무 수행에서 계속적인 개선을 위해 노력하도록 격려한다.

_____ **14** 나는 성원들에게 '그들에게 기대하고 있는 업적 수준'이 어느 정도인가에 대해 설명한다.

_____ **15** 나는 성원들을 도와 그들의 과업 수행에 방해가 되는 문제들을 극복하도록 해준다.

_____ **16** 나는 성원들에게 그들의 목적 달성 능력에 대한 나의 의심을 나타낸다.

_____ **17** 나는 성원들에게 업무 할당을 어떻게 해야(하면) 좋은지에 대한 제안을 하도록 요청한다.

_____ **18** 나는 성원들에게 직무상 그들에게 기대하는 것을 대략적으로만 설명한다.

_____ **19** 나는 일관되게 성원들에게 도전적인 목표를 설정해 준다.

_____ **20** 나는 성원들의 개인적인 욕구를 충족하기 위해 한결같이 마음을 쓴다.

채점 방법

1. 문항 7, 11, 16, 18의 점수를 바꾼다(예: 1↔7, 2↔6, 3↔5).

2. 지시적 유형: 문항 1, 5, 9, 14, 18의 점수를 합산한다.

3. 지원적 유형: 문항 2, 8, 11, 15, 20의 점수를 합산한다.

4. 참가적 유형: 문항 3, 4, 7, 12, 17의 점수를 합산한다.

5. 성취 지향적 유형: 문항 6, 10, 13, 16, 19의 점수를 합산한다.

채점 결과의 해석

- **지시적 유형:** 중간 점수는 23점, 28점 이상은 높은 점수, 18점 이하는 낮은 점수
- **지원적 유형:** 중간 점수는 28점, 33점 이상은 높은 점수, 23점 이하는 낮은 점수
- **참가적 유형:** 중간 점수는 21점, 26점 이상은 높은 점수, 16점 이하는 낮은 점수
- **성취 지향적 유형:** 중간 점수는 19점, 24점 이상은 높은 점수, 14점 이하는 낮은 점수

경로–목표 리더십 설문지(the path–goal leadership questionnaire)에서 받은 점수는 당신이 어느 유형을 가장 빈번하게 사용하고 또 어느 유형을 덜 빈번하게 사용하는지에 대한 정보를 제공해 준다. 그 밖에도 이 점수들은 당신이 각 유형의 사용을 다른 유형의 사용과 비교하여 측정하는 데 사용할 수 있다.

출처: A Path–Goal Theory Investigation of Superior–Subordinate Relationships, by J. Indvik, unpublished doctoral dissertation, University of Wisconsin–Madison, 1985; and from Indvik (1988). Based on the work of House and Dessler (1974) and House (1977) cited in Fulk and Wendler (1982).

요약

경로–목표 이론은 "리더가 어떻게 하면 성원들을 동기유발하여 보다 더 생산적이고 작업 수행에서 만족을 느끼게 할 것인가"를 설명하기 위해 개발되었다. 이 이론은 또 하나의 리더십 상황 적합적 접근법(contingency approach to leadership)이다. 왜냐하면 리더십 효과성이 리더의 행동과 성원들의 특성 및 과업 특성 간의 적합 여부에 달려 있다고 보기 때문이다.

경로–목표 이론의 기본 원칙들은 동기유발의 기대 이론에서 파생되었고 기대 이론의 주장에 따르면 성원들은 다음 세 가지가 충족되면 동기유발된다. 즉, ① 유능감을 갖고(if they feel confident), ② 노력이 보상 받게 될 것이라고 생각하며(if they think their efforts will be rewarded), ③ 작업의 대가로 얻게 될 보상이 가치 있다고 생각하는 것(if they find the payoff for their work is valuable) 등이다. 리더는 '어떤 특정한 작업 상황에서 성원들에게 결여된 것(what is missing)을 제공하는 리더십 유형(지시적 · 지원적 · 참가적 · 성취 지향적 리더십 스타일)을 선택함으로써' 성원들을 도울 수 있다. 간단히 말해서 목표 달성으로 가는 경로에서 지도하고 안내하며 코치해 줌으로써 성원들을 도와 목표에 도달하도록 하는 것이 리더의 책임이다.

경로–목표 이론은 리더십 유형이 성원들의 필요 및 과업의 특성(subordinates' needs and the nature of the tasks)과 어떻게 상호작용하는가에 대한 일련의 예측(처방)을 제시한다. 그중에서 몇 가지를 요약해 보면 다음과 같다. 지시적 리더십은 모호한 과업 상황에서 효과적이고, 지원적 리더십은 반복적인 과업 상황에서 효과적이며, 참가적 리더십은 과업이 불확실하고 성원들의 자율성이 요구되는 상황에서 효과적이다. 그리고 성취 지향적 리더십은 도전적인 과업 상황에서 효과적이다.

다음은 경로–목표 이론의 주요한 세 가지 강점이다.

1. 지시적 · 지원적 · 참가적 · 성취 지향적 리더십이 어떻게 성원들의 업적과 만족에 영향을 미치는가를 이해하는 데 유용한 이론적 틀(theoretical framework)을 제공한다.
2. 경로–목표 이론은 '동기유발의 기대 이론'의 원칙들을 리더십 이론에 통합하고 있다는 점에서 특이성이 있다.
3. 리더가 성원들을 도와주기 위한 중요한 방법들을 강조하는 실무적 모형을 제공한다.

다음은 경로–목표 이론의 네 가지 부정적인 측면이다.

1. 경로–목표 이론이 그 모델의 범위 속에 너무 많은 가정들을 포괄하고 있어서 특정한 조직 상황에 활용하기가 어렵다.
2. 최근의 연구 결과까지도 이론의 주장에 대해 충분하고 일관되게 실증적으로 지지해 주지 못한다.
3. 경로–목표 이론은 리더 행동이 성원들의 동기유발 수준에 어떻게 직접적으로 영향을 미치는가를 명확하게 보여주지 못한다.
4. 경로–목표 이론은 매우 리더 지향적이고 리더십의 거래적 특성(the transactional nature of leadership), 즉 상호작용적 특성을 인정하지 않고, 리더십 과정에 성원들의 참여를 촉진하지 않는다.

CHAPTER 7

리더-성원 교환 이론

- 서술
- 초기 연구
- 후속 연구
- 리더십의 개발
- 정서와 LMX의 개발
- LMX 이론의 효용
- 강점, 비판, 응용
- 요약

서술

앞서 설명한 대부분의 리더십 이론은 리더십 과정을 리더의 관점(리더십 특성 연구, 리더 행동 유형연구)이나, 성원들과 상황의 관점(상황적 리더십 이론, 경로–목표 이론)을 강조하였다. 리더–성원 교환 이론(Leader-Member Exchange: LMX Theory)은 또 하나의 다른 접근법으로 리더십을 리더와 성원 간의 상호작용을 중심으로 나타나는 과정으로(as a process that is centered in the interaction between leader and followers) 개념화한다. 〈그림 7–1〉에서 보는 바와 같이 LMX 이론은 리더와 성원 '두 사람 간의 짝 관계(dyadic relationship)'를 리더십 과정의 핵심으로 생각다.

LMX 이론이 출현하기 이전에는 리더십을 리더가 모든 성원(모든 하위자)에게 행동하는(영향을 미치는) 것으로 간주했다(Researchers treated leadership as something leader did toward all of their followers). 이러한 가정은 리더가 성원들을 대할 때 모든 사람에게 동일한 리더십 스타일을 사용하여(using an average leadership style) 성원들 모두를 하나로 보고 영향력을 행사한다는 것을 의미한다. 그래서 성원들은 리더의 행동을 동일하게 지각하게 되고, 리더십 효과성도 동일하게 나타난다는 것을 의미한다. LMX 이론은 이러한 가정에 도전과 의문을 제기하였고, 연구자들은 리더와 성원 각자 간에 존재하는 리더십 과정상의 '개별적 관계'에 초점을 두고 연구하였다.

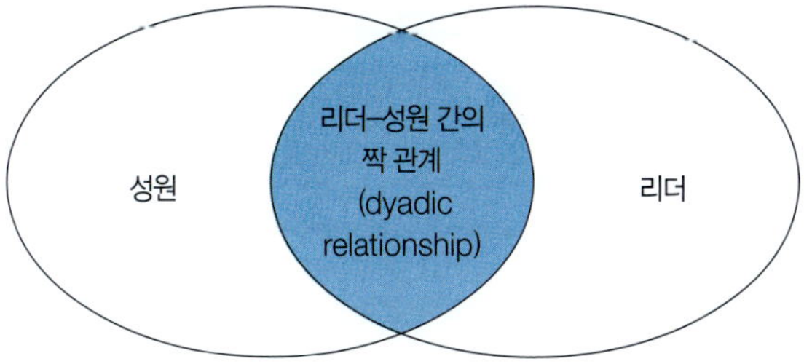

그림 7-1 리더십의 차원

출처: Reprinted from Leadership Quarterly, 6(2), G. B. Graen & M. Uhl-Bien, Relationship-Based Approach to Leadership : Development of Leader-Member Exchange(LMX) Theory of Leadership Over 25 Years : Applying a Multi-Level, Multi-Domain Perspective, pp. 219-247. Copyright©1995, with permission from Elsevier.

주해: LMX 이론은 40년 전 Dansereau, Graen & Haga(1975), 그리고 Graen, Haga(1975), Graen과 Cashman(1975), Graen(1976) 등의 연구를 통해 처음으로 발표되었다. 이 이론은 처음 출현한 이래로 여러 차례 수정을 거쳐 왔으며, 리더십 과정을 연구하는 연구자들에게 계속적인 관심의 대상이 되고 있다.

초기 연구

교환 이론의 초기 연구에서는 이 이론을 '수직 짝 이론(vertical dyadic linkage(VDL) theory)'이라고 불렀다. 연구자들은 리더가 성원들 각자와 형성하고 있는 수직적 관계의 특성(the nature of the vertical linkage leaders formed with each of their followers)에 초점을 맞추었다(그림 7-2 참조). 그리고 리더와 집단성원 각자와의 관계를 '일련의 수직적 짝의 연결(a series of vertical dyads)'로 보았다(그림 7-3 참조). 이 같은 '수직적 연계'의 특성을 측정하는 과정에서 연구자들은 ① 역할 확대(expanded role)와 역할 협의(negotiated role), 즉 공식적 역할 이외의 역할(extra-roles)에 근거한 관계 유형을 내집단(in-group) 관계라고 하였다. ② 공식적 고용계약으로 명시된 역할(defined roles)에 근거한 관계 유형을 외집단(out-group) 관계라고 하였다. 두 가지 일반적인 관계 유형(two general types of linkages or relationship)을 발견하였다.

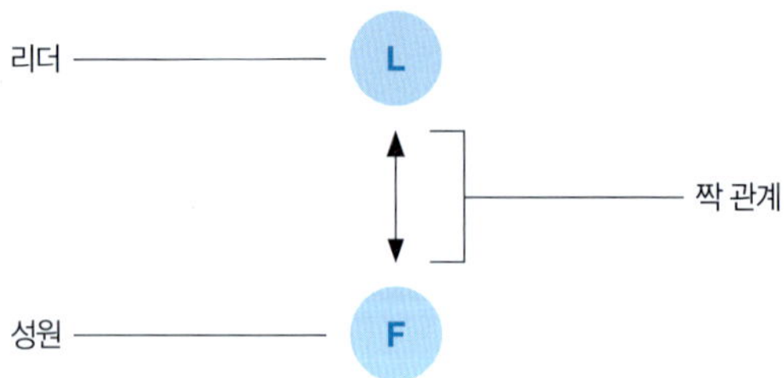

그림 7-2 두 사람 간의 수직적 연결

주해: 리더는 성원들 각자와 개별적인 작업상의 관계를 형성한다. 리더와 성원 간의 교환(내용과 과정 모두)은 두 사람 간의 짝 관계(dyadic relationship)로 나타난다.

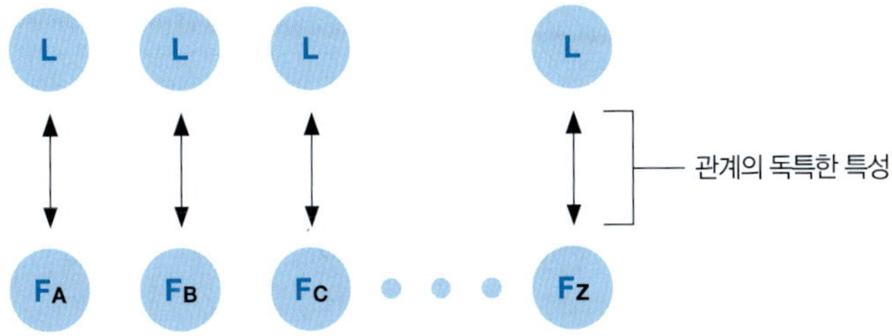

그림 7-3 여러 개의 수직적 연결

주해: 리더는 모든 성원들 하나하나와 개별적 관계를 형성한다. 각각의 관계는 특별하고 나름의 독특한 특성이 있다.

조직의 작업 단위 내에서 성원들은 리더와 성원 자신들 간의 작업상의 관계(그들과 리더와의 관계 리더와 그들과의 관계)에 따라 내집단의 일원(a part of the in-group)이 되거나 외집단의 일원(a part of the out-group)이 된다. 리더와 성원 간에 성격 특성의 유사성이나 개인적 특성의 유사성이 이 같은 관계형성의 과정과 관계가 있다는 것이다(Dansereau, Graen, & Haga, 1975; Maslyn, Schyns, & Farmer, 2017; Randolph-Seng et al., 2016). 상사와 성원이 유사한 성격 특성을 가지는 경우 상사와 성원 간에 교환 관계가 형성될 확률이 높기 때문이다. 그 밖에도 내집단의 일원이 되는 것은 성원들 자신들이 리더와 함께 그들의 확대된 역할 책임(직무 기술서에 명시된 공식적 역할 책임을 넘어 확대된 역할 책임)에 얼마나 열중하는가에 달려 있다(Graen, 1976). 그리고 집단을 위해 자신들이 기꺼이 할 수 있는 추가적인 일이 무엇인지 리더와 협의하는 데 관심이 있는 성원들은 내집단의 일원이 될 가능성이 크다. 이 같은 협의나 교섭(negotiations)에는 다음과 같은 교환 관계가 포함되어 있다. 즉, 성원들이 공식적인 직무기술서 상의 역할 책임의 범위를 넘어선 활동을 하게 되면 리더는 이들 성원에게 반대급부로 더 많은 기회를 제공한다. 그러나 만약 성원들이 새롭고 공식적 역할 책임 이외의 활동을 하는 데 관심이 없다면 그들은 외집단의 일원으로 남아 있다.

내집단의 성원들은 외집단의 성원들보다 리더로부터 더 많은 정보와 영향, 신임을 받고 더 많은 관심의 대상이 된다(Dansereau et al., 1975). 그 밖에도 그들은 보다 더 일에 열중하며 리더와 의사소통이 더 용이하다(Dansereau et al., 1975). 내집단 성원들(in-group members)이 리더를 위해 공식적인 역할 이외의 활동을 하게 되면 리더도 그들에게 작업상의 혜택을 주어 보답하는 반면, 외집단의 성원들은 리더와 친밀하게 지내지 못하고 단지 출근하여 정해진 일을 수행하고 퇴근하는 것을 반복하는 것이 일반적이다.

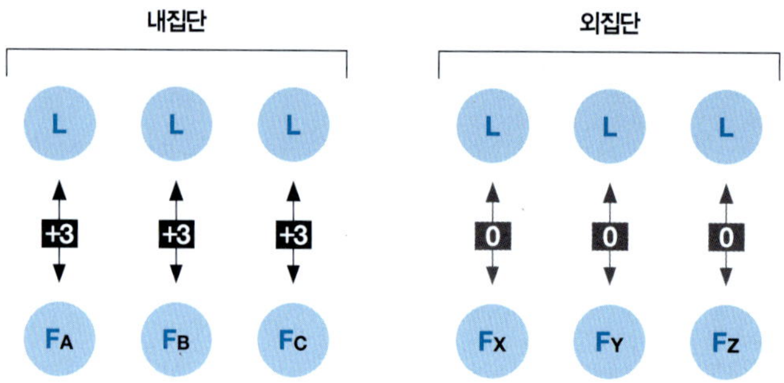

그림 7-4 내집단과 외집단

주해: 리더와 한 사람의 성원 간에는 특이한 개별적 관계를 형성한다. 내집단에서의 관계는 상호간의 신뢰와 존경, 호감, 상호적인 영향 관계 등의 특성이 있다. 외집단 내에서의 관계는 직무 기술서에 근거한 공식적 의사소통을 그 특징으로 하고 있다. +3은 양질의 관계를 의미하고, 0은 낮선 관계를 의미한다.

후속 연구

초기 연구 이후 LMX 이론의 초점이 바뀌었다. 이 이론이 초기 연구에서 주로 내집단과 외집단 간에 초점을 두고 연구가 진행되었다면, 후속 연구에서는 LMX 이론이 조직의 효과성과 어떻게 연관되어 있는가에 연구 초점을 두었다. 구체적으로 연구의 초점은 리더-성원 교환 관계의 질(the quality of leader-member exchanges)이 리더, 성원, 집단 및 조직의 긍정적인 성과(positive outcomes)와 어떤 관계를 가지고 있는가를 알아보는 것이었다(Graen & Uhl-Bien, 1995).

그리하여 연구자들은 양질의 리더-성원 교환 관계가 '낮은 이직률, 높고 긍정적인 업적평가, 더욱 높은 빈도의 승진, 더욱 높은 조직 헌신성, 더 바람직한 작업 배정, 더 좋은 직무 태도, 리더로부터 더 많은 관심과 지원, 더 많은 참가, 더 빠른 경력 상승' 등을 초래한다는 것을 25년에 걸친 연구를 통해 발견하였다(Buch, Kuvaas, Dysvik, & Schyns, 2014; Graen & Uhl-Bien, 1995; Liden, Wayne & Stilwell, 1993; Malik, Wan, Ahmad, Naseem, & Rehman, 2015).

164개 LMX 연구의 메타분석에서 Gerstner와 Day(1997)는 LMX가 일관되게 성원들의 직무수행, 만족(전반적인 만족, 관리자에 대한 만족), 헌신성, 역할 갈등과 역할 명확성, 이직 의도 등과 관련성이 있다는 것을 발견하였다. 거기에 더하여 그들은 메타분석의 결과 LMX 7 설문지에 의한 심리측정의 특성을 실증적으로 강하게 입증해주고 있다는 것도 발견하였다. 연구 목적으로 리더의 시각과 성원들의 시각에서 LMX를 측정하는 것이 중요하다는 것을 강조하였다.

가장 최근에 연구자들은 리더와 성원 간 의견교환의 과정상 특성에 관한 연구를 하고 있으며, 작업상의 관계가 의사소통을 통해 어떻게 설정되었는지에 대해 연구했다. N. Hill, Kang 그리고 Seo(2014) 등은 직원에게 권한을 부여하는 것과 작업성과 간의 관계에서 전자통신의 역할에 관한 연구를 통해 리더와 성원 간에 높은 수준의 전자통신은 긍정적인 관계를 초래한다고 주장하였다. Omilion-Hodges과 Baker(2017)도 리더의 의사소통 행동을 분석하여 이러한 행동이 리더와 성원 간 관계의 성장 또는 정체에 어떻게 영향을 미치는가를 평가하기 위한 척도를 개발하였다.

2002년 이후로 실시된 130여 건의 LMX 연구 결과들의 개관(재검토)을 기초로 한 연구를 통해 Anand, Hu, Liden(e.g., Maslyn et al., 2017) 그리고 Vidyarthi 등(2011)은 리더-성원 교환 관계에 관한 연구의 관심과 열의가 줄어들지 않고 있다는 사실을 발견했다. 그리고 이들 연구의 대부분(70%)은 리더-성원 교환 관계의 결과에 관한 것이었다. 그리고 연구의 동향은 LMX 관계를 둘러싼 상황(예를 들어, 집단의 역동성)에 대한 관심이 증대되었고, 개인이나 집단 수준에서 '리더-성원 관계'를 분석하고 있으며, 미국 이외의 지역에서 표본을 추출하여 연구를 진행하고 있다.

이스라엘의 여러 조직에서 다양한 직무에 종사하는 종업원들을 표본으로 한 연구에서 Atwater & Carmeli(2009)는 리더-성원 교환 관계에 대한 성원들의 지각과 일터에서 종업원들의 '활기찬 노력' 및 '창의적인 노력' 간의 연결 관계를 연구하였다. 이 같은 연구에서 높은 수준의 리더-성원 교환 관계의 지각은 종업원의 활기 넘침과 긍정적인 상관 관계가 있다는 것이고, 더욱 높은 창의적인 노력으로 이어진다는 것을 발견하였다. LMX 이론이 창의성과 직접적인 관련은 없지만, 사람들로 하여금 새롭게 하고자 하는 의지를 갖게 만들어 창의적인 노력을 증대시킨다.

Ilies, Nahrgang과 Morgeson(2007)은 리더-성원 간의 교환 관계와 성원들의 시민행동 간의 관계를 조사한 51개 연구 결과에 대한 메타분석을 실시하였다. 시민행동은 규정된 역할, 직무 명세서 또는 보상 시스템을 넘어서는 성원들의 임의적인 행동이다(Katz, 1964; Organ, 1988). 그들은 지도자-성원 관계의 질과 시민행동 사이에 긍정적인 관계가 있음을 발견했다. 다시 말해 리더와 질 높은 관계를 맺은 성원들은 리더와 조직에 이익이 되는 재량적(긍정적인 행동의 "회수") 행동을 더 많이 할 가능성이 크다.

다른 연구자들도 역시 LMX 이론이 '권한 위임(empowerment)'과 어떤 관계가 있는지 연구하였다. Harris, Wheeler, & Kacmar(2009)는 '리더-성원 교환 관계'와 직무 성과(직무 업적, 직무 만족, 이직률, 조직 시민 행동) 간의 영향 관계를 '권한 위임'이 어떻게 조절하는가를 탐구하였다. 두 개의 대학동창회를 표본으로 한 연구에서 그들이 발견한 것은 '권한 위임'과 '리더-성원 교환 관계의 질'은 직무 성과에 약간의 시너지 효과(synergetic effect)가 있다는 것이다. 리더-성원의 교환 관계는 권한 위임을 거의 느끼지 못한 성원들에게 매우 중요하다. 이들 성원들에게 높은 수준의 리더-성원 교환 관계는 권한 위임을 받지 못하고 있는 데서 오는 약점을 보완해주는 것이 되기 때문이다. Volmer, Spurk과 Niessen(2012)은 리더-성원의 의사소통의 교환 관계와 하위자들의 창의성 간의 관계에서 직무 자율성(job autonomy)의 역할에 관하여 연구했다. 그들은 첨단과학 기술회사에 관한 연구에서 더 큰 자율성이 리더-성원간의 의견 교환과 하위자들의 작업상의 창의성 사이에 긍정적인 관계(positive relationship)를 증가시킨다는 것을 발견했다.

마지막으로 Martin, Guillaume, Thomas, Lee 그리고 Epitropaki(2016)에 의해 실시된 메타분석에서도 직무업적에 대한 LMX의 예측을 지지한다. LMX와의 관계에서 과업 수행과 시민행동간에 긍정적인 영향을 주지만, 비생산적 업무 수행 간에는 부정적인 영향을 준다.

이 연구에서 특히 중요한 것은 LMX가 객관적으로 측정된 업무 수행 성적(감독자가 주관적으로 측정한 것이 아닌)과 긍정적인 관계를 보인다는 점이다. 이 연구는 또 리더의 신뢰와 동기유발, 권한의 하부 이양(empowerment), 직무 만족 등은 LMX의 직무업적에 대한 영향을 잘 설명해주고 있고 그중에서도 일반 성원들에 대한 신뢰가 가장 큰 영향을 미친다는 것을 발견했다.

본질적으로 위와 같은 발견들은 조직이 '성원들과 작업상의 좋은 관계'를 만들어갈 수 있는 리더를 보유함으로써 많은 이익을 얻게 된다는 사실을 명백하게 설명한다. 그리고 리더와 성원이 좋은 교환 관계를 가질 때, 더 만족하고 더 많은 과업 성취를 가능하게 하여 조직은 더욱 발전할 수 있다는 사실도 설명한다.

리더십의 개발

최근 후속 연구에서 얻은 연구 결과를 통해 LMX 이론에 관한 연구가 촉진되었다. 최근의 연구는 리더와 성원 간의 교환 관계가 '리더십 만들기(leadership making)'에 어떻게 활용될 수 있는지에 초점을 맞추었다(Graen & Uhl-Bien, 1991). '리더십 만들기'란 리더십의 처방적 접근법(prescriptive approach)으로 리더가 소수의 성원보다는 모든 성원과 양질의 교환 관계를 개발해야 한다고 강조한다. 그래서 모든 성원이 자신을 내집단의 구성원으로 느끼게 함으로써 '리더가 내집단의 성원들과는 긴밀한 관계를 유지하고 외집단의 성원들을 차별한다'는 공정성 비판을 피할 수 있고 성원들이 외집단 내에 머물러 있는 데서 오는 부정적 영향(negative implications)을 피할 수 있다. 일반적으로 '리더십 만들기'는 협동 관계(partnership)의 구축을 촉진하고 협동 관계 속에서 리더는 작업 단위부서의 모든 구성원과 효과적인 짝 관계(effective dyads)를 구축한다(Graen & Uhl-Bien, 1995). '리더십 만들기'가 시사하고 있는 바에 따르면 리더들은 조직 전체에 걸친 '협동 관계의 연결망'을 만들 수 있고 조직 목표의 달성은 물론 리더 자신의 경력 발전에 도움이 된다.

표 7-1 리더십 만들기의 단계

	낯선 단계	친지 단계	성숙한 협동 단계
역할	공식적 역할	역할 시험	역할 협의
영향	일방적	혼합	상호적
교환	낮은 질	중간 정도의 질	양질
이익	이기적	이기적/이타적	집단의 이익

시간 →

출처: "Relationship-Based Approach to Leadership: Development of Leader-Member Exchange (LMX) Theory of Leadership Over 25 Years: Applying a Multi-Level, Multi-Domain Perspective," by G. B. Graen and M. Uhl-Bien, The Leadership Quarterly, 6(2), pp. 219-247. Copyright 1995 by Elsevier. Reprinted with permission.

성원들의 리더에 대한 높은 정서적 경험과 낮은 정서적 경험에 관한 Herman과 Troth(2013)의 연구에서 발견한 것도 LMX 관계에서 긍정적인 관계가 조직이나 리더 개인의 목표 달성에 유익하다는 주장과 궤를 같이한다.

Graen과 Uhl-Bien(1991)의 주장에 따르면 '리더십 만들기'는 시간이 지남에 따라 ① 낯선 단계(the stranger phase), ② 친지 단계(the acquaintance phase), ③ 성숙한 협동 단계(the mature partnership phase)의 세 단계를 거쳐 발전해 간다고 한다(표 7-1 참조).

첫 번째 단계인 **'낯선 단계'**에서는 리더-성원 양방향 짝 관계에서의(within the leader-subordinate dyadic) 상호작용이 일반적으로 공식적인 규칙의 한계(rule bound) 안에서 이루어지고 공식적인 계약 관계(contractual relationship)에 크게 의존한다. 리더와 성원은 미리 규정된 조직상의 역할범위 내에서 서로의 관계를 이루기 때문에 앞에서 논의한 외집단 성원과의 교환 관계와 유사한 낮은 교환 관계(lower-quality exchanges)이다. 이 단계에서 성원들은 리더의 통제하에 있는 경제적 보상을 얻을 목적으로 조직 계층상의 공식적 리더를 따른다. 낯선 단계에서 성원들 행동의 동기(motives of the subordinate)는 집단의 이익보다는 자신의 이익을 추구한다(Graen & Uhl-Bien, 1995).

LMX의 개발(발달) 과정 초기에는 리더가 주도적으로 추진하고 성원들은 진행하는 과정에 영향을 미친다고 설명했다. Xu, Loi, Cai 그리고 Liden(2019)의 연구 결과 성원들의 적극적인 주도성이 LMX의 발전에 영향을 미친다고 한다. 지도자의 자질을 가진 하위자들이 행동과 노력을 통해 리더의 일을 더 효과적으로 만들고 리더가 인정하는 하위자가 리더와 함께 고도의 LMX 관계를 개발한다는 것을 발견했다. 이 같은 현상은 높은 성취 목표를 가진 리더를 위해 일하는 하위자에게 해당한다. 그래서 LMX의 훈련에 민감한 리더들을 참가시켜 하위자들과의 적극적인 관계 설정을 위한 노력을 높이 평가해야 한다.

두 번째 단계인 **'친지 단계'**는 리더나 성원들이 경력 지향적이고 사교적 교환 관계의 개선을 위한 '정보의 제공(offer)'으로 시작한다. 여기에는 개인에 관한 정보나 작업에 관한 정보를 서로 나누는 일 등이 포함된다. 그리고 이 단계는 리더와 성원 양쪽의 관계를 시험하는 기간으로 리더는 성원이 더 많은 역할이나 책임을 맡는 데 관심이 있는지를 시험하고 성원은 리더가 기꺼이 자신들에게 새로운 도전적인 일을 맡기려 하는지를 시험한다. 이 기간에 상호 간의 짝 관계(dyads)가 직무 기술서에 명시된 역할에 따라 엄격하게 규제되는 상호작용에서 벗어나 새로운 방식으로 변화한다. LMX 이론에 의해 측정한 바에 따르면 친지 단계에서는 상호 간의 교환 관계의 질이 전 단계보다 향상되었다. 친지 단계에서 성공적인 연결 관계가 이루어지면 서로 더 많은 신뢰와 존경의 관계로 발전하기 시작한다. 그리고 그들 행동의 동기는 덜 이기 지향적이고 더 집단 목표 지향적이 된다.

세 번째 단계인 **'성숙한 협동 단계'**는 양질의 리더-성원 교환 관계로 특징지어진다. 리더-성원 관계가 이 단계까지 진전되면 이미 관계를 시험하고 서로 의존할 수 있다는 사실을 알게 되었기 때문에 고도의 상호 신뢰와 존경 및 서로 지원해야 한다는 의무감을 가진다. 그래서 성숙한 협동 단계에서는 리더와 성원 간에 높은 상호 협력 관계가 형성된다. 서로 영향을 주기도 하고 영향을 받기도 한다. 예를 들어, 57명의 은행관리자와 58명의 기술부서 관리자들을 대상으로 한 연구에서 Schriesheim, Castro, Zhou와 Yammarino(2001)는 좋은 리더-성원 관계는 보다 더 평등한 관계를 보이고 리더와 성원 간의 영향과 통제 관계도 보다 대등하게 균형 잡혀 있다는 것을 발견하였다. 그리고 성원 간에도 특별한 지원을 위해 상호 의존 관계가 형성된다.

리더-성원 관계의 발전에 관한 연구에서 Nahrgang, Morgeson 그리고 Ilies(2009)는 리더들은 열정적이고 참가적이며, 사교적이고 외향적인 성원들을 선호하는 것을 발견했다. 이와 대조적으로 성원들은 유쾌하고 신뢰할 수 있고 협조적이며 호감이 있는 리더를 선호한다. 리더의 외향성은 성원에 대한 관계의 질적 수준에 영향을 미치지 않고 성원들이 마음에 들어 하는 리더에 대한 관계의 질적 수준에 영향을 미치지 않는다. 장기간에 걸친 리더와 성원 간의 관계의 질적 수준에 영향을 미치는 중요한 예측 요인은 리더와 성원들의 업무 수행 성과이다. Kelley(2014)는 리더들이 특성이 애매한 성원들을 식별하기 위해 사용하는 방법들에 관한 연구를 했다.(Sheer, 2014) 그리고 갈등 관리, 과업 공유(Shared tasks), 리더-성원 관계에 대한 적극성과 같은 전통적인 관계 설정 및 유지를 활용하는 행동이 리더-성원 관계의 질적 수준에 영향을 미치는지 밝힐 수 있다고 주장했다(Madlock & Booth-Butterfield, 2012; Omilion-Hodges, Ptacek, & Zerilli, 2015).

예를 들어, 리더는 추가적인 별도의 작업(extra assignments)을 수행하기 위해 성원들에게 의존하고 성원들은 필요한 지원과 격려를 위해 리더에게 의존한다. 요컨대, 리더와 성원들이 상하 관계의 전통적인 작업 관계를 벗어나 생산적인 방식으로 서로 간의 연결 관계를 맺고 있다는 것이다. 그들은 자신들을 위해서나 조직을 위해서 긍정적인 성과(positive outcomes)를 가져오는 매우 효과적인 협동 관계를 개발한다. 사실상 이러한 협동 관계는 변혁적인

(transformational) 특성이 있으며, 리더와 성원들을 도와 스스로 이기적 동기를 넘어 팀이나 조직을 위해 보다 큰 업적 달성을 지향하도록 만든다(8장 참조).

정서와 LMX의 개발

최근 Cropanzano, Dasbrough와 Weiss(2017)는 정서(emotion)가 리더와 부하 간의 수준 높은 관계의 질적 수준에 대한 중요한 역할을 한다고 주장했다. LMX에서 정서 역할을 설명하기 위해 Graen과 Uhl-Bien이 제시한 원래의 양상(그림 7-2 참조)을 보완하는 모델을 만들었다.

표 7-2 정서적 과정과 LMX의 개발 단계

	1단계 역할 수행	2단계 역할 만들기	3단계 역할의 일상화
LMX의 개발	리더가 LMX 관계의 가능성을 시작함	일련의 이중적 정서적 사건이 LMX 품질을 형성함	LMX 차별화로 무너진 안정적인 관계
주요 영향 프로세스	리더의 감정 표현은 감정적 사건	리더와 성원 간의 영향 공유 (entrainment)	LMX 차별화에 따라 LMX 관계가 변경될 수 있음
단계	개인	연결	그룹

Source: Cropanzano, R., Dasborough, M. T., & Weiss, H. M. (2017). Affective events and the development of leader-member exchange. Academy of Management Review, 42(2), 233-258.

〈표 7-2〉와 같이 Cropanzano et al.(2017)은 리더와 성원들이 LMX 개발 단계에서 역할을 맡고(role taking), 역할을 만들고(role making), 역할을 일상화하는(role routinization) 3가지 단계를 통해 발전하면서 각기 다른 정서적 과정을 경험한다.

■ 역할 수행(Role Taking)

1단계에서는 리더가 관계를 시작하고 대인 간의 선호를 기초로 한 높은 질적 수준의 관계 개발에 관해 리더로부터 지시를 받는다. 이 단계에서 리더의 정서가 LMX 관계의 시작과 발전에 중요한 역할을 한다.

■ **역할 만들기(Role Making)**

<그림 7-5>에 묘사된 것과 같이 2단계에서 발생한 상호작용을 통해 리더와 성원의 정서 상태가 동반되거나 동기화된다. 리더와 성원들은 비슷한 시간에 정서적 작용을 공유하기 시작하고 전염성이 강하다.

■ **역할의 일상화(Role Routinization)**

3단계에서는 LMX 관계가 형성되고 유지되지만, LMX의 차이나 집단 내에서 LMX관계의 분포에 대한 조직 내의 다른 성원들의 정서적 반응에 따라 변경될 수 있다. 예를 들어, 내집단(in-group)과 외집단(out-group)의 비상 상황에서 분노나 경멸의 감정이 발생할 수 있다.

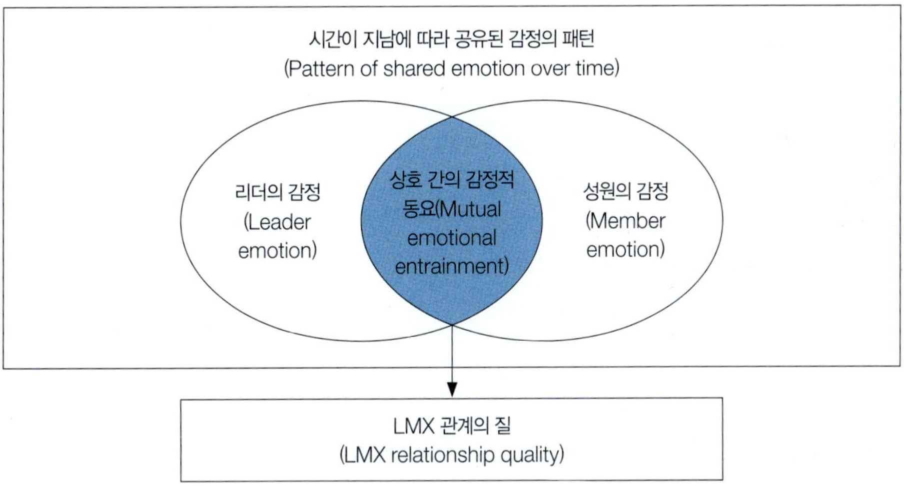

그림 7-5 LMX 발전의 2단계

출처: Cropanzano, R., Dasborough, M. T. & Weiss, H. M. (2017). Affective events and the development of leader-member exchange. Academy of Management Review, 42(2), 233-258.

높은 수준의 리더-성원 교환 관계를 발전시킨 성원들은 우대받는 것(preferential treatment), 직무와 관련된 의사소통의 증가(increased job-related communication), 상사에 대한 충분한 접근 기회(ample access to supervisors), 그리고 업무 수행 성적과 관련된 피드백의 증가(increased performance related feedback) 등과 같은 이점을 얻는다(Harris et al., 2009). 반면에 낮은 수준의 리더-성원 교환 관계를 가진 성원들은 상사로부터의 제한된 신뢰와 지원(limited trust and support from supervisors), 고용 계약 이외의 유익을 거의 얻지 못하는 것(few benefit outside the employment contract)과 같은 불이익을 받는다 (Harris et al., 2009).

리더–성원 교환 관계를 측정하기 위해 연구자들은 간단한 설문지를 사용한다. 이 설문지는 리더와 성원들에게 그들의 '작업상의 관계'의 효과성(the effectiveness of their working relationship)에 관해 작성한다. 그리고 설문지는 응답자들이 다른 사람과의 교환 관계에서 서로 간의 존경과 신뢰 및 의무감을 나타내고 있는 정도를 측정한다. 이 장의 끝부분에는 응답자 자신의 리더–성원 관계를 분석할 목적으로 직접 작성해 볼 수 있는 LMX 설문지가 있다.

LMX 이론의 효용

LMX 이론은 두 가지 방법으로 작동한다. LMX 이론이 리더십을 서술(description)하고, 처방(prescription)하고 있기 때문이다. 두 가지 모두의 중심 개념은 리더가 성원들 각자와 형성하는 '두 사람 간의 짝 관계(dyadic relationship)'이다. 서술적 측면에서 보면(descriptively), LMX 이론은 집단이나 조직 내에서 내집단과 외집단의 존재를 먼저 인식하는 것이 중요하다.

내집단을 활용하여 목표를 달성하는 것은 외집단에 의한 목표 달성과 비교하여보면 상당한 차이가 있음을 알 수 있다. 내집단과 더불어 일함으로써 리더는 내집단 없이 일하는 것보다 더 많은 일을 더 효과적으로 해낼 수 있다. 그리고 내집단의 성원들은 공식적인 직무 기술서에서 요구하는 것보다 더 많은 일을 기꺼이 자발적으로 수행하고 또 집단 목표 달성을 향상시키기 위해 창의적인 방법을 추구한다. 이 같은 역할 외의 노력(extra effort)과 헌신에 대한 반대 급부로 리더는 그들에게 더 많은 책임과 기회를 제공한다. 그리고 리더는 내집단의 성원들에게 더 많은 시간을 할애하고 더 많은 지원을 제공한다.

그러나 외집단의 성원들은 내집단의 성원들과는 매우 다르게 행동한다. 외집단의 성원들은 역할 이외의 일(extra work)을 하기보다는 미리 규정된 조직상의 역할 범위 내에서 직무 기술서에 기술된 일만을 처리한다. 그리고 그들은 그들에게 요구되는 일만 하고 그 이상의 일은 하지 않는다. 리더는 외집단의 성원들을 공평하게 대하고 공식적인 고용계약을 따를 뿐 특별한 관심을 기울이지 않는다. 그리고 외집단 성원들은 노력의 대가로 직무기술서에 기록된 지원을 받을 뿐이다.

규범적으로(prescriptively), LMX 이론은 Graen과 Uhl-Bien(1991)의 '리더십 만들기 모형(leadership making model)'을 통해 가장 잘 이해할 수 있다. 이 연구자들은 리더가 내집단의 관계에서와 같이 모든 성원과 특별한 개별적 관계를 만들어야 한다고 주장했다. 리더는 성원들 각자에게 기회를 제공하여 새로운 역할과 책임을 맡도록 해야 한다는 것이다. 더욱이 리더는 성원들과의 양질의 교환 관계를 키워가야 한다. Herman과 Troth(2013)는 성원들이 양질의 교환 관계는 멘토링, 존중, 좋은 의사소통에 기반을 두어야 하는 것으로 이해하고 있다는 것을 발견하였다.

지도자와 성원이 지원을 교환한 에피소드를 조사한 종단적 연구에 따르면, 지원을 받았을 때 지도자든 성원들이든 상대방에게 보답할 의무가 있다고 느낀다(Liao, Liu, Li, & Song, 2019). 즉, 리더가 성원에게 더 많은 것을 제공하면 "공헌의 잉여"가 발생하여 해당 구성원의 후속적인 보답 행동이 나타난다. 시간이 지남에 따라 이러한 지원이나 기여의 잉여는 교환 에피소드 직후에 작업 몰입도를 높이고 다음 에피소드에서 성원의 지원 기여도를 높였다. 또한 성원의 보답 의무는 성원이 리더–성원 관계에 부여하는 중요성과 관련이 있다(Lee, Thomas, Martin, Guillaume, & Marstand, 2019).

'리더십 만들기 모형'은 내집단 성원들과 외집단 성원들 간의 차이에 초점을 맞추기보다는 리더가 성원들 모두와 존경과 신뢰관계를 구축할 수 있는 방법들을 찾아내 작업 단위 부서 전체를 내집단으로 만들어야 한다고 제안한다. 기술은 전자 커뮤니케이션에서 LMX 관계를 중재하고 긍정적인 영향을 미칠 수 있으므로(N. Hill et al, 2014) 조직 전반에 걸쳐 좋은 커뮤니케이션과 긍정적인 관계를 개발할 수 있는 가능성을 발견하였다. 직원이 분산되어 있고 주로 온라인으로 일하는 조직에서도 마찬가지이다. 이 밖에도 리더는 그의 지도하에 있는 작업 단위 부서의 범위를 넘어 조직 전체의 개인들과 양질의 협동 관계를 만들어가야 한다.

서술적이든 처방적이든 간에 LMX 이론은 리더와 구성원들 간의 특별하고 특유한 교환 관계에 주목한다. 이 같은 관계가 양질의 것이 될 때 리더의 목표, 성원들의 목표, 그리고 조직 목표의 달성이 모두 촉진된다는 것이다.

강점, 비판, 응용

1 강점

LMX 이론은 리더십 과정에 몇 가지 긍정적인 기여를 한다. 첫째, 강력하게 서술적이고 실증적 이론이라는 점이다. 직관적으로 보아도 조직 구성원들을 조직에 더 많이 공헌하는 사람들과 조직에 더 적게 혹은 최소한으로 공헌하는 사람들을 구분하여 서술하는 것은 의미있는 일이다. 조직에서 일한 경험이 있는 사람이라면 누구나 내집단과 외집단의 존재를 느껴본 적이 있을 것이다. '외집단의 위해 가능성(the potential harm of out-group)'에도 불구하고 우리 모두는 '리더는 더 많은 일을 해주고 더 많은 것을 성취하는 사람들과 특별한 관계를 형성하고 있다는 것'을 알고 있다. 우리가 일터의 공정성에 어긋나는 일이라는 이유로 좋아하지 않을 수도 있지만 엄연한 현실이고 LMX 이론은 현실적 상황을 정확하게 서술하고 있다. 그리고 LMX이론은 조직 내에서 사람들이 서로 어떻게 연관을 맺고, 리더와 성원들 간의 관계에 대한 우리의 경험을 검증(입증)한다. 어떤 사람들은 더 많이 공헌하여 더 많이 받고, 또 어떤 사람들은 더 적게 공헌하여 더 적게 받는다는 사실 말이다.

둘째, LMX 이론은 '리더-성원 간의 짝 관계'의 개념을 리더십 과정의 중심에 두는 유일한 리더십 접근법이라는 점이다. 다른 접근법은 리더나 성원의 특성을 강조하고, 상황의 특성을 비롯한 모든 특성들을 종합적으로 강조하지만 리더와 성원들 각자의 특별한 관계를 강조하는 이론은 없다. 특이하게도 LMX 이론은 '리더십 효과성은 효과적인 리더-성원 교환 관계'에 달려 있다는 것을 강조한다. 리더 행동과 직무 수행 간의 관계를 이해하는 데 LMX의 중심성에 대한 메타분석 연구를 수행한 Gottfredson과 Aguinis(2017)의 연구가 필요하다. 그들의 연구 결과는 LMX가 리더십 행동이 성원들의 성과에 영향을 미치는 이유를 일관되게 설명한다.

셋째, LMX 이론은 주목할 가치가 있는 이론이다. 리더십에서 의사소통의 중요성에 주목하도록 해주기 때문이다. LMX 이론에서 옹호되고 있는 양질의 교환 관계는 효과적인 의사소통 없이는 불가능하다. 의사소통은 리더와 성원이 유용한 교환 관계를 만들고 키워가며 지탱해

가는 수단이 되기 때문이다. 그리고 리더와 성원들 간의 의사소통이 상호 신뢰와 존경 및 헌신의 바탕 위에서 이루어질 때 리더십 효과성이 나타날 수 있다는 것이다.

넷째, LMX 이론은 리더에게 의식적이든 무의식적이든 내집단(in-group)으로 끌어들이고 있는 편견의 영향력(인종, 성별, 민족, 종교, 나이 등)을 회피해야 한다고 경고한다. LMX 이론의 주된 원칙은 리더가 각 성원들을 대할 때 공정하고 평등해야 한다는 것을 상기시킨다.

다섯째, LMX는 교차 문화 개념으로 입증되었으며 많은 문화권에서 연구되었다. Rockstuhl, Dulebohn, Ang 그리고 Shore(2012)는 LMX의 중재자로서 23개의 국가에서 문화의 역할을 조사한 결과 국가 문화가 LMX와 성원들의 업무 수행, 조직 몰입도, 변혁적 리더십과의 관계에 영향을 미치지 않는다는 것을 발견했다. 연구 결과에 따르면 아시아 상황에서 LMX에 대한 조직 성원들의 반응은 집단적 이해와 자신들의 역할에 따른 의무의 영향도 받을 수 있지만 LMX는 보편적인 것으로 보인다.

마지막으로, LMX 이론의 실무적 적용이 '긍정적인 조직성과'와 어떻게 연관되고 있는가를 구체적으로 검증하고 있는 많은 실증연구들이 있다. 이 같은 실증연구들을 개관하면서 Graen과 Uhl-Bien(1995)이 지적한 바에 의하면 LMX 이론의 실무적 적용은 업무 수행 성적, 조직의 헌신성, 작업 분위기, 개선 노력, 조직 시민 행동(organizational citizenship behavior), 성원들의 자유 재량권의 확대(empowerment), 절차적 정의와 분배적 정의, 경력 상승 및 그 밖에 많은 중요한 조직상의 변인들과 관계가 있다. LMX 이론의 활용을 실제적인 조직성과와 연결시킴으로써 연구자들은 이론을 실증적으로 검증할 수 있고 실무적 가치를 증대할 수 있다.

2 비판

LMX 이론에도 몇 가지 한계가 있다. 첫 번째 비판은 표면적으로 공정성이라는 인간의 기본적 가치에 역행한다. 우리는 아주 어렸을 때부터 평생 모든 사람들과 잘 지내야 하고 모든 사람을 평등하게 대하도록 노력해야 한다고 교육받았다. 또, 내집단이나 파벌을 조성하는 것은 그 속에 끼지 못한 사람들에게는 해를 끼치기 때문에 잘못된 것이라고 교육받았다. 그러나 LMX 이론은 작업 단위 부서를 두 부류의 집단으로 구분하여 한 부류의 집단은 특별한 주목을 받고, 또 다른 집단은 주목을 받지 못하기 때문에 집단에 대한 차별대우처럼 보인다.

우리의 문화 속에는 성별, 나이, 문화, 능력 때문에 차별을 받는 사람이 많다. 비록 LMX 이론이 일부러 만든 것은 아니지만 일터에서 특혜를 받은 집단을 발생케 할 수 있다. 그래서 이 이론은 불공정하고 차별을 부추기는 이론으로 비춰진다. 더 나아가 McClane(1991)이 보고하고 있는 바와 같이 내집단과 외집단의 실존은 '전체로서의 집단'에 바람직하지 못한 영향을 미칠 수 있다. 그러나 LMX 이론이 실제로 불평등을 만들어내는지는 아직 불확실하다(Harter & Evanecky, 2002; Scandura, 1999).

만약 리더가 의도적으로 외집단의 성원들이 내집단에 들어오지 못하도록 막는 것이 아니고 또 그들이 자유롭게 내집단의 성원이 될 수 있는 것이라면, LMX 이론이 굳이 불평등을 조장한다고 말할 수 없다. 이 이론은 구성원들이 내집단에 어떻게 접근할 수 있고 또 어떻게 내집단의 성원이 될 수 있는가에 대한 전략을 자세히 설명하지 않는다. 그 밖에도 LMX 이론은 여러 가지 다른 형평성 이슈들을 다루지 않는다. 즉, 임금인상이나 승진기회의 형평성에 대한 성원들의 지각(분배적 정의), 의사결정 규칙에 대한 성원들의 지각(절차적 정의), 그리고 이슈가 조직 내에서 어떻게 전달되고 있는지 성원들의 형평성 지각(상호작용적 정의) 등에 관심을 두지 않는다(Scandura, 1999). 따라서 이러한 유형의 형평성 지각이 LMX 관계의 전개와 유지에 어떻게 영향을 미치는가에 대한 추가적인 연구가 필요하다.

LMX 이론의 두 번째 비판은 이론의 기본적 아이디어가 충분히 개발되지 않고 있다는 점이다. 예를 들어, 양질의 리더-성원 교환 관계가 만들어지는 방식에 대해 충분히 설명하지 못한다. 초기의 연구에서는 양질의 교환 관계가 형성된 것은 리더가 어떤 성원과 잘 지낼 수 있게 하는 일치점(유사성), 즉 성격 특성이나 대인 간의 기술, 직무상의 유능성 등에서 일치점을 발견했을 경우이다.

그러나 요인들의 상대적 중요성을 설명하지 않고 있으며, 교환 관계의 형성 과정이 어떻게 이루어지고 있는가에 대한 설명도 없다(Yukl, 2003). 최근의 연구에서 리더가 모든 성원과 양질의 교환 관계를 만들기 위해 노력해야 한다고 주장하지만 그 같은 관계를 어떻게 만들어 가야 하는지 자세하게 설명하지 않는다.

예를 들어, '리더십 만들기 모델'은 역할 만들기(역할 형성; role making), 점진적 영향, 상호의존관계 유형 등의 중요성을 강조하고 있으나, 이와 같은 개념들이 성숙한 협동 관계(mature partnership)를 구축하는 데 어떻게 작용하는지에 대해서는 설명하지 않는다. 마찬가지로 이 모델은 리더-성원 관계에서 신뢰, 존경 및 서로 간의 의무감 등의 구축을 강하게 촉구하고 있으나 이 같은 요인들이 어떻게 발전되어 가는지에 대해서는 설명하지 않는다.

리더-성원 교환 이론에 관한 147건의 연구를 개관 · 검토한 결과를 토대로 Schriesheim,

Castro와 Cogliser(1999)는 리더-성원 교환 관계와 그 기본적 과정에 관한 보다 개선된 이론 구성이 필요하다고 결론내렸다. 리더-성원 교환 관계에 대한 많은 연구들이 이루어지고 있지만, 이들 연구들은 이 이론에 관한 보다 명확하고 세련된 설명 및 개념, 명제를 규명하지 못하고 있다.

LMX 이론의 세 번째 비판은 연구자들이 LMX 관계에 영향을 미칠 수 있는 상황 변인들(contextual factors)을 적절하게 설명하지 않고 있다는 것이다(Anand et al., 2011). 연구자들은 LMX의 수직 짝 관계에 영향을 미칠 수 있는 다른 변인들을 검토하지 않고 있다. 예를 들어, '작업장의 규범이나 문화적 변인들'은 리더-성원 교환 관계에 영향을 미칠 수 있다. 그래서 사람들 간의 사회적 연결망(social net- working)을 둘러싸고 있는 여러 변인들이 특정한 LMX 관계에 어떻게 영향을 미치고, 관계에 속해 있는 개인들에게 어떤 영향을 미치는지 연구할 필요가 있다.

마지막 비판은 LMX 이론에서 리더-성원 교환 관계의 측정에 관해 의문이 제기되고 있다는 점이다(Graen & Uhl-Bien, 1995; Schriesheim et al., 1999; Schriesheim et al., 2001). LMX 과정을 분석하기 위해 수직 짝 관계의 측정치를 사용한 실증연구들이 없다(Schriesheim et al., 2001). 과거 수년 동안 교환 관계의 측정을 위해 여러 가지 상이한 유형의 '리더-성원 교환 관계의 측정 도구'가 사용되고 있고 그 분석 수준을 달리하고 있어서 결과들을 직접 비교할 수 없었다. 또한 측정 도구들에는 내용 타당성(content validity)이 결여되어 있었다. 이는 측정하려고 의도한 실제적인 것을 측정할 수 없다는 것을 의미한다(Schriesheim et al., 2001). 그리고 교환 관계의 측정을 위해 사용되는 표준 척도가 단일차원인지, 다차원인지 의문이 제기되고 있다.(Graen & Uhl-Bien, 1995; Schriesheim, Castro, Zhou et al., 2001)

3 응용

LMX 이론이 표준적인 관리자 훈련 · 개발 프로그램에 사용될 수 있도록 '일괄적인 종합프로그램'으로 만들어져 있지는 않지만, 리더들이 자신의 리더십 행동을 개선하기 위해 활용할 수 있는 많은 통찰력을 제공한다. 우선 LMX 이론은 리더들로 하여금 '리더-성원 간의 관계'의 시각에서 리더십을 평가하게 해준다. 이러한 평가는 리더들을 민감하게 만들어 자신의 작업 단위 부서 내에서 내집단과 외집단이 어떻게 발생하는지 주시하게 만든다. 또, LMX 이론은 리더들이 그들의 모든 집단성원들과 리더-성원 교환 관계를 구축함으로써 자신들의 작업 단위 부서를 개선시킬 수 있는 방법을 제안한다.

LMX 이론이 제시한 아이디어는 조직 내 모든 계층의 리더에 의해 활용될 수 있다. 예를 들어, CEO가 새로운 전략적 목표와 전술적 목표를 개발하기 위해 왜 상위 경영층의 몇 사람만을 선택하여 특별한 관계를 형성하고 함께 목표를 개발하는지 설명하는 데 사용할 수 있다. 또한 공장의 생산 라인 관리자가 할당된 생산량을 생산하기 위해 작업자 몇 명만을 선택하여 협의하는지를 설명하는 데도 활용될 수 있다.

다시 말해 LMX 이론에서 제시하고 있는 아이디어는 조직 전체에 응용할 수 있다. 좋은 예로 대통령 내각을 들 수 있다. 미국 대통령은 가장 가까이에 있는 조언자(고문)로 봉사할 15명의 장관을 선임한다. 내각은 부통령을 포함하여 15개 부처 장관들(농업, 상무, 국방, 교육, 에너지, 건강과 복지, 국토안전, 주택 및 도시개발, 내무, 노동, 국무, 교통, 재무, 보훈, 법무 등)이 있다. 선임된 각 부 장관들은 대통령의 정책 목표와 정치 철학에 따라 자신들이 맡은 부서를 운영한다.

이 밖에도 LMX 이론의 아이디어는 개인들이 일을 보다 더 효과적으로 완수하기 위해 왜 조직 전체에 효과적인 '관계 연결망'을 만드는가를 설명할 때도 적용 가능하다(Graen & Scandura, 1987). 양질의 협동 관계의 망을 가진 사람(a person with a network of high quality partnership)은 많은 사람에게 도움을 요청하여 문제를 해결하고 조직의 목표 달성을 쉽게 촉진할 수 있다.

LMX 이론은 여러 상이한 유형의 조직에도 응용될 수 있다. 전통적인 기업 조직, 교육 및 정부 조직은 물론 자원봉사자들의 조직 상황에도 응용될 수 있다. 노년층의 지역주민들을 돕기 위한 자원봉사 프로그램을 맡은 지역사회의 리더를 예로 들어보자. 프로그램을 효과적으로 운영하기 위해 리더는 다른 사람들보다 더 믿을 만하고 헌신적인 몇 명의 자원봉사자들에게 의존한다. 이같이 몇 사람의 신뢰할 만한 자원봉사자들과의 긴밀한 관계 속에서 일하는 과정을 LMX 이론으로 설명할 수 있다. 마찬가지로 전통적인 기업 조직의 관리자가 몇 사람의 직원들과 회사의 정책과 업무 절차의 주요한 변화를 위해 일을 추진할 수도 있는데 그 관리자가 이렇게 하는 이유를 LMX 이론에 의해 설명할 수 있다. 요약컨대, LMX 이론은 우리가 집단 성원들과 어떻게 관계 형성을 해야 할지를 유의할 수 있게 한다. 그리고 어떤 성원은 특별한 주목을 받아야 하고 어떤 성원은 그렇지 않다는 사실에 민감하게 대처하라고 말한다. 그 밖에도 모든 성원들에게 공평하게 각자가 원하는 만큼 작업 단위 부서의 일에 참여하도록 하라고 이 이론은 주장한다. 마지막으로 LMX 이론은 우리에게 모든 성원들과 존경과 신뢰관계를 구축하라고 말하고 성원들 각자는 특수한 존재이고 리더와 특별한 관계를 맺고 싶어 한다는 사실을 인식해야 한다고 주장한다.

사례 연구

LMX 이론이 여러 가지 다양한 집단 상황에 어떻게 응용될 수 있는지를 알려주기 위해 세 가지 사례 연구(사례 7.1, 7.2, 7.3)를 제시한다. 첫 번째 사례는 광고대행업체의 광고기획 총괄관리자에 관한 것이고, 두 번째는 저당회사의 관리자에 관한 사례이고, 세 번째 사례는 Pixar Animation Studio의 창의적인 작업에 대한 리더십을 서술한 사례이다. 각 사례의 끝에는 LMX 이론의 아이디어를 활용하여 사례를 분석하는 데 도움이 되는 몇 개의 질문을 첨부하였다.

사례 7.1: 최고의 임무를 부여 받은 팀

Carly Peters는 Mill, Smith & Peters 광고대행사의 광고기획 부서를 관리한다. 이 회사는 100명의 직원이 있고 그중 20명이 광고기획 부서의 Carly 밑에서 일하고 있다. 회사는 10개의 주된 거래처는 물론 소규모 거래처를 많이 가지고 있다. 그리고 이 회사는 우리나라에서 가장 우수한 광고대행회사 중 하나이며, 가장 우수한 홍보회사 중의 하나로 명성이 높다.

광고기획 부서에는 네 개의 주된 거래처 팀이 있고 각 팀은 한 사람의 부관리자에 의해 관리되고 있으며 그 부관리자는 Carly에게 보고하도록 되어 있다. 이 외에도 각 팀에는 광고문안 작성자, 미술감독, 그리고 광고 미술가가 재직하고 있다. 이 네 개의 거래처 팀들을 각각 Jack, Terri, Julie 및 Sarah가 책임을 맡고 있다.

Jack과 그의 팀은 Carly와 좋은 관계로 잘 지내고 있으며 고객을 위해 탁월하고 훌륭한 일을 해왔다. 모든 팀 중에서 Jack의 팀은 가장 창의적이고 재능이 있으며, Carly를 위해 정해진 작업 이외의 일도 기꺼이 수행한다. 그 결과 Carly는 거래처 팀의 업적을 상위관리층에 보고할 때 Jack의 팀 작업을 자주 사용한다. Jack과 그의 팀 구성원들은 Carly의 신임을 받는 데 만족하고 Carly도 역시 같은 느낌을 받는다. 지금까지 그녀를 위해 업무 수행을 잘 해왔기 때문에 Carly는 거리낌없이 여분의 자원을 Jack의 팀에 배정하고 거래업체와의 작업에 대해서 자유 재량권을 준다.

Terri의 팀도 회사를 위해 업무 수행을 잘하고 있다. 그러나 Terri는 Carly가 자기의 팀을 대하는 방식에 불만이 있다. Carly가 Jack의 팀에 특별한 배려를 하고 있으므로 불공평하다고 느낀다. 예를 들어, Terri의 팀이 광고캠페인을 계획하고 있을 때 Carly는 위험이 따른다는 이유로 중단할 것을 권유해 놓고 Jack의 팀에게는 매우 호기심을 일으키는 광고캠페인을 개발하고 있다고 칭찬했다. Terri는 Jack의 팀이 마치 그녀가 귀여워하는 애완동물 같다고 느끼고 있었다. Jack의 팀은 가장 좋은 작업을 배정받고 있고 가장 좋은 거래업체 및 충분한 예산을 배정받고 있기 때문이다.

Terri와 마찬가지로 Julie도 그녀의 팀이 Carly와 친밀한 관계에 있지 않다는 데 마음을 쓰고 있다. 그녀는 Carly

가 다른 팀들에게 특별한 배려를 하는 것을 자주 목격했다. 예를 들어, 팀 프로젝트에 추가 인원을 배정할 때마다 다른 팀들은 우수한 광고문안 작성자들과 유능한 예술 감독을 배정받았다. Julie는 왜 Carly가 그녀의 팀을 주목하지 않고 도움을 주려 하지 않는지 의아했다. Julie는 자신의 팀의 작업이 나무랄 데가 없이 완벽하다는 것을 알고 있기 때문에 Carly가 그녀의 팀을 과소평가한다고 생각한다.

Sarah는 Carly에 대한 Terri와 Julie의 견해에 어느 정도는 동의하지만, Carly의 리더십에 반항심이 있지는 않다. Sarah는 이 회사에서 10년 동안 근무했지만 일하는 데 걱정을 끼친 적은 없다. 그녀의 팀은 업적이 뛰어난 중요한 팀은 아니나 그렇다고 한 번도 문제가 된 적은 없는 팀이다. Sarah는 팀이나 팀의 작업이 기본적 업무를 할당받아 수행하는 것으로 생각하고 있다. Carly와 관계가 좋은 내집단에 있으려면 저녁시간이나 주말에 추가 시간을 투자해야 하므로 Sarah로서는 골치 아픈 일이었다. 그래서 Sarah는 현재의 역할에 만족해하고 있고 팀이 일하고 있는 방식을 변화시켜 보려는 노력에 대해서는 거의 흥미가 없다.

질문

01 LMX 이론의 원칙에 비추어 Mill, Smith & Peters사에서 Carly의 리더십을 어떻게 볼 것인가?

02 이 회사에도 내집단과 외집단이 존재하는가? 있다면 어떤 집단인가?

03 네 개의 집단과 Carly 간의 관계가 회사의 전반적인 목표 달성을 위해 어떤 면에서 생산적인 관계이고 어떤 면에서 비생산적인 관계인가?

04 Carly가 그녀의 부관리자들에 대한 리더십 접근법을 달리해야 한다고 생각하는가? 그렇다면 Carly는 무엇을 달리해야 하는가?

사례 7.2: 공정성 원칙을 위한 노력

City Mortgage 사는 25명의 종업원을 고용하고 있는 중견 대출 회사이다. Jenny Hernandez는 10년 동안 근속하고 있고 일상적인 영업을 감독하고 있는 영업관리자이다. Jenny 밑에는 대출판매직원, 저당권인수 담당직원(mortgage underwriter), 처분 담당직원(closing officers), 그리고 배송 담당직원 등이 있다. Jenny는 이 회사의 직원인 것을 자랑스럽게 생각하고 있으며, 회사의 꾸준한 성장과 확장에 상당한 공헌을 하고 있음을 자랑스럽게 생각한다. 이 회사의 분위기는 매우 긍정적이다. 작업 환경이 안락하므로 사람들이 일터에 나오는 것을 좋아한다. 사원들은 서로 존중하고 자신들과 의견을 달리 하는 사람들을 이해하려고 노력한다. 동종의 다른 업체에서는 급여 수준 때문에 종업원들 간에 원망과 분노의 관계가 형성되고 있는 것이 보통인데 이 회사에서는 그런 일이 없다.

Jenny Hernandez의 리더십은 City Mortgage 사가 성공적인 회사가 되는 데 크게 공헌하였다. 그녀의 관리철학은 먼저 종업원들의 의견을 경청한 다음 회사의 사명적 목적을 위해 그들이 어떻게 최선의 공헌을 할 수 있는가를 결정하였다. 그리고 그녀는 각 종업원이 스스로 재능이 무엇인지 탐색해 보도록 하고 각자 새로운 도전을 하도록 하였다.

매년 기념 파티에서 Jenny는 그녀의 리더십 스타일을 상징하는 흥미 있는 행사를 고안하였다. 그녀는 대형 유리 한 장을 사서 25개의 작은 조각으로 잘라 한 조각씩 모든 종업원에게 나누어주었다. 그런 다음 한 사람씩 그 유리 조각을 가지고 앞으로 나오도록 하여 몇 마디씩 말을 해보도록 요청하였다. City Mortgage 사에서 무엇을 가장 좋아하는지? 지난해에 회사에 어떻게 공헌하였다고 느끼는지 말하라고 요청하였다. 그 후 그녀는 사무실 앞 복도 창문에 쪼개진 유리 조각들을 끼워 넣도록 하였다. 각각의 유리 조각은 각 구성원이 조직의 전체 목표를 위해 자신의 독특한 재능을 가지고 어떻게 공헌하는지 상기시킨다.

Jenny의 리더십 스타일의 또 다른 특성은 공정성이다. 어떤 특정인을 유리한 상황(inside track)에 놓이도록 배려한다는 인상을 주고 싶지 않았다. 그리고 그녀는 이 같은 일이 일어나는 것을 방지하기 위해 최선을 다한다. 예를 들어, 누군가를 편애한다고 생각하지 않도록 사적으로 점심을 같이 먹는 것을 피하였다. 또한 그녀의 가장 친한 친구가 대출판매직원이었지만 직장에서 그녀와 사적으로 이야기를 하지 않았다. 혹시 만나는 일이 있어도 항상 공적이고 사무적인 만남이었다.

Jenny의 공정성 원칙은 사무실 내 정보 공유의 방식에도 적용된다. 누구도 정보 공유에서 소외를 느끼지 않도록 하고, 구성원들과 관련된 정보는 그들에게 알리려고 노력한다. 그녀는 사무실개방정책(open-door office policy)을 통해 그것을 실천하고 있다. 그리고 Jenny는 자신의 비밀스러운 관심사를 털어놓고 이야기할 수 있는 소집단도 없다. 오히려 구성원 모두와 공개적으로 자신의 생각을 공유한다. Jenny는 City Mortgage 사에서 자신의 업무에 매우 헌신적이다. 매일 남보다 더 오랜 시간 동안 근무하고 주말에도 무선호출기를 휴대하고 다닌다. 이러한 상황에서 그녀가 혹시 지쳐버리진 않을지 우려한다.

질문

01 LMX 모델에 비추어 Jenny Hernandez의 리더십을 어떻게 설명하겠는가?

02 이 회사의 종업원들은 Jenny에게 어떻게 반응할 것이라고 생각하는가?

03 만약 당신이 Jenny의 뒤를 따르도록 요구받는다면 그녀와 같은 리더십 스타일을 가지고 City Mortgage를 관리할 수 있는가?

사례 7.3: PIXAR: 성공을 위한 공간의 창조

하버드 경영학 교수인 Linta Hill은 혁신적이고 아주 탁월한 리더들에 관한 연구를 10년 이상 해온 연구팀을 이끄는 교수이다. 이 연구팀은 전 세계의 다양한 산업체로부터 선발된 16명의 남녀 연구원들로 구성되었으며, 리더들이 활동하고 있는 현장에서 직접 관찰하고 현장의 리더들과 상호작용하고 있다. 이 연구팀이 발견한 것은 많은 사람이 지각하는 방식, 즉 성공적인 혁신적(독창적) 조직이 운영에 성공한다고 지각하는 직관에 반대되는 것처럼 보인다. 그녀는 "선도적인 개혁은 비전을 창조하는 것이 아니라 다른 사람들이 그것을 실행하도록 영감을 불어넣는 것이다."라고 말한다(L. Hill, 2014).

그렇다면 계속해서 혁신하는 성공적인 회사들은 어떻게 그렇게 할 수 있는가? Ed Catmull Pixar Animation 스튜디오의 CEO는 Hill 교수가 찾아낸 결과를 그 사례로 제시한다. Toy Story, Ratatouille, The Incredibles, Finding Nemo, Cars 그리고 Coco와 같은 고도로 혁신적인 컴퓨터 생성 이미지(CG) 장편 영화로 유명한 Pixar는 최초의 장편 영화를 만드는 데 20년이 걸렸다. Toy Story는 1995년에 제작되었고 2020년 말까지 회사는 23편의 장편 영화를 제작하였으며, 추가로 4편을 계획하였다.

이처럼 생기 넘치는 영화 한 편을 250명이 제작하는 데 4~5년이 소요된다는 것을 감안할 때 그 제작과정에서 나타난 일화는 흥미로웠다. Hill(2014) 교수는 "혁신은 단 한 사람의 천재에 의한 것이 아니고 집단적인 천재에 의한 것이다."(innovation is not about solo genius, it's about collective genius.)라고 강조하였다(2014).

혁신은 시행착오의 결과이고 실수와 실패의 대상이기도 하다. "혁신의 핵심은 역설이다. 많은 사람으로부터 재능과 열정을 끌어내고 동력화하여 실제로 유용한 일에 이용해야 한다. 그리고 혁신은 여행이다. 혁신은 협력적인 문제해결이고 보통 다른 전문성과 다른 견해를 가진 사람들(usually among people who have different expertise and different points of view) 간에 일어나고 있는 현상이다(L. Hill, 2014).

Pixar가 이러한 경영 철학을 가지고 있었다는 사실은 CEO Catmull이 Harvard Business Review지에 실린 논문에 드러나 있다. 그 논문에는 "훌륭한 창의적인 사람들을 확보하고, 그들에게 큰 기대를 걸고, 그들에게 엄청난 자유와 지원을 제공하며 그들이 모두로부터 정직한 피드백을 받을 수 있는 환경을 제공합니다."라고 적혀있다(Catmull, 2008).

권위를 훼손하지 않고 지원을 제공하는 것은 조직의 모든 계층에서 고무되며, 영화사의 각 제작부서에는 기본적으로 두 명의 리더가 있다. 하나는 관리자 혹은 감독이고 다른 하나는 제작자이다. 경영진은 세세하게 간섭하지 않겠다는 조건으로 부서의 운영 결정권을 영화 감독에게 위임하였다.

Pixar에서 성공적인 리더는 통합, 일체화된 비전, 즉 영화에 투입될 수천 개의 아이디어를 시종일관 일치시키는 것이고 또 그 비전을 직원들이 구현할 수 있도록 명확하고 구체적인 지시사항으로 변형시켜야 한다. 그리고 그들은 사람들을 배치하여 성공적인 과업 수행을 위해 구체적인 지시 없이도 올바르게 수행하도록 필요한 지침을 제공해야 한다. 또 영화에 나오는 각 사람은 아주 소소한 일이라도 창조적 소유권이 주어졌다.(Catmull, 2008)"

예를 들어 한 만화영화 제작자가 등장인물의 얼굴에 활 모양의 눈썹을 그려서 장난스러운 면을 보여주었지만, 등장인물을 잘 묘사하지 못한다고 간주하여 받아들여지지 않았다. 그러나 2주 후 감독에 의해 다시 반영됐다. "그 애니메이터는 우리가 비범한 천재로 여기는 재능을 공유하고 있었기 때문에 실제로 감독이 미세하지만 중요한 방식으로 스토리를 개선하도록 도왔다."고 Hill 교수는 말했다(2014).

Hill의 연구팀은 혁신적 조직들에서 창조적 마모(creative abrasion), 창조적 능력(creative agility) 그리고 창조적 해결(creative resolution)과 같은 세 가지 공통적인 능력을 발견했다. **창조적 마모**는 아이디어들의 포트폴리오가 토론과 논쟁의 과정을 통해 차이점을 최소화하는 것보다 차이점을 확대 증폭하여 각 아이디어의 연관성을 파악한다. 브레인스토밍(창조적 집단 사고법)과는 다르게 사람들에게 자신의 판단을 정지시킨다. 그래서 창조적 마모는 격렬한 흥분을 초래하기도 하지만 건설적인 논쟁을 낳게 하여 일련의 대안을 개발할 수 있게 한다. 이런 과정을 통해 사람들과 조직은 어떻게 문의하고 적극적으로 경청하며 자신의 관점을 옹호하는 방법을 배운다.

Pixar의 "Creative Brain Trust"은 창조적 마모(creative abrasion)에 대한 접근법의 한 예이다. CBT(Creative Brain Trust)는 여러 명의 뛰어난 영화 제작자로 구성되어 있으며, 영화가 제작 도중에 문제가 생기면 감독은 CBT에 도움을 요청한다. CBT의 회원들은 꾸밈없는 전문의견을 제공하고 감독은 조언을 요구하고 또 조언을 평가할 수 있기 때문에 "이 집단의 문제해결 능력은 거대하고 영감을 준다."(Catmull, 2008)라고 하였다.

창조적 능력은 참가자들이 결과와 상관없이 실험을 통해 학습하는 아이디어 포트폴리오를 테스트하고 개선하는 능력이다. "일반적으로 실험은 학습에 관한 것이다. 부정적인 결과를 얻었을 때 여전히 알아야 할 것을 실제로 배운다."(L. Hill, 2014)

긍정적인 방식으로 피드백을 주고 피드백을 검토하는 것은 창조적 능력을 보여준다. 영화계에서 일하는 팀원은 각자의 작업을 검토하고 아직 미완성 단계에 있을 때 피드백을 제공한다. 이같은 논평의 의도는 프로젝트의 결과를 팀원들과 공유하기 전에 일정 수준의 완벽함에 이르도록 하려는 타고난 욕구를 피한다.

창조적 해결은 통합적인 의사결정 과정에 반대되는 생각을 모아 새로운 조합으로 배열하여 새롭고 유용한 해결책을 창출해 내는 것이다(L. Hill, 2014).

"혁신적 조직은 어울리기 위해 동행하지 않는다. 그리고 그들은 타협하지도 않으며, 사장이나 전문가라고 해도 한 개인이나 집단이 주도하게 하지 않는다."라고 Hill 교수는 설명했다. "대신 그들은 좀 더 인내심을 가지고 보다 포괄적인 의사결정 과정을 운영한다. 단순히 한 가지를 선택하는 식의 의사결정이 아니고 생각되는 해결책들을 모두 검토하여 두 개 이상의 해결책을 선택한다."(L. Hill, 2014)

Pixar 사에서는 모든 사람은 누구와도 소통할 자유가 있고 누구나 편하게 새로운 아이디어를 제시할 수 있다. 다시 말해 관리자들이 "자신들의 영역에서 일어나는 일에 대해 스스로 가장 먼저 알 필요는 없다는 것을 배우고, 여러 가지 문제들을 처리하기 위한 가장 효과적인 방법은 어려운 문제들을 직접 해결하도록 사람들을 신뢰하며, 배우며 상사의 허락을 받기 위한 검토를 할 필요 없이 문제를 스스로 해결해야 한다."(Catmull, 2008)

종업원들 사이에서 상호작용 기회를 극대화하기 위해 Pixar 사옥은 대형 건물이고 건물 중앙에 앞마당이 딸린 넓은 중앙 홀이 있으며 거기에는 식당과 회의실, 욕실 그리고 우편함이 있다. 회사 내의 모든 사람이 하루에도 몇 번씩 공간을 통과해 지나간다. "그 공간에서 우연한 만남을 통해 얻어지는 기회가 얼마나 가치 있는 것인지 설명하기 쉽지 않다."(L. Hill, 2014)

"그들은 혁신이란 다른 사람들의 협력이 필요하다는 것으로 이해한다. 리더들은 공동체의식에 초점을 맞추어 세 가지 능력을 개발한다. 리더십을 어떻게 정의하고 있는지에 관한 질문에 리더십이란 사람들이 속하고 싶은 세상을 만드는 것이라고 답할 수 있다. 사람들은 Pixar에서 어떤 세상에 속하고 싶어할까? 당신은 지금 첨단 세계에서 살고 있다. 그러면 시간을 어디에 맞추어 보내고 있는가? 그들은 무엇을 상상하고 무엇을 생각하며 시간을 보내는가? 우리는 스튜디오를 어떻게 설계할 것인가? 직급이나 역할이 무엇이든 간에 감독에게 영화에 대한 느낌을 적은 메모를 자유롭게 제출할 수 있는 정책을 세워야 한다. 우리는 이 조직에서 혼란을 일으키는 것들과 소수의 주장을 경청하기 위해 무엇을 할 수 있는가? 그리고 마지막으로 관대한 방법으로 호의적으로 평가해야 한다."(L. Hill,

2014) 또한 그녀는 Pixar 영화의 엔딩 크레딧에 제작기간 중 태어난 팀원들의 아기 이름도 포함된다고 강조했다.

질문

01 LMX 이론의 시각에서, 본 장에서 주목해 본 것처럼 LMX에 대한 초기 연구는 내집단과 외집단에 중점을 두었다.

A. 이것이 장편 영화 제작에 필요한 대규모 팀을 이끄는 Pixar 접근 방식에 어떻게 적용할 수 있는지 설명하라.

B. Pixar에 대해 수집한 내용에서 팀 구성원은 내집단인지 외집단인지 말하고 그 이유에 대해 설명하라.

C. 대부분의 Pixar팀 구성원은 자신이 그룹의 일부라고 생각하는가? 그 이유에 대해 설명하라.

D. 사례에서 논의된 '창조적 마모'는 집단 내 사고의 산물이라고 생각하는가? 그 이유에 대해 설명하라.

E. 외집단에서 자신을 창조적으로 마모할 수 있거나 생산적일 수 있을까? 그 이유에 대해 설명하라.

02 리더–성원 교환 이론에 초점을 맞춘 LMX 후기 연구에 기초하여 Pixar 사의 리더–성원 간의 교환의 질적 수준에 대한 순위를 매긴다면 어떤 순위에 해당하는가? 왜 그런 순위에 해당하는가?

03 Pixar 사 팀들의 구성원들이 자신들에게 권한 부여가 되어있다는 느낌을 받는가?

A. 사례에서 논의된 창조적 능력에 대한 아이디어가 성원들이 느끼는 권한 부여에 어떻게 적합한가?

B. 창의적인 해결에 대한 아이디어는 무엇인가?

04 본문에서 논의된 리더십 발달 단계를 볼 때 Pixar와 같은 고도의 혁신적 회사는 어느 단계에 있다고 생각하는가? 그 이유에 대해 설명해보라.

05 Pixar 사의 문화는 LMX 발달 단계의 역할 맡기, 역할 만들기, 역할 일상화 등이 일어날 수 있는가? 그 해답을 설명하시오.

—Barbara Russell, MBA, BSCS, BBA, Chemeketa Community College

리더십 측정 도구

연구자들은 LMX 이론을 연구하기 위해 많은 설문지들을 사용하였다. 이 모든 설문지는 리더와 성원 간의 '작업상의 상호관계'의 질을 측정하기 위해 설계되었다. 책에 싣기 위해 LMX 7을 선택하였다. LMX 7은 일곱 문항으로 구성되었고 신뢰성과 타당성이 검증된 리더-성원 교환 관계의 질을 측정하기 위한 도구이다(Graen & Uhl-Bien, 1995).

LMX 7은 리더-성원 관계의 세 가지 차원인 신뢰, 존경, 상호적인 의무(의리)감을 측정하기 위해 고안되었다. 보다 구체적으로 말해서 이 설문지는 리더와 성원들이 서로의 일처리 능력에 대해 상호적인 신뢰의 정도와 상호적인 존경을 느끼고 있는 정도, 그리고 서로 간에 상호적인 의무(의리)감을 느끼고 있는 정도를 측정한다. 이 세 가지 차원은 강한 협동 관계를 형성하는 데 필요한 요소이다.

설문지 LMX 7을 작성해 봄으로써 LMX 이론이 어떤 역할을 하는지 보다 더 충분한 이해를 얻을 수 있게 될 것이다. 설문지에서 얻은 점수는 리더-성원 관계의 질을 반영하고 또 그 관계가 LMX 모형에 서술되고 있는 협동 관계의 특성(characteristics of partnership)을 반영하는 정도를 가리킨다.

이 설문지는 리더의 입장과 성원의 입장에서 응답할 수 있다. 리더 입장에서는 성원들 각자와의 관계의 질을 측정하기 위해 성원들의 수만큼 여러 차례 설문지를 작성해야 한다. 성원들은 자신의 리더와의 관계를 근거로 하여 설문지를 완성하면 된다. LMX 7이 이론적인 의문점을 탐구하기 위해 연구자들에 의해 가장 일반적으로 사용되고 있는 측정 도구이기는 하지만 리더 스스로 리더십을 분석하기 위해서도 사용될 수 있다. LMX 7에서 얻은 점수를 다음 지침을 사용하여 해석하여 보라.

매우 높음=30~35점 **높음**=25~29점 **보통**=20~24점 **낮음**=15~19점 **매우 낮음**=7~14점

높은 범주의 점수는 보다 강하고 보다 높은 질의 리더-성원 교환 관계를 나타내며(즉, 내집단 구성원들 : in-group members), 반면에 낮은 범주의 점수는 낮은 질의 교환 관계를 나타낸다(즉, 외집단 구성원들: out-group members).

LMX 7 설문지

작성 요령: 이 설문지는 '당신과 당신의 리더와의 관계' 혹은 '당신과 성원들 중의 한 사람과의 관계'를 묻고 있는 문항들을 담고 있다. 각 문항마다 그 관계의 정도를 나타내는 숫자가 기록되어 있다. 당신의 경우를 가장 잘 나타내고 있는 숫자 위에 ○표하라.

Key: **1**=전혀 그렇지 않다 **2**=그렇지 않다 **3**=보통이다 **4**=그렇다 **5**=전적으로 그렇다

01	당신은 당신의 리더(부하)와의 관계가 어떻습니까? 당신의 리더(부하)는 당신이 하는 일에 대해 어느 정도로 만족하고 있다고 생각하십니까?	1 2 3 4 5
02	당신의 리더(부하)는 당신의 직무상의 문제점이나 직무상의 필요를 어느 정도로 잘 이해하고 있습니까?	1 2 3 4 5
03	당신의 리더(부하)는 당신의 잠재 능력을 어느 정도로 잘 인식하고 있습니까?	1 2 3 4 5
04	직위에 부여된 공식 권한과는 관계없이 당신의 리더(부하)는 그의(그녀의) 권력(영향력)을 이용하여 당신을 도와 작업상의 문제를 해결해 줄 가능성은 어느 정도입니까?	1 2 3 4 5
05	당신의 리더(부하)가 가지고 있는 공식적 권한과는 관계없이 당신의 리더(부하)가 자신의 희생을 무릅쓰고 당신을 어려운 처지에서 구해내 줄 가능성은 어느 정도입니까?	1 2 3 4 5
06	당신의 리더(부하)를 충분히 신뢰하고 있기 때문에 그(그녀)의 결정을 옹호하고 정당하다고 인정할 것입니까?	1 2 3 4 5
07	당신의 리더(부하)와의 업무적인 관계에 만족한다고 말할 수 있습니까?	1 2 3 4 5

요약

40년 전 '수직적 짝 관계 이론(vertical dyad linkage theory)'이란 이름으로 처음 발표된 이래 LMX 이론은 계속 연구되어 오고 있는 리더십 접근법이다. LMX 이론의 리더십은 리더와 성원들 간의 상호작용을 중심으로 나타나는 과정이라는 것을 강조한다. 그래서 이 이론은 리더-성원 관계를 리더십 과정의 중추적인 개념으로 삼고 있다.

LMX 이론의 초기 연구에서 리더와 작업 단위 부서 전체 간의 관계를 일련의 수직적 짝 관계(a series of vertical dyads)로 보고 그것을 두 가지 유형으로 범주화하였다. 확대된 역할 관계(expanded role relationship)를 기반으로 한 리더-성원 짝 관계를 리더의 내집단(in-group)이라 부르고, 공식적인 직무기술서를 기반으로 한 리더-성원 짝 관계를 리더의 외집단(out-group)이라고 불렀다. 성원들이 내집단(in-group)의 구성원이 되는 것은 그들이 리더와 어느 정도로 잘 지내고 있는가, 그리고 그들의 역할 책임을 기꺼이 확대하려고 하는가에 달려 있다. 그리고 그들의 리더와 공식적인 계층적 관계만을 유지하고 있는 성원들은 외집단(out-group)의 구성원들이 된다. 그리하여 내집단의 구성원들이 가외의(특별한 배려로서) 책임과 보상 및 영향을 받게된 반면, 외집단의 구성원들은 기본적인 직무상의 규정에 따른 혜택만을 받게 된다.

LMX 이론의 후속 연구는 리더-성원 교환 관계가 조직의 업적에 어떻게 영향을 미치는가에 초점을 맞추었다. 연구자들은 리더-성원 간의 양질의 교환 관계가 다수의 긍정적인 성과들(낮은 이직률, 보다 더 큰 조직 헌신성, 더 많은 승진)을 낳는다는 것을 발견하였다. 일반적으로 연구자들은 리더-성원 간의 좋은 교환 관계가 성원들이 더 편안을 느끼고, 더 많은 것을 달성하며 조직을 도와 조직의 업적을 증대시키는 결과를 초래한다는 것을 확인하고 있다.

최근 LMX의 연구에서 강조하고 있는 것은 리더십 만들기(leadership making)이다. '리더십 만들기'는 리더가 그의 모든 성원들과 양질의 교환 관계를 개발하기 위해 노력해야 한다는 것을 강조한다. 리더십 만들기는 시간의 경과와 함께 세 단계를 따라 발전해 간다. 낯선 단계,

친지 단계, 성숙한 협동 단계가 그것이다. 새로운 역할 책임을 맡아 수행함으로써 이 세 단계를 거쳐 리더와의 성숙한 협동 관계를 발전시켜 간다. 이 같은 협동 관계는 고도의 상호 신뢰와 존경, 그리고 서로를 향한 의무감을 갖게 되는 특성이 있으며, 개인 자신들에게는 긍정적인 보상으로 이어지고 조직은 보다 더 효과적으로 운영되게 한다.

LMX 이론은 몇 가지 긍정적 특성을 가지고 있다.

1. LMX 이론은 강력하게 서술적이고 실증적 접근법으로서 리더가 조직의 목표를 효과적으로 달성하기 위하여 어떻게 외집단의 구성원들보다 내집단의 구성원들을 더 잘 활용하는가를 설명하고 있다.
2. LMX 이론은 독특한 이론이다. LMX 이론은 다른 접근법들과는 달리 리더–성원 관계를 리더십 과정의 초점(중심축)으로 삼고 있기 때문이다. 이 같은 초점과 관련하여 LMX 이론은 주목할 가치가 있는 이론이다. 리더–성원 관계에서 효과적인 의사소통의 중요한 역할에 우리의 눈을 돌려야 하기 때문이다.
3. LMX 이론은 양질의 리더–성원 교환 관계와 긍정적인 조직 성과를 연결시키는 많은 실증연구들에 의해 실증적 지지를 받고 있다는 점이다.

LMX 이론에는 다음과 같은 부정적인 특성도 있다.

1. LMX 이론은 작업 현장에서 공정성과 공평성 원칙에 역행하고 있다는 점이다. 이 이론에 의하면 작업 단위 부서의 어떤 구성원들은 특별한 배려를 받고 어떤 구성원들은 그렇지 못하기 때문이다. 내집단의 활용에 의해 조성된 '지각된 불평등성(the perceived inequalities)'은 외집단 구성원들의 감정과 태도와 행동에 파괴적인 영향을 미친다.
2. LMX 이론은 리더–성원 교환 관계를 강조하고 있지만 어떻게 양질의 교환 관계를 만들어 갈 것인가에 대한 복잡한 내용을 설명하지 못하고 있다는 점이다. LMX 모형은 신뢰의 구축, 상호 간의 관계에서 존경과 헌신성을 촉구하고 있지만 이 같은 것들이 어떻게 나타나는가에 대한 설명을 하지 않는다.
3. LMX 이론의 주된 측정 도구들이 충분히 정밀성을 가지고 리더–성원 교환 관계의 복잡한 특성을 측정하고 있는가에 대한 의문을 가진다.

CHAPTER 8

변혁적 리더십

- 서술
- 변혁적 리더십이란
- 변혁적 리더십과 카리스마
- 변혁적 리더십 모델
- 기타의 변혁적 시각
- 변혁적 접근법의 효용
- 강점, 비판, 응용
- 요약

서술

변혁적 리더십 접근법(the transformational leadership approach)은 1980년대 초부터 많은 연구의 초점이 되는 비교적 최근의 리더십 접근법 중 하나이다. 이 접근법은 이 책의 초판이 발행된 이후 더욱 대중적인 호평을 받고 있으며, '새로운 리더십(the New Leadership) 패러다임'(Bryman, 1992)의 일부이기도 하다. 이는 곧 리더십의 카리스마적 요소와 정서적 요소에 더 많은 관심을 기울이고 있다는 것을 의미한다.

Leadership Quarterly에 게재된 논문들의 내용 분석에서 Lowe와 Gardner(2001)는 모든 리더십 연구의 3분의 1이 변혁적 · 카리스마적 리더십에 관한 것이라는 것을 발견하였다. 많은 학자가 변혁적 리더십을 연구하고 있으며, 리더십 연구의 중심에 자리하고 있다. 변혁적 리더십은 그 이름이 의미하는 것처럼 성원들의 정서, 가치관, 윤리, 행동규범 그리고 장기적 목표 등을 바꾸어 줌으로써 개인을 변화시키고 변혁시키는 과정이다. 이 같은 관심은 계속되어 새로운 세기로 이어졌고 리더십 연구들을 평가하고 검토하는 과정에서 Dinh et al.(2014)은 변혁적 리더십에 대한 관심이 2000년부터 2012년까지 지속되었다는 것을 발견했다. 이와 유사하게 Antonakis(2012)도 여러 분야의 연구 영역에서 이 이론을 참고하거나 인용된 횟수가 증가하고 있다는 것을 발견했고, 유사 분야인 관리 경영이나 사회 심리학뿐만 아니라 간호학, 교육학, 산업공학과 같은 다른 분야에서도 이론을 참고하며 인용하고 있었다. Bass와 Riggio(2006)는 변혁적 리더십의 인기는 내재적 동기부여와 성원들의 개발을 강조하는 데서 기인한다고 말했다. 변혁적 리더십은 불확실성 시대에 권한위임을 받고 또 고무된 작업 집단들의 필요에 적합한 리더십이다. 분명한 것은 많은 학자가 변혁적 리더십을 연구하고 있으며 리더십 연구의 중심에 자리하고 있다는 것이다. 그러나 다른 학자들(Andersen, 2015; Anderson, Baur, Griffith, & Buckley, 2017)은 변혁적 리더십에 대한 관심이 과장될 수 있으며 밀레니얼 세대가 계속해서 일터로 들어옴에 따라 이러한 리더십에 대한 접근 방식은 덜 중요할 수 있다고 이야기한다.

그리고 이 같은 변혁적 리더십의 과정에는 성원들의 동기를 평가하고 그들의 욕구를 충족시키며 성원들을 완전한 인격체로 대우하는 것이 포함된다. 그리고 변혁적 리더십은 성원들이 기대 이상의 업적을 성취하도록 하는 특별한 형태의 영향력이기도 하다. 또한 이 변혁적 접근법은 '카리스마적(charismatic) 리더십'과 '비전적(visionary) 리더십' 개념을 포괄하는 리더십 과정이기도 하다. 변혁적 리더십은 리더십의 폭넓은 범위(a wide range of leadership)를 설명하기 위해 사용될 수 있는 포괄적인 접근 방법이다. 그래서 이 접근법은 성원들에 대한 일대일의 제한적인 영향력 행사에서부터 조직 전체 수준이나 문화 전체에 대한 영향력 행사에 이르기까지 매우 폭넓은 범위를 포괄하고 있다. 변화와 변혁을 촉진하는 과정에서 중추적 역할을 하는 것은 변혁적 리더이지만, 변화의 실천 과정에서는 리더와 성원 간의 빈틈없는 결속이 항상 요구된다는 것을 강조하는 접근법이다. 사실, 변혁적 리더십은 리더와 실행자 사이의 관계에 너무 집중한 나머지 일부 학자(Andersen, 2015)는 이러한 편향이 조직 효율성에 대한 변혁적 리더십의 영향에 대한 설명을 제한할 수 있다고 주장한다.

변혁적 리더십이란

'변혁적 리더십'이라는 용어는 Downton(1973)이라는 학자에 의해 처음 만들어졌다. 그러나 변혁적 리더십이 리더십의 중요한 접근법으로서 등장한 것은 정치 사회학자인 James MacGregor Burns의 저서인 "Leadership"(1978)을 통해서였다. Burns는 그의 저서에서 리더와 성원의 역할을 연결시키려고 시도하였다. 그는 리더에 관하여 기술하기를 "리더란 성원들의 목표와 리더의 목표에 더욱 더 효과적으로 도달할 수 있도록 성원들의 동기를 자극하는 사람"이라고 하였다(p. 18). Brun에 의하면 리더십은 권력을 휘두르거나 권력을 행사하는 것과는 아주 다르다는 것이다. 왜냐하면 리더십은 성원들의 필요와 욕구를 충족시켜 주는 것을 떠나서는 결코 생각할 수 없기 때문이다.

1 변혁적 리더십과 거래적 리더십

Burns는 리더십을 거래적 리더십(transactional leadership)과 변혁적 리더십(transformational leadership)의 두 가지 유형으로 구분했다. 거래적 리더십은 리더와 실행자 사이에서 발생하는 교환 관계에 초점을 맞춘 대부분의 리더십 모델을 의미한다. 새로운 세금 추징을 반대하는 공약으로 선거에서 승리한 정치인은 거래적 리더십을 단적으로 보여준다. 마찬가지로, 목표를 초과 달성하는 직원에게 승진을 약속하는 관리자도 거래적 리더십 유형이다. 교사가 학생들에게 완료된 과제에 대해 점수를 줄 때에도 거래적 리더십이다. 거래적 리더십의 교환 차원은 매우 일반적이며 모든 유형의 조직에 걸쳐 여러 수준에서 관찰될 수 있다. 연구에 따르면 리더와 구성원 간의 교환 또는 거래는 고용 계약의 자연스러운 구성 요소이지만, 직원은 거래적 리더를 신뢰하고 상호 유익한 리더-성원 관계를 생성할 수 있는 가장 능력이 있는 사람으로 반드시 인식하지는 않는다(Notgrass, 2014). 대신 직원들은 관리자가 창의성 장려, 성취 인정, 신뢰 구축, 집단적 비전의 고취와 같은 변혁적 리더십 행동을 수행하는 것을 선호한다(Notgrass, 2014).

거래적 리더십과 대조적으로 변혁적 리더십이란 리더가 성원들과 함께 리더와 성원 양쪽 모두의 동기유발 수준과 도덕 수준을 높이는 연결 관계를 창조해가는 과정(Transformational leadership refers to the process whereby an individual create a connection that raises the level of motivation and morality in both the leader and followers)을 가리키는 말이다. 이러한 변혁적 리더는 성원들의 동기와 욕구에 관심을 가지며 성원들이 그들의 능력을 최대한 발휘할 수 있도록 도와주는 데 노력을 기울인다. Burns는 마하트마 간디(Mahatma Gandhi)를 변혁적 리더십의 고전적 사례로 꼽는다. 간디는 수많은 국민의 요구와 희망의 수준을 드높였으며, 그 과정에서 자기 자신을 변화시켜 나아갔다.

조직 세계에서 변혁적 리더십의 예로 공정성과 정의에 대한 보다 인간적인 기준을 반영하기 위해 회사의 기업 가치를 변경하려는 관리자가 있다. 이 과정에서 관리자와 성원 모두 더 강력하고 더 높은 도덕적 가치를 실감할 수 있게 된다. 실제로 Mason, Griffin 그리고 Parker(2014)는 변혁적 리더십 훈련을 통해 리더가 자기 효능감(self-efficacy), 긍정적 감정, 다양한 관점을 고려하는 능력을 향상할 수 있음을 보여준다. 그들의 연구 결과는 변혁적 리더십이 리더와 실행자 모두에게 긍정적인 심리적 유익을 가져올 수 있음을 시사한다.

2 유사한 변혁적 리더십

Burns(1978)에 의해 제기된 변혁적 리더십의 개념화에는 리더나 성원들 모두의 도덕성 수준(the level of morality)을 높이는 것이 포함되어 있으므로, Adolf Hitler나 Saddam Hussein과 같은 리더를 설명할 때 이 용어를 사용하는 것은 적절하지 않다. 그들은 변혁적이었지만 비도덕적이고 부정적인 방식의 변혁을 시도하였기 때문이다.

이 같은 문제를 다루기 위해 Bass(1998)는 '유사 변혁적 리더십(pseudo transformational leadership)'이란 새로운 용어를 만들었다. 이 용어는 자기파괴적이고 착취적이며 권력 지향적이고 도덕적 가치를 왜곡시키는 리더를 가리키는 말이다(Bass & Riggio, 2006). '유사 변혁적 리더십'은 다른 사람들의 이익보다는 자기 자신의 이익에 초점을 맞추는 자기 지향적 리더십(personalized leadership)이다(Bass & Steidlmeier, 1999). '진정한 변혁적 리더십(authentic transformational leadership)'은 집단의 이익을 위해 영향을 미치려는 타인 지향적 리더십(socialized leadership)이다. 타인 지향적인 변혁적 리더는 다른 사람들을 위해 자신의 이익을 초월하는 리더인 것이다(Howell & Avolio, 1993).

네 가지 실험 연구에서 Christie, Barling, Turner(2011)는 이 장의 뒷부분에서 논의하는 변혁적 리더십의 네 가지 구성 요소인 이상화된 영향, 영감을 주는 동기, 지적 자극 및 개별화된 고려를 반영하는 유사 변혁적 리더십의 예비 모델을 제시했다. 이 모델은 유사 변혁적 리더십의 의미를 명확히 하는 데 도움이 된다. 유사 변혁적 리더십은 이기적이고, 실행자들에게 독립적인 사고를 장려하지 않으며, 다른 사람들에 대한 일반적인 배려를 거의 나타내지 않는 리더십이다. 유사 변혁적 리더는 영감을 주는 재능과 매력이 강하지만 조종적이고 지배적이며 리더의 가치를 지향하도록 만든다. 이러한 유형의 리더십은 공동의 이익을 무시하기 때문에 실행자의 복지를 위협한다.

변혁적 리더십과 카리스마

Burns의 책이 출판되던 때와 거의 같은 시기에 House(1976)는 카리스마적 리더십(charismatic leadership)에 대한 이론을 책으로 출판하였다. 이 책이 출판된 이후 카리스마적 리더십은 연구자들의 많은 주목을 받게 되었다(Conger, 1999; Hunt & Conger, 1999). 카리스마적 리더십은 변혁적 리더십과 거의 동의어로 쓰이거나, 동의어까지는 아닐지라도 매우 유사한 개념으로 설명되고 있다.

처음에 '카리스마(charisma)'라는 개념은 비범한 일을 해낼 수 있는 잠재 능력, 즉 특별한 천부적 재능을 설명하기 위해 사용되었다. Weber(1947)는 가장 널리 알려진 '카리스마의 정의'를 제시하고 있다. 그의 정의에 따르면 "카리스마는 사람에게 초인간적이거나 혹은 비범한 힘(능력)이 부여된 특별한 성격적 특성"이라는 것이다. 이러한 카리스마는 극소수의 사람만이 가지고 있고 천부적이며 이 같은 카리스마를 가진 사람은 결국 리더로서 대우받게 된다고 하였다. 성격적 특성으로서의 카리스마에 대한 Weber의 강조에도 불구하고, 그는 카리스마적 리더들의 카리스마가 유효하게 되는 데는 성원들의 역할 또한 중요하다는 것을 인정하였다(Bryman, 1992; House, 1976).

카리스마적 리더십 이론에서 House는 카리스마적 리더는 성원들에게 특유의 카리스마적 영향을 미치는 독특한 방법으로 행동한다고 주장하였다(표 8-1 참조). House는 카리스마적 리더의 개인적 특성으로서 '남보다 뛰어난 우성형질(dominant)'을 가지고 있으며, 자신감에 차 있고, 다른 사람들에게 영향을 미치려는 강한 욕망이 있으며, 도덕적 가치에 대한 강한 신념을 지녔다고 하였다. 이 같은 뚜렷한 성격적 특성을 보이는 것 이외에 카리스마적 리더는 특이한 유형의 행동을 보인다. 첫째, 카리스마적 리더는 성원들이 받아들이고 싶어하는 가치관과 신념의 확실한 역할 모델이 된다. 예를 들어, Mahatma Gandhi는 비폭력을 옹호하면서 시민 항쟁의 전형적인 비폭력의 역할 모델이다. 둘째, 카리스마적 리더는 성원들에게 유능한 사람으로 비춰진다. 셋째, 그들은 도덕성을 함축하고 있는 이념적 목표를 상대방이 알아들을 수

표 8-1 카리스마적 리더십의 개념

성격적 특성	행동	성원에 미치는 영향
우성형질(지배성)을 가지고 있음.	강력한 역할 모델로서 행동함.	리더가 가진 이상이나 이념을 신뢰하게 됨.
영향을 미치고 싶은 욕망이 강함.	역량을 나타내 보이고 싶어함.	리더와 성원들 간에 신념상의 유사성이 생김.
강한 자신감을 가지고 있음.	목표에 대한 주장이 분명함.	리더의 목표나 주장을 망설임 없이 수용함.
강한 가치관을 가지고 있음.	• 성원에 대한 높은 기대를 나타냄. • 성원에 대한 신뢰를 표현함. • 성원의 동기를 일깨워줌.	• 리더를 향한 애정을 가짐. • 복종하게 됨. • 리더와 일체감을 갖게 됨. • 정서적으로 참여하게 됨. • 높은 목표를 설정함. • 자신감이 커짐.

있는 말로 분명하게 말한다. 유명한 Martin Luther King Jr. 목사의 연설 "나는 꿈이 있다(I Have a Dream)"는 카리스마적 행동의 대표적 사례이다.

넷째, 카리스마적 리더는 성원들에게 높은 기대를 표시하고 그 기대에 부응할 수 있는 성원들의 능력에 대한 강한 신뢰를 나타낸다. 그리고 성원들 스스로가 해낼 수 있다는 강한 믿음을 갖게 한다. 이러한 행동은 성원들이 업무에 대한 자신감과 자기 유능감을 증진시키고(Avolio & Gibbons, 1988), 그것은 결국 성원들의 업적의 증진으로 이어진다.

다섯째, 카리스마적 리더는 성원들에게 소속감, 권력 또는 존경을 나타낼 수 있는 과제와 관련된 동기를 유발한다. 예를 들어, 전 미국 대통령 John F. Kennedy는 "나라가 당신을 위해 무엇을 할 수 있는지 묻지 말고, 당신이 당신의 나라를 위해 무엇을 할 수 있는지 물어보라."고 말하며 미국 사람들의 인간적 가치에 호소했다. 조직적 맥락에서 카리스마적 CEO는 변혁적 리더십 환경을 모델링하고 육성함으로써 조직 구성원에게 동기를 부여할 수 있으며(Boehm, Dwertmann, Bruch, & Shamir, 2015), 이는 조직과 전체 조직의 성과로 이어질 수 있을 뿐만 아니라 그 성과는 성원들이 식별할 수 있을 정도로 증가하기도 한다.

House의 카리스마 이론에 따르면 카리스마적 리더십의 직접적인 결과로서 성원들에게 나타나는 몇 가지 효과를 찾아볼 수 있다. 리더가 가진 이념에 대해 성원들이 신뢰하고 성원들의 신념과 리더의 신념이 서로 유사해지며, 리더를 전폭적으로 받아들이고 리더를 향한 호감을 표현하고, 복종하게 되며, 리더와 일체감을 느끼게 되고, 리더의 목표 추구에 정서적으로 동참하게 되며, 성원들이 높은 목표를 세우게 하고, 목표를 성취하는 과정에서 성원들에게 자신감을 갖도록 한다. Weber와 같이 House는 이러한 카리스마적 리더십의 효과는 성원들이 어려운 상황에 빠져 있으면 나타날 가능성이 더 커진다고 주장하였다. 왜냐하면 곤혹스러운 상황에서 성원들은 리더가 어려움으로부터 그들을 구해주길 바라기 때문이다.

House의 카리스마적 리더십 이론은 여러 해에 걸쳐 확대되거나 수정되었다(Conger & Kanungo, 1998). 카리스마적 리더십 이론의 주된 수정작업은 Shamir, House, Arthur 등(1993)에 의해 이루어졌다. 그들은 카리스마적 리더십이 성원들의 자아개념을 변화시키고 성원들의 정체성과 조직의 집단적 정체성을 연결하려 한다고 주장한다. 그리고 카리스마적 리더는 작업의 내적 보상(the intrinsic reward of work)을 강조하고 외적 보상(extrinsic reward)을 중시하지 않음으로써 이러한 연결을 만들어간다. 성원들은 자신들이 하는 일 자체를 자신들의 표현으로 보기 때문이다. 이 같은 과정에서 리더는 성원들에 대한 높은 기대감을 나타내고 그들이 '자신감'과 '자기 유능감'을 얻도록 도와준다. 요약하면 카리스마적 리더십이 효과적인 리더십이 되는 것은 그것이 성원들과 그들의 자아개념을 조직의 정체성과 연결(결합)하고 있다는 데 있다.

변혁적 리더십 모델

1980년대 중반 Bass는 Burns(1978)와 House(1976)의 선행연구에 기초하여 변혁적 리더십을 보다 확장하고 다듬어서 새로운 내용의 수정판을 제시하였다(1985). Bass는 그의 연구에서 리더의 욕구보다는 성원들의 욕구에 더 많은 주의를 기울여 성과가 바람직하지 못한 상황에 변혁적 리더십이 적용되어야 한다는 것을 제의함으로써, 거래적 리더십과 변혁적 리더십을 상호 독립적인 연속체라기보다는 단일선상의 연속체로(그림 8-1 참조) 설명하며 Burns의 연구 결과를 확장하였다(Yammarino, 1993). 그리고 Bass는 카리스마의 본성과 정서적 요소에 보다 많은 관심을 기울여 카리스마가 변혁적 리더십의 필요조건이기는 하지만 충분조건은 아니라고 주장하며 House의 연구 결과를 확대하였다(Yammarino, 1993).

Bass(1985)는 변혁적 리더십은 다음과 같은 것들을 행함으로써 성원들이 기대 이상의 업적을 올릴 수 있도록 한다고 주장한다. 즉, 변혁적 리더는 ① 특정한 이상적인 목표의 가치와 중요성에 대한 성원들의 의식수준을 끌어올리고, ② 성원들이 자신들의 조직과 그들이 소속된 팀을 위해서 자신들의 이익을 초월하도록 만들며, ③ 성원들이 더욱 높은 수준의 욕구에 관심을 기울이도록 유도한다.

그림 8-1 단일선상의 연속체로서의 리더십

표 8-2 리더십 요인들

변혁적 리더십	거래적 리더십	비리더십 · 비거래적 리더십
요인 1 • 이상적 영향력 (idealized influence) • 카리스마(charisma) **요인 2** • 영감적 동기부여 (inspirational motivation) **요인 3** • 지적 자극 (intellectual stimulation) **요인 4** • 개별적 배려 (individualized consideration)	**요인 5** • 업적에 따른 보상 (contingent reward) **요인 6** • 예외 관리 (management-by-exception) • 적극적/소극적 (active & passive) • 교정적 거래 (corrective transaction)	**요인 7** • 자유방임적 (laissez-faire) • 비거래적 (nontransactional)

변혁 과정의 정교한 행동들은 Bass가 제시한 거래적 리더십 모델과 변혁적 리더십 모델에 잘 나타나 있다(Bass, 1985, 1990; Bass & Avolio, 1993, 1994). 이 모델에 대한 추가적인 설명은 최근 Avolio의 저서 "Full Leadership Development: Building the Vital Forces in Organizations(1999)"에 잘 나타난다.

〈표 8-2〉처럼 거래적 리더십과 변혁적 리더십 모델은 일곱 개의 서로 다른 요인들을 통합한다. 이러한 요인들은 〈그림 8-2〉에 나타난 '리더십의 전 범위 모델(full range of leadership model)'에도 잘 나타난다. 리더십의 일곱 가지 요인들 각각에 대한 논의는 Bass의 모델을 명확하게 하는 데 도움을 준다. 이 논의는 크게 세 부분으로 나누어지는데, '네 개의 변혁적 요인들, 두 개의 거래적 요인들, 한 개의 비리더십과 비거래적 요인' 등이다.

1 변혁적 리더십 요인들

변혁적 리더십은 성원의 성과를 개선하고 성원들의 잠재력을 최대한으로 개발하는 것과 관련이 있다(Avolio, 1999; Bass & Avolio, 1990a). 변혁적 리더십을 발휘하는 사람들은 종종 강력한 내부 가치와 궁극적 목표를 가지고 있으며, 실행자들이 자신의 이익보다 더 큰 목표달성을 위해 행동(헌신)하도록 동기를 부여하는 데 효과적이다(Kuhnert, 1994). 변혁적 방식으로 끌고 가려는 개인의 의도는 효과적인 변혁적 리더십 행동과 관련이 있다(Gilbert, Horsman, & Kelloway, 2016).

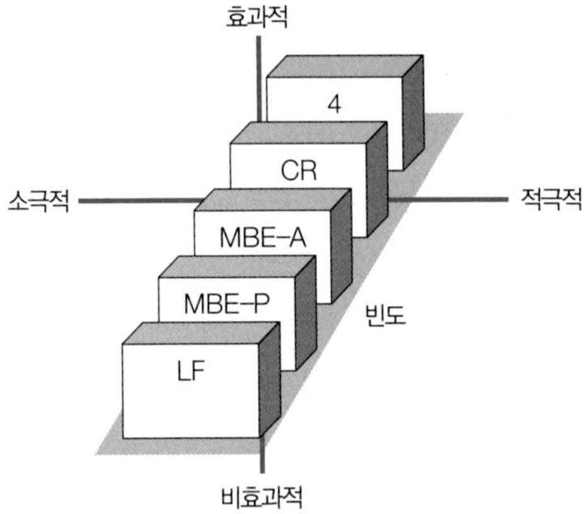

〈범례〉
비리더십(Non-leadership)
LF: 자유방임적(Laissez-Faire)

거래적 리더십(Transactional)
MBE-P: 소극적 예외 관리(Management-by-Exception, Passive)
MBE-A: 적극적 예외 관리(Management-by-Exception, Active)
CR: 업적에 따른 보상(Contingent Reward)

변혁적 리더십(Transformational 4 I's)
II: 이상적 영향력(Idealized Influence)
IM: 영감적 동기부여(Inspirational Motivation)
IS: 지적 자극(Intellectual Stimulation)
IC: 개별적 배려(Individualized Consideration)

그림 8-2 리더십의 전 범위 모델

출처: B. M. Bass and B. J. Avolio(1994), Used with permission of the author.

■ 이상적 영향력

요인 1은 카리스마 또는 이상적 영향력(Idealized Influence)이라고도 한다. 리더십의 정서적 구성 요소이다(Antonakis, 2012). 성원들에게 강력한 역할 모델이 되는 리더들을 가리키며 성원들을 리더들과 동일시하고 성원들은 리더의 행동을 본받으려고 한다. 이상적 영향력을 가진 리더들은 보통 매우 높은 도덕적, 윤리적 행동기준을 가지고 있으며 항상 올바른 일을 하는 것으로 간주된다. 성원들이 그들의 리더에 대한 강한 신뢰감을 갖고 있기 때문에 그들은 성원들로부터 많은 존경을 받고 있다. 그리고 그들은 성원들에게 항상 비전과 사명감을 심어준다.

이상적 영향력(idealized influence factor)의 측정은 두 가지 구성 요소인 귀인적 요소

(attributional component)와 행동적 요소(behavioral component)의 측정으로 이루어졌다. '귀인적 요소'는 성원들이 리더와 리더의 행동을 지각할 때 그 행동의 원인이 무엇인가에 대한 지각에 근거하여 가지게 되는 리더 행동의 귀인을 의미하고, 행동적 요소는 리더의 행동에 대한 성원들의 반응 행동을 가리킨다.

본질적으로 '카리스마 요인'은 다른 사람들이 리더 자신들이 제시한 비전을 따르도록 만드는 특별한 능력을 갖춘 사람을 설명하는 데 사용된다. 카리스마 요인을 지닌 리더의 예로 남아프리카공화국의 초대 유색인 대통령인 Nelson Mandela를 들 수 있다. Mandela는 높은 도덕성 수준을 가진 리더로 평가받고 있으며, 남아프리카공화국 국민들을 지도하는 데 있어서 기념비적 변화를 가져온, 명확한 비전을 제시한 리더로 인정받고 있다. 그의 카리스마적 자질과 그에 대한 국민들의 호응은 결국 국가 전체를 변혁시키는 결과를 가져왔다.

■ 영감적 동기부여

요인 2는 감화(inspiration) 또는 영감적 동기부여(inspirational motivation)라 부른다. 이 요인은 성원들에게 높은 기대를 표시하며, 조직 구성원들 간에 공유된 비전을 실현하는 데 최선을 다하도록 동기유발을 통해 성원들의 의욕을 끊임없이 고무시키는 리더를 묘사하는 말이다. 사실상 리더는 성원들이 그들 각자의 이익추구를 뛰어넘어 집단성원으로서의 노력을 집단의 목표 달성에 초점을 맞추게 하려고 정서적 호소를 하거나 집단 목표를 위한 상징적인 행동을 한다. 팀정신(team spirit)은 이 같은 유형의 리더십에 의해 증진된다. 요인 2는 판매관리자를 예로 들 수 있다. 그는 회사가 앞으로 성장해 나가기 위해서는 직원들의 역할이 필수적이라는 고무적인 말과 격려의 말을 통해 직원들이 자기 능력 이상의 성과를 달성할 수 있도록 동기부여한다.

■ 지적 자극

요인 3은 지적 자극(intellectual stimulation)이다. 성원들의 창의성과 혁신성을 자극하고, 자신의 신념과 가치뿐만 아니라 리더와 조직의 신념과 가치까지도 새롭게 바꿔 나가려고 노력하는 리더십이 이에 속한다. 이 같은 유형의 리더십은 성원들이 조직의 문제점을 다루는 데 있어서 혁신적인 방법을 개발하도록 하고 새로운 접근방법을 시도하도록 성원들을 지원한다. 이러한 리더십은 성원들에게 스스로 판단을 내리고, 보다 신중히 문제해결에 임하게 한다. 이 같은 리더십 유형의 사례는 생산지연의 문제점을 해결하기 위해 자신만의 독특한 방법을 개발하려는 생산직 근로자의 개인적 노력을 부추기는 공장장의 예에서 찾을 수 있다.

■ **개별적 배려**

변혁적 요인들 가운데 요인 4는 개별적 배려(individualized consideration)이다. 이 요인은 성원들의 개인적인 욕구에도 세심한 관심을 기울이고 지원적 분위기를 조성하려는 리더들의 대표적인 특성이다. 리더들은 성원들이 자기가 맡은 일에 완전히 익숙해지도록 돕는 동안, 코치와 조언자로서의 역할을 수행한다. 또한 이러한 리더는 성원들이 도전을 받아 성장하도록 돕기 위한 수단으로서 권한 위임을 활용하기도 한다. 이런 유형의 리더십 사례는 성원들 한 사람 한 사람을 돌보는 데 많은 시간을 보내는 관리자의 예에서 찾을 수 있다. 이러한 리더십을 발휘하는 리더는 성원들에게 매우 구조적이고 구체적인 지시를 내리고 어떤 성원들과는 강한 우호 관계를 가지기도 하며 성원들의 개별적인 업무상 필요를 배려한다.

본질적으로 변혁적 리더십은 거래적 리더십과 비교할 때, 보다 더 큰 성과를 이루어낸다(그림 8-3 참조). 즉, 거래적 리더십이 기대된 성과를 올리게 한다면, 변혁적 리더십은 기대를 훨씬 초과하는 업적 성과를 달성하게 한다. 예를 들어, 변혁적 리더십의 연구문헌에 나타난 39개의 연구를 분석한 연구에서 Lowe와 Kroeck 그리고 Sivasubramaniam(1996)은 변혁적 리더십을 발휘하는 사람들이 거래적 리더십을 발휘하는 사람들보다 더 높은 업무 성과를 냄으로써 보다 더 효과적인 리더로 지각된다는 사실을 발견하였다.

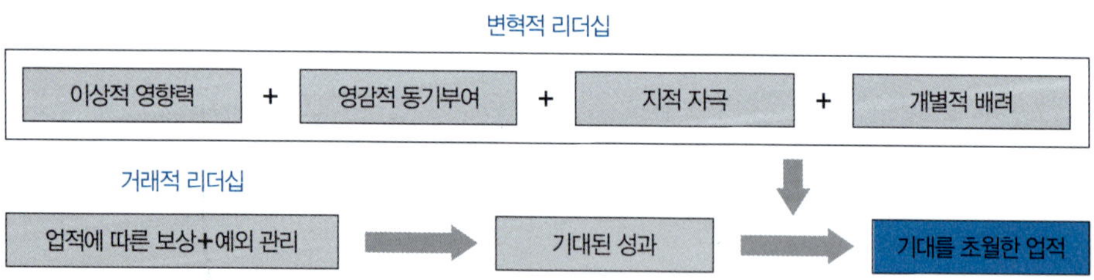

그림 8-3 변혁적 리더십의 추가적인 효과

출처: B. M. Bass and B. J. Avolio, "The Implications of Transactional and Transformational Leadership for Individual, Team and Organizational Development," 1990a, Research in Organizational Change and Development 4, 231-272.

이러한 발견은 상위계층과 하위계층의 리더는 물론, 공공부문과 민간부문 리더들의 경우에서도 확인할 수 있다. 변혁적 리더십은 성원들이 자신들에게 보통 기대되는 것보다 더 많은 것을 달성하도록 만든다. 또한 성원들은 자신들이 속한 조직의 이익이나 집단의 이익을 위해 자신의 개인적 이익을 초월하려는 의지를 갖게 된다(Bass & Avolio, 1990a). 사실, 변혁적 리더는 실행자가 자신의 작업에서 의미를 확인하거나 찾을 때 긍정적인 영향을 미칠 가능성이 가장 높다(Mohammed, Fernando, & Caputi, 2013).

Rowold와 Heinitz(2007)는 독일의 대형 운송회사의 종업원 220명을 표본으로 한 연구에서 변혁적 리더십은 '거래적 리더십이 종업원의 업적과 회사의 수익에 미치는 영향'을 증대시킨다는 것을 발견하였다. 이에 더하여 그들은 변혁적 리더십과 카리스마적 리더십이 중복되지만 각기 독특한 구성 개념들이며 둘 다 거래적 리더십보다는 더 높은 성과를 올리고 있다는 것을 발견하였다.

이와 비슷한 연구로 Nemanich와 Keller(2007)는 합병을 통해 새로운 대형 조직으로 통합된 다국적 기업의 447명 종업원에게 변혁적 리더십이 미치는 영향을 검증하였다. 그들이 발견한 것은 '이상적인 영향력', '영감적 동기부여', '개별적 배려', '지적 자극'과 같은 변혁적 리더십 행동들이 직무 만족, 직무 업적 등과 긍정적으로 상관성이 있다는 것이다.

Tims, Bakker 그리고 Xanthopoulou 등(2011)은 네덜란드에 소재한 두 개의 각기 다른 조직에서 42명의 종업원들과 그들의 관리자들을 대상으로 변혁적 리더십과 과업 수행 간의 관계를 연구하였다. 관리자들이 변혁적 리더십 유형을 통해 종업원들의 낙관적 태도를 증진할 때 종업원들의 작업 노력(활기, 헌신, 열중, 전념)이 보다 더 증대되었다는 연구 결과가 나타났다. 이 같은 연구 결과는 '변혁적 리더십-업적의 관계'에서 개인적 특성(낙관적 태도)의 중요한 역할을 강조한다. 마찬가지로 Hamstra, Van Yperen, Wisse 및 Sassenberg(2014)는 변혁적 리더가 거래적 리더보다 실행자의 숙달 목표 달성을 촉진할 가능성이 더 크다는 것을 발견했다. 이것은 변혁적 리더가 실행자들이 경쟁적이거나 성과에 기반한 업무 환경보다 학습, 개발 및 숙달해야 하는 환경에서 특히 효과적일 수 있음을 시사한다. 변혁적 리더는 신뢰, 충성도 및 상호 존중을 기반으로 한 고품격의 관계가 있을 때 실행자들을 더 높은 수준의 성공으로 이끌 수 있다(Notgrass, 2014).

2 거래적 리더십 요인들

거래적 리더십은 변혁적 리더십과는 다음과 같은 점에서 그 궤를 달리한다. 거래적 리더는 성원들의 욕구를 개별화하지 않고, 성원들의 개인적 개발(발전)에도 주의를 기울이지 않는다. 거래적 리더십에서는 성원들과 자신의 일상적인 일정 계획을 추진하기 위해 업적 달성과 그에 따른 대가를 주고받는 거래적 교환이 이루어진다(Kuhnert, 1994). 거래적 리더의 영향력은 리더가 원하는 대로 하는 것이 성원에게 유익을 가져다 준다는 데서 나온다(Kuhnert & Lewis, 1987).

■ 업적에 따른 보상

업적에 따른 보상(contingent reward)이라고 하는 요인 5는 거래적 리더십 요인들 가운데 첫 번째 요인이다. 요인 5는 성원의 노력이 특정한 보상과 교환되는 '리더와 성원 사이의 교환 과정'을 가리킨다. 이 같은 리더십 유형을 가진 리더는 수행되어야 할 과업이 무엇이라는 것을 제시하고, 그것을 수행하는 사람에게 주어지는 보상에 대해 성원들과의 합의를 얻어내려고 노력한다. 이런 거래 형태는 자녀가 피아노 연습을 마치면 얼마 동안 텔레비전을 시청할 수 있다는 식으로 자녀와 협상하는 부모의 예에서 찾을 수 있다. 또 대학에서도 자주 발생하는데, 승진이나 종신재직(정년 보장)을 보장받기 위해 요구되는 논문의 수와 논문의 품질에 대해 교수와 협의하는 학장의 경우이다. Notgrass(2014)는 조건부 보상 또는 리더의 성취 행동을 명확히 하고 지원을 하는 등 부하가 리더와 좋은 관계를 가지고 있을 때 가장 효과적이라는 것을 발견하였다.

■ 예외 관리

요인 6은 모델에서 예외 관리(management-by-exception)라는 이름이 붙여져 있다. 예외 관리는 교정적 비판(corrective criticism)과 부정적 피드백(negative feedback) 및 부정적 강화(negative reinforcement)를 수반하는 리더십을 가리킨다. 예외 관리는 두 가지 형태를 취한다. 적극적(능동적) 형태와 소극적(수동적) 형태가 그것이다. 예외 관리의 적극적 형태를 취하는 리더는 성원들의 실수와 규칙 위반을 빈틈없이 지켜보고 그때그때 수정 조치를 취한다. 적극적 예외 관리의 예는 종업원들이 고객들에게 어떻게 다가가는지를 매일 같이 감시하고, 규정된 방법대로 고객에게 접근하고 있지 않은 판매원들의 행동을 신속하게 교정시키는 판매 관리자의 리더십에서 찾아볼 수 있다. 소극적 예외 관리를 하고 있는 리더는 기준에 미달하거나 문제가 표면화된 후에만 개입한다. 소극적 예외 관리의 예는 종업원의 업무 성과에 대한 어떤 언급도 없이 인사고과에서 그 종업원에게 나쁜 점수를 주는 감독자의 리더십에서 찾아볼 수 있다. 본질적으로 적극적 예외 관리 유형과 소극적 예외 관리 유형은 업적에 따른 보상, 즉 요인 5에서 설명한 긍정적 강화(positive reinforcement)보다는 부정적 강화를 더 많이 사용한다.

3 비리더십 요인

모델에서 비리더십 요인(nonleadership factor)은 거래적 리더십으로부터 한 단계 더 분기된 것이며 비거래적인 행동들을 의미한다.

■ 자유방임주의

요인 7은 거래적-변혁적 리더십 연속체 선상의 맨 오른쪽에 있는 리더십에 해당한다(그림 8-1 참조). 이 요인은 리더십이 없는 상태를 나타낸다. Laissez-Faire라고 표기된 불어 문구가 의미하듯 자유방임(Laissez-Faire)적 리더는 "손을 떼고 일이 돌아가는 대로 놓아두어 보자."는 식의 접근을 한다. 이러한 리더는 책임을 포기하고 의사결정을 지연시키며 피드백을 제공하지 않고, 성원들을 도와 그들의 요구를 만족시키도록 지원하는 데에도 별 노력을 하지 않는다. 성원들과 작업에 관한 거래적 대화도 없고 성원들이 성장하도록 돕는 노력도 하지 않는다. 자유방임적 리더의 예는 회사를 위한 장기적인 계획이 없고, 현장감독자들과의 회의마저 소집하지 않으며, 종업원들과의 접촉도 거의 하지 않는 중소기업 사장의 경우이다. 자유방임 리더십은 전통적으로 부정적으로 여겨져 왔지만, 최근 연구(Yang, 2015)는 자유방임 리더십이 리더십의 부재가 아니라 리더가 부하를 인정하고 따르기 위한 전략적 행동 선택일 수 있다고 주장한다. 즉, 능력, 의존성을 감소시키고 자기 결정력, 자기 능력 및 자율성을 증가시키는 리더십이라는 것이다. 이 경우 리더는 실행자들에게 주도권을 부여하여 전략적으로 자유방임적인 리더십을 수행한다.

흥미롭게도 연구에 따르면 리더는 변혁적 리더십 행동을 자유방임 및 거래적 리더십 요소와 결합할 때 가장 효과적일 수 있다(Antonakis & House, 2014). 대부분의 리더십 이론이 제안하는 것을 반복한다. 리더십에 대한 모든 접근 방식(all approaches to leadership)에는 강점과 약점이 있으며, 효과적으로 리더십을 발휘한다는 것은 실행자, 과제, 환경적 필요와 압력을 지속적으로 조사하는 것을 의미하기 때문에 종종 최상의 접근 방식은 리더십 접근 방식의 조합이다.

4 변혁적 리더십의 측정

변혁적 리더십의 인지도가 높아지면서 연구자들은 그 특성과 효능을 측정하기 위한 여러 평가를 개발하였다. MLQ(Multifactor Leadership Questionnaire)는 변혁적 리더십의 초기에 가장 널리 사용된 평가 중 하나로 Bass(1985)가 남아프리카에서 70명의 고위 경영진과 함께 실시한 인터뷰를 바탕으로 개발되었다. 경영진들은 더 넓은 목표에 대한 인식을 높이거나 더 높은 동기로 이끌거나 자신보다 다른 사람의 이익을 우선시하도록 영감을 준 리더를 회상하라고 요청받았다. 그런 다음 경영진에게 이러한 리더가 어떻게 행동했는지, 즉 변화에 영향을 미치기 위해 무엇을 했는지 설명하라고 했다. 이러한 설문기록과 중급경영자들과 상급경영자들과의 인터뷰에서 얻은 자료를 기초로 하여 Bass는 MLQ의 설문내용을 구축했다. 문항은 〈그림 8-2〉의 리더십 전 범위 모델에 있는 요인들 각각의 리더 행동에 대한 성원들의 지각을 측정한다.

Antonakis, Avolio, Sivasubramaniam(2003)은 3,000명 이상의 평가자의 비즈니스 표본을 사용하여 MLQ의 심리 측정 속성을 평가했으며, MLQ의 유효성을 강력히 지지하고 있음을 발견했다. 그들은 MLQ(5X형)가 전체 리더십 모델에서 9가지 요소를 명확하게 구분한다는 것을 발견했다. 이와 유사하게, Hinkin과 Schriesheim(2008)은 MLQ에 대한 거래적 및 비리더십 요인의 경험적 속성을 조사하고 더 신뢰할 수 있으며, 유효한 결과를 생성하기 위해 설문지를 사용하는 몇 가지 방법을 확인했다. MLQ는 최초 설계 이후 많은 수정을 거쳐 신뢰성과 유효성을 강화하기 위해 지속적으로 개선되고 있다.

변혁적 리더십이 효과와 같은 결과와 어떻게 관련되는지 예측하기 위해 MLQ를 사용한 일련의 연구에 대한 요약 분석을 기반으로, Bryman(1992)과 Bass and Avolio(1994)는 MLQ에 대한 카리스마와 동기부여 요인이 긍정적인 효과와 관련이 있을 가능성이 가장 크다고 제안했다. 개인별 배려, 지적 자극, 우발적 보상이 다음으로 중요한 요인이다. 소극적인 형태에서 예외적인 관리(management by exception)는 성과와 다소 관련이 있는 것으로 나타났으며, 능동적인 형태에서는 성과와 부정적으로 관련이 있는 것으로 나타났다. 일반적으로 자유방임주의 리더십은 조직의 효과성, 만족도 등의 성과와 부정적으로 관련되는 것으로 나타났다.

기타의 변혁적 시각

Bass(1985, 1990; Bass & Avolio, 1994)의 연구 외에도 두 가지 다른 연구 분야가 변혁적 리더십의 본질에 대한 우리의 이해에 독특한 방식으로 이바지했다. Bennis와 Nanus의 연구(1985, 2007)와 Kouzes와 Posner의 연구(2002, 2017a)이다. 학자들은 유사한 질적 연구 방법을 사용했다. 그들은 다수의 중간 또는 고위급 리더들을 대상으로 개방형, 반구조화된 설문지를 사용하여 그들과 인터뷰를 수행했다. 이 정보를 활용하여 그들은 리더십 모델을 구축했다.

1 Bennis와 Nanus의 연구

Bennis와 Nanus(2007)는 90명의 리더에게 다음과 같은 기본적인 질문을 하였다. 당신의 강점과 약점은 무엇인가? 과거의 어떤 사건이 당신의 리더십 접근법에 가장 많은 영향을 미쳤나? 당신의 경력에서 중요한 순간은 언제였나? 이러한 질문에 대한 리더들의 응답에서 Bennis와 Nanus는 경영 혁신을 시도하고 있는 조직에서 리더들이 사용한 네 가지 공통적 전략을 확인하였다.

첫째, 변혁적 리더들은 조직의 미래에 대해 명확한 비전을 가지고 있었다. 비전은 매력적이고 현실적이며 신뢰할 만하고 미래에 대한 바람직한 모습을 담고 있었으며(Bennis & Nanus, 2007, p. 89), 보통 단순하고, 이해하기 쉽고, 유익하며, 활력을 불어넣어 주고 있었다. 시선을 끄는 비전은 성원들의 경험을 상기시켜 그들의 경험은 조직을 지원하는데 끌어들이는 것이었다. 조직이 명확한 비전을 가지고 있을 때, 조직 구성원들은 더 쉽게 자신들이 속한 조직의 전체적인 진행 방향에 자신들을 맞추어 나가는 방법을 터득하게 된다. 비전은 구성원들에게 자신들이 가치 있는 기업의 중요한 구성체라는 것을 느끼게 하여 결국 구성원들의 사기를 높여 준다(pp. 90-91). Bennis와 Nanus는 조직이 성공을 거두려면 비전이 조직 전체의 요구(필요)에서 나와야 하고 조직성원들이 진정으로 원하는 것이어야 한다는 사실을 발견하였다. 비전을 이해하고 감지할 수 있도록 말로 명확히 전달하는 데는 리더가 중요한 역할을 담당하지만, 그 비전의 출현은 조직 내의 리더들과 성원들로부터 나와야 한다.

둘째, 변혁적인 리더들은 조직을 위한 사회적 건축가(social architects)라 할 수 있다. 조직 내부 구성원들 간의 의미(뜻) 공유, 즉 공감대를 새롭게 형성시킨다는 것을 의미한다. 이러한 리더들은 조직의 가치와 규범의 변혁 방향을 전달한다. 대부분 이러한 리더들은 성원들이 스스로 속한 조직을 위해 새로운 이념과 새로운 '집단 정체성'을 수용하도록 만든다.

셋째, 변혁적인 리더들은 자신의 입장을 명확히 알리고 자기 자신부터 충실함으로써 조직 내에서 신뢰를 구축한다. 이렇게 구축된 신뢰는 불투명한 상황에서도 예측할 수 있도록 하거나 서로 믿을 수 있도록 만든다. 조직에서 리더는 조직이 나아가는 방향을 명확히 제시하고, 비록 그 비전이 고도의 불확실성을 수반하고 있을지라도 일관되게 실행에 옮김으로써 신뢰를 구축하였다. Bennis와 Nanus(2007)는 리더가 조직 내에서 신뢰를 구축할 때, 그것이 곧 조직의 건전한 정체성과 유사한 '완전무결하다는 생각(a sense of integrity)'을 갖게 한다는 것을 발견하였다.

넷째, 변혁적인 리더들은 긍정적인 이기주의(positive self-regard)를 통한 창조적 자기 전개(creative deployment of self)를 꾀한다. 이들은 자신들의 장단점을 알고 있으며, 단점에 얽매이지 않고 장점을 강조한다. 유능한 리더는 자신의 역량에 대한 인식의 바탕 위에서 조직의 궁극적 목표와 거기에 따른 자신의 업무에 몰두한다. 그리고 이 같은 리더는 자신이 하는 일과 자아의식을 융합시킬 수 있는 사람들이다. Bennis와 Nanus는 리더의 '긍정적인 이기주의'는 성원들에게도 똑같은 영향을 미치게 되어 성원들 역시 높은 기대와 자신감을 느끼게 된다는 것을 발견하였다. 그 밖에도 Bennis와 Nanus의 연구 대상이었던 리더들은 학습과 재학습에 몰입하고 있었고, 그로 인해 그들의 조직에서는 교육의 중요성을 지속적으로 강조하고 있었다.

Bennis와 Nanus(2007)는 변혁적 리더가 "조직을 현재 상태에서 미래지향적이고, 조직을 위한 미래의 비전을 만들며, 직원들에게 변화에 대한 약속을 하고, 에너지와 자원을 동원하고 집중하여 조직에 새로운 문화와 전략을 심어준다."고 주장했다(p. 19).

2 Kouzes와 Posner의 연구

Kouzes와 Posner(2002, 2017a)는 리더들을 대상으로 리더십에 관한 면담을 실시하고 거기에서 얻은 결과를 바탕으로 '리더십 모형'을 개발하였다. 그들은 사조직이나 공조직에서 근무하는 1,300명이 넘는 중간관리자들과 상위계층의 관리자들을 대상으로 '리더로서 자신이 겪었던 최고의 경험'을 적도록 하였다. 그 기록을 '내용 분석(content analysis)'한 결과를 근거로 하여 Kouzes와 Posner는 하나의 리더십 모형을 구성하였다.

Kouzes와 Posner의 모형은 훌륭한 업적을 성취하게 하는 다섯 가지 리더의 기본적인 실제적 행동(five fundamental practices)으로 구성되어 있다. ① 모범이 된다(model the way), ② 공유된 비전을 위해 영감을 불어넣는다(inspire a shared vision), ③ 전진하도록 도전한다(challenge the process), ④ 스스로 행동하게 한다(enable others to act), ⑤ 마음을 움직인다(encourage the heart) 등이다.

■ **모범이 된다**

모범이 되기 위해서는 리더가 자신이 실현하고자 하는 가치와 철학(신념)을 분명히 하는 것이 필요하다. 그리고 리더는 할 말을 신중히 선택하여 다른 사람들(성원들)에게 표명한다. 모범적인 리더는 자신의 행동을 통해서 다른 사람들에게 모범을 보인다. 그리고 모범적인 리더는 약속된 헌신을 끝까지 고수하고, 다른 사람과 공유하고 있는 공동의 가치를 실증적 증거나 경험에 따라 확신을 가지고 주장한다.

■ **공유된 비전을 위해 영감을 불어넣는다**

유능한 리더는 사람들의 행동을 유도할 수 있고 마음이 끌리게 하는 비전을 만들어낸다. 그리고 그는 미래에 나타나게 될 구체적이고 생생한 긍정적인 결과를 눈에 보이듯이 마음에 그릴 수 있어야 하며 다른 사람에게 의사소통할 수 있어야 한다. 그리고 리더는 실현되길 바라는 그들의 꿈에 귀를 기울여야 하고, 꿈이 조직의 비전과 연계되어 어떻게 실현될 수 있는지 보여주어야 한다. 이같이 비전을 위한 리더 행동을 통해 리더는 실행자들(성원들)이 현상을 초월하여 일할 수 있게 한다.

■ **전진하도록 도전한다**

"전진하도록 도전한다."는 의미는 기꺼이 현상을 변화시켜 경험해 보지 못한 미지의 영역으로 진입하도록 하는 것이다. 여기에는 기꺼이 개혁하고, 성장하고 발전하며 개선해가는 것을 포괄하는 개념이다. 모범적인 리더는 개척자와 같고 그들은 새로운 것을 실험하고 시도한다. 그리고 그들은 일이 더 잘 되게 하기 위해 기꺼이 위험을 감수한다. 모범적인 리더가 모험을 할 때는 한 번에 한 단계씩 시도하고 과거의 실수를 교훈으로 삼는다.

■ 스스로 행동하게 한다

뛰어난 리더들은 다른 사람들과 더불어 일하는 데 능숙하다. 그들은 다른 사람들의 신뢰를 구축하고 협동적 노력을 촉진하며, 팀워크와 협동에 높은 가치를 부여한다. 또한 그들은 다양한 견해와 관점을 세밀히 경청하고 다른 사람들을 대할 때는 존엄과 존경으로 대한다. 그들은 또 다른 사람들에게 선택의 기회를 주고 그들의 결정을 지원한다. 간단히 말해서 그들은 사람들이 자신들의 일에서 행복을 느낄 수 있고 자신들의 일이 보다 큰 공동체에 어떻게 공헌하고 있는가를 느낄 수 있는 환경을 조성한다.

흥미롭게도 연구에 따르면 여성은 더 많은 것을 가능하게 하는 행동을 통해 변혁적 리더십을 나타내는 경향이 있지만 남성은 더 도전적인 행동을 취하는 경향이 있다(Brandt & Laiho, 2013).

■ 마음을 움직인다

리더들은 다른 사람들의 업적에 대해 보상함으로써 그들의 마음을 움직인다. 사람들이 지원이나 후원을 얻고 인정받으려고 하는 것은 자연스러운 일이다. 모범적인 리더들은 이 같은 인간의 욕구에 주목하고 잘 수행된 업무에 대해 기꺼이 칭찬을 아끼지 않는다. 그리고 그들은 진정성이 담긴 축하의식을 갖고 감사를 표시하며 사람들을 격려한다. 이 같은 후원과 칭찬의 결과는 더욱 큰 집단 정체성과 공동체 정신을 낳는다.

Caza와 Posner(2019)의 이후 연구는 '투지' 또는 '인내의 특성'은 변혁적 리더십의 일부 측면과 관련이 있다는 것을 발견했다. 기개가 높은 리더는 모범적인 역할을 하고 다른 사람을 격려하는 행동보다는 개혁적인 행동을 더 많이 했다.

전반적으로 Kouzes와 Posner의 리더십 모형은 리더의 실제적 행동을 강조하고 처방적 성질(prescriptive quality)을 가지고 있다. 효과적인 리더가 되기 위해 리더가 해야할 일을 제안한다.

Kouzes와 Posner(2002, p. 13)는 모범적인 리더십의 '다섯 가지 실제적 행동'은 모든 사람이 할 수 있는 행동이며, 어떤 특별한 능력을 갖춘 자들에게만 제한적으로 가능한 행동이 아니라는 것을 강조하였다. 이 모형(모델)은 '성격'에 관한 것이 아니고 '실제적 행동'에 관한 것이다.

이러한 이유로 Kouzes와 Posner(2017b)는 2장에서 설명한 리더십에 대한 특성 접근 방식에 근본적으로 동의하지 않는다.

리더십은 유전자가 아니다. 특성도 아니다. 리더십이 어떤 사람들의 DNA에 각인되어 있고 다른 사람들의 DNA에는 각인되어 있지 않다는 확실한 증거는 없다. 당신이 가진 능력 중 하나는 앞을 내다보는 능력이다. 미래를 상상하는 능력은 호모 사피엔스를 다른 종과 구분하는 인간의 근본적인 특성이다. (p. 30)

이 모델에서 제시하고 있는 리더의 실제적 행동을 측정하기 위하여 Kouzes와 Posner는 '리더십 실제 행동 조사표(Leadership Practices Inventory: LPI)'를 개발했다. LPI는 전방위 리더십 측정 도구(360-degree leadership assessment tool)라고 하며, 개인의 리더십 역량을 측정하기 위한 30개의 설문 문항으로 구성된 360도 리더십 평가 도구로 리더십 훈련 개발에 널리 활용되고 있다. 280만 응답자의 답변을 기반으로 하여 LPI의 측정 속성을 검토한 결과, 측정값이 표본과 모집단에 걸쳐 우수한 신뢰성과 일관성을 보였고 다양한 연구 및 설정에서 기본 5 요인 구조가 유지되고 있음을 발견했다. 마지막으로, LPI의 점수는 직원 참여 및 리더 효율성에 대한 인식과 긍정적인 관련이 있다(Posner, 2016).

변혁적 접근법의 효용

리더십의 변혁적 접근법은 리더십 과정의 여러 가지 측면과 차원을 포괄하는 광범위한 시각에 기초하고 있다. 일반적으로 변혁적 접근법은 리더들이 조직에서 중요한 변화를 어떻게 시작하고 전개하며 실행해 가는가를 설명하고 있다. 확정적인 것은 아니지만 보통 변혁적 리더들이 보통 취하는 행동 단계는 다음과 같다.

변혁적 리더들은 성원들에게 권한을 위임하고 변화 과정에서 성원들의 능력을 키워 나가려고 한다. 리더들은 구성원들의 공익 의식을 높이고 다른 사람들을 위하여 그들 자신의 이익을 초월할 수 있게 하려고 노력한다. 예를 들어, Jung, Chow, & Wu(2003) 등은 대만의 32개 회사의 상위계층 리더십 연구를 통해 변혁적 리더십은 조직의 혁신과 직접적으로 관계가 있다는 것을 발견하였다. 그리고 변혁적 리더십은 조직성원들이 권한 위임을 실감하고 새로운 일들을 자유롭게 토의하고 시도하는 조직문화를 만든다.

변혁적 리더들은 변화를 이루기 위해 스스로가 성원들에게 강력한 역할 모델이 된다. 변혁적 리더는 고도의 도덕적 가치를 개발하고 자결적 정체성(self-determined identity)을 가지고 있다(Avolio & Gibbons, 1988). 그들은 자신감에 차 있고 유능하며 논리 정연할 뿐만 아니라 뚜렷한 이상(ideal)을 설득력 있는 말로 표현하기도 한다.

또, 성원들의 말에 귀를 기울이며 반대의견에 대해서도 비교적 개방적이다. 그래서 리더와 성원들 사이에는 빈번하게 협력적 분위기가 조성된다. 그리고 성원들은 변혁적 리더들에게 뒤지지 않으려 하고 그들을 본받으려고 노력한다. 왜냐하면 그들은 변혁적 리더들을 신뢰하게 되었고, 자신들의 리더가 내세우고 있는 아이디어를 실현할 수 있다고 믿게 되었기 때문이다.

변혁적 리더가 비전을 제시하는 것은 일반적인 현상이다. 비전은 조직의 다양한 하부 단위들과 구성원들의 집단적 관심사에서 나온다. 그리고 비전은 변혁적 리더십의 초점이다. 비전은 리더와 조직이 나아갈 방향을 안내하는 '개념적 안내도'를 제공하고 의미를 부여하며, 조직의 정체성을 명백하게 하기 때문이다. 더욱 이 비전은 조직 내부의 정체성 의식(a sense of identity)뿐만 아니라 자기 유능감을 갖게 한다(Shamir et al., 1993).

또한 리더십의 변혁적 접근은 리더들이 사회적 건축가(social architects)가 되기를 요구한다. 다시 말해, 리더들이 내세우려고 하는 조직의 가치(emerging values)와 규범을 명확히 해야 한다는 것을 의미한다. 변혁적 리더들은 조직의 문화에 영향을 미치고 조직문화의 의미가 구체화하도록 돕는다. 그리고 성원들은 자신들의 역할을 알아야 하고 자신들이 조직의 목표를 위해 어떻게 공헌할 것인가를 이해하는 것이 필요하다. 그리고 변혁적 리더들은 조직 내의 '공유된 의미 내지는 의도(shared meanings)'를 조직을 위해 해석하고 구체화하는 데 앞장선다. Mason et al.(2014)는 변혁적 행동을 실행하면 실행자뿐만 아니라 리더도 변화한다고 지적했다.

전반적인 리더십 과정에서 변혁적 리더들은 사람들과 더불어 효과적으로 일하는 사람들이다. 그들은 신뢰를 구축하고 다른 사람들과의 협동적 노력을 촉진하고 육성한다. 그리고 변혁적 리더들은 용기를 불어넣고 그들의 업적과 성취를 상찬의식(상을 주고 칭찬하는 의식)을 통해 치하한다. 결국 변혁적 리더십은 조직성원들이 스스로 행복을 느끼게 하고 보다 큰 가치를 위해 헌신하게 한다.

많은 사람은 삶의 가까이에 변혁적인 리더를 두고 있으며 매우 특별하게 기억하는 경향이 있다. 그들은 우리가 누구이고 무엇이 되었는지에 영향을 미쳤다. 변혁의 리더는 우리를 신뢰하고 실험하고 성장할 수 있는 공간을 만들어준 사람이다. 〈Box 8.1〉에서 매우 격렬하게 묘사된 것처럼 변혁적 리더들은 우리를 더 나은 사람으로 키우는 리더라고 할 수 있다.

Box 8.1

코치 Z에게 보낸 편지

다음 편지는 암으로 임종을 앞두고 있던 고등학교 코치에게 전학생이 보낸 편지이다. 학창 시절 Jeff는 주립 단식 테니스 경기의 준우승자였으며, 4년 동안 주요 대학에서 단식 1위를 했고, 미국 중부 선수권 대회에서 두 번이나 우승했다. 그는 편지를 책에 수록하는 것을 허락했다.

존경하는 Z코치님에게

저의 개인적, 직업적 발전에 기여한 역할에 대해 진심으로 감사하는 마음을 표현하기 위해 편지를 쓰고 싶었습니다. 이 사실을 알고 계실지는 모르겠습니다만 제 고등학교 시절은 사회적으로 매우 어려웠습니다. 작은 키와 체구는 엄청난 놀림과 수치심을 가져왔고, 이는 제 자부심과 자긍심에 깊은 영향을 미쳤습니다. 당시 저는 친구가 거의 없었고, 깊은 외로움을 경험하고 있었으며 점심시간과 같은 서로 교류하는 시간을 멀리하고 싶었습니다. 우리 고등학교는 배타적 소집단들을 형성하는 강한 문화가 있었고, 나는 그 집단에 속해 있지 않았습니다.

이 시기에 저는 선생님의 안전한 사무실과 편안하게 해준 안락함으로 도망쳤습니다. 이것은 정말 제가 살아남는 데 아주 중요한 역할을 하였습니다. 저는 이제 40세로, 당시 50대 중반이던 선생님께서 저를 친구처럼 대해 주시고 보살펴 주셨으니 그것이 저의 마음을 울립니다. 시간이 제한되어 있음에도 불구하고 아주 감사하게도 저에게 아낌없는 관심을 베풀어주셨습니다. 제 인생에 선생님이 없었다면 오늘의 제가 없었을 것이라고 확신합니다.

선생님은 항상 저를 믿어주셨고 제가 뭔가 특별한 일을 할 수 있다고 느끼게 해주셨습니다. 항상 저를 격려하고 더 깊이 파고 더 열심히 일하고 내 모든 것을 바치도록 독려했습니다. 당신은 정직, 성실, 팀워크, 헌신의 영역에서 저를 훈련시켰습니다. 당신이 저에게 가르쳐준 교훈은 지금의 저를 만들었고 평생 저와 함께할 것입니다. 당신의 영향력으로 인해 저는 인생에서 거의 불가능하다고 생각했던 일들을 성취할 수 있었습니다. 이 편지가 당신을 영예롭게 하고 하나님께서 당신의 남은 삶의 모든 날을 상쾌하게 하시고 번영시키시기를 바랍니다.

감사한 마음을 담아 당신의 제자

Jeff

강점, 비판, 응용

1 강점

현 단계에서 변혁적 접근법은 몇 가지 장점을 가지고 있다. 첫째, 변혁적 리더십은 많은 다양한 시각에서 광범위하게 연구되었고 대규모 조직의 저명한 리더들과 CEO들을 대상으로 하는 일련의 정성적 연구들을 포함하고 있다는 점이다. 또한 1970년대에 처음 소개된 이래 많은 리더십 연구문헌의 초점이 되어왔다. 예를 들어, 1990년부터 2000년까지 분기별 리더십에 게재된 모든 기사의 내용 분석에 따르면 기사의 34%가 변혁적 또는 카리스마적 리더십에 관한 것이었다(Lowe & Gardner, 2001). 2000년부터 2012년까지의 기간을 조사한 업데이트된 리뷰를 보면 상위 10개 학술지에 게재된 기사의 39%가 변혁적 또는 카리스마적 리더십에 관한 것이었다(Dinh et al., 2014). 또한 시장에서 인기 있는 리더십 서적에 등장한 변혁적 리더십에 대한 질적 연구는 변혁적 리더의 자질과 특성에 대한 풍부한 설명을 제공한다.

둘째, 변혁적 리더는 직관적 소구력(intuitive appeal)을 가지고 있다. 변혁적 시각은 리더가 어떻게 선두(out front)에서 변화를 주장하고 옹호하는가를 설명한다. 그리고 이러한 변혁적 개념은 리더십의 의미에 대한 사회의 일반적 통념과도 일치한다. 사람들이 변혁적 리더십에 대해 매력을 느끼는 것은 그들이 변혁적 리더십을 의미 있는 훌륭한 리더십으로 이해하기 때문일 것이다. 리더가 조직의 미래에 대한 비전을 제공한다는 것은 모든 성원에게 매력적인 일이 아닐 수 없다. 변혁적 리더는 유력자들(movers and shakers)로서 변화가 필요할 때 성원들이 미래에 대처하여 그들의 영향력을 통해 조직이 움직이도록 한다.

셋째, 변혁적 리더십은 리더십을 성원들과 리더 사이에 일어나는 과정으로 간주한다. 이 과정은 성원들의 욕구와 리더의 욕구 모두를 결합하는 과정이기 때문에 리더십은 리더 혼자만의 책임이라기보다는 리더와 성원 간의 상호작용으로부터 나오는 현상이라고 할 수 있다. 다른 '성원들의 욕구가 무엇인가'는 변혁적 리더에게 중심적인 관심의 대상이다. 그 결과 리더십 과정에서 성원들은 상대적으로 더 중요한 위치에 자리한다고 볼 수 있다. 이는 성원들의 속성

(능력, 가치관, 태도 등)이 변혁 과정을 진척시켜 나가는 데 있어서 결정적 수단이 되기 때문이다(Bryman, 1992, p. 176).

넷째, 변혁적 접근법은 다른 리더십 모델들을 확대한 보다 더 폭넓은 리더십 관점을 제시하고 있다. 많은 리더십 모델들이 성원들이 목표를 달성하면 리더는 거기에 대해 보상을 제공하는 식의 교환 관계에 주로 초점을 맞추고 있다면 변혁적 접근법은 보상의 교환뿐만 아니라 성원들의 욕구와 성장에 대해서도 주의를 기울이는 '리더십 기능의 확대된 모습'을 제공한다(Bass, 1985). 업적에 따른 보상과 변혁적 리더십 행동은 직원의 직무 만족도를 설명하기 위해 결합한다(Puni, Mohammed, & Asamoah, 2018). 즉, 실행자는 리더십에 대한 포괄적인 관점을 제공하는 전체 범위의 리더십 모델(그림 8-2 참조)에 포함되는 거래적 리더 행동과 변혁적 리더 행동 모두에 반응한다.

다섯째, 변혁적 리더십은 성원들의 욕구와 가치관 그리고 도덕성을 강조한다. Burns(1978)는 변혁적 리더십은 구성원들이 더욱 높은 수준의 도덕적 책임감을 느끼도록 하기 위한 리더들의 노력을 수반한다고 주장하였다. 이러한 유형의 리더십에는 자기 자신의 이익을 초월하여 팀과 조직 그리고 공동체의 이익을 위해 일할 수 있도록 성원들을 동기유발하려는 노력이 포함된다(Howell & Avolio, 1992; Shamir 등, 1993). 그래서 변혁적 리더십은 본질적으로 '도덕적인 수준의 향상(morally uplifting)'을 위한 노력이다. 변혁적 리더십이 이 같은 도덕적 측면을 포괄하고 있다는 점에서 리더십의 다른 접근법들과 구별된다. 이같이 리더십의 도덕적 측면을 강조하게 되면, Hitler와 Jim Jones 그리고 David Koresch 등과 같은 독재자들에 의한 강제적 권력의 사용은 리더십의 모델로 인정될 수 없다.

마지막으로, 변혁적 리더십이 효과적인 리더십의 모습이라는 연구 결과가 있다(Yukl, 1999). 변혁적 리더십 비판에서 Yukl은 리더를 평가하기 위해 MLQ를 사용한 연구에서 변혁적 리더십은 성원들의 만족, 동기부여, 업적과 긍정적인 상관관계를 보인다고 지적한다. 더 나아가 인터뷰와 현장연구를 통한 연구에서도 변혁적 리더십은 다양한 상황에서 효과적인 것으로 드러났으며 변혁적 리더십은 리더의 개인적 성장에 기여한다고 입증되었다(Notgrass, 2014).

2 비판

한편, 변혁적 리더십도 역시 몇 가지 약점을 가지고 있다. 그중의 하나는 변혁적 리더십은 개념적 명확성이 부족하다는 것이다. 변혁적 리더십은 비전 만들기, 동기 부여하기, 변화의 주역 되기, 신뢰 구축하기, 육성시키기 그리고 사회적 건축가로서 활동하기 등 리더십의 매우 폭넓은 범위를 포괄하고 있기 때문에 변혁적 리더십의 변수들을 명확하게 한정하기는 어렵다. Tracey와 Hinkin(2013)의 연구에 의하면 변혁적 리더십의 요인인 4I(Idealized influences, Inspirational motivation, Intellectual stimulation, and Individualized consideration)들 간에 상당한 중복이 있으며, 이는 각 차원이 명확하게 구분되지 않음을 시사한다.

더욱이 변혁적 리더십의 변수들은 리더십의 다른 유사한 개념들과 중복되는 부분이 있다. 예를 들어, Bryman(1992)은 일부 리더십 모형에서(Bass, 1985) 카리스마는 변혁적 리더십의 단지 한 가지 구성 요소임에도 불구하고, 변혁적 리더십과 카리스마적 리더십은 종종 동일한 것으로 취급되고 있다고 지적했다. 다른 사람들은 변혁적 리더십의 네 가지 차원(앞서 설명한 4I)이 변혁적 리더십의 이유인지 아니면 단순히 변혁적 리더십에 대한 설명인지에 대해 의문을 제기했다(Andersen, 2015; Tourish, 2013). 현재 연구자들은 이러한 차원이 변혁적 리더십을 예측하는지 아니면 변혁적 리더십의 존재를 설명하는 데 도움이 되는지 확신하지 못한다.

또한 Andersen(2015)은 변혁적 리더십이 기업이 아닌 사회적, 정치적 맥락에서 사용되도록 만들어졌다고 주장한다. 그러나 많은 연구자는 변혁적 리더십 이론을 정치적 리더십보다는 관리적 리더십을 탐구하기 위해 사용했다.

이 같은 연구 결과들은 MLQ나 변혁적 리더십 모델의 선명성이나 독자성에 의문을 제기하고 있다. 따라서 MLQ에 대한 본질적인 문제와 그것을 연구에 어떻게 사용할 것인가에 대해 보다 더 세심한 주의가 필요하다. 이같이 MLQ에 대한 의문이 제기되곤 하지만 27개 문항으로 구성된 새로운 MLQ 버전이 개발되었다. 그것을 사용한 이론 타당성의 검증이 기대된다(Tejeda et al., 2001). 또한 변혁적 리더십은 서술적 관점을 통해 더 잘 측정되고 이해될 수 있다고 말한다(Andersen, 2015; Tengblad, 2012). 변혁적 리더십에 관한 연구를 검토한 결과 요인 구조가 여러 연구에 걸쳐 반복적으로 연구할 수 없다고 확인되었다(Knippenberg & Sitkin, 2013).

세 번째 비판은 변혁적 리더십은 리더십 자체를 훈련될 수 있는 행동이라기보다는 개인적 성격 특성이나 개인적 성향을 다룬다(Bryman, 1992, pp. 100-102). 만약 변혁적 리더십이 성격 특성이라면 리더십 훈련을 시킨다는 것은 더 큰 문제가 아닐 수 없다. 왜냐하면 사람에게 자신의 성격을 바꾸는 방법을 가르친다는 것은 힘든 일이기 때문이다. Weber와 House 그리고 Bass와 같은 학자들은 변혁적 리더십을 리더 행동과 관련시켜 리더가 성원들에 대하여 어떻게 행동해야 하는가를 강조하고 있지만, 변혁적 접근법을 성격 특성의 시각에서 보는 경향이 있다. 아마도 이 같은 문제는 변혁적이라는 단어가 리더십 과정에서 한 사람, 즉 리더가 주역을 담당한다는 이미지를 갖고 있으므로 더욱 부각되는지도 모른다. 예를 들어, '비전 만들기'가 성원들의 자발적 참여와 개입의 정도에 달려 있음에도 불구하고, 변혁적 리더들은 환상을 쫓는 사람으로 비춰지는 경향이 있다. 뿐만 아니라 변혁적 리더를 다른 사람들을 변혁시키는 특별한 자질을 가진 사람으로 보는 경향도 있다. 이러한 이미지들이 변혁적 리더십을 성격 특성 이론(trait characterization)으로 보이게 만들었다.

네 번째 비판은 연구자들이 변혁적 리더가 개인이나 조직을 실제로 변화시킬 수 있다는 것을 설정하지 않고 있다는 점이다(Antonakis, 2012). 변혁적 리더십이 실제로 긍정적인 성과(조직의 효과성)와 관련성이 있다는 실증적 자료가 있으나, 아직도 많은 연구가 변혁적 리더와 성원들 및 조직의 변화 간에 인과 관계가 있다는 것을 명백하게 설명하지 못한다. Arthur와 Hardy(2014)는 조직의 열악한 성과를 시정하는 데 변혁적 리더십 개입의 효과를 평가하기 위해 실험적 설계를 사용할 수 있었기 때문에 이와 관련하여 작은 희망이 보였다. 이 연구는 변혁적 리더십 행동이 예상되는 긍정적인 변화를 가져올 수 있다는 초기 증거를 제공한다.

다섯 번째 비판은 변혁적 리더십이 선택된 엘리트의 것이고 반민주적이라는 주장이다(Bass & Avolio, 1993). 변혁적 리더들은 종종 변화를 창조하는 데 직접적인 역할을 하고 비전을 만들어내며 새로운 방향을 지향한다. 이 같은 점이 변혁적 접근법에서의 리더를 성원들과는 독립적으로 행동한다고 보도록 만들고 있다. 또 성원들의 필요를 고려하지 않는다는 인상을 주고 있기도 하다. 이 같은 엘리트주의라는 비판은 변혁적 리더들은 지시적이고 참여적일 수 있을 뿐만 아니라 민주적이고 권위적일 수도 있다고 주장한 Bass와 Avolio(1993), Avolio(1999)에 의해 반박받고 있지만, 비판의 본질은 변혁적 리더십의 타당성에 대한 의문을 제기한다. 변혁적 리더십 접근 방식은 주로 조직의 최상위계층에 있는 리더에 초점을 맞추었다. 그러나 일부 연구에 따르면 변혁적 리더십은 조직의 모든 수준에서 발생할 수 있다(Lovelace, Neely, Allen, & Hunter, 2019)는 것이다.

이 같은 비판과 관련하여 어떤 사람들은 변혁적 리더십이 영웅적 리더십 편견(heroic leadership bias)에 사로잡혀 있다고 주장한다(Yukl, 1999). 변혁적 리더십은 성원들이 '예상 밖으로 기대 이상의 일을 하게 하는 것'이 곧 리더가 하는 일이라는 것을 강조하기 때문이다. 기본적으로 리더에 초점을 맞춤으로써 연구자들은 리더십의 공유(shared leadership)와 상호적 영향 관계(reciprocal influence)에 대한 주의를 기울이지 못하게 된 것이다. 리더가 성원들에게 영향을 미치는 것과 마찬가지로 성원들도 리더에게 영향을 미칠 수 있다. 따라서 '리더가 어떻게 하면 성원들을 격려하여 리더의 비전에 도전할 수 있게 하고 리더십 과정을 공유할 수 있게 할 것인가'에 대해 더 세심한 주의가 필요하다.

또 다른 비판은 변혁적 리더십 접근법이 기본적으로 조직의 고위계층에서 일하는 리더들로부터 수집된 정성적 자료(qualitative data)에 의존한다는 점이다(Bryman, 1992). Bryman이 지적한 것처럼(p. 157), 이러한 자료는 조직의 리더십(leadership of organization)에 적용될 수는 있지만, 반드시 조직 내의 모든 계층의 리더십에 적용된다고 할 수는 없다. 예를 들어, 변혁적 리더십이 현장 관리자와 CEO에게 동일하게 적용될 수 있겠는가? 일선 감독자와 부서장이 '기업 조직의 고위층 관리자들과의 인터뷰를 통해 얻은 자료를 근거로 하여 만들어진 모델'에서 적합한 리더십을 배울 수 있는가? Bass와 그의 동료들은 변혁적 리더십의 가정들을 입증하기 위해 모든 계층의 리더들을 대상으로 한 계량적 연구 결과를 보고하기 시작하였다. 그러나 더 많은 연구 결과가 나올 때까지 변혁적 리더십이 어떻게 하위계층의 리더들에게 적용될 수 있을지에 대한 의문은 여전히 남아 있다.

변혁적 리더십에 대한 다른 비판은 변혁적 리더십의 남용 가능성이다. 변혁적 리더십은 사람들의 가치관을 변화시키고 새로운 비전으로 그들을 이끄는 데 관심이 있다. 그러나 새로운 방향이 바람직하고 긍정적인지 결정은 누가 하는가? 새로운 비전이 더 좋은 비전이라는 것은 누가 결정하는가? 지도자들이 추종자들을 움직이는 가치가 낫지 않고 인간 가치의 집합이 더 보상적이지 않다면, 리더십에 도전해야 한다. 그러나 추종자들이 리더에게 도전하거나 그들의 비전에 어떻게 반응하는지에 대한 역학관계는 아주 이해되지는 않는다. 변혁적 리더가 성원에게 심리적으로 어떤 영향을 미치는지, 성원의 반응에 리더가 어떻게 반응하는지 이해할 필요가 있다. 실제로 Burns(1978)는 이 분야를 이해하는 것(즉, 카리스마와 추종자 숭배)이 오늘날 리더십 연구의 중심 문제 중 하나라고 주장했다(Bailey & Axelrod, 2001). 변혁적 리더십의 카리스마적 특성은 파괴적 목적으로 사용될 수 있으므로 조직에 상당한 위험을 초래한다(Conger, 1999; Howell & Avolio, 1993). 사이코패스 성향과 변혁적 리더십을 메타분석한 결과 사이코패스 성향이 리더로 부상할 가능성은 다소 높지만 실효성이 떨어지는 리더로 평가됐다. 또한, 본 연구에서 여성은 사이코패스적 성향을 보면 불이익을 받지만 남성은 유사한 행동에 대해 보상을 받을 수 있음을 발견했다(Landay, Harms, & Credé, 2019).

역사는 사람들을 사악한 목적으로 이끌기 위해 강압적인 권력을 사용한 카리스마 넘치는 개인들의 사례로 가득 차 있다. 이러한 이유로 변혁적 리더십은 개인과 조직이 어떻게 영향을 받고 어떤 방향으로 나아가야 하는지를 인식하도록 하는 부담을 준다. Christie et al.(2011)은 예리한 추종자는 경계하고 리더의 비전(비전이 집단적이든 자기중심적이든), 리더가 반대되는 관점에 대해 관용적인지 편협한지, 리더가 리더인지 아닌지에 주의를 기울여야 한다고 경고한다. 추종자를 돌보는 것. 변혁적 리더십의 남용 가능성은 추종자가 자신이 이끄는 방식을 인식하고 참여할 때 완화된다.

변혁적 리더십 접근법에 대한 또 다른 비판은 모든 문화에서 효과적이 않을 것이라는 비판이다. 변혁적 리더십이 보편적이라는 이전의 주장에도 불구하고(Bass, 1997), 이는 데이터에 의해 뒷받침되지 않는다. 34개 국가에서 57,000명 이상의 직원을 대상으로 메타분석을 실시한 결과, 서유럽이나 북미와 같은 선진국에서는 변혁적 리더십 행위의 가치가 제한적일 수 있으며, 아프리카, 중동, 남미 및 동남아시아 일부에서 변혁적 리더십이 가장 효과적인 것으로 나타났다(Credé, Jong, & Harms, 2019).

변혁적 리더십의 마지막 잠재적 약점은 밀레니얼 세대가 잘 받아들이지 않을 수 있다는 사실이다(Anderson et al., 2017). 밀레니얼 세대가 노동력에서 베이비 붐 세대를 계속 대체함에 따라 조직은 밀레니얼 세대의 요구 사항을 충족하기 위해 이전의 작업 방식을 수정해야 한다. 변혁적 리더십이 그러한 예이다. 많은 밀레니얼 세대의 개인주의적 성향을 바탕으로 Anderson과 동료들은 변혁적 리더가 공동의 목표를 달성하기 위해 다른 사람들과 협력하려는 의지가 낮을 수 있기 때문에 덜 효과적일 수 있다고 예측한다. 이와 관련하여 오늘날의 변혁적 리더는 추종자들이 개인의 이익보다 조직 및 작업 요구 사항과 목표를 우선시하도록 장려하는 방식으로 의사소통한다(Anderson et al., 2017). 그러나 밀레니얼 세대가 일과 삶의 균형에 대한 욕구를 더 크게 표출하고 '일하기 위해 살기'보다 '살기 위해 일하기'를 원하기 때문에 이에 대한 반발이 예상된다(Ng, Schweitzer, & Lyons, 2010). 마지막으로 밀레니얼 세대는 빈번한 승진과 가치 외적 보상을 기대하기 때문에 변혁적 리더십의 두 가지 기본 요소인 이상화된 영향력과 영감을 주는 동기부여가 효과적이지 않을 수 있다(Anderson et al., 2017).

3 응용

변혁적 리더십은 리더들이 무엇을 하라고 말해주는 모델이라기보다는 변혁을 하거나 변혁적 상황에서 업무를 수행하는 리더들의 전형적 특성이 무엇인가에 대한 일반화된 내용을 제공한다. 또한 변혁적 리더십은 상황 적합 이론이나 상황적 리더십과 같은 접근법들과는 달리, 성공하기 위해 특정한 상황에서 리더가 어떻게 해야 하는가에 대한 명확한 가정들을 제공하지 못한다. 오히려 변혁적 리더십은 새로운 아이디어 개발, 영감적 동기부여, 혁신, 그리고 개별적 배려를 강조하는 리더십에 대한 일반적인 사고방식(a general way of thinking about leadership)을 제시한다. 또한 리더들이 자신들의 행동이 성원들의 요구와 어떻게 관련되어 있고 또 조직에서 변화의 역동성과 어떻게 관련되어 있는가를 알아차리기 위해 노력하라고 요구한다.

Bass와 Avolio(1990a)는 변혁적 리더십은 조직 내 모든 계층의 구성원들에게 학습시킬 수 있으며, 기업의 업무적 성과에 긍정적인 영향을 미칠 수 있다고 주장하였다. 그리고 변혁적 리더십은 채용, 선발, 승진, 훈련과 개발에 사용될 수 있으며, 팀 개발, 집단의사결정, 재조직화 및 개선을 위해서도 활용될 수 있다(Bass & Avolio, 1994).

변혁적 리더십을 개발하기 위해 설계된 프로그램들은 조직 구성원 개개인과 관련자들에게 Multifactor Leadership Questionnaire(MLQ; Bass & Avolio, 1990b), 혹은 그것과 유사한 설문지에 응답하게 함으로써 변혁적 리더십이 말하고 있는 리더로서의 특정한 강점과 약점을 알아낸다. MLQ의 문항에 응답하는 것은 리더들이 개선해야 할 리더십 영역이 무엇인가를 구체적으로 찾아내는 데 도움을 준다. 리더들이 자신의 목표를 보다 더 자신감을 가지고 말해 주는 것이 더 유익하겠다거나, 성원들을 육성하는 데 보다 더 많은 시간을 보내는 것이 요구된다거나, 혹은 조직 내의 반대입장에 대해 더욱더 인내심을 가지고 대처해야 할 필요가 있다는 것 등을 MLQ를 통해 배울 수 있게 된다. MLQ는 리더들이 가지고 있는 일련의 리더십 속성을 개선할 수 있도록 도움을 주는 도약대라고 할 수 있다.

특히, 훈련 프로그램에서 강조되는 변혁적 리더십의 특별한 측면은 비전을 설정하는 과정에서 찾을 수 있다. 예를 들어, 훈련 프로그램이 시행되는 동안 리더들에게 자신의 향후 5년간의 경력 계획뿐만 아니라 자신이 속한 조직이 나가야 할 방향에 대해 어떻게 지각하는지 자세하게 쓰도록 요구하는 것을 일반화한다. 이 같은 비전 진술서(vision statement)를 쓰는 것은 리더들이 자신의 변혁적 리더십 행동을 개선할 수 있도록 돕는 방법 중 하나이다. 훈련의 또 다른 중요한 측면은 리더들에게 자신의 집단 구성원들을 향해 더욱 많은 개별적 배려와 지적 자극을 행동해 보이도록 가르치는 것이다. Lowe와 그의 동료들(1996)은 이러한 훈련이 조직의 하위계층 리더들에게 유익하다는 것을 발견하였다.

Sosik와 Jung(2010)은 거래적 리더십과 변혁적 리더십을 보다 더 성공적으로 발휘토록 하기 위한 효과적인 훈련 방법을 제공하려고 노력하였고 그 결과 훌륭한 지침이 개발되었다. 이 지침은 포괄적이고 실증적 자료에 바탕을 둔 것으로서 자기 측정, 360도 피드백(360-degree feedback), 리더십 개발 계획 등을 포괄하고 있다. 이것은 철저하고 면밀한 훈련지침으로서 전 범위의 리더십 행동(the full-range of leadership behaviors)이 어떻게, 언제, 왜 효용성이 있는지 설명한다.

전반적으로 변혁적 리더십은 리더에게 비거래적 행동에서부터 거래적 행동을 거쳐 변혁적 행동에 이르기까지 리더의 행동에 대한 거의 모든 범위의 정보를 제공하고 있다. 다음 절에서는 변혁적 리더십의 원칙들이 실제로 적용된 몇 가지 리더십 사례들을 제시한다.

사례 연구

이번 절에서는 매우 다른 상황에서 생긴 세 가지 짧은 사례들(사례 8.1, 8.2, 8.3)을 소개한다. 각 사례는 어느 정도의 변혁적 리더십이 발휘되고 있는 상황을 기술한다. 각 사례의 끝에 있는 질문들은 실제 조직에서 생길 수 있는 변혁적 리더십의 활용과 관련된 몇 가지 고유한 문제를 지적한다.

사례 8.1: 실패한 비전

하이테크 엔지니어링(HTE)은 항공산업체를 위해 부품을 생산하는 250명의 종업원을 가진 50년 역사의 가족소유 형태의 제조업체이다. HTE 사의 사장은 작은 중소기업 출신인 Barelli인데, 그는 첨단항공 기술분야에서 선두주자로 인정받고 있는 소규모 회사 출신이다. Barelli가 사장으로 취임하기 전 HTE 사의 유일한 사장은 회사의 창업자이자 소유자였다. HTE 사의 조직 구조는 매우 전통적 구조이며, 이러한 조직 구조는 매우 강한 조직문화에 의해 뒷받침되고 있었다.

신임 사장으로서 Barelli는 진정으로 HTE 사를 변혁시키고 싶었다. 그는 신기술과 선진 관리기법을 적용하면 HTE 사도 국내 제일의 제조업체가 될 수 있다는 것을 증명하고 싶었다. 이를 위해 Barelli는 비전 기술서(vision statement)를 만들어 회사 전체에 배포하였다. 2페이지로 된 기술서는 강한 민주적 어조로 표현된 회사의 전반적 목적과 방향 그리고 가치관을 담고 있었다.

사장으로서 Barelli의 첫 3년간의 재임기간 동안, 회사에는 몇 가지 주요한 구조조정이 이루어졌다. 이 같은 구조조정은 Barelli 자신과 그가 선발한 선임관리자들에 의해 설계되었다. 구조조정의 의도는 선포된 HTE 사의 비전 실천을 뒷받침할 수 있도록 선진화된 조직 구조를 적용해 보자는 것이었다.

그러나 이 변화의 결과로 리더십이 약화되었고 종업원들 사이에는 불안감이 조성되었다. 대부분의 변화는 일선 또는 중간관리자들의 참여 없이 거의 상의하달식으로 이루어졌다. 어떤 변화 과정은 종업원들의 자율적 통제가 그다지 필요치 않은 상황에서 더 많은 자율적 통제권을 부여받는가 하면, 보다 많은 종업원들의 참여가 필요한 상황에서는 종업원의 참여가 제한되기도 하였다. 또 근로자 개개인이 각기 다른 세 명의 상급자들에게 보고해야 하는 상황이 있는가 하면, 어떤 상황에는 한 명의 관리자가 너무 많은 근로자들을 관리해야 하는 경우도 발생하였다. 종업원들은 회사에서 자신들의 다양한 역할에 대해 편안함을 느끼지 못하고 주어진 책임과 설정된 회사목표를 위해 자신들이 어떻게 공헌할 것인가에 대한 확신을 갖지 못하는 부작용이 나타나기 시작하였다. 한마디로 구조조정의 효과는 종업원의 사기 저하와 생산성의 급격한 하락으로 나타났다.

변화의 실천과정에서 회사를 위해 Barelli가 설정했던 비전이 실종되어버렸다. 종업원들이 느꼈던 불안감이 회사의 비전을 지탱하기 어렵도록 만든 것이다. HTE 사의 직원들은 사명 기술서(mission statements)가 회사 전역에 게시되어 있지만, 자신들이 나아가야 할 방향을 이해하는 사람은 아무도 없다고 불평했다.

Barelli는 HTE 사의 종업원들에게 수수께끼와 같은 인물이었다. HTE 사는 미국 제품을 생산하는 미국 기업이었지만, Barelli는 외제차를 몰고 다녔다. Barelli는 자신의 리더십 유형이 민주적이라고 주장하였으나 실제 그는 사람들을 대하는 방법에 있어 갈피를 잡을 수 없었다. 또한 그는 어떤 종업원들에게는 비지시적인 스타일로 행동하고, 다른 종업원들에게는 전횡적인 통제력을 행사하고 있었다. 그는 현장에서 같이 뛰는 관리자로 비춰지기를 원했으나, 회사의 현장 업무에 대한 통제권은 다른 사람들에게 위임한 채, 자신은 외부고객과 이사회와 관련된 문제에 매달렸다.

때때로 Barelli는 종업원들의 관심사에 민감하지 못하였다. 그는 HTE 사의 모든 사람들이 충분한 권한을 가지고 업무를 수행한다고 느끼기를 원하면서도, 그 자신은 종업원들이 하는 말조차 경청하지 않았다. 그는 개방적이면서 쌍방적인 의사소통을 거의 하지 않았다. HTE 사는 많은 특이한 전설적인 이야기를 가진 강한 문화와 긴 역사를 자랑하고 있었는데 종업원들은 Barelli가 그러한 역사에 대해 무관심하거나 잘못 이해하고 있다고 느끼고 있었다.

HTE 사에 부임한 지 4년 후, Barelli는 그의 자금 운용 담당자가 회사를 엄청난 부채와 현금흐름의 위기에 빠뜨린 후 사장직에서 물러나게 되었다. HTE 사를 세계 일류의 제조업체로 만들겠다던 그의 꿈은 일장춘몽이 되었다.

질문

01 당신이 HTE 사의 이사회에 자문을 한다고 가정해 보자. 변혁적 시각에서 Barelli의 리더십에 대해 그들에게 어떤 조언을 해줄 수 있겠는가?

02 Barelli는 HTE 사를 위한 명확한 비전을 가지고 있는가? 그리고 비전을 실천할 만한 능력을 가지고 있는가?

03 변화의 주역으로서, 그리고 HTE 사를 위한 사회건축가로서 Barelli는 얼마나 효과적으로 행동하였는가?

04 만약 Barelli가 HTE 사의 사장으로 복직할 기회가 있다면 당신은 Barelli에게 무엇을 하라고 조언하겠는가?

사례 8.2: 발굴탐사팀의 리더십

대학 교수인 Cook 박사는 매년 보통 8주 정도 걸리는 중동지역 고고학 탐사에 25명의 대학생들로 구성된 발굴탐사팀을 인솔하고 있다. 전국의 크고 작은 대학으로부터 온 참가자들은 발굴기간 동안의 작업에 대해 사전지식이나 경험이 거의 없었지만, Cook 박사는 이러한 탐사팀을 즐겁게 진두지휘하고 있다. 왜냐하면 그는 학생들에게 고고학에 대해 가르치기를 좋아하고, 발굴의 성과는 자신의 학문적 업적이 되기 때문이다.

연례행사인 발굴탐사를 계획하면서 Cook 박사는 다음과 같은 이야기를 들려주었다. 올 여름 탐사는 작년에 이어 다시 참가하는 사람들이 10명이 있어 흥미로운 탐사가 될 것이다. 작년 발굴작업은 꽤 큰 작업이었다. 그런데 첫 2주 동안은 모든 사람들이 종잡을 수 없이 지리멸렬하고 있었다. 팀구성원들은 자신들이 할 일을 못 찾고 의기소침하며 몹시 지쳐 있었다. 실제로 참가학생의 절반 가량이 한때 육체적으로 아프거나 혹은 정신적으로 기진맥진한 것처럼 보였다. 학생들은 전체 프로젝트의 의미를 이해하지 못하고 있었고 순조롭게 탐사를 끝마치게 될 것인지에 대한 확신도 없는 것처럼 보였다.

예를 들면, 매일 새벽 5시에 탐사현장으로 향해 출발하기 위해 4시 30분에 기상하는 것은 탐사팀의 전통이었다. 하지만 발굴작업이 시작된 첫 주 동안 5시에 출발 준비를 마친 사람은 거의 없었고, 심지어 몇몇은 출발시간이 지나서도 준비를 마치지 못하고 있었다.

실제로 참가자들은 매년 서로를 사귀고 발굴의 목적에 맞춰 행동하는 데 다소 시간이 소요되었다. 모든 참가학생들은 각기 서로 다른 배경을 가지고 있었다. 일부는 소규모 사립 기독교대학교 출신인 반면, 다른 일부는 큰 주립대학교 출신들이었다. 그들은 각자 다른 일정과 다른 기술 그리고 다른 작업습관을 가지고 참가한다. 사진을 잘 찍는 사람이 있는가 하면, 그림을 잘 그리는 사람이 있고, 실증조사에 능한 사람도 있었다. 그런 가운데 나의 임무는 주어진 자원을 가지고 탐사작업을 완수하는 것이었다.

2주가 끝난 후, 나는 일이 어떻게 진행되어 가고 있는지를 파악하기 위해 회의를 소집하였다. 이 모임을 통해 우리는 작업의 진척 정도와 필요한 변화 및 개인적 문제에 이르기까지 많은 이야기를 나누었다. 참가학생들은 이런 모임을 통해 이야기할 기회가 주어진 데 대해 감사하게 생각하는 것 같았다. 그들 각자는 자신만의 특별한 처지와 여름방학 동안에 꼭 하고 싶은 소망을 설명하였다.

나는 학생들에게 이전의 발굴 탐사에서 있었던 몇 가지 이야기를 들려주었다. 일부는 우스꽝스런 이야기였고, 다른 이야기들은 탐사 성과에 관한 것이었다. 나는 이 프로젝트에 대한 나의 특별한 관심과 한 배를 탄 우리가 어떻게 해야 이처럼 역사적인 유적지에서의 작업을 성공적으로 완수할 수 있을지에 대해 의견을 나누었다. 특히, 나는 두 가지를 강조하였다. 그것은 ① 참가자들은 탐험의 성공적인 성과의 책임을 공유해야 한다는 점과 ② 참가자들이 각자에게 주어진 과제를 설계하고 일정을 잡으며 세부사항을 시행하는 데 있어 독립된 권한을 갖는다는 점이었다. 출발시간 문제와 관련하여 발굴 작업을 위해 정해진 출발시간은 새벽 5시임을 다시 한 번 참가자들에게 주지시켰다. 믿기 어렵겠지만 그 모임이 끝난 직후, 나는 집단의 태도와 분위기에 진정한 변화가 나타나고 있다는 것을 알 수 있었다. 사람들은 작업 활동에 더욱 열심히 참여하려 했고, 아픈 사람은 줄어들었으며 작업에 대한 관심 또한 증대되었다. 참가자들 사이에 서로 돕겠다는 의식이 팽배해지자 할당된 모든 과제는 재촉 하지 않아도 완성되어 갔으며, 매일 아침 5시면 모든 사람들이 출발 준비를 마치고 있었다.

발굴 탐사단은 매년 차이가 있다. 이는 마치 각각의 집단들이 자기들만의 독특한 개성을 가진 것과 같다. 바로 이런 점이 내가 탐사에 대해 도전감을 느끼도록 만드는 주된 원인인 듯하다. 나는 학생들의 이야기에 귀를 기울이고 그들의 장점을 활용하려고 노력한다. 참가학생들이 8주만에 해낸 일들은 정말 놀라운 것이었다. 탐사를 통해 그들은 진정 훌륭한 고고학자가 되어 엄청난 성과를 거두고 있는 것이었다.

다가오는 해에는 다시금 색다른 탐사가 될 것이다. 왜냐하면 한 번 더 참여하게 될 10명의 '역전의 용사들'이 있기 때문이다.

질문

01 어떤 점에서 이 사례가 변혁적 리더십의 사례로 적합하다고 할 수 있는가?

02 리더십의 전 범위 모델(full range of leadership model)을 적용할 경우, Cook 박사의 장점은 어디서 찾을 수 있는가?(그림 8-2 참조)

03 고고학적 탐사를 위해 Cook 박사가 가지고 있는 비전은 무엇인가?

사례 8.3: 할머니들과 우정의 벤치

공원 벤치로의 초대와 할머니의 연민이 아프리카(Zimbabwe)의 생명을 구하고 있다. 1,600만 명 이상의 인구를 가진 아프리카 국가의 Zimbabwe 전 국민의 정신 건강 요구를 충족시킬 수 있는 정신과 의사가 12명밖에 없었다. Dixon Chibanda 박사는 그들 중 한 명이다(Chibanda, 2017c; Nuwer, 2018).

우울증으로 치료했던 젊은 환자를 자살로 잃은 후, 그녀와 그녀의 어머니는 치료를 위해 그의 사무실로 오는 15달러의 버스비를 감당할 수 없었기 때문에, Chibanda 박사는 그의 나라에서 전통적인 정신 건강 관리 서비스(시설에서 서비스를 제공하고 환자들이 그에게 오기를 기다리는 것)는 효과가 없을 것이라는 것을 깨달았다. Zimbabwe에서 정신과의사로서의 그의 역할에 대한 많은 탐색과 심사숙고 끝에, Chibanda 박사는 깨달음을 얻었다.

자살은 정신 건강에 있어서 드문 일이 아니다. 세계보건기구에 따르면, 자살은 전 세계 15세에서 29세의 주요 사망 원인이다. WHO에 따르면 세계적으로 3억 명 이상의 사람들이 우울증을 겪고 있고 장애의 주요 원인이다. 우울증은 연간 80만 건의 자살에 기여하며, 그중 대다수는 개발도상국에서 발생한다(Nuwer, 2018).

외로움, 학대, 갈등, 폭력의 결과인 우울증은 치료 가능한 정신 질환이다. 그러나 치료는 이용 가능하고 저렴해야 하며, 이는 극도로 제한된 자원을 가진 Zimbabwe와 같은 나라에는 큰 걱정거리이다.

2006년에 Chibanda 박사는 불안과 우울증 장애를 해결하고 치료가 필요한 사람들이 제때 치료를 받을 수 있도록 하는 새로운 방법을 시험하기 위해 Zimbabwe 연구팀을 이끌기 시작했다(Chibanda, 2017a). 사용할 수 있는 돈이나 시설이 없었기 때문에 그는 자신이 생각하기에 가장 풍부하고 신뢰할 수 있는 자원인 할머니를 활용했다. 이렇게 우정 벤치 접근법이 고안되었다.

우정 벤치는 디지털 기술의 통합뿐만 아니라 지역사회의 일반인(정확히 말하면 할머니)의 참여와 교육을 포함한다. 왜 할머니들일까? 할머니는 Zimbabwe 사회에서 종종 신뢰받는 문화적 초석이다. "저는 문득 아프리카에서 우리가 가진 가장 믿을 만한 자원 중 하나가 할머니라는 것을 깨달았습니다. 그래, 할머니들이야! 그리고 저는 할머니들이 모든 공동체에 있다고 생각했습니다. 심지어 수많은 할머니가 있지!"(Chibanda, 2017c)

또한 Chibanda 박사는 많은 젊은 근로자와 달리 할머니는 다른 기회를 찾기 위해 지역사회를 떠나지 않고 제자리에 머물 가능성이 더 높다는 것을 알고 있었다. 게다가 많은 할머니들이 이미 지역사회 일을 하고 있었고 프로그램과의 연합은 지역사회에서 할머니들의 역할을 강화할 것이라고 생각했다.

"시작할 때는 핵심 역량이 무엇인지 몰랐습니다. 나중에야 우리는 일반 치료사가 강력한 경청 기술, 공감을 전달하는 능력, 성찰하는 능력이 필요하다는 것을 알게 되었습니다."(WHO, 2018, p. 377)

이러한 지역사회 상담사를 훈련하는 데에는 기본 인지적 상담 치료(종종 "대화 치료"라고 함) 개념이 적용되었다. 할머니들은 고객들이 그들의 문제를 논의하면 가능한 대화를 통해 해결할 수 있도록 비판단적이고 실용적인 접근법을 채택하도록 가르쳤다. Chibanda 박사의 전략은 행동 활성화, 활동 스케줄링을 제공하고 디지털 기술을 사용하여 할머니들을 지원하는 것이었다. "우리는 모두 휴대전화를 사용하는 방법을 알고 있습니다. 오늘날 아프리카의 거의 모든 사람들이 휴대폰을 가지고 있습니다."(Chibanda, 2017c)

이 프로그램은 2007년에 시작되었으며 Chibanda 박사는 프로그램의 처음 4년을 14명의 할머니와 그의 동료인 Petra Mesu와 함께 "그들이 전달할 수 있는 문화적으로 적절한 증거 기반 개입"을 개발하는 데 보냈다(WHO, 2018, p 377). 그들은 함께 토착 Shona 언어와 친숙한 지역 문화 개념을 통합한 문제 해결에 중점을 둔 치료법을 개발했다.

프로그램의 첫 번째 단계는 건강 시설에서 수행되는 검진이다. Shona Symptom Questionnaire라는 현지에서 개발된 진단 도구를 사용하여 고객이 정신 질환을 앓고 있는지 여부와 정신 질환의 형태에 대해 검사한다. 만약 그들이 정신 질환이 있는 것으로 판명되면 그들은 우정의 벤치로 보내져 훈련된 지역사회 상담사들(할머니) 중 한 명을 만난다. 우정의 벤치는 말 그대로 나무로 된 공원 벤치로, 처음에는 환자와 할머니(상담사)가 편안한 환경에서 환자의 걱정 사항을 공개적으로 논의할 수 있도록 의료 시설 주변의 눈에 잘 띄지 않는 지역에 배치했다. 프로그램에 대한 수용도가 높아짐에 따라 벤치는 이제 더 많은 사람들의 눈에 띄는 곳에 두었다.

훈련에서 상담사는 kuvhura pfungwa(마음 열기), kusimudzira(고양) 및 kusimbisa(강화)와 같이 고객(의뢰인)에게 친숙한 언어와 용어를 사용하는 방법을 배운다. 많은 상담 고객들이 쇼나어로 kufungisisa(너무 많이 생각함)라고 하는 우울증을 앓고 있었다.

"그들은 각 환자에게 6회의 개별 문제 해결 요법을 제공하고 자살 위험이 있는 사람들은 직속 상사에게 의뢰합니다. 첫 번째 만남은 1시간 이상 소요되며, 그 시간 동안 할머니는 경청하고 고객과 관계를 형성하며 메모합니다. 그들의 메모는 보고 시간 중에 할머니와 함께 정기적으로 검토합니다. 그 내용들은 감독자가 모니터링할 수 있도록 녹음됩니다."라고 Chibanda 박사가 말했다. "그 후에 할머니는 내담자가 한 말을 곰곰이 생각하고 다른 할머니들과 어떻게 해야 할지 결정합니다. 고객과의 다음 만남은 20~30분으로 매우 짧을 수 있습니다. 고객의 무엇에 집중해야 하는지 이미 이해하고 있기 때문입니다."(WHO, 2018, p. 377)

기술은 프로그램에서 중요한 역할을 한다. 환자 정보를 저장하기 위해 팀은 클라우드 컴퓨팅(cloud computing)과 결합된 보안 플랫폼을 사용한다. "각 환자는 만남 사이에 문제 해결 노력을 격려하기 위해 문자 메시지를 받습니다. 의뢰인이 벤치로 진료를 받으러 오지 않으면 전화를 걸고 응답이 없으면 할머니와 의료 전문가가 의뢰인의 집을 방문합니다."라고 Chibanda 박사는 말했다(WHO, 2018, p. 377).

Chibanda 박사는 훈련을 위한 용품 및 공간 임대 비용을 지불하는 데 자신의 급여를 사용하여 Mbare에서 초기 시범 프로그램을 실행했다. 나중에 이 프로그램은 National Healthcare Trust, Zimbabwe 및 기타 조직에서 자금을 지원받게 되었다.

할머니들 중 일부는 시청의 보건부로부터 수당을 받는다. 임상 실험 동안에는 자금 지원이 가능했지만, 실험이 끝나자 자금 지원은 중단되었고 Chibanda 박사는 할머니들이 일을 그만둘까봐 걱정했다. 하지만 놀랍게도 할머니들은 그러지 않았다. 그와 그의 동료들이 이유를 조사했을 때, 할머니들도 부정적인 정신건강 상태를 보인다는 것을 발견했고, 아마도 할머니들이 하고 있는 일이 할머니 스스로에게도 도움이 되어 그들 자신의 안녕과 역경에 대한 회복력을 제공했을 것이라는 가설을 세웠다.

Chibanda 박사의 어머니는 할머니들을 위한 소득 창출 모델을 생각해냈다. "벤치에서 상담을 마친 할머니들은 원으로 둘러앉아 동료들과 함께 당면한 도전적인 일을 공유하고, 재활용 플라스틱으로 가방을 뜨개질하여 판매합니다. 치료가 끝나면 할머니들은 환자들에게 더 많은 지원을 제공하고 가방 만드는 방법을 보여줍니다. 그래서 이것은 문제해결과 소득 창출을 위한 공개 토론장입니다."(WHO, 2018, p. 377)

프로그램의 성공은 그 자체로 말해준다. 2017년에 이 프로그램은 70개 이상의 지역사회로 확장되었으며 해당 지역사회에서 정신 건강 서비스를 제공하는 "수백 명의 할머니"가 있다. 30,000명 이상의 사람들이 우정의 벤치에서 치료를 받았다. "우리의 결과(이것은 임상 시험)였습니다. 사실 이 임상 시험은 할머니가 의사보다 우울증 치료에 더 효과적이라는 것을 보여주었습니다."(Chibanda, 2017c)

"우정의 의자 접근 방식을 일반적인 정신 장애에 대한 표준 치료와 비교했을 때, 9개월 후에 우정의 의자 환자가 표준 치료 그룹보다 증상 위험이 현저히 낮았다는 것을 확인했습니다."라고 Chibanda는 말했다(WHO, 2018, p. 377).

당연히 Chibanda는 프로그램을 전 세계적으로 확장할 수 있는 가능성을 보게 되었다. 선진국에서도 정신 건강 전문가는 급격히 감소하고 있으며, 치료를 받기 위한 대기 시간은 위험한 수준으로 증가하고 있다. "영국에서는 수천 명의 사람들이 심리학자를 만나기 위해 National Health Service 목록에 올라오기까지 몇 달 동안 기다리다가 자살을 시도합니다. 이와 마찬가지로 미국에서도 긴 대기자 명단이 보고되었습니다."(Chibanda, 2017b)

Chibanda 박사는 현재 전 세계적으로 65세 이상 인구가 6억 명이 넘고 2050년에는 15억 명으로 늘어날 것으로 예상했다. 그는 "디지털 플랫폼을 통해 지원되는 증거를 기반으로 한 대화 요법 훈련을 받은 전 세계 모든 도시의 할머니들의 글로벌 네트워크는 지역사회에 변화를 가져올 것입니다. 정신, 신경 및 약물 남용 장애에 대한 치료 격차를 줄여줄 것입니다."(Chibanda, 2017c)

이 비전의 실현은 이미 시작되었다. 이 프로그램은 Zimbabwe 농촌 지역으로 확대되었으며, 청소년을 위한 구성 요소를 개발하고 있다. 우정 벤치 접근 방식은 Tanzania의 Zanzibar에서 사용할 계획으로 Malawi에서 구현되었다. 미국, 캐나다, 호주, 뉴질랜드에서도 연구되고 있다(WHO, 2018, p. 377).

질문

01 이 장의 변혁적 리더십의 정의에 기초하여:

A. 우정 벤치와 할머니들의 효과성은 어느 측면이 변혁적 리더십과 관계가 있다고 보는가? 관계가 있다면 이유를 설명하시오.

B. 이 사례 연구에서 변혁적 리더십으로 분류하고 싶은 측면이 있는가? 있다면 이유를 설명하시오.

02 카리스마와 변혁적 리더십과의 관계가 상세히 논의되었고 〈표 8-1〉에 요약되어 있다. Dr. Dixon Chibanda의 2017 TED Talk(www.ted.com/talks/dixon_chibanda_why_i_train_grandmothers_to_treat_depression)를 보고 다음 질문에 답하시오.

A. 당신은 Dr. Chibanda가 카리스마적 리더라고 생각하는가? 그렇다면 왜 그렇고, 그렇지 않다면 또 그 이유는 무엇인가?

B. 할머니는 어떤가? 카리스마적 리더십의 어떤 특성에 할머니들이 속한다고 생각하는가?

C. Bass는 "카리스마는 필요하지만 변혁적 리더십의 충분조건은 아니라고 생각한다"라고 하였다. 당신은 이 사례 연구의 내용에 비추어 볼 때 동의하는가 동의하지 않는가? 그 이유는 무엇인가?

03 리더십 요인들, 즉 이상적인 영향력, 지적인 자극, 개별적인 배려 등 각각이 사례와 어떻게 연관이 있다고 생각하는가?

04 Bennis와 Nanus는 변혁적 리더를 위해 4가지 전략들을 식별함으로써 변혁적 시각을 확대하였다. 이들 전략들의 각각이 Dr. Chibanda 그리고 할머니들과 어떤 관련이 있는지 논의하시오.

A. 분명한 비전

B. 사회적 관계의 구축

C. 신뢰의 구축

D. 창의적인 자기 전개

05 Kouzes과 Posner는 변혁적 리더들의 다섯 가지 기본적인 실제적 행동들을 확인했다. 이들을 사례에 어떻게 적용할 수 있는지 논의하시오.

A. 모델링 방법(Model the way)

B. 공유된 비전을 위해 비전 고취(Inspire a shared vision)

C. 과정에 도전(Challenge the process)

D. 다른 사람들이 행동할 수 있도록 하기(Enable others to act)

E. 마음 격려(Encourage the heart)

06 이 장에서 변혁적 리더십 모델의 7가지 비판을 나열하고 있다. 이 중 세 가지를 골라 이 사례 연구와 관련하여 논의하시오.

리더십 측정 도구

Podsakoff, MacKenzie, Moorman, Fetter(1990)가 개발한 변혁적 리더십 목록(Transformational Leadership Inventory)은 거래적 리더십과 변혁적 리더십의 척도를 제공한다. 이 설문지의 목적은 당신이 활용하는 리더십 유형이 변혁적인지 거래적 리더십 유형인지 결정하는 것이다. 과거에 리더십 직책을 맡은 적이 있다면 어떤 스타일을 사용하는 경향이 있는지 알 수 있다. 리더십 경험이 없더라도 다음의 측정 도구는 당신이 어떤 스타일을 사용할 가능성이 더 높은지 결정하는 출발점이 된다.

변혁적 리더십의 측정 목록(Transformational Leadership Inventory)

목적: 이 설문지의 목적은 변혁적 또는 거래적 리더십 스타일을 알아보기 위한 것이다.

작성 요령: 다음 질문에 답하기 위해 당신이 이 그룹의 리더였던 때를 생각해 보십시오. 다음 각 문장을 읽고 이 그룹의 구성원으로서 귀하의 리더십 행동을 가장 잘 설명하는 응답을 선택하시오.

Key: 1=전혀 그렇지 않다 **2**=그렇지 않다 **3**=보통이다 **4**=그렇다 **5**=전적으로 그렇다

01	나는 나의 집단이 어디로 가고 있는지 명확히 이해하고 있다.	1 2 3 4 5
02	나는 다른 사람이 업무 수행을 잘할 때 항상 긍정적인 피드백을 준다.	1 2 3 4 5
03	나는 우리 집단의 미래에 대한 흥미로운 그림을 마음 속에 그린다.	1 2 3 4 5
04	나는 집단성원들이 업무 수행 성적이 매우 좋을 때 업무 수행 능력의 우수함을 인정한다.	1 2 3 4 5
05	나는 항상 우리 집단을 위한 새로운 기회를 찾고 있다.	1 2 3 4 5
06	나는 다른 사람들이 평균보다 더 잘 할 때 칭찬한다.	1 2 3 4 5
07	나는 미래에 대한 계획으로 다른 사람들에게 영감을 준다.	1 2 3 4 5
08	나는 다른 사람의 좋은 성과를 자주 인정한다.	1 2 3 4 5

채점결과의 해석

다음 표의 빈칸에 각 문항에서 선택한 숫자(점수)를 적으시오.

변혁적 리더십	거래적 리더십
1. ________	2. ________
3. ________	4. ________
5. ________	6. ________
7. ________	8. ________
총점: ________	총점: ________

변혁적 리더십(비전 식별 및 표현): 리더의 단위부서 및 회사를 위한 새로운 기회를 확인하고 다른 성원들이 미래의 비전을 가지고 일하도록 개발하고 비전을 분명히 하며 영감을 준다.

거래적 리더십(업적에 따른 보상): 성원들에게 업무 수행 성과에 따라 보상을 약속하거나 제공한다.

각 차원(변혁적 또는 거래적)에 대한 당신의 점수 합계는 4에서 20점 사이에 있다. 일반적으로 12점까지는 리더십 유형에 대해 선호도가 낮음을 나타내고 12보다 높으면 리더십 유형에 대한 선호도가 높음을 나타낸다.

출처: Podsakoff, P. M., MacKenzie, S. B., Moorman, R. H., & Fetter, R.(1990). Transformational leader behaviors and their effects on followers' trust in leader, satisfaction, and organizational citizenship behaviors. The Leadership Quarterly, 1(2), 107 - 142

요약

가장 최근의 그리고 가장 포괄적인 리더십 접근법 중의 하나인 변혁적 리더십은 리더가 어떻게 하면 성원들로 하여금 뛰어난 업적을 성취하도록 고무시킬 수 있는가를 다루는 접근법이다. 이 접근법은 리더가 성원들의 욕구와 동기를 이해하고 거기에 자신들을 적응시킬 필요성을 강조한다. 변혁적 리더들은 훌륭한 역할 모델로, 변화의 주역으로, 조직을 위해 명확한 비전을 만들고 그것을 설득력 있는 말로 제시하는 사람으로, 한 차원 높은 수준의 업적을 성취하도록 성원들에게 권한을 위임하는 사람으로, 다른 사람들이 신뢰하게끔 행동하는 리더로 그리고 조직생활에 의미를 불어넣는 사람으로 인식된다.

변혁적 리더십은 Burns(1978), Bass(1985), Bennis와 Nanus(2007), 그리고 Tichy와 DeVanna(1986) 등과 같은 학자들의 연구와 저술을 시작으로 부상하게 되었다. Bennis와 Nanus(1985, 2007)와 Kouzes와 Posner(2002, 2017a)의 연구도 변혁적 리더십을 대표한다. 질적 연구는 변혁적 리더십에 대한 추가적인 관점을 제공하고 실무 관리자를 위한 지침 역할을 한다.

변혁적 접근 방식은 여러 가지 긍정적인 특징이 있다. 연구자들의 많은 관심을 받은 인기 있는 모델이고, 직관적인 매력이 강하며, 리더십 프로세스에서 추종자의 중요성을 강조하고, 전통적인 거래적 리더십 모델을 넘어선다는 점이다. 추종자의 성장을 포함하도록 리더십을 확장하고 도덕과 가치를 강조한다. 변혁적 리더십은 또한 추종자 만족도, 동기 부여 및 성과와 긍정적인 관련이 있는 효과적인 리더십 형태로 입증되었다.

변혁적 리더십의 긍정적인 특징과 균형을 맞추는 데에는 접근 방식이 개념적 명확성과 잘 정의된 인과 관계 모델로서 부족하다는 것을 포함하여 몇 가지 약점이 있다. 여기에는 일부 연구에서 도전을 받은 MLQ를 근거로 한다. 변혁적 리더십이 특성과 같은 자질을 가지고 있음을 암시하는 프레임워크를 만들고 있다. 때로는 엘리트주의적이고 비민주적인 것으로 간주되기도 한다. “영웅적 리더십” 편향으로 고통받고 리더에 의해 부정적인 방식으로 역효과가 나타날 수도 있다. 마지막으로, 변혁적 리더십은 모든 국가 문화와 밀레니얼 세대에서 효과적인 리더십 접근 방식으로 간주되지 않을 수도 있다. 이러한 약점에도 불구하고 변혁적 리더십은 가치 있고 널리 사용되는 접근 방식으로 인식되고 있다.

CHAPTER 9

진성 리더십

- 서술
- 진성 리더십의 정의
- 진성 리더십 접근법
- 진성 리더십의 효용
- 강점, 비판, 응용
- 요약

서술

진성 리더십(Authentic Leadership)은 리더십 연구에서 가장 최근에 나타난 연구분야 중 하나이다. '진성 리더십'의 연구는 리더십이 "꾸밈 없이 진실한가, 그리고 현실에 맞는 실질적인 것인가"에 초점을 맞추고 있다(It focuses on whether leadership is genuine and 'real'). '진성 리더십'이란 말 그대로 리더의 정직성과 리더가 발휘하고 있는 리더십의 진정성에 관한 것이다. 이 책에서 이미 논의한 리더십 이론들과 다르게 진성 리더십의 이론은 아직 검증 단계에 있으며, 새로운 연구 결과들이 발표됨에 따라 변경될 가능성이 있다.

최근에 우리 사회에서 일어나고 있는 혼란스러운 사건들이 진성 리더십 연구의 필요성에 활기를 불어넣고 있다. 9 11 테러사건, 많은 회사들의 부정부패 스캔들, 금융산업의 막대한 경영실패 등은 우리 사회에 공포와 불확실성을 높인다. 그래서 사람들은 미래에 무슨 일이 일어날 것인가에 대한 우려와 불안을 느끼고 있다. 그 결과 사람들은 신뢰할 수 있는 진성 리더십(bona-fide leadership)을 갈망하게 되었고 정직하고 진정성 있는 리더들을 갈구하고 있다. 이처럼 사람들이 신뢰할 수 있는 리더십(trust- worthy leadership)에 대한 요구가 '진성 리더십 연구'를 시의적절하고 가치 있게 만든다.

대중적인 관심의 대상이 되고 있는 것과 함께 진성 리더십은 연구자들에게도 흥미로운 관심의 대상이 되고 있다. 이 같은 진성 리더십의 개념은 일찍이 변혁적 리더십(transformational leadership)의 연구에서 검토된 바 있지만 명료하게 개념화되지는 않았다(Bass, 1990; Bass & Steidlmeier, 1999; Burns, 1978; Howell & Avolio, 1993). 그리고 경영실무자들도 진성 리더십에 대한 실증적 검증이 없는 접근법들을 개발하여 실무에 적용한 바 있다. 그래서 '진성 리더십'의 개념을 보다 더 명확히 하고 타당성을 통한 검증이 필요했다. 진성 리더십의 개념을 철저하게 탐색하기 위해 연구자들은 진성 리더십의 특성과 변수들을 확인하기 시작하였고 더 명료하게 개념화하였으며 오늘날에도 노력은 계속되고 있다.

진성 리더십의 정의

겉보기에 '진성 리더십(Authentic Leadership)'은 정의하기가 쉬울 것 같지만, 실제로는 그 특성을 기술하기 매우 어렵고 복잡한 과정이다. 리더십을 연구하는 학자들 중에 '진성 리더십'에 대해 일반적으로 수용되는 정의를 내리고 있는 사람은 한 사람도 없다. 대신 각각 다른 관점에서 서술된 여러 정의가 있다(Chan, 2005). 다음에서는 이 같은 진성 리더십을 세 가지의 관점 즉, 개인 내부의 시각(intrapersonal), 발달적 시각(developmental), 대인적 시각(interpersonal)에서 본 정의를 서술하려고 한다. 각 정의는 진성 리더십의 의미를 명백히 하는 데 도움을 준다.

■ 개인 내부의 시각에서 본 정의

개인 내부의 시각에서 본 정의는 그 리더 개인과 그 개인 내부에 무엇이 내재해 있는가에 초점을 맞춘다. 그것은 리더의 자기 인식(self-knowledge), 리더의 자아 개념(self-concept), 리더의 자기 조절(self-regulation)을 포괄한다. Shamir와 Eilam에 의하면 진성 리더는 꾸밈없는 진실한 리더십을 보이고, 바른 신념을 가지고 독창적인 리더십을 발휘하며, 모방하지 않는다(표 9-1 참조). 더 나아가 두 학자에 따르면 리더의 자아 개념 속 '진성 리더십의 발전(the development of authentic leadership)'은 리더의 인생 역정이나 인생 역정의 중대사건의 경험과 여기에서 얻은 의미를 통해 발전된다고 주장한다. Shamir와 Eilam은 진성 리더십의 정의에서 진성 리더의 내부적 경험에 초점을 맞추고 있음과 동시에 성원들도 역시 진성 리더십의 발전에 일정한 역할을 한다는 것을 인정한다. 진성 리더십 발휘가 가능하려면 성원들이 그들 리더의 진정성에 대한 실제적인 지각이 필요하고 동시에 리더와 그 리더의 리더 행동에 대한 정당성이 확인되어야 하기 때문이다(Shamir & Eilam, 2005, p. 401).

■ 발달적 시각에서 본 정의

진성 리더십은 역시 발달적 시각(developmental perspective)에서도 정의될 수 있다. 이러한 시각은 Avolio와 그의 동료 연구자들의 연구에 잘 나타난다(Avolio & Gardner, 2005; Gardner, Avolio, & Walumbwa, 2005; Walumbwa, Avolio, Gardner, Wernsing, & Peterson, 2008). 이 시각에서 진성 리더십은 어떤 고정된 성격 특성이라기보다는 리더의 내부에서 발달(형성)된다고 본다. 그래서 진성 리더십은 생애에 걸쳐 내부에서 발전되고, 중병에 걸렸다거나 어떤 경력상의 특이한 경험 등과 같은 생애의 주요한 사건에 의해 촉발될 수 있다.

발달적 시각에서 진성 리더십을 연구하는 Walumbwa 등(2008)은 진성 리더십을 리더의 리더 행동 패턴(a pattern of leader behavior)으로 개념화하였다. 그런데 리더의 리더 행동 패턴은 리더의 긍정적인 심리적 특성에서 발전되고 또 긍정적인 심리적 특성 속에 자리하고 있다는 것이다. 그들의 주장에 따르면 진성 리더십은 서로 관련된 네 가지의 별개의 요소들–자아인식(self-awareness; 가치 있는 인간으로서의 자각), 내면화된 도덕적 시각(internalized moral perspective), 균형 잡힌 정보처리(balanced processing), 관계의 투명성(relational transparency)–로 구성되어 있다고 한다(Avolio, Walumbwa, & Weber, 2009). 진성 리더십 네 가지 유형 행동은 자신들의 생애를 통해 형성(발전)된다.

■ 대인적 시각에서 본 정의

진성 리더십을 정의하는 세 번째 방법은 대인적 시각(interpersonal perspective)에서 보는 정의이다. 이 관점은 진성 리더십이란 관계적인 것이고 리더와 성원들이 함께 만들어가는 것이라고 주장한다(Eagly, 2005). 그것은 리더 혼자의 노력뿐만 아니라 그에 대한 성원들의 반응에서 기인된다. 진정성(authenticity)이란 리더와 성원들 간의 상호작용에서 나온다는 것이다. 리더십은 성원들에게 영향을 미치고 성원들은 리더에게 영향을 미치기 때문에 상호적인 과정이기 때문이다.

대인적 시각에서 보면 진성 리더가 강한 가치관을 표현하고 다른 사람들과 관계를 가지고 협력하는 것만으로는 충분치 않다. 효과적인 진성 리더십이 되려면 진성 리더는 성원들로부터의 의견을 받아들여야 하고, 리더가 옹호하고 주장하는 가치를 성원들이 옳다고 수용할 때에만 의도한 성과가 얻어질 수 있다는 것을 믿어야 한다. 리더가 어떤 변화를 시도할 때 변화의 메시지가 성원들의 믿음과 가치에 부합될 때여야 변화가 이루어진다고 보아야 하기 때문이다. 요약컨대 진성 리더십은 리더 내부적 시각, 발달적 시각, 대인적 시각에서 정의 할 수 있다. 각각의 정의는 진성 리더십의 의미를 파악하는 데 매우 도움이 된다. 다음 질에서 진성 리너십을 체계화하기 위한 여러 가지 접근법들을 논의해 보자.

표 9-1 진성 리더십의 특성

리더 개인의 내부적 관점에서 본 정의
• 진성 리더들은 꾸밈없는 진실한 리더십 행동을 보인다. • 진성 리더들은 올바른 신념에 바탕을 두고 리더십을 발휘한다. • 진성 리더들은 독창적이고 모방하지 않는다. • 진성 리더들의 행동은 그들의 가치관에 근거한다(리더 내면의 올바른 신념과 가치관이 리더 행동으로 이어진다).

출처: "'what's your story?' A life-stories approach to authentic leadership development," by B. Shamir and G. Eilam, 2005, Leadership Quarterly, 16, 395–417.

진성 리더십 접근법

진성 리더십은 (1) 실무적 접근(practical approach)과 (2) 이론적 접근(theoretical approach) 두 가지로 세분화할 수 있다. 실무적 접근은 실제적인 사례와 훈련 및 개발에 관한 문헌에서 나왔고, 이론적 접근은 사회과학의 연구 결과에 근거한다. 이 두 접근법은 진성 리더십의 복잡한 과정에 대한 흥미로운 통찰을 가능케 한다.

1 실무적 접근법

오늘날 진성 리더십에 관한 프로그램이나 서적들은 매우 인기를 끌고 있고, 사람들은 진성 리더십의 기본적 개념에 많은 관심을 가지고 있다. 구체적으로 사람들은 진성 리더가 되기 위해 어떻게 해야 하는지 알고 싶어 한다. 그래서 이 절에서는 진성 리더십에 대한 Bill George의 진성 리더십 접근법(2003)에 대하여 논의한다.

■ Bill George의 진성 리더십 접근법

George(2003; George & Sims, 2007)에 의해 개발된 '진성 리더십 접근법(Authentic Leadership Approach)'은 진성 리더의 특성에 초점을 맞추고 있다. George는 실무적인 방식으로 진성 리더십의 필수적인 자질들을 설명하고 있으며, 사람들이 진성 리더가 되고 싶다면 그 같은 필수적인 자질들을 어떻게 개발할 수 있는지 설명한다.

기업경영자로서의 경험과 다방면에서 성공한 125명의 리더들과의 인터뷰 자료를 바탕으로 한 연구에서, George가 진성 리더들은 '다른 사람들을 섬기려는 순수한 열망'을 가지고 있고 그들은 '자기 자신에 대해 잘 알고 있으며', '자기의 핵심가치에 근거하여 꾸밈없이 자유롭게 리더십 행동을 한다'는 것을 발견했다. 다시 말하면 내적 자아(올바른 가치관)와 외적 자아(행동)가 일치한다는 것이다. 구체적으로 말해서 진성 리더들은 다음과 같은 다섯 가지 기본적인 특성을 가진다. (1) 그들은 그들의 목표를 잘 이해하고 있다(they understand their purpose), (2) 그들은 해야 할 올바른 일에 대한 강한 가치관을 가지고 있다, (3) 그들은 다른 사람들과 신뢰관계를 확립하고 있다, (4) 그들은 자제력을 보이고 가치관에 따라 행동한다, (5) 다른 사람의 역경에 민감하고 중시한다. 예를 들어, 애정을 가지고 충심으로 행동한다(i.e., act form their heart)(그림 9-1; George, 2003).

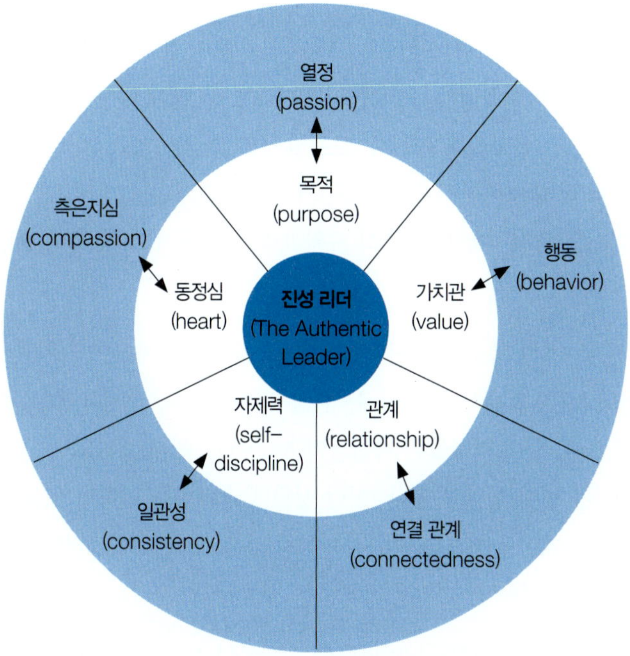

그림 9-1 진성 리더십의 특성

자료: Authentic Leadership: Rediscovering the Secrets to Creating Lasting Value by Bill George, copyright © 2003. Reproduced with permission of John Wiley & Sons, Inc.

〈그림 9-1〉은 George가 확인한 진성 리더십의 목적(purpose), 가치관(values), 관계(relationship), 자제력(self-discipline), 동정심(heart)으로 이루어진 다섯 가지 차원(five dimensions of authentic leadership)을 보인다. 그리고 이 그림은 각 차원들과 관련된 특성으로 열정(passion), 행동(behavior), 연결 관계(connectedness), 일관성(consistency), 측은지심(compassion)을 제시한다.

George는 인터뷰를 통해 진성 리더들은 진정한 목표의식을 가지고 있다는 것을 확인했다. 그들은 해야 할 일이 무엇이고, 어디를 지향해야 하는지 알고 있다. 진성 리더들은 목표를 알고 있는 것 이외에도 목표에 대한 영감을 받고 본질적으로 동기부여를 받는다. 그들은 열정적인 사람이고, 하고 있는 일에 깊은 관심을 가지며 자신의 일을 소중히 여긴다.

자신의 일에 대한 열정을 가지고 있는 진성 리더의 예로서 암을 극복한 Terry Fox를 들 수 있다. 그는 오른쪽 다리를 절단하고 나서야 골수암에서 회복할 수 있었다. Terry는 암 연구에 대한 인식과 기금을 높이기 위해 맞춤형 다리 의수를 사용하여 대서양에서 태평양까지 캐나다를 횡단하려고 시도했다. 그는 달리기를 끝내기 전에 사망했지만 그의 용기와 열정은 수백만 명의 삶에 영향을 미쳤다. 그리고 그는 암에 대한 의식을 높이고 암 연구를 위한 기금을 모으는 목표를 달성했다. 오늘날에도 Terry Fox 재단은 활발히 운영되고 있으며 암 연구를 위해 8억 달러(캐나다 달러)의 모금 실적을 올리고 있다. 이처럼 Terry Fox는 그의 리더십을 통해 〈그림 9-1〉의 차원과 특성 중에서 '목적'과 '열정'을 분명하게 보여주었다.

'진성 리더'의 두 번째 특성은 자신의 가치관을 이해하고 이러한 가치관에 근거하여 다른 사람을 대한다. 다시 말해서 George는 진성 리더는 정북(나침반의 정북), 즉 자신이 서 있는 위치를 알고 있다. 진성 리더들은 자신들이 누구이고, 어디로 가고 있으며 해야 할 올바른 일이 무엇인가를 명확히 알고 있다. 어떤 상황에서 시련을 당하고 있을 때에도 진성 리더들은 자신들의 가치관을 양보하거나 타협하지 않는다. 오히려 그러한 상황을 이용하여 자신들의 가치관을 강화한다.

강한 가치관을 가진 리더로는 노벨평화상 수상자인 Nelson Mandela를 꼽을 수 있다. Mandela는 견고한 양심을 가진 깊이 있는 도덕적인 사람이다. 남아프리카 공화국에서 인종 차별 정책을 폐지하기 위해 투쟁하는 동안 그는 모든 사람을 위한 정의와 평등을 추구하는 데 굴하지 않았다. 그가 감옥에 있을 때 인종 차별 철폐에 대한 그의 생각을 포기하는 조건으로 조기 석방을 제의받았으나, 자신의 입장을 양보하거나 협상하기보다는 투옥된 채로 감옥에 남아있는 것을 선택하였다. Mandela는 자신의 의식 저변에 새겨져 있는 자신이 누구인지 알고 있었고, 가치관을 알고 있었으며 리더십에 그러한 가치관이 반영되어 있었다.

George의 접근법에서 진성 리더십의 세 번째 특성은 강한 유대 관계이다. 진성 리더는 자신들의 마음의 문을 활짝 열고 다른 사람들과 인간적 관계를 형성한다. 그들은 기꺼이 자신의 이야기를 다른 사람들과 나누고 다른 사람들의 이야기에도 귀를 기울여 경청한다. 자신들의 견해와 이야기들을 털어놓음으로써 리더와 성원들은 상호 간에 신뢰와 친근감을 키운다.

George는 주오늘날 사람들은 리더에게 가까이 접근하고 싶고, 리더와 자신들과의 관계가 터놓고 이야기할 수 있는 개방적인 관계를 원한다고 주장한다. 어떤 의미에서 사람들은 리더에게 리더십 역할의 경계를 느슨하게 하여 보다 투명해지기를 요구하고 있다. 사람들은 리더들과 상호 신뢰의 관계를 원한다. 그 보답으로 성원들은 리더에게 보다 더 큰 충성과 헌신을 기꺼이 제공한다.

7장(리더-성원 교환 이론: LMX 이론)에서 논의한 바와 같이 효과적인 리더-성원 관계는 고도의 질 높은 의사소통을 통해 두드러지게 나타난다. 다시 말해서 리더와 성원은 상호 간에 고도의 신뢰관계를 갖고, 존경과 각 상대방을 도와야 한다는 의무감이 배어 있는 질 높은 의사소통에 의해 리더-성원 관계가 돈독해진다. 리더와 성원은 틀에 박힌 리더-성원 관계를 넘어 생산적인 방식으로 함께 묶여 있다. 이는 결과적으로 강력한 리더-성원 관계, 더 큰 이해 및 더 높은 생산성으로 이어진다.

자제력(self-discipline)은 진성 리더십의 또 하나의 다른 네 번째 차원이며 리더가 목표를 달성하는 데 도움이 되는 특성이다. 자제력은 리더에게 '집중(focus)'과 '결단력(determination)'을 제공한다. 자제력은 리더가 적절한 목표를 세우고 탁월성의 기준을 설정할 때 도움이 된다. 더 나아가 자제력은 진성 리더에게 자신들의 가치관에 합치된 일들을 수행할 수 있는 활력을 제공한다.

마치 장거리 주자처럼 자제력이 있는 진성 리더는 목표에 초점을 맞출 수 있다. 도전적인 상황에서도 그들은 자신의 내부적 한계에 귀를 기울이고 자신을 채찍질하여 앞으로 나아간다. 스트레스 상황에서도 자제력은 진성 리더로 하여금 냉정하고 차분하며 변함없이 일관성을 유지하게 한다. 진성 리더의 행동은 예측 가능하기 때문에, 다른 사람들이 그와의 의사소통이 편안하다는 것을 알게 된다. 리더 자신이 절제된 목표와 방향을 스스로 결정하고 예정된 방향으로 나아가고 있을 때, 그것이 다른 사람들에게 안정감을 준다.

마지막으로 George의 접근법에서 진성 리더십의 다섯 번째로 중요한 차원과 특성은 '측은지심(compassion)'과 '동정심(heart)'이다. 측은지심은 다른 사람들의 처지(곤경)에 민감하게 반응하고 다른 사람들을 기꺼이 돕는 것이다. George는 리더가 측은지심을 개발해 감에 따라 정직하게 되고 진정성이 개발된다고 주장했다(2003, p. 40). 리더는 다음과 같은 것을 함으로써 측은지심을 개발할 수 있다. 다른 사람들의 인생담을 들어 알게 됨으로써, 지역사회를 위한 봉사를 함으로써, 다른 인종이나 종족 집단과 어울림으로써, 미개발 국가들을 여행해 봄으로써 리더는 측은지심을 발전시킨다(George, 2003). 이러한 활동은 다른 문화, 배경 및 생활환경에 대한 리더의 민감성을 증진시킨다.

요약컨대, George의 진성 리더십 접근법은 진성 리더의 다섯 가지 중요한 특성을 강조한다. 종합적으로 이런 특성은 사람들이 자신의 리더십 상황에서 정직하기 위해 무엇을 해야 하는지에 대한 실용적인 그림을 제공한다. 진성 리더십은 생애에 걸친 개발과정으로 한 개인의 인생 경험에 의해 형성되어 더 깊고 넓어지기 때문이다.

2 이론적 접근법

아직은 초기 단계이지만, 진성 리더십의 이론(a theory of authentic leadership)은 사회과학 문헌에서 새로 부상하고 있는 개념이다. 이 절에서는 진성 리더십의 기본적인 구성 요소들을 확인하고 구성 요소들이 서로 어떤 관련이 있는지 설명한다.

■ 이론적 접근법의 배경

'진정성'에 대한 사람들의 관심은 시대를 초월하지만 진성 리더십에 관한 연구는 매우 최근의 일로, 2003년에 처음으로 연구논문이 발표되었다. 이 같은 연구의 최초 발단은 The University of Nebraska에서 개최되었던 '리더십 정상 회의(leadership summit)'였다. The Gallup Leadership Institute가 이 리더십 정상 회의를 후원하였다. 이 정상 회의는 '진성 리더십의 특성과 그 발전'에 초점을 두었다. 이 정상 회의를 통해 두 권의 서적이 발행되었다. (1) 학술지: Leadership Quarterly, 2005년 리더십 정상 회의 특집호와 (2) "Authentic Leadership Theory and Process: Origins, Effects and Development"란 제목의 리더십과 관리의 모노그래프가 2005년에 발행되었다. 리더십 정상 회의 이전에도 Luthans와 Avolio(2003)는 진성 리더십의 발전(authentic leadership development)에 관한 논문을 발표하였다.

이 논문도 역시 이 분야의 연구에 불을 붙였다. 진성 리더십에 대한 관심이 높았던 것은 미국에서 사회 경제적으로 많은 격변적인 사건과 불안정한 현상들이 나타나고 있던 때였기 때문이다. 9·11 테러, 만연된 기업경영의 부정부패, 그리고 어려운 경제사정 등이 리더십에 대한 불확실성과 불안감을 만들어내고 있었다. 사회에 만연한 비윤리적이고 비효과적인 리더십 사건들이 '공익에 공헌해야 하는 보다 더 인도적이고 건설적인 진성 리더십의 필요성'을 낳았다(Fry & Whittington, 2005; Luthans & Avolio, 2003). 이에 더하여 연구자들은 '진성 리더십의 의미(The meaning of authentic leadership)'와 관련된 Bass(1990)의 연구와 Bass & Steidlmeier(1999)의 연구를 확대해야 할 필요를 느끼고 있었다. 진성 리더십의 연구를 위한 '조작적 정의(operational definition)'가 필요하였고, 그것을 설명할 수 있는 이론적 틀을 만들어야 할 필요가 있었다. 진성 리더십 이론의 개발을 위해 연구자들은 리더십 분야의 연구와 윤리 분야의 연구를 끌어들였다(Cooper, Scandura, & Schriesheim, 2005; Gardner et al., 2005b).

어떤 이론을 개발할 때 연구자들이 당면하게 되는 주된 도전은 구성 개념을 정의하고 그 특성들을 확인하는 것이다. 본 장의 앞부분에서 논의한 바와 같이 진성 리더십은 여러 가지 방식으로 정의되었다. 각 정의는 리더십 과정의 각기 다른 측면을 강조하고 있다. 본 장에서는 Walumbwa et al.(2008)이 최근 논문에서 발표한 정의를 채택하였다. 그는 진성 리더십을 다음과 같이 정의한다.

진성 리더십이란 긍정적인 심리적 능력을 유도하고 긍정적인 윤리적 풍토를 촉진하는 리더 행동 패턴이다. 이처럼 심리적 능력을 유도하고, 윤리적 풍토를 촉진하여 성원들과 함께 일하는 리더가 자아인식 능력을 키우고, 내면화된 도덕적 시각을 키우며, 균형 잡힌 정보 처리 능력 및 관계의 투명성을 높이는 것이고 나아가 긍정적인 자기개발을 촉진하는 것이다."(p. 94)

복잡하기는 하지만 이 정의는 진성 리더십 현상과 효용성에 대한 학자들의 현재 생각을 포괄 하고 있다.

연구문헌을 보면 진성 리더십 과정을 설명하기 위해 여러 가지 다른 모형들이 개발되었음을 알 수 있다. Gardner et al.(2005b)은 리더와 성원들의 자아 인식 능력과 자제 능력의 개발과정을 중심으로 진성 리더십을 체계화하는 모델을 창안하였다. Ilies, Morgeson, & Nahrgang(2005)은 진정성이 리더나 성원들의 행복과 번영에 미치는 영향을 논의하고 있는 다구성 요소 모형(a multicomponent model)을 만들었다. 이와는 대조적으로 Luthans & Avolio(2003)는 진성 리더십을 발달과정으로 설명하는 모형을 체계화하였다. 본 장에서 우리는 진성 리더십의 핵심적 구성 요소에 초점을 맞춘 연구문헌에서 얻어낸 '진성 리더십의 기본적 모형(a basic model of authentic leadership)'을 제시할 것이다. 따라서 우리의 논의도 '과정으로서의 진성 리더십'에 초점을 맞추게 될 것이다.

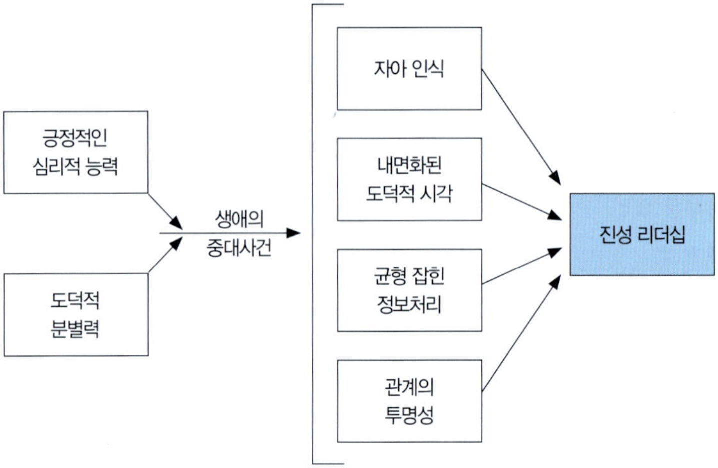

그림 9-2 진성 리더십

자료: "Authentic Leadership Development," by F. Luthans and B. J. Avolio, in K. S. Cameron, J. E. Dutton, and R. E. Quinn (Eds.), Positive Organizational Scholarship (pp. 241-258), 2003, San Francisco, CA: Berrett-Koehler; and "'Can You See the Real Me?' A Self-Based Model of Authentic Leader and Follower Development," by W. L. Gardner, B. J. Avolio, F. Luthans, D. R. May, and F. O. Walumbwa, 2005, The Leadership Quarterly, 16, pp. 343-372.

■ 진성 리더십의 구성 요소

'진성 리더십'의 이해의 폭을 더욱 넓히기 위한 노력으로 Walumbwa와 그의 동료들(2008)은 '진성 리더십'의 구성 요소를 규명하기 위해 광범위한 연구 문헌들을 검토 분석하고 그 분야의 전문가들과 인터뷰한 자료를 토대로 구성 개념의 타당성이 검증된 측정치(a valid measure of this construct)를 개발하였다. 그들은 자아 인식(self-awareness), 내면화된 도덕적 시각(internalized moral perspective), 균형 잡힌 정보 처리 능력 (balanced processing), 관계의 투명성(relational transparency)이라는 네 가지 구성 요소를 확인하였다(그림 9-2 참조). 네 가지 구성 요소는 진성 리더십 이론의 기초를 형성한다.

자아 인식(self-awareness)은 리더의 자기 자신에 대한 통찰을 의미한다. 그것은 그 자체가 목적이 아니라 개인이 자신의 강점과 약점, 그리고 다른 사람들에게 미치는 영향을 포함하여 자신을 이해하는 과정이다. 그리고 '자아인식'은 자신의 핵심적 가치관, 정체성, 감성, 동기, 목표, 마음의 깊은 밑바닥에 있는 자신을 이해한다는 개념이다. 또 자아인식은 자신의 감정을 인식(감지)하고 신뢰하는 것을 포함한다(Kernis, 2003). 11개의 연구와 3,500명 이상의 응답자를 포함하는 메타분석은 감성 지능이 진성 리더십과 유의미하고 긍정적인 관련이 있음을 발견했다(Miao, Humphrey, & Qian, 2018). 감성 지능이 높은 리더는 자기 인식이 더 강하고 과거 경험을 반성하여 진정성을 높일 수 있다.

리더가 자기 자신을 알고 있고, 자신이 누구이며, 무엇을 위해 일하고 있는가에 대해 뚜렷하게 인식하고 있을 때, 그것은 리더의 결정과 행동이 표류하지 않도록 하는 강력한 닻(a strong anchor)의 역할을 한다(Gardner et al., 2005b). 사람들은 자아 인식이 강한 리더를 보다 진정성 있는 리더로 인식한다. 최근에는 자기 지식과 자기 일관성이 리더에 대한 부하의 만족도, 조직 몰입도, 인지된 팀 효율성에 긍정적인 영향을 미친다는 연구 결과가 나왔다(Leroy et al., 2015; Peus et al., 2012).

내면화된 도덕적 시각(internalized moral perspective)은 자기 조절(자기 통제)의 과정을 가리키는 말이다. 리더는 자기 조절을 통해 자신의 내면적 도덕 기준과 가치관을 밖으로 이어지는 행동의 지침으로 삼고 외부의 압력(집단 압력이나 사회적 압력)이 자신을 통제하지 못하게 한다. 사람들은 내면화된 도덕적 시각을 가진 리더를 진성 리더로 인식한다. 그 같은 리더의 행동은 그가 말하는 신념 그리고 그가 말한 도덕 기준과 일치하기 때문이다.

균형 잡힌 정보처리(balance processing)도 역시 자기 조절의 과정이다. 그것은 결정을 내리기 전에 정보를 객관적으로 분석하는 능력, 다른 사람들의 의견을 검토하는 능력을 가리키는 말이다. 균형 잡힌 처리 능력은 어떤 특정한 문제에 대한 편애를 피하고 선입견이나 편견이 없는 것을 의미하기도 한다. 그리고 균형 잡힌 처리 능력은 자기와 의견을 달리하고 있는 사람들에게 자신들의 의견을 제시하도록 하여 자신이 행동을 취하기 전에 그들의 입장을 고려하는 것도 포함한다. 사람들은 균형 잡힌 처리 능력을 가진 리더를 정직하고 진정성이 있다고 인식한다. 왜냐하면 자신의 시각을 숨기지 않을 뿐 아니라 다른 사람들의 시각도 객관적으로 고려하기 때문이다.

관계의 투명성(relational transparency)은 자신의 참된 모습을 다른 사람들에게 공개적으로 정직하게 나타내는(공개하는) 것을 가리키는 말이다. 자신의 감정의 응어리, 동기, 성향을 적절한 방식으로 다른 사람들과 나눌 때 나타나는 것이 '관계의 투명성'이다(Kernis, 2003). 관계의 투명성은 자신의 긍정적인 측면과 부정적인 측면을 다른 사람들에게 보이는 것도 포함된다. 간단히 말해서 '관계의 투명성'은 다른 사람들과의 관계에서 사실들을 진실되게 공개적으로 의사소통하는 것이다.

기본적으로 '진성 리더십'은 위의 네 가지 요인들–자아 인식, 내면화된 도덕적 시각, 균형 잡힌 정보처리, 관계의 투명성—을 포괄하고 있으며, 이들 요인들이 '진성 리더십'의 기초를 형성한다.

표 9-2 긍정적인 심리적 능력

리더 개인의 내부적 관점에서 본 정의
• 자신감(confidence) • 희망(hope) • 낙관주의(optimism) • 복원력(resilience)

출처: Luthans, F. & Avolio, B. J. 2003. Authentic leadership development. In K. S. Cameron, J. E. Dutton & R. E. Quinn(Eds.), Positive organizational scholarship (pp. 241-258).

■ 진성 리더십에 영향을 미치는 요인들

진성 리더십의 네 가지 구성 요소 이외에 '진성 리더십'에 영향을 미치는 또 다른 요인에는 긍정적인 심리적 능력(positive psychological capacity), 도덕적 분별력(moral reasoning), 생애의 중대사건(critical life event)이 있다(그림 9-2 참조). 개인은 자신의 자신감, 희망, 낙관주의, 회복력 및 도덕적 추론 능력에 따라 자신의 삶에서 발생하는 중요한 사건을 인식한다.

'긍정적인 심리적 능력'과 관련하여 진성 리더십에 영향을 미치는 '네 가지의 핵심적이고 긍정적인 심리적 속성(four key positive psychological attributes)'으로는 자신감(confidence), 희망(hope), 낙관주의(optimism), 복원력(resilience) 등이 있다. 이들 네 가지 요인들은 실증 심리학이나 실증적 조직행동 분야에서 온 개념이다(표 9-2; Luthan & Avolio, 2003). 네 가지 긍정적인 속성들은 앞 절에서 논의된 진성 리더십의 구성 요소들을 개발하는 리더의 능력(leader's capacity to develop the components)을 증대시킨다. 속성들의 각각은 성격적 특성(a trait-like quality)이거나 상태적 특성(a state-like quality)이다. 이들 속성들은 외향적인 성격처럼 평생에 걸쳐 드러나고, 상대적으로 고정적 성격 측면을 나타내고 있기 때문에 '성격적 특성'이라고 말한다. 또 속성들은 훈련이나 코칭을 통해 개발하고 바꿀 수 있기 때문에 '상태적 특성'이라고 말한다. 이러한 특성들은 가단성(외부 힘에 의해 외형이 변하는 성질)이 있으며 훈련을 통해 향상될 수 있다고 믿는다.

자신감은 자기 유능감을 갖고 있는 것을 말한다. 자기 유능감이란 어떤 특정한 과업을 성공적으로 완성할 수 있는 능력을 가지고 있다는 믿음이다. '자신감'을 가지고 있는 리더는 성공을 위해 더욱 동기유발되고 장애물이 나타나도 지속성을 유지하며, 도전을 기꺼이 잘 받아들인다(Bandura, 1997; Luthans & Avolio, 2003). 희망(hope)은 의지력과 목표 달성을 위한 계획에 근거한 '긍정적인 동기부여 상태'이다(Luthans & Avolio, 2003). 희망이나 기대를 가지고 있는 리더는 자신의 목표가 달성될 수 있다는 것을 알고 있고, 성원들을 격려하여 리더를 믿게 만들며 목표의 달성을 확신하게 만든다. 낙관주의는 상황을 긍정적 견지에서 보는 인지적 과정이고, 미래에 대한 순조로운(호의적인) 기대를 하는 것이다. 낙관주의적인 생각을 갖고 있는 리더는 자신의 능력과 그가 달성할 수 있는 성과에 대해 긍정적이다. 낙관주의적인 리더는 삶을 결핍감 또는 부족감(a sense of scarcity)보다는 풍요감(a sense of abundance)을 가지고 접근한다(Covey, 1990). 복원력은 불리한 상황에서도 평상심을 되찾는 능력이고, 불리한 상황에 잘 적응하는 능력이다. 여기에는 고생과 고통에도 긍정적으로 적응하는 능력도 포함된다. 어려운 시기에도 복원력을 가지고 있는 리더는 도전적인 상황에서 잘 대응할 수 있고, 그 결과보다 더 활기를 느끼고 기략(책략)이 더 풍부해진다(Suticliffe & Vogus, 2003).

도덕적 분별력(moral reasoning)은 '진성 리더십'에 영향을 미칠 수 있는 또 하나의 다른 요인이다(그림 9-2 참조). 그것이 '옳은가, 그른가', '좋은가, 나쁜가'에 대한 윤리적 결정을 내릴 수 있는 능력으로, 도덕적 분별 능력의 개발도 생애의 과정이다. 보다 더 높은 수준의 도덕적 분별력은 '진성 리더'로 하여금 개인차를 초월하게 하고 개인들의 이익을 초월하여 공동목표를 지향하는 의사 결정을 가능케 한다. 그리고 리더로 하여금 비이기적이 되게 하고 집단이나 조직 및 지역사회의 보다 더 큰 유익에 도움이 되는 판단을 내릴 수 있도록 한다. 또한 진성 리더가 정의(공정성)를 촉진케 하고 지역사회를 위해 올바른 업적을 성취하게 한다. 도덕적 분별력이 어떻게 발전하는지에 대해 확장된 논의는 13장에 제시되어 있다.

'진성 리더십'과 관련된 마지막 요인은 '생애의 중대사건(critical life event)'이다(그림 9-2참조). 생애의 중대사건은 사람들의 삶에 큰 영향을 미치는 사건으로, 기대하지 않았던 승진, 아이의 출생, 읽고 감명을 받았던 책 같은 긍정적인 사건들일 수도 있고, 암 진단, 부정적 연말평가, 사랑하는 사람의 죽음 등과 같은 부정적인 사건들일 수도 있다. 생애의 중대사건은 변화의 촉매제 역할을 한다. Shamir & Eilam(2005)은 '진성 리더십'은 사람들이 그들의 인생경험에서 얻은 통찰에 크게 의존한다고 주장했다. 진성 리더는 종종 과거에 대한 이야기, 특히 민감하고 부정적이며 창피한 이야기를 통해 진정한 감정과 가치를 표현한다

(Lemoine, Hartnell, & Leroy, 2019). 리더가 자신의 삶의 이야기를 할 때, 그들은 더 큰 자기 지식을 얻고, 자신이 누구인지 더 명확해지며, 자신의 역할에 대해 더 잘 이해한다. 삶의 경험을 이해함으로써 리더는 더욱 진정성 있게 된다.

'생애의 중대사건'도 역시 그 개인의 성장을 촉진하고 보다 더 강력한 리더가 되는 데 도움을 준다(Luthans & Avolio, 2003). 예를 들어, Howard Schultz(Starbucks의 창업자 겸 CEO)는 그의 어린 시절에 관해 이야기한 적이 있다. 그의 아버지는 배달차 운전기사였고 작업 중에 쓰러져 상처를 입었지만 건강보험이 없었기 때문에 상해보상도 받을 수 없었다. 아버지의 어려움 때문에 야기된 여러 가지 문제점들을 생각하면서 그가 Starbucks를 설립하였을 때 그는 주당 20시간 일하는 종업원들에게도 책임종합건강보험을 제공하였다. Schultz의 리더십은 그의 어린 시절의 경험을 바탕으로 발휘된 것이다.

진성 리더십은 리더의 자기 개념(self-concept)과 거기에 따른 자기 표현에 초점을 맞추기 때문에 리더십을 이해하는 독특한 접근 방식이다(Lemoine et al., 2019). 따라서 진성 리더십은 조직 성과를 향상시키기 위해 개인적 경험, 특성 및 개발에 중점을 둔 긍정적인 조직 행동의 움직임과 일치한다(Yavuz, 2020).

'진성 리더십 이론'이 더욱더 활발히 연구됨에 따라 '진성 리더십 과정'에 영향을 미치는 다른 선행 요인들을 더 많이 발견하게 될 것이다. 현재까지 진성 리더가 될 수 있는 능력에 영향을 미치는 요인으로 확인된 것은 긍정적인 심리적 능력, 도덕적 분별력, 생애의 중대사건 등이다.

진성 리더십의 효용

본 장에서 우리는 실무적 시각과 이론적 시각에서 '진성 리더십'에 대해 논의해 보았다. 두 가지 시각 모두 진성 리더십을 발달 과정으로-시간의 경과와 더불어 리더 내부에서 이루어지는 발달(형성) 과정으로-설명한다. 그러나 두 시각 모두 진성 리더십의 효용에 대하여는 별개의 다른 설명을 제시한다.

실무적 접근법은 어떻게 진정성 있게 될 수 있으며, 진성 리더십을 어떻게 개발할 수 있는지에 대해 설명하고 있다. George(2003)의 접근법에서는 진성 리더가 되기 위해 리더가 개발해야 할 다섯 가지 특성에 초점을 맞추어야 하고 그렇게 될 때 진성 리더십의 과정이 효과적이라고 한다. 보다 구체적으로 말해서 George가 옹호하고 있는 주장은 리더가 보다 더 목적지향적(purposeful)이고 가치 중심적(value centered)이며, 관계적이고(relational), 자제(self-disciplined)하며, 측은지심(compassionate)을 가져야 한다는 것이다. 따라서 진성 리더십을 발휘하는 리더가 된다는 것은 위와 같은 다섯 가지의 특성을 강하게 나타내는 리더가 되는 것이다.

이 같은 단순한 설명들과는 다르게 이론적 접근법은 무엇이 진성 리더십이고, 진성 리더십에 영향을 미치는 요인들은 무엇인지 설명한다. 진성 리더십은 리더가 자아 인식(self-awareness), 내면화된 도덕적 시각(internalized moral perspective), 균형 잡힌 정보처리(balanced processing), 관계의 투명성(relational transparency)을 나타내기 때문에 진성 리더십이 효용성이 있다고 주장한다. 리더는 생애의 중대사건들에 의해 영향을 받아 생애의 과정을 통해 이 같은 속성들을 개발한다. 또한 연구문헌에서도 긍정적인 심리적 능력들과 도덕적 분별력이 진성 리더십에 중대한 영향을 미치는 것으로 나타났다. '진성 리더십'은 리더가 성원들에 의해 신뢰할만 하고 믿을만한 사람으로 지각되게 하는 특성의 개발을 강조하는 복잡한 과정인 것이다. 그래서 리더의 직무는 이 같은 특성들을 개발하여 다른 사람들을 섬기면서(다른 사람들의 필요를 충족시키면서) 그들에게 힘을 실어주고 공익을 위해 이러한 특성들을 적용하는 것이다.

본 장에서 우리는 리더의 진성 리더십 개발에 초점을 두고 살펴보았다. 최근 연구는 진성 리더십이 추종자에게 미치는 영향과 진성 리더십 개발에 대한 추종자의 영향에 초점을 맞추고 있다. Xu, Zhao, Li, Lin(2017)과 Semedo, Coelho, Ribeiro(2016)는 진성 리더십이 직장에서 번창하는 추종자들과 직접적인 상관관계가 있을 뿐만 아니라 직원의 창의성과 진성 리더십 사이에 긍정적인 관계가 있음을 발견했다. Rego, Sousa, Marques 그리고 Pina e Cunha(2014)는 창의성과 관련하여 유사한 결과를 발견했으며, 진성 리더십과 직원의 희망 사이에 긍정적인 관계가 있음을 발견했다. 또 Stander, Beer, and Stander(2015)는 진성 리더십이 낙관주의와 신뢰를 크게 이끌고 이러한 자질이 업무 몰입도를 직접적으로 높이는 것을 확인했다. 마지막으로, 연구에 따르면 진성 리더십에 영향을 미치는 네 가지 주요 긍정적 심리적 속성인 자신감, 희망, 낙관주의, 회복력은 진성 리더가 더 적극적인 추종자를 가질 수 있는 이유를 설명한다. 진성 리더십은 추종자의 심리적 상태와 관련이 있으며, 간접적으로 추종자가 자신의 일에 투자하고, 하는 일에 대한 열정을 유지하며, 능동적으로 문제를 해결하도록 영향을 미친다(Hu et al., 2018).

또한 Wang, Sui, Luthans, Wang, Wu(2014)는 진성 리더십이 추종자 성과에 미치는 영향을 직접 조사하고 양의 상관 관계를 나타냈다. Azanza, Moriano, Molero, and Lévy Mangin(2015)은 진성 리더십과 업무 몰입도 사이의 긍정적인 관계에 대한 결과를 직원 만족도와 잔류하고 싶은 의도도 포함하도록 확장했으며, Kumar(2014)는 진성 리더십이 추종자의 심리적 소유권에 미치는 영향을 연구했다. Wei, Li, Zhang, Liu(2018)는 진성 리더십이 성원의 업무 성과와 조직 시민권 행동을 증가시킨다고 보고하고 있다. 이러한 효과는 리더의 역량과 자신의 업무 참여에 대한 추종자들의 견해에 의해 강화된다.

마지막으로 Lyubovnikova, Legood, Turner, Mamakouka(2017)는 진성 리더십이 팀을 지휘하는 데 효과적이라는 것을 발견했다. 진성 리더는 팀 구성원이 팀 목표와 전략을 반영하고 이에 대해 공개적으로 의사소통하도록 장려하기 때문에 이러한 추종자는 종종 더 많은 유연성과 더 높은 성과를 보인다.

강점, 비판, 응용

1 강점

진성 리더십 이론은 아직 개발 단계에 있지만 몇 가지 강점을 가지고 있다. 첫째, 우리 사회가 추구하는 신뢰할 수 있는 진성 리더십이라는 욕구를 충족해 준다. 과거 20년 동안 공적 · 사적인 리더십의 실패가 사람들의 불신을 야기하였다. '진성 리더십'은 리더십에 실망하고 있는 사람들의 공허한 마음을 메우는 데 도움이 되고, 오늘날과 같은 불확실한 사회에서 진정성 있는 리더십을 갈구하는 사람들에게 해답을 제공해준다. 리더가 진정성이 있을 때 리더가 누구이며 어떻게 행동할 것인지에 대한 명확한 그림을 추종자들에게 제공한다. 리더에 대한 이해와 이 사람의 리더십에 의존할 수 있는지 여부를 말해준다.

둘째, '진성 리더십'은 진성 리더가 되고자 하는 사람들에게 광범한 지침을 제공한다. 실무적 접근법이나 이론적 접근법 모두 진성 리더가 되기 위해 리더가 무엇을 해야 하는지 명확하게 알려준다. 예를 들어, 사회과학 연구 문헌들은 진성 리더가 되기 위해 리더가 '자아 인식', '내면화된 도덕적 시각', '균형 잡힌 정보처리', '관계의 투명성'을 갖는 것이 중요하다고 강조한다. 종합하면, 이 접근법들은 진성 리더가 되고자 하는 사람들에게 안내도를 제공한다.

셋째, 변혁적 리더십이나 섬김의 리더십과 마찬가지로 진성 리더십도 명확한 도덕적 차원을 가지고 있다. 실무적 접근법이나 이론적 접근법 모두 근저에 다음과 같은 생각이 깔려 있다. 진정성은 리더로 하여금 성원들에게나 사회를 위해 올바르고 유익한 것을 찾아 실행할 것을 요구한다. 그리고 진성 리더는 자신의 가치관을 명확히 이해하고 성원들의 필요(요구)를 자신의 필요보다 우위에 놓고 보다 큰 공익을 위해 자신의 관심사를 성원들과 조정해야 한다.

넷째, '진성 리더십'에서 정직한 가치관과 정직한 행동은 장시간에 걸쳐 리더의 내부에서 발전(형성)될 수 있다고 강조한다. 그래서 '진성 리더십'은 단지 몇몇 사람들 한테서만 보이는 것이 아니라 누구나 진정성을 개발할 수 있고 보다 더 정직하게 되는 것을 배울 수 있다. 예를 들어, 리더는 보다 더 자아 인식을 잘할 수 있고 보다 더 투명해질 수 있으며 보다 더 관계적이고 타인 지향적이 될 수 있다. 그리고 또 리더는 도덕적 분별력을 개발할 수 있다. 더 나아가 Luthans와 Avolio(2003)는 리더는 '자신감', '희망', '낙관주의' 및 '심리적 복원력' 같은 긍정적인 심리적 능력도 개발할 수 있고 또 그 같은 능력들을 활용하여 긍정적인 조직 풍토를 조성할 수 있다고 주장한다. 그리고 그들은 리더가 생애에 걸쳐 진성 리더가 되는 데는 여러 가지 방법이 있다고 주장한다.

마지막으로 '진성 리더십'은 진성 리더십 설문지(the Authentic Leadership Questionnaire: ALQ)를 사용하여 측정될 수 있다. ALQ는 타당성이 검증되었고, '진성 리더십'의 네 가지 요인들을 측정하는 16개 문항으로 이루어진 측정 도구이다(Avolio et al., 2009; Walumbwa et al., 2008). ALQ가 개발된지 거의 10년이 지난 후, Avolio, Wernsing, Gardner(2018)는 ALQ를 재조사하고 최근 개발된 통계 기법을 사용하여 측정의 4가지 요소 구조(자기 인식, 내재화된 도덕적 관점, 균형 처리 및 관계 투명성)가 뒷받침된다고 결론지었다. 진성 리더십 이론의 '이론적 엄밀성'을 높이기 위한 연구가 진행됨에 따라 이 같은 이론에 근거한 구성 개념의 측정을 위해 검증된 측정 도구를 갖는다는 것은 매우 중요하고 미래의 연구에서 그 같은 도구를 사용하여 '진성 리더십'을 측정할 수 있다는 것은 매우 바람직한 일이다.

2 비판

진성 리더십에 대한 연구가 증가하고 있음에도 불구하고 이론과 관련하여 다루어야 할 필요가 있는지에 대한 의문이 있다. 첫째로, 실무적 접근법에 제시되고 있는 개념이나 아이디어(George, 2003; Terry, 1993)는 아직도 충분히 검증되지 않았다. 이들 접근법들은 모두 흥미롭고 '진성 리더십'에 대한 통찰을 가능하게 하지만 어느 접근법도 광범한 실증적 기반이 없고 타당성이 검증되지 않고 있다. 실증적 연구의 뒷받침이 없다면, 실무적 접근법에서 제시하고 있는 것들로 '진성 리더십 과정'을 설명할 때 신중을 기해야 한다.

둘째, 진성 리더십의 '도덕적 구성 요소'는 충분히 설명되고 있지 않다. 진성 리더십은 리더가 정의라든지 지역사회의 유익과 같은 높은 수준의 가치에 의해 동기유발된다. 그러나 이러한 가치가 '진성 리더십'에 어떻게 영향을 미치는가에 대한 설명은 명확하지 않다. 예를 들어, 리더의 가치관이 리더의 '자아 인식'과 어떤 관련이 있는가? 도덕적 가치관이 '진성 리더십'의 다른 구성 요소에 영향을 미치는 경로나 과정은 무엇인가? 현재로서 '진성 리더십 이론'은 이러한 의문에 대한 완전한 해답을 제공하지 못한다.

셋째, 연구자들은 '긍정적인 심리적 능력'을 '진성 리더십'의 구성 요소 중 하나로 포함시킬 수 있는가에 대한 의문을 제기하고 있다. 사회과학에서 '긍정적인 인간의 잠재력'이나 최선의 인간조건에 대한 관심은 있지만(Cameron, Dutton, & Quinn, 2003), '긍정적인 심리적 능력'을 '진성 리더십'의 고유한 부분으로 포함시켜야 하는 이론적 근거를 설명하지 못하고 있다. 이에 더하여 어떤 연구자들은 '진성 리더십'에 '긍정적인 심리적 능력'을 포함시키는 것은 진성 리더십의 구성 개념을 너무 확대시켜 측정을 어렵게 한다고 주장한다(Cooper et al., 2005). 정통 리더십 이론과 연구를 검토하면서 Alvesson과 Einola(2019)는 이론의 기초가 너무 흔들려서 학자들 사이에서 인기를 끌기에는 불안정하며, 컨설턴트와 영감을 주는 대화가 제공하는 약속은 연구에 잘 근거하지 않는다고 결론지었다. 현 시점의 진성 리더십 이론에서 긍정적인 심리적 능력의 역할은 더욱 명확해질 필요가 있다.

또한 진성 리더가 밀레니얼 세대를 효과적으로 이끌 수 있을지에 대한 새로운 연구가 필요하다. Anderson, Baur, Griffith, and Buckley(2017)는 이 세대의 개인주의, 일과 삶의 균형에 대한 헌신, 외적 보상에 대한 선호는 진정한 리더십 모델을 사용하여 밀레니얼 세대를 효과적으로 이끄는 데 잠재적인 걸림돌임을 지목했다.

마지막으로, '진성 리더십'이 어떻게 조직의 긍정적인 성과로 이어지는가(진성 리더십이 어떻게 조직의 긍정적인 성과를 초래케 하는가)를 명확히 하지 않고 있다. 그것이 새로운 연구분야인 것을 감안하면 '진성 리더십'의 성과에 대한 실증연구 자료가 거의 없는 것은 당연할 수 있지만 이론의 가치나 타당성을 실증하기 위해서는 연구자료가 필수적이다. 조직적 성과에 대한 연구(Azanza et al., 2015; Gatling, Kang, & Kim, 2016; Rego, Sousa, Marques, & Pinae Cunha, 2012; Semedo et al., 2016; Xu et al., 2017 참조)가 나오기 시작했지만 이론의 가치를 입증하기 위해서는 더 많은 연구 결과가 필요하다. 또한 Hoch, Bommer, Dulebohn, Wu(2018)는 진성 리더십이 성원 성과와 업무 태도의 차이를 설명할 때 기여하는 정도에 대해 의문을 제기했다. 그들은 메타분석을 수행한 결과 진정한 리더십이 변혁적 리더십 이상으로 결과의 차이를 설명하지 못했으며 저자는 진성 리더십 접근 방식의 효용이 낮다는 결론을 내렸다. 진성 리더십은 표면적으로는 매력적이지만, 이 접근 방식이 효과적인지, 어떤 맥락에서 효과적인지, 진성 리더십이 생산적인 결과를 가져오는지에 대한 의문은 여전히 남아 있다. 어떤 상황에서는 진정성이 역효과를 낼 수도 있다. 예를 들어, 일부 조직에서 실제로 위험하다고 생각하는 것을 표현하면 상사 및 동료에게 해고되거나 소외될 수 있다(Alvesson & Einola, 2019).

이와 관련하여 진성 리더십이 조직의 목표를 달성하기에 충분한지 여부도 명확하지 않다. 예를 들어 무질서하고 기술적인 역량이 부족한 진성 리더가 유능한 리더가 될 수 있을까? 진정성은 리더십에 중요하고 가치가 있지만 진정성이 효과적인 리더십과 어떻게 관련되어 있는지는 알려져 있지 않다. Sidani와 Rowe(2018)는 진정한 리더십을 도덕적 판단에 기반한 리더의 진정성을 추종자들이 정당화하는 과정으로 재개념화하였다.Donald Trump 전 미국 대통령을 예로 들면 그의 추종자들은 그가 자의식과 관계의 투명성을 가지고 있다고 생각한다(Mintz, 2015). 이 추종자들은 Trump의 가치 체계를 공유하고 그가 진실하다고 믿는다. 다른 가치 체계를 가진 사람들은 동의하지 않을 수 있지만 그의 행동을 정당화하는 추종자들에게는 영향력을 발휘한다. 따라서 진성 리더십에 대한 추종자들의 인식이 조직 결과의 달성으로 어떻게 변화하는지 탐구하기 위해 미래의 연구가 반드시 수행되어야 한다.

3 응용

'진성 리더십'이 발전의 초기 단계에 있기 때문에, 사람들이 진성 리더십 행동을 개발하고 증진시키는 데 사용할 수 있는 전략에 대한 연구가 거의 없다. 실무적 이론에서 제시하는 몇 가지 처방적인 전략은 있지만 그 같은 처방이 실제로 진성 리더십 행동을 증진시키는가를 실증하고 있는 연구는 거의 없다.

이처럼 진성 리더십의 구성 요소들 간의 연결 관계에 관한 실증연구의 결핍에도 불구하고 진성 리더십의 문헌에서 공통된 주제들, 즉 진성 리더십의 문제를 다루고 있는데, 그 주제들은 조직의 실무 현장에 응용될 수 있다. '진성 리더십'에 대한 모든 설명에서 공통적으로 나타나고 있는 한 가지 주제는 "사람들은 진성 리더가 될 수 있는 능력을 가지고 있다."는 것이다. '진성 리더십'에 관한 초창기 연구에서 Luthans & Avolio(2003)는 '진성 리더십 발전 모형'을 만들었다. 그들은 그것을 생애에 걸친 학습 과정(a lifelong learning process)으로 개념화하면서 '진성 리더십'은 장시간에 걸쳐 개발될 수 있는 과정이라고 주장하였다. 이것은 인적 자원 관리 부서에서 훈련 · 개발을 통해 리더십 직위에 오를 성원들을 훈련시켜 진성 리더십 행동을 촉진시킬 수 있다는 것이다.

조직에 응용될 수 있는 또 하나의 주제는 진성 리더의 가장 중요한 목표로서 '올바른 일을 하려고 노력하는 것', '자신에게나 다른 사람들에게 정직하고 진정성 있는 것', '공익을 위해 일하는 것' 등이다. 진성 리더십은 조직에서 긍정적인 영향(positive impact in organizations)을 미칠 수 있다. 예를 들어, Cianci, Hannah, Roberts와 Tsakumis(2014)는 진성 리더십이 성원들의 도덕성이나 윤리성(followers' morality)에 미치는 영향을 연구하였다. 118명의 MBA 학생들의 응답을 기초로 한 분석에서 그들이 발견한 것은 진성 리더는 성원들의 유혹에도 불구하고 비도덕적인 선택을 하지 않도록 영향을 미친 것이다. 그래서 진성 리더십은 성원들을 도덕적으로 강화시키는 상황적 요인인 것이다. 따라서 Cianci 등은 조직의 윤리적 행동을 증대시키기 위해 진성 리더십의 네 가지 구성 요소들(자아 인식, 내면화된 도덕적 시각, 균형 잡힌 정보처리, 관계의 투명성)이 조직의 리더십에서 개발되어야 한다고 주장한다.

마지막으로 '진성 리더십'은 자기 성장과 진정성, 정직성에 영향을 미치는 생애의 중대사건에 의해 형성되고 개선된다. 보다 더 진성 리더(일어나고 있는 일을 있는 그대로 정직하게 이해하고 대처하여 리더 자신과 성원들, 사회의 유익 등 공익을 위해 일하는 리더)가 되는 데 관심이 있는 사람들에게는 이 같은 생애의 중대사건을 예민하게 판단하고 그것을 성장의 도약대로 삼는 것은 실제적으로 매우 중요한 일이다.

사례 연구

진성 리더십을 발휘하고 있는 리더들에 관한 다음 세 개의 사례 연구(9.1, 9.2, 9.3)가 제시되어 있다. 첫 번째 사례는 "The female Advantage: Women's ways of Leadership(1990)"의 저자인 Sally Helgesen에 관한 것이다. 두 번째 사례는 유치원 교사인 Kassandra Gutierrez에 관한 것이다. 마지막 사례는 수치심, 취약성, 용기 및 공감을 포함한 어려운 주제에 대한 연구를 통해 많은 추종자들을 보유한 베스트셀러 작가이자 연사인 Dr. Brené Brown의 사례이다. 각 사례의 끝에는 '진성 리더십'의 개념들을 분석하는 데 도움이 될 수 있는 몇 가지의 질문들을 적어두었다.

사례 9.1: 나는 정말로 리더인가?

Sally Helgesen은 미국 미네소타주 중서부에 있는 Saint Cloud라는 작은 마을에서 태어났다. 어머니는 영어를 가르치는 가정주부였고, 아버지는 대학에서 연설(speech)을 가르치는 교수였다. 지방대학에서 영어와 비교종교학을 전공한 후, Sally는 고전영화 '티파니에서 아침을(Breakfast at Tiffany's)'에 감명을 받아 희망을 안고 뉴욕으로 왔다.

Sally는 글을 쓰는 일감을 얻었다. 처음에는 광고회사에서, 그 다음에는 당시 영향력 있는 'Village Voice'지의 칼럼니스트의 조수로 일하였다. 또 그녀는 Harper's, Glamour, Vogue, Fortune 및 Inside Sports 같은 잡지들에 자유기고가로 기사를 작성하였다. 그녀는 다시 학교로 돌아와 Hunter 대학에서 고전문학 학사 학위를 받은 후 비교종교학 박사 학위 준비를 위해 시립대학원에서 언어학 과정을 이수하였다. 그녀는 대학교수가 되는 꿈을 꾸며 자유기고도 즐겼다. 그녀의 마음속은 이분되어 있었다. 한편은 '과묵한 교수', 다른 한편은 '구속을 받지 않는 자유로운 공상가'였다. 이 같은 갈등은 그녀를 괴롭혔고 갈등을 어떻게 해결할 것인가에 대해 생각하고 있었다. 글 쓰는 직업을 선택한다면 그녀는 소심하고, 필요 이상으로 복잡하며 좀 과장하는 일을 하는 사람이 되는 것이었다.

비 오는 어느 날 뉴욕의 골목길을 걷고 있을 때 Sally는 검은 고양이가 자신의 옆을 지나고 있는 것을 보았다. 그때 생각난 것은 '티파니에서 아침을'의 Holly Golightly의 고양이었다. 고양이는 그 영화에서 흥분하기 쉬운 성미의 표상이었고 의지할 곳 없는 것의 표상이었다. 이때 그녀에게 든 생각은 글 쓰는 기고자로서의 덧없는 임시직이 가져다주는 '자유'와 '의존성'이 자신의 기질과 맞을 것인가였다. Sally는 그 고양이에게, "고양아, 나는 작가야"라고 말하였다. 지금까지 자신은 작가라고 소리내어 말해본 적이 없었다. 그녀는 적어도 당분간만이라도 임시직이 아닌 글쓰기를 전문적으로 하는 직무에 종사하기로 결심하였다. Texas주 Fort Worth에서 당시 주목을 끌었던 살인재판을 취재해 보라는 제의를 받고 그 일을 맡아 취재하기로 하였다.

재판을 취재하는 동안 Texas의 지역문화에 흥미를 느껴 그 지역에서 독자적으로 경영하는 석유생산업체의 역할에 관한 책을 써보기로 결심하였다. 그렇게 하는 데는 시간과 돈이라는 많은 필요 경비가 요구되었다. 그래서 거의 일년 동안 여장을 풀지 않고 Texas주 전 지역에 걸쳐 외딴 지역에 사는 친구들의 집에 머물면서 취재 작업을 수행하였다. 그것은 외롭고 어려우며, 원기를 불어넣어야 하는 일이었다. 그러나 Sally는 그 일을 철두철미하게 수행해 보기로 결심하였다. 그 결과 'Wildcatter'(마구잡이 석유시굴꾼)이라는 책이 발행되었을 때 거의 인정을 받지는 못하였지만 책을 쓰는 일을 끝마치고 난 후 자신감을 갖게 되었고, 자신의 몰입에 기쁨을 느끼면서 자신이 작가라는 사실에 확신(신념)을 갖게 되었다.

Sally는 뉴욕으로 다시 돌아와 기사 쓰는 일을 계속하였고, 또 하나의 책을 위한 소재를 찾고 있었다. 그러다 그녀는 포춘지 선정 500대 기업 CEO의 연설문을 작성하는 일을 시작하였다. 그녀는 그 같은 일을 좋아하였고, 특히 사무실에서 벌어지고 있는 정치적 현상을 관찰자로서 바라보는 것을 좋아하였다. 물론 자신은 그 정치적 현상 속에 끼어들어 역할을 수행하는 것은 아니었다. 자신의 역할은 "안을 들여다보는 외부자(outsider looking in)"였다. 자신의 이 같은 초연한 자세는 자신이 뜨내기가 아닌 전문가라는 느낌을 갖게 하였다.

연설문 작성자로서 Sally는 사람들과 그들의 업무에 관해 면담하면서 많은 시간을 보냈다. 면담을 통해서 그녀는 남자와 여자가 자신의 직무를 수행할 때 기본적으로 매우 다른 방법으로 접근한다는 것을 알게 되었다. 그녀는 여성들의 일처리에 대한 기술과 태도가 변화에 더 적합한 것(방법)이 될 수 있다는 것과 그로 인해 여성들이 조직변화를 위해 더 많은 장점들을 가지고 있다는 것을 확신하였다. 그녀는 CEO나 조직의 리더들에 의해 여성들의 조직관리자로서의 가치(능력)를 거의 인정받지 못하고 있다는 것에 주목하게 되었고, 리더가 여성들이 발휘할 수 있는 잠재력에 주목하고 이해하였었다면, 더 유익한 결과를 얻었을 것이라는 생각을 갖게 되었다.

이 같은 관찰은 또 하나의 책을 저술하게 하였고 1988년 '조직에 대한 여성의 공헌'이라는 책을 출판하기로 저명한 출판사와 계약을 체결하였다. 당시까지만 해도 '직장에서의 여성'에 관한 거의 모든 책들은 여성들이 변화해야 하고 직장 문화에 적응해야 할 필요성 등에 초점을 맞추고 있었다. 하지만 Sally는 만약 여성의 부정적인 면만을 강조한 변화의 시대에 조직을 이끌어가는 데 도움이 될 수 있는 여성 인력 활용의 역사적인 기회를 놓치게 된다고 생각하였다. 그 생각은 매우 시의적절했다. 그녀의 저서 "The female advantage: Women's Ways of Leadership"은 매우 성공적이었고 베스트셀러 목록의 위쪽에 자리하고 있었으며, 거의 20여 년 동안 꾸준히 인쇄 · 출판되고 있다. 주목을 끌었던 이 책으로 인해 수많은 강의 요청을 받아 강의 기회를 갖게 되었고 경영 상담의 기회도 얻게 되었다. Sally는 세미나를 주최하고 다양한 고객들과 일하면서 세계를 여행하고 다녔다.

이 같은 그녀에 대한 갈채와 환호는 그녀에게 약간의 두려움으로 다가왔다. Sally는 자신이 저술한 책의 가치를 인정받고 있지만, 여성문제에 대한 이론적인 연구자료를 가지고 있는 사회과학자가 아니라는 것을 알고 있었다. 그녀는 자신을 전문가라기보다는 작가로 보고 있었고 일찍이 그녀의 뉴욕시절에 느꼈던 뿌리 없는 뜨내기라는 생각을 하면서 자신을 다른 시각에서 다시 생각하기 시작하였다. 그녀는 정말로 진정성이 있는 사람인가? 그녀는 리더십의 책임을 떠맡을 수 있는가? 리더십의 구체적인 직무를 수행할 수 있는가? 간단히 말해 그녀는 "사람들이 기대하고 있는 리더가 될 수 있을까"라고 생각하였다.

이 같은 질문들에 대한 해답을 얻기 위해 Sally가 나아갈 길(진로)은 단순히 "그녀가 누구인가"에 걸맞는 것이 되어야 했다. 그녀는 Sally Helgesen이고, '안을 들여다보는 외부자(outsider looking in)'였으며 노출되고 있는 문제점을 능숙하게 그리고 풍부한 상상력을 가지고 관찰하는 관찰자였다. 그래서 Sally에게 있어서 리더가 되는 길은 단계적인 과정을 밟지 않았다는 것이고, Sally의 리더십은 그녀 자신의 모습을 찾아가는 여정에서 자신의 진정한 참모습을 받아들이는 것이었다. 이 같은 자아인식을 통하여 조직 내에서 일어나고 있는 일들의 추세에 대한 날카로운 눈을 가지고 있는 작가로서 자신의 전문성을 나타내 보이게 되었다.

Sally는 계속 국제적으로 인정받는 컨설턴트이고 현대의 시대적 이슈를 주제로 하는 연설가였으며 다섯 권의 책을 출간한 작가였다. 그녀는 여전히 비교종교학의 학위를 끝내고 대학교수가 될 것인지는 확실치 않다. 그러나 그녀가 항상 마음에 두고 있는 1950년, 1960년대 정치 분야의 영향력 있는 저술가였던 I. F. Stone이 나중에 학교로 돌아가 나이 75세에 고전학으로 상급학위를 받은 것이다.

질문

01 자신을 안다는 것은 진성 리더가 되는 데 필수적인 단계이다. Sally의 이야기에서 '자아 인식'은 어떤 역할을 하였는가?

02 Sally의 리더십의 '진정성'을 어떻게 설명할 수 있는가?

03 리더십 역할이 필수적인 직업에서 모든 리더가 진성 리더십을 발휘할 수 있는가?

사례 9.2: KASSY의 이야기

참고: Kassandra Gutierrez는 미시간에 있는 신앙 기반(기독교) 사립 학교인 Living Stones Academy의 유치원 교사로, 유치원부터 6학년까지 다양한 학생을 대상으로 한다. 44%는 유색인종 학생이고, 거의 60%는 사회 경제적 지위가 낮은 가정 출신의 학생이다. Gutierrez는 최근 학교 커뮤니티에 자신이 되는 것에 대한 그녀의 이야

기를 공유했다.

어렸을 때 공동체 의식을 찾는 것은 나에게 도전이었다. 나는 민족적 배경, 사회 경제적 지위, 가족관계의 차이로 인해 또래들과 함께 자라면서 소속감이 부족함을 느꼈다. 나는 멕시코계 미국인이다. 아버지는 멕시코 Oaxaca에서 아홉 자녀 중 하나로 태어났다. 그는 아버지가 돌아가신 후 가족을 부양할 일자리를 찾기 위해 16세에 미국으로 왔다. 어머니는 백인이었고 캘리포니아주 Mentone에서 엄마와 새아빠, 아빠와 새엄마, 자매, 그리고 이복 형제 두 명과 함께 자랐다.

나의 가족관계는 역동적이고 복잡하다고 말할 수 있다. 혼혈아로 자라면서 두 가지 다른 문화를 포용할 수 있다는 사실에 힘을 얻었다. 그러나 불행히도 주변 사람들은 이런 면을 받아들이지 않는 것 같았다. 나는 종종 두 가지 정체성 사이에서 압도당하고 분열감을 느꼈다.

아버지의 식구들은 나를 'gringa(미국 여성)', 'weda(외국 여성)'라고 부르곤 했다. 왜냐하면 나에게는 mole나 menudo를 요리하지 않는 백인 어머니가 있었고, 나는 부모님과 스페인어를 하지 못했으며 기독교 사립학교에 다녔기 때문에 나에게 돈이 있다는 인식이 있었기 때문이다.

나는 학교까지 걸어서 등교하였고 친구들 사이에서 완전히 혼자라고 느끼는 날이 많았다. 사립학교에 갈 수 있는 기회가 생겨서 고마웠지만, 뭔가 기분이 좋지 않았다. 내 주변은 다양성과 문화적 인식이 부족했다. 나는 교직원과 학생회에 내 모습을 나타내지 않았다. 유치원부터 8학년까지 유색인종 선생님은 단 한 명도 없었다. 반에는 다른 두 명의 멕시코계 미국인이 있었지만 그때도 나는 사회 경제적 지위가 낮기 때문에 그들과 다르다고 느꼈다.

아버지는 조경 사업을 시작하셨고 이른 아침에 작업용 트럭을 타고 학교에 차를 세우셨다. 반 친구들이 항상 아버지의 사업에 대해 나를 놀리곤 했기 때문에 나는 창피하고 부끄러웠다. 그들은 그저 고정관념에 사로잡혀 일하는 멕시코 남자로만 바라보았다. 그러나 나는 더 나은 삶을 위해 미국에 와서 영어를 배우고 자신의 사업을 시작하는 근면한 사람으로 보았다. 나의 어머니가 학교에 데리러 올 때면 반 친구들은 엄마는 백인이고 나는 피부가 검은색인 이유에 대해 물었다. 때때로 왜 우리가 그렇게 다르게 생겼는지에 대해 호기심 어린 시선을 받았다. 우리 가족의 관계를 여러 번 설명하는 것은 지치는 일이었다.

그래서 나는 자주 왕따를 당했다. 운동장에서 나를 부를 때 발음이 불분명한 인종적 언어를 사용하고 실제로 운동 경기에서 제외됐다. 집에서 엄마에게 이런 경험을 이야기하거나 질문을 할 때 엄마는 나에게 두 문화를 수용하는 데 지원과 격려를 제공하지 않았으며 내가 왜 다른 사람들과 그렇게 다른지 이해하려고 노력하는 데 필요한 도움도 주지 않았다.

유감스럽게도 운동장에서 들었던 것과 똑같은 인종 비방은 엄마가 아빠를 향해 사용하는 것이었다. 부모님은 결혼생활 중에도 매일 싸웠다. 싸움을 할 때면 엄마는 아빠를 증오하고 인종적으로 경멸하는 언어를 사용했다. 어린 나이에 이 모습을 듣고 보는 것은 쉽지 않았다. 어머니가 왜 아버지에게 증오를 표현하는 것인지 나에게는 매우 혼란스러웠다. 또한 아버지의 가족은 어머니가 백인인 것을 싫어했다. 이러한 부모와 가족 간의 갈등과 인종 차별적 비방을 들으며 내 정체성에 대해 의문을 갖게 되었고, 내가 백인이면 얼마나 편했을까 하는 생각이 들었다.

그래서 나는 가는 곳마다 자신을 의심하는 작은 멕시코 소녀로 자랐다. 학교에서 그녀는 많은 선생님과 반 친구들처럼 하얀 피부나 밝은 눈을 가지고 있지 않았기 때문에 버림받은 사람처럼 느껴졌다. 집에서 그녀는 자신을 닮았지만 자신에 대한 고정 관념이 있는 가족들 사이에서 자신을 의심했다. 나는 어디에 속했는가? 그들이 가지고 있는 고정 관념에 근거하여 내가 누구인지, 내가 무엇을 해야 하는지를 말하는 사람들에게 나는 목소리를 내지 못했다.

다른 사람들을 위한 공간의 제공

소속감을 찾고 있던 어린 시절의 경험을 돌이켜 보고 이제는 교육자로서 환영하고 안전하며 포용되는 느낌을 받을 수 있는 환경을 만드는 것이 중요했다. 내 교실은 가족, 어린이, 그리고 내가 투명하게 관계를 구축할 수 있는 공간이다. 우리 반에는 부모와의 이별, 가정의 갈등, 내면의 불안 등 힘든 도전과 정신적 충격을 겪은 아이들이 있다.

어린 시절의 어려움 때문에 나는 학생들과 공감하고 대화를 나눌 수 있다. 정신적 충격으로 인해 눈물을 흘리는 아이를 안아준 순간도 있었다. 우리가 직면할 수 있는 어려움에는 이유가 있으며, 하나님께서 우리가 서로 맺는 관계를 강화하기 위해 어떻게 사용할 것인지 상기시켜 준다.

집에서 트라우마를 앓고 있는 학생이 있었다. 이 학생은 다른 호기심 많은 5세 어린이들로부터 피부가 왜 그렇게 검은지에 대한 질문을 받았다. 나는 그녀가 다른 아이들과 외모가 다른 것에 대해 불안함을 느꼈음을 알 수 있었다. 교실에서 안전한 커뮤니티를 만들기 위해 상황을 무시하지 않고 우선적으로 해결하기로 했다. 동료들의 도움, 다양성에 관한 책, 솔직한 대화를 통해 나는 하나님이 어떻게 자신의 딸을 하나님의 형상대로 만드셨는지 그녀에게 상기시켰다. 하나님께서 우리가 다르게 보고, 말하고, 생각하도록 창조하셨고, 모든 것이 그분의 형상대로 창조되었다는 것을 모든 아이들에게 상기시킬 수 있는 시간이었다.

진정한 것과 신뢰성의 증진

소속감은 그녀의 수업에 필수적일 뿐만 아니라 그녀가 가르치는 학교의 유치원부터 6학년까지 모든 교실에서도 필수이다. 유치원 교사가 만든 환경은 근본적으로 포괄적이다. 모든 문화적, 경제적, 인종적 다양성을 포용하도록 학생들을 가르치는 데 전념한다.

우리는 모든 종류의 필요, 상황 및 학습 능력을 환영한다. 그리고 의도적으로 미취학 아동부터 6학년까지 모든 어린이에게 자신의 목소리를 사용할 수 있는 시간을 제공한다. 경청의 중요성을 가르치면서 아이들이 공유할 수 있는 공간을 제공하기 위해 학업 커리큘럼의 시간을 따로 떼어 놓았다. 우리는 능동적인 학생 서클을 연습하여 학생들을 확인하고 동료 및 교사와 함께 그들의 삶에 대해 칭찬한다. 우리는 또한 원기 회복의 실천을 통해 서로 겪을 수 있는 어려움을 이겨내도록 격려한다. 적극적이고 회복적인 서클은 긍정적인 학급 공동체를 구축하면서 사회적 기술과 문제 해결을 가르치는 일이 일상의 일부가 되었다.

또한 교직원은 학생들 및 동료들과 신뢰할 수 있는 관계를 구축하기 위해 노력하고 있다. 일주일 전 한 학생이 머리를 땋다가 자연스럽게 내린 머리로 학교에 왔다. 그녀는 동료들이 이를 알아차리고 질문을 했기 때문에 불안감을 느꼈다. 이 학생은 자신의 머리카락에 대한 자신의 감정과 다른 사람들의 반응에 대해 선생님과 이야기했다. 선생님은 그녀의 감정을 통해 그녀를 격려했지만 이 학생이 힘을 얻도록 하기 위해 한 걸음 더 나아갔다. 그녀는 학생과 이야기를 나눈 후 자신의 동료가 공감할 수 있다는 것을 알고 있었기 때문에 유색 인종인 동료에게 그 학생과 일대일 대화를 해달라고 요청했다.

일단 학생이 선생님과 연결되자 학생의 자신감이 높아졌다. 그녀는 자신과 닮은 사람과 연결할 수 있었을 뿐만 아니라 한 분이 아니라 두 분의 지원을 받고 있다는 느낌을 받았다. 이 학교의 교사로서 나는 더 이상 내 자신의 소유물에 대해 의문을 가지지 않는다. 나는 매일 소속감을 가지고 일하고 있고 나의 학생들과 동료들이 나처럼 느끼도록 도움을 주고 있다.

— Kassandra Gutierrez의 허가를 받아 재인쇄되었습니다.

질문

01 이 장에서 진성 리더십에 대한 Bill George의 접근 방식은 진정한 리더가 열정(passion), 강한 가치(strong values), 연결성(connectedness), 일관성(consistency) 및 연민(compassion)을 나타냄을 시사한다. Gutierrez는 어떤 식으로 이러한 특성들을 보이는가? 어떤 특성이 Gutierrez의 대표적 특성인지 논의하여라.

02 진성 리더십 모델(그림 9-2 참조)은 중요한 삶의 사건이 진정한 리더로서 개인의 발전을 형성한다고 가정한다. Gutierrez의 경우 어떤 측면에서 사실이라고 생각하는가?

03 리더가 자신의 삶의 이야기를 할 때, 그들은 더 큰 자기 인식과 자신과 역할에 대한 더 명확한 그림을 보았다. 그녀의 이야기를 들려주는 것이 Gutierrez와 학교 커뮤니티에 도움이 되었다고 생각하는가? 당신이 Gutierrez였다면 당신의 이야기를 그렇게 공개적으로 공유했을까? 대중과 개인적인 이야기를 나눌 때 리더에게 어떤 의미가 있는가?

04 〈그림 9–2〉에서 볼 수 있듯이 진정한 리더는 내적인 도덕성을 사용한다. 그들의 행동을 유도하는 관점과 정의, 공동체와 같은 고차원적 가치에 의해 동기부여된다. Gutierrez의 도덕적 관점과 리더로서 그녀의 행동에 미치는 영향을 설명하시오. 그녀의 도덕적 관점은 다른 사람들이 그녀를 보는 방식에 어떤 영향을 미치는가?

사례 9.3: 신뢰성의 영역

참고: 이 사례는 Brené Brown 박사의 개인 역사, 그녀의 강점 및 경력의 궤적에 대한 통찰력을 제공한다. 그녀의 리더십 행동에 대해 이해할 수 있는 그녀의 Netflix 특집인 The Call to Courage 또는 TED.com에서 그녀의 비디오를 보는 것도 도움이 될 것이다.

중요한 것은 비평가가 아니다. 어떻게 앉아서 행동한 사람이 일을 더 잘 할 수 있었는지, 어떻게 넘어지고 비틀거리는지 지적하는 사람도 아니다. 참된 명예는 실제로 경기장에 있는 사람의 얼굴에 먼지와 땀과 피로 얼룩져 있다. . . 그러나 경기장에 있을 때는 기껏해야 이기고 최악의 경우에는 지지만, 실패했을 때는 매우 용감하고 대담하게 인정해야 한다.

선 미국 대통령인 Theodore Roosevelt(Dalton, 2002)의 연설에서 영감을 받은 이 구절은 Dr. Brené Brown이 가르치고, 설교하고, 생활화하는 구절이다.

세계적으로 유명한 사상가이자 인기 있는 연사이고, New York Times 베스트셀러 5권의 저자인 Brown은 자신을 단순히 "연구 교수"라고 칭할 가능성이 더 크다. 그녀는 Huffington 재단이 후원하는 2백만 달러의 기금을 받은 휴스턴 대학의 교수이지만, 수치심(shame), 취약성(vulnerability), 용기(courage), 그리고 공감(empathy)과 같은 어려운 주제에 대한 연구를 중심으로 많은 팔로워를 가진 기업가, CEO, 어머니, 그리고 아내이기도 하다.

Brown은 거의 모든 형태의 비즈니스 복장보다 "shit kickers"(카우보이 부츠) 또는 크록스와 청바지를 선호하고, 가장 눈에 띄는 모임에서도 입는 것을 주저하지 않는 열렬한 해리 포터의 팬이다. 그녀는 진정성과 용기가 취약성 없이는 발생하지 않는다고 처음으로 말할 것이다. 그녀는 "취약함은 약점이 아니다. . . 취약하다는 것, 자신을 드러내는 것, 정직한 것 등 우리의 가장 정확한 용기 측정치이다."(Brown, 2012)라고 말한다.

Brown의 연구 데이터와 그녀의 개인적인 삶의 경험은 그녀의 말을 분명하게 뒷받침한다. 그녀의 많은 책에 나오는 "경기장에 있는 남자"라는 인용문은 취약 상태에서 그녀에게 다가온 말이다. 그녀는 최근 취약성에 대한 TEDxHouston 강연을 했다. 그녀는 학문적 용어와 데이터로 완성된 편안한 학문적 이야기를 전달하기보다는 자신이 데이터의 진실에 직면했을 때 경험한 취약성과 정신적 쇠퇴에 대한 매우 개인적인 이야기를 공유하기로 했다. 진실, 취약성, 그녀가 경멸하고 개인적으로 피하는 주제, 그리고 불완전할 수 있는 용기는 그녀가 "전심으로 사는 삶"이라고 표현한 삶을 사는 데 필요한 요소로 이것들과 분리될 수 없다.

그녀는 자신의 생계 수단으로 연구를 선택한 이유는 "연구의 정의는… 통제하고 예측하는 명백한 이유를 위해 현상을 연구하는 것"이다. 그러나 그녀의 연구 결과는 이 전제에 대한 도전이었다. 그녀가 발견한 것은 살아가는 방식에는 취약성이 따르고 통제와 예측이 중단된다는 것이었다(Brown, 2010).

이 이야기는 좋은 평가를 받았지만 Brown은 너무도 사적이고 폭로적인 이야기를 나눈 것에 대해 후회를 남겼다. 그녀는 자신의 연설이 아마 500명 정도의 지역 사람들만 시청했을 것이라고 자신을 설득하면서 약간의 위안을 삼았다. 하지만 이것은 입소문으로 널리 퍼져나갔다. 취약성의 힘(Power of Vulnerability)은 거의 5천만 뷰(TED, n.d.)로 가장 많이 접속하는 TED 강연 중 하나가 되었다.

즉시 대중의 주목을 받게 되었고 그녀의 굴욕은 소셜 미디어에서 그녀에 대한 익명의 추악한 댓글이 사회매체에 실리게 되자 그녀는 마음이 불편해 3일 동안 집을 떠나지 않았다(Winfrey, 2013). Brown은 약간의 조사를 통해 Teddy Roosevelt의 유명한 말을 발견했고 이것은 그녀에게 전환점이 되었다.

"부끄러움에 대한 두려움, 비판에 대한 두려움은 그 시점까지 제 인생에서 너무 컸고, 제 말은 마비될 뿐이었습니다. 그래서 저는 제 인생에서 작은 것을 설계했습니다. 저는 모험을 하지 않았습니다. 저는 거기에 제 자신을 드러내지 않았습니다. 제 말은, 전 그냥 하지 않았고, 제가 말 그대로, 육체적으로, 비판을 견딜 수 있을지 몰랐기 때문에, 제 힘에 발을 들여놓고 큰 경기를 하는 것은 제게 가치가 없었습니다."(Efros, Findlay, Mussman, & Restrepo, 2019)

흥미롭게도 Brown은 비판을 견디고 자신의 북소리에 맞춰 행진하는 데 낯선 사람이 아니었다. 그녀의 경력은 자신의 길에 충실하기 위한 선택에 의해 이루어졌다.

5세대 텍사스 출신인 Cassandra Brené Brown은 빠르고 전염성이 강한 재치로, 집요하고 솔직한 성격으로 성장한 용감하고 호기심 많은 어린 소녀였다. 그러나 그녀는 젊은 성인 생활의 대부분을 이방인처럼 느끼며 보냈다. 이러한 소속감이 학창시절 내내 그녀를 따라다녔다. 고등학교에서 그녀는 수년간의 댄스 수업과 연습 루틴을 알고 있었고 몸무게가 6파운드나 적게 나갔음에도 불구하고 학교의 드릴팀(Bearkadettes)에 선발되지 않았다. 그녀는 실망스럽고 수치심만 느끼게 되었다(Brown, 2017).

하지만 이같은 그녀의 성장기는 그녀의 성공을 뒷받침했다. "나는 어디에도 소속되지 않았다는 감정이 학창시절 내내 따라다녔다. 처음에는 어렸을 때, 그 다음에는 10대 때. 나는 사람들을 연구하는 데 속하지 않는 것에 대한 나의 일차적인 대처 메커니즘을 발견했다. 나는 패턴과 연결을 추구하는 사람이었다. 만약 내가 사람들의 행동 패턴을 인식하고 그 패턴을 사람들이 느끼고 있는 것과 연결할 수 있다면, 나는 내 길을 찾을 수 있을 것이다."라고 그녀가 말했다. "나는 사람들이 무엇을 원하는지, 무엇을 생각하는지, 무엇을 하고 있는지 예측하기 위해 행동 유형 인식 기술을 사용했다. 그래서 나는 올바르게 말하는 방법을 알게 되었고 올바른 모습을 보이는 법을 배웠다. 나는 전문가의 말처럼 카멜레온에 잘 어울리는 사람이 되었다."(Brown, 2017, p. 16)

고등학교를 졸업한 후 Brown은 유럽 전역에서 히치하이킹을 하고 바텐더와 웨이트리스로 일하면서 다양한 삶의 경험을 쌓았다. 그녀는 대학으로 돌아와 29세에 사회복지 학사 학위를 받으며 자기반의 수석으로 졸업하였고 이어서 대학원에 진학했다. 연구를 통해 Brown은 사회 사업과 질적 연구에 대한 열정을 발견했다. 그녀는 실증적 근거가 있는 이론을 구축하기 위한 방법론에 관심이 있었고, 거기에 대한 훈련을 받게 되었다. 이론에 앞서 주제를 가지고 시작하여 연구참여자들과의 논의를 바탕으로 한 정보를 수집하고 분석하여 유형과 이론들을 발표하였다. '실증적 근거가 있는 이론 모델(The grounded theory model)'은 Brown의 타고난 재능 즉, Brown이 10대 시절에 살아가기 위한 대응 수단으로 개발한 경청과 관찰의 기법을 통해 주제의 패턴을 연결할 때 적합하다.

"나는 질적 연구의 풍부함과 깊이에 반했다."라고 그녀는 말했다. "이야기하는 것(storytelling)은 나의 DNA이고, 연구 아이디어를 스토리 잡기(story-catching)라고 생각하는 것을 거부할 수 없었다. 이야기는 영혼이 있는 정보이며 어떤 방법론도 근거 이론 이상을 존중하지 않는다."(Brown, 2019b)

불행하게도 실증적 근거에 기반을 둔 이론 모델은 양적 연구의 측정 가능한 결과에 더 높은 가치를 부여하는 경향이 있는 전통적인 학술 연구에서 벗어났다. 다른 학자들에게 낙담하고 박사 학위 논문에 이 방법론을 사용하지 말라는 조언을 받았음에도 불구하고 Brown은 계속 자기주장을 펴고 있었다. 그리고 그녀가 지지하는 방법처럼 Brown은 데이터에서 나오는 이야기들이 그녀를 탐색하도록 허용했고 그녀는 수치심이라는 감정을 연구하기 시작했다.

"나는 우리가 경험하는 가장 복잡하고 다면적인 감정 중 하나인 수치심 연구에 서명하지 않았다. 이해하는 데 6년이 걸렸을 뿐만 아니라 수치심이라는 단어만 언급해도 사람들의 불편함과 회피가 유발될 정도로 강력한 감정을 부추기는 주제이다. 연결의 해부학에 대해 더 많이 배우고 싶은 마음으로 순수하게 시작했다."라고 그녀는 말한다.

"연구 참여자들이 자신의 이야기, 경험, 지혜를 공유할 수 있는 용기가 있었기 때문에 나는 내 경력과 삶을 정의하게 만들었다."(Brown, 2019b)

연구에 참가한 사람들이 Brown에게 그녀의 연구 결과를 공유해 달라고 요청하였고, 그녀로 하여금 전통적인 학술지에 동료 심사를 거친 논문이 아닌 주류 출판물과 저널에 작업을 게시함으로써 다시 한 번 전통적인 학문적 궤도에서 벗어나도록 영감을 주었다. 곧 그녀의 연구 결과는 대중에게 공개되었고 나중에는 베스트셀러가 되었다.

Brown은 연설의 주제나 전달 방식을 완화시키려는 노력에도 불구하고 모든 연설에 전적으로 참여한다. 그녀는 자신의 전문 분야임에도 불구하고 수치심이나 취약성과 같은 불편한 것에 대해 이야기하지 말아 달라는 요청을 받았다. 종교 단체는 그녀에게 욕을 하지 말라고 요청했고, 비즈니스 단체는 그녀가 연설에서 신이라는 단어를 사용하지 말라고 요청했다. 또 그녀는 옷을 다르게 입으라는 요청을 받았다. 그러나 브라운은 자신이 효과적일 수 있는 유일한 방법은 완전히 자기 자신이 되는 것이라고 말한다.

이러한 진정성을 유지할 수 있는 것은 타고난 기술이 아니라 "공동 언어, 기술, 도구 및 일상적인 관행을 사용하여 혼란을 극복할 수 있어야 한다."라고 Brown은 말했다. 그녀는 "소란"을 취약한 것, 문제 식별 및 문제 해결의 지저분함을 고수하며, "우리 부분을 소유하는 것"에 두려움을 느끼지 않으며, "우리가 간절히 듣고 싶어하는 것과 같은 열정을 가지고 경청하는 것"과 같은 것에 대한 헌신으로 정의된 토론, 대화 또는 회의로 정의한다."(Brown, 2019c)

자신이 누구인지에 대한 두려움 없이 자신의 직장, 가족, 지역사회에 진정으로 참여할 수 있는 용기를 찾기 위해 취약성을 감수하는 것이 Brown의 모든 것이다. 그녀가 수백만 명의 추종자들에게 신봉하는 이상에 따라 생활하면서 그녀는 자신도 모르게 그녀가 피했던 진정한 소속감을 얻게 되었다. 그녀는 간단한 관찰로 자신의 철학을 요약한다. "진정한 소속감은 우리가 누구인지 바꿀 필요가 없다. 그것은 우리가 누구인지를 요구한다."(Brown, 2017, p. 40)

질문

01 Brené Brown이 진정한 리더라고 생각하는가? 그 이유는 무엇인가?

02 이 장에서는 진정한 리더십을 정의하는 데 사용되는 개인 내부의 시각(intrapersonal), 대인 간의 시각(interpersonal) 및 발달적 시각(developmental)의 세 가지 관점을 논의하여라. 이러한 관점이 어떻게 Brené Brown에 적합하거나 적합하지 않은지 토론하시오.

03 George가 확인한 진성 리더십의 5가지 차원이 Brené Brown에게 어떻게 적용되는지 토론하시오.

A. 목적

B. 가치관

C. 관계

D. 자제력

E. 동정심

04 이론적 접근의 각 구성 요소가 Brené Brown에 어떻게 적용되는지 논의하시오.

A. 자아 인식

B. 내면화된 도덕적 시각

C. 균형 잡힌 정보처리

D. 관계의 투명성

05 이 접근법은 진성 리더십에 영향을 미치는 4가지 주요한 긍정 심리학의 특성들을 나열한다. 각각을 Brené Brown과 관련하여 설명하시오.

A. 자신감

B. 희망

C. 낙관주의

D. 복원력

06 삶의 중요한 사건은 진성 리더십 모델의 핵심 구성 요소이다(그림 9-2 참조). Brené Brown을 형성하고 영향을 미쳤던 중요한 사건은 무엇이라고 생각하는가?

—Barbara Russell, MBA, BSCS, BBA, Chemeketa Community College

리더십 측정 도구

아직도 연구의 초기 단계에 있지만, 진성 리더십의 '가정'을 탐색하고 그 타당성을 검증하기 위해 진성 리더십의 설문지(Authentic Leadership Questionnaire: ALQ)가 Walumbwa와 그의 동료들(2008)에 의해 개발되었다. ALQ는 16개 문항으로 구성된 측정 도구로 '진성 리더십'의 네 가지 요인들–자아 인식 능력, 내면화된 도덕적 시각, 균형 잡힌 정보처리, 관계의 투명성–을 측정하기 위한 것이다. 중국, 케냐, 미국의 표본에 기초하여 Walumbwa and associates(2008)는 이 측정 도구의 여러 차원에서 타당성을 검증하고 조직의 시민행동, 조직의 헌신성, 상사에 대한 만족 및 업적 등과 같은 성과(outcomes)와 긍정적인 관계가 있다는 것을 발견하였다.

여기서는 '진성 리더십'의 자기 측정을 위한 측정 도구를 제공하여 스스로의 '진성 리더십 수준(level of authentic leadership)'을 알아보는 데 도움을 주고자 한다. 이 설문지는 진성 리더십이 어떻게 측정되는가를 이해하는 데 도움을 주고 진성 리더십의 특성을 나타내고 있는 문항들의 측정 점수를 제공하기 위한 것이다. 설문지는 본 장에서 이미 논의된 '진성 리더십'의 네 가지 구성 요소를 측정하고 있는 16개의 문항으로 되어 있다. 네 가지 구성 요소는 앞에서도 나열한 것과 같이 자아 인식 능력(self-awareness), 내면화된 도덕적 시각(internalized moral perspective), 균형 잡힌 정보처리(balanced processing), 관계의 투명성(relational transparency) 등이다. 자기의 측정 문항 결과(점수)는 진성 리더십 저변의 차원들에 대한 자신의 진성 리더십의 수준을 이해하는 데 도움을 주기 위한 것이지 연구 목적을 위해 설계된 것은 아니다.

진성 리더십 – 자기 측정을 위한 설문지

작성 요령: 이 설문지는 진성 리더십의 각기 다른 차원들에 관한 문항들을 담고 있다. 각 문항에는 옳고 틀리는 정답이 없으므로 정직하게 응답하면 된다. 각 문항에 응답할 때 그 문항의 측정치가 당신 자신을 어느 정도로 정확하게 잘 나타내고 있는지 해당되는 숫자 위에 ○표를 하시오. 1부터 5까지의 숫자는 다음과 같은 정도를 나타내고 있다.

Key: **1**=전혀 그렇지 않다 **2**=그렇지 않다 **3**=보통이다 **4**=그렇다 **5**=전적으로 그렇다

01	나는 세 개의 가장 큰 나의 약점들을 적어볼 수 있다.	1 2 3 4 5
02	나의 행동에는 나의 핵심적 가치관이 반영되어 있다.	1 2 3 4 5
03	나는 나의 마음을 정하기 전에 다른 사람들의 의견을 구한다.	1 2 3 4 5
04	나는 나의 감정을 공개적으로 다른 사람들과 나눈다.	1 2 3 4 5

05 나는 세 개의 가장 큰 나의 강점들을 적을 수 있다.	1 2 3 4 5
06 집단의 압력이 나의 행동에 영향을 미친다.	1 2 3 4 5
07 나와 의견이 다른 사람들의 생각에 대해 주의 깊게 경청한다.	1 2 3 4 5
08 나는 한 개인으로서 내가 누구인지를 다른 사람들이 알도록 한다.	1 2 3 4 5
09 한 개인으로서 내가 누구인지를 이해하기 위해 다른 사람들에게 나에 대한 피드백(나에 대한 평가)을 구한다.	1 2 3 4 5
10 논쟁이 오고가는 사안에 대한 나의 입장을 다른 사람들에게도 알린다.	1 2 3 4 5
11 나는 다른 사람들의 의견을 무시하고 나의 견해만을 강조하지 않는다.	1 2 3 4 5
12 나는 나의 옳지 못한 점을 다른 사람들 앞에 좀처럼 드러내지 않는다.	1 2 3 4 5
13 나는 스스로의 느낌이나 감정을 그대로 수용한다.	1 2 3 4 5
14 나의 도덕성이 리더로서 내가 하고 있는 일의 지침이 되고 있다.	1 2 3 4 5
15 나는 의사결정을 하기 전에 다른 사람들의 생각을 매우 주의 깊게 경청한다.	1 2 3 4 5
16 나는 다른 사람들 앞에서 나의 잘못을 인정한다.	1 2 3 4 5

채점 요령

1. 문항 1, 5, 9, 13의 점수를 합산한다(자아 인식 능력).

2. 문항 2, 6, 10, 14의 점수를 합산한다(내면화된 도덕적 시각).

3. 문항 3, 7, 11, 15의 점수를 합산한다(균형 잡힌 정보처리).

4. 문항 4, 8, 12, 16의 점수를 합산한다(관계의 투명성).

모든 문항의 점수를 합산한다(진성 리더십 총점).

각 구성 요소의 점수 및 총점

1. 자아 지각 능력:

2. 내면화된 도덕적 시각:

3. 균형 잡힌 정보처리:

4. 관계의 투명성:

진성 리더십 총점:

채점 결과의 해석

이 자기 측정 설문지는 당신 자신의 '진성 리더십'을 측정하기 위해 설계된 것이다. 따라서 진성 리더십 과정의 네 가지 구성 요소들–자아 지각 능력, 내면화된 도덕적 시각, 균형 잡힌 정보처리, 관계의 투명성–을 측정하려는 것이다. 각 구성 요소에 대한 자신의 점수를 비교함으로써 전체적인 진성 리더십 점수와 관련하여 어느 구성 요소가 상대적으로 강하고, 어느 구성 요소가 상대적으로 약한가를 알아 볼 수 있다. 그리고 당신의 '진성 리더십'의 점수와 진성 리더십의 총 점수는 다음의 지침을 사용하여 해석할 수 있다.

지침

각 구성 요소의 점수: 높음=16~20, 낮음=15 이하

총점: 매우 높음=64~80, 높음=48~64, 낮음=32~48, 매우 낮음=16~32

보다 높은 범주의 점수는 보다 더 강한 '진성 리더십'을 나타내고, 낮은 범주의 점수는 보다 더 약한 '진성 리더십'을 나타낸다.

요약

산업의 공공부문과 민간부문의 리더십 실패의 결과로 '꾸밈없이 진실하고 신뢰할 만하며 공동선을 위한 리더십'에 대한 사회적인 요구의 반응으로 등장한 것이 '진성 리더십'이다. 진성 리더십은 '투명하고 도덕에 근거를 두고 사람들의 필요와 가치에 민감한 리더십'으로 설명된다. '진성 리더십'은 아직 발전의 초기 단계에 있지만, '진성 리더십'의 연구는 시의적절하고 가치가 있으며 참된 리더십의 출현을 갈망하고 있는 사람들에게 희망을 주고 있다.

'진성 리더십'에 대한 정의로서 단일하게 수용되는 정의는 없지만, 리더 개인의 내부적 시각과 발달적 시각, 그리고 대인적 시각에서 개념화될 수 있다. '리더 개인의 내부적 시각'은 리더 자신에 대한 인식, 자기조절능력, 자아개념 등에 초점을 맞춘다. 그리고 '발달적 시각'은 생애에 걸쳐 형성된 '진성 리더십의 주된 구성 요소'를 강조하고 생애의 중요사건의 영향에 의해 유발된다고 한다. 그리고 '대인적 시각'은 '진성 리더십'이란 집합적인 과정(collective process)으로서 리더와 성원들의 관계에 의해 함께 만들어가는 것이라고 주장한다.

'진성 리더십'의 실무적 접근법은 진성 리더가 되기 위해 어떤 단계를 거쳐야 할 것인가('how to' steps)를 제시하고 있다. George의 접근법(2003)은 '진성 리더십' 의 다섯 가지 기본적인 차원들을 확인하고 또 거기에 따른 행동 특성들, 즉 개인들이 진성 리더가 되는 데 필요한 행동특성들을 확인하고 있다.

사회과학 연구문헌에 '진성 리더십'에 대한 이론적 접근법이 나타나고 있다. 리더십 분야의 연구와 실증적 조직연구 그리고 윤리학 분야의 연구로부터 얻은 자료들을 분석하여 연구자들은 진성 리더십의 중요한 네 가지 구성 요소들을 확인하였다. 자아 인식 능력(self-awareness), 내면화된 도덕적 시각(internalized moral perspective), 균형 잡힌 정보처리(balanced processing) 그리고 관계의 투명성 (relational transparency) 등이 그것이다.

이에 더하여 연구자들은 '진성 리더십'이 리더의 긍정적 심리적 능력, 도덕적 분별력 그리고 생애의 중대사건에 의해 영향을 받는다는 것을 발견하였다. 그리고 '진성 리더십'은 몇 가지 긍정적 특성을 가지고 있다. 첫째, 오늘날과 같은 불확실성의 사회에서 정직하고 진정성 있는 리더십을 찾고 있는 사람들에게 해답을 제공한다. 둘째, 진성 리더십은 규범적이고(처방적이고) 정직하기 위해 어떻게 해야 하는가에 대한 많은 정보를 제공해 주고 있다. 셋째, 진성 리더십은 리더가 성원들과 사회를 위해 올바르고 선한 일(what is right and good)을 할 필요가 있다고 주장하는 명백한 도덕적 차원들을 가지고 있다. 넷째, 진성 리더십은 하나의 고정된 성격 특성(a fixed trait)이라기보다는 장시간에 걸쳐 리더에 의해 개발 형성되는 과정이다. 마지막으로 진성 리더십은 이론에 기초한 측정 도구에 의해 측정될 수 있다.

진성 리더십의 부정적인 특성도 있다. 첫째, 실무적 접근법에서 제시하고 있는 개념(아이디어)은 주의하여 조심스럽게 다루어져야 한다. 그 같은 개념들은 연구에 의해 충분한 실증검증이 이루어지지 않고 있기 때문이다. 둘째, '진성 리더십'의 도덕적 구성 요소가 충분히 설명되지 않고 있다. 예를 들어, 정의, 공평, 공동체 등과 같은 가치가 '진성 리더십'과 어떻게 관련되고 있는가를 설명하지 않고 있다. 셋째, 긍정적 심리적 능력(positive psychological capacities)을 진성 리더십 모형의 고유한 부분으로 포함시키는 데 대한 충분한 이론적 설명(근거)이 이루어지지 않고 있다. 마지막으로 '진성 리더십'의 효과성에 관한 실증성이 결여되어 있으며, 또 그것이 '긍정적인 조직의 성과'와 어떤 관련성을 가지고 있는가에 대한 근거가 결여 되어 있다.

요약컨대, 진성 리더십은 새롭고 흥미로운 연구 영역이다. 그리고 장래가 촉망되는 연구분야이기도 하다. '진성 리더십'에 대한 연구가 더욱더 많이 실시됨에 따라, 진성 리더십 과정의 본질적인 특성에 관한 보다 더 명확한 그림, 그리고 진성 리더십이 내포하고 있는 가정 및 요인들에 관한 보다 명확한 모습이 나타나게 될 것이다.

CHAPTER 10

섬김의 리더십

- 서술
- 섬김의 리더십 모형
- 섬김의 리더십 효용
- 강점, 비판, 응용
- 요약

서술

섬김의 리더십(Servant Leadership)은 하나의 역설이며 상식에 반하는 리더십 접근법이라고 할 수 있다. 리더가 영향을 미치는 사람이 아니라 섬기는 사람이라는 것은 리더십에 대한 우리의 일상적인 통념과 일치되지 않는다. '리더'는 다른 사람의 행동에 영향을 미치는 사람이고 '섬기는 사람'은 하인처럼 주인을 위해 봉사하는 사람으로 인식되고 있기 때문이다. 리더십이 어떻게 섬기는 일과 영향을 미치는 일 모두를 다 할 수 있다는 것인가? 사람이 어떻게 리더의 일과 섬기는 일을 동시에 할 수 있다는 것인가? 이처럼 '섬김의 리더십'이 리더십에 대한 전통적 시각과 모순되고, 리더십의 전통적 시각에 대한 도전이 되고 있지만, '섬김의 리더십'은 리더십에 대한 하나의 독특한 시각을 제시한다.

'섬김의 리더십'은 Greenleaf(1970, 1972, 1977)의 저술에서 처음 시작되었고 40여 년 동안 리더십 연구자들의 관심의 대상이 되고 있는 것이 사실이다. 그러나 최근까지도 섬김의 리더십에 대한 실증연구의 결과가 인정받고 있는 학술지(동료 학자들의 심사와 평가를 거친 후에 게재될 수 있도록 한 저명한 학술지)에 거의 실리지 않고 있다. 그리고 '섬김의 리더십'을 주제로 한 대부분의 학술적 혹은 비학술적인 저술들은 규범적인(prescriptive) 내용이다. 섬김의 리더십은 전형적으로 어떻게 발휘되어야 하고, 또 섬김의 리더십이 실제 상황에서 어떤 모습이어야 하는가에 초점을 맞추고 있다(Van Dierendonic, 2011). 그러나 지난 10년 동안 섬김의 리더십과 관련된 다수의 간행물들이 출판되었고 그것들은 섬김의 리더십 개념을 명백히 하고 있으며, 그것의 기본적 가정들을 실증적으로 연구하는 데 도움을 준다.

이 책에서 논의된 초기의 리더십 이론들(예를 들어 특성이론, 행동 유형이론, 상황이론 등)과 마찬가지로 섬김의 리더십도 리더의 특성과 리더의 행동 유형의 관점에서 리더십을 연구하는 데 초점을 맞추고 있다. 그리고 섬김의 리더십에서 리더는 따르는 자들, 즉 성원들의 관심사에 세심한 주의를 기울여야 하고, 그들과 공감하며 그들을 양육해야 한다고 주장한다. 그리고 또 섬김의 리더는 성원들을 최우선에 두고 그들에게 권한을 위임하며, 그들이 자신들의 역량을 충분히 개발하고 발휘할 수 있도록 도와야 한다.

또한, 9장에서 논의되는 진성 리더십 접근 방식과 15장에서 탐구하는 윤리적 리더십과 마찬가지로 섬김의 리더십은 '도덕적' 리더십의 한 형태로 간주된다. 섬김의 리더는 윤리적이며 조직, 커뮤니티 및 사회 전반에 더 큰 이익을 제공하는 방식으로 리더십을 발휘한다. 섬김의 리더십을 다른 도덕적 리더십 접근 방식과 구별하는 것은 여러 이해 관계자의 이익을 위해 봉사하는 데 중점을 둔다(Lemoine, Hartnell, & Leroy, 2019).

1 섬김의 리더십 정의

섬김의 리더십이란 무엇인가? 이에 대해 학자들은 각기 다른 여러 가지 시각으로 접근한다. 그 결과 섬김의 리더십에 대한 다양한 정의들이 제시되고 있다. Greenleaf(1970)는 다음과 같이 섬김의 리더십을 정의하고 있으며 이 정의는 가장 빈번하게 인용된다.

> "섬김의 리더십은 우선 다른 사람을 먼저 섬기고 싶다는 자연스러운 감정으로 시작하여 이러한 감정을 가지고 다른 사람을 지도하고 싶다는 의식적인 선택으로 이어진다. …… 다른 리더십과의 차이점은 리더가 성원들을 위한 봉사자(servant)로서 성원들을 돌보고 보살핀다는 데에 있다. 그래서 리더는 먼저 조직의 성원들이 최우선적으로 필요로 하는 것(need)은 도움을 받는 것이라고 확신한다. 섬김의 리더십에서 최선의 평가 기준은 도움을 받고 있는 사람이 도움을 받는 동안(while being served) 한 개인으로 성장하게 되고 더욱더 건전해지며, 더욱더 현명하고 더 자유로워질 뿐만 아니라 보다 더 자율적이 되고, 더 나아가 자신들도 다른 사람을 돕는 사람(servant)이 되고 싶어 한다. 우리가 사는 사회에서 이런 리더 행동이 사회 경제적 지위가 낮은 사람들에게 미치는 영향은 무엇일까? 그들에게 유익한 결과를 초래하고 적어도 더 이상의 박탈감은 느끼지 않게 할 것이다."(Greenleaf, 1970, p. 15)

비록 이 같은 섬김의 리더십 정의가 장황하고 복잡하지만 오늘날 학자들이 눈에 띄게 강조하고 있는 섬김의 리더십의 기본적 아이디어를 잘 나타내 보이고 있다. 섬김의 리더는 성원들의 유익을 자기 자신의 유익보다 우선시하고 그들의 개발과 발전을 강조한다(Servant leaders place the good of followers over their own self-interests and emphasize follower development; Hale, & Fields 2007). 그리고 섬김의 리더는 성원들에게 강력한 도덕적 행동(모범)을 나타내 보인다(Servant leaders demonstrate strong moral behaviors toward followers ; Gradham, 1991 ; Walumbwa, Hartnell, & Oke, 2010). 그리고 또 섬김의 리더는 그가 속한 조

직이나 이해관계자들에게도 강력한 도덕적 행동을 나타내 보인다(Ehrhart, 2004). 실제로 섬김의 리더십 발휘는 사람에 따라 한정되기도 하지만 누구나 섬김의 리더가 될 수 있다고 주장한다(Everyone can learn to be a servant leader; Spears, 2010). 섬김의 리더십에서 '섬김'은 하나의 성격 특성으로 취급되기도 하지만 이 책의 논의에서는 섬김의 리더십을 하나의 행동 유형으로 본다.

2 섬김의 리더십 – 역사적 근거

Greenleaf는 섬김의 리더십이란 용어를 처음으로 사용했다. 그는 섬김의 리더십을 주제로 하여 독창적인 많은 저술을 남겼다. 그리고 그의 사람됨과 창의적인 저술은 섬김의 리더십이 이론적 수준에서나 실무적 수준에서 크게 발전하는 데 매우 큰 영향을 미쳤다. 그는 1964년에 실천윤리센터(Center for Applied Ethics)를 창설하였고, 지금은 "Greenleaf Center for Servant Leadership"으로 확대 발전하였다. 이 센터는 섬김의 리더십에 대한 정보교환센터가 되고 있고 섬김의 리더십에 관한 연구 및 저술의 발표 장소와 교육의 장이 되고 있다.

Greenleaf는 40여 년 동안 AT&T에서 일하였고 CEO로 정년퇴임 후 사회의 단체나 기관들이 어떻게 기능하는가를 탐구하는 가운데 사회의 조직들이 사회의 발전을 위해 어떻게 하면 더 잘 도울 수 있는가를 탐구하였다. 그리고 그는 권력(영향력)이나 권한(power and authority)의 문제에 관심을 갖게 되었고, 조직에서 성원들이 어떻게 창의적으로 서로 간에 도움을 줄 수 있는가를 탐구하였다. 강제적이고 위압적인 리더십에 대해 단호히 반대를 표명하고 집단 내에서 합의, 즉 의견일치를 구축하기 위해 의사소통의 활성화를 주장하였다.

Greenleaf가 섬김의 리더십을 공식화하게 된 계기는 Herman Hesse(1956)의 소설 동방여행(The Journey to the East)을 접한 후였다. 이 소설은 여행단의 이야기를 담고 있고 여행단의 단원들을 위해 온갖 허드렛일을 하고 있는 하인(a servant)이 동행하고 있었다. 하인은 충성스럽게 여행단원들을 섬기고 유쾌한 노래로 여행의 피로를 덜어주면서 여행의 원활한 진행을 뒷받침하고 있었다. 실질적으로 하인은 여행단에 큰 영향력을 가진 존재였다. 그러던 어느 날 갑자기 하인이 어디론가 사라져 버렸다. 그가 떠나고 없는 여행단은 혼란에 빠졌고 마침내 여행을 포기하기에 이르렀다. 하인 없이는 여행을 계속할 수 없었다. 궁극적으로 여행단을 리드했던 것은 하인이고, 사실 하인이 사심 없고 헌신적으로 보살피는 리더였다.

도움을 주고 보살피는 일 외에도 섬김의 리더는 "못 가진 자들(have-nots)"과 "혜택을 덜 받고 있는 자들(less privileged)"에 대해 관심을 가져야 할 사회적 책임이 있다. 만약 사회적 불평등과 불공정이 있다면 섬김의 리더는 그것을 제거하려고 노력해야 한다(Graham, 1991). 그리고 섬김의 리더는 리더십 발휘의 과정에서 제도상의 권력이나 통제를 덜 활용하고 자신의 권한을 따르는 사람들, 즉 성원들에게 위임한다. 그리고 섬김의 리더십은 공동체의 구축과 지역사회에 대한 공헌을 리더십의 가치로 보고 있다. 이 같은 과정을 통해 리더와 성원들 간에 대면적인 소통의 기회가 제공되어 개인들이 상호의존성을 경험하고 존경과 신뢰 그리고 개인의 성장을 경험한다(Greenleaf, 1970).

3 섬김의 리더십 10가지 특성

"섬김의 리더십"이 무엇인가를 리더십 실무자들에게 명확히 밝히기 위해 Spears(2002)는 "섬김의 리더십 개발"에 관해 Greenleaf의 저술에서 밝히고 있는 10가지 특성을 확인하여 정리한다.

1. **경청**(listening): 리더와 성원들간의 의사소통은 메시지를 전달하고 수용하는 상호작용의 과정(interactive process)이다. 리더는 말을 통해 메시지를 전달하고 성원은 그 전달내용을 경청하는 것이 일반적이다. 그러나 섬김의 리더는 먼저 경청함으로써 의사소통을 시작한다. 그리고 섬김의 리더는 경청 기술이 학습과 훈련을 통해 습득될 수 있다는 것을 이해한다. 다른 사람들이 말하는 것을 잘 듣고 수용하는 과정을 통해 경청기술을 터득한다. 경청을 통해 섬김의 리더는 성원(부하)들의 생각이나 견해를 인지하게 되고 그들의 시각의 정당성 여부를 판단한다.

2. **공감**(empathy): 공감은 상대방의 입장에 서서 그 사람의 관점과 생각의 세계를 이해하려고 노력하는 것이다. 공감력 있는 섬김의 리더는 성원들이 무엇을 생각하고 무엇을 느끼고 있는가를 잘 이해하고 있다. 섬김의 리더가 공감을 보일 때 그것은 곧 성원(부하)을 인정하고 그가 말하는 내용을 확인해 주는 것이며 성원으로 하여금 자존감을 느끼게 한다.

3. **치유**(healing): 치유한다는 것은 '필요한 자질을 다 갖춘 건전한 인격체'를 만든다는 뜻이다–To heal means to make whole–섬김의 리더는 성원들의 개인적 복지에 관심을 갖고 성원들을 지원하여 자신들의 개인적인 문제들을 스스로 극복해 가도록 지원한다. Greenleaf의 주장에 의하면 치유는 쌍방향의 과정이다. 성원들을 도와 '필요한 자질을 다 갖춘 건전한 인격체'를 만들기 위한 과정에서 리더 자신도 치유를 받는다.

4. **자각**(awareness): Greenleaf에 의하면 자각은 섬김의 리더 내면에 있는 자질로서 자신들의 물리적, 사회적, 정치적 환경에 민감하게 적응, 조율하고 수용한다. 그리고 자각은 자신을 잘 이해하는 능력이며 자신이 다른 사람에게 미치는 영향이 무엇인가도 잘 이해하는 능력이다. 그리고 자각력 있는 섬김의 리더는 한 발짝 비켜서서 자신과 자신의 시각을 보다 넓은 상황의 지평에서 보게 된다.

5. **설득**(persuasion): 설득은 다른 사람으로 하여금 깨닫게 하고 변화하도록 설득하는 명확하고 지속적인 의사소통이다. 지위권한을 이용하여 복종을 강요하는 강압과는 달리 설득은 부드럽고 무비판적인 대화와 논의를 통해서 변화를 유도한다. Spears(2002)에 의하면 Greenleaf가 '강제'보다 '설득'을 강조한 것은 아마도 그가 속했던 '기독교의 퀘이커 교단'과 관련이 있다.

6. **개념화**(conceptualization): 개념화는 조직의 미래 비전을 확립하고 조직의 방향과 목표에 대한 분명한 지각 및 이해 능력이다. 이 같은 개념화의 특성은 일상적인 업무적인 시각을 벗어나 보다 더 '큰 그림'에 초점을 맞추는 것이다. 따라서 개념화는 섬김의 리더가 창의적인 방식으로 복잡한 조직 문제에 대응할 수 있도록 하여 장기적인 목표와 관련하여 조직의 복잡성을 처리할 수 있도록 한다.

7. **선견지명**(foresight): 선견지명은 섬김의 리더가 미래를 내다보는 능력이다. 다시 말해서 과거에 일어난 일과 현재 일어나고 있는 일을 바탕으로 미래에 어떤 일이 일어날 것인가를 예측하는 능력이다. Greenleaf에 의하면 '선견 지명'의 특성은 윤리적 차원을 포함하고 있다. 미래에 일어날 일을 잘못 예측한 데 따른 책임을 져야 하기 때문이다.

8. **청지기 정신**(stewardship): 청지기 정신은 리더에게 맡겨진 역할에 대해 책임을 지는 정신이다. 섬김의 리더는 자신이 지도해야 할 사람들이나 조직을 주의 깊게 관리하고 보호해야 할 책임을 통감한다. 더 나아가 섬김의 리더는 지역사회나 사회전체의 유익을 위해 자신이 맡고 있는 조직을 보호하고 관리한다.

9. **인력 성장에 헌신**(commitment to the growth of people): 섬김의 리더십에서 '헌신적인 인력 성장'은 성원들 각자가 조직에 가시적인 공헌을 하는 것을 넘어 각 개인을 '내면적인 잠재적 가치를 가지고 있는 한 인간(인격체)'으로 대하는 것을 중점에 둔다. 그래서 섬김의 리더는 조직 내의 각 사람이 한 개인으로, 한 전문 직업인으로 성장하도록 도움을 주는 일에 헌신적이다. 헌신은 성원에게 경력 개발 기회를 제공하고, 새로운 업무 기술을 개발하

도록 돕고, 아이디어에 개인적 관심을 갖고, 의사 결정에 참여시키는 등 다양한 형태를 취할 수 있다(Spears, 2002).

10. **공동체 및 지역사회의 구축(building community)**: 마지막으로 섬김의 리더십은 공동체를 구축하고 지역사회 발전을 촉진한다. 공동체(지역사회)란 관심을 공유하고, 수행하고 있는 일의 목표를 공유하며 일체감과 동류의식을 공유하는 개인의 집합체이다. 성원들은 공동체(지역사회)의 구축이라는 더 큰 가치와 자신들을 동일시하고 공감한다. 섬김의 리더는 공동체를 구축하여 사람들이 안정을 느끼는 공간을 제공하고 다른 사람들과의 연대감을 느끼게 하는 공간을 제공한다. 그러나 여전히 자신의 개성을 표현하는 공간이 되기도 한다.

이러한 섬김의 리더십 10가지 특성은 '리더로서 섬기는 자(servant as a leader)'에 관한 Greenleaf의 독창성이 풍부한 저술 속에도 잘 나타나 있다.

4 섬김의 리더십 이론 구축

Greenleaf의 최초의 저술이 세상에 알려진 이후 30년 이상 동안 섬김의 리더십은 막연하게 정의된 규범적인 리더십 특성과 원칙으로 남아 있었다. 그것은 리더십 이론이라기보다는 하나의 리더십 접근법으로 받아들여졌고, 경험적으로 실무적 가치가 있는 것으로 이해되어 오고 있었다. 그러나 섬김의 리더십에 대한 찬사가 광범한 분야의 저명한 리더십 실무자들과 리더십 저술가들에게서 나오고 있다. 그들 중에는 Bennis(2002), Blanchard & Hodges(2003), Covey(2002), Depree (2002), Senge(2002), 그리고 Wheatley(2002) 등이 포함되어 있다. 이와 동시에 섬김의 리더십은 많은 유명 조직에서 지도 원리로 채택되었다. 그 같은 조직들에는 The Toro Company, Herman Miller, Synovus Financial Corporation, Service Master Company, Men's Wearhouse, Southwest Airline, 그리고 TD Industries (Spears, 2002) 등이 포함되어 있다. 비록 섬김의 리더십 개념이 낯선 것이고 역설적인 내용을 담고 있지만 섬김의 리더십의 기본적 사상과 행동규범은 많은 조직을 운영하는 이상적인 방법으로 많은 사람들에게 반향을 일으켰다.

보다 최근에 와서는 연구자들도 섬김의 리더십 이론 구축을 위한 노력의 일환으로 섬김의 리더십 구성 개념을 연구 검토하기 시작하였다. 이 같은 연구들의 결과로 여러 가지 변인들(a multitude of variables)을 사용한 모형이 개발되었다. 예를 들어 Russell과 Stone(2002)은 섬김의 리더십 실무 모형(a practical model of servant leadership)을 개발하였다. 이 모형은 20개의 속성들과 9개의 기능적 특성들(현장에서 관찰된 특이한 행동들), 그리고 이들 행동에 수반되는 11개의 특성들을 포괄하고 있다. 이와 유사한 연구로서 Patterson(2003)은 미덕을 특징짓고 섬김의 리더 행동을 형성하는 7가지 구성 요소를 구별하는 섬김의 리더십에 대한 가치 기반 모델을 만들었다.

그리고 섬김의 리더십 과정의 핵심 차원들을 측정하기 위해 측정 도구를 개발 검증하였고 이 같은 노력을 통해 섬김의 리더십의 다른 개념화를 시도하였다. 〈표 10-1〉은 이 같은 연구결과들을 요약하여 섬김의 리더십과 관련된 광범한 특성들을 제시하고 있다. 이 표는 일부 연구에서 섬김의 리더십이 특성 현상(예: 용기, 겸손)으로 취급되는 반면, 다른 연구자는 행동 과정(예: 다른 사람을 섬기고 발전시키는 것)으로 간주한다.

몇몇 연구에서는 '겸손(humility)', '권한 위임(empowerment)' 등을 공통된 특성으로 다루고 있으나 어떤 연구에서는 섬김의 리더십 특성들을 정확하게 같은 방식으로 개념화하지 않고 있다. 가장 최근에 Coetzer, Bussin 그리고 Geldenhuys(2017)는 기존 문헌을 분석하고 조직에서 보다 실용적으로 만들기 위해 섬김의 리더십 기능을 요약하는 구성의 틀을 만들었다. 섬김의 리더십의 8가지 특성(진정성, 겸손, 성실, 경청, 연민, 책임감, 용기, 이타주의)과 4가지 역량, 10가지 척도, 3가지 섬김의 리더십 결과를 강조한다. 비록 학자들이 섬김의 리더십 주요 속성에 대해 동의하지 않지만, 모든 연구는 '섬김의 리더십 모형' 개발에 필요한 토대를 제공한다.

표 10-1 섬김의 리더십의 기본적 특성

Laub (1999)	Wong & Davey (2007)	Barbuto & Wheeler (2006)	Dennis & Bocarnea (2005)	Sendjaya, Sarros & Santora (2008)	van Dierendonck & Nuijten (2011)
• 인력 개발 (Developing people) • 리더십 공유 (Sharing leadership) • 진정성 표출 (Displaying authenticity) • 사람 존중 (Valuing people) • 후임 임명 (Providing leadership) • 공동체 구축 (Building community)	• 봉사와 개발 (Serving and developing others) • 자문과 포섭 (Consulting, involving others) • 겸손과 비이기적 (Humility and selflessness) • 정직과 진정성의 모범 (Modeling integrity, authenticity) • 고무와 영향 (Inspiring, influencing others)	• 이타적 소명 (Altruistic calling) • 정서적 치유 (Emotional healing) • 설득 (Persuasive mapping) • 조직의 청지기 (Organiza-tional stewardship) • 지혜 (Wisdom)	• 권한 위임 (Empower-ment) • 신뢰(Trust) • 겸손(Humility) • 희생적 사랑 (Agape love) • 비전(Vision)	• 변혁적 영향 (Transforming influence) • 자발적 종속 (Voluntary subordination) • 진정성 (Authentic self) • 초월적 영성 (Transcen-dental spirituality) • 계약적 관계 (Covenantal relationship) • 신뢰할 수 있는 도덕성 (Responsible morality)	• 권한 위임 (Empower-ment) • 겸손(Humility) • 한 발 물러섬 (Standing back) • 진정성(정직성) (Authenticity) • 용서와 관용 (Forgiveness) • 용기(Courage) • 결과에 대한 책임 (Account-ability) • 청지기 정신 (Stewardship)

출처: "Servant Leadership: A Review and Synthesis," by D. van Dierendonck, 2011, Journal of Management, 37(4), pp. 1228-1261.

섬김의 리더십 모형

〈그림 10-1〉은 '섬김의 리더십 모형(a servant leadership model)'을 제시한다. 이 모형은 Liden, Wayne, Zhao and Henderson(2008) 등과 Liden, Panaccio, Hu and Meuser(2014) 등의 연구 결과를 기초로 하였고, 모형의 구성은 세 가지 주된 요소: '선행 조건(antecedent condition)', '섬김의 리더 행동(servant leader behavior)', '리더십 성과(leadership outcomes)' 등으로 되어 있다. 이 모형은 섬김의 리더십 현상을 명백히 하고 복잡성을 이해하기 위한 이해의 틀을 제공하고자 한다.

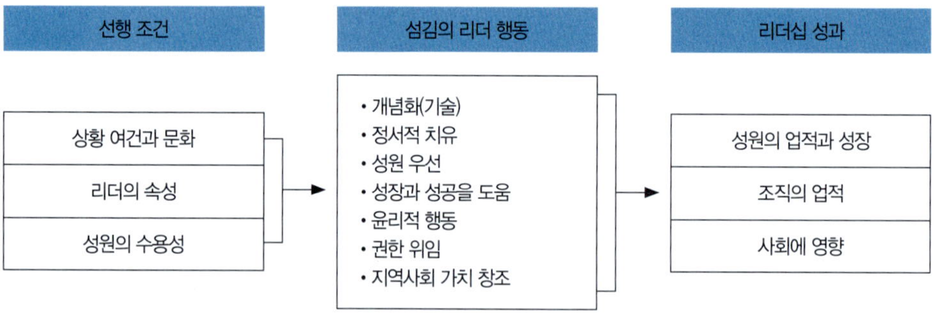

그림 10-1 섬김의 리더십 모형

출처: Liden, R. C., Panaccio, A., Hu, J., & Meuser, J. D. (2014). Servant leadership: Antecedents, consequences, and contextual moderators. In D. V. Day (Ed.), The Oxford handbook of leadership and organizations. Oxford, England: Oxford University Press: and van Dierendonck, D. (2011). Servant leadership: A review and syntheses. Journal of Management, 37(4), 1228–1261.

1 선행 조건

〈그림 10-1〉의 왼쪽에 보이는 바와 같이 이 모형은 섬김의 리더십에 영향을 미치는 세 가지 선행 조건(antecedent condition)인 상황 여건과 문화(context and culture), 리더의 속성(leader attributes), 성원의 수용성(follower receptivity) 등을 제시한다. 이 같은 선행 조건은

섬김의 리더십 과정에 영향을 미치는 모든 조건들을 다 포괄하지 않고 리더십 과정에 영향을 미칠 수 있는 몇 가지 요인들만을 제시한다.

■ **상황 여건과 문화(context and culture)**

섬김의 리더십은 진공 상태에서 발휘되는 것이 아니다. 주어진 조직 상황의 어떤 특정 문화공간에서 발휘된다. 이 같은 상황과 문화의 특성들이 섬김의 리더십이 발휘되는 방식에 영향을 미친다. 예를 들어 의료 및 비영리조직 상황에서 운영 규범은 보다 더 효과적인 의료서비스를 제공한다. 반면에 월가의 회사의 경우에는 '경쟁'을 운영 규범(competition as an operative norm)으로 하는 것이 보다 일반적이다. 이처럼 운영 규범의 차이 때문에 섬김의 리더십이 발휘되는 방식도 다르다.

문화의 차원들도 역시 섬김의 리더십 행동에 영향을 미친다. 예를 들어 '권력중심성'이 낮은 문화(in culture where power-distance is low; 북유럽의 경우)처럼 권력이 모든 계층의 사람들 간에 균등하게 공유되는 문화에서는 섬김의 리더십은 보다 일반적이다. 그리고 낮은 '인간 지향성 문화(in culture with low humane orientation; 게르만계 유럽의 경우)'에서는 섬김의 리더십이 보다 더 도전적인 과제가 될 것이다. 요컨대 문화적 환경은 섬김의 리더십이 발휘되는 방식에 영향을 미친다.

■ **리더의 속성(leader attributes)**

위에서 논의한 리더십 상황에서처럼 그 리더의 자질과 기질이 섬김의 리더십 과정에 영향을 미친다. 각 리더는 자신의 기질과 역량을 가지고 리더십 상황에 들어와 리더십을 발휘한다. 어떤 리더는 다른 사람에게 도움을 주고 섬기고 싶은 강한 열망을 가지고 있는가 하면 어떤 리더는 앞에서 이끌고 지도하는 일에 강한 동기를 느낄 수 있다. 또한 다른 사람들은 더 높은 소명감에 이끌릴 수 있다(Sendiaya, Sarros, & Santora, 2008). 이러한 리더의 속성은 리더가 섬김의 리더십을 어떻게 발휘하느냐를 결정한다. 사람마다 '도덕적 품성의 발달(moral development)', '정서 지능(emotional intelligence)', '자결 능력(self-determinedness)'의 영역에서 각기 다르며 리더에 속한 기질과 능력이 상호작용하여 섬김의 리더십 발휘에 영향을 미친다.

최근 연구에서는 특정 리더의 특성이 섬김의 리더십에 중요한지 여부를 규명하려고 시도했다. 감성 지능 또는 자신과 실행자의 감정, 신념 및 내적인 심리상태를 간파하는 리더의 능력은 섬김의 리더십 이상(이데올로기)을 구현하는 리더의 중요한 속성으로 검증되었다(Barbuto, Gottfredson, & Searle, 2014; Beck, 2014, Chiniara & Bentein, 2016). Hunter와 동료들의 경험적 연구(2013)는 "친절도가 높고 외향성이 낮은 리더는 실행자들에 의해 섬김의 리더로 인식될 가능성이 높다."고 결론지었다(p.327). 또한, Sousa와 van Dierendonck(2017)의 연구는 겸손함을 갖는 것이 조직에서 그들의 지위계층과 관계 없이 섬김의 리더들을 더 영향력 있게 만들 수 있다고 결론지었다.

■ **성원의 수용성(followers receptivity)**

성원들의 수용성도 섬김의 리더십 발휘에 영향을 미친다. 다시 말해서 '성원들의 섬김의 리더십에 대한 수용성'이 '섬김의 리더십이 성원들의 개인 및 조직의 업적 성과에 미치는 영향'에 영향을 미친다(조절한다)는 말이다. 성원의 수용성은 다음과 같은 질문과 관련되어 있다.

"모든 성원들이 섬김의 리더십을 갈망하고 선호하는가?" 이 질문에 연구 결과를 바탕으로 답하자면 아니다. 어떤 성원들은 섬김의 리더와 함께 일하는 것을 선호하지 않는다. 그들은 섬김의 리더십을 '세세한 관리 통제(micro-management)'와 동일한 것으로 인식하고, 그들의 리더가 자신들에 대한 세세한 부분까지 알게 되는 것을 원하지 않고, 자신들이 누구로부터 도움을 받아 일하는 것을 싫어한다. 리더가 자신들의 능력 개발을 위해 인도하고 안내하는 것을 원하지 않는다(Liden, Wayne et al., 2008). 이와 유사한 연구로서 Meuser, Liden, Wayne and Henderson(2011) 등의 실증연구는 다음과 같은 사실을 발견하였다. "섬김의 리더십을 선호하는 성원들에게 섬김의 리더십이 발휘되었을 때 섬김의 리더십은 조직의 업적이나 조직시민행동(organizational citizenship behaviors)에 긍정적인 영향을 미치고 있었다." 이와 반대로 '섬김의 리더십'과 '섬김의 리더십에 대한 성원들의 선호'가 일치하지 않을 때 어떤 성원들에게는 긍정적인 영향(positive impact)을 미치고 있었으나 다른 성원들에게는 비효과적이었다. 최근 실험에 따르면 섬김의 리더십은 이기심이 높은 추종자들에게 도움이 된다. 자신만 보살피는 경향이 있는 성원은 도움 행동을 지원하는 관리자를 보고 난 후에는 더욱 더 돕는 행동을 증진시킨다는 것을 발견했다(Wu, Liden, Liao, & Wayne, 2020).

2 섬김의 리더 행동

〈그림 10-1〉 섬김의 리더십 모형의 한 가운데 부분은 7가지 섬김의 리더 행동을 나타낸

다. 이러한 리더 행동은 섬김의 리더십 과정의 핵심 부분이다. 이 같은 섬김의 리더 행동들은 Liden, Wayne(2008) 등이 섬김의 리더십 측정 도구의 개발 및 검증을 위한 왕성한 연구 노력의 결과로 얻어진 것이다. 그들의 연구 결과는 섬김의 리더십을 하나의 다차원적 과정(Servant leadership as a multi-dimensional process)으로 볼 수 있는 '이론의 타당성'을 입증하는 실증적 자료가 된 것이다. 종합적으로 이들 리더 행동들은 '섬김의 리더십'의 중심을 이루고 있고, 개별적으로 각각의 특유한 리더 행동은 전체의 리더 행동에 기여하고 있다.

■ **개념화(Conceptualizing)**

개념화는 조직에 대한 완벽한 이해, 즉 조직의 사명, 조직의 목표, 조직의 복잡성 등에 대한 철저한 이해를 가리키는 말이다. 조직에 대한 철저한 이해는 섬김의 리더로 하여금 조직의 문제를 다면적 시각에서 보게 하고 조직의 어떤 부분이 잘못되고 있는가를 쉽게 파악할 수 있게 하며, 문제해결이 조직의 전체적인 목표와 부합되도록 하고 창의적인 접근을 가능하게 한다.

예를 들어 Kate Simpson은 대형병원의 응급실 수석 간호사로, 그녀는 부서를 관리하기 위해 '개념화'를 활용한다. 그녀는 병원의 사명을 충분히 이해하는 동시에 일상적으로 직원들을 어떻게 효과적으로 관리할 것인가도 알고 있다. 간호병동의 직원들은 Kate가 각각의 환자에게 최선의 서비스가 무엇인가를 그때그때 파악하는 육감(a sixth sense)을 가지고 있다고 말한다. 어려운 환자를 간호하고 직원들이 복잡한 의료상의 문제점을 간파하도록 도움을 주는 데 있어서 그녀의 번득이는 탁월한 지혜는 널리 알려져 있다. 섬김의 리더로서 그녀의 능력과 역량 그리고 그녀의 가치관 등은 병원이 'Caregiver of Year Award'를 수상하는 데 공헌하였다.

■ **정서적 치유(Emotional Healing)**

정서적 치유는 다른 사람들의 개인적 관심사와 복지에 대한 민감성이다. 거기에는 다른 사람들이 가지고 있는 문제점을 인지하는 일과 그 문제의 해결을 위해 기꺼이 시간을 할애하는 일들이 포함된다. 정서적 치유 행동을 보이고 있는 리더는 틈을 내어 성원들의 문제를 위해 상담서비스를 제공하고 위급할 때 그들의 의지가 되어주며 그들에게 지원을 제공한다.

정서적 치유 행동은 미국 시카고 남쪽에 위치한 '안락원(hospice)'-말기 환자들의 고통을 덜어주기 위해 설립된 시설-의 사제로 일하고 있는 John 신부의 일에서 찾아볼 수 있다.

John 신부는 호스피스의 말기 환자들에게 특이한 접근 방법을 사용한다: 그는 환자들에게 용기를 불어 넣으려고 하지 않고 조언을 하지도 않으며, 성경을 읽지도 않는다. 그는 단지 환자들의 말을 경청만 한다. John 신부의 말에 의하면 "죽음에 당면했을 때 생에서 가장 중요한 것은 관계이다.", "나는 급할 때 의지가 되는 일을 할 뿐이다.", "어떤 일을 해주는 것보다 거기에 같이 있어주는 것이 더 중요하다."라고 말한다.

■ **성원 우선(Putting Followers First)**

성원을 우선시하는 행동은 '섬김의 리더십'의 필수적인 행동이고 '섬김의 리더십'의 결정적 특성을 나타내는 행동이다. 성원 우선 행동은 말과 행동을 통해 성원들의 관심사가 최우선이라는 것을 성원들에게 보이는 것이고, 성원들의 관심과 성공이 리더 자신의 관심과 성공에 선행한다는 사실을 성원들에게 분명하게 나타낸다. 리더는 자신의 일에만 열중하지 않고 여유를 가지고 성원들의 관심과 문제에 도움이 되는 일을 처리한다.

Dr. Autumn Klein 박사는 명문 연구중심 대학교의 건강교육 전공 교수로서 그의 연구는 출판되어 학계의 인정을 받고 있다. 그는 현재 진행 중에 있는 대형 학제적인 공중보건 연구 프로젝트의 책임을 맡고 있다. 그는 공동연구팀의 책임연구자이지만 공동연구 결과를 발표하기 위해 학회에 논문을 제출할 때에는 다른 연구팀원들의 이름이 자신의 이름 앞에 놓이도록 한다. 다른 연구자들이 인정 점수를 더 받도록 하기 위해서다. 그렇게 하는 것이 그들의 연말 연구 업적 평가에 유리하기 때문이다. 그는 연구팀 연구자들의 성공을 자기 자신의 이해와 성공보다 우선시한다.

■ **성원의 성장과 성공을 도움(Helping Followers Grow and Succeed).**

이 행동은 성원들의 개인적 목표와 전문직업인으로서 그들의 목표가 무엇인지를 알아서 그들의 열망을 성취하는 데 도움을 주는 것이다. 섬김의 리더는 성원들의 경력 개발을 우선순위에 두고 그들을 '멘토링'하고 지원한다. 성원들의 성장과 성공을 위해 도움을 준다는 것은 그들이 스스로의 노력을 통해 자기실현을 할 수 있도록 하고 자신들의 잠재 능력을 충분히 발휘하도록 돕는다.

'리더가 다른 사람의 성장과 성공을 위해 어떻게 도움을 주는가'에 대한 좋은 사례는 Mr. Yon Kim의 경우이다. 고등학교 오케스트라단의 교사로서 그의 탁월한 학생 지도 능력 때문에 꾸준히 학부모들로부터 찬사를 받고 있다. Mr. Kim 선생은 수준 높은 피아노 연주자이지만 그것이 각 학생(훌륭한 연주 실력을 갖춘 학생부터 연주 실력이 부족한 학생에 이르기까지)을 가르치고 돕는 데 방해가 되지 않는다. 학생들은 Kim 선생을 좋아한다. 그는 학생들의 말을 경청하고 그들을 어른으로 대하기 때문이다. 그는 비판이나 비난 없는 피드백(feedback without being judgemental)을 제공한다. 많은 그의 과거 제자들이 음악 전공자가 되었다. 때때로 제자들은 Kim 선생을 찾아와 Kim 선생이 그들에게 얼마나 중대한 영향을 미쳤는지를 말하곤 한다. Yon Kim 선생은 그의 가르침과 지도를 통해서 학생들의 성장과 성공을 돕는 섬김의 리더이다.

■ **윤리적 행동(Behaving Ethically)**

윤리적 행동은 올바른 일을 올바르게 하는 것이다(Behaving ethically is doing the right thing in the right way). 그 같은 윤리적 행동은 강한 윤리기준(윤리규범)을 따르고, 공개적이고, 정직하며, 공정하다. 섬김의 리더는 자신의 성공을 위해 윤리적 원칙을 다른 어떤 것과도 타협하지 않는다.

'윤리적 행동'의 한 사례는 최고경영자(CEO), Elizabeth Angliss의 경우이다. 그녀는 회사의 한 사원이 회사의 주요 경쟁회사에서 빼낸 비밀 정보가 담긴 서류(그 서류에는 회사의 주 고객들을 경쟁회사에서 자신들의 고객으로 확보 하려는 계획이 담겨 있었다)를 받았다. 그 서류에는 회사의 수익에 도움이 되는 정보가 담겨 있는 것이 분명했지만 읽지도 않고 갈기갈기 찢어 버렸다. 그리고 나서 경쟁 회사의 최고 경영자를 불러서 그녀가 제출 받은 서류를 어떻게 폐기하였는지 말해주고, 상대 회사가 보안유지에 유의했으면 좋겠다고 말하면서 다음과 같이 말하였다. "내가 받은 서류가 사실인지 아닌지 저는 잘 모릅니다.", "그러나 그로인해 문제될 것은 없습니다.", "만약 그것이 사실이었을지라도 어떤 사람이 자신의 사적인 목적을 위해 잘못된 일을 하였다면 우리 회사는 그것을 이용하여 이익을 도모하지 않을 것이기 때문입니다."

■ **권한 위임(Empowerment)**

권한 위임은 성원들에게 독립의 자유를 허용하는 것이고, 자신들의 자율적인 의사결정, 자율 자치를 허용하는 것이다. 성원들에게 통제권을 위임함으로써 리더는 성원들과 권력(영향력)을 공유한다. 권한 위임은 성원들이 자기 재량으로 생각하고 행동하는 능력에 대한 신뢰감을 키운다. 자신들이 최선이라고 느끼는 방식대로 어려운 상황을 타개하는 자유가 주어지기 때문이다.

예를 들어 수강생이 많은 대형 강좌를 맡고 있는 한 대학교수가 두 명의 조교에게 권한을 위임하여 자신들의 근무시간을 스스로 결정하도록 하고 학생들의 리포트를 스스로 채점하도록 하며 주당 강의시간 중에 한 시간을 강의하도록 하여 강의연습을 시켰다. 그들은 자신들의 강의 능력에 대해 자신감을 갖게 되었고, 강의실에서 시도할 수 있는 새로운 아이디어를 교수에게 제시하기도 하였다.

■ **지역사회를 위한 가치창조(Creating Values for the Community)**

섬김의 리더는 의식적, 의도적으로 기득권을 지역사회에 돌려줌으로써 지역사회를 위해 가치를 창조한다. 섬김의 리더는 지역사회의 활동에 참여하고 성원들로 하여금 자원하여 지역사회에 봉사하도록 격려한다. 지역사회를 위한 가치 창조는 조직의 목표를 보다 폭넓은 지역사회의 목표와 연결시키는 방법이다.

지역사회를 위한 가치 창조의 사례는 메르세데스 벤츠(Mercedes-Benz)의 리더십과 Alger 고등학교 교장의 경우에서 찾아볼 수 있다. Alger 고등학교는 대안학교로서 3개의 다른 일반 고등학교들과 함께 중규모의 지역사회에 위치하고 있다. 메르세데스 벤츠 자동차 회사의 Alger 고등학교 학생들에 대한 관심은 주목할 필요가 있다. Alger 고등학교의 학생 10%가 자녀를 둔 가장들이어서 학교당국이 학교 내에 어린이 보호소를 운영하고 있다. 그리고 학생들의 15%는 경찰당국의 보호 관찰을 받고 있었다. 그리고 Alger 고등학교는 완전히 낙오되거나 범죄활동을 재개하기 직전의 마지막 정착지였다. 시내의 다른 일반 고등학교들은 상급학교 진학 경쟁력을 키우고 취업준비 과정을 개설하고 있지만, Alger 고등학교는 학생들의 '수월성 지향'을 방해하는 장애요인들을 제거하는 데 초점을 맞추고 있다. 그리고 학교는 멀티미디어 기술, 독서 교정, 육아, 양육, 출산 등과 같은 가정교육 과목들을 개설하고 있다.

메르세데스 벤츠 회사의 후원 하에서 Alger 고등학교는 지역사회의 모든 계층으로부터 진가를 인정받고 있는 모범적인 대안학교가 되었다. 시내의 다른 학교에서 낙오되고 실패한 학생들이 자신들을 인정해 주고 자신들의 문제해결에 도움을 주는 안전한 곳을 찾게 된 것이다. 법집행기관도 학교의 노력을 지원하고 학생들을 도와 그들이 범죄를 떠나 사회의 주류에 복귀하도록 돕고 있다. 지역사회의 다른 고등학교들이 제공하기 어려운 서비스를 Alger 고등학교는 잘 제공하고 있다.

다른 연구자들은 Page and Wong(2000), Sendjaya와 Sarros(2002), Dennis와

Bocarnea(2005), Barbuto의 연구뿐만 아니라 Liden et al.(2008)의 연구에서 확인된 섬김의 리더십 행동을 사용했다. 그리고 Wheeler(2006)는 섬김의 리더십과 그것이 조직에서 어떻게 확립되는지를 이해하기 위한 기초로 사용된다. 예를 들어, Winston과 Fields(2015)는 조직에서 섬김의 리더십을 개발하는 데 필수적인 10가지 리더 행동을 식별하는 척도를 개발하고 검증했다.

3 리더십 성과

섬김의 리더십은 주로 리더 행동에 초점을 맞추고 있으나 섬김의 리더십의 잠재적 성과를 검토하는 것도 매우 중요하다. 섬김의 리더십 성과는 '성원의 업적과 성장(followers performance and growth)', '조직의 업적(organizational performance)', 그리고 '사회적 영향(societal impact)'이다(그림 10-1 참조).

Greenleaf가 그의 초기의 저술(1970)에서 강조한 것처럼 섬김의 리더십의 기본적 목표는 건강한 조직을 만드는 데 있다. 건강한 조직은 개인을 양육하여 성장하도록 하고 조직의 업적을 증대시켜 사회에 긍정적 영향을 미치는 것이다.

■ 성원의 업적과 성장(Followers Performance and Growth)

섬김의 리더십 모형에서 대부분의 리더 행동은 성원들에게 초점을 맞추고 있다. 다시 말해 성원들을 도와 그들의 잠재 능력을 실현하게 하는 데 초점을 맞추고 있다는 것이다. 그 결과로 성원들에게 자기실현이라는 성과를 기대한다. 요컨대 리더가 성원들을 양육하고 조직 내에서 그들의 개인적 목적을 성취하도록 도움을 주며, 그들에게 통제권을 위임할 때 성원들은 자신들의 역량을 최고로 실현한다.

섬김의 리더십의 또 다른 성과는 Meuser(2011) 등이 제시한 것처럼 섬김의 리더십이 주어진 상황의 작업 수행(업적)에 긍정적인 영향을 미친다는 것이다. 다시 말해서 '섬김의 리더'와 '섬김의 리더십을 선호하는 성원'이 만났을 때 그 결과는 긍정적인 성과로 나타났다. 성원들은 자신의 직무를 수행하는 데 더 효과적이 되었다. 예를 들어, Bauer, Perrot, Liden, and Erdogan(2019)은 섬김의 리더가 신입 직원에게 "요령을 배우는" 것을 도왔을 때, 그 직원의 주도성이 증가한다는 것을 발견했다.

또 다른 예는 스페인의 영업 환경에서 섬김의 리더십에 대한 연구로, 영업 관리자의 섬김

리더십은 조직 내 영업 사원의 성과와 직결되며, 간접적으로 영업 사원이 조직과 동일시하는 것과 관련이 있음을 발견했다. 또한, 영업 사원의 자기 효능감과 내재적 동기에 긍정적인 영향을 주어 영업 사원의 적응력과 주도성을 향상시켰다(Bande, Fernández-Ferrín, Varela-Neira, & Otero-Neira, 2016; Otero-Neira et al., 2016). Hunter et al.(2013)은 섬김의 리더십은 긍정적인 서비스 분위기를 조성하고 실행자들이 동료를 돕고 제품을 판매하도록 유도하며, 이직과 이탈 행동을 감소시킨다는 것을 발견했다. 또한 Chiniara와 Bentein(2016)은 섬김의 리더가 실행자의 자율성, 능력, 유대감에 대한 요구에 주의를 기울일 때 실행자의 과업 수행과 조직 시민 행동에 긍정적인 영향을 미친다는 것을 발견했다.

마지막으로 섬김의 리더십에서 기대되는 또 하나의 성과는 성원 자신들이 섬김의 리더가 된다는 것이다. Greenleaf가 섬김의 리더십을 개념화하는 과정에서 다음과 같은 가정을 제시한다. 성원들이 윤리적인 리더로부터 도움을 받고 권한 위임을 받게 되면, 그들 자신들도 다른 성원들을 그 같은 방식으로 대하게 된다는 것이다. 섬김의 리더십 파급 효과(연쇄 작용)가 일어나게 되어 섬김의 리더는 보다 많은 또 다른 섬김의 리더를 양육해 낸다는 것이다. 그러나 이 같은 가정을 검증하기 위해서는 더 심도 있는 연구가 필요하다.

Hunter et al.(2013)에 따르면 리더가 섬기는 자질을 가지고 있다고 인식하는 직원은 업무 및 대인 관계 문제에서 동료를 도울 가능성이 더 높았고 이탈 가능성이 낮았다.

■ 조직의 업적(Organizational Performance)

성원들의 업적과 성장에 긍정적인 영향을 미치는 것에 더하여 섬김의 리더십이 조직의 업적에도 영향을 미치고 있다는 사실을 초기의 연구 결과들에서 확인할 수 있다. 몇 가지 연구에 의해 '섬김의 리더십'과 '조직시민행동(OCBs)' 사이에 긍정적인 상관관계가 있다는 것이 발견되었다. 여기에서 조직시민행동(Organizational Citizenship Behaviors)이란 조직에서 요구하는 직무상의 행동 범주를 넘어(자신에게 요구되는 일이 아닌데도) 조직 전체의 순기능을 위해 도움을 주는 행동을 말한다(Ehrhart, 2004; Liden, Wayne et al., 2008; Neubert, Kacmar, Carlson, Conko, & Roberts, 2008; Walumbwa et al., 2010).

섬김의 리더십은 또 조직의 팀들이 기능하는 방식에도 영향을 미친다. Hu 그리고 Liden(2011)은 그들의 연구에서 섬김의 리더십이 '효과적인 작업 집단이 될 수 있다는 성원들 간에 공유된 자신감(member shared confidence)'을 증대시켜 집단의 효과를 높이고 있다는 사실을 발견하였다. 그들의 연구 결과에 따르면 섬김의 리더십이 집단의 업무 수행 과정과 집단 과정의 투명성을 향상시킴으로써 집단의 잠재력에 긍정적인 공헌하고 있었다. 그러나 섬김의 리더십이 결여되었을 경우 뚜렷한 집단 목표에도 불구하고 집단의 잠재력(team potency)은 감소하고 있었다.

섬김의 리더십의 결여로 인해 목표가 무엇인지를 정확히 알지 못하게 되었고 또 그 목표달성에 요구되는 지원을 받을 수 없었기 때문이다. 섬김의 리더십이 조직성과에 미치는 영향에 관한 최근의 연구는 초기단계이다. 섬김의 리더십이 조직업적과 관련된 직 · 간접적인 영향을 실증하기 위해 더 많은 연구가 요구된다.

■ **사회적 영향(Societal Impact)**

섬김의 리더십에서 기대되는 또 다른 기대 효과는 사회에 긍정적인 영향을 미친다는 점이다. 사회적 영향은 섬김의 리더십 연구에서 일반적으로 측정되지 않고 있으나 가시적인 영향을 관찰할 수 있는 사례들이 있다. 우리가 친숙하게 알고 있는 한 가지 사례는 Mother Teresa이다. 굶주린 자들, 집 없는 자들, 쓸모 없이 버려진 자들을 위한 평생 동안의 봉사는 새로운 종교적 질서, 자선 선교 단체들의 출현에 영향을 미쳤다. 그 결과로 생긴 가난한 사람들을 위한 병원, 학교, 안락원(hospice) 등이 운영되고 있고, 40여 개 국가에서 100만 이상의 종사자들이 봉사하고 있다. Mother Teresa의 섬김의 리더십은 전 세계의 많은 사회에 놀라운 영향을 미친다.

기업 경영에서 관찰할 수 있는 '섬김의 리더십이 사회에 미치는 영향에 관한 사례'는 Southwest Airline(사례 10. 2)에서 볼 수 있다. Southwest는 조직 경영의 철학으로 "다른 사람 우선(Others First)"을 설정하였다. 그 실천의 출발은 '종업원들을 어떻게 처우할 것인가'에서부터 시작하였다. 그 결과 회사의 경영 철학 "다른 사람 먼저, 또는 다른 사람 우선"은 Southwest 항공사 고객들에 대한 종업원들 스스로가 섬김의 리더가 되어 다른 사람들, 즉 고객들을 섬기고 있었다. 회사가 번창함에 따라 사회에 더 많은 일자리를 제공하고, 고객들에게 보다 더 양질의 편의를 제공함으로써 그들이 섬기고 있는 지역사회에 영향을 미친다.

섬기는 리더십의 개념화에서 Greenleaf는 섬기는 리더십이 직접적으로 사회를 변화시킨다는 것을 의도하지는 않았다. 오히려 그는 섬김을 우선하고 그들의 말을 경청하며, 그들의 성장을 위해 도움을 주는 리더를 마음속으로 생생하게 그리고 있었다(He visualizes leaders who become servants first and listen to others and help them grow). 그 결과로 조직은 더욱더 건강하게 되고 종국에 가서는 사회에 유익이 된다는 것이다. 이처럼 "다른 사람 우선"의 장기적 성과는 사회의 긍정적인 변화이고, 사회를 번창하게 한다.

4 섬김의 리더십 모형의 요약

요약하면 섬김의 리더십 모형은 선행 조건 내지는 선행 상태(antecedent conditions), 섬김의 리더 행동(servant leader behaviors), 성과(outcomes) 이렇게 3가지 요소로 구성되어 있다. 이 모델의 중심 초점은 섬김의 리더십을 촉진하는 7가지 리더 행동이며 7가지 리더 행동에는 개념화(conceptualizing), 정서적 치유(emotional healing), 성원 우선(putting followers first), 성원의 성장과 성공을 도움(helping followers grow and succeed), 윤리적 행동(behaving ethically), 권한 위임(empowerment), 지역사회의 가치창조(creating values for the community) 등이 있다. 이 같은 리더 행동은 상황 여건과 문화(context and culture), 리더의 속성(leader's attributes), 섬김의 리더십에 대한 성원의 수용성(the follower's receptivity to servant leadership) 등에 의해 영향을 받는다. 리더가 섬김의 리더십을 발휘할 때 개인 수준, 조직 수준 및 사회적 수준의 성과를 개선시킬 수 있다.

섬김의 리더십 효용

섬김의 리더십 효용은 이 책에서 논의된 다른 리더십 이론들과는 다르다. 특히 2장의 특성 연구(the Trait Approach)와 가장 큰 차이가 있다. 리더십 특성 연구는 리더가 어떤 특정한 특성들을 가지고 있어야 한다고 강조하고 있다. 그리고 섬기는 리더십 효용은 6장의 경로-목표 이론과도 다르다. 경로-목표 이론은 여러 가지 상황에 따라 요구되는 리더 행동 유형이 무엇인가를 제시하고 있는 이론이지만 섬김의 리더십은 '성원 우선'과 성원의 개발과 성장을 지원하기 위해 리더가 보여야 할 행동에 초점을 맞추고 있다. 그리고 리더가 성원들을 어떻게 대해야 하고 그로 인해 나타나게 될 성과까지 제시하고 있다.

그렇다면 섬기는 리더십을 설명하는 기제(mechanism)는 무엇인가? 우선 리더가 성원을 우선시하는 데 헌신적이어야 한다. 그리고 섬김의 리더는 성원들의 말을 경청하고 공감해야 한다. 또한 섬김의 리더는 성원들의 말을 경청하고 그들과의 장기적이고 끈끈한 관계가 발전 유지되어야 한다. 이렇게 함으로써 리더는 성원들의 능력, 필요, 목표를 이해하게 되고 성원들은 자신들의 잠재 능력을 최고로 발휘할 수 있다. '조직의 많은 리더들이 섬김의 리더십 지향의 리더십을 채택할 때 조직 내외에서 다른 사람들을 섬기는 문화가 조성된다'는 연구 결과가 있다(Liden, Wayne et al., 2008).

섬김의 리더십의 효과가 가장 높게 나타나는 경우는 '리더가 이타적이고 다른 사람들에게 도움을 주고 배려하려는 동기가 강하게 유발되어 있으며, 다른 사람들을 도우려는 의지가 내면 깊은 곳에 자리하고 있는 경우이다.' 또한 성공적인 섬김의 리더가 되기 위해서는 성원들에게 권한을 위임하고(성원들에게 힘을 실어 주고) 그들의 성장을 도우려는 의지가 있어야 한다. 그리고 또 하나의 중요한 변인은 섬김의 리더에게 성원들의 수용적인 태도를 보이는 것이다.

섬김의 리더십에 관한 많은 저술에서 주목해야 할 것은 그 저변에 깔린 '철학적 입장'이다. 그것은 Greenleaf(1970)에 의해 제시된 것으로 "리더는 이타적이고 인도주의적이어야 한다."는 것이다. 지도자는 다른 사람들을 지배하기보다는 자신의 권력을 공유하고 그들이 성장하고, 자율적이 될 수 있도록 노력해야 한다는 것이다. 이 같은 관점에서 발휘된 리더십은 조직 내에서 경쟁은 경시하게 되고 평등과 협동과 상호유익의 결과를 촉진한다.

마지막으로 섬김의 리더십은 지역사회 및 사회의 변화에 공헌하게 되고 나중에는 이상세계를 지향하게 한다. 조직 내에서 서로를 돌보고 배려하는 개인들은 지역사회를 돌보게 되고 그들의 조직 내에 '배려와 공생의 문화'를 조성하는 데 헌신적이다. 섬김의 리더십 문화를 발전시키고 있는 조직들은 조직 밖 사람들의 필요에도 눈을 돌려 그들의 필요를 채워주기 위해 헌신적인 노력을 기울인다. 따라서 섬김의 리더십은 사회의 "못 가진 자들(have-nots)"을 위해 도움의 손을 내민다(Graham, 1991). 본 장의 〈사례 10. 1〉은 한 섬김의 리더의 전 세계에 걸친 많은 사람들을 위한 노력이 어떻게 긍정적인 성과로 이어졌는지를 보여주는 인상적인 사례를 제시한다.

강점, 비판, 응용

1 강점

현 단계에서 섬김의 리더십에 관한 연구는 리더십 연구 분야에서 몇 가지 긍정적인 공헌을 하고 있다. 첫째, 윤리적 차원을 포괄하고 있는 '변혁적 리더십'이나 '진성 리더십' 같은 리더십 접근법이 있으나, 섬김의 리더십은 유일하게 "이타주의"를 리더십 과정의 중심적 구성 요소로 하고 있다. 섬김의 리더십이 거리낌 없이 자신있게 주장하는 것은 리더가 성원을 우선시해야 하고(putting followers first), 통제력을 성원들과 공유하며, 그들의 성장을 배려해야 한다는 것이다. 이처럼 다른 사람들(성원들)이 자율적으로 자신들의 일을 하도록 하는 것을 리더십 가치로 생각하는 리더십 접근법은 '섬김의 리더십'이 유일하다.

섬김의 리더십을 메타분석에서 변혁적 리더십과 비교할 때 섬김의 리더십이 직원의 성과와 태도를 더 잘 예측하며, 리더십 연구 결과와 실무자가 느끼는 것이 다른 최근의 접근 방식보다 직원의 성과와 태도를 더 잘 설명하는 데 도움이 될 수 있는 독립형 이론으로서의 가능성을 보여준다(Hoch, Bommer, Dulebohn, & Wu, 2018). 섬김의 리더십은 리더십 프로세스에 대한 우리의 이해에 독특한 기여를 하는 실행 가능한 접근 방식으로 인식된다.

셋째, 섬김의 리더십은 권력과 영향력의 활용에서 '권력이나 영향력'에 대한 일반적인 직관적 시각에서 벗어난 도전적인 접근법이다(a counterintuitive and provocative approach to the influence or power in leadership). 거의 모든 리더십 이론에서는 영향력을 리더십 과정의 정적인 요인(positive factor)으로 다루지만 섬김의 리더십은 그 반대이다. 섬김의 리더십은 리더가 위압적이고 지시적이며 지배적이 되어서는 안 된다고 주장한다. 오히려 리더는 지배력과 영향력을 공유해야 한다고 말한다. 지배력을 추구하는 대신 포기하는 것이 섬김의 리더십의 목표이다. 섬김의 리더십은 영향력을 전통적인 방식대로 활용하지 않는 리더십 과정이다.

섬김의 리더십 연구의 또 다른 주요 차이점은 실행자, 조직, 고객, 커뮤니티 및 사회를 포함한 여러 이해 관계자를 고려하고 있다. 특히 성원은 리더의 행동과 결정에 따라 과업의 성취에 봉사하는 것으로 인식되고 있었으나 섬김의 리더십에서는 성원이 스스로 할 수 있도록 리더가 도움을 준다. 일과 가정 양립과 같은 결과는 섬김의 리더십과 연결되었다(Wang, Kwan, & Zhou, 2017). 또한 섬김의 리더는 직장에서 영성에 대한 인식을 더 많이 하게 만든다(Williams, Randolph-Seng, Hayek, Haden, & Atinc, 2017). 연구에서는 고객을 최우선으로 하는 고객 서비스 행동과 고객 지원 행동도 결과 변수로 포함한다(Chen, Zhu, & Zhou, 2015). 또한 이해 관계자는 조직의 성원들과 고객을 넘어 더 넓은 커뮤니티로 확장된다(Lemoine et al., 2019).

넷째, 섬김의 리더십은 어느 상황에서나 유효한 만병통치약이 아니고 섬김의 리더십을 선호하지 않는 상황적 요인을 인정하고 있다는 점이다. 연구 결과에 의하면 섬김의 리더십은 성원들이 지원을 받거나 권한 위임을 받는 것을 선호하지 않는 상황에서는 비효과적이라고 밝혀졌다. 성원들의 섬김의 리더십에 대한 수용 여부가 섬김의 리더십의 잠재적 유용성을 조절한다(Liden, Wayne et al., 2008). 또한 Sousa와 van Dierendonck(2017)는 섬김의 리더십이 조직의 상위 직급에 있는 사람들에게 더 효과적일 수 있음을 발견했다. 경영진 및 이사회 수준의 리더가 표현할 때 겸손과 행동의 조합은 참여를 예측한다. 그러나 하위 관리자의 경우 운영과 관련된 작업에 초점을 맞추면 참여도가 높아진다.

마지막으로, 최근 연구를 통해 섬김의 리더십을 위한 측정 도구가 개발되었다. 정밀한 방법을 사용하여 Liden, Wayne 등(2008)은 '섬김의 리더십 설문지(the Servant Leadership Questionnaire; SLQ)'를 개발하여 그 타당성을 검증하였다. SLQ는 이 장의 마지막 부분에 실려 있다. SLQ는 섬김의 리더십의 7가지 행동 차원들을 측정하는 28개의 문항으로 구성되어 있다. 연구에 의하면 SLQ는 유일하고 또 특유하게 '변혁적 리더십'이나 LMX 이론에서 측정하고 있는 변인들과는 다른 측면들을 측정하도록 되어 있다(Liden, Wayne et al., 2008 ; Schaubroeck, Lam, & Peng, 2011). SLQ는 섬김의 리더십에 대한 미래의 연구에 사용할 수 있는 적합한 도구로 입증되었다. Liden과 그의 동료들 역시 섬김의 리더십에 대한 7개 항목의 간단한 척도를 검증했다(Liden et al., 2015).

2 비판

섬김의 리더십 접근법은 긍정적 특성이 있는 반면 몇 가지 취약점도 가지고 있다. 첫째, '섬김의 리더십'이란 명칭 자체에 역설적인 의미를 담고 있다. 명칭이 의미상 혼란을 가져와 섬김의 리더십의 잠재적 가치를 떨어뜨린다. 리더십은 영향을 미친다는 의미이고 섬김이란 말은 그 반대의 의미를 갖기 때문이다. 이처럼 두 의미가 상호 모순되기 때문에 섬김의 리더십은 공상적이거나 종잡을 수 없는 개념으로 지각되기 쉽다. 앞에서도 언급한 바와 같이 섬긴다는 것은 “지시를 받는 대로 행한다”는 의미이고 리더십이란 말은 그 반대의 의미로 생각되기 때문이다. 섬김의 리더십에서 ‘섬김의 영향력’을 리더십 과정에 포괄하고는 있지만 ‘섬김의 영향력’이 리더십의 일부분으로서 기능하는 메커니즘인지는 충분히 설명되지 않고 있다.

둘째, 섬김의 리더십이 어떻게 조직 변화로 이어지는지 명확하지 않다. 예를 들어 Newman, Schwarz, Cooper, Sendjaya(2017)는 섬김의 리더십이 심리적 권한 부여와 긍정적인 관련이 있다는 것을 발견했지만, 추종자들이 리더-구성원 교환(LMX)에 의해 설명되는 이상의 추가적인 역할 수행(조직 시민행동)에 참여하는 결과를 초래하지 않았다. LMX는 섬김의 리더십의 영향을 설명했다(Bao, Li, & Zhao, 2018). 따라서 섬김의 리더십과 결과 간의 관계에 대한 설명적 메커니즘은 리더와 추종자 간의 업무 관계의 질일 수 있다. 추종자들은 그들의 섬김의 리더를 긍정적으로 보고, 리더와 좋은 관계를 가지고 있다면 더 높은 성과로 대응한다.

셋째, 리더십 과정의 핵심 차원이 무엇인가에 대해 섬김의 리더십 연구자들끼리 논쟁이 벌어지고 있다. 〈표 10-1〉에서 보는 것처럼 섬김의 리더십은 여러가지의 능력, 성격 특성, 행동 유형 등을 가정하고 있다. 현재까지도 연구자들은 섬김의 리더십의 “이론적 틀”이나 “리더십 구성 요소들”에 대한 공통된 정의를 내놓지 못하고 있다(Van Dierendonck, 2011). 섬김의 리더십에 대한 많은 연구 결과들이 발표되어 오고 있는 지금까지 이론적 구성의 건전성은 아직도 한계점으로 남아 있다.

넷째, 섬김의 리더십에 관한 저술들은 “훌륭한 리더는 성원들을 우선시한다”는 규범적 논조를 띠고 있다. 리더십에서 이타적 접근을 주창하는 것은 칭찬할 만하지만 유토피아적 이상주의에 불과할 수 있다. 왜냐하면 리더십 현장에서 그것은 개인의 자율적인 선택과 지휘(directing), 생산에 대한 관심(concern for production), 목표 설정(goal setting), 비전 설정(creating a vision)과 같은 리더십 원칙들과 대립(충돌)될 수 있기 때문이다(Gergen, 2006). 또한 ‘가치 추구’라는 규범적 특성과 함께 섬김의 리더십을 둘러싼 도덕적 본질이 존재한다. 그 결과 섬김의 리더십을 채택하고 있는 많은 실무자들은 섬김의 리더십의 현실적 타당성을 검증하기 위한 연구를 등한시하게 된다. 예를 들어, 일부 문헌에서는 섬김의 리더를 공익을 위해 일하는 용감한 영웅으로 묘사하고 있다(Gandolfi & Stone, 2018). 리더십이 더 높은 목적을 위해 봉사하는 것이라는 전제는 연구자들이 항상 섬김의 리더십의 핵심 특징 중 하나로 간주하지 않는다.

마지막으로, 섬김의 리더십 모형(그림 10-1 참조)에서 '개념화(conceptualizing)'가 왜 리더 행동의 하나로 포함되어야 하는지가 불명확하다. '개념화'가 리더의 행동인가 아니면 인지적 능력(cognitive ability)인가? 또한 '개념화'를 섬김의 리더십의 결정 요인으로 식별하는 이유는 무엇인가? 미래 연구에서는 섬김의 리더십에서 '개념화'의 중심적 역할을 보다 분명하게 설명할 수 있어야 한다. Liden et al.(2015)에 의해 개발된 수정된 7개 항목 SLQ에서 개념 기술을 측정하는 항목은 하나만 유지되었다. 저자는 개념화 항목이 감정적이거나 개인적인 항목보다 개념적 기술과 더 밀접하게 관련되도록 작업 관련이라는 단어를 추가하여 변경했다고 설명한다. 그러나 이 명백한 기술이 섬김의 리더십 개념에 포함된 이유에 대해서는 명확한 설명은 제공되지 않았다. 섬김의 리더십에서 중심적 역할에 대한 보다 명확한 설명은 향후 연구에서 다루어질 필요가 있다.

3 응용

섬김의 리더십은 모든 관리계층에서, 모든 유형의 조직에서 실용화될 수 있는 이론이다. 다른 사람을 먼저 돌보고 도움을 준다는 윤리 철학적 테두리 안에서 섬김의 리더십은 리더가 해야 할 행동 목록을 제시하고 있다. 섬김의 리더가 되고 싶은 사람들은 그 같은 섬김의 리더 행동 목록을 참조하는 것이 도움이 된다. 섬김의 리더십의 규범적 리더 행동은 난해한 교리가 아니고 누구나 쉽게 이해할 수 있는 것이며, 다양한 리더십 상황에 적용될 수 있다.

훈련이나 개발 목적으로 널리 활용되지 않고 있는 리더-성원 교환 이론(7장)이나 진성 리더십(9장)과는 다르게 섬김의 리더십은 30여 년 동안 다양한 조직에서 광범위하게 활용되고 있다. 포춘지 선정 500대기업들 중 많은 기업 조직(예를 들어 Southwest Airline, AT&T, Vanguard Group, Starbucks)에서 섬김의 리더십 아이디어를 채택하여 활용하고 있다. 섬김의 리더십 훈련 프로그램에는 자기 측정(self-assessment exercises), 교육, 목표 설정 등이 포함되어 있다. 섬김의 리더십 내용은 매우 간결하여 조직의 모든 계층 성원들에게 적용할 수 있다.

Liden, Wayne 등(2008)에 의하면 섬김의 리더십 문화를 구축하고 싶은 조직은 성원들을 선발할 때 신중해야 한다고 제안한다. 섬김의 리더십 문화의 구축을 위해서는 '장기적인 관계를 유지해 본 경험'이나 섬김의 리더십과 관련된 성격, 소양 등을 가지고 있고, 또 그것에 관심이 있는 성원들이 필요하기 때문이다. 또한 '윤리적으로 행동하는 것'은 조직의 업적과 긍정적인 관계가 있기 때문에 조직이 성원을 선발할 때 정직성이 높고 강한 윤리의식을 가지고 있는 성원들을 선발해야 한다. 그리고 조직이 훈련 프로그램을 개발할 때 그 훈련 프로그램이 성원들의 정서적 지능, 윤리적 의사결정, 권한 위임 등의 기술을 개발하는 데 도움을 줄 수 있어야 한다. 이 같은 행동들은 섬김의 리더들이 성원들을 양육하고 그들의 잠재력을 발휘하게 하는 데 도움이 된다.

섬김의 리더십은 전 세계의 많은 대학에서 강의의 주제가 되고 있다. 많은 코치, 훈련 전문가, 컨설턴트들의 관심의 초점이 되고 있다. 미국에서는 Gonzaga대학교와 Regent대학교가 이 분야의 저명한 지도자로 인정받고 있다. 이 대학들은 섬김의 리더십에 대한 학술적 관심을 기울이고 실증적 연구를 주도하고 있기 때문이다. 전반적으로 이 분야에서 가장 인정받고 있고 많은 훈련 프로그램을 개발 · 실시하고 있는 훈련기관은 Greenleaf Center for Servant Leadership이다(www.greenleaf.org).

요약하면 섬김의 리더십은 조직상황에서 개인들이 학습할 수 있고 개발할 수 있는 철학과 일련의 행동들을 제시하고 있다. 다음에서는 각기 다른 상황에서 섬김의 리더십이 어떻게 발현되었는지 보여주는 사례들을 검토해 보기로 한다.

사례 연구

다음 세 가지의 사례 연구(사례 10.1, 10.2, 10.3)는 섬김의 리더십의 각기 다른 측면을 보여 준다. 첫 번째 사례는 Dr. Paul Farmer에 관한 것으로, Haiti와 그 밖의 세계 여러 곳에서 질병을 퇴치하려는 그의 노력을 담고 있다. 두 번째 사례는 회사에 스며든 섬김의 리더십 문화를 만든 Southwest Airlines의 리더들에 관한 것이다. 그리고 세 번째 사례는 이탈리아 에너지 기업 Snam의 문화와 리더십에 대한 사례이다. 각 사례의 마지막에는 몇 개의 질문들이 제공된다. 이 질문들은 섬김의 리더십 시각에서 각 사례를 분석하는 데 도움을 준다.

사례 10.1: 가난한 사람들의 의사

Paul Farmer가 22세에 Duke 대학을 졸업할 때 인류학자가 될 것인지 아니면 의사가 될 것인지 확실한 결정을 내릴 수 없었다. 그래서 그는 Haiti로 건너갔다. 배우고자 하는 사람으로서, Paul은 이민자 수용소에서 많은 Haiti 사람들을 만난 후 섬나라를 가슴에 품고 고민하게 되었다. Paul은 불굴의 용기 있는 삶에 익숙해 있었다. 그는 여덟 명의 식구가 함께 사는 가족환경에서 성장하였고, 학교 통학버스를 개조한 집에서 살다가 후에는 강 어귀에 정박된 배(houseboat)에서 살았다. 그러나 그가 이민자 수용소에서 관찰하고 Haiti 이민자들과의 만남에서 배운 것들은 그의 어린 시절을 목가적(소박하고 평화로우며, 서정적)으로 보이게 만들었다.

그는 Haiti에서 "Eye Care Haiti"라는 소규모 자선단체에서 자원봉사자로 일하였다. 이 자선단체는 벽지에 나가서 무료 의료 서비스를 하고 있었다. 그는 Haiti 사람들의 비참한 상황과 그들의 삶에 빠져들게 되었고 그의 모든 시간을 할애하여 가난한 사람들을 괴롭히는 질병에 관하여 가능한 모든 것을 배우려고 하였다. 얼마 되지 않아 Paul은 그의 삶의 목적을 찾았다는 것을 깨달았다. 그는 가난한 사람들에게 다가가는 의사가 되고 싶었고, 그 일은 Haiti에서 시작되었다.

Paul은 1984년 Harvard대학교 의대에 입학하였고, 첫 2년 동안 Haiti에 자주 방문하면서 Cange 마을의 건강통계조사를 실시하였다. 그렇게 2년 동안에 그는 '예방접종 프로그램', '깨끗한 물', '공중위생을 포함한 공중보건시스템'을 개발함으로써 질병과 싸울 계획을 세웠다. 그러나 이 프로그램의 핵심은 현지 마을 사람들로 구성된 '기간 요원 팀'을 구성하여 그들을 훈련시키는 것이었다. 그들은 의약품을 다루는 훈련을 받아야 하고 건강교실을 지도해야 하며 HIV, 폐병, 말라리아 같은 큰 질병의 증상을 알아차릴 수 있어야 하기 때문이다.

그의 비전은 1987년에 현실화되었다. 어떤 부유한 기증자가 1백만 달러를 기증한 덕분에 Paul은 "Parteners in Health(PIH)"를 설립할 수 있었다. 처음에 그것은 스태프도 없었고, 소규모의 자문단, 그리고 헌신적인 3명의 자원자들 뿐이라 조직이라고 할 수 없었다. 하지만 이 기구가 하는 일은 인상적이었다. PIH는 Cange 마을 주위에 학교와 진료소를 설립하기 시작하였다. 뒤이어 PIH는 '순회건강관리원' 훈련 프로그램을 만들었고, 질병 예방을 위해 이동 차량을 조직화하여 지역 주민들을 위한 순회 진료를 실시하였다.

1990년 Paul은 의학공부를 마친 후 미국 Boston시 소재 Brigham and Women's 병원의 연구원이 되었다. 그는 1년 대부분의 시간을 Haiti에 머물 수 있었고, 몇 달 동안만 Boston으로 돌아와 PIH본부 지하방에 기거하면서 병원 일을 처리하였다. 그 후 얼마 되지 않아 PIH의 성공 사례는 Haiti 밖으로부터 주목을 받기 시작하였다. Haiti에서 질병 퇴치 성공 사례로 세계보건기구는 Paul과 PIH 직원 Jim Yong Kim을 임명하여 의약 내성을 가진 결핵(MDR-TB; Multiple-Drug-Resistent Tuberculosis) 치료 프로그램을 선두에서 시행해 보도록 하였다. Paul의 관심은 이제 MDR-TB 환자 수 가 증가하고 있는 러시아와 페루의 빈민 지역을 향했다. 페루에서 Paul과 PIH는 MDR-TB 치료와는 전혀 상관이 없는 장벽에 부딪혔다. 그들의 활동은 정부의 저항에 부딪혔고 고가의 의약품을 얻기 위한 투쟁을 벌여야 했다. 그래서 그는 정부라는 장애를 해결하기 위해 조용한 교섭을 진행해야 한다는 것을 알게 되었다. 그런 와중에 "the Bill & Melinda Gates Foundation"이 4,470만 달러의 보조금을 내놓아 그 프로그램에 소요되는 자금을 충당했다.

2005년 PIH는 세계의 다른 지역으로 관심을 돌렸다. 세계적으로 광범하게 전염되고 있는 병 AIDS의 진원지인 아프리카였다. 검진받은 사람도 거의 없고 치료받은 사람도 거의 없었던 르완다에서의 노력을 시작으로 8개월 동안에 30만 명을 검진하고 거의 700명이 질병 치료를 위한 약물 치료 프로그램에 등록하였다. 이어서 그 조직은 Lesoto와 Malawi 같은 아프리카 국가들로 노력을 확대해 갔다(Parteners in Health, 2011).

그러나 Paul의 노력들은 아프리카의 광범한 지역에만 머물지 않았다. Boston의 Brigham 병원에서 환자들과의 면담을 통해 Boston 시내 가난한 저소득 계층의 필요를 확인할 수 있었다. 그래서 PACT(the Prevention and

Access to Care and Treatment) 프로그램을 만들어 Boston의 Roxbury 지역과 Dorchester 지역 빈민들의 HIV와 당뇨병의 약물치료를 실시하였다. 그 이후 PIH는 PACT 프로젝트 팀을 미국 전역에 파견하여 그 지역의 건강 프로그램을 지원하였다.

2009년까지 PIH는 계속 성장하여 11개국에 걸쳐 있는 49개의 병원들과 보건센터에서 일하는 종사자가 11,000명에 이르게 되었다(PIH, 2011). 매년 PIH 조직은 성장을 거듭하여 시설과 종사인력의 수가 증가하여 세계의 가장 빈곤한 지역과 질병이 만연한 지역의 주민들에게 건강 관리를 위한 의료 서비스를 제공한다. Paul은 세계를 돌아다니며 프로그램의 운영을 관찰하여 오류에 대비하고 PIH의 운영을 위한 자금을 모금하고 있으며, 하버드대학교 의과대학에서 '글로벌 건강사회 의학과(Department of Global Health and Social Medicine)'를 지도하고 있다.

질문

01 Paul Farmer를 섬김의 리더라고 말할 수 있는 근거는 무엇인가? 당신의 견해를 말해 보시오.

02 다른 사람을 우선시하는 것이 섬김의 리더십의 중요한 점이다. 어떤 방식으로 Paul Farmer는 다른 사람들을 우선시하고 있는가?

03 섬김의 리더의 또 다른 특성은 성원들이 다른 사람을 섬기도록 하는 것이다. 누가 Paul을 따르는 사람들인가? 그들은 어떻게 그의 비전을 따라 섬기는 사람들이 되었는가?

04 Paul의 어린 시절이 섬김의 리더로서의 그의 삶에 어떤 영향을 미쳤다고 생각하는가?

사례 10.2: 섬김의 리더십이 비행기를 타다

아장아장 걷기 시작한 아이를 데리고 장시간의 대륙횡단 항공 여행을 하고 있는 한 여자 승객에게 멋있어 보이는 승무원이 다가오고 있었다. 기상(날씨) 사정으로 활주로에서 1시간 30분 동안 이륙을 대기하였기 때문에 항공기가 몇 시간 늦게 종착지 공항에 도착할 예정이었다. 또 몇 시간 전에 중간 기착지인 Denver 공항에 기착하여 몇 명의 승객이 탑승하였으나 여행객들이 내려서 쉴 수 있는 시간은 충분치 않았다. 그래서 어머니 승객은 승무원에게 말하였다.

"비행기가 지연되었고 장시간의 비행으로 준비해 왔던 음식을 아이가 이미 다 먹어버렸는데 새로운 음식을 먹이지 않으면 아이가 완전히 탈진하게 될 것 같다."고 말하면서 "내가 5분 동안만 내려가서 뛰어가 아이에게 먹일 것을 사올 수 없겠습니까?"라고 말하였다. "아닙니다. 어머니께서는 그대로 자리에 앉아 계셔야 합니다."라고 승무원이 단호하게 말하고 나서는 미소를 지으며 말하였다. "제가 내려갈 수 있습니다. 비행기가 나를 놔두고 이륙할 수는 없으니까요.", "아이에게 먹일 것으로 무엇을 사올까요?" 결국 그 승무원은 그 어린이가 먹을 것을 구해 왔을 뿐만 아니라 동승한 다른 4명의 어린이들에게도 먹을 것을 구해다 주었다.

기내에서 어린아이가 소리 내어 우는 경우 이 항공기의 승무원들은 배가 고픈 어린이와 어쩔 줄 몰라 하는 부모들을 돌볼 뿐만 아니라 승객들의 편안한 여행에도 주의를 기울이고 있다. Southwest Airline에 친숙한 사람들은 누구나 이 같은 이야기에 놀라지 않는다. 항공사의 사무실이 위치한 곳에는 1미터 간격으로 다음과 같은 항공사의 사명선언문이 게시되어 있다. "우리는 황금률을 따른다. 남에게 대접을 받고자 하는 대로 너희도 남을 대접하라.–신약성경 마태복음 7장 12절(We Follow the Golden Rule: Treat People the Way You Want to Be Treated.)"은 회사가 마음에 새기고 있는 철학이고, 성원들과 고객을 어떻게 대할 것인가의 출발점이었다. Southwest Airline 전임사장인 Colleen Barrett은 말한다. 회사의 공동창업자이고 그녀의 멘토인 Herb Kelleher는 "일터에서 인정을 받으면 행복을 느끼고 그리하여 동기유발된 종업원들은 친절을 Southwest 고객들에게 전달하게 된다"는 것을 철석같이 믿고 있었다(Knowledge@Wharton, 2008). 항공사가 종업원들을 잘 돌보면 종업원들은 고객들을 잘 돌보게 되어 주주들에게도 역시 이익이 돌아간다.

Southwest Airline의 초기부터 Herb는 종래의 전통적인 조직의 계층 구조를 반대하였다. 그는 친절하고 착실한 종업원을 찾아 선발하는 데 초점을 맞추었다. 그들이 일을 처리하는 방식을 위해 종전과는 다른 새로운 방식을 찾아보도록 격려하였고, 그는 평등주의자였으며, 모든 경영 관리에서 협력적인 공동 결정 시스템을 채용하여 모든 관련자가 참여하도록 하였다.

Colleen은 Herb의 법률 담당 비서로 일하다 사장이 되었다. 그녀는 그의 경영철학의 산 증인이다. Vermont주 시골 출신인 그녀는 평생 동안 Herb를 위해 일할 기회를 얻게 되었다. 그녀가 자문 변호사였을 때 그의 측근 보좌관이 되었고, 이어서 관리담당 부사장, 마침내 2001년에 사장에 오르게 되었다(2008년에 사장 자리에서 퇴임하였다). 그녀는 항공 산업에 대한 공식 훈련을 받은 바 없지만 그것은 문제가 되지 않았다. "Herb는 항상 나를 그와 동등하게 대했다"라고 그녀는 말한다.

"황금률"을 회사의 표어로 설정한 것은 Colleen이었다. 그녀는 종업원의 만족에 초점을 맞춘 경영 모형을 개발하였고, 승객의 '필요'를 우선하는 원칙도 만들었다. 회사는 다정다감한 태도(touchy–feely attitude)를 가진 사람들을 채용하였고, 또 그 같은 태도를 표현하는 기술을 훈련하였다. 그리고 Southwest Airline은 유머를 장려하고 유머에 박수를 쳐주는 문화를 개발하였다. 신입사원들의 처음 직무의 시작은 Herb 및 Colleen과 함께 최고위층에서 일하는 것이었다.

이 같은 경영 자세는 경영 성과로 이어졌다. 다른 항공사의 수익은 낮아지고 있는데도 Southwest Airline은 35년 동안 계속해서 수익을 증대시키고 있었다. Colleen은 대차대조표상의 가장 중요한 수치는 몇 백만 명이 우리 항공의 단골 고객이 되느냐이며, 그 수는 매년 계속해서 늘어나고 있다고 말한다.

질문

01 Herb Kelleher는 항공 사업을 시작하는 과정에서 어떤 유형의 섬김의 리더십 행동을 보이고 있는가? Colleen Barrett은 어떤 유형의 섬김의 리더 행동을 보이는가?

02 Southwest Airline의 리더들은 다른 사람들을 어떻게 섬기고 있는가?

03 Southwest Airline은 '황금률'을 강조하고 있다. 섬김의 리더십에서 '황금률'은 어떤 역할을 하고 있는가? 그것은 항상 섬김의 리더십의 한 부분이 되고 있는가? 논의해 보시오.

04 〈그림 10-1〉에 근거하여 Southwest Airline의 경영 성과를 설명해 보시오. 그리고 성원들의 수용성이 성과에 어떻게 영향을 미쳤는가?

사례 10.3: 세계를 격려하는 에너지

Marco Alverà는 사업을 가장 공정하게 하는 숨겨진 요소를 발견했다.

Marco는 이탈리아에 기반을 둔 독립 에너지 회사인 Snam의 CEO이며, 최대 주주는 이탈리아 국가가 통제하는 지주 회사이다. 역사적으로 이탈리아는 천연 가스를 공급하기 위해 북쪽의 이웃 국가에 의존해 왔다. Snam의 임무는 천연가스의 흐름을 바꾸는 것이었으며 이 일은 성공했다. Snam은 병목 현상 감소와 유럽 시장의 가격 일치(조화)를 통해 이탈리아를 유럽에서 천연가스의 중심이 될 수 있도록 했다. 현재 이탈리아는 유럽에서 두 번째로 큰 네트워크 운영자(network operator)로 러시아, 알제리, 리비아, 노르웨이, 네덜란드, 오스트리아, 프랑스 및 영국에 천연가스를 공급하고 있다(Elliott, 2018).

Marco는 대형 금융사(Goldman Sachs)에서 에너지 산업으로 왔다. 그가 있던 대형 금융사는 경쟁을 통한 동기부여와 높은 성과자를 낮은 성과자와 구분하는 방법으로 거액의 상여금과 고액 연봉을 사용했다. 구체적으로 말하자면 그는 이 동기부여 도구가 고정 급여와 평생 직업을 제공하는 Snam에서 사실상 쓸모가 없다는 것을 빨리 깨달았다. 그렇다면 어떻게 3,000명의 직원이 탁월함을 위해 노력하고 매일 최선을 다하도록 동기를 부여할 수 있을 것인가?

Marco는 놀랍게도 회사에서 탁월한 부분을 발견했다. Snam은 무역, 프로젝트 관리, 탐사와 같은 험난하고 경쟁이 치열한 비즈니스 부문에서 경쟁을 이기고 있었다. "우리 개발(탐사)팀은 세계 어느 회사보다 더 많은 석유와 가스를 발견했다. 그것은 불가사의한 현상이었다."고 말했다(Alverà, 2017).

Marco는 불공정이 "양극화의 근본 원인"이며 직장에서 "사람들을 방어적이고 이탈하게 만든다."라고 지적한다. 불공정은 우리에게 고통을 주는 반면, 공정성은 우리에게 만족을 준다. 행동 연구는 사람들이 상황을 분석하고 논리적인 결론에 도달하기 전에 공정함(fairness) 또는 불공평함을 느낀다는 것을 보여주었다(Ronen, 2018).

Marco는 Snam 직원들이 단기적인 성과에 대한 염려나 잘못을 저지른 데 대한 처벌을 걱정할 필요가 없는 회사에서 일했다고 말했다. 그리고 조직 성원들은 개인 수준의 성공이 아닌 조직 전체의 전반적인 업적에 대해 보상을 받게 된다는 것을 알고 있었다. "그들은 결과가 아니라 노력한 만큼 평가된다는 것을 알고 있었다." 그래서 어떤 일이 있든지 간에 회사는 그들을 지지하고 다음 기회를 기대하고 있다. 이 회사의 사원들은 그들의 목적에 충실할 수 있었다. 회사 정치나 욕심, 두려움에 대해 걱정할 필요가 없었다. 그들은 모험가가 될 수 있다. . . 그리고 그들은 훌륭한 팀 작업자(team workers)였다. 그리고 그들은 그들의 동료를 신뢰할 수 있었고 의심할 여지가 없었다(Alverà, 2017).

예를 들어, Marco는 회사에 10억 달러의 비용을 들여 7개의 건식 유정을 시추한 친구와 직원의 이야기를 나누었다. Marco는 그를 걱정했지만 그의 친구는 걱정하는 것 같지 않았고 8번째 구멍 뚫는 작업 도중에 성공적으로 가스를 찾았다. 직원들에게 최선을 다할 수 있는 자유를 주는 것이 핵심이었다. 자신들이 올바르게 잘 할 수 있다고 느끼는 것을 할 수 있는 자유를 갖는 것은 회사의 동기유발 중 하나이다. 예를 들어, 한 직원이 에콰도르의 한 마을에 있는 Snam의 공장 옆에 치즈 공장을 지을 예산을 Marco에게 요청했다.

"아무도 치즈 공장을 지은 적이 없었기 때문에 이해할 수는 없었지만 이것은 마을이 원했던 것이다. 왜냐하면 그들이 가지고 있던 우유가 팔리기도 전에 상하고 있었기 때문에 공장 건설을 원했던 것이다. 그래서 우리는 그들의 요청대로 공장을 건설했다."(Alverà, 2017)

이러한 종류의 문화는 Marco가 회사의 모든 측면에 대한 하향식 분석인 "회사 정신 분석"이라고 부르는 것에서 비롯된다. "우리는 Aristotle가 말한 '목적이 있는 인간은 훨씬 더 동기 부여가 된다'로 돌아가서 그 목적은 누군가가 정말로 잘하는 것, 그의 재능이 무엇인지, 세상이 필요로 하는 것의 교차점에 있다. 그래서 우리는 긴 여정과 많은 자기 성찰을 통해 우리의 강점이 무엇인지, 그리고 세상이 필요로 하는 것이 무엇인지를 떠올린다."(Alverà, 2017)

Marco와 그의 팀은 의사 결정이 어떻게 이루어지고 회사 자원이 어떻게 할당되는지 자세히 살펴보았다. 그들은 기존 프로세스, 시스템 및 규칙을 면밀히 조사했다. 이러한 분석에서 명확하지 않고 합리적이지 않거나 회사 내 정보 흐름을 제한하는 모든 것을 제거했다. 회사 문화와 사람들에게 동기를 부여하는 방식에 대해서도 동일한 유형의 평가를 받도록 했다.

이런 일이 일어나도록 하기 위해 Marco는 자신을 "방정식에서 벗어나야 한다"며, "그것은 의견의 다양성과 인격의 다양성 문화를 적극적으로 홍보하기 위해 내 자신의 편견을 인식하는 것을 의미한다."라고 말했다(UniBocconi, 2019).

London School of Economics에서 철학 및 경제학 학위를 받은 Marco는 그의 철학 배경이 특히 유용하다는 것을 알게 되었다. "같은 주제에 대해 다른 의견을 갖는 것에 대해 가르쳐준다. . . 그리고 다른 관점을 볼 수 있도록 사람들과 협상하고 관리하는 데 매우 도움이 된다."(Alverà, 2017)

이 과정을 통해 회사는 목적을 "세상을 감동시키는 에너지"로 정의했다. "목적은 맨 위에 있다. 목적은 '당신이 무엇을 위해 존재하는지, 왜 존재하는지'이다."라고 그는 말했다. "하지만 목적이 있는 것만으로는 충분하지 않다. 그런 다음 전체 구조 내지는 틀이 되도록 미션, 비전, 전략, 가치, 역량을 갖추어야 한다."(Alverà, 2017)

그는 이것은 판단이 요구되고 위험이 따른다고 말한다. 마음을 돌이켜 보면 그것은 사람들로부터 최선을 얻어내는 열쇠가 되기 때문이다. 그리고 그들은 당신이 마음을 쓰고 있는지의 여부를 감지할 수 있고 당신이 실제로 마음을 쓰고 있을 때에만 두려움을 뒤로하고 그들의 진정한 자아가 작동하도록 한다(Alverà, 2017).

Marco는 이상적인 공정성의 정의는 "불공정함을 찾기 위해 안테나를 접을 수 있을 때"라고 말했다. 그는 공정함의 마지막 요소가 가장 어렵다는 것을 인정한다. 왜냐하면 그것은 쉽게 분석될 수 없고 비즈니스 세계의 표준과 완전히 다른 것을 요구하기 때문이다. "사람들의 감정이 무엇인지, 그들의 필요가 무엇인지, 사생활에서 무슨 일이 일

어나고 있는지, 사회가 필요로 하는 것이 무엇인지에 관한 것이다."(Alverà, 2017)

그는 말하기를 이것은 판단이 요구되고 위험이 따른다고 한다.

"그리고 우리가 마음을 켜면 그것이 사람들에게서 진정한 최고의 것을 얻을 수 있는 열쇠입니다. 왜냐하면 당신이 신경을 쓰면 냄새를 맡을 수 있고 당신이 진정으로 관심을 가질 때만 두려움을 뒤로하고 진정한 자아를 위해 일할 수 있기 때문입니다." (Alverà, 2017)

질문

01 이 책에서 제시하는 것은 섬김의 리더십이 효과적이려면 세 가지 선행 조건이 존재해야 한다. 상황과 문화, 리더의 속성, 성원들의 수용성 등이 그것들이다. 이들 선행요인들의 각각이 Snam사에서 어떤 역할을 하고 있는지 논의하시오.

02 섬김의 리더십 모델은 섬김의 리더십 과정에 핵심적인 일곱 가지의 리더 행동들을 확인하고 있다. 이들 행동들의 각각은 Marco Alverà 및 Snam사와 어떻게 관련되고 있는가를 논의해 보시오.

03 섬김의 리더십은 유일하게 이해 당사자들을 고려하고있다. 이사례에서 Marco Alverà와 Snam사는 이들 이해 당사자들에 대한 배려를 어떻게 나타내고 있는가?

04 이 장에서 섬김의 리더십의 잠재적 성과로서 성원들의 업무 수행 성적, 성장, 조직의 업적, 사회적 영향들을 확인하고 있다. 이 성과들의 각각이 Marco Alverà와 Snam사가 취하고 있는 리더십에서 명백히 드러나고 있는가? 이 사례에서 당신의 대답을 뒷받침해주는 사례를 찾아 제시해보시오.

05 Greenleaf에 따르면 섬김의 리더에게는 사회적 책임이 있으므로 열악한 상황으로 내몰린 집단과 혜택을 받지 못하고 있는 집단들에 대한 관심을 가지고 불평등과 사회적 불공평이 존재한다면, 섬김의 리더는 그것을 제거하려고 노력해야 한다.

A. 이같은 주장을 Marco Alverà와 섬김의 리더로서의 그의 역할에 어떻게 적용할 수 있겠는가?

B. 당신은 Marco Alverà를 섬김의 리더로 볼 수 있겠는가? 그렇다면 왜 그렇고 그렇지 않다면 왜 그렇지 않는가?

리더십 측정 도구

섬김의 리더십을 측정하기 위해 많은 설문 문항들이 사용되어 왔다(그림 10-1 참조). 타당성 때문에 Liden, Wayne 등(2008)이 개발한 섬김의 리더십 설문 문항들(the Servant Leadership Questionnaire; SLQ)을 여기에 수록했다. 이것은 섬김의 리더십의 주된 차원인 7가지 리더 행동들을 측정하는 28개의 문항으로 구성된 척도이다: 개념화(conceptualizing), 정서적 치유(emotional healing), 성원 우선(putting followers first), 성원의 성장과 성공을 도움(helping followers grow and succeed), 윤리적 행동(behaving ethically), 권한 위임(empowerment), 지역사회의 가치 창조(creating values for the community) 등 섬김의 리더십의 행동 차원을 측정하는 도구이다. 요인 분석(exploratory and confirmatory factor analysis)을 통해서 Liden, Wayne 등은 다차원 척도를 만들었고 그것이 다른 리더십 측정 도구들과 독특하게 어떤 차이가 있는가를 설명하고 있다. 이에 더하여, Liden et al. (2015)은 전 세계적으로 섬김의 리더십을 측정하기 위한 항목 측정 척도를 개발하고 검증하였고, 이 측정 척도는 28개 항목 측정 척도와 강한 상관 관계가 있음이 검증되었다.

SLQ의 모든 문항에 응답해 봄으로써 섬김의 리더십이 어떻게 측정될 수 있는가를 이해하게 되고 섬김의 리더십의 각 행동 차원에서 자신은 어디에 위치하고 있는가를 탐색해 볼 수 있을 것이다. 섬김의 리더십은 복잡한 행동 과정이다. 그래서 SLQ를 작성해 보는 것은 그 효용성과 역동성을 발견하기 위한 하나의 방법이 될 것이다.

섬김의 리더십 설문지(SLQ)

작성 요령: 당신의 리더십 능력을 잘 알고 있는 두 사람을 동료 작업자(coworker), 같은 집단 성원(fellow group member), 하위자(subordinate)들 중에서 선택한다. 그리고 이 설문지 2부를 복사하여 선택된 각 사람에게 한 부씩 배부한다. 그리고 7점 척도로 된 설문지를 작성하도록 한다. 다음의 각 문항은 귀하의 리더십과 관련된 내용을 나타내고 있다. 각 문항 앞의 _____위에 해당되는 숫자를 적어 넣도록 한다. 1부터 7까지의 숫자는 다음과 같이 그 정도를 나타내고 있다.

Key: **1**=전혀 그렇지 않다 **2**=그렇지 않다 **3**=다소 그렇지 않다 **4**=뭐라고 말할 수 없다
5=다소 그렇다 **6**=그렇다 **7**=전적으로 그렇다

_____ **01** 성원들이 문제를 안고 있을 때 성원들은 우리 리더에게 도움을 얻으려고 한다.

_____ **02** 우리 리더는 지역사회에 되돌려주는 것의 중요성을 강조한다.

_____ **03** 조직에서 일과 관련되어 어떤 것이 잘못되어 가고 있을 때, 우리 리더는 일이 그 같이 잘못되어 가고 있다는 사실을 솔직하게 말하는 사람이다.

_____ 04 우리 리더는 성원들과 관련된 중요한 결정의 결정권을 성원들에게 넘긴다.

_____ 05 우리 리더는 성원들의 경력 개발을 우선순위에 둔다.

_____ 06 우리 리더는 자신의 성공보다 성원들의 성공에 더 많은 관심을 갖는다.

_____ 07 우리 리더는 높은 윤리적 기준을 가지고 있고 거기에 따라 행동한다.

_____ 08 우리 리더는 성원들의 개인적 안녕과 복지에 대한 관심이 크다.

_____ 09 우리 리더는 항상 지역사회의 시민들을 돕는 일에 관심이 있다.

_____ 10 우리 리더는 복잡한 문제가 있을 때 그 문제가 해결될 때까지 잘 대처한다.

_____ 11 우리 리더는 성원들에게 자신들의 작업과 관련된 중요한 결정을 자기 재량으로(자기 책임하에) 결정하도록 격려한다.

_____ 12 우리 리더는 성원들이 자신들의 경력 목표를 확인하게 하고 거기에 도달하도록 도움을 준다.

_____ 13 우리 리더는 자신의 관심사보다 성원들의 관심사를 우위에 두고 있다.

_____ 14 우리 리더는 언제나 정직하다.

_____ 15 우리 리더는 시간을 내어 다른 사람과 개인적으로 대화를 나눈다.

_____ 16 우리 리더는 지역사회의 활동에 참여한다.

_____ 17 우리 리더는 조직과 조직의 목표에 대해 철저한 이해를 하고 있다.

_____ 18 우리 리더는 발생한 어려운 문제를 성원들 자신들이 생각하는 최선의 방식대로 해결하도록 그들에게 자유 재량권을 주고 있다.

_____ 19 우리 리더는 성원들이 새로운 기술을 개발할 수 있도록 자신의 경험을 그들에게 제공한다.

_____ 20 우리 리더는 성원들의 필요를 충족시키기 위해 자기 자신의 이익을 희생한다.

_____ 21 우리 리더는 성공기준을 맞추기 위해 자신의 윤리적 원칙을 절충하거나 타협하지 않는다.

_____ 22 우리 리더는 성원들이 의기소침해 하고 있을 때 그것을 물어보지 않고도 알아차린다.

_____ 23 우리 리더는 성원들이 지역사회를 위해 자원봉사하도록 격려한다.

_____ 24 우리 리더는 작업상의 문제점들을 새롭고 창의적인 아이디어로 해결해 나간다.

_____ 25 성원들이 중요한 결정을 해야할 경우 리더와 상의할 필요는 없다.

_____ 26 우리 리더는 성원들의 경력 목표가 무엇인지를 알고 싶어 한다.

_____ 27 우리 리더는 성원들이 직무 수행을 보다 더 쉽게 할 수 있도록 할 수 있는 일을 다한다.

_____ 28 우리 리더는 수익을 올리는 것보다 정직성을 더 가치 있게 생각한다.

채점 요령

당신의 리더십에 대해 성원들이 측정한 각 설문 문항에 대한 평가 수치를 계산하여 자신의 '섬김의 리더십' 점수를 알아본다. 우선 각 문항에 대해 두 사람이 평가한 점수를 합산하여 2로 나눈다. 그 점수가 각 문항에 대한 평균점수이다. 예를 들어 2번 문항에 대해 성원 A가 4점을 주고, 성원 B는 6점을 주었다면 2번 문항에 대한 당신의 점수는 5점이 된다. 이같이 각 문항에 대한 평균 점수를 계산하였다면 다음 절차에 따라 설문 문항들의 평균 점수를 합산하여 당신 자신의 '섬김의 리더십 행동 차원들'을 평가한다.

1. 문항 1, 8, 15, 22의 평균 점수를 합산한다. ___점 (정서적 치유)

2. 문항 2, 9, 16, 23의 평균 점수를 합산한다. ___점 (지역사회를 위한 가치 창조)

3. 문항 3, 10, 17, 24의 평균 점수를 합산한다. ___점 (개념화)

4. 문항 4, 11, 18, 25의 평균 점수를 합산한다. ___점 (권한 위임)

5. 문항 5, 12, 19, 26의 평균 점수를 합산한다. ___점 (성원의 성장과 성공에 도움)

6. 문항 6, 13, 20, 27의 평균 점수를 합산한다. ___점 (성원 우선)

7. 문항 7, 14, 21, 28의 평균 점수를 합산한다. ___점 (윤리적 행동)

채점결과의 해석

- 높은 범주 : 23~28점은 섬김의 리더십의 행동 차원에 매우 높은 정도를 나타내 보이고 있다는 것을 의미한다.
- 중간 정도의 범주 : 14~22점은 섬김의 리더십의 행동 차원에 중간 정도를 나타내 보이고 있다는 것을 의미한다.
- 낮은 범주 : 8~13점은 섬김의 리더십의 행동 차원에 낮은 정도를 나타내 보이고 있다는 것을 의미한다.
- 매우 낮은 범주 : 0~7점은 섬김의 리더십의 행동 차원에 매우 낮은 정도를 나타내 보이고 있다는 것을 의미한다.

이 같은 설문지의 채점 결과를 통해 섬김의 리더십 7가지 각각의 행동 차원에서 자신이 가장 높게 보이고 있는 행동 차원이 무엇인지를 확인할 수 있고, 가장 낮은 정도를 보이고 있는 행동 차원도 확인할 수 있다.

요약

Greenleaf(1970)의 독창성이 풍부한 저술을 시발로 하여 섬김의 리더십은 '리더십은 영향을 미치는 것'이라는 전통적인 생각에 도전하고 있는 하나의 역설적인 접근법이다. 섬김의 리더십이 강조하는 것은 리더는 성원들의 필요에 주의를 기울여야 하고 그들에게 권한을 위임하며, 그들의 능력을 최고도로 발휘할 수 있도록 돕는 것이다.

섬김의 리더는 '섬김 우선(serve first)'을 의식적으로 선택한다. 성원들의 유익을 리더 자신의 유익보다 우선에 둔다는 말이다. 그리고 섬김의 리더는 성원들과 강한 유대관계를 가지고 그들과 공감하며, 윤리적이고, 더 나아가 성원, 조직, 지역사회 및 사회 전체의 유익에 도움을 주는 방향으로 리더십을 발휘한다.

Herman Hesse의 소설 동방여행(The Journey to the East)(1956)에서 아이디어를 얻어 Greenleaf는 집단에서 리더의 비이기적인 섬김이 다른 성원들에게 엄청난 영향을 미친다고 주장한다. 그리고 섬김의 리더는 성원들의 필요에 충분히 유의하고 권한이 없는 사람들에게 관심을 기울이며 불공정과 사회적 부정의를 제거하려고 노력한다. 섬김의 리더는 '영향력이 없는 성원들'에게 권한을 위임하기 때문에 지위 권력이나 통제력을 덜 행사하게 된다.

학자들은 여러 가지로 섬김의 리더십을 개념화하였다. Spears(2002)는 섬김의 리더십 10가지 특성을 제시하고 있다. 경청, 공감, 치유, 자각, 설득, 개념화, 선견지명, 청지기 정신, 인적 성장, 공동체(지역사회) 구축 등이 그것이다. 섬김의 리더십 측정 도구를 개발 검증하려는 사회과학자들의 열정적인 노력에 의해 섬김의 리더십의 광범한 특성 목록이 만들어졌다.

Liden, Panaccio et al.(2014)는 건실한 '섬김의 리더십 모형'을 만들었다. 이 모형은 3가지 주된 구성 요소로 되어 있다. '선행 조건', '섬김의 리더 행동', '리더십 성과' 등이 그것이다. '선행 조건'은 섬김의 리더 행동에 영향을 미치는 '상황 여건과 문화(context and culture)', 리더의 속성(leader attributes), 성원의 수용성(followers receptivity) 등이다. 그리고 섬김의 리더십 과정의 중심에는 7가지의 섬김의 리더 행동 차원이 자리한다. 거기에는 개념화 기술(conceptual skill), 정서적 치유(emotional healing), 성원 우선(putting followers first), 성원의 성장과 성공 도움(helping followers grow and succeed), 윤리적 행동(behaving ethically), 권한 위임(empowering), 지역사회를 위한 가치 창조(creating values for the community) 등이 있다. 마지막으로 모형의 세 번째 구성 요소인 섬김의 리더십 성과(outcomes of servant leadership)는 성원의 업적과 성장(followers performance and growth), 조직의 업적(organizational performance)과 사회적 영향(societal impact) 등이 있다.

섬김의 리더십 접근법은 몇 가지 강점이 있다. 첫째, 그것이 독특하다는 점이다. 이타주의 내지는 애타주의(Altruism)를 리더십 과정의 주된 요소로(중심축으로) 하고 있기 때문이다. 둘째, 리더가 통제력이나 지배력을 추구하지 않고 포기함으로써 종래의 전통적인 "리더십=영향력 행사"의 개념에 도전적이라는 점이다. 셋째, 섬김의 리더십이 만병통치약 같이 어떤 상황에서나 효과적인 최선의 리더십이라고 주장하지 않고, 섬김의 리더십이 선호되지 않는 상황(성원의 수용성이 낮은 상황)에서는 비효과적이라는 것을 밝히고 있다. 마지막으로 최근의 연구에 의해 건전한 측정 도구(SLQ)가 개발되었으며, 이 측정 도구를 통해 리더가 7가지 각각의 리더 행동 차원에서 자신의 섬김의 리더 행동 수준을 점검해 볼 수 있다.

섬김의 리더십 접근법에도 몇 가지 취약점이 있다. 첫째, '섬김의 리더십'이란 명칭이 역설적이다. 그 명칭이 의미상의 혼란을 가져와 잠재적 가치를 떨어뜨린다. 둘째, 섬김의 리더십의 이론적 틀에 대한 공통된 합의가 이루어지지 않고 있다는 점이다. 셋째, 섬김의 리더십은 전통적인 리더십 접근법들과 대립되는 유토피아적 이상주의라는 것이다. 마지막으로 개념화의 기술이 왜 섬김의 리더십의 행동 특성이 될 수 있느냐는 것이다.

이와 같은 제약점에도 불구하고 섬김의 리더십은 계속해서 매력적이고 유망한 리더십 접근법이다. 섬김의 리더십의 연구에서 그 본질적 내용과 가정들을 검증하는 연구들이 이루어짐에 따라 섬김의 리더십의 타당성과 실용성은 증대될 것이다.

CHAPTER 11

적응적 리더십

- 서술
- 적응적 리더십의 모형
- 적응적 리더십의 효용
- 강점, 비판, 응용
- 요약

서술

이 장의 주제인 '적응적 리더십(Adaptive Leadership)'이라는 용어는 문제(problems)와 도전(challenges) 그리고 변화(changes)에 직면하였을때 잘 처리하고 잘 대응해갈 수 있도록 리더가 사람들을 어떻게 잘 격려할 수 있는가에 관한 리더십 접근법이다. 적응적 리더십의 초점은 상황변화에 대응하여 사람들이 어떻게 잘 적응(adaptations)해 가도록 할 것인가에 있다. 적응적 리더십은 리더의 특성(2장)과 진성 리더십(9장)이 리더에게 현저히 눈에 띄게 나타나는 특성(characteristics)에 초점을 맞추는 것과는 달리, 작업(활동)의 상황에서 사람들의 작업 활동(the work of followers)과 관련된 리더의 활동(activities of leaders)에 초점을 맞춘다.

Heifetz가 처음으로 적응적 리더십을 다룬 "Leadership Without Easy Answers(1994)" 책을 출간한 이후, 이 접근법은 리더십 문헌에서 독특한 관점으로 자리잡았다. 적응적 리더십은 개인, 조직, 지역사회 등을 포함한 다양한 수준의 상황에서 리더가 효과적인 변화를 어떻게 격려하고 촉진해갈 수 있는지를 설명하고 있다. 그러나 적응적 리더십에 관한 대부분의 논문이나 저술들은 엄밀한 과학적 방법에 근거하기 보다 서술적이고 규범적인 접근과 관련된 일화에 대한 관찰에 의해 얻어진 정보이다. 그러나 많은 학자들과 실무자들은 적응적 리더십의 가치와 장점을 인정하고 있지만 적응적 리더십의 이론적 토대는 아직 형성단계이다.

적응적 리더십의 이론적 틀(framework)은 주로 Heifetz와 그의 공동 연구자들의 연구(Heifetz, 1994; Heifetz & Sinder, 1988; Heifetz, Grashow & Linsky, 2009; Heifetz & Laurie, 1997; Heifetz & Linsky, 2002)를 바탕으로 한다. 그들은 연구의 초기부터 리더십에 대한 새로운 접근법을 찾아내려고 시도하였다. 리더를 사람들을 위해 문제를 해결해주는 구조자로 보기보다 사람들이 스스로 문제(예를 들어 금지 약물의 복용, 작업 현장에서의 성차별 등)를 해결하도록 격려하는 사람으로 개념화했다. 적응적 리더십에서 리더는 사람들이 어려운 도전에 잘 대응하도록 격려하고, 문제해결 과정에서 자신들에게 요구되는 변화, 즉 자신들의 행동이나 태도에 있어서의 변화나 자신들의 소신이나 지각 및 가정(perceptions and assumptions)의 변화에 어떻게 적응할지에 대한 방법을 찾는 데 필요한 공간이나 기회를 제공하는 사람으로 개념화한다.

적응적 리더십의 정의

사람들은 적응적 리더십이 리더를 중심으로 하는 이론이라고 생각하지만, 실제로는 성원들을 중심으로 하는 리더십 이론이다. 적응적 리더십은 성원들이 해야 할 일을 잘 할 수 있도록 도움을 주고 당면할 도전에 잘 대응할 수 있도록 하는 데 초점을 맞추고 있다. 다시 말해서 적응적 리더십은 사람들이 새로운 환경 변화에 어떻게 대응하고 적응해야 하는지에 관한 접근법이다. 이 장에서는 리더가 작업 상황에서 사람들이 겪는 문제가 무엇인지 파악하고 해결하도록 격려하는 방법에 초점을 두고 설명한다.

리더십 문헌에서 Heifetz와 그의 동료들은 적응적 리더십이란 "사람들이 어려운 도전에 잘 적응할 수 있도록 대처하는 능력을 부여하고 격려하는 실무적 접근법이다."라고 설명한다(Heifetz et al., 2009, p. 14). 리더의 직위나 특성을 강조하는 것과는 대조적으로 이 정의는 리더가 리더의 행동에 관심을 갖는다는 것을 시사한다. 적응적 리더십에서 리더는 동기를 부여하고, 조직화하고 환경에 적응할 수 있도록 도와주며, 다른 사람들에 대한 배려에 초점을 맞추는 활동에 관여한다(Heifetz, 1994). 이에 더하여 적응적 리더십은 성원들이 자신들의 가치를 개발하고 상황의 요구에 따라 변화하고 발전하도록 도움을 주는 일을 한다. 그래서 적응적 리더십의 목적은 성원들이 변화하고 새로운 삶의 방식을 학습할 수 있도록 격려하여 잘 되고 성장하도록 돕는 것이다. 요약하면, 적응적 리더십은 성원들의 삶(활동)에서 요구되는 중요한 변화에 초점을 두고 문제를 해결하도록 격려하기 위해 리더가 하는 행동을 말한다. 적응적 리더십의 효과적인 활용에 대한 이해를 돕기 위해 〈표 11-1〉은 적응적 리더십이 가장 이상적으로(가장 효과적으로) 실제 상황에 적용할 수 있는 모델을 제시한다.

표 11-1 적응적 리더십의 실제 상황

적응적 리더는 다른 사람들의 삶의 중심에 있는 변화를 다루고 해결하기 위해 동원하고, 동기를 부여하고, 조직하고, 방향을 잡고, 주의를 집중시킨다. 적응적 리더십이 도움이 되는 몇 가지 사례는 다음과 같다.
학생 조직 당신은 여성이 비즈니스에서 성공적인 경력을 쌓을 수 있도록 준비하기 위해 결성된 대규모 공립 대학의 학생회인 Women in Business의 회장이다. 일부 회원은 트랜스젠더에게 영향을 미치는 문제를 논의하고 탐구해야 한다고 말한다. 다른 조직 구성원은 이러한 문제에 관심이 없다. 회장으로서 당신은 입장을 조율해야 한다.
회사 합병 가족 소유의 중견 제지회사가 비슷한 규모의 다른 회사와 합병하였다. 직무 명칭과 직무 내용, 다른 임금 체계, 초과 근무, 휴가비 등과 관련하여 종업원들 간에 긴장을 조성한다. 합병된 회사의 책임자는 입장 차이가 있는 종업원들이 함께 협력하여 회사가 성공적으로 기능하도록 만들어야 한다. 그러기 위해선 도전적인 문제가 무엇인가를 확인하여야 하고 해결하기 위한 방법을 결정해야 한다(예를 들어, 새로운 업무 수행 방법의 학습, 더 이상 효과가 없는 낡은 방식 버리기, 그들의 신념이나 가치관을 재평가하도록 하는 일 등이다).
성과급 어느 안정된 엔지니어링 회사에서 높은 성과를 내고 있는 소규모 젊은 작업 집단의 기술자들이 성과급 산정 기준에서 연공서열이나 근속연수가 아닌 새로운 성과급을 원하고 있다. 그러나 장기 근속 근로자들은 이러한 변화를 반대한다. 경영자는 어느 집단도 소외되지 않고 해결할 수 있는 방법을 찾아야 한다.
건강과 안전 당신은 COVID-19 확진자 600명 이상이 수감된 대규모 교도소가 있는 중간 규모 도시의 시장이다. 도시에 새로운 감염자가 급격히 증가하고 있다. 격리장소에서 머물게 하거나 마스크를 착용하는 것이 바이러스의 확산을 억제하고 통제하는 유일한 방법인 것으로 밝혀졌지만 대다수의 도시 주민들은 교도소가 문제라고 생각하고, 도시의 모든 사업체를 폐쇄하라는 최근 명령을 거부하고 있다.

출처: The Leadership Quarterly, 19, R. C. Liden, S. J. Wayne, H. Zhao, and D. Henderson, "Servant Leadership: Development of a Multidimensional Measure and Multi-Level Assessment," pp. 161-177, Copyright (2008), with permission from Elsevier.

개념적으로 적응적 리더십의 과정은 시스템적(systems) 관점, 생물학적(biological) 관점, 서비스 지향적(service orientation) 관점, 심리요법적(psychotherapy) 관점의 네 가지 상이한 관점에서 얻은 아이디어를 통합한다(Heifetz, 1994). 종합하면 이러한 편견은 적응적 리더십의 특성을 설명하고 특성화하는 데 도움을 준다.

시스템적 관점(Systems Bias)에서는 사람들이 당면한 많은 문제들이 실제로 복잡한 상호작용 시스템 안에 내재되어 있다고 가정한다. 그래서 활동 상황에서의 문제점은 많은 국면을 가진 복합체로(as complex with many facets) 다른 사람들과의 연결고리 속에서 생겨나고 변화하는 역동성을 가지고 있다.

생물학적 관점(Biological Bias)을 가진 사람들은 내적 상태와 외적 환경(상황)에 적응해야 하기 때문에 적응의 결과로 발전하고 진보해 간다는 것을 인정한다. 그래서 적응하는 능력은 사람들로 하여금 새로운 상황에서 성공하고 발전하게 한다.

서비스 지향적 관점(Service Orientation Bias)에서 적응적 리더십의 리더는 자신의 전문지식이나 권한을 활용하여 문제점을 진단하고 가능한 해결책을 처방함으로써 사람들에게 서비스를 제공한다.

심리요법적 관점(Psychotherapeutic Bias)은 사람들이 적응적 노력(adaptive work)을 어떻게 하는가를 설명하기 위해 심리요법적 관점을 활용한다. 적응적 리더십에서 리더가 이해하고 있어야 하는 것은 사람들은 지원적 환경을 요구하며 곤란한 문제에 직접적으로 마주할 때 보다 더 성공적으로 적응한다. 또 가상의 것과 현실적인 것을 구분할 수 있을 때, 내적인 갈등을 해결할 수 있을 때, 새롭게 취해야 할 태도와 행동을 학습할 수 있을 때 사람들은 보다 더 성공적으로 문제에 대응할 수 있다.

위에서 나열한 네 가지 관점들은 적응적 리더십의 본질을 규명하고 설명하는 데 도움을 준다. Heifetz와 그의 공동연구자들이 적응적 리더십을 정의하는 방식에 더하여 적응적 리더십은 리더십 복잡성 이론(Complexity Leadership Theory)의 한 요소, 혹은 부분집합으로 개념화되어 왔다. 여기서 '리더십 복잡성 이론'이란 산업화 시대에 조직의 주된 활동인 제품 생산보다는 정보와 지식에 집중하고 있는 21세기 조직에 요구되는 리더십을 설명하기 위해 고안된 설명의 틀이다(Uhl-Bien, Marion & McKelvey, 2007). '리더십 복잡성 이론'은 복잡한 조직 시스템 내에서 학습, 창의성 그리고 변화에 대한 대응을 격려하는 전략이나 행동 방식에 초점을 맞춘다.

21세기 조직을 위한 리더십을 설명하기 위한 이론들 중에서 적응적 리더십은 사회적 시스템 내에서 적응적 변화를 낳게 하는 복잡한 과정으로 설명된다. 여기에서 복잡한 과정은 갈등하고 있는 요구, 갈등하고 있는 아이디어, 갈등하고 있는 선택지들을 둘러싸고 사람들 간에 일어나고 있는 긴장과 투쟁에 근거하고 있다. 그래서 그것은 어떤 한 사람이나 어떤 특정한 행동이 아니라 하나의 역동적인 과정(as a dynamic process)으로 개념화할 수 있다(Uhl-Bien etal., 2007, p. 299). 마찬가지로, DeRue(2011)는 적응적 리더십을 리더와 성원들 간의 반복되는 상호작용에 참여하는 과정으로 본다. 이러한 리더와 성원 간의 반복적인 상호작용은 집단의 변화에 따라 일어나고, 집단으로 하여금 동태적인 상황에 잘 적응하고 생존하기 위해 일어난다.

적응적 리더십은 사람들이 변화에 대한 적응에 집중하도록 동원하고 격려하는 역동성에 초점을 맞추고 있는 독특한 유형의 리더십 이론이다. 다음 절에서는 적응적 리더십의 여러 가지 구성 요소들을 설명하고 각 구성 요소들이 전체적인 적응적 리더십의 과정에 어떻게 기여하는지 논의한다.

적응적 리더십의 모형

적응적 리더십의 이론적 발전은 아직 초기 단계에 있지만 이 접근법에 대한 초기의 논문이나 저술들이 적응적 리더십 과정의 모형을 형성하는 기반을 제공한다. Heifetz와 그의 동료연구자들의 연구(Heifetz, 1994; Heifetz & Sinder, 1988; Heifetz et al., 2009; Heifetz & Laurie, 1997; Heifetz & Linsky, 2002)에 기초하여 〈그림 11-1〉은 상황적 도전, 리더 행동 및 적응 작업을 포함하여 적응적 리더십의 주요 구성 요소와 이들이 어떻게 결합되는지에 대해 시각적으로 설명한다. 적응적 리더십의 모형은 적응적 리더십의 과정을 명확히 할 수 있는 근거를 제공하고 모델이 설명하는 개념과 원칙을 검증하고 개선하기 위한 경험적 연구를 생성한다.

1 상황적 도전

〈그림 11-1〉의 왼쪽에 제시된 것처럼 리더십 실무에서 리더는 세 가지 종류의 상황적 도전(situational challenges)을 해결할 것을 요구한다. 상황적 도전에는 특성상 '기술적 도전(technical challenges)'이 있고 '기술적 차원과 적응적 차원(technical and adaptive dimension)'을 모두 가지고 있는 도전이 있으며, 마지막으로 특성상 '적응적인 도전'이 있다. 모든 상황적 도전들이 적응적 도전은 아니다. 기술적인 도전을 해결하는 것도 중요하지만 적응적 리더십은 사람들이 적응적 도전을 해결하도록 돕는 것과 관련이 있다.

■ 기술적 도전

기술적 도전은 작업 현장에서 기존의 규칙이나 절차를 통해 문제를 해결하도록 분명하게 규정되어 있는 해결책에 관한 문제들이다. 이 같은 문제들은 전문가에 의해 해결될 수 있는 문제로, 성원들이 리더가 해결해 주기를 기대하고 리더의 문제해결 권한에 순응한다. 세무회계법인에서 새롭게 도입한 '세무회계 소프트웨어 프로그램(tax software program)'에 대한 종업원들의 불만을 예로 들 수 있다. 이 경우 관리자는 소프트웨어의 문제를 검토하고 분석하여 그 소프트웨어의 약점을 확인하고, 소프트웨어의 공급업체와 접촉하여 이 회계법인의 회계사들의 요구에 따라 수정된 세무회계 프로그램을 만들도록 요구한다. 이 사례의 경우 문제점이 확인 가능한 것이었고 적절한 해결책이 있었으며 관리자는 기존의 구조와 절차를 통해 문제에 역점을 두고 해결할 수 있는 권한을 가지고 있었다. 따라서 성원(회계사)들도 기술적 문제의 해결을 위해 관리자에게 기대하게 되고, 그렇게 할 수 있는 관리자의 권한에 순응한다.

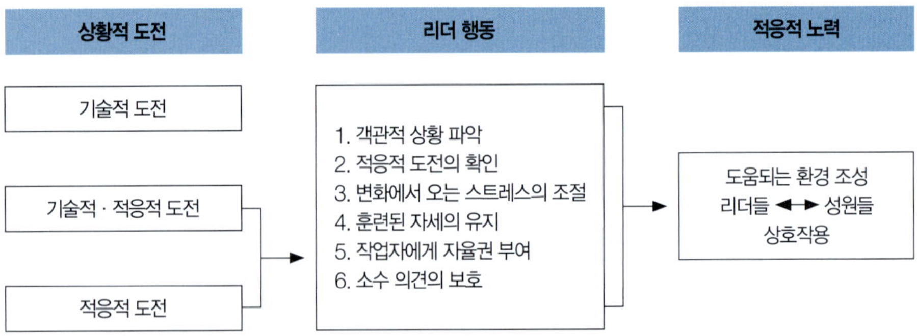

그림 11-1 적응적 리더십의 모형

■ 기술적 도전과 적응적 도전

어떤 도전은 기술적 차원과 적응적 차원을 모두 가지고 있다. 이런 경우, 도전의 윤곽은 명확하게 드러나지만 현재의 조직 시스템 내에는 뚜렷한 해결책이 없다. 이 같은 유형의 도전을 해결해야 할 책임은 리더와 조직성원들 간에 공유되어 있다. 리더는 다른 사람들을 위해 자원을 제공하는 역할을 하고, 성원들은 변화하고 적응하는 법을 배워야 한다. 전통적인 접근법의 예로는 환자들을 돌보는 도시 외곽에 있는 요양병원에서 환자 중심의 병원 문화(patient-centered culture)를 구축하고 싶어 하였다. 여기에는 도달해야 할 목표가 분명하게 설정되어 있다. 목표에 도달하기 위해 병원의 리더십은 권한계층을 통해 환자들의 돌봄서비스 과정에 환자들을 어떻게 참여시킬 것인가에 대한 서비스 훈련(service training)을 실시하였다. 여기에서 설정한 새로운 규칙에는 환자가 개인적인 일상의 일과를 계속 유지할 수 있도록 규정하였고 환자들이 자신들의 병원기록을 쉽게 열람할 수 있게 하였으며, 환자들의 치료에 환자 자신들이 더 개입할 수 있도록 하였다. 직원들, 의사들, 환자들 그리고 환자가족들은 새롭게 제시된 변화를 수용해야 할 필요가 있었고 그것을 어떻게 실천에 옮길 것인가에 대한 학습이 필요하였다. 이처럼 환자 중심 병원모델을 만드는 데는 많은 작업과 관계자들에게 적응이 요구되었다.

■ 적응적 도전

적응적 리더십 과정의 중심에는 '적응적 도전(adaptive challenges)'이 있다. 적응적 도전은 윤곽이 뚜렷하지 않은 문제들로, 확인하기가 쉽지 않다. 그래서 리더의 권한이나 전문성에 의해 해결될 수도 없고, 조직 내의 정상적인 업무 수행 방식을 통해서도 해결될 수 없는 문제들이다. 적응적 도전은 리더가 다른 사람들(성원들)을 격려하고 지원하여 도전적 상황을 규명하도록 하고 해결책을 찾아 실천에 옮기도록 하는 것이 필요하다. 하지만 달라붙어 열심히 해결책을 찾기도 쉽지 않고, 때로는 저항을 낳기도 하여 적응적 도전의 문제를 해결 하기는 매우 어렵다. 왜냐하면 사람들의 가정(assumptions), 지각(perceptions), 태도(attitudes) 및 행동(behaviors)에 있어서 변화를 요구하고 있기 때문이다. '적응적 도전'의 사례로, 부모를 호스피스 시설(hospice care)에 맡길 때 가족이 직면하게 되는 관심과 문제들을 들 수 있다. 호스피스 시설에는 많은 불확실성이 존재한다. 환자가 언제 어떻게 사망할지 모르기 때문이고, 또 호스피스 시설에 있는 동안 환자에게 어떻게 하는 것이 최선의 위안이 될 수 있는가를 잘 모르기 때문이다. 호스피스 시설의 직원들이 죽어가는 과정에 도움을 주고 비공식적인 피드백을 제공해주기도 하지만, 환자나 가족들은 마지막 날(임종)을 향해 어떻게 다가갈지 초조해한다. 여기에서 임박한 죽음은 무엇을 의미하는가? 어떻게 하면 죽음을 잘 준비할 수 있게 할 것인가? 어떻게 하면 그들이 다가오는 죽음의 문제에 잘 대처할 수 있는가? 이 같은 상황에서 적응적 리더십은 환자와 가족들을 동원하여 가족의 죽음을 둘러싸고 일어날 수 있는 의문점들과 관심사들에 역점을 두어서 잘 대처하도록 격려한다. 그래서 안락원의 간호사들, 사회 복지사들 그리고 직원들 모두가 가족들을 도와 잘 대처해 가도록 하는 데 중요한 역할을 하고, 동시에 가족들도 부모님의 임박한 죽음에서 오는 착잡한 심정을 잘 극복할 수 있다.

2 리더 행동

〈그림 11-1〉의 중간 부분에 제시된 것처럼 여섯 가지의 리더 행동들은 '적응적 리더십 과정'에 중추적인 역할을 한다. Heifetz와 그의 동료들의 연구(Heifetz, 1994; Heifetz & Laurie, 1997)에 기초하여 도출한 여섯 가지 행동들은 리더가 어려운 도전에 당면한 다른 사람들을 도와 거기에 대응하도록 하고 도전에 수반되는 불가피한 변화에 대응하도록 할 때 리더에게 요구되는 일반적인 적응적 리더 행동의 처방전이다. 적응적 리더십 과정에 어떤 행동을 먼저 취할 것인가에 대한 순서가 있기는 하지만, 리더 행동들의 많은 부분이 서로 중첩되기 때문에

동시에 취할 수 있어야 한다. 종합하면 적응적 리더십에서 리더가 취할 수 있는 일종의 방법을 제시한다.

1. 객관적 상황 파악

다른 적응적 리더 행동에 앞서 선행해야 할 리더 행동은 "객관적 상황 파악(getting on the balcony)"이다. 발코니에 올라 위에서 아래를 내려다본다는 의미로 여러 일들이 상충되는 상황에서 벗어나 도전적 상황을 객관적으로 파악하여 거기에 내재된 상관관계를 먼저 찾아보아야 한다는 은유적 표현이다. 또한 무도장에 빗대어 무도장의 2층에 앉아서 아래층에서 실제로 무슨 일이 일어나고 있는지를 이해할 필요가 있다는 것을 말한다. 발코니 위에 앉아 리더는 일어나고 있는 소음과 활동, 혼란의 상황에서 벗어나 객관적인 눈으로 실제 상황에 대한 명확한 모습을 볼 수 있게 된다. 이러한 행동을 통해 리더는 추구해야 할 가치가 무엇인가를 파악하게 되고, 회피해야 할 방법들, 변화에 대한 역기능적 반응들을 파악할 수 있다(Heifetz & Laurie, 1997). 객관적 상황 파악에는 조용한 시간 갖기, 조직의 문제점들에 대한 대안적 해결책을 논의하기 위한 비공식 조언자 모임 만들기, 단지 참관자 자격으로 관련된 모임에 참석하는 것 등이 있다. 적응적 리더십 모델에서 적응적 리더는 갈등 상황, 즉 서로 상충되고 있는 상황에 한 발짝 물러나 상황을 충분히 이해하고 있어야 한다. 그렇다고 해서 그 상황에서 완전히 비켜 있어서는 안 된다. 효과적인 리더십을 발휘하는 리더는 조직성원들과 집단, 조직 및 지역사회 간 상충되는 상황에서 때로는 참가자로서, 때로는 참관자로서 행동할 수 있어야 한다.

객관적 상황 파악의 의미를 더 잘 이해하기 위해서 자신이 어느 초등학교의 교장이라고 가정해 보자. 교육현장의 상황에서 벗어나 객관적인 눈으로 보면 학생들을 교육하는 데 개재된 면면을 모두 볼 수 있다. 정부나 교육당국이 요구하고 있는 사항들, 교사들, 직원들, 예산 문제, 교사 평가 문제, 학부모, 학생들의 훈육 등이다. 객관적인 눈으로 보면 이 같은 현안 문제들이 서로 어떻게 연결되어 있고, 서로 어떻게 영향을 미치고 있는가를 알게 될 것이다.

또 다른 사례로 노사협상 자리에서의 노조대표를 예로 들어보자. 그는 어렵게 진행되고 있는 협상 과정에서 격앙된 감정, 강렬한 주장에서 한 발 물러나 조용한 시간을 갖고 협상의 목적을 차분하게 생각해 본다. 지금 당면한 문제가 무엇인지 다시 파악하고 협상장으로 되돌아가는 것이다.

이 같은 두 가지 사례에서 리더는 조용한 시간을 가지며 참가자가 아닌 참관자 입장에서 상황의 큰 그림을 보기도 하지만 리더는 역시 조직의 성원들이 당면하고 있는 문제에 대응하기 위해 참가자로서의 역할을 수행해야 한다.

2. 적응적 도전의 확인

사람들이 당면하고 있는 역동적이고 복잡한 상황을 객관적인 파악에 더하여 리더는 그 안에 작용하는 도전적인 활동의 내용을 분석하고 진단할 수 있어야 한다. 이 같은 과정에서 중심적인 행동은 그것이 기술적 도전인지 아니면 적응적 도전인지를 구별하는 것이다. 리더십 실패는 종종 리더가 도전의 실체를 정확하게 진단하지 못한 데서 기인한다. 그래서 적응적 리더십 과정에서는 기술적 도전에는 기술적 리더십(technical leadership), 즉 기술적 문제를 해결하기 위한 리더십을 발휘해야 하고, 적응적 도전의 경우에는 사람들이 그 도전에 적응할 수 있도록 적응적 리더십 행동을 효과적으로 활용할 수 있어야 한다고 시사한다. 올바르지 않은 리더십 행동으로 도전을 다루게 되면 도전이나 변화에 부적응하게 되는 현상을 초래한다.

만약 도전이 그 성질상 기술적인 것이면 리더는 자신의 전문성을 가지고 문제를 해결할 수 있다. 예를 들어, 제조(가공) 업체에서 제조 일정, 제품 판매 수량의 할당, 시설 확장, 최저임금 인상 등은 모두 리더가 자신의 권한으로 해결할 수 있는 문제들이다. 그러나 어떤 특정한 도전은 리더 자신의 권한이나 전문성만으로는 해결하기에 불충분하고 부적절할 때가 있다.

조직성원들이 어떤 문제에 대해 가지고 있는 소신이나 태도 및 가치관이 어떤 이유로 영향을 받게 될 때 리더는 '적응적 리더 행동'을 취할 필요가 있다. 리더가 적응적 도전에 당면할 때 리더는 어떻게 결정해야 하는가? 그 도전이 다른 사람들의 깊은 감정이나 생각에 일격을 가하는지 여부를 먼저 파악해야 한다. 적응적 도전은 사람의 감정이나 정서를 자극한다. 더욱이 그 도전이 사람들에게 새로운 대응방법을 배우도록 요구하고 있다면 그 도전은 적응적 도전이다. 앞에서 보았던 제조업체의 상황을 다시 보자. 만약 어떤 회사가 그 제조 업체를 인수하여 새로운 소유주가 들어와 기존 작업자들에게 친숙하지 않은 새로운 기준이나 절차를 만들어 시행하려고 한다면 이러한 변화는 작업자들에게 적응적 도전이 되는 것이다. 적응적 도전의 확인(identifying adaptive challenges)이 의미하는 것은 리더가 자기 자신만으로는 해결할 수 없는 문제, 즉 리더와 구성원들 간의 협력(합작)이 요구되는 문제에 주목할 필요가 있다는 것이다. 적응적 도전을 위해서 리더는 다른 사람들을 격려하여 그들이 해야 할 일을 할 수 있게 도움을 주는 일(예를 들어 지원 제공, 도전적 노력 격려, 리더 자신들은 현장에서 물러나 성원들 자신들이 스스로 할 수 있도록 하는 일 등)을 해야 한다.

복잡한 적응적 도전들을 보다 쉽게 확인하기 위해서는 그것들을 기술적 도전과 구분해 낼 수 있어야 하는데, 거기에는 고려해야 할 적응적 변화(적응해야 할 변화)의 전형적인 네가지 패턴이 있다(Heifetz et al., 2009).

전형 1: 채택된 방침과 실천 행동과의 격차

조직이 채택하고 주장한 방침이 실제로 실천이 뒷받침되지 않을 때 발생한다. 예를 들어, 회사가 가정친화적인 일터라고 내세우고 있지만 실제로는 유연근무시간제와 자녀양육 휴가 정책도 없으며, 회사 내의 아동보육시설이 없는 경우 회사가 내세우는 가정친화적 일터가 실제의 실천 행동과 격차가 있다.

전형 2: 방침의 실천 방법들 간의 충돌

조직이 많은 방침을 가지고 있을 때 방침들간에 대립(상충)되는 경우가 있다. 예를 들어, 운동(체중 조절 운동)센터의 규모가 계속 성장하기를 원하여 서비스를 확대하려고 함과 동시에 비용을 줄이기 위한 방법으로 운동지도자(코치)와 직원의 수를 감축하는 경우이다.

전형 3: 언어도단(어이가 없어서 말하려 해도 말할 수 없음)의 말하기

"성스러운 소(sacred cow; 聖牛)", "금기시되고 있는 이슈나 불편한 사실(elephant in the room)" 같은 말들이 이 경우의 예이다. 급진적인 아이디어, 인기가 없거나 평판이 안 좋은 문제들, 서로 상충되는 시각들이 있을 때 사람들은 문제를 다루려고 하지 않는다. 이러한 문제들은 주로 민감하고 논쟁의 대상이 되기 때문이다. 이 같은 문제들에 대한 의견을 거리낌없이 이야기하는 것은 위험하다고 본다. 사람들이 좋아하고 안정적으로 회사를 운영하는 소유주가 있는 조직을 생각해 보자. 조직의 성원들은 그 소유주가 활동의 절정기를 지난 나이 먹은 사람이고, 오늘날의 사업 경영 풍토를 잘 모르는 소유주로 인식하고 있다. 그래서 조직 구성원들은 그 소유주의 잘못된 경영방식을 지적하여 대결하는 것보다 시대에 뒤떨어진 리더십의 결과로 생긴 일들을 참고 견디는 것을 더 쉽게 생각한다.

전형 4: 일의 회피

이 경우는 자신들의 안전지대에 머물러 있거나 주의를 딴 데로 돌림으로써 곤란한 현안 문제를 해결하는 것을 피하는 상황이다. 예를 들어, 어떤 회사에서 동료작업자들은 기술이 매우 뛰어난 한 종업원이 조직의 계획 수립에 참여하지 않고 있는 것에 대해 말하기를 꺼려하고 있다. 그 종업원이 회사의 제도적인 인종 차별 정책 때문에 고민하고 있다고 느끼기 때문이다. 같은 일을 계속하며, 불만을 품고 있는 종업원에 대해 관심을 갖지 않는 것이 더 쉬운 일이기 때문이다. 또 하나 다른 사례는 창의적이고 질적으로 우수한 작업을 할 수 없는 상업용 광고 디자이너를 고용하고 있는 광고회사에 관한 예이다. 이 회사는 그 같은 문제를 직접적으로 부각시켜 다루지 않고 그가 매우 바쁜 일자리인 심부름하는 일을 하도록 하였다. 그리고 나서 광고업체는 두 번째 광고 디자이너를 채용하여 보다 창의적인 작업을 하도록 하였다. 이 때문에 많은 인건비가 소요되었고, 이 광고업체는 두 명의 디자이너 고용을 정당화할 만한 충분한 일감이 없었다.

위의 네 가지 전형은 적응적 변화가 요구되는 몇 가지 일반적인 도전을 보여준다. 이 사례들이 모든 유형의 적응적 변화를 설명하지는 못하지만 어떤 특정한 조직에서 적응적 도전을 확인하려고 할 때 유용한 준거의 틀이 될 수 있다.

3. 변화에서 오는 스트레스의 조절

적응적 리더를 위해 중요한 세 번째 행동은 변화에서 오는 스트레스를 조절하는 것이다(그림 11-1 참조). 심리적으로 우리 모두는 일관성의 욕구 내지는 언행일치의 욕구(a need for consistency), 즉 우리의 신념(믿음), 태도 및 가치관을 일치시키고 싶은 욕구를 가지고 있다. 사실 예측 가능하고 일처리 방식이 변하지 않을 때보다 안정감을 느끼는 것은 매우 자연스러운 일이다. 그러나 적응적 도전은 변화의 필요성을 만들고, 변화의 과정은 사람들에게 불확실성과 스트레스를 야기한다. 변화 과정에서 일정 수준의 스트레스는 불가피하고 대부분 유익하기까지 한다. 그러나 너무 지나친 스트레스는 역효과가 생기고 사람을 쇠약하게 만들 수 있다. 여기에서 리더에 대한 도전은 다른 사람들을 도와 변화의 필요성을 인지하도록 하는 것이다. 그러나 리더는 변화 자체에 압도되어서는 안 된다. 적응적 리더는 사람들이 경험하고 있는 스트레스를 파악하면서 생산적인 영역에 머물도록 해야 한다. 이것이 '변화에서 오는 스트레스 조절'의 의미이다. 모델은 리더가 스트레스의 생산적 수준을 유지하기 위한 세 가지 방식인 (1) 도움이 되는 환경의 조성, (2) 방향 제시, 보호 조치, 적응 지도, 갈등 관리, 생산적 규범의 설정, (3) 개인적 스트레스의 조절을 제시한다.

① 도움이 되는 환경의 조성

이것은 어려운 문제에 달려들어 해결을 시도해도 아무 탈 없이 잘될 수 있을 것이라는 안정감있는 분위기를 조성하는 것을 의미한다. 그러나 너무 그렇게 되면 문제를 소홀히 할 수 있다. 수영을 배우고 있는 어린아이의 경우를 예로 들어 생각해 볼 수 있다. 수영강사는 어린아이가 물에 대한 공포를 극복하도록 지도하고 물을 발로 차는 일, 호흡, 손발을 놀려 물휘젓기 등 아이에게 도전적인 일을 하도록 해놓고 자신은 좀 멀리 떨어진 곳에서 아이가 수영하는 것을 예의주시한다. 도움이 되는 환경은 사람들 간의 응집력 있는 관계에 의해 형성된 구조적, 절차적, 가상적 공간이다(a holding environment is a structural, procedural, or virtual space formed by cohesive relationships between people). 그리고 또 그것은 일을 잘 처리할 수 있는 물리적 공간일 수 있고, 공유하고 있는 언어와 역사, 조직과 그 권한에 대한 깊은 신뢰, 명확한 규칙, 집단들이 안전하게 기능할 수 있는 과정 등일 수 있다. 〈그림 11-1〉에서 나타나 있는 것처럼 도움이 되는 환경은 적응적 리더십이 발휘될 수 있는 유리한 공간이다. 도움이 되는 환경(a holding environment)의 아이디어는 심리 치료분야에 기초하고 있다. 심리 치료에서는 상담자가 치료환경을 조성하고 피상담자에게 안정감을 갖도록 하며, 또 보호를 위해 효과적인 의사소통과 감정이입을 활용한다(Heifetz & Linsky, 2002; Modell, 1976).

도움이 되는 환경을 조성함으로써 적응적 도전에 직면하여 사람들이 느끼는 중압감을 통제하고 조절할 수 있게 된다. 그것은 압력솥과 유사하다. 처음에 압력솥의 열기를 올리듯 문제에 대한 관심의 열기를 불어넣는다. 이렇게 되면 대화가 시작되고, 그 이슈에서 오는 압박감이 사라지게 된다. 그러나 지나친 긴장감이 고조되고 있는 경우 도움이 되는 환경(the holding environment)은 문제를 처리하는 데 비효과적일 수 있다. 그러나 그 이슈에 대한 최초의 촉매자로서 리더의 역할이 없었다면 해당 문제와 관련된 대화는 거의 사라지고 말았을 것이다.

조직에서 노사협상과 마찬가지로 모든 당사자가 함께 모여 서로 대화를 시작하여 대응해야 할 이슈가 무엇인가를 규명하고, 상충되고 있는 이해와 요구가 무엇인지를 규명하는 장소가 곧 조성된 도움이 되는 환경(the holding environment)이다. 그러나 논의(논쟁)가 지나치게 격앙되면 협상은 막다른 골목에 이르게 되고 협상이 발전적으로 진행되면 보다 더 새로운 이슈가 처리될 수 있게 된다. 결국 조성된 '도움이 되는 환경'은 새로운 계약적 관계가 합의되고 그 실현이 약속되는 장소를 제공하는 역할을 한다.

② 방향 제시, 보호 조치, 적응 지도, 갈등 관리, 생산적 규범의 설정

사람이 적응하기 위한 노력에 수반되는 불확실성과 고통을 잘 관리할 수 있도록 돕기 위해 리더가 사용할 수 있는 공식적 그리고 비공식적 권한의 구체적인 것들이다.

- 방향 제시(providing direction)

  방향 제시는 성원들이 당면한 적응적 도전을 확인하는 데 도움을 주는 것이고 적응하기 위한 노력의 계획을 수립하여 본격적으로 일에 착수하도록 한다. 어려운 상황의 경우 사람들이 달성해야 할 목표에 대한 혼동과 불명확성을 느끼게 되는 경우가 많다. 목표가 알려지지 않기도 하고, 불명료하기도 하며, 상충되고 있는 목표들이 얽히게 되어 혼동을 초래하는 경우가 있다. 이때 방향을 제시함으로써 리더는 사람들이 일에서 투명성, 질서 정연, 확실성을 느낄 수 있도록 하고 불확실성의 상황에서 사람들이 느끼는 스트레스를 줄일 수 있다.

- 보호 조치(protection)

  보호 조치는 적응적 변화의 완급을 조절하는 리더의 책임과 관련이 있다. 여기에는 그 변화의 범위가 사람들에게 너무 큰 것이거나 너무 빠른 것인지 여부를 감시하는 일이 포함된다. 또한 사람들이 느끼는 외부의 압박 여부를 감시하여 그들이 견딜 수 있는 범위 안에 있도록 해야 한다.

- 적응 지도(orientation)

  적응 지도는 적응적 변화에 수반되는 새로운 역할이나 책임에 잘 적응할 수 있도록 해야 하는 리더의 책임이다. 변화가 새로운 가치의 채택을 요구하고 가치 기준에 따라 행동하도록 요구하고 있을 때 사람들은 조직 내에서 전적으로 새로운 역할을 수용해야 할 필요가 있다. 적응 지도는 사람들이 변화하고 있는 시스템 속에서 자신들의 정체성을 찾아 가도록 도움을 주는 과정이다.

- 갈등 관리(conflict management)

  갈등 관리는 갈등을 효과적으로 다루어야 할 리더의 책임을 가리키는 말이다. 갈등은 적응적 도전(도전에 대한 적응)이 이루어지고 있는 동안에는 집단이나 조직 내에서 불가피하게 일어나는 현상이고, 사람들이 학습하고 성장하는 기회가 되기도 한다. 갈등은 유쾌하지 않은 것이기는 하지만 불건전하다거나 반드시 나쁜 것만은 아니다. 문제는 사람들이 갈등을 어떻게 피할 수 있고 변화를 고려하지 않을 수 있는가가 아니라 어떻게 하면 사람들이 갈등을 관리할 수 있고, 긍정적인 변화를 이루어낼 것인가이다.

• 생산적 규범의 설정(establishing productive norms)

생산적 규범의 설정은 적응적 리더(변화에 적응 내지는 대응하고 있는 리더)의 책임이다. 규범이란 설정된 행동의 규칙이고 집단성원들이 공유하고 있으며 쉽게 변화되지 않는다. 규범이 건설적일 때 집단의 과정에 긍정적인 영향을 미친다. 그러나 규범들이 비생산적이거나 변화 노력을 약화시킬 때 집단의 진보를 방해한다. 그래서 리더는 규범에 면밀한 주의를 기울여야 하고 변화가 요구된 규범에 도전해야 하며, 집단의 효과성을 극대화시키는 규범과 변화에 대한 적응 능력을 극대화시키는 규범을 강화해야 한다.

위에서 제시한 처방적 행동들은 적응적 변화의 과정에서 사람들이 느끼게 되는 욕구 불만이나 좌절감을 적응적 리더가 어떻게 완화시킬 수 있을 것인가에 대한 청사진이다. 포괄적인 것은 아니지만 변화 과정에서 리더가 도움을 줄 수 있는 많은 방법들 중에서 몇 가지 중요한 방법들을 눈에 띄게 강조하고 있다.

③ 변화에서 오는 개인적 스트레스의 조절(Regulating personal distress)

변화에서 오는 개인적 스트레스의 조절은 적응적 변화의 과정에서 리더가 생산적 수준의 스트레스를 유지할 수 있도록 하는 세 번째 방법이다. 앞에서도 이야기한 것처럼 조직 내의 변화나 성장은 불확실성과 스트레스를 동반한다. 본래부터 스트레스는 변화 과정에 내재되어 있기 때문에 적응적 리더는 변화를 회피하고 현상을 유지하려는 사람들로부터 오는 압력을 잘 버티고 견뎌내야 한다. 적당한 정도의 긴장은 변화 과정에 정상적이고 필수적인 것이지만 지나치게 많은 긴장감이나 너무 적은 긴장감은 비생산적이다. 그래서 리더는 조직성원들이 해야 할 일에 초점을 맞추도록 할 뿐만 아니라 거기에 수반되는 긴장감, 동시에 실제적인 욕구 불만이나 좌절감, 적응적인 작업을 하는 데서 느끼는 고통을 완화시키는 일을 계속해야 한다.

적응적 과정(adaptive process)에서 성원들을 돕기 위해 적응적 리더는 자신의 행동도 함께 동반되어야 한다는 것을 명심해야 한다. 리더는 강해야 하고 일관성이 있어야 한다. 일반적으로 사람들은 열심히 노력하고 고통을 느끼는 상황에서 리더에게 기대하고 의존하게 되기 때문이다. 그래서 적응적 리더는 역할 모델이 되어야 하고, 자신 있는 모습을 보여야 하며 갈등을 잘 다룰 수 있는 정서적 포용력을 가지고 있어야 한다. 이 같은 리더 역할은 스트레스가 없는 역할이 아니다. 적응적 리더는 변화의 과정에서 사람들이 느끼는 좌절이나 고통을 직접 느낄 필요는 있지만 리더로서의 자신의 역할이나 모습을 잃을 정도까지는 필요치 않다.

개인적 스트레스 조절이 필요한 사례는 술이나 마약을 남용하는 고등학생들의 치유를 위한 지원 그룹(support group)을 운영하는 치유 전문가의 리더십에서 찾아 볼 수 있다. 집단 상담자(group facilitator)로서 그녀는 학생들의 이야기를 경청해야 하고, 학생들이 술이나 마약에서 벗어나기 위해 노력하는 과정에서 당면하게 되는 도전에도 귀를 기울여야 한다. 그녀는 학생들이 약물 사용과 관련하여 좋았던 점과 나빴던 것들을 솔직하게 털어놓도록 다그치기도 한다. 그러나 너무 강하게 다그치면 그들이 위협을 느끼게 되고 의사소통이 중단되며 치료를 위한 집단모임의 출석도 중단하게 된다. 도움이 되는 환경(holding environment)에서 애정 깊은 양호와 지원은 보여줄 수 있지만 해로운 행동은 할 수가 없다. 중독치료를 받는 사람들이 느끼는 고통과 좌절감은 굉장하기 때문에 치료 전문가들은 전문가로서의 역할을 놓치지 않고 고통에 공감하며 어루만져야 한다. 회복의 실패에 대한 이야기를 듣는 것은 가슴 아픈 일이지만 약물중독에서 회복된 이야기를 듣는 것은 기분이 좋아지는 일이다. 여기에서 치료 전문가, 즉 리더는 자기 자신을 밀접하게 감시하고 치료에 관한 불안이나 근심을 다스려야 한다. 집단성원들이 치료 전문가에게 방향 제시와 지원을 바라고 의존하기 때문이다. 그리고 그들은 치료 전문가가 강하고, 자신만만하며 단호한 사람이기를 바란다. 약물 남용 장애로부터 회복하고 있는 치료자들이 전문가들이 완전히 이용할 수 있도록 하기 위해서는 전문가 스스로의 스트레스를 조절하는 것이 필수적이다.

4. 훈련된 자세의 유지

〈그림 11-1〉에서 설명하고 있는 네 번째 리더 행동은 훈련된 자세의 유지(maintain disciplined attention)이다. 이는 '리더가 성원들을 격려하여 자신들이 해야 할 일이 힘든 일일지라도 거기에 초점을 맞추어 열심히 하도록 하는 것이다'라는 것을 의미한다. 리더가 그렇게 할 수 있는 것은 쉬운 일이 아니다. 인간 행동에 대한 경험과 훈련된 자세가 필요하다. 사람들은 태생적으로 변화에 직면하고 싶어 하지 않기 때문이다. 특히 그 변화가 자신들의 신념, 가치관, 행동의 변화를 요구하고 있을 때는 더욱 그렇다. 그래서 우리들 대부

분은 일상의 경험에서 변화에 저항하고 균형감이나 안정감을 유지하려고 노력한다. 그리고 사람들은 생각이 자신과 다른 것들을 좋아하지 않는다. 그들의 균형감과 안정감(sense of balance and equilibrium)이 변화의 필요성에 의해 방해를 받을 때에 더욱 그렇다. 그래서 사람들이 회피 행동(avoidance behavior)을 하게 되는 것은 자연스러운 일이다. 여기서 말하는 '훈련된 자세의 유지'는 인간 행동에 대한 훈련된 경험을 바탕으로 사람들이 변화를 수용하고 회피하지 않도록 도움을 주어야 한다는 것을 의미한다.

회피 행동에는 여러 가지 형태가 있다. 사람들은 처리해야 할 현안 문제를 무시하고, 문제를 권한 탓으로 돌리기도 하며, 문제에 대해 동료작업자들을 비난하고, 아무 문제가 없는 것처럼 행동한다. 또한 문제를 해결하기 위해 열심히 노력하고 있는 사람들을 공격하기도 하며, 문제와 관련이 없는 분야에서 열심히 일하기도 한다. 이런 회피 행동이 어떤 유형인지 관계없이 리더가 할 일은 사람들을 동원하여 변화에 대한 자신들의 항변을 내려놓고 변화에 당당하게 대응하고 적응하도록 격려한다. 적응적 리더(adaptive leader)는 사람들을 도와 이슈(현안 문제)에 집중하도록 하고 만약 그 주제가 조직 내에서 격렬한 논쟁의 대상이 되고 있다면 토의 안건으로 올려 조정한다. 그리고 만약 그 이슈가 성원들 간의 분열을 야기시킬 수 있는 것이라면, 리더는 서로 상충하고 있는 세력들이 마치 조직이 분열될 것이라는 느낌을 갖지 않고 함께 현안문제를 처리해갈 수 있는 안전지대를 만들어야 한다. 만약 "금기시되고 있는 이슈나 불편한 사실(an elephant in the room)"처럼 아무도 접근하고 싶어 하지 않는 문제이지만 그것이 변화를 이루어내는 데 중추적인 역할을 한다면 리더는 사람들을 자극하여(팔꿈치로 슬쩍 찔러서; nudge)[1] 그것에 대하여 말해보도록 할 필요가 있다. 어떤 상황이건 간에 적응적 리더는 사람들이 그 일에 집중하도록 하기 위해 당면한 일에 대한 과거의 경험을 통해 훈련된 자세를 견지해야 한다.

리더의 '훈련된 자세의 유지'에 대한 사례로 노인양로시설을 들 수 있다. 이 노인양로원의 리더는 80세 노모를 양로원 시설로 보낼 것인가에 대해 고민하고 있는 가족구성원들의 문제에 대응해야 한다. 어머니는 노인성 치매의 초기 증상을 보이고 있지만 남편이 10년 전에 별세한 이후 홀로 지내고 있으며 요리도 하고 운전도 하면서 독립적으로 사는 것을 매우 자랑스럽게 생각한다. 두 성인 자녀들은 어머니의 건망증과 신체적 건강 문제 때문에 많은 염려가 되지만, 어머니를 살던 집에서 새로운 곳으로 이사시키는 것을 망설이고 있다. "아

1 여기서 'nudge'는 다른 사람들의 행동을 유발하기 위해 부드럽게 개입한다는 의미이다.

직 그럴 필요가 없어. 어머니의 지금 상태는 요양시설에 있는 다른 사람들보다 훨씬 더 양호하고, 새로운 환경에서 적응하기 어려울 수 있다. 그리고 어머니는 자신의 집에 있지 않게 되면 어머니 자신의 지금의 모습을 잃게 될 것이다."라고 말하고 있다. 이 요양시설의 리더가 당면한 과제는 두 자녀가 결정을 내리도록 도움을 주는 것이다.-그들은 결정하기 두려워하고 결정을 회피하고 있다.-여기에서 그는 항상 경청하는 태도를 가져야 하고 자녀들이 요양시설을 방문하여 상담할 수 있도록 많은 상담 예약을 잡아놓아야 한다. 그 밖에도 그 자녀들이 요양시설의 직원들과 대화를 할 수 있도록 주선하고 그 시설에 어머니를 두고 있는 다른 가족들과도 대화할 수 있도록 만남을 주선해야 한다. 또한 자녀들이 자신들의 관심사에 관한 의사소통의 중요성을 강조하고, 어머니에 대한 관심과 염려, 그리고 요양시설에 입소시키는 것을 주저하고 있는 것이 당연한 것임을 알게 해야 한다. 어머니의 건강 악화를 받아들이는 것은 어려운 일이기 때문이다. 그리고 리더는 계속해서 그들에게 공손하게 말함으로써 상품을 판매하고 있는 것처럼 들리지 않도록 해야 한다. 이 사례에서 리더는 자녀들이 당면한 적응적 도전에 민감하게 반응하고 안내와 지원을 아끼지 않고 기다리는 자세를 취해야 한다. 또, 리더는 자녀들이 결정해야 할 변화의 노력에 집중하도록 도움을 주고, 그들이 결정에 당당히 직면하도록 하는 힘을 불어넣어야 한다.

5. 작업자에게 자율권 부여

적응적 리더에게 중요한 다섯 번째 행동은 '작업자에게 자율권을 부여하는 것(give the work back to the people)'이다(그림 11-1 참조). 사람들은 자신들을 위해 리더가 지시하고 구조화해 주기를 원하고 이를 통해 자기들이 하는 일에 안정감을 느낀다. 하지만 리더에게 너무 많은 리더십 권한이 주어지면 사람들을 무기력하게 만들어 자신들의 문제를 스스로 해결하려는 의지를 약화시키고 창의적인 능력 발휘를 억압한다. 지나친 지시적 리더십(directive leadership)은 성원들이 그들의 리더에게 의존하게 만들고 그들의 적응적 노력을 방해하기도 한다. 리더로 하여금 자신들의 할 일을 일일이 말해주도록 하는 것이 성원들에게 편안하고 안정감을 가져다줄지라도, 리더가 자신의 영향력을 감소시키고 문제해결의 자율권을 관련된 성원들에게 돌려주는 방법을 학습할 필요가 있다.

그리고 리더는 자신이 다른 사람들에게 미치는 영향을 알고, 그 영향이 어떤 결과를 초래하는가를 감시할 필요가 있다. 작업자들에게 자율권을 부여하는 데 요구되는 것은 리더가 언제 뒤로 물러나 작업자 자신들이 스스로 일할 수 있도록 할 것인가에 세심한 주의를 기울이고 있어야 한다. 이것은 훌륭한 방침이 될 수 있다(This can be a fine line). 리더는 지시를 함과 동시에 다음과 같이 말할 수 있어야 한다. "이것은 당신의 일입니다. 당신 스스로 처리하는 것을 어떻게 생각하십니까?" 적응적 리더가 작업자에게 자율권을 부여하라는 의미는 작업자들에게 권한을 부여하여 불확실한 상황에서도 무엇을 해야 할 것인가를 자신들이 스스로 결정할 수 있도록 해야 한다는 것이고, 그들 자신의 문제를 해결할 수 있는 능력이 그들에게 있다는 믿음을 표현해 보이는 것이며, 그들 자신의 문제를 스스로 생각하여 결정하도록 격려하는 것이다.

영국의 서해안에 자리하고 있는 유명한 기숙학교인 Summerhill은 학생들에게 자율권을 부여하는 것을 교육의 중심에 두고 있는 좋은 사례이다. 서머힐은 자치적이고 민주적인 학교로 어른이나 학생들이 동등한 지위에 있다. 서머힐의 교육철학이 강조하는 것은 학생들은 자신의 생의 진로(path in life)를 자신들 스스로 선택할 수 있고, 다른 사람에게 해가 되지 않은 한 자신의 취미를 개발할 수 있다. 학습시간은 학생 스스로 선택하며, 그 시간에 무엇을 할 것인가는 자율에 맡긴다. 학교의 일정표와 규칙은 매주 집단모임에서 결정되고 이 모임의 참가자들은 균등한 투표권을 행사한다. 서머힐의 리더들은 학습의 자율권을 학생들에게 부여하고 있다. 교사들이 학생들에게 무엇을 공부하고, 무엇을 학습하라고 말하는 대신 지원적 환경 속에서 학생들 스스로 선택하게 한다. 이것은 흔하지 않은 교육 모델이고 문제가 없는 것은 아니지만 교사의 요구가 아니라 학생이 스스로 자신의 목표를 식별하고 정의하며 목표 달성에 대한 책임의 필요성을 분명히 보여준다.

6. 소수 의견의 보호

적응적 리더십 과정에서 중요한 마지막 리더 행동은 '소수 의견의 보호(protecting leadership voices from below)'이다(그림 11-1 참조). 이것이 의미하는 것은 적응적 리더는 주변 집단이나 주류에서 벗어난 집단의 아이디어에 개방적이고 신중하게 경청해야 한다는 것이다. 리더가 외집단 성원(out-group member)의 의견을 경청하고 그것을 외부에 표명할 때 집단의 사회적 균형(social equilibrium)을 흔드는 것이기 때문에 이것은 하나의 도전이다. 지위가 낮은 사람들의 아이디어에 개방적인 것은 그들이 비효과적으로 자신들을 표출하는 일이 흔하기 때문에, 역시 하나의 도전이 될 수 있다. 그것은 정상적인 일처리 방식을 와해하거나 혼란을 초래하기 때문이다. 리더들은 매우 자주 현재 잘 되고 있는 일들을 계속 진행하기 위해서 의견을 달리하거나 회사 규범을 잘 따르려 하지 않는 사람들의 목소리를 무시하는 것이 편리하다고 생각한다. 적응적 리더는 다수를 위해 소수의 목소리를 경시하거나 폐쇄하려는 경향에 저항하려고 노력해야 한다. 다른 사람의 목소리를 경청하고 그것을 외부에 표명한다는 것이 의미하는 것은 그 문제에 대한 리더 자신의 통제 권한을 포기하고 다른 개인 성원에게 보다 많은 통제권을 부여하기 때문에 이것은 도전적인 과정이다.

아래로부터의 소수 의견 보호(경청)가 중요한 것은 낮은 지위의 개인들을 집단의 다른 성원들과 대등하게(동등한 자격자로) 보기 때문이다. 다시 말해 리더와 내집단의 사람들이 외집단 성원들의 아이디어와 활동을 믿는다는 의미이다. 외집단 성원들이 목소리를 낼 때는 그들이 자신들의 관심사가 인정받고 리더와 집단에 영향을 미칠 수 있다는 것을 알기 때문이다. 그들에게 목소리를 내도록 하는 것은 낮은 지위의 성원들을 보다 더 참여하게 하고 자주적이며 자신들의 활동에 책임을 지게 하는 것이다. 그리고 그것은 집단의 적응 노력에 보다 더 참여할 수 있게 하고 그들은 집단의 계획이나 의사결정에서 거리낄 것이 없는 정회원처럼 느끼게 된다.

어느 대학의 사회복지학과 수업시간을 살펴보기로 하자. 이 수업에서는 학생들에게 그룹별로 '서비스 학습 프로젝트'를 요구하고 있었다. 이 프로젝트를 위해 한 그룹(집단)에서는 지역사회의 고령 여성들을 위한 휠체어 램프(wheelchair ramp)를 만들기로 하였는데 프로젝트의 초기 단계에서 집단의 사기가 저하되었다. 집단의 한 성원인 Alissa가 참여하지 않기로 하였기 때문이었다. Alissa는 손을 사용한 연장을 가지고 작업하기가 불안하여 근육노동을 하지 않겠다고 말했다. 그러나 집단의 다른 성원들은 그 프로젝트의 실행 계획을 수립하기 위해 많은 노력을 기울였고, 그녀의 도움 없이도 계속 진행하기를 바라고 있었다. Alissa는 자기가 무시당하고 있다고 느꼈고 프로젝트의 목적과는 관계없는 성원들의 성격을 비판하고 나섰다. 이때 집단의 리더가 Alissa의 관심사를 경청해 보기로 결정하였다. Alissa가 손으로 하는 일을 하지 않기로 하였지만 음악에 재능이 있고 훌륭한 음식 솜씨를 가지고 있음을 알게 되었다.

Alissa는 집단을 위해 그녀의 장기를 발휘해 보도록 요청받았다. 램프(ramp)를 만드는 동안 Alissa는 집단성원들과 나이든 여성들이 선호하는 음악을 연주함으로써 집단의 사기를 드높였고, 다양한 샌드위치를 만들어 음료수와 함께 제공함으로써 각 성원들의 독특한 입맛에 맞는 점심식사를 제공하였다. 마지막 날까지 Alissa는 집단에 대한 소속감을 느낄 수 있었고 훌륭한 음식 제공에 대해 찬사를 받았다. 그 후 그녀는 근육 노동에도 참여하고 작업장 주위의 쓰레기를 치우는 일도 하기 시작하였다. Alissa의 재능이 램프를 만드는 것과 직접적인 관련은 없지만 성공적인 팀을 구축하는 데 기여했다. 만약 리더가 Alissa의 관심사와 재능을 알지 못했다면 그런 일은 일어나지 않았을 것이다.

3 적응적 노력

적응적 리더십 모델의 오른쪽에 표시되어 있는 것처럼(그림 11-1 참조), 적응적 노력(adaptive work)은 적응적 리더(adaptive leader)가 지향하는 과정의 마지막 단계, 즉 성원들의 적응을 위한 노력이다. 이것이 적응적 리더십의 초점이자 의도된 목표이다. 적응적 노력은 리더와 성원들 간에 나타나는 의사소통 과정으로부터 발전하지만, 그것은 주로 성원들의 노력이다. 즉, 도전과 변화에 대응하고 적응하는 마지막 단계는 성원들의 적응적 노력이라고 할 수 있다. 이 같은 적응적 노력은 도움되는 환경(a holding environment)에서 나타나기 시작하는데, 도움되는 환경이란 사람들(성원들)의 역할이나 최우선 업무 및 가치관 등의 변화가 요구되는 상황에서 저항감이나 불만 없이 조직의 상황 변화에 기꺼이 적응할 수 있게 되는 환경이다.

모델이 설명하고 있는 '도움되는 환경'이란 적응적 노력이 나타날 수 있도록 유도하는 장소로 사람들이 당면한 적응적 도전에 달려들어 문제들과 씨름할 수 있게 만드는 실제 혹은 가상 공간이다. 도움되는 환경은 적응적 과정에서 매우 중요한 역할을 하기 때문에 리더는 그것을 조성하고 유지하는 데 많은 노력을 기울여야 한다.

모델의 도움되는 환경 조성에 등장한 'followers'란 용어는 리더의 상대 개념을 나타내기 위한 용어로, 리더와의 관계에서 리더에 대한 복종적인 역할을 의미하지 않는다. 적응적 리더십에서 리더는 자신의 권한을 다른 사람들을 통제하기 위해 사용하지 않고, 다른 사람들과 상호작용하여 그들이 적응적 노력을 하도록 도움을 주기 위해 사용한다. 이 모델에 사용된 'followers'란 용어는 적응적 노력을 하는 개인과 리더를 구분하기 위해 사용된다.

적응적 노력의 사례를 체력 훈련 센터에서 볼 수 있다. 이 센터에서는 심장에 문제가 있는 사람들과 과체중으로 고생하는 사람들을 위한 반을 운영한다. 여기에서 체육지도자는 안전한 장소를 제공한다. 안전한 장소란 체중감량에 도움이 되고 건강문제에서 오는 위험을 저감하기 위해 사람들이 스스로 도전하여 체력훈련 연습을 수행하는 장소이다. 사람들이 보다 건강하게 살기 위해 자신들의 생활방식을 변화시켜야 하기 때문에, 그들은 체력 훈련 센터의 지도자의 지원에 따른 적응 노력을 해야 한다.

적응적 노력을 관찰할 수 있는 또 다른 사례를 공립초등학교에서 볼 수 있다. 여기에서는 교장이 교사들에게 필수 과목은 주정부의 기준을 따르라고 요구한다. 그러나 교사들은 자신들이 개발한 학생 중심 교과 운영에서 성공한 경험이 있기 때문에 교장의 요구에 저항한다. 교사들이 새로운 변화에 적응하도록 돕기 위해 교장은 10회에 걸친 전체 교직원 회의를 개최하였다. 회의를 소집하여 저항하고 있는 교사들을 초청하여 새로운 정책에 대한 자신들의 의견을 자유롭게 드러내도록 하였다. 이 회의가 '도움되는 환경'을 조성하는 것이고, 바로 이것이 교사들이 표준화된 일제고사의 유용성과 그 유용성에 대한 자신들이 가슴 깊이 간직하고 있는 입장에 직면하고, 그들이 주정부의 필수 과목 정책에 따라야(적응해야) 할 의미를 알게 된 현실적인 공간이 되고 있는 것이다. 여기서 교장의 역할은 적응적 노력을 하는 교사들에게 도움이 되도록 의사소통하는 것이다. 그리고 가치관, 믿음 및 시각을 바꾸어 새로운 시스템 아래에서 효과적으로 일할 수 있게 한다.

적응적 리더십의 효용

적응적 리더십은 상황적 도전, 리더 행동, 적응적 노력을 포함하여 다수의 차원들로 구성된 복잡한 과정이다. 이 과정의 가장 중요한 초점은 개인들을 도와 적응적 노력을 하도록 하는 것이다. 개인들(성원들; followers)이 적응적 도전에 맞서기 위해 개인(followers)을 동원하는 독특한 강조는 적응적 리더십을 다른 전통적 리더십 접근법들과 구분짓는다. 여기서 말하는 전통적 리더십 접근법이란 특성(2장), 역량(3장), 행동(4장), 종합적인 특성(9장)에 초점을 맞추는 리더십 접근법을 말한다. 적응적 리더십은 '변화하는 환경에 대한 대응으로 성원들에게 필요한 적응'과 이러한 '적응(변화)의 과정에서 리더가 성원들을 어떻게 지원할 것인가'를 중점으로 둔다.

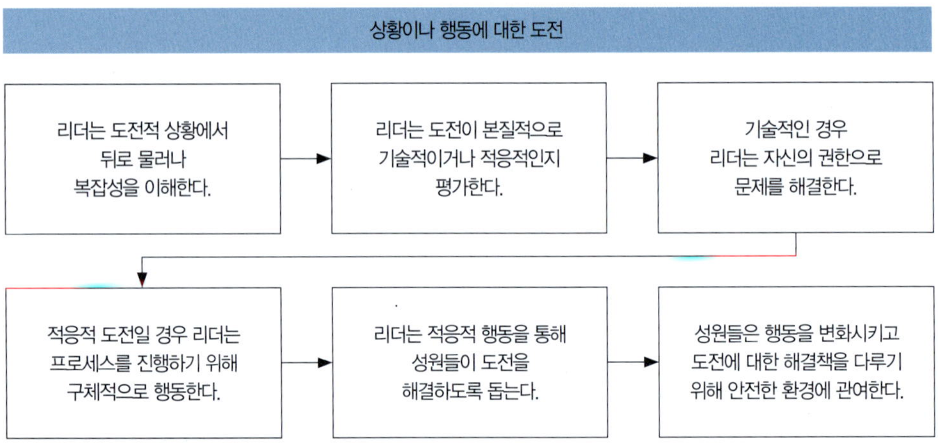

그림 11-2 적응적 리더십의 과정

〈그림 11-2〉에 설명된 것처럼 적응적 리더십의 과정에서 리더가 하는 일은 다음과 같다. 첫째, 리더는 도전적인 상황에서 한 발짝 물러나 시간을 갖고 상황의 복잡성을 이해하며 참가자들 사이에 나타나고 있는 대인 간의 역동성에 대한 현상을 충분히 파악한다. 둘째, 사람들이 변화를 체험하고 있는 상황이나 여건 속에서 변화가 요구되고 있는 상황을 평가하고 변화가

성질상 기술적 변화를 요구하는 도전인지 아니면 적응적 변화를 요구하고 있는 도전인지 결정한다. 만약 기술적인 변화를 요구하는 도전이라면 리더는 그 문제들을 자신의 권한과 전문성을 통해, 그리고 조직 내의 규칙이나 절차를 통해 처리한다. 만약 적응적인 도전이라면 리더는 적응의 과정을 계속 추진하기 위해 몇 가지 구체적인 리더 행동을 수행한다.

적응적 리더십의 처방전(비법)이 많은 리더 행동과 활동으로 구성되어 있지만 처방된 행동이나 활동에 특별한 순서는 없다. 적응적 리더십은 이러한 많은 행동을 동시에 상호의존적으로 통합하고 있다. 어떤 리더 행동은 과정의 시작 시점에 더 중요하고 어떤 행동은 과정의 마지막 시점에 더 중요하다. 그리고 몇 가지 중요한 적응적 리더 행동은 스트레스를 조절하고, 도움되는 환경을 조성하며, 방향을 제시하고, 사람들이 중요한 이슈에 초점을 두고 노력하도록 하며, 성원들에게 권한을 부여하고, 인정을 받지 못하고 주변에서 소외감을 느끼는 사람들이 자신들의 의견을 표명하도록 한다.

적응적 리더십 과정이 어떻게 작동하는지 보여주는 예는 한 대학의 캠퍼스 내 언론 자유 문제를 다루는 것에서 확인할 수 있다. 대학은 2년 동안 언론의 자유와 관련된 세 가지 다른 사건들을 겪었다. 유색인종에 대한 경찰 폭력에 항의하기 위해 무릎을 꿇은 축구선수들, 'USA의 전환점'이란 서클 소속의 학부 학생들에 대한 영문학부 강사의 괴롭힘, 정치적으로 극 보수 지향적인 조직인 백인국가주의 행동을 드러내는 학부학생이다.

대학의 지도자들은 이러한 표현의 자유 문제를 적응적 도전으로 접근했다. 첫째, 리더는 복잡성을 이해하고 관련된 학생 및 이해 당사자(예: 교수진, 학생, 섭정, 부모 및 정치인) 사이에서 발생하는 대인 관계의 역학에 대한 완전한 그림을 얻기 위해 각각의 어려운 상황에서 한 걸음 물러나는 시간을 가졌다.

둘째, 리더들은 도전 과제가 본질적으로 기술적인 것인지 적응적인 것인지를 파악하기 위해 일차적인 조사를 했다. "대학캠퍼스에서의 표현의 자유 논쟁은 불분명한 특성이 있고 사람들로 하여금 자신의 가치와 신념을 고려하도록 요구하며 저항에 직면하도록 요구하기 때문에 적응적 도전으로 간주된다."(Sunderman, Headrick, & McCain, in press)

각 문제에 대처하기 위해 대학 당국은 적응적 행동을 통합했다. 대학 행정부는 표현의 자유 문제에 대한 생각과 느낌을 논의하기 위해 교수진 및 학생들과 토론회를 개최함으로써 일어나고 있는 일들을 관망하는 자세를 취하였다. 대학 지도자들은 토론회를 통해 캠퍼스에 있는 사람들이 감정과 두려움을 처리할 수 있는 공간을 만들어 고통을 조절할 수 있었다.

토론회에 이어 대학은 도전 과제를 더 잘 이해하기 위해 Gallup 조직과 함께 언론의 자유와 캠퍼스 분위기에 관한 전반적인 설문 조사를 실시했다. 근본적인 문제를 파악한 후 관리자는 다양성 및 포용성을 가진 부총장을 찾는 전국적인 조사를 추진하기로 결정했다.

일을 사람들에게 돌려주려는 이러한 노력은 대학 지도자들이 학생, 교직원 및 교수진에게 권한을 부여하고 교육하여 대화와 변화를 이끌어 가게 했다. 대학이 시민 담론과 긍정적인 캠퍼스 문화를 촉진하기 위해 결정을 내릴 때 연설의 자유에 대한 대화에서 종종 제외되는 학생들의 관점을 고려하는 것이 중요하게 되었다(Shapiro, 2018).

불일치와 긴장을 야기하는 복잡한 캠퍼스 문제는 의심할 여지 없이 대학 및 주변 지역사회에서 계속 발생한다. 적응적 리더는 다른 사람들의 관점에 대한 이해를 바탕으로 고등 교육 기관이 어렵고 중요한 작업을 수행하고, 캠퍼스의 변화를 유도하거나, 캠퍼스 목소리를 보호하는 데 도움을 줄 수 있다(Sunderman et al., in press).

마지막으로, 행동하는 적응적 리더십의 또 다른 예는 2019~2020년의 코로나 바이러스 전염병에 대응하여 적응적 리더십의 역할을 설명하는 Ramalingam, Wild과 Ferrari(2020)의 연구에서 찾아볼 수 있다. 2019~2020년 코로나 바이러스의 세계적 유행 상황은 적응적 리더십에 대한 필요성을 야기시켰다. 연방, 주 및 지방 차원의 지도자들은 매일 변화하는 상황에 신속하게 대응해야 했다. 일관적이지는 않은 사용 가능한 데이터와 의료, 천연 자원 관리, 군사 계획, 국제 개발 및 인도적 노력을 포함한 다양한 영역의 정보를 기반으로 결정을 내려야 했다. 어떤 개입(또는 개입의 조합)이 가장 효과가 좋은지, 왜 이러한 개입의 영향을 이해하고 식별하는 집단적 능력은 리더십의 주요 도전 과제였다.

포괄적으로 적응적 리더십의 효용성이 높다고 말할 수 있는 것은 리더가 성원들이 적응적 노력을 하도록 도움을 주려는 의도를 가지고 이 모든 행동들을 기꺼이 수행하기 때문이다.

강점, 비판, 응용

1 강점

현재 이론적으로 개발 단계에 있는 적응적 리더십은 많은 강점들을 가지고 있다. 첫째, 다른 많은 리더십 이론들과 비교했을 때 적응적 리더십은 리더십 연구에서 과정적 접근법(process approach)을 취하고 있다는 점이다. 1장에서 논의된 리더십 과정의 정의와 일치하는 것으로, 적응적 리더십의 밑바탕은 리더십은 리더의 성격이나 특성이 아니라 오히려 각기 다른 상황에서 리더와 성원들 간에 나타나는 복잡한 상호작용이다. 그래서 적응적 시각이 두드러지게 강조하는 것은 리더와 성원들이 상호 간에 영향을 미치고, 단지 공식적이고 지정된 리더에 한정되지 않고 상호작용하는 활동이라는 것이다. 이 접근법은 리더십 현상이 다수의 차원과 활동으로 구성된 복잡한 상호작용의 과정이라는 것을 강조한다. 적응적 리더는 시스템의 문제를 해결하기 위해 가까운 성원들을 참여시켜 문제를 해결한다. 이 추종자들은 시스템 내에 매일 존재하고 작동하거나 작동하지 않을 수 있다는 것을 알고 있기 때문이다. 리더가 모든 답을 갖고 있지 않다는 것을 인식하기 때문에 성원들의 참여는 적응적 리더십의 중요한 구성 요소이다. 리더의 역할은 지시가 아니라 촉진이며, 성원들을 적재적소에 배치하여 해결책을 구현하기 위한 절차를 마련한다(Nelson & Squires, 2017).

둘째, 적응적 리더십이 두드러지게 우수한 것은 성원 중심(follower centered)이라는 것이다. 적응적 리더는 사람들에게 동력을 불어넣어 적응적 노력에 참여하도록 한다. 그래서 리더십의 적응적 접근법은 타인 지향적이고 성원들의 참여와 성장을 강조한다. 적응적 리더의 존재 이유(raison for existence of adaptive leadership)는 성원들이 요구되는 변화에 대해 배우고 익숙해져서 적응적 노력을 할 수 있도록 '적응을 돕는 환경(a holding environment)'을 제공하는 데 있다. 이 접근법은 리더십을 '성원들에게 적응적 노력을 할 수 있는 최대한의 기회를 제공하기 위해 리더가 취할 수 있는 행동이나 조치들이다.'라고 간략하게 요약한다.

셋째, 작업환경과 사회적 상황(social context)의 변화 과정에서 나타난 상충되는 가치평가를 성원들이 잘 다룰 수 있도록 돕기 위해(help followers deal with conflicting values) 리더십을 어떻게 활용할 것인가에 유의하고 있다는 점에서 독특하다. 변화와 학습(change and learning)은 조직생활에 나타나는 본질적인 현상인데, 적응적 리더십이 특별히 역점을 두고 있는 것은 성원들이 변화에 맞서도록 돕고 변화에 수반되는 새로운 가치를 검토해 보도록 도움을 주는 데 있다. 이처럼 성원들을 도와 자신들의 개인적 가치와 맞서게 하여 요구되는 변화와 적응이 일어나도록 하는 것을 중심적인 목표로 하고 있는 것은 다른 리더십 접근법에서 찾아볼 수 없는 특성이다.

Uhl-Bien과 Arena(2018)의 복잡성 이론에 대한 작업의 관점에서 적응적 리더십의 요구 사항은 종종 조직의 혁신 요구와 생산 요구 사이의 긴장에서 나타난다. 혁신적인 리더는 현상 유지에 도전하고 현재 운영체제에 부담을 주는 새로운 아이디어를 제안한다. 변화에 대한 저항은 성원들이 새로운 아이디어를 구현하는 것이 조직의 현재 사명에서 벗어난다는 것을 깨달을 때 종종 발생한다. 적응적 리더십이 해결할 수 있는 것은 바로 이러한 조직적 저항이다.

적응적 리더십의 또 하나의 강점은 유용성 있고 실무적인 '리더십의 규범적 접근법(a prescriptive approach to leadership)'을 제시하고 있다는 것이다. Heifetz와 그의 공동연구자들의 저술들은(Heifetz, 1994; Heifetz & Sinder, 1988; Heifetz et al., 2009; Heifetz & Laurie, 1997; Heifetz & Linsky, 2002) 적응적 리더십을 촉진하기 위해 리더가 할 수 있는 많은 행동들을 제시하고 있다. 〈그림 11-1〉의 리더 행동들은 적응적 리더가 어떤 행동을 해야 하는가에 대한 규범이다. 예를 들어, '객관적 상황 파악(get on the balcony), 변화에서 오는 스트레스 조절(regulate distress), 작업자에게 자율권 부여(give work back to the people)' 등은 모두 성원들이 적응과 변화를 위해 요구되는 일을 잘할 수 있도록 동력을 불어넣기 위해 리더가 사용할 수 있는 처방된 행동(prescriptive behaviors)이다. 일반적인 의미로 모델까지도 처방적(규범적)이다. 성원들이 적응하기 위해 학습해야 하고 리더는 적응이 가장 잘 이루어질 수 있는 여건(상황)을 만들어야 한다는 것을 규범으로 하고 있기 때문이다. 간단히 말해서 적응적 리더십은 적응적 변화를 촉진하기 위해 리더와 성원들이 무엇을 해야 하는가에 대한 처방전을 제공하고 있다. 성원들이 다루어야 할 일들의 유형을 설명하고, 그 같은 일들이 완성되도록 도움을 주기 위해 리더가 채택할 수 있는 행동들을 설명하고 있다.

적응적 리더십의 규범적 성격은 조직이 조직 구조에 도전하는 파괴적인 수준에 직면하고 이러한 문제를 해결하기 위해 적응적 대응을 개발할 때 가치가 있다. 적응적 리더십은 하향식 접근 방식이 아니기 때문에 사람, 기술, 정보 및 자원의 연결망이 결합하여 문제를 해결할 때 새로운 질서가 나타난다(Uhl-Bien & Arena, 2017). 협업에 중점을 둔 적응적 리더십은 특히 복잡한 조직 문제에 적용할 수 있다(Nelson & Squires, 2017).

마지막으로 적응적 리더십은 리더십 과정의 필수적인 부분으로 “도움되는 환경 조성(a holding environment)”의 개념을 확인(제시)함으로써 리더십 연구 분야에 독특한 공헌을 하고 있다. 성원들이 어려운 현안 문제들(issues)을 잘 처리해갈 수 있는 편안한 환경 내지는 도움되는 환경을 조성하는 것이 리더의 책임이라고 이야기하는 리더십 이론은 거의 없다. 적응에 도움되는 환경은 물리적, 가상적 혹은 관계적일 수 있으나 가장 중요한 것은 사람들이 변화에 적응하기 위해 열심히 일하며 느낄 수 있는 편안한(안전한) 분위기(a safe environment)이다. 그것은 리더가 대화를 시작하는 곳이지만 너무 강렬하거나 파괴적인 것이 되지 않는 대화의 장이다. 비록 추상적이기는 하지만 도움되는 환경의 개념(the concept of holding environment)은 쉽게 가시적이 될 수 있고, 적응적 리더십을 실현하고 싶은 사람 누구에게나 유용한 개념이다.

2 비판

여러 가지 강점들에 더하여 적응적 리더십은 몇 가지 약점을 가지고 있다. 첫째, 이 접근법의 개념적 틀은 Heifetz의 저서 Leadership Without Easy Answers(1994)에서 23년 전에 제시되었지만 적응적 리더십의 주장을 검증하기 위해 실시된 실증적 연구가 거의 없다는 점이다. 원래는 이론 구축을 위한 실무적 틀을 의도한 것이어서 적응적 리더십은 아이디어나 가정에 기반을 두고 있으며, 검증 확인된 연구에 기반한 것은 아니다. 그 모델의 내용에 대한 실증적 연구의 뒷받침 없이는 적응적 리더십에서 제시하고 있는 아이디어와 원칙들을 그대로 수용하는 데 신중해야 한다.

둘째, 적응적 리더십 과정의 개념화는 더욱 정교화해야 한다. 적응적 리더십은 의도적으로 리더십의 실무적 접근법으로 설계되었고 리더가 성원들을 도와 적응적 노력을 하도록 무슨 행동을 해야 할 것인가에 대한 일련의 처방된 행동들로 구성되어 있다. 그러나 적응적 과정의 주된 요인들과 이들 요인들이 적응적 노력을 촉진하기 위해 서로 관련시키는 방식이 명쾌하게 기술되지 않고 있다. 〈그림 11-1〉은 적응적 리더십 현상을 모델화하는 첫 번째 시도를 제공하고 있으나 모델의 기본적 요인들을 명확히 하기 위한 더 많은 노력이 요구되고, 이들 요인들 간의 실증적 관계와 이들 요인들이 집단과 조직 내에서 적응적 변화로 이어지는 과정을 명확히 하는 데도 더 많은 노력이 요구된다.

그러나 최근에는 모델의 기본 가정과 이론적 원리에 대한 증거 기반을 제공하는 것을 목표로 하는 예비 연구가 등장하기 시작했다(참고: Adams, Bailey, Anderson & Galanos, 2013; Benzie, Pryce & Smith, 2017; Corazzini et al., 2014; Gilbert, 2013; Hlalele, Manicom, Preece & Tsotetsi, 2015; Klau & Hufnagel, 2016; Mugisha & Berg, 2017; Preece, 2016). 적응적 리더십 측정과 관련하여 창의적으로 문제를 해결하는 적응적 성과에 대한 몇 가지 예비 작업이 수행되었다. 불확실하거나 예측할 수 없는 작업 상황을 다루며, 새로운 작업과 기술 및 일의 절차를 배우고 업무 스트레스를 처리하도록 하고 있다(Marques-Quinteiro, Ramos-Villagrasa, Passos & Curral, 2015).

셋째, 적응적 리더십은 너무 범위가 넓고 추상적이다. 예를 들어, 이 접근법은 '소수의견의 보호', '시스템의 동력화', '태만에 이름 붙이기', '흔들리지 않기', '정치적으로 행동하기', '자신을 고정시키기' 등 이 장에서 논의되지 않은 많은 것들을 암시하고 있다. 이 같은 규범의 의미와 그 같은 규범들이 적응적 리더가 되는 것과의 관련성을 설명한다는 것은 그 범위가 너무 광범위한 성질의 것이기 때문에 당황하게 된다. 여기에 더하여 '작업자에게 자율권 부여'처럼 모델에서 추천하고 있는 리더 행동은 구체성과 개념적 명확성이 결여되어 있다. 이같이 추천되고 있는 리더 행동에 대한 명확한 개념화가 없이는 연구에서 어떻게 분석하고 실무에서 어떻게 실천할 것인가를 알기가 어렵다. 그 결과 리더들은 처방된 리더 행동들의 개념을 추측하여 자신이 개념화해버린다. 그렇게 되면 Heifetz와 그의 동료들이 의도한 것과는 많은 격차를 보이게 될 것이다.

넷째, 적응적 리더십은 갈등을 조장하기 때문에 성원들에게 불편할 수 있다. '보유 환경'의 개념은 우려를 표명하고 솔루션을 탐색하는 것이 안전한 이론의 중심이지만 환경을 안전하게 유지하는 방법은 명확하지 않다. 지도력에 의문을 제기하는 사람들은 자신의 견해에 대해 불이익을 받을 수 있다. 이론은 독재적 지도자에 의한 조작으로부터 보호하는 방법을 다룰 필요가 있다(Nelson & Squires, 2017).

마지막으로 이론적 시각에서 적응적 리더십이 암시는 하고 있으나, 적응적 리더십이 사기의 차원(morale-dimension)을 어떻게 통합시키고 있는가를 직접적으로 설명하지 않고 있다. 적응적 리더십은 사람들(성원들)이 변화를 통해 어떻게 진보하고 성장하게 되는가에 초점을 맞추고 있다. 그것은 사람의 가치의 진보가 보다 큰 공적 이익으로 이어진다는 것을 넌지시 비추고 있으나, 가치의 진보가 공익으로 어떻게 이어지는가에 대하여 충분하게 설명하지 않고 있다. 그리고 적응적 리더십은 사람들에게 동력을 불어넣어 적응적 노력을 할 수 있게 해야 한다는 것을 주창하고 있으나, 적응적 노력이 사회적으로 유용한 결과로 어떻게 이어지고 있는가를 정교하게 설명하지 않고 있다. 그리고 이 모델은 평등성, 정의 그리고 공동체 등과 같은 가치의 촉진을 중요시하고 있으나, 적응적 노력과 이들 사회적 가치의 성취 간의 연결을 명확히 하지 않고 있다.

3 응용

적응적 리더십을 실제 상황에 어떻게 적용할 수 있는가? 몇 가지 방법들이 있다. 개인 수준에서 적응적 리더십은 특유한 일련의 구성 개념들로 이루어진 개념적 틀을 제공하고 있고, 이 개념들은 우리가 당면한 도전들이 어떤 유형의 도전들인가(예를 들어, 기술적 도전인가 아니면 적응적 도전인가)를 결정하는 데 도움이 되고 그 도전들을 관리하는 전략(예를 들어, 도움을 주는 환경 조성)을 결정하는 데 도움이 된다. 개인들은 이들 구성 개념(constructs)들을 자신들의 리더십 실무에 쉽게 흡수 통합할 수 있다. 더욱이 이 모델은 가정, 학교, 작업장, 지역사회, 공동체 등 다양하고 광범위한 상황에 적용할 수 있는 리더십 접근법이다.

조직 수준에서 적응적 리더십은 변화와 성장의 과정에서 나타나는 다양한 도전들을 설명하고 다루는 모델로 사용될 수 있다. 도시 학교 교육장들의 훈련 모델로 연구된 적도 있으며(Chace, 2013), 학교장 지망생들을 위한 리더십 교육의 질을 높이기 위해 연구된 적도 있다(Guilleux, 2010). 그리고 자문을 담당하는 컨설턴트들(consultants)은 여러 유형의 많은 조직의 모든 수준에 적용 · 사용하고 있다. 특히, 적응적 리더십 모델은 비영리조직, 신앙을 기반으로 하고 있는 조직들(faith-based organizations), 건강관리시설들이 특별한 관심을 가지고 있는 리더십 접근법이다.

적응적 리더십 발전 단계의 이 시점에서 연구의 대부분은 건강보호시설에서 실시되고 있다. 한 연구 집단의 연구 결과가 제시하고 있는 것은 적응적 리더십이 의료 업무의 질을 개선할 수 있다(Thygeson, Morrissey & Ulstad, 2010)는 것이다. 연구자들은 적응적 리더십 시각에서 업무를 수행하고 있는 건강 의료전문가들은 환자들을 복잡한 적응 시스템(a complex adaptive system; 기술적 도전과 적응적 도전에 직면해 있는 복잡한 적응 시스템)으로 보고 있다고 주장한다(그림

11-3 참조). 전반적으로 그들은 적응적 리더십 접근법이 건강보호시설의 업무가 보다 능률적이고, 환자 중심적으로 계속 유지되도록 한다고 단언한다.

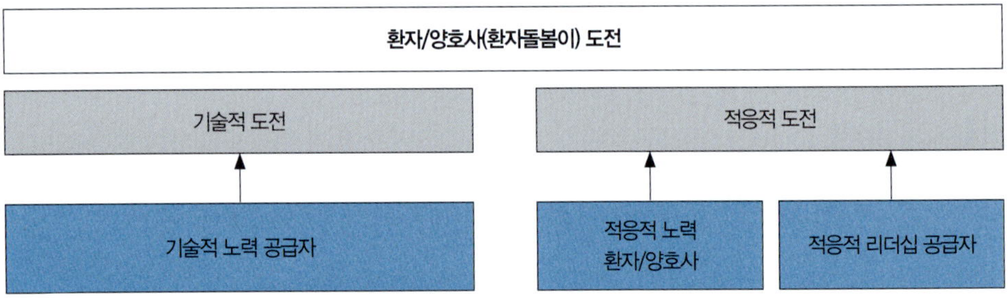

그림 11-3 Heifetz & Linsky의 적응적 리더십의 틀

자료: "Finding Your Way Through EOL Challenges in the ICU Using Adaptive Leadership Behaviours: A Qualitative Descriptive Case Study," by J. A. Adams, D. E. Bailey Jr., R. A. Anderson, and M. Thygeson, 2013, Intensive and Critical Care Nursing, 29, pp. 329-336; and "Adaptive Leadership and the Practice of Medicine: A Complexity-Based Approach to Reframing the Doctor-Patient Relationship," by M. Thygeson, L. Morrissey, and V. Ulstad, 2010, Journal of Evaluation in Clinical Practice, 16, pp. 1009-1015.

Eubank, Geffken, Orzano와 Ricci(2012) 등은 가정의학 전문교육을 위해 개발된 교육과정을 지도하기 위해 적응적 리더십을 무엇보다 우선하는 기초 과정으로 사용하였다. 그들이 주장하기를 내과의사들이 적응적 리더십에서 장려하고 있는 리더 행동들(객관적 상황 파악, 적응적 도전의 확인, 변화에서 오는 스트레스의 조절)을 하게 되면 환자 중심 간호(돌봄), 관계 회복의 실천과 계속적인 유지를 위해 필요한 처리 방법을 터득할 수 있게 된다는 것이다. 더욱이 고통받고 있는 환자들을 돕기 위해서 의사들은 문제해결의 기술적 유능성(technical problem-solving competencies)보다 더 많은 것이 필요하다고 Eubank et al.은 주장하고 있다. 또 의사들이 필요한 것은 환자들이 그들의 건강과 복지상황의 변화에서 오는 도전을 극복하며 살아가는 법을 배울 수 있도록 그들에게 도움을 줄 수 있는 적응적 기술(process skill; 그 같은 도전에 어떻게 적응해갈 것인가에 대한 적응 기술)이라는 것이다.

두 가지 서로 다른 사례 연구에서 연구자들이 발견한 것은 적응적 리더십이 환자들과 가족들이 환자의 건강 보호(돌봄)에서 오는 도전을 잘 대처하도록 도움을 주기 위해 활용될 수 있다. 연구에서 적응적 리더십의 틀을 사용한 Adams, Bailey, Anderson과 Thygeson(2013)은 가족들의 적응적 노력을 도와줌으로써 약물 치료 병동에서 말기 환자 병동으로 옮기는 것을 쉽게 하는 '간호사들과 의사들의 행동'을 확인할 수 있었다. 이와 유사한 연구에서 Adams,

Bailey, Anderson과 Galanos(2013) 등은 적응적 리더십 원칙들이 집중 치료 병동에 있는 환자들의 가족을 도와 인명의 손실과 변화에 대한 상담을 마무리짓고 환자가 바라는 것과 일치한 결정을 내리도록 하는 데 유용하다는 것을 발견하였다.

요약하면, 적응적 리더십은 개인 수준이나 조직 수준은 물론 연구 환경에서도 많은 응용이 가능하다. 적응적 리더십이 더 많은 지지를 받기 위해서 더 많은 연구가 요구되지만 많은 상황에서 활용될 수 있는 리더십 접근법인 것만은 분명하다.

사례 연구

여기에서는 적응적 리더십이 어느 정도 내재되어 있는 서로 다른 상황의 세 가지 사례들(사례 11.1, 11.2, 11.3)을 제시 한다. 그 첫 번째 사례는 정신질환의 오명을 덜기 위해 글을 쓰기를 원했던 어느 고등학교 신문의 편집자 두 사람이 당면한 도전을 설명하고 있다. 두 번째 사례는 어느 대학 스포츠팀인 원반던지기팀의 두 공동팀장이 원반던지기팀의 문화를 변화시키려는 시도에 관한 것이다. 세 번째 사례는 재정적으로 어려움을 겪고 있는 소규모 대학의 지도부가 문을 닫아야 할 가능성에 어떻게 대처했는지를 설명한다. 각 사례의 마지막 부분에는 적응적 리더십 차원들을 탐색해 보도록 도움을 주기 위해 사례에 관한 질문들이 제시되어 있고 그것들이 실제적인 상황의 문제들을 다루는 데 어떻게 활용될 수 있는지 탐구하도록 한다.

사례 11.1: 침묵, 정신질환, 오명

Madeline Halpert와 Eva Rosenfeld는 세 가지 공통점을 가지고 있다: 두 사람은 고등학교 학교신문 편집부원이고, 두 사람은 모두 우울증세로 고통을 겪고 있으며, 서로의 경험을 공유하기 전까지는 둘 다 정신질환으로 인한 오명의 고립감을 느꼈다.

이 두 학생 편집자들은 자신들의 학교에서 자신들과 같은 도전을 겪고 있는 학생이 단지 그들만이 아니라는 것을 알고 있었다. 그래서 그들은 협동적인 노력으로 다른 사람들을 지원하여, 우울하고 고독을 느끼는 사람을 정신병자라고 낙인찍는 것을 줄이기 위해 그들 학교신문에 그 주제에 관한 심층적인 특집 기사를 게재하기로 결정하였다. 최근 학교 총기 난사 사건은 청소년들의 정신질환을 전면에 내세웠고, 그 증거는 우울증이 젊은이들 자살의 주요한 원인임을 보여준다(Halpert & Rosenfeld, 2014). 그러나 우울증과 고독을 느끼고 있는 사람에게 정신병자라는 강력한 낙인을 찍는 것은 그것으로 고통받고 있는 사람들을 더욱 고립(격리)시킨다. Eva와 Madeline의 특집 기사의 목적은 해당 10대들과의 대화내용을 공개하여 더 이상 낙인찍는 일을 끝내자는 것이었다. 그래서 그들은 주변 지역 학교의 많은 10대들을 인터뷰했고 그들의 우울증세, 무질서한 음식습관, 안식처가 없다는 느낌 등을 포함한 정신병적 증세에 관한 자신들의 이야기를 실명과 함께 공유하는 것에 동의하였다. 그 두 편집자들은 인터뷰 학생들의 부모로부터 그 학생들의 이야기를 편집 기사에 사용해도 좋다는 허락까지 받았다. 그러나 그들의 이야기는 기사화되지 못하였다.

그들이 학생들의 이야기를 편집하고 있을 때 학교 교장 선생님이 그들을 그녀의 사무실로 불러들여 말하기를 우울증으로 고생한 대학축구선수가 있는데 인터뷰에 응할 것이라고 하였다. 편집자들은 정중하게 거절하고 동료들의 심층적인 이야기가 실린 기사를 학생들과 거리가 있는 사람의 기사로 바꾸고 싶지 않다고 하였다. 그러자 교장은 그 이야기들을 기사화하여 인쇄하는 것을 지원해 줄 수 없다고 하였고 학생들의 실명 사용도 반대하였다. 그 기사가 해당 학생들에게 영향을 미쳐서 그들이 마구 뽐내고 다닌다든지 하는 반응을 보여 정신건강에 더 해로울 가능성이 있다는 이유에서였다. 담당 지방공무원들도 신문기사의 인쇄를 중단하라는 교장의 편에 섰다. 기사에 실린 학생들을 보호하는 것은 당연한 것이라고 하였다.

이 같은 움직임은 두 학생 편집자들을 놀라게 하였다. 그들의 학교가 잘못을 묵인하는 분위기에 젖어있다는 것을 느꼈기 때문이다. "우리가 놀란 것은 '정신건강의식'의 중요성을 주장하는 학교 당국이나 어른들이 그것을 방해하고 있는 사람들이었다."는 것이다. "학생 자신들의 어려움을 공개적으로 말하지 말라고 우리들에게 말함으로써 우리들이 줄여보려고 노력하는 정신병자라는 낙인을 더 강화하고 있다."

두 편집자의 기사는 대형신문의 특집면(거기에는 서명이 들어 있는 기사가 많이 실려 있음)에 실리게 되었다. "Depressed, but Not Ashamed"란 제목의 기사가 The New York Times에 실려 발행되었다. 기사에는 학생들의 기사가 학교당국에 의해 저지당하게 되어 그들이 실망과 낙담을 하였다는 것과 그 같은 처사는 단지 우울증이나 고독감을 느끼고 있는 것을 정신질환 증세로 보고 사람들을 정신병자로 낙인찍고 있는 것이라는 것이 논의되었다.

"우리는 학교 신문에 게재하기 위해 청소년들과 인터뷰함으로써 정신병자라는 낙인과 싸우기 위한 노력을 시작하였으나 실패로 끝났다. 불행하게도 우리는 그것이 쉽지 않다는 것을 배웠다. 우리의 복지를 옹호할 책임이 있는 사람들이 우리가 의기소침하고 우울한 것에 관해 공개적으로 정직한 대화를 하게 할 수 있는 준비가 아직 안 되었다."라고 적고 있었다. 특집면(the op-ed piece)에 실린 기사에 대한 반응들은 흥미롭게도 대화내용이나 주제에 대한 반응들이었다.

그 후 두 학생 편집자들은 계속해서 National Public Radio show의 주말 편에 출연하여 인터뷰를 했다. 인터뷰에서 두 학생 편집자는 자신들의 노력에 대한 긍정적 반응을 경험하고 있다는 것을 인정하고 있었고 그들의 기사가 처음 알려진 후 200건 이상의 논평이 있었다. 많은 논평들은 그 기사가 독자들의 공감을 얻고 있고 독자들에게 정신질환의 증세인 고독감이나 우울증에 대해 이전과는 다르게 말할 수 있는 용기를 주었다고 이야기한다.

"제가 생각하기에 가장 중요한 것은 공개적인 대화이다."라고 한 편집자 학생이 인터뷰에서 말하였다. "긍정적 논평도 있었고 부정적 논평도 있었다. 그러나 가장 중요하고 놀라운 것은 사람들이 그 같은 문제를 공개적으로 논의하는 것을 볼 수 있게 되었다는 것이다."

질문

01 두 학생 편집자들이 다루고자 한 문제점은 어떤 것인가? 기술적 도전인가 아니면 적응적 도전인가?

02 이 상황에서 학교장의 대처에 대한 당신의 반응은 무엇인가? 방향 제시, 보호, 적응 지도, 갈등 관리, 생산적인 규범 등과 어울리는 일을 어떻게 했다고 생각하는가?

03 이 사례에 '도움되는 환경'을 설명해 보라. 이 상황에서 도움되는 환경의 조성이 적응적 도전에 대응하기 위한 충분한 조치인가? 그것을 어떻게 개선할 수 있는가?

04 〈그림 11-1〉에 기초하여 이 사례에서 누가 적응적 리더인가를 논의해 보라. 이들 리더들은 어떤 리더 행동(객관적 상황 파악, 적응적 도전의 확인, 적응에서 오는 스트레스의 조절)을 보이고 있는가?

사례 11.2: Bacchus(박카스) 길들이기

Kyle Barrett은 원반던지기 선수다. 그는 중학교 시절 원반던지기 운동을 시작하였고 고등학교 시절에는 경기에서 뛰기도 하였다. 태평양 북서부에 위치한 대학의 소규모 문과대학에 입학했을 때 원반던지기팀(ultimate disc team)[2]이 있는 것을 알고 흥분하였다. 그러나 운동팀원들이 경기보다 파티에 더 관심이 많은 것을 알았을 때 그 흥분은 낙담으로 변하였다.

이것은 대학팀에 관한 첫 해의 기억이었다. 팀은 정말로 남학생 사교 클럽 문화에 젖어 있었다. 신입생을 닦달하는 문화, 술 마시는 것을 우선으로 하고, 토너먼트는 일종의 파티였고 경쟁이 아니었다. 팀은 많은 파티를 열었고 팀의 명칭까지도 박카스(Bacchus; 고대 로마의 와인, 숙취한 신의 명칭)였으며, 이는 팀의 문화를 반영하고 있었다.

Kyle은 팀동료 Harrison에게서 자기와 같은 마음을 발견하고 그와 함께 클럽 성격의 팀을 경쟁수준의 프로그램으로 운영되는 스포츠팀으로 바꿀 수 있는 방법을 찾아보기로 하였다. 두 사람은 공동팀장으로 선출되었고 그들의 스포츠에 대한 깊은 지식을 팀원들과 나누기 시작하였다. 그들은 팀의 성공에 대한 열망(포부)에 관해서도 의사소통하였다. 그러나 파티를 지지한 몇몇 팀원들은 정면으로 반대하고 나섰다. 한 팀원이 "네가 그것을 내려놓든지 아니면, 클럽을 떠나라."라고 말하였다.

두 팀장은 그들이 원한다고 해서 팀의 문화가 쉽게 바뀌지 않을 것을 알고 있었다. 그들은 또한 동시에 팀장, 팀코치, 선수가 될 수 없다는 것을 알고 있었다. 그래서 그들은 팀이 자신들의 팀문화를 바꾸는 것을 돕기 위해 몇 가지 조치를 취하기 시작하였다.

첫째로, 유명한 코치인 Mario O'Brien을 영입하여 팀을 지도하고 팀원들의 운동 기술과 경기 전략을 가르치도록 하였다. 팀에는 과거에 다른 코치들이 있었지만 아무도 O'Brien이 가진 지식이나 경험 그리고 평판을 따라가지 못했다. 이에 대해 한 팀원은 "한발 물러나 이 팀이 강한 팀이 되기 위해 무엇이 필요한지를 생각해 보면 O'Brien과 같은 수준의 능력있는 사람을 영입해야 한다."라고 말하였다.

O'Brien과 함께 연습을 하기 시작한 몇 주 후 팀장과 코치는 팀 만찬(team dinner)을 주선하였다. 만찬에 앞서 그들은 팀원들 각자에게 팀에 대해 생각하고 있는 것과 어떤 팀이 되기를 바라고 있는가를 적어서 익명으로 제출하라고 요구하였다. "적는 데는 별다른 규칙은 없고 단지 말하고 싶은 것을 적으면 됩니다."라고 한 팀원이 말하였다. 그리고 제출된 각 내용을 소리내어 읽어주면 팀원들이 논의하도록 하였다.

아무도 공개적으로 자신의 주장을 말하지 않아도 되었고, 다른 사람 앞에서 난처해 하지 않아도 되었다. 그 모임을 마치고 나올 때는 함께한다는 의식과 팀으로서 결속된 느낌을 가지고 있었다. 그들은 많은 현안문제들을 철저히 논의하였고 같은 목표를 추구하고 있다는 이해에 도달하게 되었다. 이 같은 과정이 팀의 목표에 헌신하지 못하게 하는 요소들을 제거하게 만들었으며, 대결적인 방식으로 된 것은 아니었다.

만찬 모임에서 의견을 같이 했던 목표는 팀이 전국대회 출전권을 얻기 위해 지역 경쟁 시합에서 승리하기 위해 충

2 ultimate disc team의 정확한 운동명칭을 찾을 수 없어 "원반던지기"로 번역하였다.

분한 노력을 하자는 것이었다. 그러나 팀의 많은 선수들이 경험이 없는 젊은 선수들이었고, 때로는 스트레스와 좌절, 마찰의 원인을 제공하기도 하였다. 그러나 팀장들은 여러 번의 모임을 소집하고 관심사를 논의하였다. 그리고 연습 게임 전후에 팀의 목적을 논의하였다. 그리고 사교 모임(음주를 최소화한 사교 모임)을 주선하여 스포츠 경기가 아닌 다른 활동에도 팀선수들이 참여하도록 하였다. 연장자이고 경험 많은 선수들은 보다 젊은 선수들과 신입선수들을 멘토링하여 그들의 기술 향상에 도움을 주었다. 뛰어난 공격선수인 Harrison까지도 방어선에 뛰어들어 선수들의 기술 향상에 도움을 주었다. 그것이 그 자신의 즐거움과 경기 능력을 위해 최선의 것은 아니지만 팀의 개선과 발전을 돕기 위해 필요한 것이라고 느끼고 있었다.

Bacchus 팀은 2년 후에 목표에 도달하였다. 지역 경기 대회에서 준우승을 차지하였고 전국 대항 경기에 출전하여 주목을 받았다. 팀이 전국대회의 마지막 경기를 마친 후 Kyle과 Harrison은 팀선수들이 함께 원을 만들어 서게 하고 "우리는 지금 여기서 스포트라이트를 받으며 서 있는 것보다 더 많은 것을 성취하였습니다", "우리는 목표를 같이하고 있는 가족이 되었고 경기를 위해 서로 존경하는 사이가 되었습니다. 그리고 그것은 어떤 다른 것보다 더 빛나는 승리입니다."라고 Kyle이 말하였다.

질문

01 Kyle과 Harrison은 어떤 변화를 가져오기 위해 노력하였는가? 이 같은 변화가 선수들의 믿음과 태도, 가치관에 어떻게 영향을 미쳤는가?

02 팀이 당면했던 도전은 기술적 도전인가, 기술적-적응적 도전인가 아니면 적응적 도전인가? 당신의 대답을 설명하기 위해 사례 내의 어떤 예를 들 수 있는가?

03 예를 들어가면서 팀장들이 다음 각각의 적응적 리더 행동에 어떻게 가담하고 있는지 설명하라.

(1) 객관적 상황 파악 (2) 적응적 도전의 확인 (3) 스트레스의 조절

(4) 훈련된 자세의 유지 (5) 작업자들에게 자율권 부여 (6) 소수 의견의 보호

04 공통 팀장이 팀을 위해 조성한 '도움되는 환경'을 설명해 보라. 그것이 성공적이었다고 생각하는가? 그렇다면 왜인가? 아니면 왜 그렇게 생각하지 않는가?

사례 11.3.: MARLBORO 대학을 위한 절실한 선택

폐교해야 될까? 이것은 미국의 많은 소규모 대학이 직면한 문제다. 여러 가지 요인이 이러한 끔찍한 상황을 만들었다. 첫째, 미국 전역의 고등 교육 등록 학생 수는 강력한 경제로 인해 감소했다(Nadworny & Larkin, 2019). 둘째, 주에서는 더 이상 고등 교육에 자금을 지원하지 않으므로 학교는 학생의 등록금에 더 의존하고 있다. 그 결과 2008년부터 2018년까지 사립대학의 등록금이 29% 이상 올랐다(Hess, 2019). 셋째, 2019~2020년의 코로나 바이러스 대유행으로 온라인 교육 제공이 증가하여 학생들이 주거용 소규모 대학 경험에 대한 필요성을 다시 생각하게 되었다. 마지막으로, 고등학교 졸업생의 수가 정체되어 관심 있는 대학 지원자들의 경쟁이 매우 치열해졌다.

이러한 요인으로 인해 많은 학교의 등록률이 크게 감소했다. 낮은 등록률은 수입 감소를 의미하며, 대학은 예산 적자를 만회하기 위해 직원과 교수진을 감축(Harlow, 2019)하거나 문을 닫는 선택(Jaschik, 2019)과 같은 어려운 결정을 내리게 되었다.

Vermont 시골의 작은 교양 대학인 Marlboro대학교는 최근 고등 교육 기관으로 계속 운영할지 결정을 해야 하는 입장에 놓이게 되었다. Marlboro는 특정 유형의 학생들을 교육하였다. 자신의 학업 계획을 세우고, 석사 학위 논문에 상응하는 글을 작성하여 졸업하고, 교수진과 의도적인 상호작용을 원하는 학생들이다(경쟁 비율은 7:1)(Zahneis, 2019). Marlboro의 철학은 학문적 유토피아인가, 아니면 불행하게도 실패할 운명인가? Marlboro를 찾은 학생들에게는 학문적 꿈이었지만 등록에 영향을 미치는 수많은 요인으로 인해 대학의 문을 열 것인가의 문제는 더 어려운 현실이 되었다.

Marlboro의 총장 Kevin F. F. Quigley는 단순히 문을 닫는 것이 아니라 여러 가지 선택을 탐색하기를 원했다. 그는 Marlboro의 운명에 대해 깊게 생각했고 대학을 폐교하고 싶지 않았다. 이를 위해 그는 이사회 의장, 총장, 네 명의 이사, 두 명의 교수진, 한 명의 학생으로 구성된 전략 선택 특별 전문 위원회(Strategic Options Task)를 출범시켜 Marlboro 대학을 위한 선택들을 검토했다(Marlboro College, 2019). 팀이 조사한 질문에는 다음과 같이 내용이 포함되었다. 캠퍼스가 계속 운영될 수 있지만 다른 기관의 분기 캠퍼스로 운영될 수 있는가? 현재 학생들이 학업을 중단하지 않도록 하는 방법이 있는가? 캠퍼스 폐쇄가 대학이 위치한 작은 마을(Marlboro 마을)에 어떤 영향을 미치는가? 학교의 역사와 가치에 어떤 일이 생기겠는가? 학생, 교직원 및 동문은 학교에 대한 정체성에 가장 확실히 영향을 미칠 변화를 어떻게 받아들일 것인가?

2019~2020학년도에 들어서면서 Marlboro대학교가 기껏해야 몇 년 동안만 문을 열 수 있다는 것이 분명해졌다(Audette, 2019b). Quigley 총장은 "전문 위원회"와 협력하여 다른 기관이 대학과 파트너 관계를 맺고 싶은지 확인하기 위해 전화를 걸어 10회에 걸쳐 대화했다(Audette, 2019a).

전문 위원회는 선택의 폭을 좁혀 Marlboro가 지방 분교를 유지할 수 있는 유일한 협력체인 Bridgeport 대학에 갔다. Marlboro는 7월 말에 과학, 기술, 공학 및 수학에 중점을 두고 매년 5,000명의 학생을 등록하는 직업 교육 중심 대학인 Bridgeport와 합의서에 서명했다. 그러나 그것은 순조롭지 않았고 Marlboro와 Bridgeport 간의 협상은 2019년 9월에 중단되었다(Zahneis, 2019).

놀랍게도 2019년 11월에 새로운 계약이 성사되었다. Boston의 Marlboro와 Emerson 대학은 두 기관 사이에 협력관계를 발표했다(Zahneis, 2019). 이 계약은 2020학년도 말에 Marlboro 대학의 운영을 종료하고 현재 재학중인 학생들은 Boston의 Emerson 대학으로 편입할 수 있는 기회를 제공하기로 하였다. Emerson은 Marlboro의 모든 재직 기간 및 재직 기간 추적 교수를 고용하고 현재 Marlboro 학생을 수용하기로 동의했으며, 학생들이 전공을 변경하지 않은 경우 Marlboro의 현재 수준의 등록금으로 학업을 계속하도록 하였다. Marlboro의 다른 모든 직위는 학년 말에 더 이상 존재하지 않는다. 이 과정에서 Emerson은 3천만 달러의 기부금과 1천만 달러의 건물을 포함하여 Marlboro로부터 자산 이전을 받았다. Emerson 대학은 Marlboro 캠퍼스는 폐쇄될 것이며 Marlboro에 캠퍼스를 두는 데 관심이 없다고 밝혔다(Audette, 2019a).

Quigley 회장은 Emerson의 협상을 의도적으로 비밀에 부쳤기 때문에 많은 사람들이 발표에 놀랐다. 그는 "9월 중순 Bridgeport와의 협상이 결렬된 이후 우리는 정말 궁지에 몰렸으며 마음을 졸이며 기다렸다."라고 말했다. "우리는 회담 방식과 누가 참여할지 변경하여 더 긴밀한 사람들이 참여했다. 그러나 지역사회에 새로운 것은 없었다."(Zahneis, 2019).

이 움직임은 Marlboro의 학생과 동문 사이에 혼합된 감정을 불러일으켰다. 전직 Marlboro 교직원은 "이 모든 것이 비밀 협상을 통해 이뤄졌다. 무슨 일이 일어나고 있는지 아무도 몰랐다."(Zahneis, 2019) 이러한 감정은 Marlboro 마을의 주민들에 의해서도 표현되었는데, 그들 중 다수는 대학에 고용되어 있었다.

소문이 더 많이 알려지자 한 졸업생이 동문 공유로 운영할 계획으로 해당 기관을 매입하려고 했다(Zahneis, 2019). Facebook을 통해 많은 동문들이 동창회에서 자신들이 직장을 그만두고 급여를 삭감하며 모교 재건을 돕겠다고 약속했다. 그들은 마치 캠퍼스 지도부가 캠퍼스 폐쇄에 대한 모든 대안에 대해 생각하지 않는 것처럼 느꼈다. 그러나 Emerson과의 계약은 구속력이 있었고 대학은 계획을 추진해야 했다.

많은 교수들과 졸업생들은 행동 과정에 낙담했고 두려움을 완화하기 위해 Marlboro 학생과 교수진은 Emerson 경험이 Marlboro 철학에 맞는지 확인하기 위해 Emerson을 여러 번 방문했다(Marlboro College Board of Trustees, 2019). 학생들은 이러한 상황에 대해 일체감을 표명했다. 한 관계자는 "합병에 대해 상당히 낙관적이다. 우리는 그것이 최악의 상황에서 할 수 있는 최선책이라는 것을 알고 있다."(Zahneis, 2019)

그러나 동시에 마을의 눈에 띄는 곳에 위치한 대학 캠퍼스가 어떻게 될지에 대해 주민들은 상당히 우려하고 있었다. 이를 해결하기 위해 Marlboro 대학은 Marlboro 동창회, 이사회, 직원, 교수진, 학생 및 Marlboro 마을 대표로 구성된 Marlboro 캠퍼스의 생산적 활용에 도움이 되는 계획안을 만들도록 하였다(Audette, 2020).

질문

01 Marlboro의 총장이 추구하고자 했던 경쟁적 약속은 무엇인가?

02 적응적 리더로서 Marlboro 총장이 하는 일을 설명하시오.

03 다음의 리더 행동들 중 어떤 것을 총장이 활용하였는가?

(1) 관망 (2) 적응적 도전의 확인 (3) 변화에서 오는 스트레스 조절

(4) 훈련된 자세의 유지 (5) 작업자에게 자율권 부여 (6) 소수 의견의 보호

04 대학이 이 같은 도전을 해결하기 위해 각기 다른 행동 방침들이 있다고 생각하는가?

05 만약 당신이 Marlboro 대학의 총장이라면 학생들, 교수들, Marlboro의 지역시민들을 위한 환경을 어떻게 만들 수 있는가?

06 적응적 리더십은 성원들을 도와 가치 투쟁을 하도록 지도한다. 이 사례에서 누가 가치 투쟁을 하는가? 그들의 가치 투쟁의 주제는 무엇인가?

리더십 측정 도구

적응적 리더십 과정의 이해를 돕고 적응적 리더십에 비추어 리더십 유형을 이해하기 위해서 적응적 리더십의 설문지를 수록했다. 이 설문지는 당신의 리더십에 대한 360도 혹은 다평가자 피드백을 제공하고 있다.

이 적응적 리더십 설문지는 이 장에서 논의된 적응적 리더십의 6가지 차원들(객관적 상황 파악, 적응적 도전의 확인, 스트레스의 조절, 훈련된 자세의 유지, 작업자들에게 자율권 부여, 소수 의견의 보호)을 측정하기 위한 30개의 문항으로 구성되어 있다. 이 설문에서 얻은 결과는 적응적 리더십의 6가지 차원에 비추어 당신이 자신을 어떻게 보고 있으며 또 다른 사람들이 당신을 어떻게 보고 있는가에 대한 정보를 제공해 줄 것이다. 그리고 이 설문지는 실무적 적용을 위한 것이며, 연구 목적으로 설계된 것이 아니다. 실증적인 연구 목적을 위해서는 설문이 심리 측정 도구(신뢰성과 타당성이 검증된 도구)가 되도록 만들어져야 한다.

적응적 리더십은 복잡한 리더십 과정이다. 이 설문지에 답해봄으로써 적응적 리더십에 비춰본 자신의 리더십 유형은 물론 적응적 리더십 이론을 이해하는 데 도움을 얻게 될 것이다.

적응적 리더십 설문지

작성 요령: 이 설문지는 적응적 리더십 행동의 6가지 다른 차원들을 측정하려는 항목들로 구성되어 있으며, 당신 자신이나 당신을 잘 알고 있는 사람들(동료, 친구, 당신이 속해 있는 집단성원들)이 작성해야 한다.

1. 이 설문지와는 별도로 복사본 5매를 만든다.
2. 당신 자신이 설문지를 작성할 경우 설문지에 "이 리더"란 말이 나오면 "나는" 혹은 "나를"로 바꿔서 측정(작성)한다.
3. 당신을 잘 알고 있는 사람 5명을 선별하여 각자 설문지를 작성하도록 한다. 설문상의 리더 행동 내용이 당신의 리더 행동을 어느 정도로 정확하게 묘사하고 있는가를 생각하여 그 정확성의 정도를 척도상의 1, 2, 3, 4, 5 중에서 하나를 선택한다. 이 설문의 응답은 옳거나 틀린 것이 아니고 설문이 리더 행동을 어느 정도로 정확하게 묘사하고 있는지 정확성의 정도를 측정하려는 것이다.

Key: **1**=전혀 그렇지 않다 **2**=그렇지 않다 **3**=보통이다 **4**=그렇다 **5**=전적으로 그렇다

01	우리 조직에서 어려운 일이 발생할 때 이 리더는 한발 물러나 관련된 사람들 간의 상호작용의 역동성을 판단해 본다.	1 2 3 4 5
02	어떤 사건이 구성원들 간에 강한 정서적 반응을 유발하고 있을 때 이 리더는 리더로서의 자신의 권한을 사용하여 그 문제를 해결한다.	1 2 3 4 5
03	사람들이 조직 내의 어떤 변화에 대해 불확실성을 느끼고 있을 때 사람들은 이 리더가 자신들을 도와 어려움을 헤쳐나가게 해줄 것이라고 믿고(신뢰하고)있다.	1 2 3 4 5
04	복잡한 문제의 상황에서 이 리더는 성원들이 피해가려고 한 현안 문제에 초점을 맞춰 일한다.	1 2 3 4 5
05	성원들이 결정해야 할 문제를 놓고 애를 쓰고 있을 때 이 리더는 그들이 해야 할 일이 무엇인가를 말해준다.	1 2 3 4 5
06	어려운 변화를 해야 할 시기에 이 리더는 낮은 직위(신분)의 집단 성원들의 생각(제안)을 환영한다.	1 2 3 4 5
07	어려운 상황에서 이 리더는 때때로 "큰 그림(big picture)"을 놓치고 있다.	1 2 3 4 5
08	사람들이 가치관의 갈등으로 어려움을 겪고 있을 때 이 리더는 자신의 전문적 식견을 활용하여 그들에게 해야 할 것을 말해준다.	1 2 3 4 5
09	사람들이 해결되지 않은 갈등에 의해 저해당하고(피해를 당하고) 있을 때 이 리더는 사람들이 용기를 내어 그 같은 문제에 달려들어 해결해보도록 격려한다.	1 2 3 4 5
10	조직의 변화 과정에서 이 리더는 사람들에게 격렬하게 논의되고 있는 문제의 해결을 위해 집중적 노력을 해보도록 격려한다.	1 2 3 4 5
11	조직성원들이 문제에 대한 해답을 얻기 위해 이 리더에게 기대고 있을 때 이 리더는 자기들 스스로 해결책을 찾아보도록 격려한다.	1 2 3 4 5
12	파격적인 아이디어를 가진 집단성원들의 말을 경청하는 것은 이 리더에게 있는 좋은 장점이다.	1 2 3 4 5
13	이 리더는 어떤 사람과 의견을 달리하고 있을 때 다른 사람이 말하는 것을 경청하기 어려워한다.	1 2 3 4 5
14	다른 사람들이 격렬한 갈등으로 인해 어려워하고 있을 때 이 리더는 그 같은 갈등상황에 개입하여 서로 간에 주장(생각)하고 있는 차이점을 해결해준다.	1 2 3 4 5
15	조직 내에서 사람들이 격렬한 현안 문제를 해결하려고 노력할 때 이 리더는 관련된 사람들을 정서적으로 위로하고 위안하는 정서적 능력을 가지고 있다.	1 2 3 4 5

16 사람들이 논쟁과 갈등의 원인인 조직의 문제를 회피해 가려고 할 때 이 리더는 갈등이 되고 있는 그 문제를 공개적 논의에 회부한다.	1	2	3	4	5
17 이 리더는 성원들이 솔선하여 주도권을 갖고 문제를 찾아내고 해결하도록 격려한다.	1	2	3	4	5
18 이 리더는 집단의 작업 과정에 방해가 될 것 같은 유별난 아이디어를 제안하는 사람들에게도 개방적이다.	1	2	3	4	5
19 도전적인 상황에서 이 리더는 관련된 부서를 관찰하고 실제로 어떤 일이 진행되고 있는지 판단하고 평가한다.	1	2	3	4	5
20 이 리더는 금기시되는 이슈 또는 불편한 사실도 논의해 보도록 격려한다.	1	2	3	4	5
21 사람들은 이 리더가 도전적인 문제도 확신을 가지고 용감하게 착수한다는 것을 인정한다.	1	2	3	4	5
22 이 리더는 사람들이 어려운 이슈에 직면하는 것을 회피하는 것은 당연한 것이라고 생각한다.	1	2	3	4	5
23 사람들이 이 리더에 기대어 문제를 해결하려고 할 때 이 리더는 기꺼이 해결책을 제공해준다.	1	2	3	4	5
24 이 리더는 집단과 적합하지(잘 어울리지) 않은 것처럼 보이는 사람들에게도 귀를 열어놓고 있다.	1	2	3	4	5
25 어려운 상황에서 이 리더는 문제에 대한 올바른 시각을 얻기 위해 논쟁 상황에서 벗어나려고 한다.	1	2	3	4	5
26 이 리더는 사람들이 조직문제에 대처하기 위한 새로운 방법을 찾아내도록 격려하고 도움을 준다.	1	2	3	4	5
27 사람들은 이 리더를 어려운 일에도 흔들리지 않는 견고한 사람으로 보고 있다.	1	2	3	4	5
28 일들이 계속 진전되도록 하기 위해 이 리더는 골치 아픈(다루기 힘든) 이슈는 되도록 피한다.	1	2	3	4	5
29 사람들이 무엇을 해야 할지 불확실할 때 이 리더는 사람들에게 결정권한을 위임하여 자신들 스스로 결정하여 시행하도록 한다.	1	2	3	4	5
30 조직 내의 균형(형평)을 회복하기 위해 이 리더는 외집단 성원들(out-group members)의 비평을 중립적인 시각에서 바라보려고 노력한다.	1	2	3	4	5

채점 요령

• 객관적 상황 파악

이 점수는 당신이 한발 물러나 상황의 복잡성과 밀접하게 관련되어 있는 차원들을 파악할 수 있는 정도를 나타낸다.

이 점수를 계산하기 위해 문항 1, 19, 25의 점수는 합산하고, 문항 7, 13의 점수는 거꾸로(Reversed; R) 계산한다(1은 5로 계산하고, 2는 4로, 4는 2로, 5는 1로, 3은 바꾸지 않고 그대로 계산한다).

____1 ____7(R) ____13(R) ____19 ____25 = 총점 : ____

• 적응적 도전의 확인

이 점수는 당신이 적응적 도전, 즉 적응해야 할 도전임을 인식하고 기술적 리더십(technical leadership)을 가지고 이 같은 도전에 대응하지 않는 정도를 나타낸다.

이 점수를 계산하기 위해 문항 16, 20의 점수는 합산하고, 문항 2, 8, 14의 점수는 거꾸로(Reversed; R) 계산한다.

____2(R) ____8(R) ____14(R) ____16 ____20 = 총점 : ____

• 변화에서 오는 스트레스의 조절

이 점수는 당신이 안전하고 도움을 주는 환경(즉, 사람들이 어려운 문제를 해결할 수 있는 안전하고 도움을 주는 환경)을 제공하는 정도와 갈등 상황에서도 침착과 확신을 보이고 있는 정도를 가리킨다.

이 점수를 계산하기 위해 문항 3, 9, 15, 21, 27을 합산한다.

____3 ____9 ____15 ____21 ____27 = 총점 : ____

• 훈련된 자세의 유지

이 점수는 당신이 다른 사람들로 하여금 도전적 이슈에 담대하게 대응하도록 하고 그에 따른 어려운 문제를 회피하지 않도록 하는 정도를 나타낸다.

이 점수를 계산하기 위해 문항 4, 10, 26의 점수를 합산하고, 문항 22, 28의 점수를 역으로(Reversed; R) 계산한다.

____4 ____10 ____26 ____22(R) ____28(R) = 총점 : ____

- **작업자에게 자율권 부여**

  이 점수는 당신이 작업자들에게 자율권을 부여하여 스스로 자신들의 문제를 생각하고 해결하도록 하게 하는 정도를 가리킨다.

  이 점수를 계산하기 위해 문항 11, 17, 29의 점수를 합산한다. 그리고 문항 5, 23의 점수는 역으로(Reversed; R) 계산한다.

  ____5(R) ____11 ____17 ____23(R) ____29 = 총점 : ____

- **소수 의견의 보호**

  이 점수는 지위(신분)가 낮은 성원들로부터의 유별나고 파격적인 제안에 대해 개방적으로 수용하는 정도를 가리킨다.

  이 점수를 계산하기 위해 문항 6, 12, 18, 24의 점수를 합산하고, 문항 30의 점수는 역으로(Reversed; R) 계산한다.

  ____6 ____12 ____18 ____24 ____30(R) = 총점 : ____

채점표

채점표를 완성하기 위해 설문 채점자의 점수들과 당신 자신의 점수를 아래에 있는 채점표의 해당란에 적어넣는다. 그리고 5명 채점자들의 점수의 평균을 산출하여 해당란에 적어넣는다. 마지막으로 그 평균 점수와 자신의 점수 간의 차이를 계산한다.

	채점자 1	채점자 2	채점자 3	채점자 4	채점자 5	평균 점수	자신의 점수	평균점수와 자신의 점수 차이
객관적 상황 파악								
적응적 도전의 확인								
변화에서 오는 스트레스 조절								
훈련된 자세의 유지								
작업자에게 자율권 부여								
소수 의견의 보호								

채점 결과의 해석

- **높은 범주:** 21~25점은 당신이 적응적 리더십 행동을 나타내 보이는 경향이 강하다는 것을 의미한다.
- **중간 정도의 높은 범주:** 16~20점은 당신이 적응적 리더십 행동을 나타내 보이는 경향이 중간 정도라는 것을 의미한다.
- **중간 정도의 낮은 범주:** 11~15점은 당신이 때때로 이 같은 적응적 리더십 행동을 나타내 보이고 있다는 것을 의미한다.
- **낮은 범주:** 5~10점은 당신이 이 같은 적응적 리더십 행동을 나타내 보이는 경향이 거의 없다는 것을 의미한다.

이 설문지는 리더십 과정의 6가지 구성 요소들(객관적 상황 파악, 적응적 도전의 확인, 변화에서 오는 스트레스 조절, 훈련된 자세의 유지, 작업자에게 자율권 부여, 소수 의견의 보호)을 측정함으로써 적응적 리더십을 측정하고 있다. 적응적 리더십의 구성 요소들 각각에 대한 당신의 점수를 비교함으로써 어떤 요소에서 강하고 어떤 요소에서 약한가를 알 수 있고 채점표를 통해 각 요소에 대한 당신의 지각과 다른 사람들의 지각이 어디에서 다르고 어디에서 같은가를 볼 수 있을 것이다. 이 설문지에는 완벽한 점수가 존재하지 않는다. 당신이 당신 자신을 보는 것과 다른 사람이 당신을 보는 것이 어떤 때에 동일하고 어떤 때에 다른지 확인해 볼 수 있지만, 다른 사람들이 언제 당신을 다르게 보고 있는가를 아는 것도 유익한 일이다. 이 같은 측정은 당신이 강한 경향을 보이는 적응적 리더십 차원들과 당신이 개선을 추구해야 할 적응적 리더십 차원들을 이해하는 데 도움이 될 수 있다.

요약

적응적 리더십은 사람들이 새로운 상황에서 변화하고 적응하도록 도움을 주는 것에 관한 리더십 이론이다. Heifetz(1994)에 의해 최초로 공식화되었으며, 적응적 리더십에서 "리더는 사람들에게 문제를 해결해 주는 사람이 아니고 사람들을 격려하여 문제를 스스로 해결해가도록 하는 사람이다."라고 개념화하고 있다. 적응적 리더십은 리더십 문헌에서 독특한 위치를 차지한다. 이 접근법의 장점들이 인정되고 있지만 적응적 리더십의 이론적 개념화는 아직 형성단계에 있다.

이 접근법은 적응적 리더십의 명칭 때문에 리더가 어떻게 적응해야 하는가와 관련된 리더십 이론으로 생각하기 쉬우나 실제로는 성원들이 상황에 적응하도록 하는 데 더 많은 논의를 한다. Heifetz(Heifetz et al., 2009, p. 14)는 적응적 리더십을 다음과 같이 정의한다. "사람들에게 기동력을 부여하여 어려운 도전에 대응하고 성장(성공)하도록 한다." 복잡성 이론과 일치하게 적응적 리더십은 리더 행동–복잡한 상황에서 성원들이 배우고(학습하고) 창의력을 발휘하여 적응하도록 격려하는–에 관한 이론이다. 이 장에서 적응적 리더십의 주요 구성 요소에 대한 모델을 제시하였고 구성 요소들이 상황적 도전, 리더 행동, 적응적 노력 등과 같이 어떻게 적합한지 보여주고 있다(그림 11-1 참조). 리더는 세 가지 유형의 상황적 도전(기술적, 기술적 · 적응적, 적응적)에 직면하게 된다. 그래서 적응적 리더십은 사람들을 도와 적응적 도전에 달려들어 적응하려고 노력하도록 돕는 것과 관련이 있다. 리더십 과정에서 주된 역할을 하는 6가지 리더 행동들은 (1) 객관적 상황 파악, (2) 적응적 도전의 확인, (3) 변화에서 오는 스트레스 조절, (4) 훈련된 자세의 유지, (5) 작업자에게 자율권 부여, (6) 소수 의견의 보호 등이다. 이들 여섯 가지 리더 행동들은 적응적 리더가 되기 위한 일종의 처방전이다. 적응적 노력(adaptive work)은 적응적 리더십의 초점이고 목표이다. 적응적 노력의 중심에는 '도움되는 환경 (holding environment)'의 조성이 있다. '도움되는 환경'이란 적응적 리더에 의해 조성되고 유지되는 공간으로서 사람들이 어려운 도전에 직면하여 거기에서 오는 문제들을 해결하면서 안정감을 느끼게 되는 공간이다.

적응적 리더십은 몇 가지 장점을 가지고 있다. 첫째, 적응적 리더십은 독특한 접근법으로서 "리더십이란 다수의 차원과 활동들로 구성된 복잡한 상호작용의 과정(a complex interactive process)"이라는 것을 강조한다. 둘째, 다른 리더십 이론과는 달리 적응적 리더십은 "리더십은 성원들이 적응적 노력을 할 수 있는 최선의 기회를 갖도록 하기 위해 리더가 취할 수 있는 활동이다."라고 명확하게 설명하고 있다. 셋째, 적응적 리더십은 사람들이 상황에 적응하여 성공(성장)할 수 있도록 하기 위해 자신들의 가치관을 변화에 잘 적응할 수 있도록 리더가 어떻게 도움을 줄 수 있는가를 설명하고 있다는 점에서 독특하다. 넷째, 적응적 리더십은 리더와 성원들이 적응적 변화를 촉진시키기 위해 무엇을 해야 하는가에 대한 유용하고 실무적인 처방을 제공하고 있다는 점이다. 마지막으로 적응적 리더십은 "도움되는 환경의 조성"이 리더십 과정에서 중요한 역할을 한다는 것을 강조하고 있다는 점이다.

물론 적응적 리더십도 단점을 가지고 있다. 첫째, 적응적 리더십의 주의와 주장을 뒷받침하는 실증적 연구가 거의 없다는 점이다. 둘째, 적응적 리더십 과정의 개념화는 더 정밀하게 가다듬는 것이 요구된다. 주된 요인들이 서로 간에 어떻게 적합될 수 있는가에 대해 명확히 기술되지 않고 있다. 셋째, 적응적 리더십의 규범(처방)에 대한 해석을 어렵게 하고 있다. 규범의 성격과 내용이 너무 광범위하기 때문이다. 거기에 더하여 권장되고 있는 리더십 행동들의 추상적인 성질이 실증연구에서 분석을 어렵게 하거나 실무상의 실천을 어렵게 하고 있다. 마지막으로 이론적 수준에서 적응적 리더십은 리더십의 도덕적 차원과 공익을 위한 변화를 인정하고 있지만 적응적 노력이 사회적으로 유익한 결과로 어떻게 이어지는지 설명하지 않고 있다.

전반적으로 적응적 리더십은 특유한 규범적 접근법으로서 많은 상황에 적용될 수 있다. 이 같은 적응적 리더십의 개념화를 명확히 하고 그것이 어떻게 작용하는가에 대한 가정과 명제들을 검증하기 위해 더 많은 연구가 요구된다.

CHAPTER 12

포용적 리더십

- 서술
- 포용적 리더십의 모델
- 포용적 리더십의 효용
- 강점, 비판, 응용
- 요약

서술

'포용적 리더십(inclusive leadership)'이란 용어가 비교적 새롭기는 하지만 학자들은 오랫동안 더 다양한 노동력을 다루기 위한 준비를 하도록 조언해 왔다(Roberson, Ryan & Ragins, 2017). 'Workforce 2000'이란 제목의 1987년 보고서는 미래에도 조직이 계속 경쟁력을 유지하려면 작업 현장에서 유색인 노동자들과 여성 노동자들을 지원하고 통합하는 방법을 찾아야 한다고 예측했다(Johnston & Packer, 1987). 더 나아가 Cox와 Blake(1991)는 조직에서 다양성의 가치를 더욱 강화하여 모든 직원이 자신의 능력과 잠재력을 최대한 발휘할 수 있도록 효과적으로 관리하면 경쟁 우위를 창출할 수 있다고 주장했다.

"Workforce 2000"이 발표된 후 몇 년에 걸쳐 수많은 학자들과 실무자들은 효과적인 다양성 관리의 필요성을 강조했다(참고: Dass & Parker, 1999; Ivancevich & Gilbert, 2000; Kalev, Kelly, & Dobbin, 2006; Yang & Konrad, 2011). 다양성 관리는 계획과 실무를 통합하여 다음과 같은 목적으로 설계되었다: 다양한 사람들 간의 상호작용을 개선하기 위하여, 잘못된 의사소통, 갈등 및 성원들의 업적, 만족, 승진 등에 장애 요소가 되는 것보다 혁신과 효율성 증대의 원천으로 만든다(Hays-Thomas, 2017, p. 5). 다양성 관리의 개념과 실무는 빠르게 진화했으며 오늘날 연구자와 실무자는 성공적인 다양성 관리의 핵심 요소로서 포용과 포용적 리더십을 강조한다.

초기 연구나 실무에서 다양성 관리의 접근법들은 역사적으로 소외되어 온 집단의 취업 기회를 개선하고 성원들 간의 차이점을 중시하는 데 초점을 두었다 (Linnehan & Konrad, 1999). 많은 조직이 노동력 내에서 대표성이 낮은 그룹의 구성원 수를 늘리고 고용기회 평등 법안(Thomas & Ely, 1996)과 일치하는 법적 준수를 유지하는 측면에서 다양성에 접근했지만, 조직의 수익과 성장을 촉진하기 위해 다양한 지식, 관점 및 기술의 이점을 활용하는 데 초점을 맞춘 보다 체계적인 접근법이 개발되었다(Ely & Thomas, 2001). 그러나 이러한 접근법은 모든 직원이 스스로 가치있다고 느끼고, 자신의 관점과 재능을 충분히 활용할 수 있으며, 조직 목표에 전념하고 기여할 수 있는 기회가 있는 환경을 요구하는 것으로 나타났다(Davidson & Ferdman, 2002; Ely & Thomas, 2001). 그래서 그들은 포용이 조직 내의 다양성을 가치 있게 여기고 활용하는 방법이라는 점을 강조했다(Mor Barak & Cherin, 1998).

2000년대의 시작 이후 '다양성 포용'은 다양성이 직장에 가져올 수 있는 유익을 실현하기 위한 핵심적인 심리학적 구성 개념(psychological construct)으로 등장하였다. Ferdman(2014)은 포용에 대한 이러한 관점이 차별과 억압에 근거한 부정적이고 문제가 있는 과정의 감소를 촉진할 뿐만 아니라 바람직하지 않은 행동, 정책 및 시스템을 대체할 수 있는 것이 무엇인지에 대한 긍정적인 비전을 촉진한다고 주장한다. 다양한 노동력을 충분히 활용하기 위해 작업 현장이 어떤 모습이어야 하는지에 대한 비전을 명확히 하려는 변화에도 불구하고 다양성 포용에 관한 문헌의 학문적 기여는 명확한 이론적 토대 없이 진행되어 주로 구성 개념과 정의에 초점을 맞추었다. 또한 리더의 중요성과 역할을 포함하여 보다 포괄적인 조직을 만들기 위한 전략이 문헌에서 대부분 누락되었다.

시간이 지나면서 더욱 분명해진 것은 리더의 자리(leaders' plates)가 이미 가득 찬 시점에 포용적 리더십에 대한 요구와 필요성이 나타났다는 것이다. 오늘날의 리더는 점점 더 글로벌화되고 복잡해지는 시장에서 다른 사람들을 안내하고 경계를 넘나들며 상황을 파악하는 역할을 수행해야 하고 개인, 팀 및 조직, 네트워크 전반에 걸쳐 방향을 설정하고 연결하는 책임을 스스로 깨닫고 있다(Ernst & Chrobot-Mason, 2010). 이에 더하여 리더는 조직 내의 협력을 증진하고 혁신을 지원하기 위해 조직 내의 지식과 자원을 전달하는 과업을 맡았다(Corsaro, Ramos, Henneberg & Naudé, 2012). 기술의 발전으로 인해 작업이 지리적 제약이나 시간적 제약을 덜 받게 되면서 더 다양한 고객, 공급 업체 및 직원으로 특정지어짐에 따라 리더는 집단, 조직 및 문화 전반에 걸쳐 조정과 학습을 촉진하는 데 중요한 역할을 한다(Arnett & Wittmann, 2014; Carter et al., 2020; Miles, Snow, Fjeldstad, Miles, & Lettl, 2010). 글로벌 시장, 지리적 분산, 급속한 기술 발전, 소셜 미디어의 영향, 빠른 변화 속도, 다양성이 가져오는 복잡성과 도전을 감안할 때 리더는 그 어느 때보다 더 많은 일을 수행하도록 기대된다.

오늘처럼 다면적이고 다문화적인 조직 환경에서 리더는 성장과 경쟁력을 위한 기회를 확인하고 창조해낼 수 있어야 한다. 또한 리더는 차이를 중시하는 환경을 조성할 수 있어야 하며 전략, 프로세스 및 전반적인 효율성을 향상시키기 위해 조직의 주요 업무에 차이를 만들어낼 수 있는 환경을 만들 수 있어야 한다(Ernst & Chrobot-Mason, 2010; Ferdman, 2014; Thomas &

Ely, 1996). 조직의 정책이나 인적 자원 관리의 실무가 이러한 유형의 환경을 조성하기 위한 기반을 만드는 데 도움이 될 수 있지만 리더는 조직 문화의 주요한 동인이다. 따라서 조직에서는 성원들 사이에 포용 의식을 조성하고 다양성의 이점을 활용할 수 있는 리더가 필요하다.

이번 장에서 우리는 포용적 리더십의 특성을 탐구한다. 우선 다양성에 관한 문헌과 리더십 문헌에 힘입어 "포용(inclusion)"이란 말을 정의하는 것을 시작으로 포용적 리더십 모델을 검토하여 선행 조건, 행동, 포용적 리더십의 성과의 설명에 이어 포용적 리더십의 효용, 강점과 비판 그리고 어떻게 그것을 발전시킬 수 있는 방법에 대해 차례로 설명한다. 마지막으로 사례 연구와 리더십 측정 도구를 제공하고 여러 상황에서의 포용적 리더십 실무를 평가하는 기회를 제공한다.

포용적 리더십의 정의

다양성 관리에서 포용적 리더십의 역할을 이해하기 위해 먼저 "포용"의 의미를 살펴보는 것이 의미가 있다. 반세기 이전에 Schutz(1958)는 포용(통제와 애정과 함께)이 사람들의 대인 관계에서 경험하는 기본적인 인간의 욕구라고 가정했다. Schutz의 주장에 따르면 사람들은 다른 사람들과 의사소통하는 방식에 포용성이 포함되어야 할 필요성을 보인다고 주장했다. 그는 사람들이 "집단에" 있어야 할 필요가 다른 사람들이 "자신을 포함"하기를 원하는 정도와 일치하면 사람들이 불안감을 경험한다고 주장한다. 이는 리더가 성원들 모두를 포함하여 포용하는 것이 유리하지만, 그 과정에서 개인의 차이가 억제되거나 상실되는 정도는 아니어야 한다는 것을 시사한다.

리더십 문헌에서 어떤 연구자들은 포용적 리더십을 특정한 형태의 관계적 리더십으로 보고 있으며, 이는 리더와 실행자 간의 관계를 분석 단위로 강조한다. 이러한 관점에서 보면 포용성은 리더와 성원 간의 상호작용을 통해 설정되는 사회적 구성 개념이다(Uhl-Bien, 2006). 실제로 포용적 리더십은 리더와 성원 간의 쌍방향의 영향에 의해 이루어진다(Hollander, 2009). 리더가 성원을 지도하는 것과는 달리 포용적 접근법은 적극적인 협의와 참가의 규범을 설정하여 집단으로서 조직 내에서의 공동 결정을 하도록 한다.

그러나 참여적 특성에도 불구하고 포용적 리더십은 구성원이 내부자로 간주되는 정도에 따라 구성원의 지위가 달라지는 상황에 적용할 수 있다는 점에서 참여적 리더십(6장 경로-목표 이론 참조)과 다르다. 관점과 의견이 무시당할 수 있는 사람들을 포함하도록 모든 행동을 통합하는 관점이다. 모든 개인의 기여를 초대하고 감사함으로써 포용적 리더십 접근 방식은 사람들이 팀이나 조직의 진정으로 가치 있는 구성원이라고 느끼도록 도와준다(Tyler & Lind, 1992). 따라서 포용적 리더십은 대인 관계에 초점을 맞추고 리더가 공정하고 책임감 있으며, 자신의 요구에 주의를 기울인다는 실행자들의 인식을 유도하기 때문에 관계적 리더십의 기본이다.

다양한 사회적 문화적 그룹의 개인들이 종종 조직의 정보 및 기회의 연결망에서 제외된다는 연구 결과를 감안할 때(Ibarra, 1993; Pettigrew & Martin, 1989), 포용은 근로자 참여와 권한 부여를 설명하는 데에도 사용되었다. 예를 들어, Mor Barak과 Cherin(1998)은 포용을 개인이 정보와 자원에 접근할 수 있고, 그룹에 참여하고, 의사결정 과정에 영향을 줄 수 있는 정도라고 정의한다. 포용은 조직의 중요한 인력으로서의 차이를 강조하기보다 개인이 중요한 조직의 운영 과정의 일부라고 느끼는 것에 초점을 맞춘다(Roberson, 2006). 사회 시스템 내에서 관찰 가능하거나 관찰할 수 없는 특성을 포함하여 다양한 형태의 다양성을 캡슐화하고, 이러한 다양성을 집단적 목표를 달성하기 위한 수단으로 인식하는 반면, 포용은 모든 개인이 공유 목표에 완전하고 의미 있게 기여할 수 있다고 느끼도록 요구한다. 확립된 규범에 동화되거나 정체성의 어떤 부분도 포기하지 않고 그렇게 해야 한다(Ferdman, 2014).

Brewer(1991)는 포용을 최적의 구별 이론과 연결한다. 이 이론에 따르면 개인은 더 큰 사회집단에 속하려는 인간의 기본적인 욕구와 독특한 자아의식을 유지하려는 욕구의 균형을 맞추려고 노력한다. 사람들은 소속감을 느끼고, 인정받고 싶어하고, 다른 사람들과 연결되기를 원하지만 고유한 개인으로서의 자아 감각을 잃는 정도까지는 아니다. 포용은 사람들이 조직의 완전한 구성원인 것처럼 느끼면서 동시에 스스로의 자아를 유지하는 것을 의미한다.

최적의 차별성 이론(Brewer, 1991)의 견해에 따라 Shore와 동료(2011)는 포용을 다음과 같이 정의한다. "포용은 개인이 작업집단에서 높이 평가 받고 있는 성원이라고 지각하는 정도이고 소속감과 독특성의 욕구를 만족시켜주는 대우를 받는 경험을 통해 얻어진다."(p.1265) 더 나아가, 그들은 포용의 틀(inclusion frame work)을 제시하여 집단성원들이 내부자로 느끼게 하는 집단은 자신들의 독특성에 대한 느낌을 계속 보유하고 포용의 느낌을 유지하면서 집단 성과를 개선시킬 수 있는 기회를 제공한다. 〈표 12-1〉에서는 다양한 수준의 소속감(포함되고 싶은 욕망), 독특성(자신의 정체성을 유지하고 싶은 욕망)과 상호작용하여 나타난 네 가지 결과로 제외(exclusion), 분화(differentiation), 동화(assimilation) 그리고 포용(inclusion)을 설명한다.

〈표 12-1〉의 왼쪽 상단에 있는 **제외**는 예속성과 독특성이 모두 낮은 수준을 가지고 있다. 여

기에 속한 개인은 집단이나 조직에서 소외감을 느낀다. 그들은 환경의 일부분으로 느끼지 않고 가치 있다고 느끼지도 않는다. 제외는 조직이 구성원 개개인의 고유한 자질을 보고 평가하지 못하고 조직 내부자로 받아들이지 않을 때 발생한다. 사실상 제외는 다양성 문제를 다루는 데 완전히 실패한 것이다.

표 12-1 포용: 독특성과 예속성의 결합

	낮은 예속성	높은 예속성
낮은 독특성	**제외** 개인들은 집단 내에서 독특한 가치를 지닌 조직의 내부자로 취급되지 않지만 그들은 여전히 내부자인 성원들이다.	**동화** 개인들이 조직의 지배적인 문화나 규범을 준수하고 독특함을 경시할 때 취급받는다.
높은 독특성	**분화** 개인들은 집단 내에서 조직의 내부자로 취급되지 않지만 그들의 독특한 특성은 조직이나 집단의 성공을 위해 요구되는 값어치가 높다.	**포용** 개인들은 내부자로 취급되고 집단 내에서 독특성을 계속 보유하도록 격려한다.

출처: Shore, L. M., Randel, A. E., Chung, B. G., Dean, M. A., Holcombe Ehrhard, K., & Singh, G. (2011). Inclusion and diversity in work groups: A review and model for future research. Journal of Management, 37(4), 1266.

분화는 낮은 예속성 수준과 높은 독특성 수준으로 되어 있으며, 개인들은 독특성을 가지고 있어서 존경받고 있다고 느낌과 동시에 집단에서는 제외되고 있다고 느낀다. 조직이 차별적이고 독특한 특성을 가진 성원들의 가치를 인정해 주고 받아들일지라도 그들을 조직에 정식으로 받아들이지 않을 때 분화 현상이 발생한다. 예를 들어, 스페인어를 사용하는 고객이 더 많기 때문에 고객 서비스 센터에서 스페인어를 구사하는 직원을 여러 명 고용할 때 발생할 수 있다. 해당 담당자는 불만 전화 또는 프로세스 개선에 사용하는 스크립트와 같은 조직 문제에 대한 의견을 묻지 않는다. 다양성의 관점에서 분화는 중간에 위치한다. 개인 간의 차이를 인식하지만 완전히 수용하지는 않은 상태이다.

동화는 높은 예속성 수준과 낮은 독특성 수준으로 특성화되어 있다. 이것은 자신이 조직이나 집단 내에서 내부자로 느끼고 있으나 그의 독특한 특성(독특성)이 실제로 조직에 의해 가치 있는 것으로 인정받지 못하고 있는 상황이다. 동화 현상의 예로 유대인 대학생이 여러 학생 집단에서 인정도 받고 집단 모임에 참여하고 있지만 유대교의 종교적 모임에는 참여하지 않았다는 이유로 비판 받은 사례를 들 수 있다. 요컨데 이 학생의 종교적 배경을 다른 학생들이 확인하지도 않았고, 그 학생들은 유대인 학생이 종교적 배경을 무시하고 우세한 집단 규범을 선택할 것을 기대했다. 다양성의 관점에서 그것은 팔을 벌려 아무나 받아들이려는 조직의 시도를 나타낸다. 그러나 그와 동일한 조직들이 성원들의 독특성을 인정해 주지 못하는 실수를 저지를 수 있다. 그들은 각기 다른 성원들을 받아들였지만 그들이 가지고 들어온 독특한 시각이나 경험의 가치를 충분히 평가하지 않는다.

포용은 예속성과 독특성이 모두 높은 수준의 특성을 가지고 있다. 여기에 해당되는 개인들은 그 집단이나 조직에 소속되어 있다고 느끼며, 그들 특유의 믿음과 태도, 가치관 및 배경도 가치 있는 것으로 평가 받는다. 포용은 다양성을 다루는 회사의 경영방침을 나타낸다. 간단히 말해서 그것은 다른 사람들을 받아들이고 동시에 그들이 가치 있게 여기고 있는 정체성과 문화적 특성을 포기하도록 요구하지 않는다(Ferdman, 1992). 예를 들어, 어떤 교수가 청력 장애가 있는 학생이 다음 학기 온라인 강의를 수강하고자 할 때, 플랫폼에서 귀가 불편한 사람들을 위한 자막이 자동으로 표시되도록 하는 경우에 포용 현상이 일어난다. 교수는 교수 요강을 변경하여 모든 학생들이 강의에 대한 자신들의 논평과 질문을 채팅 기능을 사용하여 제출하도록 요구한다. 이렇게 하는 것은 교수가 그 학생의 장애를 인정하고 차이점을 수업 참여의 규범에 통합함으로써 모든 학생들이 토론에 참여하도록 하였다.

〈표 12-1〉에서 볼 수 있는 것과 같이 포함을 개념화하는 것은 (1) 다른 사람에 대한 개인의 연결성(즉, 소속)과 (2) 개인의 개성(즉, 고유성)의 두 가지 요소의 통합을 보여주기 때문에 포함을 다루는 방법을 이해하는 데 유용하다. 이러한 요소가 결합되어 조직의 가치, 정책 및 관행에 의해 규정되고 감독자와 동료를 포함한 모든 수준의 사람들이 제정하는 역동적인 시스템을 만든다(Ferdman & Davidson, 2002). 그러나 리더의 가치, 프로세스 및 결정이 그룹 및 조직 내 구성원의 경험에 영향을 미치기 때문에 연구는 리더가 포용을 촉진하는 데 필수적이라는 것을 보여준다(Ferdman, 2014). 따라서 포용적인 리더는 직원이 가치 있다고 느끼고 조직 목표에 기여하기 위해 자신의 관점과 재능을 최대한 활용할 수 있는 환경을 만들고 유지하는 것이 중요하다(Davidson & Ferdman, 2002; Ely & Thomas, 2001).

리더십 연구에서 포용적 리더십이 세 가지 목표를 가지고 있다는 강력한 근거를 제시한다. (1) 모든 사람이 소속감을 느낄 수 있도록 그룹 또는 조직 구성원 간에 공유된 정체성을 만들고, (2) 지위 차이를 줄이기 위해 각 개인을 존중하고 배려하며, (3) 참여를 촉진하고, 모든 사람이 중요한 결정을 내릴 때 평등한 목소리와 의견을 제시할 수 있도록 모든 사람이 참여한다.

포용적 리더십의 모델

이 책에서 다룬 많은 리더십 접근법들(예: 리더-성원 교환 이론, 변혁적 리더십, 섬김의 리더십 등)과는 대조적으로 포용적 리더십은 광범위한 연구가 이루어지지 않고 있으며, 포용적 리더십에 대한 연구의 공통된 주제(common theme)나 이론의 틀(framework)이 명확하게 정돈되지 않았다. 이 절에서는 포용적 리더십의 이론적 모델을 제시하며, 포용적 리더 행동과 그러한 행동의 결과에 영향을 미치는 요인을 설명한다.

〈그림 12-1〉의 포용적 리더십 모델에 대해 설명하고 있는 것처럼 포용적 리더십 과정은 세 가지 주된 구성 요소로 이루어진다. 선행 조건(antecedent condition)과 행동들(behaviors) 그리고 행동의 결과(outcomes) 등이다. 각 구성 요소에는 다수의 하위 구성 요소들이 있으며, 집합적으로 포용적 리더십을 파악하도록 돕는다.

선행 조건	→	행동들	→	행동의 결과
• 리더의 특성 – 다양성에 대한 믿음 – 인지적 복잡성 – 성격 • 집단 다양성의 인지 – 다문화주의 – 포용의 분위기 • 조직의 정책과 실무		• 다양한 관점의 고무 • 모든 견해와 공헌을 평가 • 활용 가능하고 접근 가능 • 다른 사람들의 조언을 요청하고 의사결정의 공유 • 정의와 평등의 보장 • 가시적 지원 • 성원들의 지식, 기술, 능력을 통합		• 심리적 안정 • 작업 참여 • 복지 • 창의성과 혁신 • 돕는 행동 • 오류와 실패로부터의 학습 • 작업단위의 업적

그림 12-1 포용적 리더십 모델

1 선행 조건

포용적 리더십 모델(그림 12-1 참조)의 첫 번째 구성 요소는 선행 요건이다. 이들은 선행 요인들로서 리더가 발휘하는 포용적 리더십의 발전과 활용에 영향을 미치는 요인들이다. 그러한 요인들은 선행 연구에서 규명된 바와 같이 리더의 특성, 집단 다양성의 인지 및 조직의 정책이나 실무 등이다.

■ 리더의 특성

Randel et al.(2018)은 리더의 다양성에 대한 지지의 신념(리더가 그룹의 다양성을 유익한 것으로 보고 각 개인의 차이를 강점으로 인식할 수 있는 정도)이 리더의 포용적 리더십 성향에 영향을 미친다고 제안한다. 예를 들어, 소외된 청소년을 위한 방과 후 프로그램을 담당하고 있는 비영리 단체의 CEO는 소외된 커뮤니티의 대표들을 조직의 이사회에 두는 것의 가치를 부여할 뿐만 아니라, 비즈니스, 의료 및 교육 배경을 가지고 있지만 소외된 공동체 출신이 아닌 구성원은 영입하지 않았다. CEO의 다른 관점이 이사회와 조직의 모든 구성원들에게 유익한 정보를 줄 수 있으며, 이를 통해 청소년을 위한 효과적인 프로그램에 대한 더 나은 의사결정을 내릴 수 있다고 믿는다.

Randel et al.(2018)은 리더의 인지적 복잡성(cognative complexity) 또는 상황을 다양한 방식으로 보고 분석하는 능력은 구성원의 차이를 업무 프로세스에 통합하는 방법뿐만 아니라 강점으로 인식하는 리더의 능력을 향상시킨다고 제안한다. 예를 들어, 일부 리더는 작업을 완료하는 특정 방법을 하나만 보고, 다른 접근 방식은 틀린 것으로 인식할 수 있다. 대조적으로, 인지적 복잡성이 더 큰 리더는 과제에 접근하는 여러 올바른 방법을 볼 수 있고 다양한 접근 방식과 사고 방식을 권장한다.

예를 들어, 소외계층의 젊은이들의 방과 후 프로그램을 관리하고 있는 비영리 조직의 CEO가 소외된 지역사회의 문제를 조직 이사회에 상정하여 소외된 지역사회를 위해 대변하는 것이 가치 있는 일이라는 것을 깨닫고 사업하는 사람, 건강관리에 종사하는 사람, 교육과 관련된 일을 하는 사람들을 소집하여(소외된 지역 출신들을 제외하고) 소외된 청년들의 문제를 논의하였다. CEO가 믿고 있는 것은 각계에서 소집된 사람들이 서로 다른 시각을 발언하게 함으로써 이사회나 조직의 모든 구성원들이 구체적인 논의 내용을 알게 되고 소외된 젊은이들을 위한 효과적인 프로그램에 대한 더 좋은 의사결정에 이르게 될 것이라는 점이다. Randel et al(2018)은 다음과 같이 제안하고 있다. 리더의 인지적 복잡성, 즉 상황을 다르게 보고 분석하는 능력은 성원들 간의 차이를 하나의 강점으로 인식하는 것은 물론 그것들을 통합시켜 작업 과정에 적용하는 리더의 능력을 향상시킨다.

마지막으로, 친화성 및 경험에 대한 개방성과 같은 리더의 성격 요인은 개인의 다양성 지향과 결과적으로 리더로서의 맥락적 성과에 영향을 미치는 것으로 나타났다(참고: Strauss & Connerley, 2003). 리더의 유형과 행동에 영향을 미치는 데 많은 개인차가 있지만, 개인의 정체성과 집단에 대한 기여를 평가하는 동시에 집단의 정체성과 목표를 강조하는 리더의 능력과 관련된 차이는 리더가 포용적 리더십에 참여할 가능성을 높인다.

■ 집단 다양성의 인지

연구는 그룹 내의 다양성 인식이 포용적 리더십에 영향을 미칠 수 있음을 시사한다. 다양성의 가치에 대한 개인의 신념과 다문화적 신념은 그룹 내에서 다양성을 활용하고 불충분하게 대표되는 그룹의 참여를 강화하려는 성향에 긍정적인 영향을 미칠 수 있다(참조: van Knippenberg, Homan, & van Ginkel, 2013). 예를 들어, 긍정적인 다양성 인식을 가진 그룹은 관점, 경험, 가치 및 작업 방식의 차이가 그룹의 전반적인 성과를 향상시킬 수 있다는 집단적인 견해를 가지고 있다.

동시에 심리적 분위기, 다양성을 위한 분위기(Kossek & Zonia, 1993) 또는 포용을 위한 분위기(Nishii, 2013)와 같은 조직의 가치와 인적 자원 정책 및 관행에 대한 인식도 포용적 리더십을 추진할 수 있다. 예를 들어, 한 조직의 웹사이트에 다양성이 기업 가치라고 분명하게 명시되어 있을 수 있지만 조직 구성원은 분위기를 완전히 다르게 인식하여 명시된 가치와 제정된 가치 사이에 불일치가 있을 수 있다. 조직이 괴롭힘에 대한 정책을 가지고 있을 뿐만 아니라 괴롭힘에 대해 무관용 접근 방식을 시행하고, 그러한 정책 위반자를 해고할 때 구성원들은 강력하고 긍정적인 다양한 환경을 인식한다. 연구에서는 조직 내 다양성을 성공적으로 향상시키기 위한 행동뿐만 아니라 다양성을 위한 행동의 의도에 대한 그러한 인식의 영향을 강조한다(참조: van Knippenberg et al., 2013). 리더의 행동에 영향을 미치는 다른 다양성과 관련된 신념과 태도가 있을 수 있지만 다양성을 인식하고 조직이나 조직의 업무에 통합하는 리더의 능력을 지원하는 것은 포용적 리더십에 대한 리더의 성향을 향상시킨다.

■ **조직의 정책과 실무**

선행 조건의 세 번째 하위 구성 요소인 조직의 정책 및 관행도 포용적 리더십을 동기부여할 수 있다. 연구에 따르면 특정한 관행을 가지고 있는 그룹은 모든 직원의 참여를 촉진하고 조직의 다양성 효과를 활용할 수 있다. Roberson(2006)은 모든 이해당사자 집단 간의 다양성, 정당한 우대, 협력 작업 준비 및 갈등 해결 과정은 포용적인 조직 환경을 지원한다는 사실을 발견했다. 유사하게, Nishii(2013)는 다양성과 포용을 위한 긍정적인 분위기를 구축하는 데 영향을 미치는 편향성을 제거하기 위해 공정하게 실현되고 있는 고용 관행과 다양성 관행의 중요성을 강조한다. 이에 대한 한 가지 예는 다수의 면접관이 입사 지원자를 면접할 때 모든 지원자에게 직무와 직접 관련된 동일한 질문을 한다. 면접 중에 묻는 작업과 관련된 질문을 표준화하고 여러 면접관에게 면접을 받아 보도록 하는 것은 인터뷰 과정에서 편견을 제거하는 데 도움이 되는 두 가지 고용 관행이다(Levashina, Hartwell, Morgeson, & Campion, 2014). 그 밖에 다른 정책과 관행은 조직의 기능을 향상시키기 위해 활용되어야 하는 중요한 자원으로서 다양성이 고려되는 정도를 생각할 수 있지만, 다양한 관점과 접근법을 조직에 통합하고 가치를 부여하는 리더의 능력을 촉진하는 정책과 관행은 포용적 리더십을 촉진한다.

2 행동들

포용적 리더십 모델(그림 12-1 참조)의 두 번째 구성 요소는 포용적 리더십을 촉진할 수 있는 리더의 특정 행동이다. 포용적 리더십 행동에 대한 기초 연구는 Edmondson(1996, 2003)에 의해 개발되었으며, 의료팀 연구에서 얻은 질적 통찰력을 기반으로 하고 있다. 연구자들은 수술실과 중환자실 팀의 정보를 사용하여 심리적으로 안전한 환경(psychologically safe environments) 또는 구성원이 대인 관계에서 오는 어려움을 감수하기 위해 안전하고 재치있는 말을 함으로써 당혹감이나 거절과 같은 부정적인 영향을 받지 않는 문화를 만들기 위한 리더십 접근 방식을 탐구했다(Edmondson, 1999). 연구 결과에 따르면 간호사와 외과의사 팀 리더는 팀 구성원이 더 큰 심리적 안전을 느끼는 데 도움이 되었음을 보여준다(Edmondson, 1996, 2003).

연구 결과를 바탕으로 Nembhard와 Edmondson(2006)은 리더가 성원들의 참여하는 행동을 수용하는 리더 포용성 개념을 제시하여 특정한 결정에서 제외될 수 있는 사람들의 의견과 기여를 포함해야 한다고 주장한다. 포용적 리더십은 참여적 의사결정 및 집단 과정에서의 효과적인 과업의 추진과 관련이 있는 것으로 간주되지만 지위나 권력의 차이로 특징지어지는 상황과 특히 관련이 있으며, 이는 일부 그룹 구성원이 자신을 표현하고 자신의 기여가 가치 있다고 느끼는 능력을 제한하지 않는다. 따라서 포용적 리더는 다양한 관점을 격려하고 지위나 권력에 관계없이 모든 성원들의 견해와 기여를 진정으로 감사하게 평가하는 행동 특성을 보인다.

Edmontson(2004)은 추가로 포용적 리더 행동들을 제안하였다. 개인들이 그들의 조직환경 내에서 자신들의 입지를 분명히 하도록 격려하고 편안한 마음으로 다양한 견해들을 제기할 수 있는 조직 환경이다. 첫째, 그녀는 추종자들이 신체적으로나 심리적으로 접근할 수 있고 '접근 가능한 분위기'를 조성하는 데 도움이 될 수 있다고 추측했다. 둘째, 그녀는 리더가 팀 내에서 적절한 행동을 통해 다른 사람의 의견을 듣고 의사결정 책임을 공유하는 것이 신뢰와 배움의 분위기를 조성하는 데 도움이 될 수 있다고 생각했다.

다양성 연구자들은 포용적 리더십을 팀이나 조직과 관련된 감정의 심리적 경험을 유익한 것으로 만드는 행동으로 본다. Randel et al.(2018)은 집단에 속하는 개인의 인식을 촉진하고 긍정적인 결과를 초래할 수 있는 고유한 행동으로 인해 가치를 부여 받게 되는 일련의 행동을 설명한다. 예를 들어, 모든 조직 구성원을 공정하게 대우하고, 모든 사람이 편안함과 지원을 받고 있다고 느끼도록 하며, 의사결정을 공유하기 위한 포용적인 리더십 행동은 소속감에 대한 인식을 촉진하는 것으로 간주된다. 동시에 다양한 관점과 접근 방식을 요구하고 구성원의 지식, 기술 및 능력을 그룹 작업에 완전히 통합하는 리더의 행동은 성원들이 자신들의 고유성을 촉진하는 데 도움이 된다.

3 행동의 결과

포용적 리더십 모델(그림 12-1 참조)에 설명된 것처럼 포용적 리더십의 촉진과 실행에서 비롯되는 많은 긍정적인 조직적 결과가 있다. 연구에 따르면 리더의 포용성은 다른 사람들, 특히 지위가 낮은 개인이 팀의 구성원으로서 지지와 가치를 인정받고 있다고 느끼게 한다(Nembhard & Edmondson, 2006). 따라서 심리적 안전과 업무 몰입도는 포용적인 리더가 있는 팀에서 더 높은 경향이 있다(Choi, Tran & Park, 2015; Nembhard & Edmondson, 2006). 포용적 리더십은 긍정적인 감정 상태 및 다른 사람과의 양질의 관계를 포함하여 직원 복지와도 긍정적인 관련이 있다(Choi, Tran, & Kang, 2017).

또한 포용적 리더십은 성원들의 창의성과 혁신적인 업무 행동에 직접적인 영향을 미치는 것으로 나타났다(Choi et al., 2017; Choi et al., 2015; Javed, Naqvi, Khan, Arjoon, & Tayyeb, 2017; Qi, Liu, Wei & Hu, 2019). 새로운 아이디어와 피드백에 대한 리더의 개방성과 존중은 성원들이 편안하게 대안적 관점을 제시하고 실험할 수 있는 지지적인 분위기를 조성한다. 결과적으로 성원들은 혁신적인 활동에 더 많이 참여하도록 동기를 부여받는다. 마찬가지로 리더가 가진 포용성은 조직이 다양성 친화적인 환경을 촉진하고 유지하는 정도에 대한 심리적 다양성 분위기 또는 개인의 인식과 상호작용하여 성원들의 행동에 긍정적인 영향을 미치는 것으로 나타났다(Randel, Dean, Ehrhart, Chung, & Shore, 2016). 긍정적인 다양성 분위기에서 리더의 포용성은 리더와 다른 그룹 구성원 모두를 대상으로 하는 추종자를 돕는 행동과 관련이 있는 것으로 밝혀졌다.

포용적 리더십으로 인한 심리적 안정감은 오류와 실패로부터 배우는 추종자와 연결되어 있다(Hirak, Peng, Carmeli, & Schaubroeck, 2012; Ye, Wang, & Li, 2018). 포용적 행동은 성원들이 편안하게 실험하고, 자신의 행동 결과를 검토하며, 개선된 작업 프로세스 및 접근 방식을 개발할 수 있는 안전한 작업 환경을 만드는 데 도움이 된다(Ye et al., 2018). 결과적으로 포용적 리더십은 조직 성과에도 긍정적인 영향을 미치는 것으로 나타났다(Hirak et al., 2012; Mitchell et al., 2015).

종합적으로 포용적 리더십 모델(그림 12-1 참조)은 관련 행동과 그러한 행동의 결과로 나타난 것에 영향을 미치는 요인을 강조한다. 기존 연구를 바탕으로 구체적인 포용적 리더십 행동에 영향을 미칠 수 있는 리더, 그룹 및 조직 특성을 밝힌다. 또한 긍정적인 감정 상태, 그룹 기능을 향상시키는 행동, 개인 및 팀 성과를 포함하여 다양한 성원들의 과업수행 결과에 대한 이러한 행동의 영향을 설명한다.

포용적 리더십의 효용

포용적 리더십 이론과 연구가 리더십 및 다양성에 관한 문헌에서 파생되었지만 리더십에 대한 이러한 접근 방식이 어떻게 함께 작동하는지 설명하는 문헌 흐름에서 몇 가지 공통 요소가 있음을 알 수 있다.

첫째, 포용적 리더십은 집단성원들이 가지고 있는 정체성을 통합한다. 리더십 연구에 따르면 집단에 대한 개인의 가치에 관한 정보는 리더(Tyler & Lind, 1992)에 의해 전달되며, 리더는 집단성원이 채택해야 하는 행동을 설정하는 집단 대표라고 생각한다(Tyler & Lind, 1992). 따라서 다른 사람의 기여를 요청하고 감사하는 리더의 행동은 모든 구성원이 자신이 그룹의 일부인 것처럼 느끼게 하여 그룹 내의 공통적인 정체성을 촉진한다. 유사하게, 다양성 문헌은 그룹 내에서 내부자처럼 대우받고 리더가 포용적인 방식으로 행동하기 위해 개인의 소속 욕구를 충족시키는 것의 중요성을 강조한다.

리더십 및 다양성 문헌에서 포용적 리더십은 그룹 내 지위 차이를 줄이기 위한 행동을 통합한다. 리더십의 관점에서 포용성은 의사결정 과정에 대한 의견이 일반적으로 가치가 없을 수 있는 사람들로부터 관점과 의견을 요청하고 통합하는 행동을 포함한다. 또한 집단의 모든 구성원이 접근 가능해야 하고 성원들 간의 상호작용 및 정보 교환에 대한 잠재적 장벽을 줄이는 데 도움을 주어야 한다. 따라서 포용적 리더는 팀 내에서 파벌과 지위 간의 경계를 근절하려고 시도한다. 이러한 지위 구분의 감소는 다양성 관리 관점에서 포용적 리더십의 중요한 구성요소이다. 포용성은 그룹 내에서 형평성과 정의를 보장하기 위한 조치를 포함하며, 이는 팀에 대한 구성원의 가치를 기반으로 한 대우에서 편견의 가능성을 줄인다.

또한 기존의 이론과 연구는 의사결정 과정에서 추종자 참여와 개입의 중요성을 강조한다. 리더십 연구자들은 구성원들의 기여가 리더나 팀의 다른 사람들의 기여와 다를 수 있는 경우에도 관계적 접근으로 리더 포용성으로 가정한다. 마찬가지로 다양성 연구자들은 집단성원 각자의 고유한 특성과 기여도가 집단의 성공에 가치 있는 것으로 간주되도록 고유성을 가진 집단성원의 중요성을 강조한다. 그러나 리더의 포용성은 단순히 구성원의 개성을 인정하는 것만이 아니라 의사결정 권한이 구성원 전체에 분산되어 있는 것을 인정하고 구성원이 그룹의 업무 수행 방식에 대해 발언할 수 있도록 조치를 취한다.

강점, 비판, 응용

1 강점

이 장에서 우리는 다양성, 다양성 관리, 포용 및 포용적 리더십 분야의 문헌을 통해 포용적 리더십 모델의 윤곽을 그려보았다. 요약하자면 세 가지 장점이 있다.

첫째, 포용적 리더십은 집단 내 모든 사람의 참여와 개입을 강조한다. 특정 그룹 구성원이 배제되고 있다는 것을 잘 인식하고 경험할 수 있지만(예: 역사적으로 소외된 집단의 구성원) 포용적 리더십의 목표는 모든 사람이 소속감을 느끼는 동시에 자신의 고유한 속성에 대해 가치를 느끼는 조직 환경을 만드는 것이다.

둘째, 포용적 리더십은 리더-성원 교환 이론 및 변혁적 리더십과 같은 관계적 리더십 이론과 일치하고 관계적 이론을 향상시킨다. 이러한 각 이론은 성원들과 긍정적인 관계를 발전시키고 각 성원들의 고유한 강점과 관심을 인식하며, 긍정적인 조직 환경을 조성하는 데 가치를 둔다. 이러한 관계형 리더십 이론의 구체적인 행동과 기대되는 결과는 다르지만 추종자와의 관계를 평가하고 발전시키는 것은 근본적으로 세 가지 관계적 리더십 이론의 핵심 사항이다.

마지막으로 포용적 리더십은 조직의 모든 사람들의 공동 책임이다. 이것은 두 가지 이유로 강점을 가진다고 볼 수 있다. (1) 리더십을 사회적으로 구성되고 공유되는 현상으로 정의하는 새로운 패러다임과 일치한다. (2) 포용적인 환경을 조성하는 데 단독 책임이 있는 사람은 없으며, 모든 조직 구성원이 중요한 역할을 한다. 다시 말해, 모든 사람은 포용적 리더십을 발휘하고 거기에 따른 이익을 얻게 된다.

2 비판

포용적 리더십의 핵심 요소에 대한 통찰력을 제공한 기존 연구의 주장에도 불구하고 몇 가지 한계가 있다. 첫째, 연구자들이 포용적 리더십을 개념화하려고 시도했지만, 성원과의 실질적인 대인 관계를 형성하고 그들의 노력에 대한 감사와 지지를 보여주기 위한 행동을 통합하는 리더십의 모든 접근에 대해 어느 정도 포괄적인 개념으로 사용되었다(Javed et al., 2017). 그 결과, 변혁적, 카리스마적, 참여적, 섬김의 리더십, 윤리적 리더십 및 기타 형태의 리더십의 선행 사례와 결과에 관한 연구 결과는 포용적 리더십의 결과와 혼동되었다. 마찬가지로, 리더와 성원 간의 관계에 대한 개념적 초점을 감안할 때, 포용적 리더십은 리더와 성원 간에 상호 교환적으로 사용되기도 한다(Nishii & Mayer, 2009).

둘째, 포용적 리더십의 측정과 관련된 문제도 있다. 예를 들어, 일부 연구자들은 성원들에게 다른 사람의 노력을 지시할 책임이 있는 직속 관리자, 감독자 또는 기타 조직 당국에 대한 평가를 제공하도록 요청하여 포용적 리더십을 평가하는 방법으로 사용했다(Carmeli, Reiter-Palmon, & Ziv, 2010; Nembhard & Edmondson, 2006). 포용적 리더십을 측정하기 위한 이러한 접근 방식은 포용성에 대한 성원들의 경험의 가변성 또는 리더와 팀 구성원 간 관계의 질적 차이를 적절하게 포착할 수 없다는 문제가 있다. 다시 말해, 이 접근 방식을 사용하면 리더가 포용적인 것으로 간주될 수 있지만 그룹의 일부 구성원에 대한 포용적인 리더십 조치에 대해서만 높은 평가를 받을 수 있다. 따라서 집단 내 모든 사람의 경험과 인식을 포착하기 위해 현재 존재하는 것보다 포용적인 방법으로 리더십을 측정하는 더 미묘하고 다면적인 방법을 개발하는 것이 중요하다.

마지막으로, 선행 연구에서 포용적 리더십의 핵심 구성 요소를 확인했지만, 리더십 및 다양성 문헌 전반에 걸쳐 이러한 구성 요소를 조화시키려는 연구는 거의 없었다. 우리는 포용적 리더십 모델(그림 12-1 참조)을 제공하면서 구조화하려고 시도했지만 모델에 요약된 선행 조건, 리더십 행동 및 결과 간의 관계를 경험적으로 조사하기 위해서는 더 많은 연구가 필요하다. 아마도 가장 필요한 것은 포용적인 환경을 만드는 데 있어서 핵심적인 리더십 행동의 상대적 중요성을 결정하는 것이다. 예를 들어, 일부 연구자는 리더가 다른 사람들을 작업 결과(성과)에 기여하는 구성원으로서 초대하고 감사하는 정도를 강조하는 반면(Nembhard & Edmondson, 2006), 다른 연구자는 리더의 개방성, 가용성 및 접근성에 중점을 둔다(Carmeli et al., 2010). 또 다른 사람들은 소속감과 독특성을 위한 행동을 강조한다(Randel et al., 2018). 이러한 모든 리더십 행동이 포용을 촉진하는 데 중요한 역할을 할 수 있지만 특정 행동을 결과와 연결하기 위해서는 추가 연구가 필요하다.

3 응용

포용적 리더십은 일련의 여러 가지 행동으로 정의되기 때문에 학습되고 개발될 수 있다. 그러나 포용적 리더로 발전하기 위한 가장 효과적인 전략뿐만 아니라 배워야 할 특정 기술과 역량에 대한 통찰력은 제한적이다. Booysen(2014)은 리더십에 대한 보다 전통적인 접근 방식과 리더십에 대한 포괄적인 접근 방식 간의 차이점에 대한 유용한 비교를 제공한다. 그녀의 연구는 포용적인 리더를 개발하기 위해서는 지위와 통제에서 파생된 권력 사용의 변화가 추종자들의 높은 수준의 권한 부여로 특징지어지는 더 분산적인 접근 방식으로 전환해야 한다는 사실을 강조한다. 의사결정에 대한 기존의 "직접 말하고, 설득하는" 접근 방식보다 포용적 리더는 대화를 이끌어내고 계속한다. 성원들은 스스로를 집단의 일부로 여기고 "나, 우리, 그들"을 고려하여 획일성을 달성하기 위해 노력하는 공식적인 위치로서의 리더십에 대한 보다 전통적인 관점보다는 "우리들 모두"에 대한 인식을 육성하는 데 중점을 둔다. 또한 포용적 리더는 능력, 관점 및 의견을 포함하여 성원의 인식 차이를 가치 있게 여기기 위해 노력한다(Booysen, 2014). 보다 포용적인 리더가 되는 법을 배우려면 사고 방식의 변화, 가치관의 변화, 다른 사람들과의 새로운 상호작용 방식의 채택이 필요하다.

포용적 리더십 개발 과정은 리더가 어떻게 성장하고 리더십 기술을 개발하는지 결정하기 위해 수십 년간의 데이터 수집을 기반으로 CCL(Creative Leadership Center)의 학자들이 개발한 ACS(Assessment-Challenge-Support) 모델로 설명할 수 있다. ACS 모델은 리더십 개발의 세 가지 중요한 요소인 평가, 도전 그리고 지원을 설명한다. ACS 모델은 리더십 개발 경험(Van Velsor et al., 2010)에 관한 연구를 기반으로 하지만 우리가 아는 한 아직 포용적 리더십에 구체적으로 적용되지 않고 있다. 따라서 다음 절에서는 포용적 리더십 개발과 관련하여 ACS 모델의 각 요소를 고려하고 각각의 예를 제공한다.

■ 평가

리더십 개발 작업의 첫 번째 단계인 평가(assessment)는 포용적인 조직환경을 조성하는 것과 관련하여 개발을 위한 강점과 기회에 대한 평가가 포함된다. 여기에는 자신의 정체성, 자문화중심주의, 편견, 고정관념, 선입견 및 특권 등에 대한 이해와 심사숙고가 포함되어야 한다(Chrobot-Mason, Ruderman, & Nishii, 2013; Northouse, 2018, pp. 201–205; Wasserman, 2014). 예를 들어 리더는 자신이 속한 비지배적, 소수 또는 낙인 찍힌 그룹뿐만 아니라 지배적이거나 다수인 그룹의 구성원 자격을 고려해야 한다. 그러한 생각이 제외되는 경험에 대한 통찰력을 제공할 수 있기 때문이다.

이러한 유형의 정체성 작업의 한 예는 Ferdman과 Morgan Roberts(2014)에 의해 설명할 수 있다. 참가자들이 다양한 사회적 정체성(민족, 교육, 삶의 경험, 출생 순서, 국적, 직업 등)을 나열하는 활동을 제시한다. 그런 다음 참가자들은 "이러한 정체성이 당신에게 어떻게, 왜 중요한가?" 및 "그들은 귀사에서 당신과 다른 사람들에게 어떻게 영향을 주고받을 수 있는가?"와 같은 질문에 답하게 함으로써 이러한 정체성의 영향을 알아 볼 수 있다.

평가를 위한 또 다른 유용한 활동은 권한 평가지를 작성하는 것이다. 그러한 평가지 중 하나인 Peggy McIntosh(1988; https://teacherworksheets.co.uk/sheets/privilege에서 사용 가능)의 연구에 기반한 White Privilege Checklist는 백인 특권에 초점을 맞추고 응답자에게 일련의 진술에 동의하거나 동의하지 않을 것을 요구한다. 예를 들어, 평가지의 진술에는 "나는 대부분의 시간 동안 나와 같은 인종의 사람들과 함께 할 수 있다." 또는 "나는 내 인종 그룹의 모든 사람들을 대변하도록 요청 받은 적이 없다."가 포함된다.

일부 학자와 실무자들은 자신의 양육, 과거 경험, 언론의 영향력, 사회적 가치 및 기타 여러 출처에서 얻은 편견, 고정 관념 및 특권을 인정하고 인식해야만 사람들이 그 영향을 완화할 수 있다고 제안한다. 이러한 사고 방식을 개선하면 다른 사람들과의 상호작용을 향상시킨다(Nkomo & Ariss, 2014; Offermann et al., 2014). 따라서 많은 조직에서 리더가 내재된 편견을 발견하고 그러한 편견이 의사결정에 어떻게 영향을 미치는지 이해할 수 있도록 다양성 교육의 기회, 워크샵 및 세미나를 제공한다(Church, Rotolo, Shull, & Tuller, 2014).

다양성 및 포용성과 관련된 리더의 사고방식을 평가하기 위한 다른 전략에는 유명한 IAT(Implicit Association Test)(https://implicit.harvard.edu/implicit/takeatest.html; Greenwald, McGhee & Schwartz, 1998) 또는 다양한 성원들을 조직 환경에 통합하는 다양

성에 대한 조직의 지원이다(Mor Barak, Cherin, & Berkman, 1998). 측정 도구와 관계없이 다른 사람에 대한 자신의 생각과 가정 그리고 업무 과정과 산출물에 대한 타인의 가치를 밝히는 것은 리더가 결정을 내리는 방법과 이유를 더 잘 이해하고 이를 위해 더 포괄적으로 행동을 취하는 데 도움을 준다.

■ 도전

자신의 다양성과 관련된 태도와 신념에 대한 자기 인식은 포용적 리더가 되기 위해 중요하지만, 자신의 행동 및 기술 수준을 이해하는 것도 마찬가지로 중요하다. 따라서 포용적인 리더십 스타일과 기술을 개발하는 다음 단계는 다양한 다양성 및 포용 역량 영역에서 자신의 격차와 개발 요구 사항을 식별한 다음 기술 구축을 촉진하기 위한 실행 계획을 공식화한다. ACS 모델(Van Velsor et al., 2010)과 일치하는 이러한 행동 피드백 과정은 리더가 극복해야 할 과제를 조명하고 포용적인 조직 환경을 만드는 데 필요한 기술을 개발하고 동기를 강화한다.

예를 들어, 포용적 리더십은 강력한 의사 소통 기술을 포함하므로 리더는 다양한 관점을 경청하고 개인과 그룹 간의 핵심 문제를 진단하고 그룹 간 상호작용을 촉진하기 위한 경계의 연결자 또는 연락 담당자 역할을 하는 능력을 개발해야 한다. 따라서 리더는 추종자의 의견을 구하거나 특정 주제에 대한 토론을 요청하는 것과 함께 팀 회의 중에 이러한 기술을 연습하려고 할 수 있다. 또는 브레인스토밍을 통해 모든 팀 구성원의 목소리가 들리지 않는다고 판단한 후 리더는 모든 사람의 기여를 장려하고 전체 그룹의 의견을 바탕으로 아이디어의 우선순위를 지정하는 명목그룹 기술을 시도할 수 있다(https://asq.org/quality-resources/nominal-group-technique).

일반적으로 기존의 리더십 전략을 탈피하는 것은 리더가 현재의 접근 방식을 조정하여 보다 다양한 조직 환경을 만들고 포용성을 위한 새로운 역량을 개발하는 데 도움이 된다. 그러한 도전이 추구하는 것은 종종 지도자들을 그들의 안전지대 밖으로 내몰지만 이것이 바로 그들이 더 자신감을 갖고 포용력을 키울 수 있도록 하기 위해 일어나야 하는 일이다.

■ 지원

도전은 리더들에게 압력을 가하여 과거에 안주하는 것에서 벗어나 새로운 접근 방법을 시도하도록 촉구하기 때문에 리더들에게는 그같은 도전들을 성공적으로 처리하기 위한 도움이 필요하다. 포용적 리더들에게 이것이 의미하는 것은 ACS 모델(Vanvelor et al, 2010)이 제안하고 있는 것처럼 행동 학습을 강화하는 데 도움이 되는 사회적 기반과 관계를 가지고 있어야 한다. 예를 들어 동료들, 조언자들 그리고 중요한 다른 사람들이 리더를 위한 홍보 담당자로서 리더를 돕고 리더가 포용적으로 이끌어 나가기 위해 새로운 행동을 보이고, 보다 더 포용적이기 위한 도전을 관리하기 위해 리더가 고군분투한다는 확언과 피드백을 제공해준다. 조직 자체도 리더들이 보다 더 포용적인 환경을 만들려고 시도하는 데 중요한 역할을 한다. 이 같은 조직들의 역할은 책임을 위한 조직 구조, 다양성 상담, 자문 기구(자문위원회) 다양성과 포용성 선언문, 전략, 차별에 대한 무관용 정책 등이고 이것들은 다양성 분위기에 긍정적인 영향을 미친다(Roberson, King, & Hebl, 2020). 지원은 코칭이나 멘토링 형태로 들어오기도 한다. 이들은 모두 많은 리더십 개발 프로그램의 구성 요소로 포함되어 있고 리더들을 도와 다양하고 포용적인 작업 현장을 조성하거나 발전시키는 개인적 책임감을 증대시키는 데 도움을 준다.

사례 연구

다음 사례 연구(사례 12.1, 12.2, 12.3)는 포용적 리더십 반영 도구에 나타난 포용적 행동뿐만 아니라 이 장에서 소개된 포용적 리더십 개념을 적용할 기회를 제공한다. 첫 번째 사례는 그룹 구성원이 인종에 따라 고정 관념으로 고정 관념화하는 상황이고, 두 번째 사례는 그룹 토론 참여를 주저하는 것처럼 보이는 그룹 구성원을 조사한다. 마지막 사례는 Cincinnati대학교의 형평성, 포용성 및 지역사회 영향에 대한 부사장인 Dr. Bleuzette Marshall과의 인터뷰에서 얻은 자료이다.

각 사례의 마지막에 나열된 토론 질문에 답하는 것 외에도 각 사례에 제시된 주요 문제, 해당 문제의 근본 원인 및 가능한 해결책을 밝힌다. 이 분석을 사용하여 포용적 리더로서 식별된 문제를 해결하는 방법과 앞으로 더 포용적인 환경을 만들기 위해 취할 수 있는 조치를 고려해 보아라.

사례 12.1: 어려운 결정

Sondra는 약 40명의 정규직 및 시간제 종업원들과 함께 일하는 비영리 조직의 리더이다. 그녀는 그녀가 근무하는 조직과 매우 헌신적인 직원들을 매우 자랑스럽게 여긴다. Sondra는 10년 동안 조직에서 일했고, 이 직위를 통해 감독 역할로 승진했으며, 똑같이 도전적이고 보람이 있다고 생각한다. 그녀의 리더십 유형은 매우 협력적이고 권한을 부여하는 방식이다. 또한 Sondra는 자신을 다양성을 중시하는 리더로 여기고 모든 사람이 편안하고 지원을 받을 수 있는 환경을 만들기 위해 최선을 다한다.

Antonio는 히스패닉계 남성 사원으로 입사한 지 8개월밖에 되지 않았지만, 헌신적인 직원이자 미래의 리더로 성장할 수 있는 가능성을 보여주고 있다. 하지만 최근 3일간 결근한 것으로 알려져 동료들 사이에서는 결근 이유에 대한 다양한 추측이 나오고 있는 것으로 보인다. 사무실 건물의 칸막이를 지나던 중, 백인인 Sondra는 Antonio가 나누는 이야기를 우연히 듣게 된다. 한 직원인 Terry는 "Antonio가 이주증명서를 갖고 있지 않았다고 들었는데, 놀랄 일은 아니다"라고 말한다. 두 번째 직원인 Pat은 "아마 추방되었을 거다. 아니면 추방될까 봐 그냥 떠났을 수도 있다." 우연히 들은 말에 놀란 Sondra는 아무도 그녀를 알아채지 못한 것 같아서 그냥 지나치기로 결심했다.

질문

01 Sondra는 이러한 상황에서 왜 갈등을 느끼는가?

02 Sondra가 포용적 리더로서 책임이 있다고 생각하는가? 포용적 리더로서 무엇을 해야 하며 왜 그렇게 생각하는가?

03 Sondra가 포용적 리더십 모델(그림 12-1 참조)의 포용적 리더십 행동을 이 상황을 처리하는 데 어떻게 사용할 수 있는가?

04 왜 Terry와 Pat은 Antonio가 추방당했을지 모른다고 성급하게 결론 내렸다고 생각하는가? 당신의 의견은 무엇인가? 이 문제에 대해 논의해 보아라.

05 이 상황에서 Sondra는 어떻게 행동해야 한다고 생각하는가?

사례 12.2: 외향성의 강점

Quinn은 포용적인 팀 환경을 만들기 위해 최선을 다하는 중간 관리자다. 그는 다양한 차원을 따라 다양한 7명의 직원들로 구성된 그룹을 이끌고 있다. Quinn은 매주 팀 회의에서 모든 사람이 발언할 수 있는 기회를 만들기 위해 최선을 다한다고 생각한다. 그는 종종 문제를 제시하고 그것에 대한 의사결정을 위해 의견을 요청하고, 매주 처음 5~10분을 할애하여 팀원들에게 개인 생활에 대한 업데이트를 공유하여 팀원들 사이에 신뢰를 구축하고 서로 간에 위안을 공유하도록 요청한다.

그러나 최근 Quinn은 두 명의 팀 구성원이 회의에서 많은 것을 공유하려고 하지 않는 것에 대해 걱정하기 시작했다. 이 팀의 구성원인 Brett와 Alex는 모두 준비되어 있으며 직접 요청할 때마다 의견을 제공한다. 또한 Brett는 프로젝트를 주도하고 있으며 매주 프로젝트 목표에 대한 업데이트를 매우 효과적으로 공유한다. 하지만 Quinn은 Brett와 Alex는 팀원들이 매우 다른 의견을 가지고 토론에 참여할 때 종종 조용히 앉아만 있는 것을 보았다. 실제로 사람들이 무언가에 열정을 느낄 때 이러한 토론이 다소 격렬해지기도 했다. 사실, Quinn은 자랑스러워하며 이것이 팀이 그들의 작업에 깊이 관여하고 있다는 표시라고 생각했다. Quinn은 대화가 결코 무례한 것이 아니라 팀에 활력을 불어넣는 자연스럽고 건전한 작업 관련 갈등일 뿐이라고 생각한다.

Quinn은 Brett와 Alex를 토론에 더 잘 참여시킬 방법에 대한 생각을 대화 참여에 문제가 없는 것처럼 보이는 다른 팀원인 Shawn에게 질문하기로 결정했다. Shawn은 Quinn에게 팀의 일부 구성원은 조용한 성향이며 회의 중에 더 적극적으로 행동하는 방법을 배우는 것이 도움될 수 있다고 말한다. 이를 돕기 위해 Shawn은 Brett와 Alex를 대중 연설 또는 기타 유형의 의사 소통 기술 교육 과정에 등록할 것을 권유한다.

질문

01 이 팀의 근본적인 문제는 무엇인가?

02 포용적 리더십 모델(그림 12-1 참조)에서 확인된 리더 행동을 기반으로 Quinn은 팀 회의를 보다 포용적으로 만들기 위해 무엇을 해야 하는가?

03 포용은 리더의 책임이 아니라 모든 사람의 책임이므로 모든 팀 성원들이 보다 포용적인 팀 환경을 조성하기 위해 무엇을 할 수 있겠는가?

04 이 사례에는 남성 동료만 포함된다. Quinn이 Lynn(여성)이거나 Brett과 Alex가 남성 상사에게 보고하는 여성이라면 답변이 어떻게 바뀔 수 있겠는가?

사례 12.3: 위기상황에서의 포용적 리더십

2015년 7월 19일 Ohio주 Cincinnati에서 비무장 흑인인 Samuel DuBose가 차의 앞 번호판이 없어지고 운전면허 정지로 교통 정지 중 Cincinnati대학교 경찰관 Ray Tensing의 총에 맞아 숨졌다. 총격에 대한 대응으로 시위대는 분노, 좌절, 고통을 보여주기 위해 거리로 나섰다. 캠퍼스 안팎에서 학생, 교직원, 직원 및 지역사회 구성원이 참여한 시위가 벌어졌다. 'Irate 8'이라는 학생 주도 운동이 등장했는데, 이 이름은 Cincinnati대학교 학생의 8%만이 흑인 학생으로 구성되어 있다는 사실에서 따왔다.

짧은 시간에 학생 주도 운동에 대한 지원과 지지가 대학과 더 넓은 지역사회에까지 확대되었다. 학생들은 대학의 고위 지도자들과 만날 것을 요구했고 그들에게 10가지 요구 사항의 목록을 제시했다. Cincinnati대학교의 부총장인 Dr. Bleuzette Marshall은 대학교 역사상 매우 어렵고 고통스러운 시기의 중심에 있음을 깨달았다.

Dr. Marshall은 이 기간 동안 치료자이자 화해자로서의 그녀의 역할을 설명하며 "사람들이 기관에 대해 어떻게 생각하고 느끼는지 표현할 수 있도록 사람들과 함께 일했다. 비단 이 사건만 있었던 것은 아니다. 사람들은 총격으로 인해 화가 났지만 과거의 다른 경험과 관행이 분노를 부추겼다. 그래서 나도 그렇게 행동했다."고 그녀는 말했다. "나는 대학이 무엇을 하고, 무엇을 하지 않고 있는지에 대한 질문에 최선을 다해 답했다. 또한 시위대 밖에 서서 경청했고, 우리가 할 수 있는 것과 할 수 없는 것을 고려하기 위해 총장 및 부총장과 함께 일했다. 나는 학생들이 대학에 요구한 사항에 응답하고 진행 상황에 대해 소통했고 거기에는 많은 시간과 인내가 필요했다. 말한 것과 말하지 못한 것을 모두 경청해야 했다. 다른 사람의 감정을 읽는 것도 똑같이 중요했다."(Dr. Bleuzette Marshall, personal communication, 2020년 7월 1일)

여러 그룹이 Dr. Marshall의 사무실에 요구 사항을 제시했으며, 그녀가 강조한 것 중 하나는 이러한 다양한 구성원과 의사소통하는 데 현실적이고 진정성이 있어야 한다는 것이다. 그녀는 교감, 재무, 인사, 투자 및 입학 사무소의 동료들과 캠퍼스 경찰서의 동료들을 포함한 대학 전체의 지도자들을 만났다. 그녀는 대학의 현재 관행이 무엇이며 어떤 변화가 가능한지 검토하기 위해 학생 및 지역사회 운동가의 요구에 대해 다양한 그룹을 만났다. 그녀는 요구 목록을 가지고 있는 것뿐만 아니라 요구하는 사람들을 변화 과정에 참여시키는 것이 중요하다고 설명했다. 그녀는 대학이 해결책을 찾는 데 다른 사람들을 초대함으로써 포용적 리더십을 실천한 방법을 설명한다.

Irate 8의 요구 사항 목록을 처리하고 통합을 실천하기 위해 Dr. Marshall은 Cincinnati대학교 학생들에게 대학 행정에서 변경되어야 할 사항을 개발하고 제안하도록 요구했다. "우리는 이러한 요구에 대한 응답 작업에 참여하도록 학생들로 구성된 위원회를 만들었다. 예를 들어, 더 많은 흑인 학생들을 대학에 모집하고자 우리 학생들은 외교관 프로그램을 만들기 위해 Cincinnati 공립학교와 파트너 관계를 맺는 아이디어를 생각해냈다. 목표는 고등학생들이 대학생들과 협력하여 대사 역할을 하여 인근 고등학생들에게 Cincinnati대학교의 지원 및 입학 절차에 대해 교육하고 동료 학생들로부터 대학에 대한 흥미를 갖게 하는 것이다. 우리 입학팀 구성원과 만나고 제안서를 정리하고 대학 행정부에 제안서를 제출하며 프로그램을 운영하기 위한 자금을 확보하는 과정을 통해 그들의 흥분된 요구를 항상 기억할 것이다."(Dr. Bleuzette Marshall, personal communication, 2020년 7월 1일)

Marshall 박사는 DuBose 총격 사건 이후의 경험을 통해 얻은 교훈에 대해 이야기하면서 리더가 겸손하고 항상 배움에 열려 있는 것이 얼마나 중요한지 언급했다. "지도자 역할을 맡을 때 예기치 않게 사건이 터지고 무엇을 해야 하는지 전혀 명확하지 않기 때문에 내가 'welcome to leadership moment'라고 부르는 일종의 도전이 항상 있다는 것을 배웠다. 당신이 계획할 수 있었던 것은 아무것도 아니다. 이 문제를 해결하는 방법을 알아내기 위해 찾아볼 수 있는 매뉴얼에는 정답이 없다. 대신 자신의 감성, 자신의 전략적이고 창의적인 사고, 탐색할 수 있는 진화하는 기술에 의존해야 한다."(Dr. Bleuzette Marshall, personal communication, 2020년 7월 1일)

그녀는 사무실 밖에서 대학캠퍼스의 성폭행 처리에 항의하는 시위를 벌인 학생 그룹과 관련된 또 다른 "welcome to leadership moment" 순간을 공유했다. 이 단체는 참석한 현지 언론에게 입에 테이프를 붙인 채 행정부 건물로 행진하는 단체를 촬영하라고 했다. 그런 다음 그룹 구성원은 Marshall 박사의 사무실 외부에 원을 그리며 바닥에 앉았다.

"학생들이 밖에 있다는 말을 들었을 때 내가 가장 먼저 한 일은 심호흡을 하는 것이었다. 나는 사무실에서 나와 그들이 나와 이야기할 준비가 되면 언제든지 그들과 이야기할 준비가 되어 있다고 말했다. 그들은 나에게 15분 안에 준비될 것이라고 문자를 보냈다. 그래서 나는 시계를 15분에 맞추고, 밖으로 나가 즉시 그들의 동그라미 사이에 앉아 그들의 걱정과 개인적인 이야기를 들었다. 그 자리에서 바로 해결할 수 있는 걱정도 있었지만, 그럴 수 없는 걱정도 있었기 때문에, 나는 학생들이 나와 함께 미해결 문제를 다루기 위한 시간을 잡도록 격려했고, 우리는 변화를 구현하기 위해 함께 노력했다."(Bleuzette Marshall, personal communication, 2020년 7월 1일)

Marshall 박사는 거의 50,000명의 학생과 15,000명 이상의 직원이 있는 대규모 도시 대학에서 형평성, 포용성 및 지역사회에 미치는 영향을 담당하는 부총장으로서 자신의 포용적 리더십 기술을 계속 배우고 성장시키고 있다고 말한다. 그녀는 자신의 리더십 스타일을 참여적이라고 설명한다. 그녀는 진행 과정에 중요한 사람들을 초대하고 계속 참여하도록 권장하기 때문이다. 그녀는 또한 대학의 모든 영역에서 포용적인 관행을 주입하기 위해 캠퍼스를 가로질러 일한다는 점에서 경계에 걸쳐 있다. Dr. Marshall이 포용적 리더십을 실천하는 방법의 또 다른 예는 회의에 참석한 모든 사람에게 최근에 즐겼던 영화나 책, 좋아하는 인용구 등을 그룹과 공유하도록 요청하여 회의를 시작하는 것이다. 주제는 중요하지 않다. 중요한 것은 회의실에 있는 모든 사람이 자신의 목소리를 낼 수 있는 기회를 만드는 것이기 때문에 회의실에 있는 모든 사람이 말하고 공유할 수 있도록 하는 것이다. 그녀는 이 간단한 연습이 후속 대화를 시작하고 사람들이 나중에 회의에서 편안하게 말할 수 있도록 해주기 때문에 이전과 큰 차이를 만들 수 있다는 것을 알게 되었다.

포용적 리더를 꿈꾸는 사람들에게 Dr. Marshall은 무엇보다도 자기 성찰을 잘할 것을 권장한다. 그녀는 당신이 인간으로서 누구인지, 다른 사람의 어떤 점을 좋게 평가하는지, 당신의 부족한 점은 무엇인지, 당신은 더 좋은 사람이 되고자 노력하기 위해 무엇을 하고 있는지 다른 사람들과 어떻게 연결되고 연결되지 않는지 이해하는 데 시간을 보내는 것이 중요하다고 말한다. 그녀는 또한 포용적 리더가 서로 다른 아이디어, 의견 및 관점에 노출될 수 있도록 친구 범위를 확장하기 위해 공동의 노력을 기울여야 한다고 제안한다. 당신과 다른 의견을 가진 사람들과 자신을 둘러싸고 있는 것은 당신의 인지적 복잡성을 강화하고 당신의 성장과 경험이 다른 사람들과 어떻게 다른지 이해함으로써 자신을 더 잘 알 수 있는 기회를 제공한다. 마지막으로, 그녀는 더 포용성을 추구하는 사람들에게 불과 불로 싸우지 말고 대신 물과 불로 싸우는 것을 기억하도록 권장한다. 그녀는 분노로 인해 열이 나고 어려운 상황에서 어떤 식으로든, 어떤 형태로든, 분노를 표현하는 사람들은 좌절하고 상처를 입게 되며, 그들은 그녀나 대학으로 도움을 받기 위해 찾아온다는 사실을 끊임없이 스스로에게 상기시킨다.

"내가 진정으로 도울 수 있는 유일한 방법은 무슨 일이 일어나고 있는지 충분한 정보가 있어야 한다는 것이다. 따라서 소란을 피우려면 소란을 피워라. 그것이 당신이 욕을 해야 한다는 것을 의미한다면, 우리가 무슨 일이 일어나고 있는지 완전히 해부할 수 있도록 그것을 꺼내도록 욕을 해라. 그렇게 하고 난 이후에야 우리는 어떤 변경이 가능한지 결정할 수 있다."(Dr. Bleuzette Marshall, personal communication, 2020년 7월 1일)

질문

01 포용적 리더십 모델(그림 12-1 참조)에서 확인된 포용적 리더십 행동은 Dr. Marshall이 그녀의 역할에서 나타내고 있는가?

02 다른 사람들과의 상호작용에서 이러한 포괄적인 리더십 행동을 어떤 방법으로 실천하는가? 앞으로 이러한 행동을 어떤 방법으로 실천하겠는가?

03 적극적인 경청은 중요한 주제이다. Marshall 박사는 다른 사람의 말을 듣고 배우는 것에 대한 중요성을 여러 번 언급한다. 다른 사람의 말을 잘 듣고 이해하는 것이 종종 어려운 이유는 무엇인가?

04 적극적인 경청 능력을 향상시키기 위해 앞으로 할 수 있는 일은 무엇인가?

리더십 측정 도구

연구자들은 포용적 리더십을 측정하기 위해 Carmeli et al.(2010)이 개발한 포괄적 리더십 척도를 주로 활용했다. 이 9개 항목 척도는 가용성, 접근성 및 개방성의 차원에서 리더를 평가한다. 보다 최근에 Chung과 동료들(2020)은 소속감을 느끼는 데 도움이 되는 즉각적인 업무 환경 내에서의 경험에 대한 인식을 평가하기 위해 소속감과 독특함의 차원을 중심으로 구성된 10개 항목의 척도를 개발했다.

이번 절에서는 자신의 포용적 리더십에 대해 성찰하는 데 도움이 되는 자체 평가 도구가 포함되어 있다. 이는 다양성 및 포용 노력에 참여하는 조직의 가장 최근 연구와 모범 사례를 기반으로 한다. 이 도구는 당신이 참여하거나 참여하지 않을 수 있는 포용적인 리더십 행동 목록을 제공한다. 포용성은 상황에 따라 다르게 느껴질 수 있기 때문에 이 도구는 일대일 회의, 팀 회의 및 조언 부분을 비롯한 다양한 환경에서 포용적인 리더십 행동을 강조한다. 이 평가를 기반으로 리더는 일상 활동 및 상호작용에 통합할 수 있는 포용적인 행동에 대해 더 많이 배울 수 있을 뿐만 아니라 향후 개발 영역을 인식할 수 있다.

포용적 리더십 반영 도구

목적: 이 설문지의 목적은 당신의 포용적인 행동에 대해 성찰하고 일상적인 상호작용에서 포괄적인 행동을 나타내도록 도전하는 것이다.

작성 요령: 다음 측정 도구는 개인과의 일대일 만남, 팀 회의 촉진, 팀 회의 참여, 경험이 부족한 사람을 위한 멘토링 등 다양한 환경에서 당신이 나타내는 포용적인 행동에 대해 숙고하도록 권장하기 위해 설계된 측정 도구이다. 각각의 경우 예 또는 아니오 중 해당하는 것에 V표시하여라.

상호작용의 유형	포용적 리더십 행동	예	아니오
일대일 소통	다른 사람들에게 관심을 보이는 것으로 상호작용을 시작한다.(예: 질문을 하거나, 개인적인 문제를 서로 나누거나, 다른 사람을 초대하여 함께 대화를 나눈다.)		
	나는 다른 사람과 눈을 마주친다.		
	나는 내가 말하고 있는 사람을 마주보고 말한다.		
	나는 대화할 때 휴대폰 등 주의를 산만하게 하는 것들을 모두 치운다.		
	나는 책상 뒤에 앉거나 카메라를 꺼두는 것과 같은 물리적 또는 기술적 장벽을 제거한다.		
	나는 상대방에 대해 자세히 알기 위해 제한이 없는 질문을 한다.		
	나는 사람들이 나에게 와서 이야기할 시간을 정기적으로 지정하고 있다.		
	나는 한 사람 한 사람을 존경과 존엄성을 가지고 대한다.		
	나는 직원/사람들의 개인적인 행동의 동기에 따라 그것을 인정하고 보상한다.		

팀(리더로서)	나는 팀원들의 고유한 기술 목록을 확인한다.		
	나는 업무 목표를 달성하기 위해 팀원의 모든 재능을 사용한다.		
	팀의 모든 사람에게 다양한 방법을 통해 의견제출을 요청한다.		
	팀의 모든 사람에게 무엇을 어떻게 기여하고 싶은지 묻는다.		
	나는 정기적으로 서로 상호작용하지 않는 사람들을 포함하여 팀을 구성한다.		
	나는 팀의 모든 구성원들에게 리더십 기회를 제공한다.		
	나는 다른 사람들의 피드백을 구하고 피드백을 바탕으로 하여 변화를 만든다.		
팀(촉진자로서)	사람들이 보다 잘 준비하고 참여할 수 있도록 회의 전에 안건을 작성하여 발송한다.		
	나는 회의 과정에 누구에게나 피드백을 하고 의견을 제시한다(정보 수집 기법).		
	가능하면 팀원들에게 최신 정보를 제공하도록 요청한다.		
	나는 사람들이 서로 상호작용할 수 있도록 실내에 의자를 배치 및 정돈한다.		
	새로운 사람이 팀에 합류하거나 팀을 구성할 때 팀의 명칭을 모두가 선호하는 이름이나 발음하기 쉬운 명칭을 붙이도록 요구한다.		
	팀 토론에서 상충되는 견해 및 의견차이를 장려한다.		
	나는 특정한 한 사람이 대화를 주도하지 않도록 시간을 제한한다.		
팀(참가자로서)	우리는 매번 팀 회의에서 역할을 교체한다.		
	만약 동료가 누군가로부터 방해를 받는다면, 나는 그 동료가 생각을 끝냈으면 좋겠다고 말할 것이고, 그룹은 그 사람이 말을 마치도록 할 것이다.		
	나는 내 생각과 아이디어를 공유할 준비가 되어 있다.		
	동료가 회의 중에 침묵했다면 "이 문제에 대해 어떻게 생각하는지 듣고 싶다."와 같이 동료가 공유하도록 격려한다.		
멘토/부하	나는 나의 부하에게 선호하는 업무 스타일과 의사소통의 억양에 대해 묻는다.		
	나는 우리가 관계 초기에 서로에 대한 기대치를 명확히 할 수 있도록 부하와 함께 논의하고 개발한다.		
	내가 무엇을 가장 잘 안다고 생각하기보다는 함께 시간을 보내는 것이 부하에게 가장 유용한지 물어봄으로써 회의를 한다.		

채점 요령

1. 포용적 리더십 반영 도구에는 30개의 항목이 포함되어 있다. 먼저 '아니오'에 체크한 문항 수를 합하여 기입하시오.

총점: ______

2. 다양한 유형의 상호작용에 대해 '아니오'에 표시한 문항 수를 합하여 그 숫자를 여러 가지 소통 유형별 총점에 기입하시오.

- 일대일 소통: 총점 ______
- 팀(리더로서): 총점 ______

• 팀(촉진자로서): 총점 ______

• 팀(참가자로서): 총점 ______

• 멘토/부하: 총점 ______

채점 결과의 해석

측정 도구를 완료하면 계속 표시해야 하는 포용적인 리더 행동과 향후 사용 및 개발을 고려하는 행동을 식별한다. 점수를 해석하려면 다음을 고려하는 것이 좋다.

1. '아니오'라고 표시한 표시의 총 수를 다음과 같이 해석할 수 있다.

• 0~9점은 당신이 포용적 리더의 행동을 많이 한다는 것을 나타낸다. 따라서 다른 사람들에게 롤 모델이 될 수 있으며 직장 동료와 팀 구성원의 포용적인 리더십을 육성할 수 있다.

• 10~19점은 포용적인 리더가 되기 위해 노력하고 있음을 나타낸다. 당신은 포용적인 조직 환경을 조성하려는 동기가 있을 수 있지만 과거에 포용적 리더십을 위해 활용한 전술과 전략의 수는 다소 제한적이다.

• 20~30점은 당신이 이전에 포용적 리더십의 가치를 인식하지 못했거나 리더십에 대한 보다 포용적인 접근 방식을 채택하려는 동기가 없었음을 나타낸다. 이 장을 읽은 후에 포용적 리더십이 팀과 조직 전체에 이익을 가져다 줄 수 있는 방법과 이유를 더 잘 이해할 수 있다. 또한, 이제 체크리스트에 설명된 다양한 포용적 리더십 행동을 시도하고 다른 사람들로부터 피드백을 구하여 당신이 하는 일이 조직에 많이 포함되어 있는지 여부를 확인할 수 있다.

2. 다양한 유형의 상호작용 중 '아니오'에 표시한 문항 수를 확인한다. 상호작용 유형 중 체크 표시가 많은 곳에 동그라미 표시를 하여라. 그것은 당신이 어떤 유형에서 어떻게 변화를 만들 수 있는지 확인하고 더 포용적인 리더가 되기 위해 당신의 편안한 영역을 벗어나려고 도전할 수 있는 좋은 곳이다.

• 일대일 소통

• 팀(리더로서)

• 팀(촉진자로서)

• 팀(참가자로서)

• 멘토/부하

요약

포용의 개념은 다양성이 직장에 가져올 수 있는 이점을 실현하기 위한 핵심 심리학적 구성 개념으로 등장했다. 오늘날의 다면적이고 다문화적인 비즈니스 환경에서 리더는 성장과 경쟁력을 위한 기회를 식별하거나 창출할 수 있어야 한다. 따라서 그들은 차이를 가치 있게 여기고 전략, 프로세스 및 전반적인 효율성을 향상시키기 위해 조직의 주요 업무에 통합될 수 있는 환경을 만들 수 있어야 한다.

포용은 소속감(즉, 포함되고 싶은 욕망)과 그것이 자신의 유일성과 상호작용하는 정도(즉, 자신의 정체성을 유지하려는 욕망)에 대한 고려가 필요하다. 포용적 조직은 소속감과 고유성에 대한 구성원의 인식이 높은 조직이다. 이러한 유형의 조직에서 개인은 소속감을 느끼고 고유한 신념, 태도, 가치 및 자신의 배경으로 인해 가치를 부여 받는다. 포용적 리더는 타인에 대한 포용적 행동의 결과로 인한 능률적인 조직을 만드는 데 핵심적인 역할을 한다.

이 장에서 제공되는 포용적 리더십 모델(그림 12-1 참조)은 관련된 포용적 리더 행동과 그러한 행동의 결과에 영향을 미치는 요인을 강조한다. 조직에서 포용적 리더십 행동이 권장되고 실행되는 정도에 영향을 미치는 리더, 그룹 및 조직 특성의 중요성을 명확히 한다. 또한 긍정적인 감정 상태, 그룹 기능을 향상시키는 행동, 개인 및 팀 성과를 포함한 다양한 추종자 성과에 대한 포용적인 리더십 행동의 영향을 설명한다.

리더십 및 다양성 문헌에서 파생된 포용적 리더십 이론과 연구를 기반으로 리더십에 대한 이러한 접근 방식이 어떻게 작동하는지 설명하기 위해 공통 요소가 나타났다. 첫째, 포용적 리더십은 그룹 구성원 간의 공유된 정체성을 통합한다. 둘째, 포용적 리더십은 그룹 내 지위 차이를 줄이기 위한 행동을 통합한다. 셋째, 포용적 리더는 의사결정 과정에서 직원의 참여를 촉진한다.

포용적 리더십에 대한 기존 연구에서 포용적 리더십의 몇 가지 장점이 있다. 첫 번째는 포용적 리더십이 그룹 내 모든 사람의 참여와 참여를 강조한다. 두 번째 강점은 포용적 리더십이 각 실행자의 강점과 관심을 파악하고 각 실행자와의 긍정적인 관계를 육성하는 것과 같은 리더십의 관계적 측면에 초점을 맞춘다. 포용적 리더십의 세 번째 강점은 포용성을 리더와 실행자 간의 공동 책임으로 규정한다.

포용적 리더십에 대한 한 가지 비판은 포용적 리더십에 대한 연구가 다른 리더십 이론 및 일련의 행동과 혼동되고 있다. 또 다른 비판은 포용적 리더십을 측정하는 현재의 방법이 포용에 대한 개인의 인식 차이가 손실될 수 있을 정도로 종합적인 방식으로 측정한다. 따라서 향후 연구에서는 보다 정교하고 다양한 측정 전략이 필요하다. 마지막으로, 기존 연구는 포용적 행동과 성과 사이의 연관성을 명확하게 규명하지 못하고 있다. 즉, 〈그림 12-1〉에 제시된 포용적 리더십 모델을 검증하기 위해서는 향후 연구가 필요하다.

포용적 리더십은 일련의 행동으로 정의되기 때문에 학습되고 개발될 수 있다. 보다 포용적인 리더가 되는 법을 배우려면 사고 방식의 변화, 가치의 변화, 다른 사람들과의 새로운 상호작용 방식의 채택이 필요하다. 보다 포용적인 스타일의 리더십을 개발하려는 리더는 피드백 및 평가 방법을 통해 강점과 약점을 식별하고, 포용적인 리더십 기술을 강화하기 위해 포용적 리더십에 대한 새롭고 도전적인 경험을 식별하며, 변화에 직면하여 동기를 부여하고 긍정적인 상태를 유지하기 위해 다른 사람들의 지원을 구해야 한다.

인력이 점점 더 다양해지고 조직이 치열한 경쟁 환경에서 계속 운영될 것으로 예상됨에 따라 포용적 리더십은 다양한 인력의 잠재적 이점을 실현하기 위한 전략으로 볼 수 있다. 즉, 포용적 리더는 다양한 아이디어, 관점, 경험 및 가치를 활용하여 보다 효과적인 문제해결은 물론 더 큰 창의성과 혁신을 육성하는 환경을 만드는 데 중요한 역할을 한다. 이 장의 핵심 내용은 포용적 리더십을 실천하려면 포용을 촉진하기 위한 마음가짐과 일상적인 행동이 모두 필요하다. 포용적 사고방식이란 자신과 타인의 말과 행동에서 편견, 차별, 고정 관념, 배제를 불식하기 위해 끊임없이 경계하는 것을 의미한다. 포용적 행동을 실천한다는 것은 모든 사람이 자신이 그룹의 일부인 것처럼 느끼고, 모든 구성원이 존중과 공정으로 대우받고, 모든 사람이 완전히 참여할 수 있다고 느끼도록 사전 예방 및 사후 대응 활동에 참여하는 것을 의미한다.

CHAPTER 13

실행자의 실행력

- 서술
- 실행력에 대한 이론적 접근
- 실행력의 효용
- 강점, 비판, 응용
- 요약

서술

리더의 지시를 받아 실행할 사람들의 실행(일반 성원들의 업무 수행)이 없다면 리더십도 없다. 앞장 "포용적 리더십(12장)"에서 우리는 포용적 리더십과 리더가 성원들이 그룹의 일부라는 느낌을 갖도록 하는 방법에 초점을 맞추었다면 이 장에서는 성원들 즉 **실행자**가 리더십 과정에서 수행하는 역할로 초점을 옮겨본다. 지도의 과정은 실행의 과정을 필요로 한다. 리더와 성원은 함께 리더십 관계를 형성하며, 실행의 과정에 대한 이해가 없으면 리더십에 대한 이해가 불완전하다(Shamir, 2007; Uhl-Bien, Riggio, Lowe, & Carsten, 2014).

많은 사람들에게 실행자가 되는 것과 실행자가 되는 과정은 부정적인 의미를 내포하고 있다. 그 이유는 사람들이 **실행자의 실행력**(followership)이 리더십만큼 강력하다고 생각하지 않고 실행자보다는 리더가 항상 중심(중요한 역할이나 무대의 중앙)을 차지했기 때문일 것이다. 예를 들어, 학교에서 아이들은 추종자보다 지도자가 더 낫다는 것을 일찍부터 배운다. 육상과 스포츠에서 성과에 대한 칭찬은 항상 팀 선수가 아닌 스포츠팀의 리더에게 돌아간다. 또, 사람들은 구직할 때 실행하고 있는 활동에 관한 것이 아니라 리더십 능력에 대해 설명하라고 요구받는다. 사회에서 박수를 받는 것은 리더십이지 실행력은 아니다. 다시 말해서 실행자들이 지도력(권력)에 어떻게 반응하는가에 대해 이야기하는 것보다 리더들이 어떻게 지도력을 사용하는지에 대해 이야기하는 것이 더 흥미롭다.

실행자들의 능동적 역할에 대한 관심은 1930년대 Follett(1949)에 의해 처음 연구되었지만, 실행자 연구에 대한 기반은 수십 년이 지나서야 Zaleznik(1965), Kelley(1988), Minindl(1990), Chaleff(1995)와 같은 학자들의 초기 연구를 통해 확립되었다. 하지만 최근까지도 실행자에 대한 연구는 극소수에 불과하다. 전통적으로 리더십 연구는 리더를 조직 변화의 원인으로 간주하기 때문에 리더의 특성, 역할 및 행동에만 초점을 맞추고 조직의 성과에 대한 실행자의 영향은 잘 다루어지지 않았다. 연구자들은 대부분 리더십을 리더 중심의 프로세스로 개념화하여 실행자의 역할보다는 리더의 역할을 강조한다. 더욱이 리더십을 공유하고 있는 관계에서 리더와 실행자들(성원들) 간의 상호의존성을 포함하는 공유 과정으로 개념화한 연구는 거의 없다. 실행자들은 전반적인 리더십 과정에 참여하지만 역할의 성격은 면밀히 조사되지 않았고, 실행력은 리더십 과정에서 중심 변수로 거의 연구되지 않았다.

그러나 최근 실행자의 실행력에 대한 연구에 변화가 시작됐다는 징후가 나타나고 있다. 2017년 뉴욕 타임즈 기사에서 Susan Cain(Quiet의 저자: Power of Introverts in a World That Can't Stop Talking [2012])은 대학 입학 및 커리큘럼에서 리더십 기술의 미화를 비난하고 세상은 더 많은 것을 필요로 한다고 주장한다. 팀 플레이어, 봉사하도록 부름 받은 사람들, 자신 이외의 무언가에 전념하는 개인이 필요하다. 또한 다음의 과정에 전념하는 세 가지 주요 책 때문에 실행력은 현재 더 많은 관심을 받고 있다.

이 장에서 우리는 실행력과 그것이 리더십 프로세스와 어떻게 관련되어 있는지 살펴본다. 먼저 실행자와 실행력을 정의하고 이러한 정의의 의미를 논의한다. 둘째, 실행자가 사용하는 다양한 스타일의 선택된 실행력 유형에 대해 논의한다. 다음으로, 우리는 Uhl-Bien et al.(2014) 및 Carsten, Harms 및 Uhl-Bien(2014)이 제안한 실행력에 대한 새로운 관점을 탐구하고, 마지막으로 파괴적인 리더십에 기여하는 비효율적인 실행력의 유형을 알아본다.

1 실행력(Followership)의 정의

실행력을 한 단어로 정의하는 것은 어렵다. 용어 자체가 사람들에게 다양한 의미를 떠올리게 하고, 실행자가 된다는 생각은 어떤 사람들에게는 긍정적이지만 다른 어떤 사람들에게는 부정적이기 때문이다. 군인이 소대장의 명령에 따라 임무를 완수하거나 비행기에 탑승한 승객이 탑승 요원의 지시를 따를 때 실행력은 군사적 상황에서 가치 있는 것으로 간주된다. 이와는 대조적으로 Branch Davidians의 David Koresh와 같은 컬트 지도자를 따르거나 대학 동지들이 스스로 목숨을 걸고 새로운 구성원과 함께 제사를 지내는 것과 같은 상황에서 실행력은 부정적으로 받아들여진다. 이처럼 실행력은 긍정적일 수도 있고 부정적일 수도 있으며 상황에 따라 다르게 작용한다.

그렇다면 실행력이란 무엇인가? 실행력은 개인이 공동의 목표를 달성하기 위해 다른 사람의 영향을 받아들이는 과정이다. 실행력에는 리더와 실행자 간에 권력 차이가 내포되어 있다. 실행력에는 윤리적인 차원도 있는데 리더십과 마찬가지로 실행력은 도덕적이지 않다. 즉, 도덕적으로 중립적인 과정이 아니다. 실행력은 자신의 행동의 도덕성과 실행자로서 하는 일의 결과의 옳고 그름을 고려해야 할 책임이 있다. 실행자와 리더는 공동의 목표를 달성하기 위해 함께 일하며, 목표에 대한 도덕적 의무를 공유한다. 실행자의 행동이 리더와 조직의 성과에 영향을 미치기 때문에 실행력과 실행자가 하는 일에 윤리적인 결과가 따른다.

2 역학 기반과 관계 기반의 관점

실행력은 역할 기반(role-based)과 관계 기반(relational-based)이라는 두 가지 범주로 나눌 수 있다(Uhl-Bien et al., 2014). 역할 기반 관점은 계층적 시스템 내에서 공식적 또는 비공식적 위치를 차지하는 동안 그들이 나타내는 전형적인 역할이나 행동과 관련하여 실행자들에 초점을 맞춘다. 예를 들어, 직원들의 기획회의에서 일부 사람들은 활기를 불어넣고 그룹이 어떻게 진행될지에 대한 통찰력 있는 제안을 제공하기 때문에 도움이 된다. 이 경우 참여하는 실행자로서의 역할은 회의의 결과에 긍정적인 영향을 미친다. 역할 기반 접근 방식에서 강조하는 것은 실행자의 역할과 스타일, 그리고 그들의 행동이 리더와 조직의 성과에 미치는 영향이다.

실행력에 대한 관계 기반 접근 방식은 역할 기반 접근 방식과는 차이가 있다. 관계 기반 접근 방식을 이해하려면 사회 구성주의(social constructivism)를 이해하는 것이 도움이 된다. 사회 구성주의는 사람들이 서로 상호작용할 때 현실에 대한 의미를 생성한다고 주장하는 사회학적 이론이다. 예를 들어, 피트니스 강사와 체력 훈련을 하는 개인은 강사가 갖게될 영향력의 정도와 개인이 수용할 영향력의 정도에 대해 서로 협상한다. 사회 구성주의적 관점에서 실행력은 주어진 상황에서 리더와 실행자에 의해 공통적으로 생성된다. 실행력은 리더와 실행자 간의 소통을 통해 실행되며, 실행력과 지도력의 상호작용을 강조한다. 역할에 초점을 맞추기보다는 대인 관계 과정에서 영향을 미치려는 사람의 시도와 이러한 시도에 대한 다른 사람의 반응에 중점을 둔다. 리더십은 영향력을 행사하고 그러한 영향력 시도에 반응하는 사람들의 대인 관계 맥락에서 발생한다. 관계 기반 접근 방식에서 실행력은 특정 역할보다는 대인 관계 행동과 연계되어 있다(Carsten, Uhl-Bien, West, Patera & McGregor, 2010; DeRue & Ashford, 2010; Fairhurst & Uhl-Bien, 2012; Uhl- Bien et al., 2014).

3 실행력의 유형

실행자들의 역할을 어떻게 설명할 수 있는가? 그것을 설명하려는 노력이 실행력에 관한 연구의 주된 초점이다. 많은 유형의 리더들이 있듯이 많은 유형의 실행자가 있다(표 13-1 참조). 실행자 행동의 정확한 분류 시스템 또는 유형을 만들기 위해 실행자의 역할을 구별 가능한 범주로 그룹화하는 작업이 여러 연구자에 의해 수행되었다. 유형학은 실행력의 더 넓은 영역을 더 작은 조각으로 나누어서 유형별로 그룹화함으로써 이해를 향상시킨다. 그렇게 그룹화된 작은 조각들은 다양한 환경에서 관찰되는 서로 다른 실행자 역할 유형이다.

표 13-1 실행력의 유형

Zaleznik(1965)	Kelley(1992)	Chaleff(1995)	Kellerman(2008)
고립적	소외적	자원	격리
학대적	수동적	개별	방관자
강박적	순응적	실행	참여자
충동적	실용적	동반자	활동가
	모범적		완고한

출처: "Conceptualizing followership: A review of the literature," by B. Crossman and J. Crossman, 2011, Leadership, 7(4), 481–497.

■ Zaleznik 유형

실행자의 첫 번째 유형은 Zaleznik(1965)에 의해 제공되었으며, 리더가 실행자를 이해하고 지도자가 될 수 있도록 돕는 유형이다. 그리고 실행자들이 리더들을 이해하고 자신들도 리더가 되는 데 도움을 주었다. Harvard Business Review에 발표된 논문에서 Zaleznik은 두 개의 축, 즉 지배–복종 및 활동–수동성과 같은 추종자의 행동을 표시하는 모형을 만들었다(그림 13-1 참조). 세로축은 리더를 통제하려는 사람들(지배자)부터 리더에게 통제되기를 원하는 사람들(순종자)까지 다양한 추종자를 나타낸다. 가로축은 시작과 참여를 원하는 사람들부터 뒤로 물러나 앉아 철수하는 사람들까지 다양한 추종자들을 나타낸다. 이처럼 모델은 두 축을 기반으로 4가지 유형의 실행자를 식별한다. 고립적(순종적/수동적), 학대적(순종적/능동적), 강박적(지배적/수동적), 충동적(지배적/능동적)이다. Zaleznik은 심리 분석 이론을 학습하였기 때문에 이러한 실행자 유형은 심리학적 개념을 기반으로 한다. Zaleznik은 권위자와 실행자 사이의 의사소통 단절, 특히 종속 갈등(the dynamics of subordinacy conflicts)의 역학을 설명하는 데 관심이 많았다. 〈그림 13–1〉에 나타난 실행자 유형은 지도할 권한에 대한 실행자의 반응 결과로 나타난다. 이러한 반응은 무의식적일 수 있지만 종종 표면으로 나타나 리더와 성원 관계의 의사소통에 영향을 미칠 수 있다.

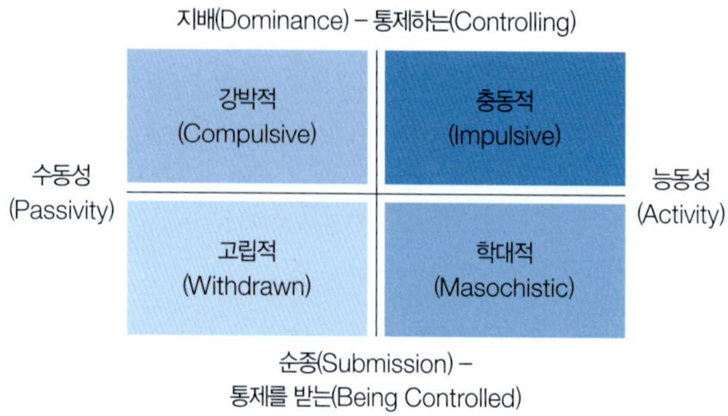

그림 13-1 Zaleznik의 실행자 유형

출처: Zaleznik, A.(1965). The dynamics of subordinacy, Harvard Business Review, May–Jun.

■ Kelley 유형

Kelley(1992)의 유형(그림 13-2 참조)은 현재 가장 잘 알려진 실행력 유형(followership typology)이다. Kelley는 실행자가 조직에 막대한 가치를 창출하고 있는데도 실행자의 힘이 종종 인식되지 않는다고 믿고 있었다. 그는 리더십 과정에서 실행자를 연구하는 것의 중요성을 강조하고 실행자를 연구하는 연구 분야의 발전에 자극을 주었다. Zaleznik(1965)이 실행자의 개인적 측면에 초점을 맞춘 반면 Kelley는 추종자의 동기와 추종자의 행동에 초점을 맞춘다. Kelley는 실행력의 가치를 리더십과 동등하게 부여하려는 노력을 통해 모범적인 실행력(exemplary followership)을 설명하기 위해 실행자의 여러 측면을 검토했다.

Kelley는 실행자들의 유형을 독립적, 비판적 사고–의존적, 무비판적 사고와 능동적–수동적 사고의 두 축으로 분류했다. 이러한 차원을 통해 5가지 추종자 역할 유형이 생성되었다.

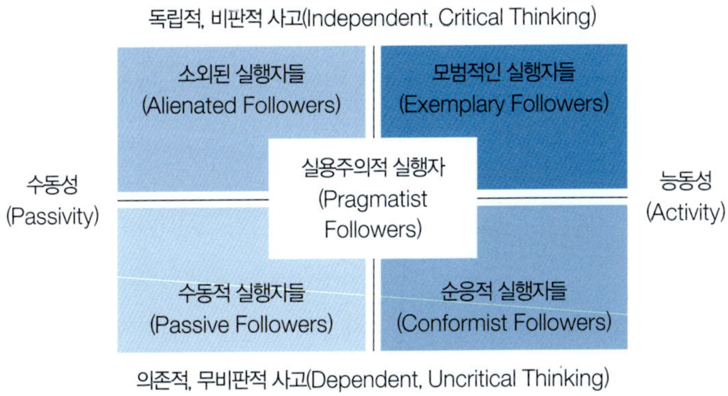

그림 13-2 Kelley의 실행자 유형

출처: Kelley, Robert. E.(1992). The Power of Followership: How to Create Leaders People Want to Follow and Followers Who Lead Themselves. New York: Doubleday.

- 수동적 실행자들은 리더의 지시와 동기유발을 기다린다.
- 순응하는 수행자들은 "예스맨(yes people)"이다. 이들은 항상 리더의 편에 서고 여전히 리더의 지시와 동기유발을 기다리고 있다.
- 소외된 실행자들은 자기 자신만을 생각하고 많은 능력을 나타낸다.
- 실용주의적 실행자들은 기회주의자로서 현재의 상황을 관망하고 다른 사람이 할 때까지 나서지 않는다.
- 모범적인 실행자들은 때때로 "스타(star)" 실행자라 부른다. 이들은 적극적이고 긍정적이며 독립적이고 건설적인 비판을 제기한다.

그의 관찰에 기초하여 Kelley(1988, 2008)는 효과적인 실행자들이 동일한 필수적인 특성을 공유한다고 주장한다. (1) 그들은 자신관리와 자기 통제를 연습하고 독립적이며 일터에서 감독이 필요하지 않다. (2) 그들은 조직의 목적을 위해 강력한 헌신과 몰입을 보인다.(자기자신은 물론 자신들의 개인적 목적을 초월한 사람이다.) (3) 능력을 키우고 직무 기술을 습득한다. (4) 그들은 신뢰할 수 있고 윤리적이며 용감하다. Kelley는 실행력을 부정적인 관점에서 구조화하기보다는 실행의 긍정적인 차원을 강조한다.

■ Chaleff 유형

Chaleff(1995, 2008, 2009)는 리더십 과정에서 실행자 역할의 중요성을 증폭시키기 위해 유형론을 개발했다(표 13-1 참조). 그는 형성기에 600만 명 이상의 유럽 유태인을 죽인 제2차 세계 대전 홀로코스트의 참상을 알게된 결정적인 순간에 대한 결과로 유형학을 발전시켰다. Chaleff는 왜 사람들이 증오와 죽음을 불러일으킨 독일 지도자 Adolf Hitler를 따랐는지에 대한 답을 찾아야 한다는 도덕적 의무감을 느꼈다. 이러한 일이 다시 발생하지 않도록 하려면 어떻게 해야 하는가? 리더가 자신의 권한을 적절하게 사용하고 리더가 권한을 남용하지 않도록 행동하기 위해 실행자들이 어떻게 대담해질 수 있는가?

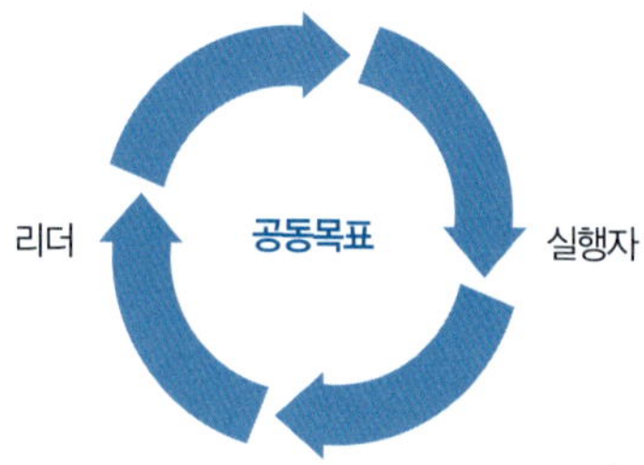

그림 13-3 리더-실행자 교류

출처: "Creating new ways of following" by I. Chaleff, in R. E. Riggio, I. Chaleff,and J. Lipman-Blumen (Eds.), The Art of Followership: How Great Followers Create Great Leaders and Organizations(p. 71), 2008. Permission conveyed through Copyright Clearance Center, Inc. Republished with permission of John Wiley & Sons.

Chaleff는 리더에게 봉사하기보다는 실행자가 리더와 함께 공동의 목적을 수행하며(그림 13-3) 리더와 실행자 모두 공동의 결과를 달성하기 위해 노력한다고 주장한다. Chaleff는 실행자들이 리더의 역할과 동등하도록 보다 적극적인 역할을 수행해야 하며, 실행자들을 더 책임감 있게 만들고, 다른 사람들에게 영향을 미칠 수 있는 능력에 대한 내부적인 추정치를 변경하며, 실행자들이 더 큰 선택 의지를 느끼도록 도와야 한다고 말한다.

Chaleff는 리더와 동등한 영향력을 발휘하기 위해서는 실행자들이 용기를 내야 한다고 강조한다. 그의 접근 방식은 규범적 접근 방식으로, 실행자들이 어떻게 행동해야 하는지에 대해 옹호한다. Chaleff에 따르면 실행자들은 다음과 같은 용기가 필요하다.

• 공동의 목적에 대한 책임을 진다.

• 리더와 조직을 지원한다.

• 그룹의 공동목표나 집단의 진실성이 위협받는 경우 리더에게 건설적으로 도전한다.

• 필요할 때 변화의 필요성을 옹호한다.

• 윤리적 학대를 방지하기 위해 지도자와 다른 도덕적 입장을 취한다.

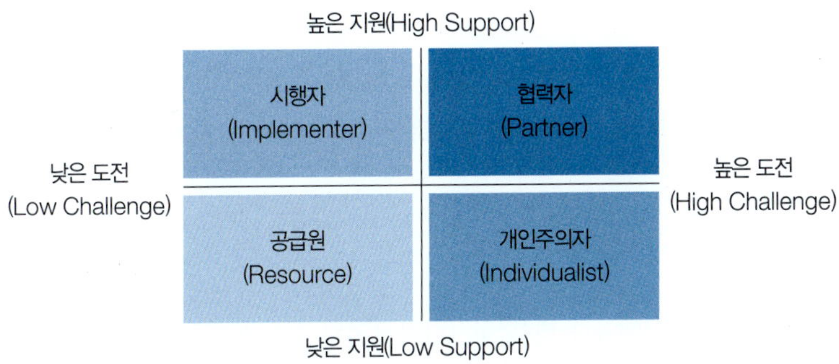

그림 13-4 Chaleff의 실행자 유형

출처: "Creating new ways of following" by I. Chaleff, in R. E. Riggio, I. Chaleff,and J. Lipman-Blumen (Eds.), The Art of Followership: How Great Followers Create Great Leaders and Organizations (p. 71), 2008; permission conveyed through Copyright Clearance Center, Inc. Republished with permission of John Wiley & Sons.

간단히 말해서, Chaleff는 실행자들이 도덕적으로 강하고 리더들이 그들에게 가하는 다양한 도전에 직면할 때 올바르고 정의로운 일을 하기 위해 노력해야 한다고 주장한다. Chaleff는 실행자 유형(그림 13-4 참조)을 만들었는데, 이는 용기 있는 실행력(courageous followership)의 두 가지 특성, 즉 리더를 지지하는 용기(세로축)와 리더의 행동과 정책에 도전하는 용기(가로축)를 사용한다. 이 유형은 실행력을 네 가지로 구분한다.

- 낮은 지원과 낮은 도전을 나타내는 **공급원**(왼쪽 아래 사분면). 이것은 버틸 수 있는 만큼만 하는 실행자들을 설명한다.
- 낮은 지원과 높은 도전을 보여주는 **개인주의자**(오른쪽 아래 사분면). 종종 다른 사람들에게 소외된 개인주의자들은 목소리를 높이고 리더에게 자신의 입장을 알려준다.
- 높은 지원과 낮은 도전으로 작동하는 **시행자**(왼쪽 위 사분면). 종종 리더의 평가를 받는 시행자는 지원적이고 작업을 수행하지만 리더의 목표와 가치에 도전하지 못한다는 단점이 있다.
- 높은 지원과 높은 도전을 보여주는 **협력자**(오른쪽 위 사분면). 이 유형의 실행자는 자신과 리더에 대한 책임을 지고 리더를 전적으로 지지하지만 필요할 때 항상 리더에게 도전하려고 한다.

■ Kellerman 유형

Kellerman(2008)의 실행자 유형은 정치학자로서의 경험과 다양한 역사적 맥락에서 관찰하는 실행자의 유형을 개발했다. Kellerman은 리더의 중요성이 일반적으로 더 많은 권력, 권위, 영향력을 갖고 있기 때문에 과대평가되는 경향이 있는 반면 실행자의 중요성은 과소평가되는 경향이 있다고 주장한다. 그녀의 관점에서 실행자는 비리더(unleader)인 하위자로 권력이 적고 권위가 없으며 특별한 영향력이 없음을 의미한다.

Kellerman은 참여 수준이라는 단일 속성과 관련하여 실행자를 구별하는 유형을 설계했다. 그녀는 연속체(그림 13-5 참조)를 제안한다. 한쪽 끝의 실행자는 리더나 그룹의 목표를 위해 분리되어 아무것도 하지 않고, 반대쪽 끝의 추종자는 매우 헌신적이고 리더와 집단의 목표에 깊이 관여하는 것으로 설명한다. 그림에서 볼 수 있듯이 Kellerman의 유형은 실행자의 참여 및 행동의 5가지 수준을 식별한다.

그림 13-5 Kellerman의 실행자 유형

출처: From Followership: How Followers Are Creating Change and Changing Leaders, by Barbara Kellerman, 2008, Brighton, MA: Harvard Business Review Press.

- **소외자**(Isolate)는 완전히 개입하지 않는 사람이다. 그들은 분리되어 있으며 지도자에 대해 관심도 없다. 아무것도 하지 않는 소외자는 실제로 리더의 영향력 잠재력을 강화한다. 예를 들어, 개인이 정치적 상황에서 소외감을 느끼고, 투표를 하지 않을 때 선출된 공무원은 자신의 의지를 행사할 수 있는 더 많은 권한과 자유를 갖게 된다.

- **방관자**(Bystander)는 참여하지 않는 관찰자다. 그들은 지도자의 의도와 행동을 알고 있지만 의도적으로 관여하지 않는다. 집단 상황에서 방관자는 토론을 듣고 결정을 내릴 때 중립을 선언하는 사람이다.

- **참가자**(Participant)는 리더를 지지하거나 반대하는 문제에 부분적으로 참여하는 개인이다. 예를 들어, 참가자는 회사의 새로운 초과 근무 정책의 공정성에 대해 리더에게 도전하거나 지원하는 직원이다.

- **활동가**(Activist)는 지도자와 지도자의 정책에 대해 강하게 느끼고 자신의 신념에 따라 행동하기로 결심한다. 그들은 변화의 주역이다. 예를 들어, 2020년에 흑인 남성 George Floyd가 백인 Minnesota Minneapolis 경찰관의 손에 사망한 후 반인종주의 운동가들이 경찰 관행에 변화를 요구하는 항의로 거리로 나왔다. 그들의 시위는 미국 전역과 해외에서 유사한 시위를 불러일으켰다.

- **완고한 보수주의자**(Diehard)들은 극도의 노력을 기울인다. 그들은 리더를 지지하거나 리더를 반대하는 데 깊이 몰두한다. 완고한 보수주의자들은 그들의 대의에 완전히 헌신하고 심지어 그것을 위해 기꺼이 목숨을 걸려고 한다. 소집단 상황에서 완고한 보수주의자는 실행자들에게 자신이 원하는 것을 강요하거나 집단 과정이 붕괴될 정도로 집단 내에서 자신의 지위상 권력을 모두 소비하는 실행자들이다. 예를 들어, 국방비 증가나 정

치인들이 있는 지역의 도로건설 프로젝트에 대한 자금 지원과 같은 특정 문제에 대해 그들의 의지를 강요하기 위해 국가의 부채 한도를 올리는 투표를 거부함으로써 기꺼이 정부를 경제적 재앙으로 몰아넣으려는 미국 대표들이 있었다.

이 네 가지 유형(예: Zaleznik, Kelley, Chaleff 그리고 Kellerman)은 실행자에 대해 무엇을 말하고 있는가? 어떤 통찰과 결론이 같은 유형에 의해 제시되고 있는가?

첫째, 실행자에게 연구의 출발점을 제공한다. 이론 구축의 첫 번째 단계는 관찰된 현상을 정의하는 것이며, 이러한 유형은 주요 실행력 변수를 식별하는 첫 번째 단계이다. 둘째, 이러한 유형은 실행자들이 특징지어지는 다양한 방식을 강조한다. 셋째, 유형은 실행자 유형의 최종 목록을 구별하지 않지만 그들 사이에는 몇 가지 공통점이 있다. 일반적으로 주요 실행력 유형은 능동적-개입(active-engaged), 독립적-독단적(independent-assertive), 순종적-순응(submissive-compliant), 지지적-일치(supportive-conforming) 또는 Carsten et al.(2014)에서 제안한 유형들(수동적 실행자들, 반권위주의적 실행자들, 주도적 실행자들)이다. 넷째, 유형들로 분류하는 것은 매우 중요하다. 리더십 과정에 참여하는 개인을 분류하기 때문이다. 이러한 설명은 실행력을 맨 앞에 두고 리더십 과정에서 자신의 역할에 대해 평가한다면 더 많은 신뢰를 얻을 수 있을 것이다. 이러한 설명은 또한 리더가 추종자와 효과적으로 의사소통하는 데 도움이 될 수 있다. 실행자가 특정 유형의 행동을 고수한다는 것을 알면 지도자는 실행자가 수행하는 역할과 최적으로 관련되도록 자신의 스타일을 조정할 수 있다.

종합적으로, 실행력 유형은 실행력에 대한 이론 구축의 시작점을 제공한다. 이러한 유형을 바탕으로 다음 절에서는 실행력 이론을 구축하기 위해 첫 번째로 해야 하는 몇 가지 시도에 대해 논의한다.

실행력에 대한 이론적 접근

실행력이란 현상은 무엇인가? 그것을 설명하는 이론이 있는가? Uhl-Bien과 그녀의 동료들(2014)은 기존 실행력 문헌을 체계적으로 분석하고, 실행력에 대한 광범위한 이론을 도입함으로써 이러한 질문에 답하기 시작했다. 그들은 실행력은 "리더의 지시에 따라 행동하는 개인의 특성, 행동 및 업무처리 과정"(p. 96)으로 구성된다고 말한다. 그들은 또한 실행력을 실행자와 리더가 리더십의 성과를 위해 상호작용하는 방식을 포함하는 관계를 기반으로 하는 일처리의 과정으로 설명한다(Uhl-Bien et al., 2014, p. 99).

Uhl-Bien et al.은 이러한 정의를 바탕으로 실행력의 공식적 이론을 제안했다. 그들은 먼저 〈표 13-2〉와 같이 실행력 과정을 구성하는 4가지 구성 요소(즉, 구성 요소 또는 속성)와 변수를 식별했다. 실행력의 특성은 실행자의 특성(예: 자신감), 동기, 개인이 실행자가 되는 것이 무엇을 의미하는지 인식하는 방식과 같은 실행자의 속성을 의미한다.

그리고 리더십 특성은 리더의 능력 또는 다른 사람에게 권한을 부여하려는 의지, 리더의 실행자에 대한 인식 및 리더의 영향(즉, 추종자에 대한 리더의 긍정적 또는 부정적 감정)과 같은 리더의 속성을 의미한다. 실행력을 발휘하는 행동은 실행자 역할을 하는 개인의 행동, 즉 그들이 리더에게 복종하거나, 실행을 연기하거나, 저항하는 정도이다. 리더십 행동은 리더가 실행자에게 반응하도록 영향을 미치는 방식과 같은 리더십 역할을 수행하는 리더에게 포함되는 개인의 행동이다. 마지막으로 실행력의 결과는 실행력 과정을 기반으로 발생하는 결과이며, 결과는 개별 추종자, 지도자, 지도자와 추종자 간의 관계, 리더십 과정에 영향을 줄 수 있다. 예를 들어, 리더가 실행자에게 어떻게 반응하는지, 실행자가 리더로부터 긍정적인 강화(reinforcement) 또는 부정적인 강화를 받는지, 그리고 실행자가 조직 목표를 달성하는지 여부는 모두 실행력의 결과에 기여한다.

표 13-2 이론적 구성 개념과 실행력의 변인들

실행력 특성	리더십 특성	실행력과 리더십 행동	실행력의 성과
실행자 특성	리더의 권력	실행력 행동	개인 실행자의 성과
실행자 동기유발	지각과 구성 개념	리더십 행동	개인 리더의 성과
실행자의 지각과 구성 개념	리더의 영향		관계의 성과
			리더십 과정의 성과

출처: "Followership Theory: A Review and Research Agenda," by M. Uhl-Bien, R. R. Riggio, R. B. Lowe, and M. K. Carsten, The Leadership Quarterly, 25, p. 98. Copyright 2014 by Elsevier.

〈표 13-2〉에서 확인된 변수와 구성 요소들 간에 가능한 관계를 설명하기 위해 저자는 시점 뒤집어 보기(그림 13-6 참조)와 리더십 공동 생성 과정(그림 13-7 참조)이라는 두 가지 이론적 틀을 제안했다.

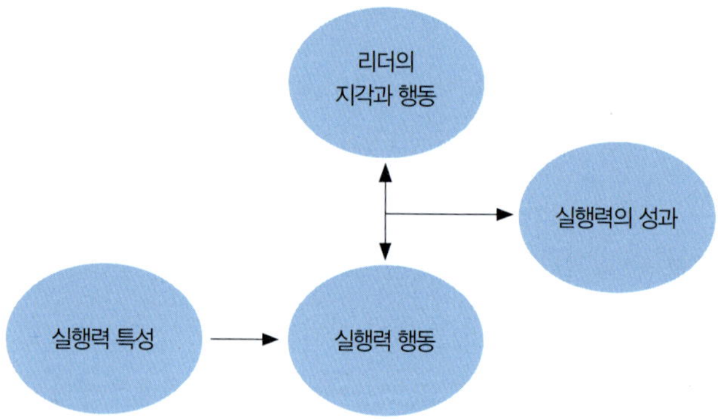

그림 13-6 시점 뒤집어 보기

출처: "Followership Theory: A Review and Research Agenda," by M. Uhl-Bien, R. R. Riggio, R. B. Lowe, and M. K. Carsten, The Leadership Quarterly, 25, p. 98. Copyright 2014 by Elsevier.

1 시점 뒤집어 보기

시점 뒤집어 보기(reversing the lens)는 실행력에 대한 접근 방식으로, 실행자가 이전의 대부분의 리더십 연구에서 연구된 방식과 반대되는 방식으로 접근한다. 실행자가 리더에 의해 영향을 받는 방식에 초점을 맞추기보다는 실행자가 리더와 조직 결과에 미치는 영향에 중점을 둔다. 시점을 뒤집으면 추종자가 변화의 매개체가 될 수 있다는 것을 강조한다. 〈그림 13-6〉에서 볼 수 있듯이 이 접근 방식은 (1) 실행자의 특성이 실행자의 행동에 미치는 영향, (2) 실행자의 행동이 리더의 인식과 행동에 미치는 영향과 리더의 인식과 행동이 실행자에 미치는 영향, (3) 실행력 결과에 대한 실행자의 행동과 리더의 인식 및 행동의 영향을 다룬다.

시점 뒤집어 보기가 얼마나 효과가 있는지에 대한 가상의 예는 팀이 소규모 비영리 조직의 직원 및 실행력에 대해 수행하고 있는 연구이다. 이 상황에서 연구자들은 추종자의 성격 특성(예: 내향성-외향성, 독단주의)이 직장에서 어떻게 작용하는지, 즉 유형 및 작업 행동과 어떻게 관련되는지에 관심을 가질 수 있다. 연구자들은 또한 직원의 행동이 상사의 리더십 행동에 어떤 영향을 미치는지 또는 실행자-리더 관계가 조직 결과에 어떤 영향을 미치는지 조사할 수 있다. 이것들은 해결할 수 있는 연구 질문의 예시일 뿐이다. 연구의 최우선 목적과 주제는 실행력 과정에서의 실행자의 영향이다.

2 리더십 공동 생성 과정

두 번째 이론적 접근 방식인 리더십 공동 생성 과정은 〈그림 13-7〉에 나타나 있다. 이 접근 방식의 이름이 실행력에 관한 것이 아니라 리더십에 관한 것이기 때문에 잘못된 명칭이라고 생각하기 쉽다. 그러나 그것은 사실이 아니다. 리더십 공동 생성 과정은 실행력을 한 개인이 실행하는 행동이 다른 개인의 주도적인 행동과 상호작용하여 리더십과 리더십의 결과를 창출하는 주고받는 과정으로 개념화한다. 이 접근 방식은 실행력을 역할 기반 또는 계층적 사다리의 하위 단계로 구조화하지 않는다. 오히려 리더십이 이끌고 따르는 행위가 결합된 행동을 통해 어떻게 공동으로 이루어지는지를 강조한다.

주도적인 행동은 영향력을 행사하려는 시도이다. 즉, 다른 사람에게 영향력을 행사하기 위해 권력을 사용하는 것이다. 반면에 따르는 행동은 다른 사람에게 권한을 부여하거나 준수하거나 도전하는 것을 포함한다. 〈그림 13-7〉은 (1) 실행자와 리더 서로에게 상호 영향관계가 있다는 것을 보여준다. (2) 리더십은 상호작용의 결과로 발생한다(즉, 리더와 실행자 간의 상호작용 결과). (3) 이러한 상호작용의 결과가 성과에 영향을 미친다.

다음 예는 〈그림 13-7〉의 리더십 공동 생성 과정을 사용하여 실행력이 무엇을 수반하는지 보여준다. Terry Smith는 숙련된 고등학교 축구 코치로, 수입을 보충하기 위해 여름에 집을 페인트 작업을 하고 있다. 어느 여름, Smith 코치는 그의 선수 중 한 명인 Jason Long을 초대하여 그와 함께 페인트 작업을 하게 되었다. Smith 코치와 Jason은 서로 잘 협력하였고 종종 페인팅 작업을 보다 효율적으로 수행할 수 있는 혁신적인 방법을 찾아 내기도 했다.

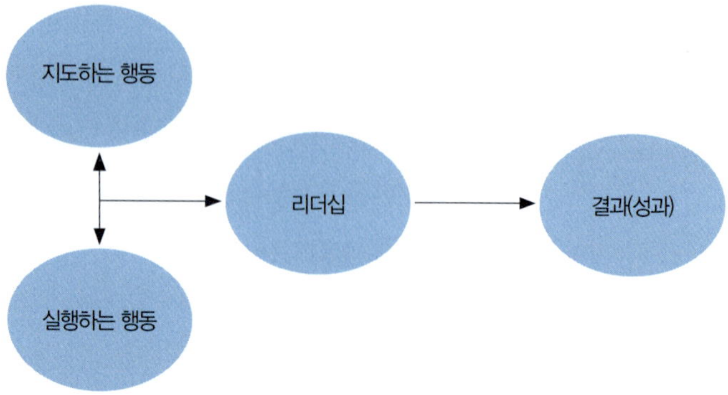

그림 13-7 리더십 공동 생성 과정

출처: The Allure of Toxic Leaders by J. Lipman-Blumen, 2005, p. 29; permission conveyed through Copyright Clearance Center, Inc. Republished with permission of Oxford University Press.

여름이 끝나고 축구 연습이 재개되었을 때 Smith 코치와 Jason은 문제가 생겼다. 공식적인 연습에서 Jason은 Smith 코치를 그의 이름으로 부르며 그림을 그리는 일에 대해 농담을 하고 터울없는 친구처럼 행동했다. Smith 코치는 여름에 Jason과 함께 하는 것을 좋아했지만 다른 팀원들도 Jason과 마찬가지로 이름으로 부르기 시작하자 코치로서의 존경심을 잃게 되는 것은 아닐까 마음이 쓰였다. 반면 Jason은 Smith 코치와의 관계와 그에게 미친 영향에 대해 기분이 좋았다. 그는 다른 선수들처럼 그를 다시 Smith 코치라고 부른다고 해도 지금의 관계를 잃고 싶지 않았다.

이러한 문제를 해결하기 위해, Smith 코치와 Jason은 일련의 상호작용에서 서로 어떻게 다룰지에 대해 논의했고, Jason이 코치와 모든 팀 구성원들 사이의 긍정적인 업무 관계를 촉진하기 위해 학기 중에는 Smith를 "Smith 코치님"라고 부르는 것이 최선이라고 생각했다.

리더십 공동 생성 과정은 이 사례의 Smith와 Jason이 만든 다양한 선행 및 후속 조치에서 볼 수 있다. 예를 들어, Smith 코치가 Jason에게 페인트 작업에 합류할 것을 요청했을 때 Jason이 Smith와 함께 일하기로 동의함으로써 우호적인 영향을 미친다. Jason이 보다 효율적인 대화 방법을 제안했을 때 Smith는 공적으로 영향력 있는 지도를 받아들이기로 하고 Jason의 아이디어를 따랐다. 서로의 이름을 부르면서 함께 작업하는 동안 Jason과 Smith는 리더십이 공유되고 있다고 생각했다.

그러나 가을에 미식축구 연습이 시작되고 Jason이 Smith를 "Smith 코치" 대신 그의 이름으로 불렀을 때, Smith 코치가 다른 선수들에게 영향력을 유지하려면 Jason과 Smith가 동의할 만한 수준의 호칭을 생각해야 하는 것이 분명했다. "누가 책임자"이고 "누가 실행자"인지를 분명히 의식하며 행동해야 한다. 그들은 함께 서로 다른 맥락에서 리더십과 실행력이 의미하는 바를 결정했다. 이러한 상황에서 실행력을 연구하는 연구자들은 Smith와 Jason의 주도적인 행동과 따르는 행동이 결과적으로 효과적이거나 비효과적인 결과를 초래하는 리더십을 도출하는 방법에 초점을 맞출 것이다.

실행력 연구는 개발의 초기 단계에 있기 때문에 Uhl-Bien과 그녀의 동료(2014)가 제시한 두 가지 틀(시점 뒤집어 보기와 리더십 공동 생성 과정)은 실행력 이론을 생성하려는 초기 시도였다. 이 두 개의 틀은 실행력을 개념화하는 하나의 방법을 제공하고 연구자들이 후속 연구를 통하여 다음 절에서 알아볼 실행력의 복잡한 사항을 연구하는 데 유용하다.

3 실행력에 대한 새로운 관점

실행력에 대한 연구는 계속 진화하고 있으며, 조직에서 실행자의 역할에 대한 관심이 높아지고 있다. Carsten et al.(2014)는 조직이 실행자를 이해하는 데 도움이 될 뿐만 아니라 실행자가 되는 긍정적인 측면을 제시하고 실행력에 대한 몇 가지 실용적인 관점을 제시한다.

■ **관점 1: 실행자들은 직무를 수행한다.**

과거에는 Meindl(1995)이 그룹과 조직의 기능에 리더와 리더십의 중요성을 강조한 "리더십의 로맨스(romance of leadership)"라고 불렀다. 일을 완수하는 데 실행자의 중요성에 대한 인식이 부족했다. 비교적 덜 리더 중심적인 관점에서 바라볼 때 리더십은 실행자들이 리더십을 해석하는 방식의 결과로 인해 나타나는 것으로 볼 수 있다. 이것은 리더의 성격을 덜 강조하고 리더에 대한 실행자의 반응에 더 중점을 둔다. 조직 변화의 원인이 되는 리더로부터 관심을 돌려 실행자의 행동이 조직 결과에 미치는 영향에 초점을 맞춘다. 간단히 말해서 실행자는 그룹과 조직의 사명을 수행하며 그 일을 수행한다. 그래서 그들은 조직의 중심이기 때문에 실행자의 성격, 인지 능력, 대인 관계 기술 및 문제 해결 능력에 더 많은 관심을 기울일 필요가 있다(Carsten et al., 2014).

■ 관점 2: 실행자들은 조직의 사명인 최선의 이익을 위해 일한다.

모든 실행자에게 해당되는 것은 아니지만 능동적 실행자는 자신이 속한 그룹이나 조직의 목표를 달성하기 위해 최선을 다한다. 이러한 실행자들은 수동적으로 리더의 뜻에 맹목적으로 순종하기보다 조직의 목표와 일치하는 방식으로 일을 추진한다. 그리고 그들은 리더의 목표보다 조직의 목표를 우선시한다. 능동적인 실행자의 장점은 이기적이거나 비윤리적인 방식으로 행동하는 지도자를 경계한다는 것이다. 예를 들어, 미국 대통령이 각료에게 개인적으로 대통령에게만 이익이 되는 일을 하도록 요청했다면, 각료는 궁극적으로 봉사하는 것이 국가의 최선의 이익이 아니라고 주장하면서 거절할 수도 있다. 실행자는 리더의 권한에 대한 견제와 균형의 역할을 하여 이 권한의 남용으로부터 조직을 보호한다. 능동적인 추종자는 조직을 전면 및 중심에 두고 있다.

■ 관점 3: 실행자들은 리더들에게 도전한다.

이 장의 앞부분에 요약된 유형에서 설명한 것처럼 참여, 활동 및 도전은 효과적인 실행자의 특성을 설명하고 있다. 그러나 리더에게 도전하는 실행자는 조직을 보다 효과적이고 성공적으로 운영하는 데에도 도움을 줄 수 있다. 실행자가 리더가 알지 못하는 과정이나 절차에 대한 지식을 가지고 있을 때, 실행자는 리더와 조직 모두에게 강력한 자산이 된다. 그들은 리더가 조직을 다른 각도에서 볼 수 있도록 여분의 "눈"이 된다. 또한 능동적이고 리더에 도전하는 실행자는 리더가 조직의 전반적인 사명의 추세에 따르도록 한다.

"진성 실행력(authentic followership)"의 개념적 틀에 대한 그의 작업에서 De Zilwa(2014)는 리더와 실행자 간의 관계적 상호작용(relational interaction)과 진성 실행력이 리더십 과정에 미치는 영향에 중점을 둔다. De Zilwa는 실행력이 능동적이라고 주장한다. 실행자는 리더를 따르기로 의식적인 결정을 내린다. 이것은 리더의 영향력이 일방적인 과정이라는 기존의 관점에 도전한다. 진정성에서 실행자는 독단적이며 독립적이고 비판적인 사고를 제공한다. 진정한 실행자는 맹목적으로 리더를 따르는 것이 아니라 조직의 효율성에 초점을 맞추면서 협력 능력을 개발한다. 그들은 자의식을 갖고 있으며, 언제 다른 사람의 필요를 자신보다 우선시해야 하는지 알고 있어서 리더를 더욱 효과적으로 만드는 데 일조한다.

이 점을 설명하기 위해 상급생인 Amy Malley와 그녀의 교수인 Dr. Orville 사이에 일어났던 일을 예를 들어서 설명한다. Dr. Orville가 그가 가르친 관석 과정(capstone course)의 최종 성적을 게시한 후, Amy는 사무실로 그를 만나러 왔다.

그녀는 "게시된 성적을 보았고 그것이 틀렸다는 것을 알았으면 한다."고 말했다. "저는 시험을 아주 잘 쳤고 그 과목에 대한 나의 학점은 분명히 A일 거라고 생각했다. 하지만 교수님이 게시한 저의 학점은 B였다. 교수님의 채점이 잘못된 것이 아닌지 생각이 든다."

25년 동안 가르쳤고 한 번도 학점을 실수한 적이 없는 Dr. Orville는 Amy의 주장을 무시하고 그녀가 틀렸다고 말했다. 그녀는 자신의 시험 성적이 틀렸다고 확신했기 때문에 계속해서 Dr. Orville에게 말했다. 많은 논의 끝에 Dr. Orville는 Amy에게 점수를 매긴 것을 보여주었다. 놀랍게도 그녀의 해답은 옳았고 채점이 잘못되었다는 것으로 밝혀졌다. 문제를 더 깊이 검토한 후 Dr. Orville는 잘못된 모범 답안지를 사용했기 때문에 모든 학생의 시험을 잘못 채점했음을 알게 되었다. Dr. Orville는 자신의 실수를 인식하고 즉시 Amy의 성적을 변경하고 다른 학생의 성적도 다시 계산했다. 이 예에서 Dr. Orville의 리더십에 대한 Amy의 도전은 모든 학생과 리더에게 긍정적인 결과를 가져왔다.

■ **관점 4: 실행자들은 리더를 지지한다.**

리더에게 도전하는 것 외에 실행자가 리더를 지원하는 것도 중요하다. 조직의 사명을 완수하고 더 발전시키기 위해서는 실행자가 리더의 의도를 확인하는 것이 리더에게 가치가 있다. 개별 회원이 자신의 주장을 제시하거나 아이디어를 발전시키려고 할 때 소그룹 환경에서 어떤 일이 일어나는지 생각해 보자. 집단 내의 누군가 개인을 지원하면 그룹 구성원과 마찬가지로 집단 구성원의 아이디어가 들리고 그룹에서 견인력을 얻게 된다. 그러나 구성원 개개인이 다른 구성원들로부터 지지를 받지 못한다면, 그들은 집단 내에서 자신의 역할에 대해 회의감을 느끼고 의문을 갖게 될 것이다.

리더에게 있어서 리더를 지지하는 추종자가 있다는 것은 '보좌관'을 갖는 것과 같다. '보좌관'은 리더의 생각을 다른 사람들에게 확인시켜줌으로써 리더의 생각을 정당화한다. 이러한 지원은 그룹에서 리더의 위치를 강화하고 리더의 목표를 달성하는 데 도움이 된다 (Yelsma, 1999). 우리 모두에게 '보좌관'이 필요하지만 리더에게는 특히 '보좌관'이 꼭 필요하다. 다른 사람들과 함께 생각을 발전시키려면 사람들의 지원이 필수적이기 때문이다. 이러한 지원이 없으면 결과에 어떤 영향을 미칠 수 있는지에 대한 예로서, COVID-19 위기 동안 미시간 주지사 Gretchen Whitmer의 리더십에서 볼 수 있다. 그녀는 바이러스 확산을 늦추기 위해 주 전체의 사업을 폐쇄하라는 명령을 내렸지만 입법 과정을 거쳐 주지사의 조치가 정착하도록 하는 데는 주의회로부터 충분한 지원을 받을 수 없었다. 이러한 사례처럼 집단 내에서 다른 사람들의 지원을 받지 못하는 것이 리더에게 해가 되었다.

■ **관점 5: 실행자들은 리더를 통해 배운다.**

우연히 리더가 되는 것은 실행자가 실행하는 과정에서 지도력에 대해 배운다는 것이다. 실행력은 리더가 되는 데서 오는 부담과 책임으로부터 방해 받지 않는 위치에서 리더십을 볼 수 있는 기회를 제공한다. 실행자들은 무엇이 리더에게 효과가 있는지 또는 그렇지 않은지를 관찰한다. 어떤 리더십의 접근 방식이나 방법이 효과적이거나 비효율적인지 배울 수 있고 리더의 위치에 오르게 될 때 학습했던 것을 응용할 수 있다.

개인이 교사가 되기 위해 거쳐야 하는 훈련을 생각해 보자. 대부분의 교육 프로그램에서 교사로 인증 받으려면 실제 교수 및 학습이 이루어지는 교실에서 인증받은 교사와 함께 한 학기를 보내는 지도 교수가 되기 위한 실습 과정을 수행해야 한다. 학생은 교육적 결과를 책임지는 전적인 책임 없이 교사가 하는 일과 가르치는 데 필요한 것을 관찰할 기회를 얻게 된다. 이 학생 교육의 실습생은 자신의 역량을 탐구하고 교수 기술을 연마할 기회를 갖는다. 실행력 관점에서 실습생은 실행자의 역할을 하고 있지만 그 과정에서 리더의 역할을 배운다.

4 실행력과 파괴적인(해로운) 리더

지금까지 우리는 비효율적인 실행력(ineffective followership)보다 효율적인 실행력에 초점을 맞췄다. 우리는 실행자가 리더에게 가치 있는 성과를 제공하고 조직 목표를 달성하는 데 어떻게 도움이 되는지 논의했다. 그러나 실행자들이 비생산적이며 심지어 해로운 역할을 할 수 있다는 실행력의 또 다른 측면이 있다.

일부 연구에 따르면 실행력에는 실제로 부정적인 면(dark triad)이 있다. Schyns, Wisse 그리고 Sanders(2019)는 나르시시즘, 마키아벨리즘, 사이코패스와 같은 성격 특성의 어두운 3요소를 나타내는 실행자가 동료 조직 구성원과 조직 전체에 부정적인 영향을 미칠 가능성이 있음을 발견했다. 그리고 연구자들은 다른 사람의 공로 가로채기, 자기 홍보, 피드백을 받은 후 공격적으로 되기, 다른 사람 통제하기, 조작 및 따돌림과 같은 성격 특성의 어두운 3요소의 위험 신호 행동을 식별했다. 리더와 실행자 모두 성격 특성의 어두운 3요소 특성을 가지고 있을 경우 다른 조직 구성원과 조직에 대한 결과는 훨씬 더 부정적일 수 있다.

실행자들이 조직이나 집단을 쇠약하게 하는 영향을 미칠 수 있는 또 다른 방법은 유해한 리더십을 조장하는 것이다. 예를 들어, 실행자가 수동적이거나 복종적일 때 그들의 태도는 독단적인 리더십에 기여하고 의도치 않게 유해한 지도자가 되게 할 수 있다. 또한 실행자는 불건전한 상황을 만들어서 공익에 관심이 없는 리더가 번성할 수 있도록 할 수 있다. 실행자가 유해한 지도자의 힘과 목표에 기여하는 방식으로 행동할 때, 그것은 그들이 섬기는 그룹이나 조직뿐만 아니라 실행자에게도 유해한 영향을 미치게 된다.

Allure of Toxic Leaders(2005)에서 Jean Lipman-Blumen은 실행력의 관점에서 파괴적인 리더십을 탐구했다. 유독하거나 해로운 리더는 역기능적인 개인적 특성을 갖고 수많은 파괴적인 행동을 하는 리더이다. 그런데도 사람들은 그들을 따른다. 세계 역사에서 그러한 지도자의 많은 예가 있으며 대표적으론 Adolf Hitler가 있다. 그의 리더십은 유럽에서 6백만 명의 유대인의 학살을 이끌었다. 이 외에도 수천 명의 알바니아인을 대량 학살하고 거의 백만 명에 가까운 강제 추방을 명령한 전 세르비아 및 유고슬라비아 대통령 Slobodan Milošević, 음모와 사기로 거의 20,000명의 사람들이 직장과 미래의 퇴직 소득을 잃은 Enron의 Jeffrey Skilling과 Kenneth Lay가 있다.

사람들은 왜 나쁜 리더임에도 그들을 따르는가? Lipman-Blumen은 이 질문에 해답을 찾으려고 노력했다. 그녀는 실행자들이 해로운 리더십에 기여하는 일련의 심리적 요인을 확인하고 실행자들이 매우 파괴적인 지도자에게도 순응할 수 있는 이유를 설명한다. 그녀는 또한 어떤 실행자들이 어떻게 유해한 리더의 심복(henchmen)이 되어 해로운 리더가 파괴적인 행동 목록을 실행하도록 돕고 지원하는지 알아보았다.

그녀의 연구는 건강에 해로운 실행력은 사람들이 안전을 찾고 독특함을 느끼면서 조직에 포함되기를 원하는 결과로 발생하며, 일부 실행력이 왜 부정적이고 비생산적인 결과를 가져오는지에 대한 이해를 개발하는 데 유용하다.

Lipman-Blumen에 의해 확인된 파괴적인 리더십을 조장할 수 있는 실행자의 심리적 요인 중에는 권위자들의 힘을 북돋아 주고 싶은 욕구이고, 안전 욕구, 확실성에 대한 욕구, 선택되어 특별해지고 싶은 욕구, 인간사회의 구성원이 되고 싶은 욕구 뿐만 아니라 추방이나 배척에 대한 공포, 소외, 고립, 사회적 죽음에 대한 두려움, 그리고 나쁜 리더에게 도전할 수 없는 무력감에 대한 두려움 등이 있다(표 13-3 참조).

표 13-3 심리적 요인들과 역기능적 리더십

1. 권위자들의 힘을 북돋아 주고 싶은 욕구
2. 안전 욕구와 확실성에 대한 욕구
3. 선택되거나 특별하다고 느끼고 싶은 욕구
4. 인간 공동체의 구성원이 되기 위한 욕구
5. 배척, 고립, 사회적 죽음에 대한 공포
6. 나쁜 리더를 향한 도전에서 오는 무력감

출처: "Followership Theory: A Review and Research Agenda," by M. Uhl-Bien, R. R. Riggio, R. B. Lowe, and M. K. Carsten, The Leadership Quarterly, 25, p. 98. Copyright 2014 by Elsevier.

1. 권위자들의 힘을 북돋아 주고 싶은 욕구

1900년대 초 심리학자 Sigmund Freud의 연구로 거슬러 올라가면 사람들이 권위를 대하는 방법에 대해 많은 기록을 남겼다. 우리는 매우 어릴 때 부모에게 의존하여 성장하고 보호받는다. 이후 성장함에 따라 다른 사람에게 의존하지 않고 스스로 결정을 내린다. 그러나 성인이 된 후에도 여전히 권위 있는 인물에 대한 요구가 높은 사람들이 있다. 그들은 지도자들이 그들의 부모가 하던 것처럼 지도와 보호를 제공하기를 원한다. 이러한 필요성은 자신의 목적을 위해 실행자를 이용하는 리더에게 문을 열어 줄 수 있다. 안심할 수 있는 권위자에 대한 실행자의 욕구가 극도로 강할 때, 폭력적이고 유해한 리더를 따르게 되어 취약하게 만든다. 예를 들어, 악기를 연주하는 중학생은 교사로부터 자신이 훌륭하고 가치 있는 학생이라는 확신을 얻기 위해 필요 이상의 연습을 하는 경우이다. 이 사례에서 교사는 학생에게 일반적으로 요구되는 것보다 더 많은 작업을 수행하도록 하여 이 학생의 인정받고 싶은 요구 사항을 활용할 수 있게 된다.

2. 안전 욕구와 확실성에 대한 욕구

성인이 되었을 때 많은 사람들이 경험하는 자유는 그들의 삶에 불확실성과 혼란을 가져올 수 있다. 사람들의 신념체계(people's belief systems)를 연구하는 심리학자들은 사람들에게 신념과 태도의 균형을 유지하기 위해 일관성이 필요하다는 것을 발견했다. 확실성에 대한 우리의 추진력은 상황이 혼란스럽고 사건에 대한 "책임"을 느끼지 못하는 상황에서 우리가 고군분투한다는 것을 의미한다. 이러한 불확실성과 불안은 스트레스를 유발하여서 우리가 안도감을 찾도록 만든다. 이러한 맥락에서 실행자들은 권력을 가진 비윤리적인 지도자의 유혹에 취약하다. 예를 들어, 대규모 농산물 농장에서 일하기 위해 멕시코에서 미국으로 오는 이주 노동자를 생각해 보자. 그들이 일하는 곳의 농장 주인은 좋은 조건의 임금과 주거지 제공을 약속했다. 그러나 농장에 도착한 노동자들은 일주일에 7일, 하루 최대 15시간 동안 들판에서 일해야 하고 제공되는 주택은 열악하다는 것을 알게 되었다. 또한 농장 주인은 노동자들에게 높은 주택 임대료와 들판에서의 식수 제공에 대한 추가 비용을 청구했다. 미등록 이민자인 노동자들은 그들이 불평하면 농장 주인이 이민당국에 신고하여 추방된다는 것을 알고 있기 때문에 적은 수입이라도 벌기 위해 이러한 조건을 견디고 있다. 노동자들의 주인을 위해 일하는 불안정성은 멕시코의 빈곤 속에서 살아가는 삶의 불확실성을 능가하고 있다.

3. 선택을 받아 특별해지고 싶은 욕구

선택을 받았다는 느낌에 대한 욕구를 설명하기 위해 Lipman-Blumen은 Moses와 John Calvin과 같은 역사적 종교 지도자를 지적한다. "선택 받은 자"가 된다는 것은 스스로가 진리이고 타인은 그렇지 않다는 것을 의미한다. 선택 받는다는 것은 자신의 독특함을 보호하고 다른 사람과 자신을 구별하는 것을 의미한다. 선택을 받는 것은 위안과 불멸의 느낌을 주기도 하지만 일부는 다른 사람들과 전투를 벌이도록 동기를 부여할 수 있다. 선택된 사람의 일부가 되고 자신이 옳다고 느끼는 것은 실행자들에게 안정감을 주지만, 타인의 인간성을 인정하는 대에 따른 대가를 치르게 된다.

예를 들어, 백인은 선택되어 다른 모든 인종보다 우월하며 다른 인종의 사람들을 통제해야 한다는 믿음에 기초한 백인 우월주의 이념을 고수하는 사람들을 생각해 보자. 백인 우월주의자들은 유색인종이 백인인종의 순수성을 위협한다고 믿는 비기독교 종교인들을 반대한다. 백인 우월주의 추종자들이 어떻게든 특별하다는 믿음은 종종 다른 사람들을 비인간적으로 대하는 것과 관련된 행동을 강화한다.

4. 인간사회의 구성원이 되고 싶은 욕구

심리학자 William Schutz(1958)는 인간의 가장 강력한 대인 관계 욕구 중 하나는 자신이 그룹에 속하는지 여부를 아는 것이라고 주장했다. 우리는 'in' 또는 'out'인가? 우리는 다른 사람들과 함께 지역사회에 소속되어 있으며 커뮤니티의 구성원으로 인정되는가?

집단과 조직이 긍정적으로 기능할 때 그것은 해롭지 않고 모든 그룹 구성원에게 건전하다. 집단 구성원은 수용되고, 편안하고, 가치 있고, 영감을 받는다고 느낀다. 그러나 집단의 구성원이 되고자 하는 사람들의 욕구는 그들 자신의 개인적인 의미와 목적을 위해 집단에 크게 의존하는 개인들을 이용하는 파괴적인 리더에 의해 이용될 수 있다. 의존도가 높은 실행자는 사회적 소속감을 유지하기 위해 개성, 신념 및 성실성을 기꺼이 포기할 수 있다(Lipman-Blumen, 2005).

수많은 대학 캠퍼스의 동아리 또는 기타 그룹에서 심각한 부상이나 심하면 죽음까지도 초래하는 충격적인 사건들이 일어나지만 집단에 속하고 싶은 욕구가 높기 때문에 신입생들은 기꺼이 위험한 요소를 감수하면서 참여하려고 한다. 추종자들은 소속에 대한 개인적인 욕구를 조절할 수 없을 때 나쁜 리더십에 취약해질 수 있다.

5. 배척, 소외, 고립 및 사회적 죽음에 대한 공포

개인이 조직의 일부가 되고 회원 자격을 획득할 때 일반적으로 개인은 조직의 규범을 배우고 실천하기 시작한다. 조직에 둘러싸여 실행자들은 조직의 가치, 사명, 신념에 익숙해진다. 또한 실행자들은 조직 구성원이 되는 것을 좋아하고 조직 구성원이 하는 일을 따라하기 시작하며 조직과 공동체에서 포용성과 위안을 찾는다.

그러나 조직의 일원이 되는 것에도 단점이 있다. 이러한 포용과 공동체는 개인이 조직에서 벗어나거나 조직의 사명이나 가치가 자신의 가치와 상반되는 경우 반대 의견을 내는 것을 어렵게 만든다. 집단에 순응해야 한다는 압력은 개인이 집단에 동의하지 않거나 집단을 변화시키려고 하는 것을 어렵게 한다. 실행자가 조직 규범에 반하는 행동을 하거나 조직이 하는 일의 부정적인 측면에 주의를 기울일 때(예: 내부 고발자), 조직에서 배척되고 고립될 위험이 높다.

예를 들어, 집단의 여러 구성원들이 반에서 '자폐 스펙트럼'을 가지고 있고 종종 사회적 상황에서 어색하게 행동하는 친구를 놀리기 시작했다. 당신은 그들이 이 친구를 대하는 방식을 싫어하고 그들의 행동을 학교폭력으로 간주한다. 당신은 집단의 다른 사람들에게 따돌림을 당할 수도 있다는 것을 알면서도 그들에게 멈추라고 말할 것인가? 아니면 침묵하고 친구들과의 관계를 유지할 것인가? 윤리적 추종자가 되는 것이 사회적 죽음(social death)을 의미할 수 있는 경우에도 개인의 가치를 수행해야 한다는 부담을 수반하게 된다.

6. 나쁜 리더에 대한 도전에서 오는 무력감

마지막으로 실행자들은 그들을 변화시키는 데 무력감을 느끼기 때문에 의도치 않게 파괴적인 리더를 활성화할 수 있다. 일단 집단의 일원이 되면 실행자들은 종종 집단의 규범을 준수해야 한다는 부담감을 느낀다. 그들은 리더에게 도전하거나 집단을 위한 리더의 계획을 거스르는 것이 쉽지 않다는 것을 알게 된다. 리더가 부적절한 행동을 하거나 남에게 해가 되는 경우에도 실행자가 리더의 행동에 대해 용기를 내기 어렵다. 집단은 실행자에게 보안을 요구하며 이러한 보안을 잃게 될 위협은 권력자에게 도전하는 것을 두렵게 만들 수 있다. 권력자에게 진실을 말하는 것은 용감한 행동이며, 추종자들은 종종 권위에 직면하여 자신을 표현하는 데 무력감을 느낀다. 집단에서 인정받는 추종자가 되는 것은 많은 이점을 수반하지만, 항상 개인의 선택 의지를 촉진하는 것은 아니다. 리더에게 도전한다면 누가 당신을 지지하겠는가? 예를 들어, 리더가 레즈비언, 게이, 양성애자 또는 트랜스젠더로 식별되는 개인에 대해 공개적으로 편견을 갖고 있는 조직에서 게이 직원이 어떨지 상상해 보라. 당신은 리더십과 정책에 대해 비난하거나 반대할 수 있겠는가?

Lipman-Blumen이 설명한 실행자의 6가지 심리적 요구는 파괴적인 리더십을 육성하는 데 있어 실행자의 역할을 이해하는 데 필수다. 실행자들이 이러한 요구를 충족시키려고 할 때 비윤리적이고 해로운 리더가 번성할 수 있는 상황을 만들 수 있다.

실행력의 효용

리더-성원 교환 이론(7장)이나 변혁적 리더십(8장)처럼 모델, 가정 및 원리가 확립되어 있는 리더십 이론과는 달리 '실행력 이론'은 아직 초기 단계의 연구 분야이다. 그러나 실행력을 실천하는 데 중요한 의미가 있는 몇 가지 핵심적인 사실들을 제공한다.

첫째, 단순히 실행력에 대해 논의하는 것만으로도 실행력의 중요성과 가치를 높일 수 있다. 리더와 리더십 접근 방식에 대한 수천 건의 연구와 실행력에 대해 수행된 극소수의 연구에서 입증된 바와 같이 리더십 과정에서 리더의 역할은 추종자보다 훨씬 더 높게 평가되었다. 리더십은 조직행동의 중심적인 구성 요소로 이상화되었다. 그러나 실행력에 초점을 맞춤으로써 우리는 리더십의 역할을 하는 사람들이 실행자들을 지도할 때 새로운 사고 방식에 참여하고 실행력을 가지고 사람들의 장점을 탐구하도록 강요받는다. 리더십은 진공 상태에서 존재하지 않으며 실행자가 필요하다. 실행력에 관한 연구는 조직 성취의 모든 측면에서 실행자가 수행하는 필수적인 역할을 강조한다. 왜 우리는 실행력에 초점을 맞추어야 할까? 그것은 실행력이 리더십 못지않게 중요하기 때문이다.

둘째, 실행력은 개인이 공동의 목표에 도달하기 위해 다른 사람의 영향을 받아들이는 방법에 관한 것이다. 리더보다 권력이 덜하지만 리더십 과정에서 중요한 구성 요소인 실행자들의 특성과 행동을 설명한다. 이 장에서 논의된 실행자 행동 유형은 실행자가 리더의 영향을 받을 때 일반적으로 수행하는 기준을 제공한다. 그들은 지도자를 돕는가, 아니면 지도자와 싸우는가? 그들은 조직을 더 좋게 만드는가 아니면 더 나쁘게 만드는가? 실행자를 분류하면 실행자 역할을 수행할 때 사람들의 행동하는 방식을 이해하는 데 도움이 되기 때문에 유익하다. 어떤 사람이 실행자인지 아는 것도 유용하지만, 실행자가 의존적-수동적인지 아니면 능동적-반권위주의자인지 아는 것이 훨씬 더 가치 있다. 이러한 분류는 실행자가 어떻게 행동하고 리더가 그에 따라 어떻게 대응할 수 있는지에 대한 정보를 제공하기 때문이다. 또한 리더가 직장과 조직에 대한 실행자의 태도와 이러한 실행자와 가장 잘 소통하는 방법을 알 수 있도록 도와준다.

셋째, 실행력 연구는 왜 해로운 리더십이 발생하고 때로는 억제되지 않는지를 이해하는 수단을 제공한다. 실행자는 리더십 과정에서 리더와 상호의존하며 서로 영향을 미치고 영향을 받는다. 리더가 모욕적이거나 비윤리적일 때 실행자에게 영향을 미친다. 그러나 실행자들은 종종 대응하는 것에 자제감을 느낀다. 그들은 해로운 리더에게 반응하기를 원할 수 있지만, 실행자는 종종 수동적이고 소극적이 된다. 이런 일은 집단 구성원에게 제공하는 보안을 잃게될까 두려워하기 때문에 발생한다. 자신의 무력감과 안전과 공동체에 대한 필요성을 이해함으로써 실행자들은 파괴적인 리더를 더 쉽게 식별하고 대응할 수 있다.

강점, 비판, 응용

1 강점

이 장에서는 실행력의 발전과 지난 50년 동안 연구자들이 실행력을 어떻게 개념화했는지 추적한다. 이 연구에는 다음의 몇 가지 장점이 있다.

첫째, 실행력을 리더십 방정식의 필수적인 부분으로 인식한다. 일부 초기 리더십 이론(예: 잠재적 리더십 이론[Lord & Maher, 1991] 및 사회적 정체성 이론[Tajfel & Turner, 1986])은 실행자를 리더십 과정의 한 요소로 인식하지만, 가장 최근의 문헌은 실행력의 중요성을 상당히 향상시키고 리더십과 동등한 기반을 제공한다. 실행력의 복잡성과 중요성을 더욱 강조하면서 Popper(2014)는 리더에 대한 실행자의 매력이 다음 세 가지 관점 중 하나로 나타난다고 제안한다. (a) 지도자를 보호자로 여기는 심리분석적 관점, (b) 리더가 복잡한 현실에 대해 적절하고 심리적으로 편리한 설명을 한다고 간주하는 인지-심리학적 관점, (c) 리더가 실행자의 사회적 정체성과 자존감에 의미를 부여하는 일종의 서사적 사회 심리학적 관점이다. 이러한 강조는 리더십에 대한 우리의 시야를 넓히고 실행력이 미래에 연구자와 실무자들에게 훨씬 더 많은 관심을 받을 것이며, 또 그래야 함을 시사한다.

둘째, 실행력에 대한 초점은 사람들이 리더십에 대해 생각하는 완전히 새로운 방식을 강요한다. 예를 들어 Hughes, Ginnett, Curphy's Leadership: Enhancing Lessons of Experience(2014)와 같이 실행력에 특별한 관심을 기울이는 리더십에 관한 교과서가 있지만 현재의 실행력 연구 및 문헌은 더 나아가 우리가 리더십이 서 있는 현재의 연구기반에서 벗어나 실행력과 함께 연구되기를 촉구한다. 그것은 우리가 리더보다 추종자에게 집중하도록 요구하며 다음과 같은 질문에 답하는 것과 같다. 효과적인 실행력을 만드는 것은 무엇인가? 실행자는 집단 과정에 어떤 영향을 미치고 목표 달성에 어떤 영향을 미치는가? 실행자는 리더에게 어떤 영향을 미치는가? 예를 들어 Carsten, Uhl-Bien, Huang(2018)의 최근 연구에 따르면 실행자는 목소리를 낮추고 상향 위임을 통해 리더에게 영향을 준다(예: 문제를 스스로 해결하기보다 관리자에게 전달). 실행자가 수동적이고 상향적 위임에 참여할 때 리더는 동기 부여가 덜되고 목표 달성에 기여할 가능성이 적다. 조직이 효과적으로 협력하는 방법은 리더가 아니라 실행자를 교육하는 데 더 많은 관심을 기울여야 한다는 것이다.

또한, 새로운 실행력 문헌은 리더십을 실행자와 리더가 동등하게 공유하는 공동 구성 과정으로 보도록 권한다. 권력을 가진 개인에 초점을 맞추기보다 권력이 없는 개인과 지도자와 맺는 관계를 포용하는 방향으로 생각해야 한다. 실행력에 대한 연구는 우리에게 리더십은 불완전하며, 실행자의 역할과 차원에 초점을 맞추어 이해하지 않고서는 이해될 수 없다는 것을 상기시킨다. 예를 들어, Pietraszewski(2019)는 리더십과 실행력이 목표 달성을 위한 조정과 협력의 문제를 어떻게 해결할 수 있는지 설명한다. 그는 복잡한 문제를 혼자 해결하는 데 필요한 모든 정보를 가진 사람은 아무도 없다고 지적한다. 그러므로 리더와 실행자는 리더가 대안을 제시하고 리더와 실행자가 그중에서 자신의 반응을 선택하는 "판매 시장(social marketplace)"을 만든다. 이 시장은 리더와 실행자가 방안을 제안하고 평가하는 사회적 정보처리 과정상에서 운영된다.

셋째, 비록 초기 단계에 있지만 실행력 연구는 실행자가 효과적이기 위해 무엇을 해야 하고 무엇을 하지 말아야 하는지에 대한 일련의 기본 처방을 제시한다. 이러한 처방은 효과적인 실행력을 만드는 행동 유형에 대한 상세한 내용이 제시되어 있다. 예를 들어, 효과적인 실행자는 공동체에 대한 필요와 자아에 대한 필요 사이의 균형을 유지한다. 그들은 조직의 최선의 이익을 위해 행동하고 리더의 제의가 이기적이거나 비윤리적일 때 리더에게 도전한다. 효과적인 실행자는 반권위주의적인 행동을 하지 않고 일을 완수하기 위해 협력한다. 더 나아가 그들은 자신의 무력함을 인식하지만 그렇다고 해서 필요할 때 지도자에게 도전하는 것을 막을 수는 없다. 실행력 연구는 실행력이 작동하는 방식의 복잡성을 설명하는 우아한 이론을 아직 만들어내지 못했지만 강력한 실용적인 적용을 가진 일련의 아이디어를 제공한다.

또한 잠재적 실행력 이론(implicit followership theory)에 대한 연구에 따르면 리더는 성과와 관련된 속성과 충성도 및 다른 사람과 협력할 수 있는 능력과 같은 속성을 모두 '이상적인' 실행자의 관점에서 찾는다(Carsten et al., 2010). Sy(2010)는 이상적인 추종자를 구성하는 6가지 요소를 발견했다. 근면, 열정, 선량한 시민의식, 순응, 불복종 및 무능이 그것이다. 앞에 제시된 세 개의 특성은 긍정적으로 평가되지만, 나머지 세 개의 특성은 부정적으로 평가된다. 이 연구는 또한 실행자가 좋은 실행자가 되기 위한 리더의 잠재적 실행자 원형에 맞을 때 리더를 더 좋아하고 더 높은 관계와 신뢰를 가지고 있음을 발견했다. Alipour, Mohammed 그리고 Martinez(2017)는 타이밍이 실행력 모델의 효과를 이해하는 데 중요한 역할을 한다고 제안한다. 마감일, 시간 관점, 동시 진행의 선호도, 진행 방식에 대한 리더의 기대치를 충족시키는 것은 모두 실행자가 리더의 잠재적 실행자 모델과 일치하는지 여부에 달려 있다. 리더의 이상적인 실행자 모델과 일치하는 행동을 인지하고 참여할 수 있는 실행자는 리더의 시간 관련 기대를 충족시켜 조정 문제를 줄일 가능성이 높을 수 있다. 실행력 모델과 실제 행동이 일치한다고 인식하는 실행자는 실행력을 자아개념의 일부로 볼 가능성이 더 많고 리더가 아니라 실행자라고 주장하며, 좋은 추종자로서 자신의 사회적 정체성을 형성하려는 리더의 시도에 더 개방적일 가능성이 높다(Epitropaki, Kark, Mainemelis, & Lord, 2017).

2 비판

실행력 연구는 장점 외에도 몇 가지 한계가 있다. 첫째, 실행력 과정에 대한 체계적인 연구는 초기 단계에 있다. 선행 연구의 부재는 실행자를 정의하는 것과 실행자가 리더십 프로세스에 어떻게 기여하는지를 포함하여 추종자의 성격을 구체적으로 개념화하는 것을 어렵게 만든다. 실행력에 대한 정확한 이론과 모델이 없으면 실행력이 작동하는 방식과 그룹, 조직 및 커뮤니티에서 수행하는 역할에 대한 명확한 이론이나 실무가 있을 수 없다.

둘째, 현재 실행력 문헌은 주로 개인적인 관찰과 일화이다. 예를 들어, 이 장의 앞부분에서 논의된 실행력 유형(예: Zaleznik, Kelley, Chaleff 및 Kellerman)은 실행자 유형을 구별하는 데 유용한 범주를 제시하고 있는 시스템이지만 이 같은 유형의 파생은 단순히 한 연구자의 추측이나 가정에 의한 것이다. 다양한 유형의 설계를 포함한 기술적인 연구는 이론 개발의 초기 단계에서 다루는 전통적인 과정이지만 실행력이 완전히 개념화되고 검증될 때까지 실행력에 대한 우리의 시각은 더 이상 발전하지 않을 것이다.

셋째, 세상에 존재하는 리더 중심적 성향이 너무 깊게 뿌리내려서 실행력이 꽃피기가 어렵다. 실행력이 성공을 거두려면 리더와 실행자 모두가 자신의 역할에 충실해야 한다. 추종자는 지도자를 가르치는 목적과 지도자로부터 배우는 목적을 달성해야 한다(Chaleff, 1995). 그리고 실행력의 주요 목적이 리더를 리더로 만드는 것(아무도 따르지 않으면 리더도 없음)이라고 여겨지는 리더 중심의 세계에서 이러한 진화는 실현되기까지 매우 오랜 시간이 걸릴 수 있다. 리더와 실행자의 유형에 관한 연구와 이들 유형에 대한 기대가 리더십 과정에 어떻게 영향을 미치는지 실증하는 연구가 필요하다(Foti, Hansbrough, Epitropaki, & Coyle, 2017). 더 많은 실증적 연구를 한 뒤에야 효과적인 실행력을 설명하는 역학의 일부분들을 이해할 수 있다.

넷째, 실행자에 대한 연구는 "왜 실행인가?"라는 질문을 충분히 다루지 않고 있다. Bastardoz와 Van Vugt(2019)는 진보적인 심리학적 관점에서 실행력 문헌을 비판하였다. 실행자가 왜 자율성을 포기하고 리더를 따르기 위해 자신의 목표를 제쳐두고 있는지에 대한 설명이 없기 때문에 실행력이 당혹스럽다고 주장한다. 진화론적 관점에서 실행력은 사냥, 모집, 평화 유지와 같은 집단의 문제를 다루기 위해 발전되었다. 지도할 능력이 없는 사람은 실행자가 될 가능성이 더 크다. 또한 실행력은 리더로부터 받는 보상, 목표 설정, 그룹이 직면한 도전, 리더의 스타일 때문에 발생한다. 저자들은 진화적 심리학이 문헌에서 제공되는 현재의 이론적 접근보다 실행력에 대한 더 강력한 설명을 제공한다고 주장한다.

3 응용

"리더를 따르라(Follow the leader)."는 많은 사람들에게 친숙한 표현이다. 교사가 혼란을 피하고 평화를 유지하는 방법이든, 놀이터에서 하는 게임이든, "리더를 따르라."는 사람들이 지정된 리더의 뒤에 줄을 서서 리더가 지시한 대로 수행해야 함을 의미한다. 리더를 따른다는 것은 리더의 권위와 영향력을 받아들이는 과정이다. 더 중요한 것은 리더의 말에 어떻게 반응할지 결정하는 것이다.

실행력 연구는 실행자가 리더에게 어떻게 그리고 왜 반응하는지를 이해하려는 것이다. 실행력 연구의 몇 가지 응용 및 활용의 사례를 알아보자.

이 연구는 무엇보다도 실행력의 중요성을 강조한다. 실행력이 리더십 못지않게 중요하기 때문이다. 이 장은 리더와 관련하여 실행자가 수행하는 중요하고 복잡한 역할을 이해하는 데 도움이 된다. 그것은 실행자들이 하는 일반적인 역할을 매우 활동적이고 긍정적인 역할부터 매우 소극적이고 부정적인 역할까지로 구별한다. 실제 리더십 상황에 적용될 때, 실행자와 그들의 역할 및 행동에 대한 지식은 그룹 및 조직의 성공에 기여하는 주요 구성 요소에 대한 우리의 이해를 확장시킨다.

또한 실행력에 대한 연구는 조직 훈련 및 개발에 영향을 미친다. 실행력은 현재 교육 및 개발 분야에서 최고의 주제(top topic)로 인식되고 있지는 않지만 가까운 장래에 실행력에 대한 훈련과 교육이 조직에 어떻게 중요하게 작용하는지 보는 것은 어렵지 않다. 실행력에 대해 배우면 실행자가 자신의 기능, 자신이 속한 그룹 또는 조직의 목표에 가장 잘 기여할 수 있는 방법을 이해하는 데 도움이 된다. 분명히 "유효한 실행자 되기", "파괴적인 상사 다루기" 또는 "실행력에 대한 도전 수용하기"와 같은 주제에 대한 교육 프로그램은 입증할 수 있는 가치가 있다. 실행력 연구에 대한 관심이 높아짐에 따라 실행력에 대한 교육 프로그램도 증가할 것으로 예상된다.

더욱이 이 장에서 설명하는 내용은 리더가 실행자와 가장 효과적으로 협력하는 방법을 이해하는 데 도움을 주었다. 현재 리더십 문헌에는 리더와 리더의 행동에 관한 논의가 많이 실려 있지만 이 장에서는 추종자가 그렇게 행동하는 이유에 대한 관심으로 전환하고 있다. 리더는 실행력 정보를 사용하여 실행자의 요구에 맞게 스타일을 조정할 수 있다. 예를 들어 리더가 추종자들이 공격적이고 파괴적이라는 것을 알게 되면 이 장의 정보는 추종자들이 권위적인 문제가 있을 수 있으며, 보안에 대한 그들 자신의 필요 때문에 행동하고 있음을 보여준다. 또는 일부 추종자는 조용하고 순응하며 그룹의 일부임을 확인하고 그룹 프로세스에 더 많이 참여하도록 권장하는 리더십이 필요하다고 제안한다. 리더는 실행자를 독특한 필요를 가진 개인으로 대우하기 위해 수년 동안 노력해 왔지만, 이 장은 더 나아가 실행력 문헌에서 직접 파생된 행동에 대한 단서를 리더에게 제공한다.

사례 연구

다음 세 가지 사례 연구(사례 13.1, 13.2, 13.3)는 서로 다른 맥락에서 실행력을 설명한다. 첫 번째 사례는 한 진료소에서 실행자가 기관의 업무에 기여하는 독특한 방식을 설명한다. 두 번째 사례는 유명한 조정 팀과 실행자들이 함께 화합하여 기적 같은 성과를 이루어 낸 이야기이고, 마지막 사례는 명망 있는 대학 미식축구 프로그램을 무너뜨린 상황에서 실행자의 역할과 대학의 리더십을 살펴본다. 각 사례의 끝에는 해당 장에서 논의된 실행력 원칙을 활용하여 사례를 분석하는 데 도움이 되는 질문이 있다.

사례 13.1: 진료소 BLUEBIRD CARE

Robin Martin은 20년 전에 2명의 직원과 5명의 고객으로 구성된 가정 내의 의료 기관인 Bluebird Care를 시작했다. 이 기관은 50명의 고객에게 의료서비스를 제공하는 25명의 직원으로 성장했다.

Robin은 평판 좋은 노인생활 지원 시설의 보좌관으로 노인 요양을 시작했다. 그녀는 환자를 돌보는 것을 좋아했고 간병에 능숙했다. Robin이 진료소 Bluebird Care를 운영하기 시작했을 때 그녀는 모든 직원과 고객을 잘 알고 있었다. 가정 의료에 대한 수요가 증가함에 따라 Bluebird Care도 성장하여 더 많은 직원을 고용하고 서비스 영역을 확장했다. Robin에게 이것은 회사에서 고객과 보내는 시간을 줄이고 성장하는 대행사를 관리하는 데 더 많은 시간을 할애해야 한다는 것을 의미한다. 그녀는 고객 및 직원과의 연결이 끊어지는 것처럼 느낀다고 말했다.

Bluebird Care가 정말 순조롭게 운영되던 때를 묻는 질문에 Robin은 Bluebird Care의 직원이 10명에 불과했던 때를 이야기하면서 "이것은 우리에게 좋은 시간이었다. 각자가 맡은 일을 했고 불평하지 않았다. 아무도 아파서 결근한다는 전화를 하지 않았고 그들은 매우 신뢰할 수 있었다. 하지만 그때는 우리가 모두 같은 지역에 살았고 매주 직원 한 명 한 명을 만나기 때문이었다. 화요일에는 출퇴근 시간표를 제출했고 격주 목요일마다 월급을 받았다. 나는 그것이 즐거웠다."

이제 에이전시의 서비스 지역이 훨씬 넓어져 도시의 많은 교외 지역을 포괄하기 때문에 Robin은 직원을 거의 볼 수 없다. 근무 시간표는 직원이 이메일로 보내고 급여는 우편으로 보내거나 직원의 은행계좌로 직접 입금한다. Robin은 "직원들은 우리를 본 적이 없기 때문에 그들이 원하는 것을 할 수 있다고 느끼고 경영진은 그에 대해 할 말이 없었다. 우리가 더 작았을 때와는 같지 않았다."라고 말한다.

Robin이 거의 매일 교류하는 핵심 대행사 직원인 Terry는 Robin과 처음부터 함께한 직원이고 Robin을 따르며 늘 함께 한다. "나는 그녀를 믿는다."라고 Robin이 말한다. "그녀가 'Robin, 우리는 이렇게 해야 합니다'라고 말하면 나는 그녀가 말하는 대로 한다. 그녀는 항상 옳다." Terry는 매우 긍정적이고 에이전시에 대해 호의적이며 Robin을 칭찬한다. 다른 직원이 기관의 규칙이나 절차에 이의를 제기할 때 Terry는 Robin이 조언을 구하는 사람이다. 또한 Terry는 Robin에게 Bluebird Care를 최고의 기관이 되도록 도전한다.

Terry는 다른 직원인 Belinda와 대조된다. 5년차 직원인 Belinda는 독단적이고 변화를 좋아하지 않으며, Robin과 보건소의 규칙에 자주 도전한다. Robin은 Belinda를 팀 플레이어가 아닌 "불량배"로 묘사한다. 예를 들어,

Belinda와 Robin은 직원이 격주로 일해야 한다는 보건소의 일처리 절차 규칙에 대해 갈등을 겪었다. Belinda는 직원들에게 격주로 일하도록 강요하는 것은 부당하며 다른 유사한 기관에는 그러한 근무 정책이 없다고 주장했다. 자신의 주장을 입증하기 위해 Belinda는 경쟁 기관의 매뉴얼을 입수하여 Robin에게 보여주었다. 갈등을 좋아하지 않는 Robin은 Belinda의 공격적인 갈등 스타일에 낙담했다. Robin은 Terry와 함께 주말에 이러한 문제에 대해 이야기를 나누었고 Terry는 그녀를 지지했으며, 근무 규정대로 처리하기로 했다. 결국 Belinda는 정책을 변경하지 않았지만 Belinda와 Robin은 모두 앞으로 더 많은 갈등이 있을 것이라고 확신한다.

또 다른 두 명의 주요 직원이 있다. 대부분의 직원을 고용하고 교육하는 Robin의 아들 Caleb과 전화를 받고 일정을 잡는 사위 James이다. Robin은 James가 매니저로서 조용하고 정중한 태도로 업무를 수행하며 문제를 거의 일으키지 않는다고 말한다. 모든 채용 및 교육을 처리하는 것 외에도 Robin은 Caleb에 의존하여 고객 서비스와 관련된 문제를 해결한다. James와 Caleb 모두에게, 직원이 업무를 위해 고객에게 나타나지 않을 때 걸려오는 전화이기 때문에 그 일은 스트레스가 될 수 있다.

Caleb은 또한 멀리 떨어져 있는 협력업체의 직원들 사이에 응집력을 심어주고 밀레니얼 세대의 직원 이직률을 줄이기 위해 열심히 노력하고 있다고 말한다. Caleb은 회사의 성장에 대해서는 긍정적이지만 어머니가 회사를 시작할 수 있었던 배려의 철학이 점점 사라져 가는 것은 아닌지 염려한다.

질문

01 Bluebird Care에서 실행자는 누구인가?

02 실행력이 보건소의 사명과 어떤 방식으로 연결되어 있는가? Robin과 그녀의 관리자들은 실행력의 중요성을 인식하고 있는가? 구체적으로 설명하여라.

03 Chaleff의 실행자 유형(그림 13-4 참조)에서 확인된 역할을 사용하여 Terry, Belinda, Caleb 그리고 James는 보건소에서 어떤 역할을 하는지 설명하여라.

04 '시점 거꾸로 보기'의 틀을 이용하여 Caleb과 James의 특성이 Bluebird Care(그림 13-6 참조)에서 실행력의 성과에 어떻게 기여하는지 설명하여라.

05 Terry와 Caleb은 두 사람 모두 지도와 실행을 하고 있어서 독특한 관계를 가진다. 그들 각자가 리더십과 실행력을 어떻게 보고 있다고 생각하는가?

06 만약 당신이 조직의 상담사라면 Bluebird Care를 강력하게 만들 수 있는 Robin에게 어떤 제안을 하겠는가? 만약 당신이 실행력 코치라면 Robin에게 어떻게 충고하겠는가?

사례 13.2: 올림픽의 조정 선수들

1930년대에 조정은 미국에서 가장 인기 있는 스포츠였다. 이 스포츠는 신체적인 강인성 뿐만 아니라 끈기 있고 지칠 줄 모르는 팀워크가 요구된다. 8명이 노를 젓는 배 안에서 팀의 각 구성원은 보트에 앉는 위치에 따라 수행해야 할 역할이 있다. 노 젓는 사람의 움직임은 보트에 있는 다른 선수의 움직임과 정확하게 동기화된다. 노 젓는 좌석에 앉아서 노 젓는 사람은 노를 당길 때마다 오차 없이 수행해야 한다. 노 젓는 사람 중 한 사람의 실수는 보트의 추진력을 떨어뜨리고 보트의 균형과 성공을 위태롭게 할 수 있다.

1930년대 초, 조정은 Cornell, Harvard 그리고 Princeton과 같은 동해안의 명문 대학들에 의해 석권되고 있는 스포츠였다. 그러나 캘리포니아대학교, 버클리대학교, 워싱턴대학교 등 서부 해안의 두 팀은 동부 해안 출신의 팀뿐만 아니라 서로 치열한 경쟁을 벌였다. 워싱턴대학교의 대표팀 코치였던 Al Ulbrickson은 캘리포니아 팀이 1932년 올림픽에서 미국을 대표하여 국가적인 명성을 얻는 것을 시샘하는 마음으로 지켜봤고, 독일 베를린에서 열린 1936년 올림픽에서 그의 워싱턴대학교 팀은 미국을 대표하여 출전하게 되었다.

Ulbrickson의 프로그램에는 1934년 전국 1학년 선수권 대회에서 우승하기 위해 노를 젓던 사람들을 포함하여 재능 있는 노 젓는 사람들이 많이 있었다. 특권과 부를 상징하는 지역에서 살고 있는 동부 해안의 팀 선수들과는 달리, 워싱턴 대학의 많은 청소년들은 가난한 노동 계층 출신이었다. 그들은 벌목꾼, 농부, 어부의 아들이었고, 조정 팀에서 한 자리를 차지하면 대학 등록금을 마련하는 데 도움이 되었다. 여름 방학 동안 소년들은 종종 위험하고 육체적으로 힘든 일을 하며 가을학기 대학 등록금을 벌었다.

성공적인 조정 팀을 위한 이상적인 멤버로 구성하는 것은 복잡한 과정이다. 훌륭한 조정 팀은 신체 능력과 성격이 서로 다른 노 젓는 사람들로 이루어진 균형 잡힌 조합이다. Brown(2013)에 따르면 "좋은 선수단은 각기 다른 성격의 혼합체이다. 돌격을 주도하는 사람, 무언가를 비축하는 사람, 경쟁을 선택하는 사람, 평화를 만드는 사람, 깊이 생각하는 사람, 생각하지 않고 앞서가는 사람 등. . . . 조정 팀이 잘 구성된 후에도 각 노 젓는 사람은 팀에서 자신의 위치를 인식하고 다른 사람을 있는 그대로 받아들여야 한다."라고 말했다(pp. 179–180).

이러한 마법의 조합을 찾기 위해 Ulbrickson은 다양한 조정 선수 조합을 실험했고 개인적으로 조정 선수를 다른 팀에 배치하여 어떻게 힘을 합쳐 조정을 수행하는지 확인했다. 그것은 단지 최고의 선수 조합을 찾아내기 위함이었다. 그는 마침내 소년 팀을 경쟁을 통해 선발하기로 하고 '끈기 있는가, 굳건한 의지가 있는가'와 같은 선발 기준을 발표했다. 그들은 친절하고 마음씨 고운 사람들이었다. 그들은 모두 열악한 환경 출신이었고 성장기에 힘든 시기를 겪었다. 이러한 환경을 통해 겸손을 배웠고 그들이 함께 직면한 도전은 그들에게 겸손, 즉 보트 전체를 위해 개인의 자존심을 포용할 필요성을 가르쳤고 겸손은 이제 그들이 함께 모일 수 있는 공통의 관문이었다(Brown, 2013, p. 241). 팀원 중 한 명은 새로운 팀원들과 함께 경주선에 들어갔을 때 마침내 집과 같은 편안함을 느꼈다고 말했다.

워싱턴대학교 대표팀은 동부와 서부 해안에서 벌어지는 대회에서 1위를 했고 미국 올림픽 대표팀에 합류했다. 베를린 올림픽에서 이 팀은 많은 도전에 직면했다. 핵심 구성원 중 한 사람이 독일로의 항해 중 심각한 병에 걸렸고 대회 기간 내내 계속 누워있었다. 모든 곳에 혼란이 있었지만 소년들은 긴장이나 조바심을 겪을 때마다 그룹으로 더 가까워지고 서로 진지하게 이야기했다. 그들은 서로의 어깨에 팔을 올리고 시합 계획에 대해 이야기했다. "그들 각자는 자신의 인생에서 결정적인 순간이 가까웠고 아무도 그것을 낭비하고 싶어하지 않는다는 것을 알고 있었다. 그리고 아무도 그것을 다른 사람들을 위해 낭비하고 싶어하지 않았다."(Brown, 2013, p. 326)

팀은 예선에서 영국을 물리치고 결승에 진출했지만 불리한 상황이 겹쳤다. 그들은 결승전에서 최악의 출발선에서 출발하게 되었고, 키잡이가 경주 시작 신호를 놓쳐 출발이 뒤쳐졌으며, 몸이 아픈 선수는 거의 의식이 없었지만 그들은 끝내 상대팀을 추월하여 승리했고 올림픽 금메달을 획득했다.

Brown(2013)이 지적한 것처럼, "조정이 하는 것처럼 자아의 완전한 포기를 요구하고 보상하는 스포츠는 없다. 훌륭한 선수는 뛰어난 재능이나 힘을 가진 남자와 여자를 고용할 수 있다. 그들은 뛰어난 기술을 가지고 있을 수도 있다. 그러나 그들은 주연은 없다. 팀의 노력 즉, 근육, 노, 배 및 물살의 흐름이 완벽하게 통합되고 아름다운 교향곡은 모두 중요하다. 개인도 아니고 자신도 아니다."(pp. 177-178)

질문

01 어떤 면에서 이 사례가 실행력에 대한 것인가? 누가 실행자들인가? 지도자는 누구인가?

02 키 잡이는 뱃머리를 마주보고 선미에 앉아 배를 조종하고 노 젓는 사람의 힘과 리듬을 조정하는 선원이다. 이 경우 키 잡이의 역할이 다른 선수의 역할보다 더 중요한가, 덜 중요한가? 당신의 대답에 대해 설명하여라.

03 '시점 거꾸로 보기'가 강조하는 것은 실행자들은 변화의 주역이 될 수 없다는 것이다. 이 사례에서 실행자의 특성이 실행자들의 행동에 어떤 영향을 미치는가? Ulbrickson의 인식과 행동들이 노 젓는 사람들에게 어떤 영향을 미친다고 생각하는가?

04 실행자들과 리더 양쪽이 실행력 성과에 미치는 영향에 대해 설명하여라.

05 이 사례에서 선박의 소년들이 고도로 단결된 강한 집단을 만들었다. 고도로 유능한 실행력은 항상 화합력을 초래하는가? 당신의 대답에 대해 설명하여라.

사례 13.3: 펜실베니아 주 성적 학대 스캔들

Joe Paterno가 Penn State Nittany Lions의 헤드 풋볼 코치로 재직한 46년 동안 그는 409회의 승리를 거두어 미국 대학 체육 협회(National Collegiate Athletic Association) 역사상 가장 유능한 축구 코치였다. Paterno는 축구의 우수성과 학문적 통합성이 공존할 수 있음을 증명하기 위해 자신을 "대실험"이라고 불렀다. 그의 프로그램에 "명예로운 성공"이라는 모토를 불어넣은 Paterno는 선수의 신체적 능력만큼이나 도덕적인 성격에 관심을 두었다. 이는 프로그램의 비정상적으로 높은 졸업률에서 입증된 사실이다(Mahler, 2011). 40년 동안, 긍정적인 신화가 프로그램, 대학, Paterno를 뒤덮었고, 전 세계의 학생, 교직원, 직원, 운동선수, 팬들에게 열렬한 Penn 주립대의 자부심을 심어주었으며, Penn 주립대가 미국에서 가장 높이 평가되는 공립 대학 중 하나라는 명성에 기여했다.

그러나 2011년, 전 펜실베니아 주립대 미식축구 보조코치와 관련된 아동 성적 학대 스캔들로 인해 "대실험"의 지위는 바닥으로 곤두박질쳤고, Paterno 코치, 대학의 운동 감독 Tim Curley 및 유명한 Penn 주립 축구 프로그램뿐만 아니라 Graham B. Spanier 대학 총장도 마찬가지였다.

스캔들은 1977년 당시 펜실베이니아 주립대의 수비라인 코치인 Jerry Sandusky가 "문제가 있는 소년들을 돕는 데 전념하는 그룹 위탁 가정"으로 묘사된 The Second Mile이라는 비영리 단체를 설립했을 때 시작되었다. Sandusky와 Penn State와의 관계는 자선 단체에 신뢰성을 제공했지만, Second Mile은 결국 Sandusky의 소년 성적 학대에 대한 은폐의 통로가 되었다. Sandusky는 Second Mile을 통해 그의 희생자가 된 많은 젊은이들을 만날 수 있었다.

30여 년 후인 2008년에 고등학교 1학년의 자녀를 둔 어머니가 자신의 아들이 Sandusky에게 성추행을 당했다고 공무원들을 고발했다. Sandusky는 1999년부터 펜실베니아 주에서 은퇴했지만 자원 봉사자로 계속 코치하면서 Second Mile 자선 단체를 통해 아이들과 함께 일하고 있었다. 통화 결과, 주 법무장관은 Sandusky에 대한 조사에 착수했고, Sandusky가 성추행 혐의를 받은 것은 이번이 처음이 아니라는 증거가 드러났다. 그의 성추행 의혹은 1990년대 후반부터 제기됐다.

한 어머니는 1998년 아이들이 11세였을 때 캠퍼스 운동 라커룸에서 Sandusky와 함께 샤워를 했고 Sandusky가 아이를 부적절하게 만졌다는 사실을 알게 된 후 펜실베이니아 주립대학교 경찰에 신고했다. 당시 Paterno, Curley, Spanier와 재무 및 비즈니스 수석 부사장인 Gary C. Schultz는 모두 이 사실을 알고 조사를 벌였다. 경찰은 비슷한 경험을 한 다른 소년과도 이야기를 나눴지만 사건을 종결하기로 했다. 대학 경찰과 펜실베니아 공공복지부(현재는 휴먼 서비스로 알려짐) 담당자와의 인터뷰에서 Sandusky는 다시는 아이들과 샤워를 하지 않을 것이라고 말했다.

2년 후인 2000년 가을, Penn State의 Lasch 축구장 관리인은 동료와 감독자에게 Sandusky가 보조 코치의 샤워실에서 한 소년과 성행위를 하는 것을 보았다고 말했다. 하지만 그들의 직업에 대한 두려움 때문에 관리인도, 그의 동료도 보고서를 제출하지 않았고, 그들의 상사도 보고서를 제출하지 않았다.

"그들은 Sandusky가 누군지 알고 있었다." 특별 수사 고문인 Louis J. Freeh가 2012년에 스캔들에 대한 8개월간의 조사를 마친 후 나중에 말했다. 그것은 미국 대통령에 대항하는 것과 같았다.

2001년 펜실베니아 주립대 대학원 조교인 Mike McQueary는 Sandusky가 Lasch 축구 건물의 샤워실에서 한 소년을 성폭행하는 것을 목격했다. McQueary는 다음 날 아침 Paterno 코치의 집을 방문하여 그가 목격한 것을 코치에게 말했다. Paterno는 이 사건을 체육 감독인 Curley에게 보고했다. 그러나 10일이 지나서야 McQueary는 마침내 Curley와 Schultz를 만나 자신이 본 것을 설명했다.

처음에 Curley, Schultz, Spanier는 이 사건을 공공 복지부에 보고하기로 결정했다. 그러나 이틀 후 Curley는 Schultz와 Spanier에게 'Joe와 상의한 후' 마음이 바뀌었다고 알렸다. 대신 그들은 Sandusky에게 '전문적인 도움'을 제공하고 손님을 라커룸으로 데려오는 것을 중단하라고 말했다(Wolverton, 2012). 경찰이나 아동보호기관에는 신고하지 않았다. 나중에 이메일에서 Spanier는 Curley에게 사건을 보고하지 않기로 한 운동 감독의 결정을 승인했으며 "인도적이고 합리적인 진행 방법"이라고 말했다(Wolverton, 2012).

한편 McQueary는 Penn State에서 계속 일하면서 풋볼 보조 코치로 승진했다. 그리고 그 후 7년 동안 Sandusky는 계속해서 어린 소년들을 만나 추행했다.

2011년, 마침내 Sandusky는 체포되어 40건의 성적 학대 혐의로 기소되었다. 그 어머니의 2008년 전화 통화로 시작된 3년의 조사가 끝이났다. 조사 결과 Sandusky가 15년 동안 8명의 소년을 성적으로 학대한 사실이 밝혀졌을 뿐만 아니라 Spanier와 Schultz를 포함한 대학 지도자들이 코치의 행동을 알고도 행동하지 않았다는 사실도 밝혀졌다. 법무장관의 조사에서 이 지도자들은 1998년과 2001년 사건에 대해 모른다고 부인했다. 그러나 조사 결과 이메일과 기타 문서를 통해 대학 지도자들이 사건에 대해 무엇을 알고 있는지 그리고 그 사실을 언제 알았는지를 진실하게 인정하지 않았다는 것을 증명했다. 그 결과 Curley와 Schultz는 위증과 혐의에 대해 알고 있는 내용을 보고하지 않은 혐의로 기소됐다.

Spanier는 Sandusky의 행동을 "괴롭히는 행동"이라고 불렀지만 Curley와 Schultz 모두에 대한 무조건적인 지원을 약속했으며 그들이 무죄가 될 것이라고 예측했다(Keller, 2012). 그러나 이틀 후 Paterno와 Spanier는 대학 이사회에서 해고가 결의되었고 이사회는 이 스캔들에 대한 독립적인 조사를 수행하기 위해 Freeh를 고용했다.

8개월 후 Freeh는 대학 지도자들이 Sandusky의 행동에 대해 언제 어떻게 알게 되었는지 자세히 설명하고, Sandusky의 반복적인 아동 성적 학대에 대한 사실을 보고하지 않았다는 267페이지 분량의 보고서를 발표했다. 보고서에 따르면 Spanier와 Paterno는 "아동의 안전과 복지에 대해 완전히 무시하는 행동"을 보였고 당국에 학대 혐의에 대해 중요한 사실을 숨겼다(Wolverton, 2012).

Freeh의 조사에서 Spanier, Paterno, Schultz 및 Curley는 모두 Sandusky의 성적인 특성에 대해 수년 동안 알고 있었고, 이러한 사실을 비밀로 유지했음을 시사하는 이메일 및 기타 문서를 발견했다. 보고서는 특히 Paterno가 "은폐 행위의 필수적인 부분이었다"고 밝혔다(Keller, 2012). 보고서에서 Curley 체육 감독은 "결과에 상관없이 지시를 따르고 '잘못에 충실한' 사람"이라고 설명했다. 한 고위 관리는 Curley Paterno를 "심부름꾼"이라고 말했다. 그리고 마지막으로, 조사는 Spanier가 Sandusky에 대한 1998년 및 2001년 아동 성적 학대 혐의와 그에 대한 후속 대배심원 조사에 대해 이사회에 신속하고 완전하게 조언하지 않았기 때문에 "회장으로서의 의무를 다하지 못했다"고 결론지었다(Keller , 2012).

하지만 흥분한 것은 대학 당국만이 아니었다. 이 보고서는 또한 대학 이사회가 "감독을 수행하지" 않았다고 언급하면서 "이사회는 Sandusky에 대해 다른 대학 고위 관리들이 책임이 있다고 믿는 '최고의 분위기'를 조성하지 않았다"고 말했다. 궁극적으로 Freeh의 보고서는 대학의 명성과 탁월한 축구 프로그램이 "리더에게 어린 아이들의 안전과 복지가 침해되는 것보다 더 중요하다"고 결론지었다(Keller, 2012).

Joe Paterno는 2012년 1월에 사망했다. 6개월 후 보조 코치 직책을 유지한 Sandusky는 45건의 아동 성적 학대 혐의로 유죄 판결을 받고 30~60년형을 선고받았다. 전 펜실베니아주 관리인 Curley, Schultz, Spanier는 모두 Sandusky에 대한 혐의를 당국에 알리지 않아 그가 수년간 소년들을 계속 성추행할 수 있도록 허용한 혐의로 징역형을 선고받았다.

Sandusky가 유죄 판결을 받은지 한 달 후, Freeh의 보도가 나온 지 열흘 후, 많은 사랑을 받았던 7피트, 900파운드의 Paterno 동상이 Penn State's Beaver 스타디움 밖에 있는 받침대에서 치워져, Paterno의 "명예로운 성공" 모토와 Penn State 프로그램에 대한 대중의 믿음을 보여주는 상징적인 증거를 제공했다.

질문

01 Penn State의 실행력을 어떻게 설명하겠는가? 누구를 실행자로 식별하겠는가? 지도자들은 누구인가?

02 Kelley의 유형을 사용하여 Schultz와 Curley의 실행자 스타일을 어떻게 설명하겠는가? McQueary의 스타일은 어떤가?

03 이 경우 실행자들은 파괴적인 지도자와 그들의 목표에 기여하는 방식으로 어떻게 행동하는가? 그들의 행동이 조직에 미친 영향은 무엇인가?

04 해로운 리더십에 기여하는 Lipman–Blumen의 심리적 요인(표 13-3 참조)을 기반으로 Sandusky의 행동을 보고할 수 있었던 사람들이 보고하지 않은 이유를 설명하라.

05 결과에 따르면 Paterno의 의도는 어디에서 잘못되었는가? 실행자들은 어떤 방식으로 Penn State의 도덕적 분위기를 바꿀 수 있었는가?

06 Paterno의 프로그램 실패에 대한 책임은 결국 리더인가 실행자인가? 당신의 대답을 설명하여라.

리더십 측정 도구

이 장의 앞부분에서 논의한 것처럼 Kelley(1992)는 추종자를 두 가지 축(독립적 사고 및 적극적인 참여)을 기반으로 5가지 유형(모범, 소외, 순응, 수동 및 실용주의) 중의 하나로 분류하는 유형을 개발했다. 실행력의 이러한 다양한 차원은 관찰보다는 실증적 접근을 통해 실행력 유형을 결정하기 위한 설문조사인 Kelley의 실행력 설문지의 기초가 되었다.

실행력 설문지

목적: 이 설문지는 당신의 '실행자 스타일'을 알아보기 위한 것이다.

작성 요령: 당신이 실행자 역할을 하고 있었던 특정한 리더-실행자 상황을 생각해 보자. 각 문항에 대해 다음 척도를 사용하여 해당 문항이 이 상황에서 당신이나 당신의 행동을 설명하는 정도를 표시하시오.

Key: **0** = 전혀 그렇지 않다 **1** = 그렇지 않다 **2** = 좀처럼 그렇지 않다 **3** = 때때로 그렇다 **4** = 그렇게 하는 경우가 많다 **5** = 항상은 아니지만 빈번하게 그렇게 한다 **6** = 거의 항상 그렇다

01	당신의 일이 당신에게 중요한 사회적 목표나 개인적인 꿈을 이루는 데 도움이 되는가?	0 1 2 3 4 5 6
02	당신의 개인 작업 목표가 조직의 우선순위 목표와 일치하는가?	0 1 2 3 4 5 6
03	당신은 당신의 업무 수행과 조직을 위해 최선을 다하고 활력을 불어넣어 최선의 아이디어와 성과를 창출하고 있는가?	0 1 2 3 4 5 6
04	당신의 열정이 동료들에게도 확산돼 활력을 주고 있는가?	0 1 2 3 4 5 6
05	리더의 지시를 기다리거나 단순히 수동적으로 받아들이는 대신 조직의 우선순위 목표를 달성하는 데 가장 중요한 조직 활동을 개인적으로 확인하고 있는가?	0 1 2 3 4 5 6
06	리더와 조직에 더 가치 있는 사람이 되기 위해 중요한 조직활동에서 차별화된 역량을 적극적으로 개발하고 있는가?	0 1 2 3 4 5 6
07	새로운 일이나 과제를 시작할 때 리더가 해야할 중요한 일에 대한 성공적인 수행계획을 즉시 수립하여 인정받는가?	0 1 2 3 4 5 6

08	리더는 당신이 최고 품질의 작업으로 마감일을 지키며 필요할 경우 상사의 감독 없이 당신에게 어려운 임무를 맡기는가?	0 1 2 3 4 5 6
09	당신은 주도권을 가지고 일하고 있는가? 그리고 당신은 직업 기준을 넘어서는 성과를 올리려고 노력하는가?	0 1 2 3 4 5 6
10	집단 프로젝트의 리더가 아닐 때에도 여전히 높은 수준에서 기여하고 종종 자신의 몫보다 더 많은 일을 하는가?	0 1 2 3 4 5 6
11	리더나 조직의 목표에 크게 기여할 새로운 아이디어를 독자적으로 생각하고 옹호하는가?	0 1 2 3 4 5 6
12	당신은 기대기보다 어려운 문제(기술적 또는 조직적)를 스스로 해결하기 위해 노력하는가?	0 1 2 3 4 5 6
13	당신은 다른 동료를 돕고 있으며, 당신이 공로를 전혀 인정받지 못하더라도, 동료가 곤경에서 빠져 나올 수 있도록 돕는가?	0 1 2 3 4 5 6
14	당신은 리더나 그룹이 아이디어나 계획의 긍정적인 가능성과 부정적인 측면을 모두 볼 수 있도록 돕고 필요하다면 반대 의견을 피력하기도 하는가?	0 1 2 3 4 5 6
15	리더의 요구사항, 목표, 제약사항을 이해하고 이를 충족시키기 위해 열심히 노력하고 있는가?	0 1 2 3 4 5 6
16	평가를 미루기보다 자신의 강점과 약점을 적극적이고 정직하게 내세우고 있는가?	0 1 2 3 4 5 6
17	시키는 대로 하기 보다는 리더의 결정에 대한 우수성을 내적으로 의심하는 습관이 있는가?	0 1 2 3 4 5 6
18	리더가 당신의 직업적 또는 개인적 선호와 반대되는 일을 하도록 요청할 때, 당신은 "예"가 아니라 "아니오"라고 대답하는가?	0 1 2 3 4 5 6
19	리더나 집단의 기준이 아닌 자신의 윤리적 기준에 따라 행동하고 있는가?	0 1 2 3 4 5 6
20	집단과의 갈등이나 리더의 보복이 따를 수 있지만 중요한 문제에 대해 자신의 견해를 주장하고 있는가?	0 1 2 3 4 5 6

출처: Kelley, Robert E. (1992). The Power of Followership: How to Create Leaders People Want to Follow and Followers Who Lead Themselves. New York: Doubleday.

채점 방법

실행력 설문지는 실행력의 두 가지 차원인 독립적인 사고와 적극적인 참여를 기반으로 실행자로서의 당신의 스타일을 측정한다. 당신의 응답은 당신이 독립적으로 생각하고 실행자 역할에 적극적으로 참여하는 정도를 나타낸다. 다음과 같이 설문지에 점수를 매기면 된다. 당신의 점수는 당신을 모범적, 소외적, 순응적, 실용적 또는 수동적과 같은 다섯 가지 스타일 중 하나로 분류한다.

1. 독립적 사고의 점수는 1, 5, 11, 12, 14, 16, 17, 18, 19, 20번 문항의 점수를 합산한 것이다.

2. 적극적 개입의 점수는 2, 3, 4, 6, 7, 8, 9, 10, 13, 15번 문항의 점수를 합산한 것이다.

- **모범적 실행력 스타일:** 독립적인 사고와 적극적인 참여 모두에서 높은 점수(40점 이상)를 받았다면 실행력 스타일은 모범적인 것으로 분류된다.
- **소외적 실행력 스타일:** 독립적인 사고에서 높은 점수(40점 이상), 적극적인 참여에서 낮은 점수(20점 미만)를 받았다면 실행력 스타일은 소외된 것으로 분류된다.
- **순응적 실행력 스타일:** 독립적인 사고에서 낮은 점수(20점 미만), 적극적인 참여에서 높은 점수(40점 이상)를 받았다면 당신의 실행력 스타일은 순응적인 것으로 분류된다.
- **실용적 실행력 스타일:** 독립적인 사고와 적극적인 참여 모두에서 중간 범위(20~40점)에 해당하는 점수를 받았다면 당신의 실행력 스타일은 실용적인 것으로 분류된다.
- **수동적 실행력 스타일:** 독립적인 사고와 적극적인 참여 모두에서 낮은 점수(20점 미만)를 받았다면 실행력 스타일은 수동적인 것으로 분류된다.

실행력 스타일	독립적 사고 차원의 점수	적극적 개입 차원의 점수
모범적	높음	높음
소외적	높음	낮음
순응적	낮음	높음
실용적	중간	중간
수동적	낮음	낮음

출처: Kelley, Robert E.(1992). The Power of Followership: How to Create Leaders People Want to Follow and Followers Who Lead Themselves. New York: Doubleday.

점수의 해석

각기 다른 실행력 스타일은 무엇을 의미하는가? 스타일을 어떻게 해석해야 하는가? 실행력 스타일은 당신이 한 사람으로서 누구인지가 아니라 실행력을 발휘하는 방식의 특성을 말한다. 언제나 또는 모든 상황에서 다른 유형의 실행력보다 어느 하나의 실행력 유형을 사용할 수 있다.

모범적인 실행자(exemplary follower)

모범적인 실행자는 독립적인 사고와 적극적인 참여 모두에서 높은 점수를 받는다. 그들은 그룹이나 리더와는 다르게 독립적이고 비판적인 사고를 보인다. 그들은 관료제나 조직 목표 달성에 기여하지 못하는 성원들과 마주할 때에도 조직의 이익을 위해 자신의 재능을 사용하여 적극적으로 참여한다. 최대 35%의 사람들이 모범적인 실행자로 분류된다.

소외적 실행자(alienated follower)

소외된 실행자는 독립적 사고에서 높은 점수를 받았지만 적극적인 참여에서 낮은 점수를 받는다. 즉, 독립적이고 비판적으로 생각하지만 추종자 역할을 수행하는 데 적극적이지 않다. 그들은 때때로 그룹에서 이탈할 수 있으며, 자신을 부당한 대우를 받는 희생자로 여긴다. 약 15%-25%의 사람들이 소외된 추종자로 분류된다.

순응적 실행자(conformist follower)

순응적인 실행자들은 정말로 "아니오"라고 말하고 싶을 때 종종 "예"라고 말한다. 독립적인 사고가 낮고 적극적인 참여가 높으며 기꺼이 명령을 받고 다른 사람을 기쁘게 하려고 한다. 그들은 지도자의 권력 위치가 추종자들의 복종을 요구할 수 있는 권리를 지도자에게 부여한다고 믿는다. 그들은 사회적 질서에 의문을 제기하지 않고 구조 안에서 편안함을 느낀다. 약 20~30%의 사람들이 순응적인 실행자로 분류된다.

실용적 실행자(pragmatist follower)

높은 곳과 낮은 곳을 오가는 독립적인 사고와 적극적인 참여 스타일로 실용적인 실행자는 이쪽도 저쪽도 아닌 중간지점에 위치하는 것이 편안하고 조심하는 것이 후회하는 것보다 낫다라는 생각을 고수한다. 그들은 지도자의 결정에 의문을 제기하지만 너무 자주 또는 너무 공개적으로 질문하지는 않는다. 그들은 필요한 작업을 수행하지만 요구되거나 예상되는 것 이상으로 수행하지 않는다. 약 25%~35%의 사람들이 실용주의 실행자로 분류된다.

수동적 실행자(passive follower)

독립적인 사고가 낮고 능동적인 참여 행동이 낮기 때문에 수동적인 실행자는 모범적인 추종자와 반대 유형이며 리더가 자신을 대신해 생각해주기를 기대한다. 그들은 열정을 가지고 임무를 수행하지 않으며 주도권과 책임감이 부족하다. 사람들의 약 5~10%는 수동적 추종자로 분류된다.

출처: Kelley, Robert E.(1992). The Power of Followership: How to Create Leaders People Want to Follow and Followers Who Lead Themselves. New York: Doubleday.

요약

리더십은 실행자의 실행력을 필요로 하며, 실행자가 무엇을 의미하는지 이해하지 않고서는 리더와 리더십을 완전히 이해하기 어렵다. 따라서 이 장의 초점은 실행력과 리더십 과정에서 실행자가 수행하는 중심 역할에 있다.

최근 몇 년 동안 실행력은 리더십 연구의 정당하고 중요한 영역으로 주목을 받고 있다. 실행력은 개인이 공동의 목표를 달성하기 위해 다른 사람의 영향을 받아들이는 과정으로 정의된다. 여기에는 추종자와 리더 사이의 권력 차이가 포함된다. 사회적 구성주의적 관점에서, 실행력은 리더와 실행자 간의 의사소통에서 나타나며 영향력을 행사하는 사람들과 그 영향력에 반응하는 다른 사람들의 관계 과정을 포함한다.

실행력에 대한 초기 연구는 실행자가 수행할 수 있는 역할을 차별화하는 일련의 유형으로 이어졌다. 확인된 실행자 역할의 주요 유형으로는 능동적 개입, 독립적인 주장, 복종적 순응 및 지지적 일치가 있다.

이러한 유형의 발전은 실행력에 대한 이론을 구축하기 위한 출발점을 제공한다. 연구 문헌에 대한 체계적인 분석을 바탕으로 Uhl-Bien과 그녀의 동료(2014)는 서로 관련하여 행동하는 실행자와 지도자의 특성, 행동 및 결과로 구성된 광범위한 추종자 이론을 도입했다. 또한, 이 실행자들은 실행력을 이론화하는 두 가지 방법을 제안했다. (1) 대부분의 이전 리더십 연구에서 연구된 것과 반대되는 방식으로 실행자를 다루는 렌즈를 뒤집고, (2) 실행력을 개념화하는 리더십 공동 생성 프로세스 개인의 뒤따르는 행동과 주도적인 행동이 서로 상호 작용하여 리더십과 그 결과를 창출하는 주고받는 과정이다.

Carsten과 동료들의 연구 노력(2014)은 또한 실행력의 몇 가지 긍정적인 측면을 발전시켰다. 즉, 실행자가 일을 완수하고, 조직의 사명 완수에 최선을 다하고, 리더에게 도전하고, 리더를 지원하고, 리더로부터 배우는 것이다.

긍정적인 영향을 미치는 것 외에도, 실행력에는 또 다른 어두운 면이 있다. 실행자들은 비효율적이고 심지어 해로운 역할을 할 수 있다. Lipman-Blumen(2005)은 유해하고 비기능적인 리더십에 기여하는 추종자들의 일련의 심리적 요인을 확인했다. 이러한 요인들에는 안심하고 따를 수 있는 권위 있는 인물에 대한 사람들의 필요성, 보안과 확실성에 대한 필요성, 선택받았다고 느끼거나 특별하다고 느끼고 싶은 필요성, 인간 공동체의 구성원 자격에 대한 필요성, 배척, 고립, 사회적 죽음에 대한 두려움, 그리고 나쁜 지도자에게 도전할 수 있는 무력감에 대한 두려움이 포함된다. 이러한 요인의 출현은 독특함을 느끼고 지역사회에 포함되기 위해 안정을 찾고 싶은 사람들의 요구의 결과로 발생한다.

기존 실행력 문헌에는 몇 가지 장점과 제약점을 내포하고 있다. 긍정적인 면에서 가장 최근의 문헌은 실행력을 리더십 방정식의 필수적인 부분으로 인식하고 리더십과 동등한 기반을 제공하여 상당히 향상시킨다. 둘째, 리더십에서 벗어나 실행력으로 대체하도록 강요한다. 셋째, 효과적인 실행자가 되기 위해 실행자가 해야 할 일과 하지 말아야 할 일에 대한 유용한 기본 처방을 제공한다.

부정적인 측면에서는 실행력 과정에 대한 체계적인 연구가 거의 수행되지 않고 있어서 그룹, 조직 및 커뮤니티에서 실행력의 역할에 대해 이론화하기가 어렵다. 또한 실행력에 대해 수행된 연구는 입증되지 않은 관찰의 결과를 위주로 하는 연구이다. 셋째, 리더십에 대한 세계적으로 만연한 강조와 미화는 너무도 뿌리깊게 박혀 있어서 실행력에 대한 연구는 계속 제한되고 결코 번성하지 못하고 있다. 넷째, 실행력 연구는 "왜 따르는가?"라는 질문을 완전히 다루지 않았다. 마지막으로, 실행력이 언제 그리고 어떻게 이롭거나 해로운지에 대한 연구는 거의 없다.

요약하면, 효과적이고 원칙에 입각한 실행자에 대한 사회적 요구가 증가하고 있으며, 이에 따라 추종자 과정에 대한 연구 기반 이론에 대한 강한 요구가 있다. 실행력의 복잡성에 대한 더 많은 연구가 완료될 때까지 리더십에 대한 우리의 이해는 불완전할 것이다.

CHAPTER 14

성별과 리더십

- 서술
- 승진 장벽의 미로
- 여성과 리더십 유형 및 리더십 효과
- 강점, 비판, 응용
- 요약

서술

1970년대까지 연구 방법상의 문제, 연구자들의 주류가 이 같은 주제에 관심이 없었던 점, 리더십의 성평등에 대한 그릇된 가정 등과 같은 여러 가지 이유로 '여성과 리더십'에 관련된 연구 주제들은 묵살되어 왔다(Chemers, 1997). 그러나 최근 여성 리더의 수와 학술 분야에서 활약하고 있는 여성들의 수가 증가함에 따라 미국사회에 극적인 변화를 가져왔고, 여성 리더에 대한 학문적 관심이 촉발되고 있다.

학자들은 "여자도 리더가 될 수 있는가?(Can women lead?)"라는 의문으로 시작하였으나, 지금은 논란의 여지가 없는 질문이다. 게다가 대기업의 리더십 역할이나 정치적 리더십 역할에서 여성의 활약이 증가하고 있으며, 이제 우리는 여러 분야에서 매우 유능하게 성공적으로 리더십 역할을 수행하고 있는 여러 여성 리더들을 쉽게 볼 수 있다. Benazir Bhutto(파키스탄), 전직 대통령 Ellen Johnson Sirleaf(라이베리아), 전직 수상 Indira Gandhi(인도), 전직 총리 Angela Merkel(독일) 그리고 Sanna Marin(핀란드), Jacinda Ardern(뉴질랜드) 등 세계적인 여성 지도자들이 있다. 정치 외에도 YouTube CEO인 Susan Wojcicki, Anthem CEO인 Gail Boudreaux, General Motors Company CEO인 Mary Barra, 은퇴한 4성 장군 Ann E. Dunwoody, 미국 대법원 판사 Elena Kagan, Sonia Sotomayor 등 최고의 여성 리더 사례가 많다.

"남자와 여자 간에 리더십 유형의 차이와 리더십 효과성의 차이는 무엇인가?"가 지금의 중요한 연구 주제이고, 이 같은 주제는 더욱 큰 연구 주제인 "왜 여성은 사회의 중추적 리더십 역할에서 실제보다 매우 과소평가되고 있는가?"에 포함된다. 이번 장에서는 성별과 관련된 리더십 실증 연구를 탐구한다.

승진 장벽의 미로

1 리더십 미로의 증거

리더십의 성별 격차는 최근 수십 년 사이에 많이 개선되었지만, 아직도 갈 길은 멀다. 미국에서 매년 취득하는 학사 학위의 57%, 석사 학위의 60%, 박사 학위의 거의 절반(53%)은 여성이다(National Center for Education Statistics, 2018). 2019년 12월(COVID-19 대유행 이전)을 기준으로 여성은 미국 노동력의 거의 절반을 차지하고 있다(50.03%, Kelly, 2020). 그러나 여성들은 미국의 기업 조직들이나 정치 시스템의 상위 계층에 낮은 비율로 배치되어 있다. 여성은 S&P 500 CEO의 5.8%에 불과하고, S&P 500 이사회의 21.2%만을 차지하고 있다(Catalyst, 2020). 여성들은 현재 미국 내 조직의 리더십 계층에서 모든 관리직과 전문직 절반 이상을 점유하고 있다(51.4%, Catalyst, 2014c). 그리고 CEO 직위의 26.8%는 여성이다(미국노동통계 국, 2013). 그러나 최상류층의 리더십 직위에서 남녀 간의 차이는 다른 현상을 보인다. 예를 들어, 포춘 500대 기업의 CEO 중 5.8%만이 여성이고, 포춘지 선정 500대 기업의 이사직은 단지 16.9%, 포춘지 선정 500대 기업 중역직의 21.2%만이 여성이다(Catalyst, 2020).

정치권에서 2018년은 미국 정치계의 여성, 특히 하원의 유색 인종 여성에게 주목할 만한 해였다(Warner, Ellmann & Boesch, 2018). 또한 인도와 자메이카 이민자의 딸인 Kamala Harris 상원의원은 민주당 경선에서 미국 부통령 후보로 선출된 최초의 유색 여성이 되었다. 그러나 여성은 현재 미국 의회의 535석 중 127석(상원 26%, 하원 23.2%)만을 차지하며, 유색 인종 여성은 48석을 차지하고 있다(미국 여성 및 정치센터, 2020a, 2020b). 2020년 6월 기준으로 미국은 입법부 또는 의회에서 여성이 대표를 차지하고 있는 193개국 중 83위를 기록했다(Inter-Parliamentary Union, 2020).

여성들이 최상류층 리더십 지위에 오르는 것을 방해하는 보이지 않은 장벽을 '승진 장벽' 혹은 '유리 천장(the glass ceiling)'이라고 한다. 이 용어는 1986년 'Wall Street Journal'의 두 명의 기자에 의해 처음으로 미국에 소개되었다(Hymowitz & Schellhardt, 1986). 심지어 여성이 지배적으로 많은 여성 우위 직업에서도 여성은 '승진 장벽'에 직면하고, 백인 남성은 '승진 에스컬레이터(glass escalator)'를 타고 최고 지도자 자리에 오른다(Maume, 1999; Williams, 1992, 1995).

Eagly & Carli(2007)는 유리 천장이라는 표현의 한계를 느꼈다. 여기에는 모든 여성이 눈에 보이지 않고 통과할 수 없는 승진 장벽을 깨뜨릴 때까지 모든 사람이 동등하게 낮은 계층에 접근할 수 있다는 의미가 포함된다. 이와 관련하여 페이스북 CEO인 Sheryl Sandberg는 최근 자신의 저서 "Lean In(2013)"에서 정글짐(jungle gym; 어린이 철골 놀이기구)에 비유하며 언급했다.

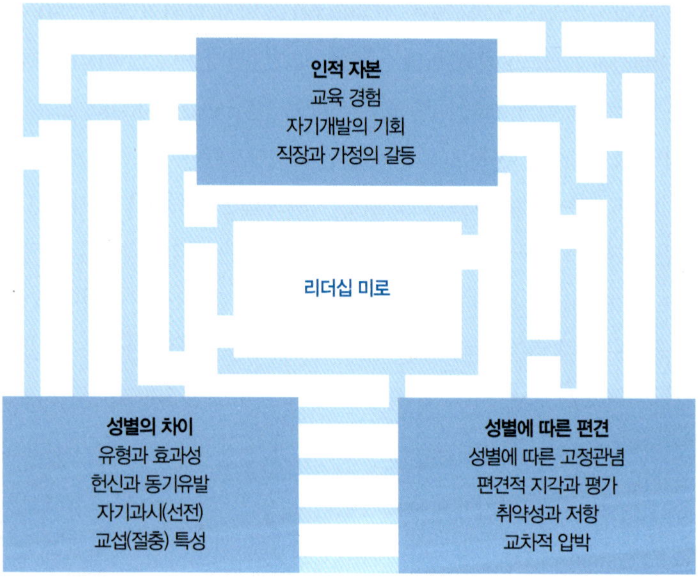

그림 14-1 리더십 미로의 이해

2 미로에 대한 이해

리더십에서 성별 격차는 여성이 남성보다 불균형적으로 하위 계층이나 낮은 권한의 리더십 계층에 분포하는 세계적인 현상이다(Powell & Graves, 2003). 상위 계층의 리더십 직위에 여성이 과소 채용되고 있다는 논의는 일반적으로 세 가지 유형의 설명으로 집약된다(그림 14-1 참조). 첫 번째로는 '인적 자본(human capital)'에 대한 남녀 간 투자 차이를 고려한다. 두 번째는 남녀 간의 본질적인 성별 차이를 설명한다. 마지막으로는 여성 리더에 대한 편견이나 차별에 초점을 맞춘다.

승진 장벽에 대한 주목할 만한 설명은 교육, 훈련, 작업 경험 등과 같은 인적 자본에 대한 투자가 남성보다 여성이 더 적다는 것이다(Eagly & Carli, 2004, 2007). 이러한 여성에 대한 인적 자본 투자의 결여는 '인력 수송관(공급 루트) 문제(pipeline problem)'로 '자격을 갖춘 여성 인력'의 부족을 초래하는 것으로 이야기되고 있다. 그러나 수(the number)를 좀 더 면밀하게 살펴보면 여성 인력이 실제로 인력 수송관에 있지만 누수가 있다는 것을 알 수 있다.

앞에서 알아본 것처럼 여성은 남성보다 더 높은 비율로 학사 학위를 취득하고 있고, 박사 학위나 전문 학위 취득률도 여성이 남성보다 높거나 비슷한데도 고위 리더십 직위에는 여전히 적은 비율을 차지한다. 여성이 모든 법률 학위의 47.3%, 법률 유사 학위의 45%를 취득하고 있으나 법무법인의 공동경영자들의 22.7%만이 여성이다(American Bar Association, 2019). 그리고 10대 명문경영대학원에서 MBA학위를 받고 졸업한 여성이 40%를 차지하지만(Hess, 2019), 여성이 미국 기업조직에서 고위 계층에 오르는 비율은 남성보다 상대적으로 낮다.

여성들은 남성들보다 직업 경험과 고용의 지속성이 좀 더 낮다. 주로 자녀 양육과 가사에서 여성이 맡아야 할 책임이 더 크기 때문이다(Bowles & McGinn, 2005; Eagly & Carli, 2007). 최근 몇 년 동안 가사 노동에 대한 남성의 참여가 증가했지만(Galinsky, Aumann & Bond, 2008), 여성은 계속해서 육아 책임과 가사의 대부분을 담당한다(Belkin, 2008; Craig, 2006; Pailhe & Solaz, 2006). 게다가 위기가 닥쳤을 때 워킹맘이 가장 큰 타격을 받았다. COVID-19 대유행 기간 전국의 학교와 어린이를 돌봐주는 곳이 문을 닫으면서 여성은 직장을 잃고 가사 노동을 하게 될 가능성이 더 높았다(Cohen & Hsu, 2020). 경제학자들은 자녀를 돌보기 위해 직장을 그만두는 여성들이 재취업하고 잃어버린 시간을 만회하는 데 어려움을 겪음으로써 발생하는 혼란으로 인해 여성들이 크게 위축될 수 있다고 지적했다(Cohen & Hsu, 2020).

여성들은 직장-가정의 갈등에 다양한 방식으로 대응한다(Bowles & McGinn, 2005). 어떤 여성들은 결혼하지 않고, 자녀를 갖지 않는 것을 선택한다. 또 어떤 여성들은 슈퍼우먼(superwomen)이 되어 모든 역할에서 뛰어나려고 노력하고, 어떤 여성들은 직장–가정의 갈등을 극복하려고 시간제 근무(part-time employment)를 선택한다(Hewlett, 2002; Nieva & Gutek, 1981).

경력이 단절된 여성들은 복직에 어려움을 겪거나 이전의 직책보다 낮은 계층의 직책으로 복직하는 경우가 많으며, 리더십 계층으로의 상승을 훨씬 더 어렵게 만든다. 승진 장벽과 관련된 또 하나의 주장은 문화적으로 이미 정해진 남녀 간의 '분업의 개념'이 여성들이 리더 직책보다 마미 트랙(mommy track: 육아 등을 위해 출퇴근 시간, 휴가 등을 탄력적으로 할 수 있는 여성 근로 형태)을 선택함으로써 스스로 리더십 트랙에서 벗어나는 길을 택하게 된다는 것이다(Belkin, 2003). 그러나 실증 연구는 이러한 주장을 지지하지 않는다(Eagly & Carli, 2004; Williams, 2010).

모든 관리직이나 전문직 직위의 절반 이상을 여성들이 점유하고 있지만(Catalyst, 2014c), 그들은 직장에서 남성들보다 경력 개발의 기회가 더 적다. 경력 개발 기회에서 남녀 간의 성차별은 부분적으로 리더십 분야에서 여성이 경험하는 편견에서 기인할지도 모른다. 남성과 동일한 직무를 담당하는 여성일지라도 책임은 남성보다 더 적고 남성보다 격려를 받고 있으며, 남성보다 공식적인 직무 훈련을 받을 가능성이 적다(Knoke & Ishio, 1998; Morrison & von Glinow, 1990; Ohlott, Ruderman & McCauley, 1994; Powell & Graves, 2003). 경력상의 성공에 영향을 미치는 중요한 발달 경험 중 하나는 효과적인 멘토 관계(mentor relationship)이다(Ensher & Murphy, 2005). 그리고 비공식적인 멘토 관계를 형성하는 데 있어서 남성보다 여성이 더 큰 장벽을 경험한다(Powell & Graves, 2003). 게다가 여성들은 기업에서 덜 눈에 띄는 관리 직위에서 일하고 책임도 덜하며 최고의 리더십 자리에 오르지 못하는 여성들은 회계, 교육, 인적 자원 관리부서의 업무 등 근무하기 쉬운 직책이나 고립된 부서 등에 밀집되어 있다(Bowles & McGinn, 2005).

이와 관련하여 리더십 위치로 승진할 때 남성보다 여성이 더 '위험이 따르는 직무(glass cliff)'에 배치되는 경향이 많고 보다 큰 위험과 비판이 따르는 불안정한 리더십 직위에 임명되고 있다는 연구 결과도 있다(Rayn, Haslam, Hersby & Bongiorno, 2011). Ryan과 Haslam(2005)은 영국에서 기업의 성과가 좋지 않은 다음에야 여성이 기업 이사회에 임명되는 상황을 기반으로 '유리 절벽'이라는 용어를 처음 만들었다. 이러한 불안정한 리더십 위치에 여성을 배치함으로써 실패에 대비하는 것은 여성이 효과적인 리더가 아니라는 선입견을 다시 확인할 수 있다. 하지만 여성이 위기 상황을 처리하기에 더 적합하다고 여겨지기 때문에 유리 절벽에 놓일 수 있다(Ryan et al., 2011; Ryan, Haslam & Postmes, 2007).

최근 연구에서는 COVID-19 대유행 기간 동안 남성 주지사와 여성 주지사로 구분하여 미국의 주를 비교하였다. 미국에서 공개된 COVID-19 사망자 수 정보를 사용하여 Sergent 및 Stajkovic(2020)은 여성 주지사가 있는 주가 남성 주지사가 있는 주에 비해 COVID-19 사망자가 적다는 사실을 발견했으며 여성 주지사는 브리핑에서 더 많은 공감과 자신감을 표현했다. 미국 전역에서 COVID-19 관련 사망의 차이에는 많은 이유가 있지만 여성 주지사가 남성 주지사보다 위기를 더 효과적으로 처리했다는 것을 시사한다. COVID-19 기간 동안 유사한 여성 리더십 효율성이 전 세계적으로 더 많이 나타난다. 예를 들어, 뉴질랜드의 Jacinda Ardern 총리는 COVID-19 위기를 통해 자국을 효과적이고 신속하게 이끈 공로를 인정받았다(Cave, 2020).

여성이 남성보다 덜 교육을 받는다는 주장, 여성은 남성보다 더 빈번하게 직장을 그만둔다거나 마미 트랙을 위해 리더십 직위로 승진하는 트랙(leadership track)에서 벗어나고자 한다는 주장 등은 충분히 입증되지 않았다. 그러나 여성들은 주로 가정의 책임을 훨씬 더 많이 떠맡고 있어서 남성들보다 일에 대한 경험이 적고 경력상의 장애를 더 많이 겪게 된다는 주장은 다수의 지지를 받는다. 마지막으로 여성들은 직장에서 남성들보다 정규 훈련을 덜 받고 경력 개발의 기회도 더 적다. 이 같은 두 가지, 즉 공식적인 훈련과 경력 개발의 기회를 더 적게 얻고 있는 것은 여성 리더에 대한 편견과 관련이 있다. 때때로 여성들은 리더십 실패를 마치 유리 절벽을 내려다보는 것처럼 쉽게 일어날 수 있는 일들로 생각하지만, 여성 리더들도 위기 상황에서 리더로서 매우 효과적으로 일을 처리할 수 있다.

여성과 리더십 유형 및 리더십 효과

리더십 격차를 설명하는 또 다른 주장은 여성이 남성과 다르다는 개념을 중심으로 전개된다. 이러한 추론은 미국 사회에서 남성과 여성 사이의 완전한 이분법적인 견해를 반영한다. 젠더라는 용어는 생물학적 성별에 부여된 사회적 의미를 나타내지만 남성과 여성 사이에 인식된 차이는 종종 타고난 차이의 자연스러운 결과로 가정되기도 한다(Eagly & Wood, 2013). 이러한 맥락에서 엘리트 리더십 위치에 여성의 임명이 적은 것은 성별에 따른 리더십 스타일과 효율성 차이의 결과라고 주장한다.

더 많은 여성이 리더십 직위에 오르기 시작함에 따라 '여성들은 남성들과 다른 방식으로 리더십을 발휘하는가?', '남녀 중 리더로서 어느 쪽이 더 효과적인가?'와 같은 궁금증이 큰 주목을 받게 되었다. 점점 더 주류 언론 작가들은 리더십 유형에 실제로 성별 차이가 존재한다고 주장하고 있으며, 한편으론 현대사회에서는 여성의 리더십이 더 효과적이라고 주장하기도 한다(Book, 2000; Helgesen, 1990; Rosener, 1995). 학자들 간에는 이에 대한 관점의 차이가 다양하다. 실제로 많은 학자는 성별은 리더십 유형과 리더십 효과성과는 상관 관계가 거의 없거나 전혀 없다고 주장한다(Dobbins Platz, 1986; Engen, Leeden & Willemsen, 2001; Powell, 1990).

남녀 간 리더십 유형의 차이를 검증한 초기 연구는 여성의 리더십 유형이 관계 지향적인가 아니면 과업 지향적인가를 비교하였고, 또 민주적 스타일인가 아니면 독재적 스타일인가를 비교하였다. 메타분석에서 Eagly와 Johnson(1990)의 조직 연구에서의 발견은 고정관념과는 다르게 여성 리더가 남성 리더들보다 더 관계 지향적(more interpersonally oriented)이거나 덜 과업 지향적(less task-oriented)이지 않다는 것이었다. 이러한 결과는 사회적 역할(social role)에 의해 행동이 더욱 더 규제되고 있는 상황에서 두드러지게 나타났다. 다양한 상황에서 발견된 유일하게 확고한 성별 차이는 여성의 리더십 스타일이 남성보다 더 민주적이고 더 참가적 리더십 스타일이라는 것이다. 그리고 1987년부터 2000년 사이의 연구들을 검토한 또 하나의 메타분석에서도 비슷한 결과를 확인할 수 있었다(van Engen & Willemsen, 2004).

이러한 연구 결과는 대규모 메타분석의 결과와 함께 고려해보는 것이 중요하다. 여기서 대규모 메타분석이란 모든 남녀의 특성과 모든 리더십 행동들을 균등하게 평가한 남녀 리더의 평가 문헌들을 대상으로 한 분석을 의미한다(Eagly, Makhijani & Klonsky, 1992). 이 연구는 여성 리더들도 자신들에게 가장 유리한 평가를 낳는 리더십 유형인 민주적 유형을 더 활용하려고 한다는 것을 나타낸다.

최근의 연구인 '변혁적 리더십'에는 성별 간의 차이를 지적한다(Bass, 1985; Burns, 1978; 8장 참조). Eagly, Johannesen-Schmidt와 Van Engen(2003)에 의한 또 하나의 메타분석을 통해 리더십 유형에서 남녀 리더들 간에 작지만 확고한 차이를 보이는 것을 발견했다. 여성 리더십 유형이 남성 리더십 유형보다 더 변혁적인 경향이 있고 남성 리더보다 더 '업적에 따른 보상'을 활용하는 경향이 있다. 이러한 리더 행동들은 리더십 효과성에 긍정적인 영향을 미친다. 여성의 리더 행동 유형들의 효과성을 예측하고는 있지만 최근 연구 결과에 따르면 남성 하위자의 여성 리더에 대한 평가절하가 여성의 변혁적 리더십의 저평가로 이어지는 것으로 나타났다(Ayman, Korabik & Morris, 2009).

최근의 연구도 남성과 여성이 지도하는 방식에 영향을 미칠 수 있는 리더의 특성에는 잠재적인 성별 차이가 있다고 지적한다(Eagly, 2013). 예를 들어 여성들이 남성들보다 더 사회적 복지를 강조한다(S. Schwartz & Rubel, 2005). 그리고 이러한 차이는 CEO나 이사회 회원들 간에 뚜렷하게 나타난다(Adams & Funk, 2012). 사회적 가치에 대한 강조에 있어서 성별에 따른 차이는 회사의 경영철학이나(R. Williams, 2003) 회사의 책임(Boulouta, 2012)에 영향을 미친다.

리더십 유형과 더불어 많은 연구에서 남성 리더와 여성 리더의 상대적 리더십 효과성이 측정되었다(Jacobson & Effertz, 1974; Tsui & Gutek, 1984). 남성 리더의 효과성을 비교한 메타분석에서 전반적으로 동일하게 효과적이었지만 성별에 따른 리더십 역할에서는 성별에 따라 기대와 일치한 리더십 역할에서 더 효과적이었다. 반대로 남녀 리더가 모두 자신들의 성에 기대되고 있는 것과 일치하지 않는 리더십 역할에서는 덜 효과적이었다(Eagly, Karau & Makhijani, 1995). 예를 들어, 여성 리더는 군대의 리더십 직위에서는 덜 효과적이지만 교육, 정부 및 사회복지 분야의 조직에서는 남성 리더보다 약간 더 효과적이었고 지역사회를 위한 조직에서 '대인 간의 기술'이 중요한 중간 관리 직위에서는 여성 리더가 남성 리더보다 훨씬 더 효과적이었다. 그러나 여성 리더는 구성원들의 남성 비율이 더 큰 집단을 관리하거나 리더들의 업적을 평가하는 평가자 중에 남성 비율이 더 많은 경우에는 남성 리더보다 덜 효과적이었다.

최근 수년간 동료, 상사 및 부하 직원이 수행한 리더의 전반적인 효율성을 평가하는 360개의 평가를 분석한 리더십 효율성에 관한 새로운 연구에 따르면 여성이 남성보다 더 나은 리더로 간주된다고 나타났다(Zenger & Folkman, 2012, 2019). 360개의 평가는 리더가 얼마나 주도적이고, 다른 사람을 개발하며, 다른 사람에게 동기를 부여하는지와 같은 리더의 효율성에 가장 중요한 16가지 특성에 대한 역량을 판단한다. 모든 수준의 리더십에서 여성은 동료, 상사, 부하 직원 및 기타 동료에 의해 남성보다 전반적으로 더 나은 리더로 평가되었으며, 이러한 효율성 격차는 리더십 수준이 높을수록 더 커졌다(Zenger & Folkman, 2012). 이러한 발견에 대한 최근 연구에서 Zenger와 Folkman(2019)는 리더십 역할에서 여성의 리더십 역량이 더 효과적이라는 것을 다시 입증했다.

동료 리더들이 리더십 역할을 수행하는 여성에 대해 생각하는 것 이상으로 사회적 옹호자들은 종종 기업 이사회에서 여성의 대표성을 높이는 것이 해당 조직의 재정적 성과에 긍정적인 영향을 미친다고 주장함으로써 하나의 경영 사례를 만들고 있다(Eagly, 2016). 이 연구는 여성이 있는 이사회가 남성으로만 구성된 이사회보다 더 효과적이라는 것을 시사한다. 결론적으로 말하면 이사회 구성원의 성별 다양성을 증가시키는 데 잠재적으로 설득력이 있을수도 있지만, 연구 결과에 대한 이사회의 성별 다양성이 조직의 재무 성과에 미치는 영향은 거의 없거나 매우 작다(Eagly, 2016).

그러나 더 많은 여성 리더로 구성된 이사회는 조직에 긍정적인 결과를 가져다 줄 수 있다. 2009년부터 2013년까지 S&P 500 기업을 분석한 결과 여성이 조직의 보상 위원회 위원장을 맡았을 때 최고 경영자 사이의 성별 임금 격차는 줄어들었지만, 이사회에서 여성이 리더 자리에 오르지 않은 시기에는 성별 임금 격차가 줄어들지 않았다(Cook, Ingersoll & Glass, 2019). 성별이 다양한 이사회가 있는 Fortune지가 선정한 500대 기업은 비즈니스 및 형평성 관행이 강화되고(Glass & Cook, 2018), LGBT 친화적인 정책을 더 많이 제공하며(Cook & Glass, 2016), 여성을 CEO로 임명하는 경향이 있었다(Cook & Glass, 2015). 따라서 단일 리더의 효율성을 넘어 전반적인 조직의 효율성을 고려할 때 성별이 다양한 이사회는 조직에 더 긍정적인 결과를 가져올 수도 있지만 반드시 수익에 영향을 미치는 것은 아니었다.

여성의 승진 장벽으로 자주 언급되고 있는 또 다른 장애물은 직무에 대한 헌신과 리더십 역할에 대한 동기가 무엇인지에서 비롯되는 남녀 간 성차별이다. 그러나 연구 결과에 의하면 여성도 남성과 동일 수준의 몰입과 헌신성을 보이고 여성이나 남성 모두 작업자로서 자신들의 역할을 부모의 역할에 비해 부가적인 역할(to be secondary to their roles as parents)로 간주한다(Bielby & Bielby, 1988; Thoits, 1992). 그리고 한 실증 연구에 따르면 여성은 남성보다 리더십 직위로 승진할 가능성이 적다.(Bowles & McGinn, 2005) 예를 들어, 여성은 비공식적인 리더십 역할을 더 선호하고 리더 대신에 촉진자 또는 살림꾼(facilitator)이나 주최자 혹은 일이 성취되도록 주선하는 간사(organizer)라는 용어 사용을 더 선호한다(Andrews, 1992; Fletcher, 2001). 리더 출현에 관한 연구문헌의 메타분석적 검토에서도 여성이 남성보다 집단의 리더로 부상할 가능성은 적지만 사회적 촉진자(as social facilitator) 역할을 할 가능성은 더 크다는 것을 보여주었다(Eagly & Karau, 1991).

여성이 리더로 부상할 가능성이 낮은 이유는 무엇인가? 최근 연구에 따르면 여성은 구성원의 대다수가 남성인 그룹에서 큰 영향력을 기대하지 않기 때문이라고 밝혀졌다. 일련의 연구에서 Goodwin, Dodson, Chen와 Diekmann(2020)은 성별이 균형을 이루는 위원회에 비해 남성이 다수인 리더십 위원회에 지원할 때 여성은 더 낮은 권력을 가질 것으로 기대한다는 것을 보여주었다. 이러한 낮은 권력욕은 여성이 남성보다 리더에 대한 욕구가 낮고 더 높은 자리에 지원하려는 의지가 적은 이유를 설명한다.

또한 눈에 띄게 여성은 남성보다 원하는 것을 덜 요구한다는 경향이 있다(Babcock & Laschever, 2003). 최고 리더십 지위에 도달하는 것은 다른 사람들과 교섭도 하고 절충과 협상을 하면서 올바른 경험, 자원, 기회 및 지원을 얻는 것을 통해 이룰 수 있다. 그러나 여성은 남성보다 교섭이나 절충을 꺼리고 덜 선호한다(Small, Gelfand, Babcock & Gettman, 2007). 리더십 계층을 따라 상승하는 데 필요한 협상은 구조화되지 않고 모호하여 특별히 여성들에게 불리한 상황이 많다(Bowles & McGinn, 2005).

이러한 연구 결과는 사회적 비용 또는 사회적 저항에 비추어서 해석해야 한다. 여성들이 자발적인 자기홍보를 하고 권위 있는 직위에서(in position of authority) 유능할 때 많은 사회적 저항을 경험하기 때문이다(Rudman & Glick, 2001). 사실 여성은 자발적인 자기홍보를 할 때(when they self-promote) 심각한 성 편견(gender biases)에 직면하고 활동의 방해를 경험하거나 일할 의욕이 꺾인다. 예를 들어, 남성과는 달리 자발적으로 자기홍보를 하는 여성은 사회적으로 덜 매력적이고 고용 가능성이 낮다고 간주한다(Rudman, 1998). 더욱이 여성은 승진을 위해 협상을 주도적으로 하는 데서 오는 사회적 비용(달갑지 않게 보는 시선)이 남성들보다 더 많이 경험한다. 그래서 더 낮은 수준의 교섭도 사회적 비용 때문에 포기하곤 한다(Bowles,

Babcock & Lai, 2007).

요약하면 실증 연구는 남녀 간에 리더십 유형이나 리더십 효과성에 있어서 약간의 차이를 입증한다. 남성 리더의 역할에서 여성은 효과성에 있어서 상대적으로 불리한 상황을 경험하지만, 여성적인 리더십 역할에서는 여성에게 더 유리하고 더 좋은 성과를 구현한다. 여기에 더하여 여성들은 남성들보다 민주적이고 참가적 리더십 유형을 더 선호하며, 변혁적 리더십 행동과 업적에 따른 보상(contingent rewards)을 더 활용한다. 이러한 리더 행동들은 효과적인 현대의 리더십 이론과 일치된다. 여성들은 지도력을 발휘하는 데 있어서 남성들보다 덜 효과적이고 직무에 덜 헌신적이며 리더십 역할에 대한 동기유발 수준이 더 낮지만 여성들은 자기 선전(과시)이나 협상력에 있어서 남성들보다 더 낮을 수도 있다는 것 뿐이다. 더욱이 연구에 따르면 여성은 다른 사람의 복리후생과 윤리적 행동에 더 집중한다.

상위 계층의 리더십 직위에서 남녀 불균형에 대한 두드러진 설명 중 하나는 '여성은 돌보고, 남성은 책임을 진다'(women take care and men take charge)는 고정관념에서 비롯된 성에 대한 편견이다(Hoyt & Chemers, 2008). 성에 대한 고정관념은 '인식의 지름길'(cognitive shortcut)로서 집단이나 집단의 구성원에 관한 사람들의 정보 처리 방식에 영향을 미친다. 사람들은 구성원 간의 특성 차이에 관계 없이 집단 또는 집단의 개별 구성원도 특성이 있으리라 생각한다(Hamilton, Stroessner & Driscoll, 1994). 성에 대한 고정관념은 만연하고 문서화되어 있으며 변하지 않는다(Dodge, Gilory & Fenzel, 1995; Heilman, 2001). 성에 대한 고정관념은 남성과 여성의 속성에 대한 고정관념을 설명하고 남성과 여성이 어떻게 행동해야 하는지 규정한다(Burgess Borgida, 1999; Glick & Fiske, 1999). 남성에게 행동적 특성인 신념, 단호성, 독립성, 합리성 및 결단력이란 고정관념이 있는 반면, 여성에게는 사회공동체의 일치나 조화의 특성(communal characteristics)인 다른 사람들에 관한 관심과 배려, 민감성, 온정, 도움의 제공 및 조력, 양육 내지는 양호라는 고정관념이 있다(Deaux & Kite, 1993; Heilman, 2001).

성에 대한 고정관념은 쉽고 자연스럽게 활성화되며 종종 편견에 치우친 판단으로 이어진다(Fiske, 1998; Kunda & Spencer, 2003). 이에 대한 생생한 실례를 심포니 오케스트라 지원자의 입단심사에서 남성과 여성의 평가에서 찾을 수 있다. 1970년대와 1980년대에 남성 중심의 심포니 오케스트라에서 작은 변화로 모든 지원자는 가림막 뒤에서 심사원들이 얼굴을 볼 수 없는 상황에서 연주하여 심사받게 되었다. 이러한 작은 변화로 인해 심포니 오케스트라의 여성 비율이 증가했다(Goldin & Rouse, 2000). 단지 지원자의 성별을 지각하는 것만으로도 심사위원들의 마음에 '고정관념에 따른 기대'가 생겨나고 남성을 선발하게 되는 중대한 편견적 결정을 초래한 것이다.

리더십 역할에서 성에 대한 고정관념은 특히 여성에게 피해를 준다. 왜냐하면 '일치나 조화의 특성'과 반대되는 '주도적인 행동'이 리더십 역할에서 꼭 필요하기 때문이다(Chemers & Murphy, 1995). '역할 일치 이론(role congruity theory)'에 따르면 리더십 역할에서 필요하다고 생각되는 '주도적인 행동 특성'(남성에 대한 고정관념)은 여성과 관련된 특성인 '일치나 조화의 특성'(여성에 대한 고정관념)과 양립할 수 없으므로 리더십 역할에 여성이 적합하지 않다는 선입견이 생긴다(Eagly & Karau, 2002). 리더십에 대한 남성적 개념은 시간이 지남에 따라 다소 감소했지만, 여전히 만연하고 강력하다(Koenig, Eagly, Mitchell & Ristikari, 2011). 따라서 리더십 역할에서 여성은 리더로서 남성적이고 강인해야 하지만 여성의 경우에는 너무 남성적이어서는 안된다는 교차 압력에 직면한다. 이러한 상반된 기대는 여성이 남성보다 고위 리더십 위치에 적합하지 않다는 인식과 함께 충분히 여성적이지 않다는 이유로 효과적인 여성 리더에게 가혹한 평가를 내린다.

여성 리더에 대한 편견은 남성 리더와 비교했을 때 여성에게 덜 호의적인 태도, 여성이 최고 리더십 역할을 달성하기까지 더 많은 어려움을 겪는 것, 여성이 더 효과적이라는 것을 입증하는 데 생기는 어려움 등을 설명하는 데 도움을 준다(Eagly & Karau, 2002). 자신의 성 고정관념을 위반하는 것에 대한 처벌은 고전적인 1989년 대법원 판례 Price Waterhouse v. Ann Hopkins에 명확하게 명시되어 있다. Price Waterhouse는 그녀가 너무 남성적이기 때문에 그녀와 파트너가 되는 것을 거절했고 더 나아가서 그녀에게 예의범절을 가르치는 곳(charm school)에 가서 교육을 받거나 보석과 화장을 하고 덜 공격적으로 행동하라고 충고하기까지 했다. 결국 대법원은 Price Waterhouse가 성 편견에 근거하여 차별하고 있다고 판결했다(Fiske, Bersoff, Borgida, Deaux & Heilman, 1991). Hillary Clinton이 참여한 2008년 미국 대통령 예비선거의 언론 보도에서도 성 편견은 존재했다. Hillary Clinton이 논쟁에서 물러난 후 Katie Couric이 지적한 것처럼, "캠페인에서 얻은 위대한 교훈 중 하나는 미국 생활, 특히 미디어에서 성차별의 지속성과 수용된 역할이다… Obama상원의원이 선거 유세에서 'Iron My Shirt' 포스터나 공항에서 팔린 Hillary 호두까기 인형과 같은 차별주의자와 맞서야 한다면… 분노는 각주가 아니라 1면 뉴스가 될 것이다."(Couric, 2008).

일반적으로 구조화되지 않은 결정의 특성이 책임 없이 편향된 결정을 허용한다는 점을 고려할 때, 성별 편향은 최고 지도자를 선택하기 위한 의사 결정 과정에서 특히 해로울 수 있다(Powell & Graves, 2003). 의사결정자들은 리더십 역할에서 여성에 대한 불리한 고정관념에 영향을 받을 뿐만 아니라 스스로 자신의 이미지를 재생산하는 경향인 동질적 재생산에 굴복할 수도 있다(Kanter, 1977). 사람들은 비슷한 사람을 선호하고 자신과 가장 비슷한 사람에게 가장 긍정적인 결정과 평가를 한다. 분명히 이러한 편견은 남성 리더가 후임자를 찾을 때 여성에게 불리하게 작용할 수 있다. 특히 백인과 남성 지도자를 훨씬 더 선호한다는 점에서 집단 위계질서를 선호하는 사람들(즉, 사회적 지배 성향이 높은 사람들)에 해당된다(Hoyt & Simon, 2016).

이러한 고정관념은 여성 리더에 대한 지각과 여성 리더들의 평가에 영향을 미칠 뿐만 아니라 여성 자신에게도 직접적으로 영향을 미칠 수 있다. 남성 지배적인 집단에서 소수를 이루는 여성들은 모든 여성을 대표한다고 생각되기 때문에 여성들은 자신들의 가시적이고 높은 업적이 "어디 얼마나 잘하는지 보자." 와 같은 방법으로 자세히 주시되고 성에 대한 고정관념 렌즈를 통해 지각되고 있어서 상당한 압박을 느낀다(Kanter, 1977). 이처럼 남성 지배 집단에서 불과 몇 안 되는 여성들은 자신들의 성 정체성을 많이 인식하고 거기에 따르는 문제를 마주한다(Sekaquaptewa & Thompson, 2003). 실증 연구에 따르면 여성은 성에 따른 리더십 고정관념에 대하여 두 가지 방식 중 하나로 반응한다. 고정관념을 자신의 것으로 받아들임으로써 취약성을 드러내 보이거나 고정관념과 반대되는 행동을 함으로써 대응한다. 성별-리더 고정관념의 위협이 취약성 또는 반발심(reactance) 반응에 직면하는지는 리더의 자기 효능감, 고정관념의 명시성, 작업 유형, 그룹의 성별 구성 및 리더가 수행하는 힘과 같은 요인에 의해 결정된다(Bergeron, Block & Echtenkamp, 2006; Davies, Spencer & Steele, 2005; Hoyt & Blascovich, 2007, 2010; Kray, Reb, Galinsky & Thompson, 2004; Kray, Thompson & Galinsky, 2001). 또한 여성 리더가 특정한 성 고정관념의 위협에 대한 반응을 보일 수 있지만 그런 위협이 결합할 때 여성은 해로운 취약성 반응을 보일 가능성이 높다(Hoyt, Johnson, Murphy & Skinnell, 2010). 요약하면 실질적인 경험적 증거는 성별 고정관념이 여성 리더에 대한 인식과 평가를 크게 변화시킬 수 있고 리더십 역할을 하거나 열망하는 여성에게 직접적인 영향을 줄 수 있음을 보여준다.

과거에는 대부분의 연구가 리더십 직위에 있는 백인 남성과 여성의 관점에 초점을 맞추었으나 최근들어 교차적인 연구(intersectional research)가 진행되고 있다(Purdie-Vaughns & Eibach, 2008; Rosette, Koval, Ma & Livingston, 2016). 리더십 직위에 있는 유색 여성 지도자와 같이 다양한 유색인 경험에 관한 연구는 제한적이다. 하지만 리더십 직위에 있는 유색 여성이 백인 여성 및 유색 남성과는 다른 경험을 하고 때로는 유익하기도 하고 때로는 불이익을 경험했다고 밝혔다(Livingston, Rosette & Washington, 2012). 2020년 선거에서 민주당 대통령 후보 Joe Biden의 부통령 후보였던 유색 여성인 Kamala Harris처럼 사회적으로 높은 계층의 리더십 직위에 오르고 있으므로 계속해서 연구가 필요하며 리더십 직위에서 그들의 경험의 결과를 속단할 수 없다.

미로를 뚫고 나아가기

미로를 성공적으로 뚫고 나간 여성들의 수는 계속 증가하고 있다(Eagly & Carli, 2007). 여러 요인이 융합하여 유능한 여성 리더의 수가 증가하는 데 공헌한다(그림 14-2 참조). 조직 내의 많은 변화로 인해 여성이 더 쉽게 고위직에 오를 수 있게 되었고, 조직문화도 엄청나게 변화하고 있다. 남성 중심적인 작업 모형, 24시간 연속적인 전일제 근무, 직장과 가정의 분리 등과 같은 성 편견 문화가 확산되고 있다(Cooper & Lewis, 1999; Williams, 2010). 더욱이 많은 조직이 유연 근무 및 고위 계층의 인력 다양성 등을 가치 있게 생각한다. 이러한 조직은 여성을 경력 개발 프로그램이나 공식적인 정보 연락망에 참여시키고 직장생활에서의 후원을 증대한다. 또한 더 많은 여성을 눈에 띄게 활동적인 직위에 배치하고 여성을 위한 효과적이고 협력적인 멘토링 관계를 개발하는 것이 리더십의 성별에 따른 격차를 감소하는 주요 전략이다(Bell & Nkomo, 2001; Ensher & Murphy, 2005; Ragins, Townsend & Mattis, 1998).

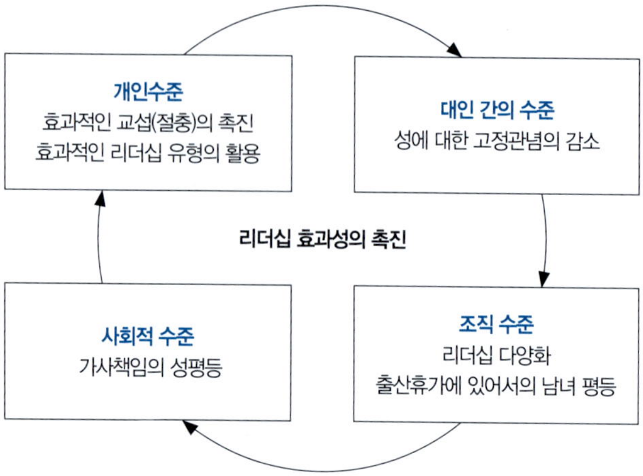

그림 14-2 리더십 효과성

노동력의 성별적 분업(gendered division of labor)이 리더십 불균형에 기여하고 있지만, 최근 자녀양육이나 집안일에 남성과 여성이 같은 수준으로 참여하는 비중이 증가하고 있다는 연구 결과가 있다(Eagly & Carli, 2007). 직장생활과 가정생활의 균형에서 여성들이 바라는 것은 구조적으로 역할을 재정립(structural role redefinition)하는 것이다(Hall, 1972). 이러한 접근 방법으로는 직장이나 가정에서 남녀의 '역할 기대'를 결정하기 위한 가족 간의 절충(negotiation)이 있다. 예를 들어, 가정에서 여성은 배우자와 가사분담을 협의하여 결정하고, 친구나 가족들과 함께 분담하거나 필요하다면 가사도우미를 고용한다(Bowles & McGinn, 2005). 그리고 여성들은 출산휴가와 같은 가정친화적인 제도가 있는 회사에 근무할 수 있다.

또한 '직장–가사(work-home)'와 관련된 문제를 넘어 '요직'에 배치되는 문제이다. 필요한 경험을 쌓는 일 그리고 필요한 지원 등을 위한 교섭 등은 최고위층 리더십 직위로 나아가는 길에 경험해야 할 중요한 '사회적 상호작용(social interaction)'이다. 그리고 남녀 간의 리더십 불균형을 줄이기 위한 또 하나의 접근 방법은 여성의 교섭력을 증진시키는 것이고, 여성에게 유리하도록 교섭 내지는 협의 과정을 재구조화하는 것이다(Bowles & McGinn, 2005). 예를 들어, '교섭(negotiation) 또는 절충'이라는 용어에는 여성을 연상시키는 의미가 담겨 있다. 그래서 교섭 또는 절충을 여성을 연상시키는 의미가 아닌 용어인 '요청'이나 '요구'('asking' situation)로 바꾸는 것이 리더십 불균형을 해결하는 방법 중 하나가 될 수 있다.

리더십 미로를 알고 있는 여성들은 자신의 벤처기업을 창업함으로써 승진 장벽을 우회하고 있다(Wirth, 2001). 많은 개인 소유 기업 중 여성 소유의 기업들은 개인소유 기업의 39%를 차지하고 고용의 8%를 기여하며, 수익의 4.2%를 차지한다(National Association of Women Business Owners, 2020). 여성의 성공적인 사업 진출은 여성들의 리더십 역할을 확대하고 이를 통해 기업의 면모를 변화하기 위한 노력이라고 할 수 있다.

리더십 영역에서 여성이 당면한 많은 장애물은 여성의 역할과 리더십 역할 간의 불일치에서 비롯된다. 여성은 리더십 역할에서 이중 잣대에 직면한다. 그들은 매우 유능하게 보여야 할 뿐만 아니라 '여성'다운 행동을 하는 리더로 보여야 한다. 이것은 남성들이 지켜야 할 행동기준과는 다르다(Eagly & Carli, 2003). 여성들이 온화함(여성다움)과 영향력(리더로서의 유능성)을 증진시키는 한 가지 방법은 '공생과 조화의 특성(communal characteristics)'-온화함과 친밀성-과 주도적 행동특성(agentic quality)-뛰어난 역량이나 결단력-을 결합하는 것이다(Carli, 2001; Rudman & Glick, 2001). 8장에서 논의된 변혁적 리더십 유형은 눈에 띄게 남성적이진 않기 때문에 여성에게 이로운 리더십 유형이다. 최근 연구는 리더십 발전을 추구하는 여성에게 있어서 개별화된 고려와 영감을 주는 동기를 혼합하는 것은 신중해야 한다고 주장한다(Vinkenburg, van Engen, Eagly & Johannesen-Schmidt, 2011). 리더십 역할과 여성의 성 역할 사이의 부조화는 줄어들고 있는 것으로 보인다(Eagly & Carli, 2007). 이에 대한 근거로 최근 연구에서 여성은 훨씬 더 남성적이게 되었다는 것을 나타났다. 예를 들어 여성성을 잃지 않으면서 직업적 특성으로 더 적극적이고 리더십과 권력을 더 중요하게 여긴다(Konrad, Ritchie, Lieb & Corrigall, 2000; Twenge, 2001). 또한, 리더십 역할을 덜 남성적이고 더 양성적인 것으로 보기 시작했다는 증거도 있다(Koenig et al., 2011; Schein, 2001). 이와 관련하여 사람들은 특정 유형의 지도자를 일반적인 지도자보다 더 남성적이라고 인식하며(Hoyt, Allison, Barnowski & Sultan, 2020) 여성을 영웅적 지도자로 생각할 수 있는 새로운 경로를 제공할 수 있다.

요약하면 승진 장벽(유리 천장)에도 불구하고 (1) 조직 규범이 변화되고 조직 내에서 여성들에게 경력 개발의 기회 증가 (2) 가사 책임 균등 배분 (3) 여성의 교섭력 증대(특히 직장과 가사 간의 균형 및 가사분담의 성평등), (4) 여성 소유 기업의 효과성과 우월성, (5) 여성과 리더십 직위 간의 불일치에 따른 변화 등으로 인해 우리는 더 많은 여성이 최고 리더십 역할을 수행하는 것을 볼 수 있다.

강점, 비판, 응용

1 강점

성별과 리더십에 관한 연구를 이해하는 것이 더 많은 여성이 상위 계층의 리더십 지위로 승진하는 데 도움을 준다. 승진 장벽을 제거하면 회사의 중역부터 상원의 의석에 이르는 모든 사람이 리더십 역할을 맡을 가능성 및 기회를 허용함으로써 기회균등을 실현할 수 있다. 그리고 인구통계학적으로 더욱더 크고 다양한 인재풀(diverse pool of candidates)을 갖게 됨으로써 재능 있는 인재를 찾기가 더 쉬워질 뿐만 아니라 조직의 성공 수준을 더욱 높일 수 있다. 풍부하고 다양한 여성 인력을 리더십 역할에 승진(진입)시킴으로써 사회의 모든 구성 집단을 대표하는 사회적 수준의 사회 조직, 기업 조직, 정부 조직을 만든다. 더 나아가 기성 집단과 갈등을 줄일 수 있는 보다 높은 수준의 윤리적 조직, 생산적 조직, 개혁적 조직 및 재정적으로 성공적인 조직을 만드는 데 공헌한다(Bernardi, Bosco & Columb, 2009; Catalyst, 2004; Forsyth, 2010; Miller & Del Carmen Triana, 2009; Nielsen & Huse, 2010; Woolley, Chabris, Pentland, Hashmi & Malone, 2010).

성별이 리더십에 미치는 영향을 고려할 때 리더십에 대한 포괄적 이해를 위한 중요한 시사점을 얻을 수 있다. '성의 차이와 리더십'에 대한 현대적 접근에는 리더십 성공에 직접적으로 영향을 미치는 남성과 여성 간의 리더십 유형의 차이 및 리더십 효과성의 차이, 여성들을 최고위 리더십 직위에 오르지 못하게 하는 눈에 보이지 않는 장벽 등과 같은 문제가 포함되어 있다. 효과적인 리더십 유형의 현대적 개념에서 성에 대한 이해는 필수적이다. 효과적인 리더십 유형의 개념적 발전은 전통적인 남성적이고 독재적인 유형에서부터 시작되어 보다 여성적인 유형에 이어 변혁적 리더십까지 이르렀다. 그리고 새로 개발된 '리더십 스타일의 양성적 개념'은 남성과 여성 모두에게 최선의 리더십 행동을 선택할 기회를 제공함으로써 리더십 효과성을 증진시킬 수 있다. 이처럼 '리더십 스타일의 양성적 개념'은 남녀 성별의 어느 한쪽에 국한시켜 최선의 리더십을 규정하는 지금까지의 생각과는 반대되는 개념이다.

'성과 리더십(gender and leadership)'에 관한 연구들은 다음과 같은 두 가지 관점에서 매우 생산적이다. 하나는 '성차별'이란 사회적 통념을 일소하였다는 점이고, 다른 하나는 눈에 띄지 않아 간과되었던 여성의 승진 장벽의 여러 측면을 밝히고 있다는 점이다. 예를 들어, 성 편견이 일반적으로 더 이상 공공연하게 표출되고 있지는 않지만 가끔 포착하기 힘든 선입관과 차별의 형태를 취하며 파괴적인 영향을 미친다는 것을 인식하게 되었다. 이러한 편견은 여성에 대한 지각과 평가에 해로운 영향을 미치고 리더십 역할을 열망하는 여성에게 장애 요인으로 작용해서 리더십 행동 범위를 제약하며, 리더십 직위에 있는 여성에게까지도 위협 요인이 된다. 조직과 사회 내에서 이러한 문제를 극복하는 데 필요한 변화는 성 편견이 포착하기 어려울 만큼 은연중에 작용한다는 것을 의식해야만 나타날 수 있다.

승진 장벽의 많은 구성 요소를 이해하면 개인 수준, 대인 간의 수준, 조직 수준, 사회적 수준의 접근법과 같은 많은 시각에서 불평등에 맞서는 데 필요한 도구를 얻을 수 있다. '성과 사회 시스템(gender and social system)'에 관해서 더 광범위하고 더 중대한 인식을 강조한다. 예를 들어, 남성과 여성 간에 뿌리 깊은 권력 분립(the power division between men and women)을 인정하고, 우리 사회에서 성 편견에 따른 분업과 같은 구조적인 문제에 관한 대화의 문을 여는 것 등이다. 더 나아가 '성과 리더십'의 이슈들을 간과하지 않고 이해하려고 열심히 노력함으로써 우리는 여성들이 영향력 있는 리더십 직위를 얻는 데 평등한 기회를 갖게 되고 조직이 리더를 선발할 때 여성을 포함한 가장 큰 재능(인재) 풀(the greatest talent pool)을 만들어 활용할 수 있으며 리더십의 모든 계층에 남성과 여성이 다양하게 자리할 때 조직의 성공과 연결된다는 것 등을 확실히 할 수 있다.

2 비판

'성과 리더십'에서 논의된 문제들은 '리더십과 다양성(leadership and diversity)'이라는 보다 일반적인 주제에 포함될 수 있다. 이러한 관점에는 여러 가지 인구통계적 특성(성, 인종, 종족 등)이 리더십에 미치는 영향도 포함된다(Chemers & Murphy, 1995; Hoyt & Chemers, 2008). '성과 리더십'을 검토한 연구들과는 달리 소수집단 출신의 리더들(minority leaders)에 관한 연구는 부족하다(Hoyt & Chemers, 2008). 리더십에서 소수집단과 관련된 이슈들은 여성과 관련된 이슈들과 유사하지만 여성의 경우와 같다고 볼 수는 없다.

어떤 연구자는 성의 영향(the impact of gender)과 인종에 대한 고정관념을 동일시하지만 많은 연구 결과들은 이런 고정관념들이 각기 다른 영향을 미친다고 말한다(Gurin, 1985; Stangor, Lynch, Duan & Glass, 1992). 하지만 유사한 영향을 미친다는 가정에는 인종과 성별 간에 있을 수 있는 중요한 상호작용의 효과가 감춰져 있다(Smith & Stewart, 1983).

그러므로 리더십 연구자들은 리더십 과정에서 인종이나 종족의 역할에 대한 이해를 보다 강조해야 한다. 인종과 성이 리더십에 미치는 영향에서 유사성을 검토하는 것 외에 차이점도 찾아야 한다. 리더십에 있어서 남녀 성별의 차이와 승진 장벽을 검증한 많은 연구는 서구문화권에서 수행되었고, 세계의 다른 지역의 문화권에서는 성별의 문제와 리더십에 관한 연구가 아직 부족하다. 여성 리더들에 관한 대부분의 연구 결과들은 그 사회에서 문화적으로 규정된 여성의 역할에서 나온 것이기 때문에 이 장에서 논의된 연구 결과의 많은 부분은 일반화될 수 없다. 그러므로 성과 리더십에 관한 현존한 문헌들의 '제한된 일반화(the limited generalizability)'를 인정해야 하고, 또 연구자들은 연구 범위를 확대하여 교차문화적 시각에서 '성과 리더십'의 연구를 강조해야 한다.

마지막 비판은 없어서는 안 될 필수적이고 보완적인 연구의 결핍이다. '성과 리더십'의 연구가 리더십 직위에서 남녀 성별의 차이를 감소시키는 것에 초점을 맞춤으로써 직장에서의 성차별은 줄어들었으나, 본질적으로 가정에서의 남녀 성차별을 없애지 않고는 영원히 사라지지 않을 것이다.

3 응용

영향력 있는 리더십 직위에서 남녀의 성차별은 분명하게 가시적이지만, 불균형이 허물어지기 시작하고 있다는 연구 결과가 있다. 승진 장벽을 이루는 장애 요소들을 이해하고 불균형을 없애기 위한 방법을 이해한다면 여성이 최고위직에 도달하는 것은 더 쉽다. 승진 장벽은 다면체의 장벽으로서 필요한 변화도 개인 수준, 대인간의 수준, 조직 수준, 사회적 수준에서 일어난다. 편견은 대인 간의 수준과 개인 수준에서 매우 중요한 역할을 한다. 이러한 편견을 다루기 위한 첫 번째 단계는 다른 사람들이나 우리들 속에 있는 편견을 인식하는 것이다. 여성들은 '적절한 여성스러움(appropriate 'femaleness')'과 동시에 리더십 역량을 뒷받침하는 능력의 문제에 당면하게 된다. 그리고 여성들이 변혁적 리더십 행동과 업적에 따른 보상 행동을 남성보다 더 많이 활용하는 편견적 기대를 극복하는 효과적인 방법이다. 더 나아가 여성들이 효과적인 교섭 기법(negotiation techniques)을 활용하면 리더십 직위로 승진하기 위해 필요한 자원을 획득하는 데 도움이 된다.

그리고 거시적 조직 수준과 사회적 수준에서도 변화가 일어나고 있는데, 이러한 변화들은 리더십 영역에서 보다 더 큰 범위의 성평등에 기여한다. 예를 들어, 조직 문화의 변화, 여성의 경력 개발의 기회, 멘토링의 기회, 전략적인 직위에 여성들의 수적인 증가 등의 변화는 '주목받는 리더십 역할'에서 여성들의 영향력이 증대된다. 사회적 수준에서 자녀양육이나 가사책임을 남녀 간에 더 균등하게 배분하는 것 또한 여성들이 최고직위로 진출하는 데 공헌할 수 있다.

사례 연구

다음으론 조직 내에서 여성들이 당면하고 있는 상황을 분석하고 알맞은 해결책을 제시함으로써 실무적 경험을 하기 위한 세 가지의 사례 연구들(사례 14.1, 14.2, 14.3)이 제시되어 있다. 첫 번째 사례는 Wall Street 회사에서의 '시장조사 분석가'에 관한 것이고, 두 번째 사례는 승진 장벽으로서의 임신에 관한 것이며, 세 번째 사례는 뉴질랜드 수상 Jacinda Ardern에 관한 것이다. 각 사례 끝에는 사례의 분석을 돕기 위해 질문들이 제시되어 있다. 이들 세 가지 사례 모두의 출처는 Blank and Slipp(1994)[1] 이다.

사례 14.1: 승진 장벽(유리 천장)

Lisa Weber는 Wall Street 회사의 경영 파트너가 될 것이라고 늘 확신해왔다. 일류 경영대학원에서 경제학 박사 학위를 받은 그녀는 주요 대학 강단에 서기도 하였으며, 잘 알려진 회사에서 시장 분석가로 고용된 최초의 여성이었다. 2년 만에 그녀는 사장에게 직접 보고하는 4명의 상급 포트폴리오 경영자 중 한 명이 되었다. 그녀의 고객은 그녀의 뛰어난 업무 능력에 대해 칭찬을 아끼지 않았으며, 지난 2년 동안 그녀는 회사에서 가장 많은 수의 고객을 유치했다.

그녀에 대한 동료들의 감탄과 인정에도 불구하고 업무 수행 방법에는 우려의 측면이 있다. 그녀의 많은 동료들과 몇몇 경영파트너들은 시장의 동향이나 재무 상태의 추정에 대한 그녀의 의견을 경청하고 개인적으로 의논하기 위해 그녀의 사무실을 방문한다. 그녀는 이러한 개인적인 만남을 즐기지만, 매주 열리는 직원회의에서 CEO인 Michael Breyer가 종종, "자 그럼, 시작합시다. 그리고 문제가 되는 것들에 대해서 Lisa에게 상황을 설명해줍시다."와 같은 말을 하면 당혹스러웠다. 그 어떤 동료나 경영파트너도 Lisa가 지금 회사가 어떻게 돌아가고 있는지에 대해 자신들만큼 잘 알고 있다고 인정하지 않았기 때문이다. 결코 그녀는 자신의 능력과 회사 경영에 대한 지식에 대해 그들이 인정하려 하지 않고 무례하게 행동하는 것에 대해 항의하지 않고, 거의 매일같이 그녀의 조언을 구하기 위해 찾아온 그들과의 개인적인 만남에서도 그들이 무례하게 행동한 것에 대해 언급하지는 않는다. 그녀는 최고 경영층에 자리하고 있는 유일한 여성이자 팀 플레이어(team player)로 인정받고 싶어한다.

Lisa의 업무 성과와 그녀가 유치한 새로운 고객의 수로 보아 Lisa의 업무 수행 능력이 명백히 월등했음에도 불구하고, 그녀가 아닌 동료 중 한 사람이 승진하였다. Lisa에게는 승진에 대해 아무런 언급이 없자, Lisa는 그녀의 상사에게 경영 파트너가 되기 위한 방법에 관해 물어 보았다. 그는 이렇게 대답했다. "Lisa, 당신은 정말 훌륭히 일하고 있어요. 그렇지만 만약 당신이 경영 파트너가 되어 중대한 실수를 하면 어떻게 하지요? 당신은 그것을 어떻게 감당해내겠습니까? 그리고 우리의 고객들은 어떻게 합니까? 우리 회사의 103년 역사에서 단 한 명도 여성 경영 파트너는 없었습니다."

1 Voices of Diversity에서 번안. 저작권©1994 르네 블랭크와 산드라 슬립, AMACOM, 뉴욕 국제 미국경영자협회, 허가로 재출판. All rights reserved. http://www.amanet.org.

얼마 후 Pamela Tobias라는 다른 여성이 마케팅 분석가로 채용되었다. 한 번은 Lisa와 Pamela가 함께 있는 것을 본 CEO가 남성 경영자들에게 이렇게 말한 적도 있다. "한 방에 여자가 둘이라…… 거참 무섭군."

그 후 6개월 동안 Lisa는 CEO를 여러 차례 방문하여 그녀의 업적을 근거로 승진에 대해 협상과 합의를 시도하였다. 하지만 그녀는 가까운 미래에 변화의 가능성이 전혀 없다는 것을 깨닫고 회사를 떠나 그녀 자신의 투자회사를 창립하기로 결심했다.

질문

01 Lisa는 어떤 승진 장벽에 직면했는가?

02 최고 경영자인 Michael Breyer는 Lisa를 잃지 않기 위해 어떻게 행동해야 하는가?

03 어떤 유형의 조직 정책과 기회 제공이 Lisa와 Pamela에게 도움을 줄 수 있을까?

04 조직에 Michael Breyer와 Lisa의 남성 동료의 성에 대한 올바른 인식을 높이기 위해 무엇을 할 수 있을까?

사례 14.2: 승진 장벽으로서의 임신

Marina Solow는 제조회사의 선임관리부장이다. 그녀는 이 회사에서 10년간 근무했으며, 그동안 열심히 일한 보상으로 지금의 자리까지 올랐다. 그녀는 최고 경영자의 지위까지 승진하기를 희망하며, 최근에는 그녀의 화학공학 석사 학위를 보완하기 위해 MBA(경영학 석사) 학위를 취득하였다.

몇 달 전 그녀는 자신이 임신한 사실을 알게 되었다. 그러나 그녀의 상사이자 사업부의 책임자인 Roy Bond에게 자신의 임신 사실을 알리기가 꺼려졌다. 왜냐하면 그녀는 몇 명의 다른 여성 직원들이 출산 직전 아니면 출산 직후 사직 당한 사실을 알고 있기 때문이다.

신제품에 관해 Roy를 만나 협의한 다음 Marina는 그녀의 임신 사실을 언급하며 출산 후 3개월간의 휴가 계획을 말하였다. 또한 휴가 기간에 자신의 일을 분담하기 위해 철저한 계획을 세웠다는 사실을 설명했다. Roy는 그녀의 말을 가로막고 "조만간 이런 일이 일어날 줄 알고 있었습니다. 항상 그러니까요."라고 마치 그는 재난이라도 일어난 것처럼 말했다. "지금 이런 것을 말해 보았자 소용이 없습니다. 나중에 생각해봅시다." 그가 임신으로 인해 생긴 휴가 기간에 대해 매우 언짢게 생각하고 있으며 그녀에게 닥칠 예상 가능한 결과를 염려하는 것처럼 보였다. 'Roy는 1993년의 가사 휴가와 병가에 관한 법(the Family and Medical Leave Act of 1993)을 모르고 있단 말인가?'. '이 회사는 나의 직업 안정을 보장해야 해. 그러나 그렇게 되기까지 수월하지는 않겠지.'라고 Marina는 생각했다.

질문

01 Marina는 어떤 승진 장벽에 직면해 있는가?

02 Marina가 그녀의 임신 사실을 말했을 때 Roy는 어떻게 말했어야 할까?

03 Marina의 출산 휴가 동안 업무를 어떻게 처리하고 승진에 지장이 없게 하려면 어떻게 해야 할까?

04 Marina와 다른 여직원을 위해 임신에 있어서 어떤 유형의 조직 변화가 이루어져야 하는가?

사례 14.3: JACINDA ARDERN, 뉴질랜드 수상

2019년 3월 15일 뉴질랜드 Christchurch에 있는 무슬림 성당에서 금요일 기도회 중에 한 사격수가 총을 쏘았다. 어린아이들을 포함하여 약 50명 이상이 살상되었으며 이 숫자는 뉴질랜드의 1년간 살생자 숫자에 버금가는 수치이다. 사격수는 공격하기 전에 74페이지 분량의 소름 끼치는 선언서(성명서)를 작성하여 총리 공관으로 보냈다. 그러고 나서 Al Noor무슬림 성당을 습격하는 장면을 Facebook에서 생중계했다. 이 사건은 증오에서 비롯된 테러로 범죄율 세계 최하위이고 이민자들을 환영하는 뉴질랜드를 충격과 슬픔에 빠트렸다.

뉴질랜드의 39세의 젊은 지도자인 Jacinda Ardern의 반응은 신속하고 단호했다. 분화를 일으킬 말은 피하고 대신 그녀는 위기에 처한 나라를 단합하고 활력을 불어넣었다. 기자회견에서 그녀는 사람들에게 문화 다양성의 중요성을 상기시켰다.

> "많은 사람에게 뉴질랜드는 그들의 선택 대상이었고…
>
> 적극적으로 찾아와 스스로를 헌신하는 곳이 되었고…
>
> 서로가 사랑을 주고받으면서 공동체의 일원으로 사는 지역사회의 일부이다.
>
> 그리고 자유롭게 문화와 종교를 배우고 실천할 수 있는 곳이다.
>
> 세계에서 일어난 참상을 집에서 보고 어떻게 이런 일이 일어날 수 있었는지 궁금해하는 사람들을 위해, 우리 뉴질랜드는 피난처이기 때문에 표적이 된 것이 아니다. 우리는 인종차별을 용인하기 때문에 이 테러의 대상으로 선택된 것도 아니다. 왜냐하면 우리는 다양성, 친절함, 동정심, 우리의 가치를 공유하는 사람들을 위한 집이자, 그것을 필요로 하는 사람들을 위한 피난처를 대표하기 때문이다.
>
> 우리는 200개 이상의 민족과 160개 언어가 공존하는 자랑스러운 나라다. 그리고 다양성 속에서 우리는 공동의 가치를 공유한다. 이러한 비극으로 직접적인 영향을 받은 사람들의 공동체를 위해 동정과 지원을 해야 한다(Chandler, 2020)."

며칠 후 국회의 연설에서 그녀는 단호하게 사격수에게 '악명높은 사람'이란 명칭을 사용하기를 거부했다. 그녀는 아랍어로 "As-salamu alaykum(평화가 깃들기를)"라는 인사로 연설을 시작하면서 "그는 테러리스트이고 극단주의자이다. 내가 말할 때 그는 무명일 것이다. 그리고 나는 여러분에게 이런일을 일으킨 사람들의 이름보다는 우리가 잃은 사람들의 이름을 말하기를 간청한다. 그는 악명을 얻으려고 노력하지만, 뉴질랜드에서는 그에게 아무 명칭도 부여하지 않고 이름조차도 부르지 않을 것이다."라고 말했다(Hjelmgaard, 2019).

Ardern은 목숨을 잃은 사람들을 기리고 테러리즘에 맞서는 데 노력하면서 장례비용과 슬픔에 잠긴 가족들에게 재정적 지원을 하겠다고 맹세했다. 총기 소유가 만연한 뉴질랜드에서 총기 규제가 취약하다는 점을 인식하고 신속한 규제 조치도 약속했다. 한 달 후 그녀의 지도력으로 뉴질랜드 의회는 반자동 및 군용 무기의 소유나 사용을 금지하는 법을 승인했는데, 이는 대량 총기 사건의 오랜 역사로 더 큰 어려움을 겪고 있는 다른 많은 국가들이 아직 달성하지 못한 위업을 세운 것이다.

Ardern은 그녀의 노력으로 많은 지지와 후원을 받았지만, 그녀를 비방하는 사람들도 있었다. 진행 과정의 속도에 대해서 비판받았고 그녀는 "뉴질랜드에 이러한 무기가 자리를 잡았다고 생각하는가 아니면 그렇지 않다고 생각하는가? 그리고 만약 당신이 우리처럼 그들이 그렇게 하지 않는다고 믿는다면, 당신은 우리가 신속하게 움직일 수 있다는 데 동의할 수 있어야 한다. 내 견해는 과정에 대한 논쟁은 아무것도 하지 않는다는 주장이라는 것이다."(M. Schwartz, 2019)라고 답했다.

그녀의 단호하고 신속한 조치는 불확실성, 비극, 슬픔을 통해 국가를 이끌어 나가는 Ardern의 접근 방법 중 하나에 불과했다. 그녀는 총격 사건 다음 날 가장 피해를 입은 지역사회에 연락하였고, 뉴질랜드의 모든 정당의 지도자들과 함께 Christchurch를 방문했다. 그녀는 가족들을 직접 애도하기 위해 무슬림 성당을 방문했고 총기 난사 사건으로 부상당한 사람들의 가족과 친구들의 이야기를 듣고 포옹하고 위로했다. 존경과 공감의 표시로 그녀는 이슬람 신앙의 전통적인 머리 스카프인 검은색 히잡을 착용했다.

참석한 많은 조문객 중 한 명인 Dalia Mohamed는 "수상이 스카프를 두르고 온 것은 우리에게 큰 의미였습니다."라고 말했다(Hjelmgaard, 2019).

Jacinda Ardern은 누구인가?

37세의 Jacinda Kate Laurell Ardern은 1856년 이래로 최연소 뉴질랜드 총리(prime minoster: PM)가 되었으며, 이 직위에 오른 세 번째 여성 총리이다. 뉴질랜드 정치권에서 그녀의 총리 취임은 역대 뉴질랜드 총리 중 가장 빨랐다(Atkinson, 2018).

Ardern은 1980년 뉴질랜드의 정치적으로 보수 지역인 Waikato에 있는 해밀턴에서 태어났다. 그녀는 두 명의 딸 중 둘째였으며 가족 내에서 여성의 전통적인 역할을 옹호하는 보수적인 신앙인 Mormon교를 믿었다. 하지만 그녀는 동성애와 동성 결혼을 금지하는 견해 때문에 교회를 떠났다(Wallenfeldt, 2020).

Ardern은 마오리족의 중심지로 알려진 작고 외딴 마을인 Murupara에서 어린 시절을 보냈다. 마오리족은 뉴질랜드의 토착 폴리네시아인으로 국가 인구의 거의 15%를 차지한다(New Zealand History, n.d.). 신발이 없는 아이들이나 점심으로 먹을 것이 없는 아이들을 보고 그녀는 정계에 입문하기로 마음먹었다(Jones, 2017).

17세에 그녀는 보수에서 벗어나 진보적인 노동당에 입당했다. 2001년 Waikato대학에서 커뮤니케이션 학사 학위를 받은 후 그녀는 당시 총리이자 노동당 의원(MP)인 Harry Duynhoven의 캠페인에 합류했다. 그녀는 뉴질랜드에서 두 번째로 높은 고위직을 맡은 여성으로 Clark는 Ardern의 정치적 영웅이자 멘토였다(Wallenfeldt, 2020).

2005년에 Ardern은 뉴질랜드의 중산층 젊은이들의 일반적인 통과 의례인 해외 경험을 위해 직위를 내려놓았다. 많은 젊은 뉴질랜드인이 이 시간에 하찮은 일을 하고 대륙을 여행하는 시간으로 사용하는 반면, Ardern은 영국 총리인 Tony Blair의 내각 사무실에 자리를 확보했다. Better Regulation Executive의 부국장으로서 그녀는 2년 반 동안 지방 당국과 중소기업 간의 상호작용을 개선하기 위해 노력했다. 2007년 국제사회주의청년연맹(International Union of Socialist Youth) 회장으로 선출되면서 그녀의 가능성은 알제리, 중국, 인도, 이스라엘, 요르단, 레바논으로 더욱 확장됐다(Wallenfeldt, 2020).

뉴질랜드로 돌아온 Ardern은 국회의원 후보자 명단에 오르게 되었고 28세의 나이에 뉴질랜드에서 최연소 하원 의원이 되었다. 자기 마음속에 있는 것을 거리낌 없이 말하는 그녀는 하원에서의 첫 연설에서 마오리 언어를 뉴질랜드 학교에 의무 교육으로 도입할 것을 요구했다. 그리고 기후변화에 대한 정부 대책에 대해서도 질책했다(Wallenfeldt, 2020).

Ardern은 떠오르는 정치 스타였기 때문에 그녀의 나이와 신체적 매력은 눈에 띄지 않고 간과되었다. 2011년 언론에서 "Battle of the Babes"라고 이름 붙인 사건으로 뉴질랜드의 또 다른 젊은 정치 여성인 Nikki Kaye과 함께 그녀는 Auckland Central 지역 의원직에 출마했다. Nikki Kaye는 Ardern보다 5개월 더 빨리 태어난 사람이었다. Ardern은 그녀의 신체적 매력에 대한 언론의 관심에 강경했고, 자신의 삶에 대한 "거절 없이 긍정적인" 접근 방식으로 "수용 가능한 괴짜"로 특성화했다. 717표라는 근소한 차이로 Kaye에게 패배하고 의회 후보자 명단에 다시 올랐다(Wallenfeldt, 2020).

Ardern은 사회 발전과 예술, 문화 및 유산, 어린이, 정의, 중소기업을 위한 노동당의 대변인으로 지명되면서 핵심 관계와 유익한 임무를 수행하며 몇 년을 보냈다. 2017년에는 의회의 공석을 채우기 위한 선거에서 압도적인 승리를 했고 노동당의 부대표로 만장일치로 선출되었다. 그러나 2017년 9월 총선을 불과 몇 주 앞두고 당 대표가 사임했고, 사임하기 전에 Ardern에게 자신의 자리에 오르도록 설득했다(보도에 따르면 그녀는 동의하기 전에 일곱 번이나 거절했다고 한다). Ardern은 8월 1일 만장일치로 노동당 지도자와 당의 새 총리 후보로 선출됐다.

Ardern의 카리스마 넘치는 낙관주의, 강인함, 현실적인 점은 유권자, 특히 여성과 젊은이들에게 빠르게 활력을 불어넣었다(Wallenfeldt, 2020). 그녀는 무상 대학 교육, 이민 감소, 낙태의 비범죄화, 어린이 빈곤 완화를 위한 새로운 프로그램 캠페인을 개최했고, 소외된 사람들을 위한 공정한 대우를 약속했다(Wallenfeldt, 2020).

"Jacindamania"라고 불리는 Ardern의 공공지원 정책은 급속히 확대되었고 정치 전문가들은 그녀를 캐나다 총리 Justin Trudeau와 전 미국 대통령 Barack Obama에 비유하며 "록스타" 정치인으로 그녀를 생각했다. 그녀가 당선된다면 뉴질랜드에서 세 번째 여성 총리가 탄생하는 것이었다.

인터뷰에서 그녀에게 아이를 가질 계획이 있는지 질문을 받았을 때 사적인 질문을 하는 데 대해서는 크게 반응하지 않았다. 그러나 고용주로서 여성 근로자가 출산휴가가 예정되어 있는지 알 권리에 대한 질문을 받았을 때 신속하고 명확하게 설명했다. "2017년에 여성이 직장에서 그런 질문에 답해야 한다고 말하는 것은 완전히 받아들일 수 없다. 아이를 가질 시기에 대한 결정은 온전히 여성의 몫이다. 고용주가 출산휴가에 따른 인력운영방안에 대해 먼저 결정해서는 안 된다."(Wallenfeldt, 2020)

선거가 실시되었고 과반수를 확보한 정당은 없었다. 몇 주간의 협상과 특별 투표(해외 투표) 집계 후 Ardern이 40대 총리로 당선 확정되었다. 그녀는 2017년 10월 26일에 총리로 취임했다.

세계에서 최연소 지도자로 그녀가 취임했을 때 나이는 고작 37세였고 미혼이며 임신한 상태였다. 그녀와 그녀의 남편인 Clarke Gayford는 2018년 6월에 첫 아이를 얻었으며, 현직 역사상 두 번째로 선출된 여성 총리이자 재직 중에 출산 휴가를 사용한 최초의 지도자다(Hjelmgaard, 2019).

그녀는 계속해서 새로운 역사를 계속 썼다. 3개월 된 딸과 함께 UN 총회에 참석하기도 했다. The New Yorker와의 인터뷰에서 Ardern과 Gayford는 일과 육아를 병행하는 가족과 직업적 책임에 대한 관점을 공유했으며 그녀의 남편인 Gayford는 다음과 같이 말했다. "나는 그녀를 돌보고 그녀는 나라를 돌본다."(Hollander, 2018)

Ardern은 "내가 원더우먼이라는 인상을 주고 싶지 않다"고 덧붙였다. "나로 인해 여성들이 모든 일을 하도록 기대하는 분위기가 있지만 사실 나는 모든 것을 하고 있지는 않다"(Hjelmgaard, 2019).

Christchurch 총격 사건 후 일주일도 되지 않아 Andern은 조국의 충격과 슬픔에 대한 단호하고 동정적인 대응에 대해 자국 시민뿐만 아니라 국제 사회에서 찬사를 받았다. Facebook의 최고 운영 책임자인 Sheryl Sandberg는 Ardern을 전 세계 여성의 "판도를 바꾸는", "정치 신동"으로 묘사했다(Hjelmgaard, 2019). 그해 말, Ardern은 타임지가 선정한 세계에서 가장 영향력 있는 100인 중 한 명으로 선정되었다.

그녀의 멘토였던 전 뉴질랜드 총리 Helen Clark의 말에 따르면, Ardern은 사람들에게 설교하지 않고 "항상 그들의 편에 함께 서 있다."는 신호를 보내는 자연스럽고 공감적인 의사소통자이다.

"시민들은 그녀가 그들을 지지한다는 것을 알고 있으므로 그녀에 대한 높은 수준의 신뢰와 신임이 있다." (Friedman, 2020)

질문

01 뉴질랜드에서 일어난 무슬림 사원 공격 직후 USA Today에 기사를 썼던 Neill Borowski (2019)는 위기 동안 Ardern이 한 업적을 소개하고 Ardern에 관한 다음 네 가지 사항을 나열했다.

A. 그녀는 뉴질랜드에서 가장 젊은 리더이다.

B. 그녀는 총격자에게 명성을 부여하는 것을 반대했다.

C. 그녀는 더 강력한 총기 관련 법률 제정을 약속했다.

D. 그녀는 엄마이다.

만약 Ardern이 남자이고 아버지였다면 이 저자는 자신이 아버지라는 사실을 포함하는 것만큼 중요하다고 생각했을까? 그 이유에 대해 설명하여라.

02 인적 자본은 이번 장에서 논의된 리더십의 첫 번째 요소이다. 인적 자본이란 요소의 네 가지 측면이 각각 Ardern과 어떻게 관련되어 있는지 논의하고 그녀가 각각의 어려움을 어떻게 해결했는가?

03 이 장에서는 리더십을 발휘하는 방법에 있어서 남녀 간에 차이가 있다고 설명한다. 그런데 과거에는 남녀 간의 타고난 차이로 인한 자연스러운 결과로 생각했다.

A. 당신은 성별로 각기 다른 특성을 가지고 타고난다는 데 동의하는가 아니면 동의하지 않는가?

B. Ardern이 남성 리더와 다르게 리더십을 발휘하는 방식은 어떤 것이 있는가?

C. Ardern이 남성 리더들과 동일한 리더십을 발휘하는 방식은 무엇인가?

04 이 책에서 몇 가지 서로 다른 리더십 접근법들(진성 리더십, 상황적 리더십, 리더-성원 교환 이론, 변혁적 리더십 등)을 논의하였다. 다음 중 Ardern의 리더십에 적용되는 접근 방식은 무엇인가? 이유도 설명하라.

05 이 장에서 여성이 남성보다 "사회적 촉진자(social facilitator)" 역할을 할 가능성이 더 높다고 설명한다. 이에 대해 Ardern의 사례를 참고하여 생각하면 올바른 주장이라고 생각하는가? 이유에 대해서도 설명하라.

06 편견은 남녀 간에 리더십 격차의 주요 원인 중 하나다. 리더십의 여러 가지 복잡한 논의에서 요약하는 편견의 네 가지 측면이 Ardern과 그녀의 정치 경력에 어떤 영향을 미쳤는가? 그들 각각 어떤 유형의 장애물이 나타나는가?

07 이 장에서 지적하는 여성 리더는 리더십 역할에서 이중 잣대에 직면해 있다. 아주 유능하면서 여성적이어야 한다(Eagly & Carli, 2003). 주체적 자질과 공동체적 자질의 균형을 맞춰야 하는 부담은 남성보다 여성에게 더 크다. Ardern은 이러한 이중 잣대를 어떤 상황에서 경험했을까?

리더십 측정 도구

성별에 따른 리더 편견에 관한 설문지(The Gender–Leader Bias Questionnaire)는 사람들이 주체적 자질과 공동체적 자질에 부여하는 가치를 조사하여 성별에 대한 잠재적 편견을 측정하기 위해 개발되었다. 여성을 공동체로, 남성을 대리인으로 보는 성 고정관념은 공동 행동에 대한 낮은 가치 때문에 리더십에서 여성에게 피해를 준다. 이 설문지는 여성에 대한 리더로서의 편견에 기여하는 성 고정관념적 연관성을 검토한다. 설문지의 항목은 Dasgupta와 Asgari(2004)가 개발한 Gender Implicit Association Test(IAT)에서 가져온 것으로 여성 지도자에 대한 편견에 기여하는 성별 고정관념을 알아본다(Eagly & Karau, 2002).

성별에 따른 리더 편견에 관한 설문지

목적: 이 설문지의 목적은 유해한 고정 관념을 깨기 위해 성별 편견에 대해 배우고 인식하는 방법을 학습한다.

작성 요령: 이 설문지는 공동체적 행동 및 주체적 행동과 관련된 특성을 포함하고 있다. 각 특성이 리더십에 중요하다고 느끼는 정도를 1(중요하지 않음)에서 5(매우 중요)까지 하나의 숫자에 표시하시오.

Key: **1**=중요하지 않다 **2**=약간 중요하다 **3**=중간 정도이다 **4**=중요하다 **5**=매우 중요하다

01	후원자(Supporter)	1 2 3 4 5
02	리더(Leader)	1 2 3 4 5
03	의욕적인(Ambitious)	1 2 3 4 5
04	결연함(Determined)	1 2 3 4 5
05	도움이 되는(Helpful)	1 2 3 4 5
06	역동적인(Dynamic)	1 2 3 4 5
07	이해, 공감(Understanding)	1 2 3 4 5
08	동정적인(Compassionate)	1 2 3 4 5
09	자신감 넘치는(Assertive)	1 2 3 4 5
10	호의적인(Sympathetic)	1 2 3 4 5
11	따뜻한(Warm)	1 2 3 4 5

12 친절한(Kind)	1 2 3 4 5
13 통제하는(Controlling)	1 2 3 4 5
14 배려하는(Caring)	1 2 3 4 5
15 독자적인(Independent)	1 2 3 4 5
16 지배적인(Dominant)	1 2 3 4 5

채점 방법

설문지는 전형적으로 여성과 관련된 공동체적 특성을 리더십에서는 덜 중요하게 보지만 남성에 대해 전형적으로 연관되는 주체적 특성을 리더십에서 더 중요하게 보는 경향이 있다.

문항 1, 5, 7, 8, 10, 11, 12 그리고 14의 합계 점수는 당신의 공동체적 자질을 나타낸다.

문항 2, 3, 4, 6, 9, 13, 15 그리고 16의 합계 점수는 당신의 주체적 자질을 나타낸다.

공동체적 자질의 점수가 8~24점이면 리더십에서 공동체적 특성의 낮은 정도를 나타낸다. 25~32점은 중간 정도이고, 33~40점은 리더십을 위해 필요한 공동체적 자질이 높은 수준이다.

주체적 자질의 점수가 8~24점 사이에 있으면 리더십에서 주체적 특성의 낮은 정도를 나타낸다. 25~32점은 중간 정도이고, 33~40점은 리더십을 위해 필요한 주체적 자질이 높은 수준이다.

점수 해석

많은 사람은 특히 그들이 명시된 평등주의적 가치와 양립할 수 없을 때, 전통적인 리더십 행동을 선호하는 편향된 연관성을 가지고 있다는 사실을 알고 놀란다. 이 설문지는 사람들에게 그들이 알지 못하는 연관성이 있을지도 모른다는 것을 보여주고 사람들이 이러한 고정관념의 광범위한 범위를 인식하게 하려고 고안되었다.

요약

여성은 주요 최고 리더십 직위에서 현저히 낮게 임명된다. 여성이 최고위 리더십 직위에 오르지 못하도록 방해하는 보이지 않는 장벽을 승진 장벽 또는 유리 천장(glass ceiling)이라고 부른다. 승진 장벽을 제거하는 것은 기회평등을 확보하는 데 도움이 되고, 또 가장 큰 인재 풀(the greatest talent pool)을 활용하고 다양성을 확보하는 데도 도움이 된다. 결과적으로 기업 조직의 재무적 업적으로 이어진다. 승진 장벽(유리 천장)에 대한 수많은 설명이 있다. 승진 장벽의 원인에 대하여 주로 교육, 훈련 및 작업 경험과 같은 '인적자본투자'가 여성에게 결여되었다는 데 초점을 맞추고 있다. 여성이 남성보다 공식교육을 덜 받고 있다는 주장은 실증 연구에서 받아들여지지 않고 있다. 그리고 또 여성들은 남성보다 더 빈번히 직장을 단념하고 떠나는 경향이 있고 '마미 트랙(mommy track; 육아 등을 위해 출퇴근 시간 및 휴가 등을 탄력적으로 할 수 있는 여성 근로 형태)'을 선택한다는 주장도 실증 연구의 지지를 받지 못하고 있다. 그러나 여성들은 남성보다 많은 가사책임을 지고 있고, 그것이 곧 남성보다 작업 경험이 낮은 요인이고 남성보다 많은 경력상의 장애요인이 되고 있다는 주장은 실증 연구의 지지를 받고 있다. 그리고 또 여성들은 직장에서 남성들보다 공식적인 훈련을 덜 받고 경력 개발의 기회도 적다.

그리고 남녀 성별의 차이에 대한 또 다른 설명은 남성과 여성 간의 차이에 초점을 맞추고 있다. 여성은 리더십에서 남성보다 덜 효과적이고, 맡은 일에 덜 헌신적이며, 리더십 역할을 맡으려는 동기유발이 덜 되어 있다고 주장한다. 그러나 여성들은 남성들보다 자기과시 내지는 자기선전(self-promote)을 덜 하는 경향이 있고, 자신의 지위 향상을 위해 교섭 내지는 절충을 덜 주도적으로 하는 경향이 있다. 이 같은 주도적인 협상 내지는 절충은 여성 리더들이 전문 영역에서나 가사 영역에서 균등한 기회와 자원을 얻기 위해 사용할 수 있는 중요하고 필요한 수단이다. 리더십 유형에 관한 연구에서는 여성이 남성보다 민주적이고 변혁적 리더십 유형을 더 많이 활용한다고 나타났으며, 리더십 효과성에 관한 연구에서는 변혁적 리더십 행동과 업적에 따른 보상 행동(contingent reward behaviors)을 여성이 더 효과적으로 활용한다고 나타났다.

승진 장벽(유리 천장)의 원인이 '편견' 때문이라는 의견에 힘이 더 실리고 있다. 여성은 일치와 조화로워야 하는 직무에 적합하고, 남성은 주도적인 행동을 해야 하는 직무에 적합하다는 성별에 대한 고정관념은 특히 더 높은 리더십 직위에 오르려는 여성들에게 파괴적인 영향을 미친다. 여성의 성역할(female gender role)과 리더십 역할 간의 불일치는 여성 리더에게 불리한 편견으로 이어진다. 이 경우 여성들은 남성 상대역보다 부정적으로 지각되고 평가되기 때문이다. 이 같은 편견은 최고위직 리더들을 선정할 때 흔히 나타나고 있는 '비구조화된 의사결정 과정(unstructured decision-making processes)'에 유해한 결과를 초래한다. '성별에 기초한 리더 고정관념(gender-based leader stereotype)'은 여성들을 위협하는 것이고 여성 리더들에게 영향을 미쳐 반작용을 유도하게 된다. 그러나 다행히도 리더 역할이 더욱 더 양성화(androgynous)되어 가고 있고, 여성들이 이전보다 더 주도적으로 행동하게 됨에 따라 이 같은 불일치가 감소하고 있다는 연구 결과가 있다.

마지막으로 승진 장벽을 제거하는 데 활용할 수 있는 많은 접근방법들이 있다. 조직 내에서 일어나고 있는 변화들이 여성들이 고위직에 오르는 것을 용이하게 하고 있다. 조직의 변화란 조직문화의 변화, 여성들에게 돌아가는 경력 개발 기회의 증가, 효과적인 멘토링 기회의 증가, 여성들이 이전보다 더 높은 리더십 직위에 오르고 있고 전략적 직위에 더 많이 오르고 있는 경향성 등이다. 그리고 효과적인 교섭 내지는 절충(effective negotiation)은 성차별을 줄이는 데 도움이 될 것이다. 특히 직장에서나 가정에서의 역할기대(role expectation)와 관련된 교섭 내지는 절충이다. 또한 여성들의 행동이 주도적이면서도 온유한 특성을 겸비하고 있고 변혁적 리더십 행동을 활용함으로써 여성 리더들의 리더십 효과성은 그만큼 더 제고될 것이다.

CHAPTER 15

윤리적 리더십

- 서술
- 윤리의 정의
- 윤리 이론
- 윤리의 중요성
- 윤리적 리더십에 대한 다양한 관점
- 윤리적 리더십의 원칙들
- 강점, 비판, 응용
- 요약

서술

본 장은 다른 장과는 다른 서술 방식을 취한다. 다른 장에서는 하나의 단일한 리더십 이론(예를 들어, 리더십 특성 이론, 경로-목표 이론, 변혁적 리더십 이론 등)에 초점을 맞추어 일관되게 서술했으나 본 장에서는 리더십 윤리의 여러 측면을 서술하고 리더십에 대한 광범한 윤리적 관점들을 제시한다. 하나의 단일한 윤리적 리더십 이론을 서술하지 않고 리더십 상황에서 일어나고 있는 윤리적 현안 문제들에 대한 지침을 제시한다.

인간은 과거 동굴 거주시대부터 리더의 윤리성에 대해 관심을 가져오고 있다. 그 이후 역사시대를 기록한 많은 책들은 선한 제왕과 악한 제왕, 위대한 제왕과 무능한 제왕, 강한 대통령과 유약한 대통령에 관한 기록들로 가득 차 있다. 그러나 이러한 위대한 리더와 그들의 윤리성에 관한 풍부한 전기적 기록에도 불구하고 리더십 윤리의 이론적 기초에 관한 연구 결과는 거의 발표되지 않았다. 1970년대 초 이후 경영윤리에 관한 많은 연구가 이루어졌으나 대부분 리더십 윤리와는 관계가 없는 내용이었다. 경영에 관한 문헌에서조차도 실무자들을 위한 기록일 뿐, 리더십 윤리에 관한 이론 서적은 거의 찾아볼 수 없다. 이러한 사실은 이 분야에 관한 체계적인 이론 형성이 아직도 초기 단계의 수준에 머물러 있다는 것을 보여준다.

리더십 윤리에 초점을 맞춘 초기의 기록은 켈로그 재단(Kellogg Foundation)의 후원에 의해 결집한 리더십 학자들에 의한 연구노트로 1996년에 와서야 본격적인 연구가 시작되었다. 학자들은 리더십 이론과 리더십 실무가 정의로운 사회를 이룩하기 위해 어떻게 활용될 수 있는지에 대해 연구하였다. 2년 후 켈로그 재단 연구자들의 연구 결과는 '윤리, 리더십의 핵심(Ethics, the Heart of Leadership)'이라는 제목으로 발행되었다(Ciulla, 1998).

미국 경제와 정치 영역에서 많은 부정사례로 인해 윤리적 리더십에 대한 관심이 계속 증가하고 있다. 학문의 일선에서도 윤리적 리더십의 특성을 탐구하려는 관심이 두드러지게 나타나기 시작하였다(Aronson, 2001; Ciulla, 2001, 2003; Johnson, 2005; Kanungo, 2001; Trevino, Brown & Hartman, 2003).

윤리의 정의

서구의 전통적 관점에서 윤리 이론의 발전을 알아보려면 고대 그리스의 철학자인 Plato(427–347 B.C.E.)나 Aristoteles(384–322 B.C.E.)까지 거슬러 올라가야 한다. 윤리라는 단어의 어원은 그리스어로 '관습', '관행' 또는 '성격'을 가리키는 'ethos'에서 근원을 찾아볼 수 있다. 윤리라는 개념은 개인이나 사회가 바람직하고 적절하다고 여기는 가치나 도덕성과 관계가 있다. 그뿐 아니라 윤리는 개인의 도덕성과 '행동에 대한 동기의 도덕성(virtuousness of his motives)'과도 관련이 있다. 윤리 이론은 특정한 상황에서 무엇이 옳고 그른지 또 무엇이 좋고 나쁜지를 판단하는 데 지침이 되는 법칙과 원칙의 체계(a system of rules or principles that guide us in making decisions about what is 'right or wrong' and 'good or bad' in a particular situation)를 제공한다. 또한 도덕적으로 고결한 인간이란 무엇을 의미하는지 이해하기 위한 토대를 제공하기도 한다.

리더십과 관련하여 윤리는 리더가 무엇을 하여야 하며, 누가 리더가 되어야 하는가와 같은 개념이다. 그리고 리더십 윤리는 리더 행동의 본성 및 도덕성과 관련이 있는 개념이기도 하다. 어떤 의사결정의 상황에나 윤리적 이슈들이 암묵적으로 또는 명시적으로 관련되어 있다. 리더의 선택과 주어진 환경에 대한 대응도 그들의 윤리성을 바탕으로 지침을 얻고 방향을 찾는다.

그래서 리더의 선택은 그의 도덕성의 발단 단계에 의해 영향을 받는다. 예를 들어, 저널리즘의 모범적인 리더 24명을 대상으로 한 연구에서 Plaisance(2014)는 "타인에 대한 보살핌과 존중, 직업적 의무, 해악에 대한 우려, 사전 예방적 사회 참여의 개념에 대한 강조가 모든 도덕적 발전의 더 높은 단계를 특징짓는다."(p. 308)고 밝혔다. 사람들이 윤리적 문제(moral issues)에 대해 어떻게 생각하는지 설명하기 위해 개발된 이론으로 가장 광범하게 인정을 받는 이론은 Kohlberg의 윤리성(도덕성) 발달 단계 이론(Kohlberg's stages of moral development)이다. Kohlberg(1984)는 딜레마 시리즈(그중에서 가장 유명한 것은 "Heinz dilemma"임)를 제시하였다. 어린 아이들이 딜레마에 처했을 때 어떤 행동을 선택하였다면 왜 그런 선택을 하였는 지에 대한 면담을 실시하였다. 면담에서 얻은 자료를 기초로 6단계로 분류한 "윤리적 판단력의 분류 시스템(a classification system of moral reasoning)"을 창안하였다. 6단계란; 1단계—순종과 처벌(Obedience and Punishment), 2단계—이기주의와 교환(Individualism and Exchange), 3단계—대인간의 조화와 순응(Interpersonal Accord and Conformity), 4단계—사회적 질서의 유지 (Maintaining the Social Order), 5단계—사회적 계약과 개인의 권리(Social Contract and Individual Rights), 6단계—보편적 원리(Universal Principles) 등이다(표 15-1 참조). 더 나아가 Kohlberg는 처음 두 단계를 인습적인 도덕성 이전 수준(preconventional morality)으로 분류하고, 그 다음 두 단계를 인습적인 도덕성 수준(conventional morality), 그리고 마지막 두 단계를 인습적인 도덕성 이후 수준(postconventional morality)으로 분류하였다.

표 15-1 Kohlberg의 윤리성(도덕성) 발달 단계 이론

수준 1: 인습적인 도덕성 이전 수준 **자신의 이익, 처벌의 회피, 보상 등에 기초하여 판단**	
1단계 **순종과 처벌** "나는 규칙을 준수한다. 그래야 고통을 받지 않는다"	2단계 **이기주의와 교환** "내 부탁을 들어주면 나도 너에게 은혜를 베풀겠다"
수준 2: 인습적인 도덕성 수준 **사회의 관점과 기대를 기초로 하여 판단**	
3단계 **대인 화합과 순응** "나는 좋은 사람이 되고 싶고 다른 사람들의 기대에 부응하는 행동을 하려고 노력한다."	4단계 **사회적 질서의 유지** "나는 규칙을 따르고 사회의 법을 지지한다"
수준 3: 인습적인 도덕성 이후 수준 **양심에 기초하여 판단하고 정의사회를 구현**	
5단계 **사회적 계약과 개인의 권리** "우리 모두를 위한 최선의 일을 다른 사람들과 함께 더불어 일한다"	6단계 **보편적 원리** "나는 정의에 대한 나의 내면화된 원칙과 정의에 대한 보편화된 원칙에 기초하여 행동한다"

1 수준 1: 인습적인 도덕성 이전 수준

개인이 인습적인 도덕성 이전 수준에 있을 때 행동의 도덕성(the morality of an action)을 행동에 의해 초래된 결과로 판단하는 경향이 있다. 이러한 수준을 두 가지 단계로 구분할 수 있다.

■ **1단계 — 순종과 처벌**

순종과 처벌 단계에 있는 개인은 이기적이고 자기중심적이며 도덕성이나 윤리성을 자신의 외부에 있다고 판단한다. 규칙은 확정되어 있고 권위에 의해 전달된다. 규칙을 준수하는 것은 곧 처벌을 피하는 것을 의미하기 때문에 중요하다. 예를 들어, 아이는 도둑질을 하면 감옥에 갈 것이기 때문에 도둑질을 하는 것이 나쁘다고 학습한다.

■ **2단계 — 이기주의와 교환**

이기주의와 교환 단계에서 개인은 자기의 이익에 기초하여 도덕적 결정을 한다. 자기 개인의 이익에 도움이 되면 그 행동은 옳다. 모든 것은 상대적이고 각 사람은 자신의 일을 자유롭게 할 수 있다. 사람들은 지역사회의 가치관을 공감하거나 일체감을 가질 필요가 없다(Crain, 1985). 하지만 "당신이 나에게 호의를 베풀어주면 나도 당신에게 호의를 베풀겠다."는 방식으로 서로 간에 호의를 기꺼이 교환하려고 한다.

2 수준 2: 인습적인 도덕성 수준

이 수준에 있는 사람들은 행동의 도덕성을 판단할 때 행동에 대한 사회의 관점과 사회의 기대를 통해 판단한다. 권한은 내면화되어 있어서 의문을 갖지 않으며 소속한 집단의 규범(norms of the group)을 기초로 판단한다. Kohlberg는 인습적인 도덕성 수준에도 두 가지 단계를 확인했다.

■ **3단계 — 대인 화합과 순응**

대인 화합과 순응 단계에 있는 개인은 다른 사람의 기대에 대한 부응이나 "좋은 사람(a good person)"처럼 행동하고자 하는 데 기초하여 도덕적 선택(moral choices)을 한다. 좋은 사람이 되는 것과 좋고 훌륭한 행동의 기준에 따라 생활하는 것은 매우 중요하다. 예를 들어, 한 학생은 "나는 속임수를 쓰거나 부정을 저지르지 않을 것이다. 그것은 좋은 학생이 하는 행동이 아니기 때문이다."라고 말한다.

■ 4단계 — 사회적 질서의 유지

사회적 질서의 유지 단계에 있는 개인은 사회 전체의 관심사에 따르는 방식으로 도덕적 결정(moral decisions)을 한다. 사회가 제대로 기능하기 위해서 사람들이 법률을 준수하고, 권한을 존중하며, 사회의 규칙이나 규범을 지지하고 지원하는 것은 매우 중요하다. 예를 들어 한밤중에 다른 차들이 주위에 없다고 해서 빨간 신호등인데도 무시하고 차를 몰지는 않는다. 지역사회의 교통법규를 유지하고 지키는 것은 지역사회의 질서유지를 위해 매우 중요하기 때문이다.

❸ 수준 3: 인습적인 도덕성 이후 수준

'인습적인 도덕성 이후 수준'은 절제 있는 도덕성 수준 혹은 원칙에 의거한 도덕성 수준이라고도 한다. 개인은 자신의 행동지침이 되는 자기 자신의 윤리성과 도덕성의 기준을 가지고 있다. '인습적인 도덕성 이후 수준'에 있는 도덕적인 사람들은 스스로의 윤리적 원칙에 따라 행동한다. 이러한 원칙에는 생명, 자유, 정의와 같은 인간의 기본권을 포함한다. Kohlberg는 인습적인 도덕성 이후 수준을 두 가지 단계로 구분했다.

■ 5단계 — 사회적 계약과 개인의 권리

'사회적 계약과 개인의 권리' 단계에서 개인은 도덕적 결정을 할 때 사회적 계약(social contract)과 좋은 사회란 어떤 사회인가에 대한 자신의 견해(관점)에 기초하여 결정한다. 좋은 사회란 자유, 생명, 법률 개정을 위한 공정한 절차 등의 가치를 존중하고 지원하는 사회이다(Crain, 1985). 그러나 사회의 구성 집단 간에 다른 견해와 가치를 가지고 있다는 것을 인정한다. 사회의 법률은 중요하지만 사람들의 동의가 필요하다. 예를 들어, 만약 어떤 소년이 암으로 죽어가고 있는데 그의 부모가 아들의 암을 치료할 치료비가 없다면, 국가가 개입하여 치료비를 보조해주어야 한다.

■ 6단계 — 보편적 원칙

보편적 원칙 단계에 있는 개인들은 도덕적 판단을 할 때 모든 사람에게 적용되는 정의(공정성)의 내면화된 보편적 원칙에 근거하여(based on internalized universal principles of justice) 판단한다. 여기서 내려지는 결정들은 참여하는 모든 당사자들의 견해(관점)를 존중할 필요가 있다. 사람들은 법률 갈등이 생기더라도 공평성(fairness)에 대한 내면적인 규칙을 따른다. 이와 같은 예로 인권운동가를 들 수 있다. 인권운동가들은 정의실현을 위한 활동은 정의롭지 않은 법률에 따르지 않을 수 있는 자발적인 의지가 요구된다고 믿는다.

도덕성 발달에 대한 Kohlberg의 모델은 다음과 같은 이유로 비판을 받고 있다. 첫째, 배타적으로 정의라는 가치에만 초점을 맞추고 있다는 것이다. 둘째, 성 편견을 가지고 있다는 것이다. 분석 표본이 모두 남성들에게서 추출된 표본이기 때문이다. 셋째, 문화적 편견이 있다는 것이다. 모든 표본이 개인주의 문화권의 사람들에게서 추출되었기 때문이다. 넷째, 법률이나 사회의 가치 이상으로 개인의 원칙을 중시하는 '인습적인 도덕성 이후'를 옹호하고 있다는 것이다(Crain, 1985). 이 같은 비판에도 불구하고 이 모델은 개인의 윤리적 리더십 기초를 형성(what forms the basis for individuals' ethical leadership)에 대한 이해를 발전시키는 독창적인 이론이다.

윤리 이론

'윤리와 리더십'의 연구 목적을 위해 윤리 이론을 다음과 같이 크게 두 가지로 구분하여 생각해 보자. 하나는 리더의 행위에 대한 이론이며, 다른 하나는 리더의 자질에 대한 이론이다(표 15-2 참조). 다시 말해 윤리 이론은 리더의 행위에 대한 이론이라고 할 수 있으며 다른 한편으로는 한 사람으로서 리더는 누구인가에 대한 이론이다. 이번 장 전체에 걸쳐서 설명하는 리더십과 윤리에 대한 논의는 언제나 행위적 측면과 자질적 측면 이라는 두 가지 중 하나에 속한다.

리더의 행위를 다루는 윤리 이론은 다음 두 가지로 구분할 수 있다. 리더의 행위의 결과에 초점을 맞추는 이론과 리더의 행위를 지배하는 의무와 규칙에 초점을 맞추는 이론이다(표 15-2 참조). 첫 번째 관점을 목적론(teleological theories)이라고 지칭하는데, 이는 목표 또는 목적을 의미하는 그리스어인 'telos'에서 온 말로 한 인간의 행위가 바람직한 결과를 가져오는지 여부에 초점을 맞추어서 옳고 그름에 대한 질문에 대답하고자 한다. 즉, "무엇이 옳으냐"라는 질문에 대해 목적론에서는 결과에 따라 답한다. 한 개인의 행위의 결과에 의해 특정 행동의 옳고 그름을 결정한다는 것이다.

행동의 결과(목적)를 판단하는 데 있어서 윤리적 행위에 관한 결정을 내리는 데에는 세 가지 접근법이 있다(그림 15-1 참조). 첫 번째는 윤리적 이기주의(ethical egoism)이다. 한 개인이 스스로에게 있어서 최선의 결과물을 창출하기 위한 행동을 의미한다. 이러한 지향성을 가진 리더는 이기주의적이고 자기본위적으로 직무나 경력을 택한다(Avolio & Locke, 2002). 이기주의는 거래적 리더십 이론과 밀접하게 관련된 윤리적 자세이다(Bass & Steidlmeier, 1999). 이러한 윤리적 이기주의는 경영 상황에서 흔히 볼 수 있다. 회사나 그 종업원들이 이익 극대화의 목적달성을 위해 의사결정을 내리는 경우가 일반적이기 때문이다. 예를 들어, 승진을 열망하는 중간관리자가 자신의 팀이 회사에서 최고가 되기를 바란다면 그의 행위는 윤리적 이기주의에서 나온 것이라고 말할 수 있다.

목적론의 두 번째 접근법은 공리주의(utilitarianism)이다. 공리주의란 최대 다수를 위해 최선이 되는 것을 창출하기 위해 행동하는 것을 의미한다. 이 같은 관점에서 보면 도덕적으로 올바른 행동은 사회적 비용(social cost)을 최소화하면서 사회적 편익(social benefit)을 최대화하는 행동이다(Schumann, 2001). 미국 연방정부가 연방예산 중 많은 부분을 재해나 질병보다는 공공보건을 위해 배분한다면, 이는 돈을 최대 다수의 시민을 위한 최선의 결과를 위해 사용한 것으로서 공리주의적 관점에서 나온 행위이다.

표 15-2 윤리 이론의 두 가지 측면

행위적 측면	자질적 측면
• 결과(목적론; teleological theories) – 윤리적 이기주의 – 공리주의 – 이타주의 • 의무(의무론; deontological theories)	• 덕성 이론(virtue-based theories)

다음으론 공리주의와 밀접하게 관련이 있으며 윤리적 이기주의와 상반된 이타주의(altruism)가 있다. 이타주의는 행위의 일차적 목적이 타인의 최대 이익을 위한 것일 때 이러한 행위를 도덕적이라고 보는 관점을 의미한다. 이타주의 관점에서의 리더는 자신의 개인적 이익에 반하더라도 타인의 이익을 위해 행동하도록 요구된다(Bowie, 1991). 순수한 변혁적 리더십은 이타주의 원칙에 기초하고 있다(Bass & Steidlmeier, 1999; Kanungo & Mendonca, 1996). 이타주의적 윤리의 가장 좋은 예는 일생을 가난한 사람들을 돕는 데 바친 테레사 수녀의 업적에서 찾을 수 있다.

행위가 결과를 낳는다는 앞의 관점과는 사뭇 다른 의무론(deontological theory)은 의무(duty)를 뜻하는 'deos'이라는 그리스어를 어원으로 준다. 주어진 행위가 윤리적이냐 아니냐는 단지 그 행위의 결과만이 아니라 그 행위 자체가 선한 것인지 여부에 달려 있다고 보는 관점이다. 사실을 말하고 약속을 지키며 공정하고 타인을 존중하는 행동 등은 그 행위의 결과와는 상관없이 선하다는 것을 말해주는 예가 될 수 있다. 그래서 이 의무론적 관점은 리더의 행위에 초점을 맞추고 또 올바른 일을 해야 하는 그의 도덕적 의무와 책임에 초점을 맞춘다. 만약 리더가 도덕적 행위를 할 수 있는 권리가 있고 리더의 행동이 다른 사람의 권리를 침해하지 않으면서 리더의 행동이 다른 사람들의 도덕적 행위를 더욱더 촉진한다면 리더의 행동은 도덕적인 것이다(Schumann, 2001).

1990년대 후반 미국 대통령 Bill Clinton은 백악관 여직원과 부적절한 관계를 맺은 사건으로 의회 앞에 소환되어 진실만을 말할 것을 선서하고도 허위로 진술하였다. 결국 그는 미 하원에서 탄핵되었지만 미 상원에 의해 혐의를 벗게 되었다. 장기간에 걸쳐 논란이 계속되는 동안 대통령은 전국 텔레비전에 모습을 드러냈고 결백을 선언하는 유명한 연설을 남겼다. 청문회에서는 그가 연설에서 거짓말을 했을 수도 있다는 사실에 주목하였고, 많은 미국인들은 Clinton 대통령을 한 개인으로서, 리더로서 그리고 대통령으로서 진실을 말해야 할 의무와 책임을 저버렸다고 생각하였다. 결국 의무론적 관점에 따르면 Clinton은 사실을 말해야 할 윤리적 책임을 저버렸다고 할 수 있다.

목적론과 의무론이 리더의 행동이나 행위에 초점을 맞춘 윤리에 접근하는 반면 두 번째 관점은 윤리를 리더의 자질이라는 관점으로 접근한다(표 15-2 참조). 이러한 이론은 덕성 이론(virtue-based theories)이라 불리며 리더가 인간으로서 어떤 사람인지에 대해 초점을 맞춘다. 덕성은 개인이나 그의 성향에 뿌리를 두고 있다(Pojman, 1995). 덕성이나 도덕적 능력은 타고난 본성이 아니라 학습에 의해 획득되고 학습될 수 있다. 즉, 사람들은 가족과 공동체에 의해 도덕적으로 적절한 인간이 되도록 가르칠 수 있다.

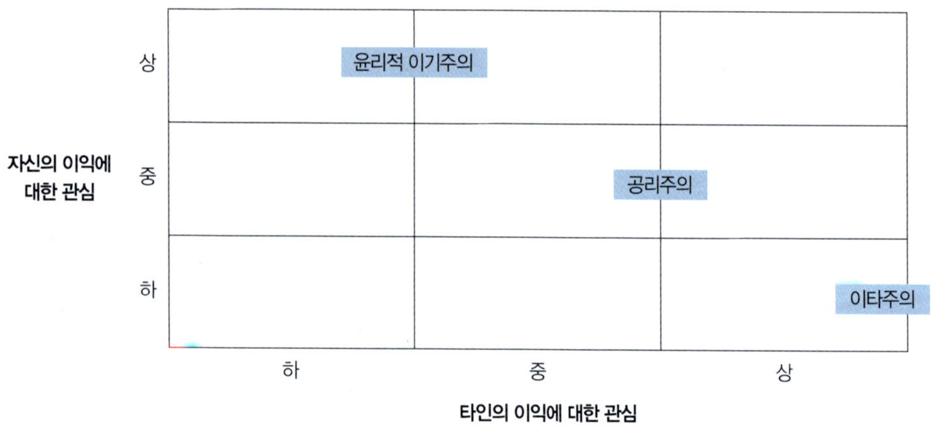

그림 15-1 자신의 이익과 타인의 이익에 기초한 윤리 이론

덕성 이론이 최근에 들어서야 각광을 받고 있지만 그 기원은 서구 전통의 그리스 시대와 Plato 및 Aristoteles의 노작에까지 거슬러 올라갈 수 있다. 이 이론들과 연관성이 있는 그리스 용어인 'aretaic'은 우수함(excellence) 또는 덕성(virtue)을 의미한다. 또한 Aristoteles의 주장과 일치하게 최근의 덕성 이론의 지지자들도 도덕적 가치의 개발과 훈련에 더 많은 노력을 기울여야 한다고 주장한다(Velasquez, 1992). 즉, 사람들에게 무엇을 해야 한다(what to do)고 말하기보다는 무엇이 되어야 한다(what to be)고 말하여 사람들이 더 도덕적일 수 있도록 도와주는 방향으로 더 많은 노력을 기울여야 한다.

그렇다면 윤리적 인간의 덕성이란 무엇을 말하는 것일까? 거기에는 많은 것이 있고 모두 매우 중요하다. Aristoteles의 저술에 따르면 도덕적 인간은 용기(courage), 절제(temperance), 관용(generosity), 자제(self-control), 정직(honesty), 사교성(sociability), 겸양(modesty), 공정(fairness), 그리고 정의(justice) 등과 같은 덕성을 나타내 보인다(Velasquez, 1992). Aristoteles에게 있어서 덕성은 인간이 공동체에서 잘 살아갈 수 있게 해준다. 이 같은 윤리를 리더십이나 관리에 적용하여 Velasquez는 관리자는 인내(perseverance), 공적 사명감(public-spiritedness), 성실성 내지는 정직성(integrity), 진실성(truthfulness), 충실성(fidelity), 자비심(benevolence), 겸손 (humility)과 같은 덕성을 개발해야 한다고 제안하였다.

본질적으로 덕성 이론은 선하고 가치 있는 인간이 되는 것에 대한 이론이다. 그리고 이 이론의 주장은 사람들이 선한 가치를 학습하고 발전시킬 수도 있지만, 그러한 가치들이 개인의 성향 속에 있다고 주장한다. 즉, 젊어서부터 어른이 될 때까지 익히게 되면 시간이 지남에 따라 사람들은 그동안 익힌 좋은 가치들이 습관화되어 특성의 한 부분으로 내면화된다는 것이다. 실제로 인간은 사실만을 말하게 되면 진실해지고, 가난한 사람들에게 베풀면 자비로워지며, 타인들을 공정하게 대하면 정의로워진다. 우리의 덕성은 우리의 행위에서 나오고 동시에 우리의 행위는 우리의 덕성을 증명해 보인다(Frankena, 1995).

윤리의 중요성

1장에서 살펴본 바와 같이 리더십은 리더가 공동의 목표를 달성하기 위해 다른 사람들의 행동에 영향력을 행사하는 과정이다. 이러한 리더십의 영향력 차원은 리더가 자신이 이끌고 있는 다른 사람들의 삶에 영향을 미치도록 요구한다. 다른 사람들의 가치관이나 적성을 변화시킨다는 것은 엄청난 윤리적 부담과 책임을 수반한다. 리더는 일반적으로 성원들보다 더 많은 권력과 통제력을 가지고 있기 때문에 그들의 리더십이 성원들의 삶에 어떤 영향을 미치는가에 대해 민감하게 반응해야 할 책임도 있다고 할 수 있다. 그것이 집단 작업이든 조직의 목표나 지역사회의 과업이든 간에 리더들은 성원들을 고용하여 그들의 노력이 공동의 목표를 지향하도록 지도한다.

모든 상황에서 리더들은 존엄과 존경을 바탕으로 성원들을 나름대로의 개별적 정체성을 지닌 인간으로 대할 윤리적 책임이 있다. 이러한 '인간에 대한 존경심(respect for persons)'은 리더들에게 스스로의 이해관계, 욕구 및 양심적인 사항들에 대해 주의를 기울일 것을 요구한다(Beauchamp & Bowie, 1988). Frisch와 Huppenbauer(2014)는 스위스인이 대부분인 고위 윤리 지도자를 대상으로 한 정성적 연구에서 윤리 지도자가 고객, 공급 업체, 기업 소유주, 자연 환경 및 사회와 같은 다른 이해 관계자를 돌보고 있다고 보고했다. 비록 우리 모두가 다른 사람을 독특한 인간으로 대할 윤리적 책임을 가지고 있지만, 리더들은 특별한 책임을 가지고 있다. 왜냐하면 리더의 본질은 그들이 다른 사람들에게 중요한 방식으로 영향을 미칠 수 있는 더 큰 기회를 갖고 있기 때문이다.

우리 모두가 다른 사람들을 개별적인 인간으로 대해야 할 윤리적 책임을 가지고 있지만 리더들은 리더십 지위가 갖는 특수한 성질–다른 사람들에게 중대한 영향을 미칠 수 있다는 점–때문에 특별히 더 큰 윤리적 책임을 부담해야 한다. 윤리는 리더십의 중심에 자리하고 있으며 리더는 조직의 가치를 확립하고 강화하는 데 도움을 준다. 모든 리더는 자기 나름의 독특한 신념과 관점을 가지고 있다. 그리고 그들 나름대로의 비망록을 가지고 있으며 일련의 신념, 제안, 가치, 아이디어 그리고 다루고 싶은 이슈들을 가지고 있다(Gini, 1998). 한 리더에 의해 촉진되는 가치들은 조직 전체의 가치에 큰 영향을 미칠 수 있다(Carlson & Perrewe, 1995; Schminke, Ambrose & Noel, 1997; Trevino, 1986 참조). 리더들이 가지고 있는 영향력 때문에 리더들은 그들의 조직의 윤리적 환경을 확립하는 데 주요한 역할을 한다. 예를 들어, Bedi, Alpaslan, Green(2016)은 윤리적 리더십에 관한 147개 기사에 대한 메타분석적 검토에서 윤리적 리더십이 리더의 공정성에 대한 추종자들이 가지고 있는 인식과 윤리행동 간에 긍정적인 관련이 있음을 발견했다.

요약컨대, 윤리는 리더십의 핵심이라고 할 수 있는데 그 이유는 영향력의 본질 때문이며 성원들을 고용하여 공동목표를 달성하도록 해야 할 필요성 때문이고 조직의 가치를 확립하는 데 리더가 미치는 영향 때문이다. 다음 절에서는 윤리와 리더십에 관한 이슈들을 강조하는 저명한 리더십 학자들의 연구에 대해 논의해 보고자 한다. 여기에서 제시한 관점들 이외에도 다른 많은 관점들이 있지만, 다음 제시되는 내용은 '윤리와 리더십'에 관한 대표적인 관점이다.

윤리적 리더십에 대한 다양한 관점

1 Heifetz의 윤리적 리더십에 대한 관점

심리학자였던 Ronald Heifetz(1994)는 그의 연구와 관찰 그리고 세계적인 리더들에 대한 분석 결과를 기초로 하여 윤리적 리더십에 대한 독특한 접근법을 공식화하였다. 그의 이론은 리더가 어떻게 구성원의 갈등에 대처해야 하는지 돕고 갈등으로부터 새로운 변화를 이끌어내는 데 어떤 영향을 미치는지에 초점을 맞춘다. Heifet의 관점은 가치적 측면, 즉 구성원들의 가치와 그들이 일하는 조직의 가치 그리고 지역사회의 가치를 다루고 있기 때문에 윤리적 리더십과 관련이 있다. 그에 따르면 리더십은 권력(영향력)을 이용하여 구성원들로 하여금 빠르게 변화하는 작업환경과 사회문화 속에 나타나는 상충되는 가치들에 잘 대응할 수 있도록 도움을 준다. 따라서 그의 관점은 구성원들의 가치를 직접적으로 언급하고 있다는 점에서 봤을 때 윤리적 관점이라고 할 수 있다.

Heifetz(1994)에 의하면 리더들은 어려운 문제를 해결하기 위한 목적으로 사람들을 동원하려고 권력을 사용해야 하지만 리더는 신뢰와 양육, 그리고 공감대가 존재하는 '지원적인 환경'을 제공해야 한다. 지원적 환경에서 구성원들은 어려운 문제에 대처하고 처리하는 데 안정감을 느낀다. 특히, 리더들은 사람들이 문제점에 주의를 기울일 수 있게 하는 동시에 문제점에 관한 정보의 사실 여부를 검증하는 역할을 해야 하며, 문제점을 관리하고 구체화하며 상충하는 관점들을 조화롭게 하고 의사결정을 촉진해야 한다(Heifetz, 1994, p. 113). 따라서 리더는 구성원들을 도와 변화에 적응함과 동시에 자기 성장을 위해 노력하게 해야 하는 의무가 있다.

2 Burns의 윤리적 리더십에 대한 관점

8장에서 논의한 바와 같이 Burns의 변혁적 리더십 이론(1978)은 구성원(부하)들의 욕구와 가치 그리고 도덕성을 매우 강조하고 있다. 변혁적 리더십은 그들의 성원들이 더 높은 수준의 도덕적 책임감(higher standard of moral responsibility)을 갖도록 하기 위한 리더들의 노력을 강조하며 이런 강조점이 변혁적 리더십을 다른 리더십 접근법들과 비교했을 때 부각된다. 사실 변혁적 리더십은 도덕적 차원을 명확하게 언급하고 있다(Bass & Steidlmeier, 1999).

Heifetz의 관점과 같이 Burns(1978)의 관점도 리더들이 '상충하는 가치들로 인한 성원들의 개인적 갈등'을 극복하도록 도와주는 것이 중요하다고 주장한다. 이러한 과정에서 형성된 리더와 성원들 간의 관계는 양쪽 모두의 도덕성 수준을 높이는 결과를 초래한다. 리더십 윤리에 있어서 Burns의 입장은 Abraham Maslow와 Milton Rokeach 그리고 Lawrence Kohlberg(Ciulla, 1998) 등의 연구를 바탕으로 한다. 이 학자들의 연구를 통해 받은 영향은 Burns가 리더의 역할이란 '성원들의 개인적 동기유발과 도덕성의 개발에 유의하는 것이라고 강조하는 데'서 분명하게 드러난다. Burns에 의하면 리더의 책임과 의무란 성원들을 도와서 자신들의 가치와 욕구를 평가하게 해주고 더 높은 수준의 가치들, 즉 자유, 정의, 평등과 같은 가치들을 강조하는 수준에까지 이르도록 도와주는 것이다(Ciulla, 1998).

리더십을 도덕성 수준을 고양시키는 과정으로 보는 Burns의 입장(주장)에 대해 비판이 없는 것은 아니다. 그의 이론은 많은 의문을 불러일으켰다. 무엇이 더 나은 도덕적 가치인가를 어떻게 결정(선택)하는가? 누가 하나의 결정이 다른 결정보다 더 높은 도덕적 기반에서 비롯된 것이라고 말할 수 있을까? 리더십의 정의에 따라 리더십이 성원들의 도덕성을 향상시킨다면 Hitler와 같은 리더의 리더십은 실제로 리더십이라고 할 수 없다는 것인가? 이같이 매우 합리적인 의문에도 불구하고 Burns의 리더십에 대한 관점은 윤리가 어떻게 리더십 과정의 중심적 특성이 되고 있는지를 보여준다. 그의 이론은 윤리를 "리더십이 의미하는 바가 무엇이며", "리더십은 어떻게 수행되어야 하는가"에 대한 학구적인 논점에서 가장 우선순위로 둔다는 점에서 주목할 만하다.

3 리더십의 어두운 측면

Burns(1978)가 리더십의 핵심에 윤리성이 있다고 주장하고 있으나 리더십에는 비윤리적이고 파괴적인 리더십을 예시함으로써 리더십의 어두운 측면(the dark side of leadership)이 아직도 존재하고 있음을 보게 된다. 이는 우리가 8장 변혁적 리더십에서 유사한 변혁적 리더십(pseudotransformational leadership)으로 정의하였던 것과 같은 의미이다. 리더십의 어두운 측면은 리더가 리더십을 자신의 개인적 목적을 위해 이용하는 리더십의 파괴적이고, 유해하며 유독한(toxic) 리더십을 말한다. Lipman-Blumen(2005)이 주장하는 유독한 리더들

(toxic leaders)의 특성은 성원들의 현재 상태를 더 나쁘게 만드는 행동, 다른 사람들의 기본적 인권을 침해하는 행동, 성원들의 공포심을 이용하는 행동 등과 같은 파괴적이고 유해한 행동을 말한다. 더 나아가 Lipman-Blumen은 파괴적이고 유해한 리더가 보이는 역기능적인 개인적 특성에 정직성(성실성)의 결여, 만족을 모르는 야망, 거만함, 자신의 행동에 대한 무모한 경시(무책임) 등을 포함한다. 또한, Singh, Sengupta, Dev(2017)는 두 가지 다른 유독성 리더십 설문지를 사용하여 인도 조직의 리더에게 인식되는 유독성의 8가지 요인을 확인했다. 독성 요인에는 관리 무능(managerial incompetency), 어두운 특성(dark traits), 조롱하는 감독(derisive supervision), 불굴의 전제적 리더십(impervious despotic leadership), 윤리 결핍(dearth of ethics), 변덕스러운 행동(erratic behavior), 자기애(narcissism) 및 자기 홍보(self-promoting)가 있다. 특이한 리더를 분류할 때 사용된 특성과 행동들이 재난 상태를 초래한 리더들을 분류할 때도 사용될 수 있다(Conger, 1990). 최근까지 연구자들이 효과적인 리더십의 긍정적 속성과 긍정적 성과에 초점을 맞추어 왔기 때문에 리더십의 어두운 측면에 거의 눈을 돌리지 않았다. 그럼에도 불구하고 이러한 현상이 존재한다는 것을 이해하는 것은 매우 중요하다.

파괴적(유해한) 리더십(destructive leadership)과 그 결과에 관한 57개의 연구들의 메타분석에서 Schyns와 Schilling(2013)은 파괴적 리더십과 리더에 대한 성원들의 부정적인 태도 간에 강한 상관성이 있다는 것을 발견하였다. 그리고 파괴적인 리더십은 역시 직무 및 조직 전체에 대한 성원들의 태도와 부정적인 관련성이 있다는 것도 발견하였다. 더 나아가 부정적 감정상태(negative affectivity)와 직무 스트레스 경험과 밀접한 관계가 있다는 것을 Schyns와 Schilling이 발견했다.

파괴적 리더십을 보다 더 명료하게 정의하려는 시도로 Padilla, Hogan & Kaiser(2007)는 파괴적인 리더십, 영향받기 쉬운 성원들(susceptible followers), 전도성이 있는 환경(conducive environments) 등에 초점을 맞춘 리더십의 유독성 삼각형(a toxic triangle) 개념을 개발하였다(그림 15-2 참조). 모델에서 보이는 바와 같이 파괴적인 리더들은 카리스마를 가지고 있고 자신의 개인적인 이득을 위해 영향력과 강제력을 사용하는 특징이 있다. 그들은 또 자기중심적(자기도취적)인 성격의 소유자들이고 가끔 주목을 받기도 하며 자기의 이익에 열중하는(self-absorbed) 사람들이다. 그리고 파괴적인 리더들은 종종 어린 시절의 정신적 상처를 입었던 사건까지 거슬러 올라가는 부정적인 인생담(negative life stories)을 가지고 있다. 아마도 자기혐오(self-hatred)에서 그들의 수사적 표현(rhetoric)이나 미움의 관념이 나타난 것 같다.

그림 15-2 리더십의 유독성 삼각형

출처: The Leadership Quarterly, 18, A. Padilla, R. Hogan & R. B. Kaiser, "The Toxic Triangle: Destructive Leaders, Susceptible Followers, and Conducive Environments," pp. 180, Copyright (2007).

〈그림 15-2〉에 설명되고 있는 바와 같이 파괴적 리더십에 쉽게 영향을 받는 성원인 순응자(conformers)와 공모자(colluders)의 특성을 가진다. 여기에서 순응자들은 공허함이나 무의미감(emptiness), 소외감, 친교의 욕구 같은 충족되지 않은 욕구를 충족하기 위해 파괴적 리더들과 가깝게 지낸다. 이러한 성원들은 자존감이 낮은 사람들이고, 보다 바람직하고 호감가는 사람이 되기 위해 카리스마가 있는 리더와 제휴한다. 심리적으로 미성숙하기 때문에 순응자들은 더 쉽게 권한을 가진 사람들과 가깝게 지내려 하고 파괴적인 활동에 더 쉽게 가담한다. 반면에 공모자들은 야망이 있고, 지위나 신분 상승을 바라고 이익을 얻기 위한 기회를 얻기 위해 파괴적 리더에 호응하고 리더십에 동조한다. 공모자들이 파괴적 리더의 신념이나 가치관에 공감하기 때문이다. 물론 이 같은 행태는 탐욕이나 자기본위의 이기주의 같은 비사교적인 것이다.

마지막으로 리더십의 유독성 삼각형은 파괴적이고 유해한 리더십에는 전도성 있는 환경(conducive environment)을 포함한다고 설명한다. 환경이 불안정할 때 리더에게 더 많은 권한이 주어지고 급진적 변화를 주도하게 된다. 그리고 감지된 위협이 있을 경우 성원들은 독단적인 리더십을 수용하게 된다. 환경에서 느끼는 위협에 용감히 맞서서 대항하는 리더에게 끌리게 되는 것이다. 그리고 성원들의 문화적 가치(cultural values)와 모순되지 않고 조화로운 문화가치를 표현하는 파괴적 리더들은 보다 더 성공할 가능성이 높다. 예를 들어 집단주의가 높은 문화의 사람들은 지역사회나 집단의 정체성을 촉진하는 리더를 더 선호한다. 파괴적이고 유해한 리더십은 조직에서 견제와 균형(checks and balances)이 미약하거나 제도와 규칙이 비효율적일 경우에 더 성공한다.

리더십의 어두운 측면에 대한 연구가 제한적이기는 하지만 비윤리적 리더십을 이해하는 데에는 매우 중요하다. 분명히 파괴적이고 유해한 리더십 과정(destructive leadership process)에 관한 모델이나 이론 및 측정 도구를 개발할 필요가 있다.

윤리적 리더십의 원칙들

본 절에서는 윤리적 리더십의 다섯 가지 원칙을 논의해 보기로 한다. 이 원칙들의 기원은 Aristoteles로 거슬러 올라간다. 즉, 1994년에 제기된 Beauchamp와 Childress의 생체 의학적 윤리나 Beauchamp와 Bowie에 의해 제기된 경영윤리(1989), Kitchener의 상담 심리학적 윤리(1984) 그리고 Komives, Lucas, McMahon의 리더십 교육(1998) 등을 포함한 다양한 학문 영역에서 윤리적 리더십의 중요성이 논의되었다.

이 같은 다양한 관점들을 모두 포괄하지는 않더라도 타인 존중, 봉사, 정의, 정직 그리고 공동체 구축과 같은 다섯 가지 원칙들은 건전한 윤리적 리더십 개발(the development of sound ethical leadership)을 위한 토대를 제공하고 있다(그림 15-3 참조).

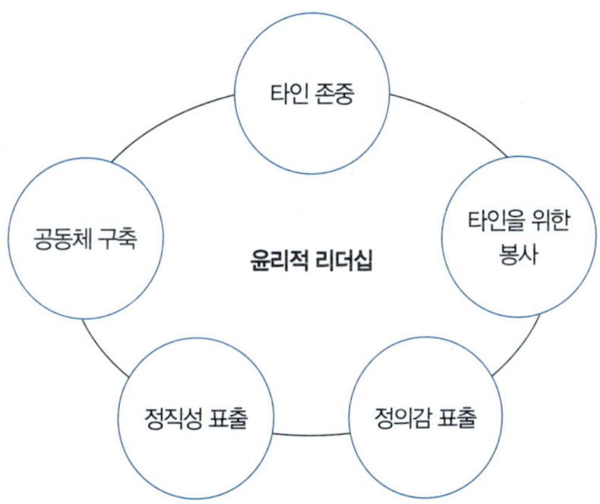

그림 15-3 윤리적 리더십의 원칙들

1 윤리적 리더는 타인을 존중한다

철학자 Immanuel Kant(1724~1804)는 다른 사람을 대할 때 존경심을 가지고 대하는 것은 우리의 의무라고 주장하였다. 또한 존중과 존경 그 자체로 목적이어야 하고 수단이 되어서는 안 된다는 것을 의미한다. Beauchamp와 Bowie(1998, p. 37)가 지적한 것처럼 "사람을 대할 때 스스로를 자율적으로 설정한 목표를 가진 하나의 존재로 대하여야 하고, 타인을 개인적 목적을 위한 수단으로 취급해서는 안 된다."는 것이다. 그리고 이들 두 학자는 계속해서 다른 사람을 대할 때 수단이 아닌 목적으로 대하려면 다른 사람의 결정이나 가치를 존중해야 한다고 주장한다. 그렇지 않으면 다른 사람을 자신의 목적을 위한 수단으로 취급하기 때문이다. 그래서 타인을 존중하는 리더는 성원들 자신의 창조적인 열망(creative wants and desires)을 인정하고 존중한다.

또한 리더는 모든 사람이 그 나름의 절대적인 가치와 소중한 개인차를 가지고 있다는 생각을 가지고 그들을 대한다(Kitchener, 1984). 그리고 다른 사람을 존중한다는 것은 다른 사람의 생각을 신뢰하고, 그들을 한 인간(human being)으로 인정하는 것을 의미한다. 그리고 존중한다는 것은 리더가 성원들의 안위와 관련된 결정을 그 성원들에게 맡겨야 한다는 의미이기도 하다. Burns(1978)가 주장한 바와 같이 리더는 성원들을 양육하듯이 다루어서 자신들의 욕구와 가치 및 목적 등의 실체를 알도록 해야 하고 욕구, 가치, 목적을 리더와 융합할 수 있게 도움을 주어야 한다. 타인을 존중해야 한다는 윤리는 복잡한 개념으로서 부모가 어린 자녀들을 가르치는 것과 유사하지만 그보다는 더 깊은 뜻을 담고 있는 개념이다. 따라서 타인을 존중하는 리더란 성원들의 말을 수용적인 자세로 경청하고 공감을 나타내며(감정이입을 하며) 반대의 견해도 관대하게 받아들이는 것을 의미한다.

또한 존중은 성원들의 신념이나 태도 및 가치관을 인정하는 것을 의미하기도 한다. 리더가 성원들을 존중하게 될 때, 성원들은 자신들의 작업을 통해 자존감을 느낀다. 간단히 말해서 타인을 존중하는 리더란 성원들을 존경할 가치가 있는 한 사람으로 대하는 리더이다.

2 윤리적 리더는 타인을 섬긴다

앞에서 우리는 두 가지 윤리 이론을 대비해 보았다. 하나는 자신의 이익에 기초한 윤리적 이기주의이고, 다른 하나는 다른 사람의 이익에 기초한 윤리적 이타주의였다. 섬김의 원칙(service principle)은 명백한 이타주의의 한 예이다. 즉, 섬김의 리더는 이타적이다. 그래서 그들은 계획을 수립할 때 성원들의 복지를 최우선에 둔다. 작업현장에서도 이타적인 섬김의 리더들은 사제 관계(mentoring), 권한 위임, 팀 구축 및 조직 시민 행동(organizational citizenship behaviors) 등의 행동을 하고 있음을 보게 된다(Kanungo & Mendonca, 1996).

다른 사람들을 섬기는 리더의 윤리적 책임은 자선의료봉사활동에서 볼 수 있는 윤리 원칙과 매우 유사하다. 자선 행위는 히포크라테스적 전통에서 유래된 것으로서 전문의료인들은 환자들에게 유익이 되는 이타적인 선행을 해야 한다는 개념이다. 일반적으로 자선이란 베푸는 자가 다른 사람들이 자신들의 정당한 이익과 목적을 추구하도록 도와줄 의무가 있다는 것을 의미한다(Beauchamp & Childress, 1994). 전문의료인들과 마찬가지로 윤리적 리더는 다른 사람들의 필요에 유의하고 그들을 보호하며 그들의 복지에 유익이 되고 해가 되지 않는 방향으로 결정해야 할 의무가 있다.

지난 수십 년간 섬김의 원칙은 리더십 관련 문헌에서 강조되어 오고 있다. 그 같은 내용은 Block(1993), Covey(1990), De Pree(1989), Gilligan(1982), Green- leaf(1977), Kouzes와 Posner(1995), 그리고 Noddings(1984)의 저술에 명백히 나타나 있다. 그들은 모두 다른 사람들에게 관심을 가지는 것이 도덕적 리더십의 일차적인 기본적 요소라고 주장한다. 더욱이 섬김에 대한 강조(emphasis on service)는 Senge의 학습조직에 관한 유명한 저술에서도 찾아볼 수 있다(1990). Senge는 학습조직에서 리더의 중요한 과업 중 하나는 조직의 비전을 위한 청지기(잡일을 맡아보거나 시중을 드는 사람)가 되어야 한다고 주장한다. 청지기가 되어야 한다는 것은 자기 자신의 것보다 조직의 비전을 명확히 하고 비전을 교육해야 한다는 것을 의미한다. 이것은 곧 자기중심적이 아닌 조직 내의 다른 사람들의 비전과 자신의 비전을 통합하는 것을 의미한다. 따라서 유능한 리더는 리더 자신의 비전을 개인적인 수준을 넘어 중요한 부분, 즉 조직의 한 부분, 크게는 지역사회의 한 부분으로 승화시키는 리더이다.

'다른 사람을 섬기는 리더'라는 탁월한 생각은 Robert Greenleaf(1970, 1977)에 의해 보다 더 깊이 연구되었다. 그는 '섬김의 리더십 접근법'을 개발하였다. 앞의 10장에서 보다 더 깊게 논의된 섬김의 리더십(Servant leadership)은 강한 '이타적 윤리성'을 함축하고 있다. 즉, 리더는 성원들(따르는 사람들)의 관심사에 주의 깊고 세심한 배려를 해야 하며, 성원들을 돌보고 양육해야 한다는 것을 강조하고 있다. 거기에 더하여 Greenleaf는 섬기는 리더는 '못 가진자들'에 대해 관심을 가져야 할 사회적 책임이 있고, 불평등과 불공정을 제거하기 위해 노력해야 한다고 주장한다. 그리고 Greenleaf는 경청, 공감, 다른 사람의 견해를 조건 없이 수용하는 자세를 중시한다.

요컨대, 그것은 Greenleaf가 말한 '못 가진자들'을 섬기는 일이나 Senge가 말한 더 큰 목적을 위해 자신을 헌신하는 것이다. 결국 '섬김'의 배후에 있는 의도는 타인들의 보다 큰 유익을 위해 공헌해야(도움을 주어야) 한다는 것이다. 섬김의 원칙을 실천하는 데 있어서 윤리적 리더는 기꺼이 성원 중심적이 되어야 하고 그들의 이익을 최우선에 두며 그들에게 이익이 되는 방향으로 행동해야만 한다. 최근 경영계에서는 '보다 더 큰 유익(공익)'을 위해 봉사해야 한다는 생각이 큰 지지를 받고 있다. 오늘날까지 훌륭한 경영 리더들을 배출하고 있는 일류 경영대학원의 하나인 하버드 경영대학원 2009년도 졸업생 20%가 책임있게 윤리적으로 행동하고 다른 사람을 희생하고 자신의 야망을 추구하는 것을 삼가겠다는 서약을 하였다. 이와 마찬가지로 콜롬비아 경영대학원은 모든 학생들이 진실과 정직, 그리고 존경이라는 덕목들을 고수해야 한다는 명예 규약에 서명할 것을 요구하고 있다(Wayne, 2009). 봉사의 원리를 실천하는 데 있어서 윤리적 리더들은 기꺼이 따르는 성원들의 중심이 되어야 하고, 일터에서 다른 사람들의 이익을 최우선에 두어야 하며, 다른 사람들에게 유익이 되는 방식으로 행동해야 한다는 것을 강조한다.

3 윤리적 리더는 공정하다

윤리적 리더는 공정성과 정의에 관심을 기울여야 한다. 리더들은 그들의 조직성원들을 평등하게 대해야 한다는 것을 최우선과제로 해야 한다. 정의는 리더들이 그들의 결정 과정에서 공정성을 가장 중심에 둘 것을 요구한다. 일반적으로 어쩔 수 없는 특별한 경우를 제외하고는 조직 내의 누구도 특별한 대우를 받거나 특별한 배려를 받아서는 안 된다. 조직 내의 개인이 불가피하게 차별 대우를 받아야 할 경우 그 차별적 대우의 원인이 분명하고 합리적이어야 하며 건전한 도덕적 가치에 근거해야 한다.

예를 들어, 우리 중 많은 사람들은 성장기 동안 한 번쯤 어떤 유형이건 운동선수 팀의 일원이 된 적이 있을 것이다. 우리가 좋아했던 코치는 선수들 모두를 공정하게 대하는 코치였을 것이다. 어떤 경우에서도 코치가 어느 한 선수를 편애하여 다른 선수들과 차별 대우하는 것을 원하지 않았을 것이다. 그러나 만약 누군가가 형편없는 핑계를 대고 연습시간에 늦었다면, 우리는 그 사람이 그 같은 상황에서 우리가 받았을 징계와 똑같은 징계를 받기를 원했을 것이다. 어느 선수가 개인적 문제가 발생하여 휴식이 필요할 경우, 우리는 코치가 그에게 휴식시간을 주기를 원했을 것이다. 의심할 여지없이 좋은 코치는 결코 편애하지 않으며, 선수 모두가 경기에 임할 수 있도록 하는 것을 중시하는 코치일 것이다. 요컨대 우리가 원하는 것은 코치가 공평하고 공정하게 행동하는 것이다.

구성원들에게 지원을 제공하거나 보상이나 징계를 할 때 리더들은 주요한 역할을 한다. 이때 적용되는 법칙이나 법칙들이 적용되는 방법은 리더가 얼마나 정의의 실현에 관심이 있고, 공정성을 어떻게 실현하고 있는가를 보여준다. Rawls(1971)는 공정성과 관련된 이슈들에 대한 관심은 공동의 이익을 촉진시키기 위해 서로 협력하는 모든 사람들에게 필수적인 것이라고 주장한다. 그것은 "남에게 대접을 받고자 하는 대로 너희도 남을 대접하라(성경, 마태복음 7:12)"라는 '황금률'과 유사하다. 만약 우리가 다른 사람들이 우리를 공정하게 대하기를 원한다면 우리도 그들을 대할 때에 공정해야 한다. 공정성과 관련된 이슈들이 문제가 되는 경우가 있다. 재화나 자원은 한계가 있고 그 한정된 재화를 확보하려는 경쟁이 있기 때문이다. 즉, 자원의 희소성이 실재하고 또 그 같은 희소성 때문에 공평한 배분의 방법을 둘러싸고 개인들 사이에 갈등이 가끔 일어난다. 그래서 리더들이 보상 배분을 위한 명확한 규칙을 확립하는 것은 매우 중요하다. 이러한 규칙들의 내용은 그 리더와 그 리더가 이끄는 조직의 윤리적 기초가 되고 있다.

Beauchamp와 Bowie(1988)는 리더가 조직 내에서 이익과 책임을 공정하게 배분하는 데 지침이 될 수 있는 몇 가지 공통된 원칙을 제시하였다(표 15-3 참조). 물론 이 원칙들은 모든 사항을 포함하고 있는 것은 아니지만 리더들이 배분 과정에서 왜 그 같은 배분 방식을 선택하는가에 대한 논리적 근거를 제시한다. 또한 어떤 특정 상황에서 리더가 종업원들을 대우하는 데 있어서 단일한 원칙을 활용할 수도 있고 몇 가지 원칙을 조합해서 사용할 수도 있다.

〈표 15-3〉에 기술된 원칙들에 대한 이해를 돕기 위해 다음과 같이 가상의 예를 생각해보자. 당신이 지금 50명의 운전기사들을 고용한 작은 트럭운송회사를 운영하고 있다고 하자. 얼마 전 수익성 전망이 좋고 운송 일정도 이상적인 새로운 운송 노선을 개통하게 되었다. 단 한 명의 운전기사만을 그 노선에 배정해야 하는데, 일곱 명의 운전기사들이 그 노선에 지원을 하였다. 그들 모두가 그 노선을 얻을 수 있는 동등한 기회를 가져야 한다고 생각하고 있다. 그들 중 한 명은 최근 그의 아내를 유방암으로 잃고 세 아이를 돌보느라 고생을 하고 있다(개인적 필요). 그들 중 두 명은 소수 민족이며 그들 중 한 명은 그가 그 일을 얻기에 충분한 권리가 있다고 믿고 있다. 또 한 명은 3년 연속 최장 운전 시간 기록을 갖고 있으며, 그녀가 지금까지 노력한 바대로 새로운 노선에 배치될 충분한 자격이 있다고 믿고 있다. 그들 중 한 명은 전국안전위원회에서 일한 바 있으며 20년간 무사고 운전 기록을 자랑하고 있다(사회적 기여). 나머지 두 명의 운전기사는 이 회사의 초창기부터 매년 훌륭하게 일해오고 있다.

이 회사의 사장으로서 당신이 직면한 문제는 그 새로운 노선에 누구를 어떻게 공정하게 배정하는가 하는 것이다. 비록 많은 다른 요인들이 당신의 결정에 영향을 미치겠지만(예를 들면, 나이, 임금, 종업원의 건강 등), 〈표 15-3〉에 제시된 원칙은 누가 새로운 경로를 얻을 것인지를 결정하기 위한 지침을 제공한다.

표 15-3 분배 정의의 원칙들

아래의 원칙들은 각각 다른 상황에도 적용될 수 있다.

1. 각 개인에게 동일한 몫
2. 각 개인의 개인적 필요에 부합
3. 각 개인의 개인적 권리에 부합
4. 각 개인의 개인적 노력에 부합
5. 각 개인의 사회적 기여도에 부합
6. 각 개인의 공과에 부합

4 윤리적 리더는 정직하다

우리가 어렸을 때 어른들에게 흔히 듣던 말은 "절대로 거짓말을 하지 말라."는 것이었을 것이다. 선하다는 것은 곧 진실만을 말해야 한다는 의미이다. 리더에게도 똑같은 교훈이 적용된다. 좋은 리더가 되기 위해서는 정직해야만 하기 때문이다. 정직의 중요성은 우리가 정직의 정반대, 즉 부정직을 생각할 때 더 명백하게 이해될 수 있다(Jaksa & Pritchard, 1988 참조). 부정직은 거짓의 한 형태이며 진실을 대변하지 못하는 행동 방식이다. 부정직은 많은 불쾌한 결과들을 낳게 되는데 그중 부정직으로 인해 나타나는 불신이 가장 큰 문제이다.

리더들이 정직하지 못할 때 사람들은 그 리더를 의지할 수 없고 믿을 수 없는 사람이라고 생각하게 된다. 사람들에게 리더가 말하고 주장하는 것에 대한 신뢰를 잃는다는 것은 그들의 리더에 대한 존경이 사라진다는 것을 의미한다. 결과적으로 한 리더의 영향력은 다른 사람들이 그를 더이상 신뢰하거나 믿지 못하기 때문에 약해질 수밖에 없다. 우리가 다른 사람들과 관계를 맺을 때에도 부정직은 나쁜 영향을 미치게 된다.

부정직은 사람들이 서로 관계를 맺는 방식에 긴장을 불어넣는다. 우리가 다른 사람들에게 거짓말을 하는 것은 본질적으로 우리가 그들과의 관계를 내 식대로 조종하고자 하는 의도가 있다는 것을 말하고 있는 것이다. 우리가 다른 사람과의 관계에서 그 사람을 신뢰하지 못한다는 것은 우리가 갖고 있는 정보를 말해줄 수 없다는 것을 의미한다. 실제로 우리는 어떤 인간 관계에서 편견 없는 정직한 관계가 최상의 관계라고 말은 하면서도 자신을 편견 안에 가둔다. 이러한 행동 유형은 장기적으로는 관계를 약화시키는 결과를 가져온다. 부정직은 비록 그것이 선의에서 비롯된 것이라 할지라도 관계의 분열을 가져온다.

정직은 단순히 진실을 말하는 것만을 의미하는 것은 아니다. 정직은 다른 사람들에게 마음을 열고 진실을 있는 그대로 완전히 표현하는 것을 말한다. 그러나 그것은 쉬운 일이 아니다. 완전한 진실을 말함으로써 그것이 오히려 파괴적이며 역효과를 낳는 결과를 초래할 수도 있기 때문이다. 따라서 리더의 과제는 특정 상황에서 무엇을 말하는 것이 적절한 것인지 항상 주의하는 동시에 개방적인 것과 솔직한 것 사이에 균형을 이루어야 한다. 리더가 믿을 만해야 하는 것은 매우 중요하다. 동시에 다른 사람들의 태도나 감정에 민감해야 한다는 것도 필수적인 요소이다. 따라서 진성 리더십은 광범위한 행동 양식을 내포하고 있다.

Dalla Costa(1998)는 그의 저서 윤리적 책무(The Ethical Imperative)에서 정직한 것은 '속이지 않는 것' 이상을 의미한다고 지적하였다. 조직 내의 리더들에게 있어서 정직함은 "그들이 이행할 수 없는 것을 약속하지 않으며, 잘못 대변하지 않으며, 발뺌하고 둘러대면서 숨기지 않으며, 책임을 은폐하지 않으며, 의무를 회피하지 않으며, 경영에서 적자생존의 압력이 다른 사람의 존엄성과 인간성을 존경할 의무로부터 우리를 해방시켜 준다는 주장에 현혹되지 말 것"을 요구한다(p. 164). 그 밖에도 Dalla Costa는 조직이 정직의 필요성을 인식하고 조직 내에서 정직한 행동에 대한 보상이 중요하다고 주장한다.

5 윤리적 리더는 공동체를 구축한다

1장에서 우리는 리더십이란 공동목표 내지는 공동체적 목표를 달성하기 위해 다른 사람들에게 영향력을 행사하는 과정이라고 정의하였다. 이 정의가 공동목표를 언급하고 있다는 점에서 명확한 윤리적 차원을 내포하고 있는 것이다. 공동목표는 리더와 성원들 간에 그 집단이 나아가야 할 방향에 대해 동의가 이루어져야 한다는 것을 요구한다. 따라서 리더는 그 자신과 성원들의 목표를 동시에 고려하면서 그에 적합한 공동목표를 향해 나아가야 한다. 이 같은 요인, 즉 다른 사람에 대한 배려는 '순수한 변혁적 리더십'과 '유사한 변혁적 리더십'을 구분짓게 하는 변별적 특성이다(Bass & Steidlmeier, 1999). 이것은 리더가 자신의 의지만을 다른 사람들에게 강요해서는 안 된다는 것을 의미한다. 그래서 리더는 모든 사람들의 목표와 양립될 수 있는 목표를 추구할 필요가 있다.

Burns(1978)는 이 개념을 그의 변혁적 리더십 이론의 중심에 두고 있다. 변혁적 리더는 집단이 리더와 성원들 양쪽 모두에게 이익이 되는 공동의 목표를 지향할 수 있도록 해야 한다는 것이다. 이같이 상호 이익이 되는 목표를 지향하면서 리더나 성원들 양쪽은 모두 변화를 겪게 되기 마련이다. 바로 이 부분이 Burns의 이론의 독특한 특징이다. 즉, Burns는 리더십이란 리더와 성원들 간의 관계에 바탕을 두어야 한다고 주장한다. 이 같은 리더와 성원들의 관계는 독일의 Hitler처럼 리더에 의해 일방적으로 통제될 수는 없는 것이다. Hitler는 자신의 계획을 실천하기 위해 사람들을 강압하였고 인간의 공익을 증진시키는 데 도움이 되지 않는 목표를 추구하였다.

윤리적 리더는 그 집단에 참여하는 모든 구성원들의 목표를 고려하고 공동체와 그 공동체 문화의 이해관계에 세심한 배려를 해야 한다. 그렇게 함으로써 리더는 다른 사람들을 보살피는 윤리(an ethic of caring toward others)를 실현할 수 있고(Gilligan, 1982), 다른 사람들의 의도를 무시하거나 강압하지 않게 되는 것이다(Bass & Steidlmeier, 1999).

Rost(1991)는 한걸음 더 나아가 윤리적 리더십은 시민적 덕성(civic virtue)에 주의를 기울여야 할 필요가 있다고 주장한다. 그의 주장은 리더와 성원들이 그들 상호 간에 설정한 목표를 넘어 지역사회의 목표와 목적에도 관심을 기울여야 한다는 의미이다. Burns가 주장한 바와 같이(1978, p. 429) 변혁적 리더와 그를 따르는 성원들은 넓은 사회적 집합체에까지 손을 뻗치기 시작하고 더 높고 광범한 도덕적 목표의 확립을 추구한다. 모든 개인의 목표와 조직의 목표는 공동의 선과 공적 이익의 테두리 안에서 추구되어야 한다. 우리는 리더와 성원들에 의해 제기되는 변화들이 어떻게 조직과 지역사회 그리고 전체 사회에 영향을 미칠 수 있는가에 항상 유의할 필요가 있다. 가장 포괄적인 의미에서의 윤리적 리더는 공익에 관심을 두어야 한다. Wilson과 McCalman(2017)은 대의를 위한 리더십은 윤리적 리더십이 지향해야 하는 궁극적 목적임을 강조한다. 앞에서 논의한 윤리적 리더십의 원칙들(그림 15-3 참조)은 물론 공동체 구축은 문화별로 다르다는 것에 주목하는 것은 중요하다. 문화마다 긍정적 리더십 특성을 보는 시각이 다르고, 리더들의 윤리적 행동을 정의하는 방식이 매우 다르기 때문이다. 세계가 점점 더 연결되어감에 따라 윤리적 리더십에 대한 이 문화 간의(비교 문화적) 관점에 주목하는 것이 중요하다.

Resick Hanger, Dickson 그리고 Mitchelson 등(2006)이 발견한 것은 윤리적 리더십의

여러가지 차원들, 즉 진실성(도덕성), 애국심, 집단적 동기유발, 생산 장려(encourgament) 등이 문화마다 시행되고 있으나 각 차원들의 중요성은 문화마다 다르다. 그리고 그들은 6개국에서 윤리적 리더십의 의미를 검증했고 그 결과 문화의 특성 및 진실성의 중요성에 대한 의견은 일치한다.

중국, 홍콩, 독일의 응답자들은 배려, 다른 사람에 대한 존중 및 집단 지향성을 윤리적 리더십의 핵심적인 요소로 보고 있었고, 아일랜드, 미국, 대만 등은 이들 특성들이 덜 중요한 것으로 생각하고 있었다. 저자들은 나라마다 차이는 있지만 윤리적 리더십의 의미에 관해서는 의견일치가 되고 있다고 결론내렸다(Resick et al., 2011).

강점, 비판, 응용

1 강점

본 장에서 우리는 윤리와 리더십에 관한 광범한 일련의 이론들을 논의하였다. 이 같은 윤리와 리더십에 관한 연구는 몇 가지 장점을 가지고 있다. 첫째, 이 연구는 윤리적 이슈들에 대한 시의적절한 연구의 체계를 제공하고 있다. 오늘날 우리의 사회는 보다 높은 수준의 도덕적 리더십을 요구하고 있기 때문이다. 1970년대의 닉슨 행정부로부터 시작하여 1990년대의 클린턴 행정부를 거쳐 최근의 대형 금융부정사건에 이르기까지 리더에 대한 높은 수준의 도덕적 책임감이 강조되고 있다. 윤리적 리더십이 부재한 시기에 이 연구는 우리에게 윤리적 리더십에 대해서 어떻게 생각해야 하고 어떻게 그것을 실행해야 할 것인가에 대한 방향을 제시하고 있다.

둘째, 이 일단의 연구들이 윤리는 리더십의 광범한 범위 속에서 빠뜨릴 수 없는 필수적인 구성 요소가 되어야 한다는 것을 제기하고 있다는 점이다. 섬김의 리더십, 변혁적 리더십, 진성 리더십을 제외하고는 이 책에서 논의된 어떤 이론도 리더십 과정의 한 차원으로서 윤리를 포함시키고 있는 이론은 없다. 본 장에서도 리더십이란 도덕과는 관계없는 초도덕적인 현상이 아니란 것을 강조하고 있다. 리더십은 다른 사람들에게 영향을 미치는 과정이다. 그것이 다른 형태의 영향력, 즉 강압이나 독재적인 포악한 통제와 구별되는 중요한 특징이 바로 이 도덕적 차원이다. 리더십은 가치가 실린 개념으로, 구성원(부하)들에 대한 존중, 그들에 대한 공정한 대우, 공동체의 확립 등을 포함하는 개념이다. 이것들은 우리의 윤리적 가치관 없이는 나타내 보일 수 없는 과정인 것이다. 우리가 영향력을 행사할 때 다른 사람들에게 영향을 미치게 되는데 그것은 곧 우리들의 도덕적 가치와 윤리적 가치에 주의를 기울일 필요가 있다는 것을 의미한다.

셋째, 이 연구는 윤리적 리더십의 개발에 중요한 몇 가지 원칙들을 강조하여 설명하고 있다. 이 연구에서 논의된 덕성들은 2000여 년 동안 우리의 주위에서 맴돌고 있었던 것들인데, 본 장에서 재검토되고 있음으로써 그것들이 오늘의 리더들에게도 역시 매우 가치있는 주목의 대상이 되고 있다는 것을 말해주고 있다.

또한 리더들이 윤리적으로 행동함으로써 윤리적 행동의 모델이 되어 조직성원들이 윤리적 규범, 긍정적인 직무 수행 태도, 건설적인 윤리적 행동을 보인다는 연구 결과가 있다(Mayer, Kuenzi, Greenbaum, Bardes & Salvador, 2009). 계단식 효과가 나타난 것이다. 조직의 보다 높은 계층에 있는 리더들이 윤리적 행동을 할 때 성원들은 그들의 행동을 모방한다. 계단식 효과는 중간 관리자의 윤리적 효능에 대한 기대(윤리적 능력에 대한 믿음)와 비윤리적 처벌에 대한 기대로 설명할 수 있다(Wang, Xu & Liu, 2018). 그러나 Thiel, Hardy, Peterson, Welsh 그리고 Bonner(2018)는 윤리적 리더십의 효과가 리더의 추종자 수와 관련이 있음을 발견했다. 통제 범위가 더 넓은 리더들은 수준 높은 관계를 더 적게 가졌고 따라서 추종자들의 윤리적 행동에 더 적은 영향을 미쳤다.

넷째, 윤리적 리더십은 태도, 동기유발, 복지, 업적과 관련된 성과, 윤리적 규범과 의사결정, 성원들의 윤리적 행동과 연결되어 있다. Ng와 Feldman(2015)은 15년에 걸쳐 수집된 표본들(29,620명의 응답자)을 대상으로 메타분석을 실시했고 윤리적 리더십이 성원들(실행자들)의 직무 태도, 직무 수행, 리더에 대한 평가와 긍정적인 관계(positive relationship)가 있음을 확인했다. 더 나아가 리더에 대한 성원들의 신뢰가 윤리적 리더십과 직무 태도 및 직무 수행 간의 관계를 설명한다. 윤리적 리더십 연구들에 대한 포괄적인 평론에서 결론을 내리고 있는 것은 윤리적 리더십은 리더에 대한 만족, 리더의 능률적인 지도력, 성원들의 직무에 대한 헌신, 문제를 관리자에게 보고하려는 자발성, LMX, 조직몰입 및 신뢰등과 긍정적인 관련이 있었다. 그리고 윤리적 리더십은 냉소적 반응과는 부정적인 관계가 있다(Den Hartog, 2015).

마지막으로 윤리적 리더십의 측정이 개선되었다. 예를 들어 Brown, Treviño 그리고 Harrison(2005) 등은 윤리적 리더십을 측정하기 위한 10개 항목의 측정 방법을 개발하여 그 타당성을 검증했다. 윤리적 리더십 척도(the Ethical Leadership Sclae, ELS)는 후속 연구에서 사용되었고 지금은 가장 널리 활용되고 있는 윤리적 리더십의 측정 척도가 되었다(Ng & Feldman, 2015).

2 비판

윤리와 리더십의 연구영역은 많은 장점을 가지고 있는 동시에 여러 가지 약점도 있다. 첫째, 이 연구는 발전의 초기 단계에 있으며, 따라서 그것을 실증할 수 있는 전통적인 연구 방법에 의한 연구의 결과가 매우 부족하다. 본 장의 서두에서 지적한 바와 같이 리더십 윤리에 대해 이론적 토대를 제시하는 연구 결과가 거의 발표되지 않고 있다. 경영 윤리에 대한 많은 연구 결과들이 출판되어 있기는 하지만, 이 같은 연구들은 윤리적 리더십과 직접적으로 관련이 없는 것들이다. 이같이 리더십 윤리에 대한 연구의 결핍은 윤리적인 리더십의 본질에 대한 깊이 있는 연구를 어렵게 하고 있다. 따라서 리더십의 윤리적 차원을 직접적인 대상으로 한 수많은 연구가 이루어지기까지 윤리적 리더십 과정에 대한 이론 형성은 한시적(임시적)인 상태로 남아 있게 될 것이다. 윤리적 리더십의 특성이나 정의와 관련된 개념적 혼동이 있다(Yukl, Mahsud, Hassan & Prussia, 2013). Den Hartog(2015)이 지적하는 바에 따르면 윤리적 리더십에 대한 어떤 정의는 리더의 의향에 기초하고 있고, 어떤 정의는 리더 행동을 성원의 지각에 기초하여 정의하고 있다. 그런데 리더에 대한 성원의 지각은 편견일 수 있다. 그리고 기업 윤리에 관한 많은 연구들이 출판되고 있지만 이들 연구들은 윤리적 리더십과는 직접 관계가 없다.

하나 예외인 것은 Yukl과 그의 동료 학자들(2013)의 연구이다. 그들은 윤리적 리더십 측정을 위한 리더십 설문지(제약점이 있지만)를 개발하여 타당성을 검증하는 노력의 결과로 윤리적 리더십의 주된 구성 요소들을 확인했다. 이 연구에서 그들은 윤리적 리더십의 구성 영역에는 진실성, 정직성, 공정성, 윤리적 가치의 전달, 지지되고 있는 가치와 행동의 일관성, 윤리적인 지도, 이타주의가 포함된다고 제안한다. 일반적으로 리더십 윤리에 대한 연구의 부족은 윤리적 리더십의 본질에 대한 추측을 어렵게 만든다. 리더십의 윤리적 차원을 직접적으로 다루는 더 많은 연구가 수행될 때까지, 그 과정에 대한 이론적 공식은 잠정적으로 유지될 것이다.

둘째, 오늘날의 리더십 윤리는 주로 몇몇 학자들의 논평이나 리더십 윤리의 본질에 대한 그들의 개인적 의견, 그리고 그들의 세계관에 의해 상당히 영향을 받은 문헌 등에 의존하고 있는 형편이다. Greenleaf나 Burns 등의 저술들이 검증을 받고 있기는 하지만 그 이론들은 전통적인 정량적 또는 정성적 연구방법에 의해 검증되지 않고 있다. 또한 그 저술들은 본질적으로 서술적이고 일화적인 수준에 그치고 있다. 이처럼 리더십 윤리는 인간의 행동에 관한 이론들(광범한 인정을 받고 있는 이론들)이 수반하고 있는 전통적인 실증적 검증을 결여하고 있다.

셋째, 윤리적 리더십에 관한 연구의 대부분은 주로 서구의 세계나 영-미 국가들에 초점을 맞추어 연구되었다(Eisenbeiss, 2012; Wilson & McCalman, 2017). 그래서 윤리적 리더십에 대한 연구의 범위를 확대시킬 필요가 있다. 유럽이나 아시아의 관점들이 포함되어야 한다. 왜냐하면 그들의 윤리적 리더십에 대한 접근방법들이 문화의 차이로 인해 각기 다르기 때문이다. 세계가 보다 더 연결되어 가고 있음에 따라 서로 다른 문화 상호간에 윤리적 리더십에 대한 각기 다른 문화적 관점의 이해가 중요하다.

넷째, 윤리적 관점에서도 세대차이가 존재한다. Anderson, Baur, Griffith, Buckley (2017)는 문헌 분석을 통해 오늘날의 노동자 세대인 밀레니얼 세대가 윤리적 리더십과 관련된 독특한 과제를 제시한다고 시사한다. 첫째, 밀레니얼 세대는 나이든 직원들보다 더 개인주의적이기 때문에, 그들은 도덕적 결정의 강도를 같은 방식으로 볼 가능성이 적고 윤리적인 결정에 대한 지침을 위해 지도자에게 기대하지 않을 것이다. 둘째, 밀레니얼 세대는 그들의 일이 그들의 삶에 덜 중심적이라고 생각하기 때문에, 그들은 직장에서 윤리적 딜레마를 특히 문제가 있다고 볼 가능성이 적다. 셋째, 밀레니얼 세대는 매우 외적인 보상을 중요시하기 때문에, 그들은 조직을 위해 옳은 일을 하기 위한 윤리적 호소에 반응할 가능성이 적다. 실제로, 연구에 따르면, 이러한 행동이 보상으로 이어질 가능성이 있는 경우 이러한 직원들은 비윤리적인 유혹에 훨씬 더 굴복할 가능성이 있다고 한다(Ethics Resource Center, 2011).

윤리적 관점은 빠르게 변할 수 있기 때문에, 실증적인 윤리적 리더십 연구는 최신이고 관련성을 규명하는 데 어려움을 겪는다.

3 응용

오늘날 우리 사회에서 '리더십과 도덕성'에 관련된 이슈들이 자주 제기되기는 하지만 여기에 대한 관심은 윤리적 리더십을 학습시키기 위해 고안된 교육이나 개발 프로그램에까지는 이르지 못하고 있다. 작업현장이나 일반적인 삶의 현장에서 사람들이 보다 더 능률적이고 효과적이 되도록 하는 데 도움이 되는 많은 새로운 프로그램들이 개발되고 있지만, 이들 프로그램들이 윤리와 리더십의 영역을 직접적으로 겨냥하고 있는 것은 아니다.

그러나 본 장의 윤리와 리더십에 대한 연구는 조직의 모든 계층과 모든 삶의 현장에서 개인들에게 적용될 수 있는 것들이다. 최소한으로 이 연구는 리더십이 도덕적 가치를 내포하는 개념이라는 것과 자기 개인의 가치관을 인식하고 또 거기에 대한 관심을 갖지 않고서는 리더가 될 수 없다는 것을 언급하고 있다. 리더십은 도덕적 차원을 내포하고 있기 때문에 리더는 우리의 윤리의식이 우리의 리더십 내용을 규정짓는다는 것을 인식하여야 한다.

예를 들어, Moore et al.(2018)은 윤리적 리더십이 추종자들의 도덕적으로 이탈하는 경향을 감소시키고 일탈 행동과 관계가 있다는 것을 입증하기 위해 실험 연구와 현장 연구를 결합하였다. 도덕적 해이는 다른 사람의 일에 대한 공로로 자신도 인정받게 된다고 생각하는 것이다. 저자들은 윤리적인 리더십이 추종자들의 도덕적 해이를 어떻게 줄일 수 있는지를 보여주는 사례로 프란치스코 교황을 인용한다. 교황으로 취임한 첫 해 동안, 그는 성목요일 12명의 사제들의 발을 상징적으로 만지기 위해 무릎을 꿇는 대신, 수감된 12명의 소년들의 발을 씻기고 키스를 했다. 교황은 소외된 사람들을 이런 식으로 대함으로써, 선거권을 박탈당한 사람들에 대해 나쁘게 말하는 추종자들과 단절을 만들었다. 그는 또한 Apostolic 궁전에서 작은 아파트로 이사를 하고 교황의 Mercedes 자동차를 Ford Focus 자동차로 대체함으로써 추종자들에게 겸손한 모범이 되었다.

경영자들이나 리더들은 이 연구에서 얻은 정보들을 "그들 자신을 더 잘 이해하고 그들의 리더십을 더욱 강화시켜 나가는 데" 활용할 수 있을 것이다. 윤리적 리더십 이론들은 리더가 자기 자신에게 "무엇이 옳고 정의로운 것인가" 또는 "선한 사람은 무엇을 하여야 하는가"를 자문하도록 상기시켜 준다. 그리고 리더들은 본 장에 제시된 윤리적 원칙들을 자신들의 행동의 수준 기표(benchmarks)로 삼을 수 있다. 내가 과연 다른 사람들을 존중하고 있는가? 내가 관용 정신을 갖고 행동하고 있는가? 내가 다른 사람들에게 진실하고 정직하게 행동하고 있는가? 나는 이 지역사회(공동체)를 섬기고 있는가? 마지막으로 우리는 이 연구의 중요하고 주된 주제인 "리더와 구성원(부하) 간의 관계가 윤리적 리더십의 중심적 내용이라는 것"을 배울 수 있을 것이다. 윤리적 리더가 되기 위해서 우리는 다른 사람들의 요구에 민감하게 반응하고 다른 사람들을 공정하게 대하는 동시에 다른 사람들을 보살필 수 있어야 한다.

사례 연구

다음은 윤리적 리더십이 요구되는 실제 상황에 근거한 세 가지 사례 연구(사례 15.1, 15.2, 15.3)를 제시하고 있다. 첫 번째 사례는 한 대학교의 조직심리학과에서 연구조교를 선발하는 이야기를 다루고 있다. 두 번째 사례는 인적 자원 서비스 기업이 서비스에 대한 가격을 제정하는 방법을 둘러싼 윤리적인 문제를 다루고 있다. 마지막으로 세 번째 사례는 항공모함 USS Theodore Roosebelt호에서 COVID-19에 대한 경고를 하지 않았다는 이유로 해고당한 미국 해군대위 Brett Crozier와 관련된 사건을 검토하고 있었다. 각 사례의 마지막에는 윤리적 리더십의 실무에서 나타나는 미묘하고 복잡한 문제들을 지적하는 질문들이 제시되어 있다.

사례 15.1: 연구조교의 선발

Dr. Angi Dirks는 주립대학교 조직심리학과 학과장이다. 이 학과에는 4명의 강의 조교(teaching assistants; TAs)가 재직하고 있다. 최근 Angi는 여름학기 동안 연구 지원금을 받게 된 것을 알게 되었고, 거기에는 4명의 TAs 중 한 명을 연구 조교로 선발하여 급여를 지불할 금액도 포함되어 있었다. Angi의 마음에 드는 두 후보자는 Roberto와 Michelle이었다. 두 후보자는 모두 여름학기 동안 연구 수행이 가능하였다. Roberto는 베네수엘라 출신 외국 학생이었고 아주 높은 강의평가를 받고 있었으며, 교수들도 매우 좋아하고 있었다. Roberto는 학교에 납부할 학비 때문에 여름 동안 임시계약직이 필요했지만, 자기 나라로 돌아가기에는 너무 많은 비용이 소요되어 갈 수가 없다. Michelle도 역시 뛰어난 대학원생이고 그녀는 결혼을 하였으며 반드시 더 많은 수입이 필요한 것은 아니었다. 그러나 박사 학위 과정에 있기 때문에 정해진 박사과정 이외의 연구경험이 미래의 연구노력에 유익할 것이라 생각하고 있다.

세 번째 강의조교 Carson은 1시간 거리에 있는 시골의 도시에서 학교까지 통학을 하고 있고 그곳에서 노령의 조부모를 돌보고 있다. 그는 학위 과정의 수업 참가, 강의 조교의 일, 가정에서의 책임 등의 일들을 잘 처리함과 동시에 학위 과정의 평균 점수 4.0을 유지하고 있다. Angi는 Carson이 급여로 받은 돈을 유용하게 사용할 수 있다는 것을 알고 있지만 해야 하는 일이 너무 많아서 여름 동안 연구 프로젝트를 할 수 없을거라 생각하고 있다.

Angi가 어느 강의 조교(TAs)에게 연구 프로젝트의 일을 맡길 것인가 저울질하고 있을 때 한 교수가 다가와 네 번째 강의조교 Analisa가 어떠냐고 문의했다. Analisa는 TA로서 격렬하고 치열한 1년을 지내고 있다. 그녀는 여러 차례에 걸쳐 그녀의 지도교수와 그리고 Angi에게 다른 TA들이 자기를 인종적으로 차별한다고 불평했다. 그녀는 학생회가 발행한 신문에 "백색 캠퍼스에 갈색 반점(being a speck of brown in a campus of white)"라는 제목의 칼럼을 게재했다. 이 칼럼에서 그녀의 좌절과 불만을 표현하고 있었는데 거기에서 그녀는 백인 교수들이 소수 종족 학생들 특유한 경험과 시각(견해)을 이해하지 못한다는 것이었다. 칼럼을 읽고나서 학과의 교수들은 Analisa와 함께 일하기를 싫어하게 되었고 논쟁에 휘말리는 것을 두려워하고 있다. 그녀와의 상호작용의 결여는 Analisa가 더욱더 소외감을 느끼게 하였다.

학과장 Angi는 Analisa가 아주 훌륭한 연구자이고 글도 잘 쓰는 사람이라는 것을 알고 있으며, 그녀의 노련한 능력은 프로젝트에 유용한 자질이라는 것도 알고 있다. Angi는 Analisa에게 그 연구 조교 직분을 맡기면 교수들과

Analisa 간의 불화를 원만히 수습하는 데 큰 도움이 되고 그렇게 되면 Analisa는 학과에 소속감을 느낄 것이라고 말했다. Analisa는 연구 조교 자리가 공석이라는 것을 알고 지도교수에게 그 자리에 대한 관심을 표현한 적도 있으나, Angi에게는 직접 말하지 않았다. Angi는 그 연구 조교 자리를 Analisa에 주지 않음으로써 그녀가 차별대우를 받았다고 비난이나 규탄의 목소리를 더욱더 높이거나, 혹은 그 자리가 Analisa에게로 가면 편파적 처리를 하였다고 다른 강의 조교들로부터 비난이나 규탄이 있지 않을까 우려하고 있다.

질문

01 Angi가 선택할 수 있는 4가지 선택지 가운데 어떤 것이 가장 윤리적인가?

02 분배적 정의(distributive justice)의 원칙을 활용한다면, Angi가 누구를 연구조교로 선발하는 것이 합당하겠는가?

03 Heifetz의 견해에 비추어 Angi는 이 같은 결정을 활용하여 학과와 교수들이 어려운 상황에 대응하도록 도움을 줄 수 있는가? Angi가 그렇게 해야 하는가?

04 즉 성원들을 보다 높은 수준으로 끌어올리기 위해 성원들이 자신들의 가치와 필요를 스스로 평가할 수 있도록 도움을 주는 것은 Angi의 책임이라는 Burns의 의견에 동의하는가?

사례 15.2: 제안서 재검토

10년간 큰 인쇄회사에서 유일한 소수 민족 출신의 관리자였던 David Jones는 자신의 회사를 설립하기로 결심하였다. 수년간의 경험과 기존에 확보한 거래고객들이 있기 때문에 David는 인쇄사업을 훌륭히 이끌어나갈 자신이 있었다. 그러나 문제는 기존의 회사를 사들이느냐, 아니면 아예 새로운 회사를 설립하느냐 하는 것이었다. 계획의 일환으로 David는 신뢰할 만한 전문직용역회사(PEO)에 신생회사에서 일하게 될 인적자원 용역 비용의 견적을 의뢰하였다. 견적자료에 따르면 인적자원의 용역에는 급여, 상여금, 보상금, 그 외에 다른 전통적인 후생복지 항목 등이 포함되어 있었다. David는 그의 사업을 아직 시작하기 전이었으므로 PEO는 인쇄산업의 소규모 회사에 적용되는 일반적인 견적을 제시하였다. 또한 PEO에게는 견적을 위한 참고할 만한 근거자료가 없었기 때문에 David가 받은 견적 가격은 매우 높은 편이었다.

그러는 동안 David는 마음에 드는 기존의 회사를 찾아 인수 하였다. 그리고 나서 그는 PEO와 이전에 제시하였던 견적가격대로 인적자원 용역 계약을 체결하기로 약속하였다. David는 벤처기업을 시작하였고, PEO와의 계약에 서명하였다. David가 용역 계약에 서명한 이후, PEO는 그가 사들인 회사의 실제 수치들을 토대로 이전의 제안서를 재검토해 보았다. 그 결과 PEO 경영진은 몇 가지 문제점을 발견하였다. PEO의 목적이 양질의 용역을 제공하며 경쟁력 있고, 적정한 수익을 내는 것이라면, 그들이 David에게 제시한 견적 가격은 터무니없이 높은 것이었다. 그 가격은 PEO가 지금까지 비슷한 규모와 비슷한 기능의 다른 회사들과 맺은 계약에 비하면 비교도 안 될 정도로 높았다.

재검토과정에서 몇 가지 문제를 제기할 필요가 있었다. 우선 PEO가 처음에 제시한 내용은 고객을 바가지 씌우려는 것처럼 보일 우려가 있었다. 비록 그 고객이 원래의 계약서에 서명했다고 하더라도 같은 용역에 바뀐 계약서의 높은 가격을 부과하는 것이 과연 공정한 일인가? 그렇게 높은 수수료를 부담시키는 것은 PEO가 고객들을 잃을 수 있다는 것을 의미하는 것은 아닌가? 또 다른 문제는 PEO의 소수 민족 출신 사업가의 사업체에 대한 정책과 관련된 것이었다. 수년 동안 PEO는 '소수 민족 차별금지법 시행령'에 대해 강한 지지를 해오고 있고 작업장에서의 공정성을 견지해 오고 있는 데 대해 긍정적 자세와 공정성에 큰 자부심을 갖고 있었는데, 이번 계약으로 불공정하고 소수 민족 고객들을 실제로는 차별한다는 오해를 살 수도 있다. 마지막으로 PEO는 David에게 그 제안서를 제출한 담당판매인에게 미칠 수 있는 영향에 대해 걱정하고 있었다. 그 제안서에 적힌 예상 비용은 판매인의 수수료에 심각한 영향을 미치게 되므로, 결국 이번 사건은 PEO의 영업부서의 사기를 해칠 우려가 있다.

최초의 제안서를 재검토한 후, 더 낮은 견적 비용이 제시된 계약서가 David의 회사로 전달되었다. 최초의 금액보다 더 낮은 금액이었음에도 불구하고 새로운 계약가격은 인쇄산업의 평균 용역 계약 가격에 비해 여전히 높았고, David Jones는 새로운 계약서에 흔쾌히 서명하였다.

질문

01 이와 같은 제안서 작성 상황에서 윤리는 어떤 역할을 해야 하는가?

A. PEO는 David Jones에게 올바른 윤리적 행동을 하였는가?

B. 어느 정도의 가격을 제시하려고 노력했어야 하는가?

C. 당신이 이러한 상황에 있었다면 어떻게 하였겠는가?

02 의무론과 결과론적 관점에서 볼 때 당신은 PEO의 윤리에 대해 어떻게 설명하겠는가?

03 PEO가 David Jones에게 한 행동에 비추어 볼 때, 당신은 존중, 봉사, 정의, 정직 그리고 공동체 윤리라는 다섯 가지 윤리적 원칙을 기준으로 어떻게 PEO를 평가하겠는가?

04 당신이 David Jones, PEO의 경영진, 판매원, 조직의 구성원이라고 가정해보자. 당신은 PEO의 윤리에 대해 각자의 입장에서 어떻게 평가하겠는가? 만약 당신이 PEO의 경영진이었다면? 만약 당신이 그 판매원이었다면? 만약 당신이 그 공동체의 한 구성원이었다면?

사례 15.3: 질서정연한 정리

배역

The USS Theodore Roosevelt호의 함장	함장 Brett Crozier
항모전단의 함장(USS Theodore Roosevelt 함모를 포함한 7개의 함정을 감독)	해군 소장 Stauart Baker
미 해군장관 대행	Thomas Modly
미 국방장관	Mark Esper
승무원들	USS Theodore Roosevelt 참모에 승선한 선원들과 비행사들

제 1막–바이러스

2020년 3월 5일 미 해군 항공모함 USS Theodore Roosevelt호의 베트남 기항과 함께 시작된 것으로 추정된다. 베트남 전쟁 이후 미국 항공모함의 두 번째 방문인 다낭 기항은 남중국해에서 중국의 영토 확장으로 위협받고 있는 지역의 군사력을 과시하기 위해 부분적으로 명령되었다.

Roosevelt호가 거기에 도착했을 때는 전염성이 강한 코로나 바이러스(COVID-19)에 전염된 16명의 환자가 발생했다. 그러나 모든 환자들은 베트남 북부에 한정되어 있어서 함정의 기항지와는 멀리 떨어져 있었다. Roosevelt호는 Brett Crozier 함장의 명령하에 있었고 함장은 해군사관학교 졸업 후 30년 이상을 복무하고 있었다. Roosevelt호는 너무 커서 시내의 부두에 기항할 수 없어 앞 바다에 닻을 내리고 있었고 다낭항에 선원들이 상륙하기 위해 소형 나룻배를 이용했고 다낭항에 나가 며칠씩 머무르며 식당, 판매점 호텔을 이용하고 지역사회의 서비스 행사에 참가했다. 나흘째 되는 날 승무원들은 함정으로 돌아오라는 명령을 받았다. 호텔에서 COVID-19에 노출될 것이 두려웠기 때문이었다. 그 호텔에 머물고 있는 두 영국인들이 검사결과 COVID-19에 감염된 것으로 확인되었다. Roosevelt호는 항구를 떠나 바다로 향했고, 일본과 필리핀에서 보급품을 운반하는 항공기와 함께 정상 운항으로 돌아왔다. 한편, 선체 의료진은 일반적으로 노출 후 14일 이내에 증상이 나타난다는 것을 알고 선원들의 바이러스 징후를 면밀히 관찰했다.

3월 24일, 그 배의 확성기를 통해 "Set River City 1"이라는 안내 방송이 나왔다. 이것은 선원들에게 배가 제한된 통신 기간으로 접어들었다는 것을 경고했는데, 이는 배에 타고 있는 대부분의 사람들에게 인터넷이나 전화 통화를 하지 않는다는 것을 의미한다. 승무원들이 곧 알게 된 이유는 Roosevelt호에 탑승한 세 명의 선원이 코로나19 양성 반응을 보였기 때문이다. 24시간 내에, 선박내의 감염 사례의 수는 두 배로 증가했고, 그 다음 날마다 새로운 감염 사례를 만들어 갔다(Simkins, 2020).

1,000피트 높이의 거대한 핵추진 항공모함인 Roosevelt호는 작은 도시이다. 거의 5,000명의 승무원을 수용했으며, 모두 매우 좁은 공간에서 생활하며 일하고 있었다. 승무원들은 공동 식당, 화장실 시설, 다른 사교 장소, 좁은 복도를 공유하고 있었다. 그들은 밤낮으로 서로 거리를 두지 않고 밀접하게 일했다. 심지어 그들의 잠자리도 종종 세 개의 높은 층으로 쌓여 있는 벙커로 되어 있어서 선원들 간에 가까운 거리의 장소에서 취침을 하였다.

양성 반응을 보인 선원들은 모두 배의 노심을 작동시키는 책임을 지고 있는 그룹인 원자로 승무원들이었다. 이들은 며칠 뒤 괌에 있는 해군병원으로 옮겨졌고, 배가 괌에 정박하여 전체 선원에 대한 검사를 시작하고 선박의 전문 위생적인 청소에 참여했다.

불과 몇 개월 전 2,600명의 승객을 태운 유람선인 Diamond Princess호는 700명 이상의 사람들 중 감염되었고, 승선한 승객 중 8명이 바이러스로 사망하였다. Crozier대위는 빽빽한 숙소와 훨씬 더 많은 승무원을 보유한 Roosevelt호가 Diamond Princess호보다 훨씬 더 나쁜 상황에 이를 가능성이 있다는 것을 알고 있었다. Roosevelt의 의사들은 50명 이상의 승무원이 바이러스로 인해 잠재적으로 사망할 수 있다고 추정했다(Gibbons-Neff, Schmitt, Cooper & Ismay, 2020).

제 2막–편지

Roosevelt호에 탑승한 사례가 급격히 증가함에 따라 Crozier 선장은 배에서 거의 모든 선원을 대피시키고 필수 임무를 수행하고 선박의 원자로, 폭탄, 미사일 및 전투기를 보호하기 위해 약 500명의 스켈레톤 선원들을 남겨야 한다고 주장하면서 몇 가지 선택 사항이 고려되었다. 나머지 선원들은 선박이 청소되는 동안 검역 및 검사를 받게 될 것이다. Crozier 선장의 지휘관인 Stuart Baker 소장은 덜 과감한 조치가 승무원을 보호하고 함선을 계속 운용할 수 있을 것이라고 생각하여 이에 동의하지 않았다. 결국 1,000명의 선원은 기지에 있는 체육관으로 대피하여 유아용 침대에서 잠을 잤고, 이로 인해 빠르게 몇 건의 추가 확진자가 발생했다.

상사의 지속적인 부인과 상황이 날로 악화되는 것을 지켜본 후 3월 30일, Crozier 대위는 COVID-19 팬데믹에 대한 지원 요청이라는 제목의 4페이지 분량의 편지에서 자신의 우려와 주장을 밝혔다. 이 편지는 분류되지 않은 이메일을 통해 Crozier의 사령관인 Stuart Baker 소장, 미 태평양 함대 사령관 John Aquilino 제독, DeWolfe Miller 해군 중장에게 전달되었으며 다른 7명의 해군 대령에게도 사본이 전달되었다(Simpkins, 2020).

New York Times에 따르면 편지를 보내기 전에 Crozier 대위는 Roosevelt의 가장 고위 관리들과 이메일을 공유했다. 그들이 편지에 서명을 추가하고 싶다는 의사를 밝혔을 때, Crozier 대위는 편지가 그의 경력을 끝낼 수도 있다는 것을 알고 그들의 경력을 두려워하여 거부했다(Cooper, Gibbons-Neff, Schmitt & Cochrane, 2020).

도움과 배려를 간청하면서 Crozier 대위는 이렇게 적었다. . . "우리는 전쟁 중이 아닙니다. 선원은 죽을 필요가 없습니다. 지금 행동하지 않으면 가장 신뢰할 수 있는 자산인 선원을 제대로 돌보지 못하는 것입니다."(Gafni & Garofoli, 2020) 소수의 감염된 선원들만이 배에서 나와 격리되었으며 "질병의 확산이 진행 중이며 가속화되고 있습니다."고 언급하면서 Crozier는 괌 해안에 전체 선원을 위해 "가능한 한 빨리" "격리실"을 제공할 것을 요청합니다(Gafni & Garofoli, 2020). 이 편지는 San Francisco Chronicle에 유출되었고 USS Theodore Roosevelt의 선원들의 곤경은 세계적인 전염병의 한가운데서 곧 대중에게 알려졌다.

제3막–응보

편지가 그의 생각에 너무 널리 배송되어(수신자들 모두가 해군 사람들) 결과적으로 신문사에까지 알려지게 된 것에 대해 격노한 나머지 미국 해군 장관 대행 Thomas Modly는 Crozier 대위를 4월 2일자로 해고하였다.

Modly 자신도 미해군사관학교 출신이고 전직 해군 헬리콥터 조종사였다. 그는 해군 장관 대행을 거쳐 정규 해군 장관이 되었다. 미국 대통령 Donald Trump가 전쟁범죄로 기소된 Navy Seal(미 해군 엘리트 특수부대)를 Trump대통령이 지지하는 것을 반대한다는 이유로 해고된 Richard Spencer를 교체했다. New York Times에 따르면 Modly는 Crozier 대위의 편지가 트럼프를 화나게 할 것을 우려하여 해군 작전 사령관과 합동 참모 의장을 포함한 동료들에게 조언을 구했으며, Modly에게 먼저 조사를 지시하도록 조언했지만 그는 따르지 않았다(Gibbons–Neff, Schmitt, Cooper & Ismay, 2020).

Modly는 함장 Crozier가 그 메시지를 신문매체에 유출했다는 증거가 없다는 것을 인정했지만(Cooper, Gibbons–Neff, Schmitt & Cochrane, 2020) 정식 조사 없이 신속하게 대위를 해임했고, Modly 측근들에 따르면 Mark Esper 미 국방장관이나 미 대통령 등도 압력을 가하지 않았다. NavyTimes는 나중에 Modly가 "Trump 대통령이 Crozier가 해고되기를 원하는 것으로 믿고 있었기 때문에" 동료들의 조언을 무시했다고 보고했다(Simkins, 2020).

Modly의 직속 상관인 국방장관 Mark Esper는 이전에도 군사령관들에게 Trump 대통령이 계속 더 많이 감염되고 있는 COVID–19 전염병에 대해 말하려고 의도한 것과 반대되는 일을 하지 말아달라고 경고했다. Modly는 함장 Crozier의 해고는 편지의 유출 사건에 대한 징벌보다는 신뢰의 상실로 인한 것이다(Cooper, Gibbons–Neff, Schmitt & Cochrane, 2020).

Crozier 대위가 그의 배를 떠날 때 수백 명의 선원과 공군이 "회랑"을 형성하여 대중적이고 존경받는 지휘관에 대한 지지를 공개적으로 표명하였다. 이 영상은 급속도로 퍼졌다. 이에 대한 응답으로 Modly는 Gulf Stream 비즈니스 제트기를 임대하여 $243,000의 비용으로 즉시 괌으로 날아가 배의 공개 방송 시스템에 대해 선원들을 질책했다(Gibbons–Neff, Schmitt & Ismay, 2020). Modly는 Crozier가 함선을 지휘하기에는 "너무 어리석고 너무 순진하다"고 말했고, 바이러스에 대한 책임은 중국에 있다고 덧붙였다. 30분 후 그는 아무 질문도 하지 않고 갑자기 자리를 떴다. 그가 Roosevelt 함정을 떠난지 30분도 안 되어 사회의 통신매체들은 그의 장황한 연설의 오디오 녹음을 널리 방송했다.

제4막–R&D: 사임과 복직

장관의 대행 Modly가 다시 워싱턴 D.C에 착륙했을 때 국방장관으로부터 사과하라는 지시를 받았다. 국회의원들과 군관계자들은 Modly의 사임을 요구하고 나섰다. 다음날 Modly는 Roosevelt호에 승선하고 있을 때 코로나 바이러스에 노출되었을 가능성이 있어 검역소에 사직서를 제출하였다. Crozier 대위는 괌의 해군기지에 격리되어 바이러스와 싸우며 지냈다. 함선 승무원들 4000명 중 바이러스 양성 판정을 받은 800명과 함께 격리되었고 그 중 한 명은 사망하였다.

그러나 함상 Crozier의 역경과 USS Theodore Roosevelt호의 승무원들(수병들)의 곤경은 군 고위간부들의 주목을 받게 되었고 다른 군함들과 임무에 대한 인식과 우려를 높였다. 그리고 합참의장인 John Hyten장군은 "내 관점에서 Teddy Roosevelt가 특별한 문제가 된다고 생각하는 것은 좋은 생각이 아니다. 그런 일이 다시는 결코 일어나지 않을 것이라고 생각하는 것은 계획을 세우는 데 있어서 좋은 방법이 아니다."(Gibbons-Neff, Schmitt & Ismay, 2020)

이후 해군은 향후 발병을 예방하기 위해 해상에 있는 선박과 출항을 준비하는 선박에 대해 새로운 건강 및 안전 절차를 제정했다. 여기에는 승무원에게 마스크를 착용하고 사회적 거리두기 지침을 준수해야 한다. 또한 배치 준비를 위해 선원은 선박에 탑승하기 전에 14일 동안 격리해야 한다는 내용이 담겨있다.

함장 Crozier를 원래 직위로 복직시켜야 한다는 청원에 서명한 사람들의 수가 345,000명 이상이다. 입법부서에서는 팬타곤에 재고를 촉구했고, 하원 군사위원회 위원장과 하위위원회 지도자들은 Crozier의 해고를 비난했다. 그리고 지휘관의 지휘하에 있는 사람들의 안전에 대한 중요한 문제에 대해 말했다고 하여 지휘관을 해고하는 것은 다른 사람들이 비슷한 우려를 제기하는 것을 단념하게 만든다(Cooper, Gibbons-Neff, Schmitt & Cochrane, 2020).

대중과 국회의원들의 강력한 압박으로 실시된 예비조사를 통해 해군 최고 지도부는 Crozier 함장의 USS Teodore Roosevelt 함전의 지휘관 복직을 권고하는 전례없는 조치를 취했다. 최종 결정은 해군장관 대역을 맡고 있는 James E. McPherson(Thomas Modly를 교체시켰던 사람)에 의해 지연되고 있었고, 그는 이 문제에 대한 더 광범한 조사를 요구한 사람이었다(Martinez, 2020). 이 사례가 여기에 기록되고 있는 시점에도 Crozier는 해군에 계속 근무중이고 자기 계급을 그대로 유지하고 있었으나 San Diego에 임시 임무를 부여받았다(Ziesulewicz, 2020).

질문

01 이 장에서 "리더의 선택도 역시 그들의 도덕적 추론의 수준에 의해 영향을 받는다"고 말한다. 이 사례에서

A. 함장 Crozier의 도덕적 추론의 수준이 어떤 단계에 와 있다고 분류할 수 있는가? 그 이유는 무엇인가?

B. 해군장관 대리 Thomas Modly의 도덕적 추론의 수준은 어느 단계에 있다고 분류할 수 있는가? 그 이유는 무엇인가?

C. 해군소장 Stuart Baker는 어떤가? 그 이유는 무엇인가?

D. 국방장관 Mark Esper는 어느 단계에 와 있다고 분류할 수 있는가? 그 이유는 무엇인가?

02 이 장에서 측정 결과에 대한 세 가지 서로 다른 접근 방법을 요약한다. 윤리적 이기주의, 공리주의, 이타주의 등이다.

A. 이들 접근법들 중 어느 것이 함장 Brett Crozier의 접근법을 가장 정확하게 요약하고 있다고 느끼는가?

B. 장관 대리 Thomas Modly의 접근법을 가장 정확하게 요약하는 접근 방법은 무엇인가? 그 이유는 무엇인가?

C. 어떤 접근 방법이 해군소장 Stuart Baker에 적용될 수 있는가? 그 이유는 무엇인가?

03 독성 리더십 삼각형에서 설명된 어떤 요소가 이 사례에 분명히 나타나 있는가? 이 사례에서 해로운 리더십의 예들이 있다고 생각하는가? 당신의 대답을 설명하라.

04 이 장에서 윤리적 리더십의 5가지 원칙들을 요약하고 있다. 그 원칙들 중 어느 것이 함장 Brett Crozier의 리더십에 해당되는가? 그리고 어느 원칙들이 Thomas Modly의 리더십에 해당하는가?

리더십 측정 도구

인간은 다른 사람들이 자기를 윤리적 리더로 봐주기를 바란다. 비윤리적인 리더로 비춰지면 강력한 부정적 인간으로 낙인되어 불명예를 짊어지고 살아야 하기 때문이다. 다른 사람들이 윤리적 리더로 측정하는 데 있어서 측정 방법이 무엇인지 거기에 대한 도전이 있을 수 있다. 리더 자신이 말한 윤리적 리더십 점수가 편견일 수 있고, 자기 자신에 대한 평가는 긍정적 방향으로 기울어지는 것이 일반적인 현상이다.

이 장에서 제시된 윤리적 리더십 스타일 설문(The Ethical Leadership Style Questionnaire–ELSQ)은 자신이 자신의 리더십 스타일을 측정하기 위한 설문이고 그가 윤리적인지 아니면 그렇지 않은지를 측정하려는 것이지만 조금은 윤리적 리더십 스타일을 측정하는 도구가 될 수 있다.

ELSQ는 45문항으로 된 측정 도구이고 리더가 윤리적으로 진퇴양난의 궁지에 처했을때 어떻게 접근하는지를 측정하는 측정 도구이다.

윤리적 궁지에 처한 리더를 측정하기 위한 6가지 스타일들은 (1) 직무 윤리(duty ethics)–나는 올바른 일을 할 것이다. (2) 공리주의 윤리(utilitarian ethics)–나는 모든 사람들에게 유익한 일을 할 것이다. (3) 덕윤리(virtue ethics)–나는 선한 사람으로서의 일을 할 것이다. (4) 보살핌의 윤리(caring ethics)–나는 나와 가까운 관계의 사람들을 돌보는 일을 하고 싶다. (5) 이기주의 윤리(egoism ethic)–나에게 가장 유익한 일을 할 것이다. (6) 정의의 윤리(justice ethics)–나는 공정한 일을 할 것이다. 개인들의 응답을 기초로 하여 ELSQ는 리더의 일차적 또는 이차적인 윤리적 리더십 스타일을 확인하였다.

ELSQ가 개발의 초기 단계에 있지만 두 번의 연구(Baehrend, 2016; Chikeleze, 2014)가 리더들이 윤리적 궁지에 직면했을 때 그들이 어떤 특정한 윤리적 리더십 스타일을 더 선호하는가를 확인했다. ELSQ는 윤리적 궁지에 처했을 때 의사결정에서 더 선호해야 할 것을 이해하기 위한 자기 측정의 도구로 사용될 수 있다. 조직 내에서는 리더들의 의사결정을 위한 교육 과정에서 유용한 훈련 도구로도 사용될 수도 있다(Chikeleze & Baehrend, 2017).

윤리적 리더십 스타일 설문(ELSQ)

목적: 당신의 윤리적 리더십 스타일을 이해하고 당신이 선호하는 윤리적 리더십 스타일이 다른 윤리적 리더십 스타일과 어떻게 관련되고 있는지 이해한다.

작성 요령: 리더가 윤리적 궁지에 당면한 다음 10가지 가상 상황을 읽어보고 당신이라면 이러한 상황에서 리더 혹은 관리자의 역할을 한다면 가장 선호하는 반응을 골라 표시하라. 특별한 상황에서 무엇을 하고 싶은지 하나의 반응을 선택해 보시오. 맞는 답과 틀린 답은 없다.

대안적 반응의 설명

- **나는 올바른 일을 할 것이다.(I would do what is right):** 이 선택에 포함된 것은 규칙을 따르고 나의 책임을 다하며 나의 의무를 이행하고 조직의 정책을 고수한다. 이 같은 상황 여건에서 규칙들은 노골적일 수도 있고 은연중일 수도 있다.
- **나는 모든 사람들에게 유익한 일을 할 것이다.(I would do what benefits the most people):** 이 선택에 포함된 것들은 전체적으로 모든 사람들에게 도움이 되고, 모든 사람들을 행복하게 만드는 일을 하며, 가장 많은 사람들에게 가장 큰 선행이 되는 일을 한다.
- **나는 나와 가까운 관계를 가진 사람들을 돌보는 일을 하고 싶다:** 이 선택에 포함된 것들은 돌보는 관계와 양육하는 관계를 구축하여 유지하며 다른 사람들의 필요에 반응한다. 개인적으로 유대관계가 있는 사람에게 특별한 배려를 한다.
- **나는 나에게 가장 유익한 일을 할 것이다:** 이 선택에 포함된 것들은 나는 나의 목적을 달성하고 나에게 할당된 일을 성공적으로 수행하며 나의 경력상의 승진을 추구한다. 그리고 거기에는 내게 개인적인 이익을 가져다주는 일을 한다는 것도 포함된다.
- **나는 공정한 일을 할 것이다.(I would do what is fair):** 이 선택에 포함된 것들은 정의감을 가진 행동, 다른 사람들에게 공평하고 공정하다. 그리고 유익한 일과 짐이 되는 일을 모든 사람에게 똑같이 분배한다.

상황들

01 당신은 지금 문제가 있는 생산팀의 리더이다. 종업원들이 더 많이 판매하기 위해 제품의 질을 거짓으로 보고하고 있다는 것을 알게 되었다. 만약 그 사실을 윗선에 보고하면 그들 대부분이 실직을 하게 될 것이다. 그리고 당신도 실직하게 될 수도 있다. 또 회사의 명성에도 큰 타격을 준다. 이 상황에서 당신은 어떻게 행동하겠는가?

A. 나는 올바른 일을 할 것이다.

B. 나는 모든 사람들에게 유익한 일을 할 것이다.

C. 나는 선한 사람으로서의 일을 할 것이다.

D. 나는 나와 관계가 있는 사람들을 돌보는 일을 할 것이다.

E. 나는 나에게 가장 유익한 일을 할 것이다.

F. 나는 공정한 일을 할 것이다.

02 업무 수행에 문제가 있는 종업원들이 있다. 그 종업원들 때문에 당신의 집단이 작업 할당량을 채우는 것이 어렵다. 당신은 유능한 성과자로 추천되고 있으나 지금 당신은 그 종업원을 관리했던 이전 관리자도 그가 문제 있는 종업원이라는 것을 알고 그를 제거하려고 했다는 것을 알고 있다. 그래서 당신이 그 함량 미달의 종업원을 다른 곳으로 추천하고 다른 곳으로 떠나게 할 수 있는 기회가 온다면 당신은 이 상황에서 어떻게 하겠는가?

A. 나는 올바른 일을 할 것이다.

B. 나는 모든 사람들에게 유익한 일을 할 것이다.

C. 나는 선한 사람으로서의 일을 할 것이다.

D. 나는 나와 관계가 있는 사람들을 돌보는 일을 할 것이다.

E. 나는 나에게 가장 유익한 일을 할 것이다.

F. 나는 공정한 일을 할 것이다.

03 당신의 팀은 중요한 프로젝트를 완성하라는 강한 압력을 받고 있다. 당신이 지금 듣기로는 핵심 직원 중 한 사람의 경력상 지금보다 훨씬 더 좋은 자리가 비어 있다는 것을 알게 되었다. 만약 그 직원이 우리 팀을 떠난다면 우리가 진행 중인 프로젝트는 위험에 빠지게 될지도 모른다. 이 같은 상황에서 당신은 무엇을 하겠는가?

A. 나는 올바른 일을 할 것이다.

B. 나는 모든 사람들에게 유익한 일을 할 것이다.

C. 나는 선한 사람으로서의 일을 할 것이다.

D. 나는 나와 관계가 있는 사람들을 돌보는 일을 할 것이다.

E. 나는 나에게 가장 유익한 일을 할 것이다.

F. 나는 공정한 일을 할 것이다.

04 당신의 종업원들 중 한 사람이 심각한 병을 앓고 있는 어린 자녀가 있고, 일터에서 자신이 해야 할 직무의 할당량을 다 채우지 못하는 어려움에 처해있다. 당신이 업무비서로부터 알게 된 사실은 이 종업원이 실제로는 주 30시간을 일하고서도 근무일지에는 40시간을 일한 것으로 기재하고 있다는 것을 알게 되었다. 이 상황에서 당신은 어떻게 행동하겠는가?

A. 나는 올바른 일을 할 것이다.

B. 나는 모든 사람들에게 유익한 일을 할 것이다.

C. 나는 선한 사람으로서의 일을 할 것이다.

D. 나는 나와 관계가 있는 사람들을 돌보는 일을 할 것이다.

E. 나는 나에게 가장 유익한 일을 할 것이다.

F. 나는 공정한 일을 할 것이다.

05 당신은 관리자이고 당신의 지도하에 있는 종업원들 중 몇 명이 자신들의 업무 할당량을 할당된 마감시간보다 훨씬 더 일찍 끝마칠 수 있었다. 만약 윗선의 관리자들이 이 사실을 알게 된다면 그들은 당신에게 할당량을 더 늘리기를 원할 것이다. 그런데 실제로 당신의 종업원들 중 몇 명은 할당량을 정해진 시간 내에 해낼 수 없다. 이러한 상황에서 무엇을 할 수 있는가?

A. 나는 올바른 일을 할 것이다.

B. 나는 모든 사람들에게 유익한 일을 할 것이다.

C. 나는 선한 사람으로서의 일을 할 것이다.

D. 나는 나와 관계가 있는 사람들을 돌보는 일을 할 것이다.

E. 나는 나에게 가장 유익한 일을 할 것이다.

F. 나는 공정한 일을 할 것이다.

06 당신은 조직의 수석 재무관리관이다. 최고경영자와 그 밖의 최고 경영팀원들이 회사의 주식 가치를 높이기 위해 과장된 재무 보고를 시중에 발표하기를 원한다. 거의 모든 상급관리자들은 상당한 정도의 주식을 소유하고 있다. 이러한 상황에서 무엇을 할 수 있는가?

A. 나는 올바른 일을 할 것이다.

B. 나는 모든 사람들에게 유익한 일을 할 것이다.

C. 나는 선한 사람으로서의 일을 할 것이다.

D. 나는 나와 관계가 있는 사람들을 돌보는 일을 할 것이다.

E. 나는 나에게 가장 유익한 일을 할 것이다.

F. 나는 공정한 일을 할 것이다.

07 신입 종업원 두 사람이 학교를 졸업한 직후 당신의 회계팀에 합류했다. 그들은 규칙적으로 인터넷을 하고 휴대전화로 문자메시지를 계속 주고받는다. 당신의 업무는 월말에 회계 보고서를 완성하기 위해 초과근무가 요구되었다. 그러나 이들 종업원들은 어떤 초과 근무도 허용하지 않고 업무를 다른 직원들에게 떠넘겼고 다른 팀원들은 분노했다. 이러한 상황에서 무엇을 할 수 있는가?

A. 나는 올바른 일을 할 것이다.

B. 나는 모든 사람들에게 유익한 일을 할 것이다.

C. 나는 선한 사람으로서의 일을 할 것이다.

D. 나는 나와 관계가 있는 사람들을 돌보는 일을 할 것이다.

E. 나는 나에게 가장 유익한 일을 할 것이다.

F. 나는 공정한 일을 할 것이다.

08 당신은 지금 이웃에 있는 식품회사의 관리자이다. 네 명의 자식이 있는 여자 직원이 식품점에서 30달러 상당의 물건을 훔치다 잡혔다. 당신은 이 사람이 수년 동안 도둑질을 해 왔다고 의심하고 있다. 그래서 경찰에 신고할지 고민 중이다. 이러한 상황에서 무엇을 할 수 있는가?

A. 나는 올바른 일을 할 것이다.

B. 나는 모든 사람들에게 유익한 일을 할 것이다.

C. 나는 선한 사람으로서의 일을 할 것이다.

D. 나는 나와 관계가 있는 사람들을 돌보는 일을 할 것이다.

E. 나는 나에게 가장 유익한 일을 할 것이다.

F. 나는 공정한 일을 할 것이다.

09 당신은 지금 직원 채용에서 특정 성별에 대해 차별을 했다는 이유로 고소를 당했다. 비어 있는 새로운 자리에 나중에 지원한 사람이 약간 더 좋은 자격 요건을 갖췄지만 앞에 지원한 다른 성별의 지원자를 차별하여 채용했다는 이유로 고소를 당한 것이다. 당신의 평판을 개선하기 위해 이러한 상황에서 어떻게 하겠는가?

A. 나는 올바른 일을 할 것이다.

B. 나는 모든 사람들에게 유익한 일을 할 것이다.

C. 나는 선한 사람으로서의 일을 할 것이다.

D. 나는 나와 관계가 있는 사람들을 돌보는 일을 할 것이다.

E. 나는 나에게 가장 유익한 일을 할 것이다.

F. 나는 공정한 일을 할 것이다.

10 당신은 대학 교수이다. 가장 우수한 학생들 중 한 학생이 학점을 위해 온라인에 있는 논문을 구입하여 제출했다. 학기말에 그 학생은 죄책감을 느껴 당신에게 고백하기를, 제출된 논문은 온라인상에 있던 것이고 그것을 구입하여 제출했다고 털어놓았다. 학생이 표절행위를 저지를 경우 낙제시키도록 대학교에 규정되어 있다. 당신은 지금 학생의 낙제 여부를 결정해야 한다. 이러한 상황에서 무엇을 할 수 있는가?

A. 나는 올바른 일을 할 것이다.

B. 나는 모든 사람들에게 유익한 일을 할 것이다.

C. 나는 선한 사람으로서의 일을 할 것이다.

D. 나는 나와 관계가 있는 사람들을 돌보는 일을 할 것이다.

E. 나는 나에게 가장 유익한 일을 할 것이다.

F. 나는 공정한 일을 할 것이다.

채점 방법

설문에 대한 채점을 위해 응답한 A, B, C, D, E, F 각각의 횟수를 합산한다. A 응답의 합계는 직무 윤리(duty ethic)를 나타내고, B 응답의 합계는 공리주의 윤리(utilitarian ethic)를 나타내며, C 응답의 합계는 덕의 윤리(virtue ethics)를 나타낸다. 그리고 D 응답의 합계는 보살핌의 윤리(caring ethics)를 나타내고 E 응답의 합계는 이기주의 윤리(Agoism ethic)를 나타내며 F 응답의 합계는 정의의 윤리(justice ethics)를 나타낸다. 아래에 있는 총점란에 각 응답별로 총점을 써넣으면 된다.

A. 직무 윤리 ________

B. 공리주의 윤리 ________

C. 덕의 윤리 ________

D. 보살핌의 윤리 ________

E. 이기주의 윤리 ________

F. 정의 윤리 ________

채점 결과의 해석

이 설문에서 당신이 얻은 점수는 당신의 윤리적 리더십 스타일에 대한 정보를 제공한다. 윤리적으로 진퇴양난의 궁지에 처해 있을 때 그것을 다루기 위해 선호하는 방법을 보여준다. 당신이 윤리적 궁지의 상황에 처해 있다고 가정하고 이 설문들은 당신이 윤리적 궁지를 해결하기 위한 선택의 배후에 있는 윤리적 관점이 무엇인가를 나타낸다. 거기에서 최고의 점수가 당신의 기본적이고 주된 윤리적 리더십 스타일이고, 두번째로 높은 점수는 그 다음으로 중요한 윤리적 리더십 스타일이다. 만약 그 점수가 0이라면 당신이 윤리적 궁지에 처했을 때 당신의 의사결정을 유도하는 윤리적 결정에서 가장 낮은 우선순위를 나타낸다.

- 직무 윤리에 더 높은 점수를 주었다면 윤리적 궁지에 처했을 때 규칙을 따르고 당신이 해야 할 일이라고 생각하는 것을 한다는 것을 의미한다. 다시 말해서 당신의 책임에 충실하고 당신이 옳다고 생각하는 일을 한다는 의미이다.
- 당신이 공리주의 윤리에 가장 높은 점수를 주었다면 윤리적 궁지에 몰렸을 때 모든 사람에게 가장 최선이 되는 일을 하려고 노력한다는 의미이다. 무엇이 가장 많은 사람들에게 행복을 가져다 줄지에 초점을 맞춘다.
- 덕의 윤리에 가장 높은 점수를 주었다면 윤리적 궁지에 처했을 때 당신이 누구인지에서 벗어나게 됨을 의미한다. 당신은 청렴결백하게 행동하고 당신 자신의 선의 원칙에 충실하다.
- 보살핌의 윤리에 더 높은 점수를 주었다면 윤리적 궁지에 처했을 때 당신은 당신과의 관계에 더 관심을 기울인다. 당신은 당신의 개인적인 유대감이나 약속을 공유하는 사람들에게 특별한 배려를 한다.
- 이기주의 윤리에 더 높은 점수를 주었다면 윤리적 궁지에 처했을 때 당신 자신에게 최선이 되는 것을 선택한다는 의미이다. 문제를 해결할 때 자신의 관심과 목표를 주장하는 것을 두려워하지 않는다.
- 정의의 윤리에 더 높은 점수를 주었다면 당신이 윤리적 곤경에 처했을 때도 다른 사람들을 공정하고 공평하게 대하는 데 초점을 맞춘다. 당신은 결정에서 오는 이익이나 부담을 관련된 사람들 사이에 공평하게 공유되도록 노력한다.

이들 윤리적 관점들 각각의 점수를 비교함으로써 윤리적 문제를 다룰 때 당신에게 중요한 것이 무엇인지를 알 수 있다. 그리고 낮은 점수는 그 같은 윤리적 관점을 덜 우선시한다는 의미이다. 모든 윤리적 관점에는 나름의 장점이 있으므로 유지해야 하는 최선의 관점은 없다. 이 설문은 자기 측정 연습(self-assessment exercise)을 하는 것이다. 각각의 윤리적 접근법은 별개의 범주로 제시되지만 한 범주가 다른 범주와 겹칠 가능성도 있다. 이 설문에서 포착되지 못한 윤리적 리더십 스타일을 갖게 될 수도 있다. 이 설문은 넓은 범위의 설문 요약본이기 때문에 당신의 윤리적 접근법을 보다 더 정확하게 반영하기 위해 전체 설문지를 가져가고 싶을 것이다. 전체 설문지는 다음 주소에서 확인할 수 있다. www.leaderdecisionmakingsurvey.com.

요약

수천 년 동안 윤리에 대한 관심에도 불구하고 리더십 윤리의 본질에 대한 이론적 연구는 거의 전무한 편이다. 본 장은 윤리 이론을 개관하고 리더십 과정에 이들 이론들을 적용하는 문제에 관해 논의하였다.

윤리 이론은 '어떻게 하면 윤리적이 될 수 있는가'에 대한 의사결정에 지침이 될 수 있는 일련의 원칙들을 제공하고 있다. 서구 전통에서 윤리 이론은 두 가지의 대표적인 이론–즉, 행위에 대한 이론과 자질에 대한 이론–으로 나누어진다. 행위에 대한 이론들은 리더의 행위의 결과(목적론적 접근법)나 그들의 행위를 지배하는 법칙들(의무론적 접근법)을 강조하고 있다. 덕성 이론(virtue based theories)은 리더의 자질에 초점을 맞추고 있으며, 이는 용기, 정직, 공정성, 충실성 등과 같은 자질을 강조하고 있다.

윤리는 리더십 과정에서 중심적인 역할을 하고 있다. 리더십은 영향력을 포함하는 개념이고 리더는 성원들보다도 더 많은 영향력을 가지고 있기 때문에 리더는 그들의 행위가 다른 사람들에게 어떤 영향을 미치는가에 대한 엄청난 윤리적 책임이 있는 것이다. 리더는 또한 성원들이 공동목표를 달성하는 데 기여할 수 있도록 해야 하기 때문에 리더들이 성원들과 그들의 아이디어를 존중해야 한다는 것은 필수적이다. 리더들은 또한 조직 내에서 윤리적 분위기를 조성하는 데에 주된 역할을 해야 하고 그 같은 역할을 수행하기 위해 리더에게는 특히 성원들이 추구하는 가치와 높은 이상에 대한 민감한 대응이 요구된다.

Heifetz나 Burns, Greenleaf와 같은 몇몇 저명한 윤리적 리더십학자들은 우리가 윤리적 리더십을 이해하는 데 매우 독특한 접근 방식들을 제시하고 있다. 이들 세 사람의 공통적인 주제는 '보살핌의 윤리(ethic of caring)'이다. 즉, 성원들의 요구에 주의를 기울이고 리더–성원 간의 관계의 중요성에 유의해야 한다 그리고 본 장에서는 건전한 윤리적 리더십은 타인 존중(respect), 봉사(service), 정의(justice), 정직(honesty) 그리고 공동체 윤리(community) 등의 다섯 가지 원칙에 그 뿌리를 두고 있다고 제시한다. 다른 사람들을 존중하는 것은 리더의 의

무이며, 그들의 말을 주의 깊게 경청하고 반대 의견도 관용할 수 있어야 한다. 윤리적 리더는 또한 이타적으로 다른 사람들에게 봉사할 수 있어야 한다. 즉, 공동선에 기여하는 노력으로서 자기 자신의 이익에 앞서 다른 사람들의 복지를 더 중요시 할 수 있어야 한다는 것이다. 정의(justice)는 리더가 의사결정 과정에서 공정성을 가장 중심에 두어야 한다는 것을 요구하고, 거기에는 공동체의 이익에도 공정해야 함과 동시에 한 개인에게도 공정해야 한다는 도전적인 과업까지 포함하고 있다. 그리고 좋은 리더는 정직해야 한다. 그들은 다른 사람들에게 거짓말을 하거나 파괴적이고 비생산적인 방법으로 다른 사람에게 유해한 사실을 누설하지 않아야 한다. 마지막으로 윤리적 리더는 성원들의 목표와 사회전체의 목표가 양립될 수 있는 목표를 찾아야 하며, 공동체 구축에 전심전력해야 한다.

윤리와 리더십에 대한 연구는 다음과 같은 몇 가지 장점을 지니고 있다. 첫째, 사회적으로 더 높은 수준의 도덕적 책임감을 리더에게 요구하는 오늘의 시점에서 이 연구는 윤리적 리더십에 대해서 어떻게 생각해야 하며, 어떻게 그것을 실행할 수 있는가에 대한 방향을 제시하고 있다. 둘째, 이 연구는 우리에게 리더십이 윤리적 과정이라는 것을 상기시키고 있다. 학자들은 윤리 문제를 리더십 연구에서 중요한 하나의 차원으로 포함시켜야 할 것이다. 셋째, 이 연구분야는 우리가 실제상황에서 윤리적 리더십을 개발하는 데 필요한 기본적 원칙들을 제시하고 있다.

반면에 윤리적 리더십의 연구는 연구로서의 약점들을 가지고 있다. 첫째, 윤리적 리더십의 연구가 아직도 발전의 초기 단계에 머물러 있다는 것이다. 지금까지 윤리적 리더십의 본질에 대한 실증적 연구는 거의 부재한 상태이며, 그 결과 윤리적 리더십 과정에 관한 이론 구축은 실험단계에 있다. 둘째, 이 연구 분야는 아직은 주로 서술적이고 일화적인 몇몇 개인의 저술에 의존하고 있다. 그 결과, 리더십 윤리에 관한 이론은 일반적으로 리더 행동에 대한 이론 구축 과정에 수반되는 전통적인 실증적 검증을 결여하고 있다. 이러한 약점에도 불구하고 윤리적 리더십 분야는 미래연구를 위한 무한한 가능성이 열려 있으며, 리더십 과정에서 윤리의 역할에 대한 이해를 증진시킬 수 있는 연구의 필요성이 높아지고 있다.

CHAPTER 16

팀리더십

- 서술
- 팀리더십의 모델
- 팀리더십 모델의 효용
- 강점, 비판, 응용
- 요약

서술

팀(work team)은 오늘날 조직에서 널리 보급되어 활용되고 있는 조직의 단위이다. 조직의 활동이 작업팀에 의해 수행된 것은 더욱 복잡해진 과업(tasks), 보다 더 확대된 세계화(globalization), 그리고 수평적 조직 구조(the flattening of organizational structures) 등에 기인한다. 팀은 조직 내의 한 형태의 집단으로서 상호 의존적이고 상호 도움을 주고 공동 목표를 공유하며, 그 같은 목표를 완수하기 위해 자신들의 활동을 통합 조정해 가야 하는 성원들로 구성된다(A team is a type of organizational group that is composed of members who are interdependent, who share common goals, and who must coordinate their activities to accomplish these goals). 그래서 팀의 구성원들은 그들의 목표 달성을 위해 공동(집합적)으로 작업해야 한다. 조직 내 팀들의 예로서 고위임원팀, 프로젝트 관리팀, 특수임무팀 혹은 특별전문위원회, 작업 단위, 상설위원회, 품질관리팀, 업무활동 개선팀 등을 들 수 있다. 팀들은 상호 간에 대면이 가능한 같은 장소에 위치할 수도 있고, 전 세계 지구촌에 분산되어 다양한 형태의 통신기술에 의해 소통하는 "가상 팀들(virtual teams)"이 될 수도 있다. 이들 가상팀들은 어떤 프로젝트를 위해 여러 조직부서에서 유능한 직원들을 모아 만든 가상적인 팀 혹은 조직이다. 어떤 조직의 집단이 팀인가, 팀이 아닌가에 대한 정확한 정의는 조직들이 많은 새로운 형태의 제휴, 협력 및 합작에 직면해 감에 따라 끊임없이 점진적으로 변화하고 있다(Wageman, Gardner, & Mortensen, 2012).

조직의 팀에 대한 연구는 경쟁력 우위의 유지를 위한 전략에 초점을 맞추어 왔다. 팀을 기초로 한 조직(team-based organizations)은 보다 신속한 대응력을 가진다. 팀에 의존하는 보다 수평적인 조직 구조 때문이며, 시간과 공간을 넘어 통신이 가능한 새로운 기술 때문이다(Porter & Beyerlein, 2000). 이 같은 새로운 조직 구조를 "team-based and technology-enabled"로 칭하고 있다(Mankin, Cohen, & Bikson, 1996).

COVID-19 유행병이 전 세계적으로 확산되기 이전에는 사람들이 그들의 집에서 멀리 떨어진 곳에서 일하도록 강요받았다. 회의 참여를 위한 화상회의에 의존하여 대다수의 다국적 기업은 이미 가상 팀에 의존하고 있었다. 여기서 말하는 팀은 지리적으로 분산되어 있어 상호작용(교류)하고 협력하기 위해 통신기술에 의존하고 있는 팀이다(Muethel, Gehrlein, & Hoegl, 2012). 그러한 팀들은 (1) 기업들이 지구 전체에서 최고의 인재를 사용할 수 있게 하고, (2) 협업을 용이하게 하고, (3) 여행경비를 줄일 수 있게 한다(Paul, Drake, & Liang, 2016). COVID-19 대유행 중에 경험한 것처럼 조직이 위치하는 지역이 폐쇄될 때 소셜 미디어의 발달로 화상회의를 위한 소프트웨어의 활용은 보다 더 실감나는 소통환경을 만들고 그로 인해 협력이 촉진된다(Schmidt, 2014; Schouten, van den Hooff, & Feldberg, 2016; Scott, 2013). 그럼에도 불구하고 가상 팀은 시간, 거리 및 문화적으로 분리된 성원들로 인해 더욱 더 많은 어려움에 처한다. 가상팀들은 대면적 의사소통이 드물고, 의사결정이나 일정 관리에 더 많은 시간이 소요된다. 이에 더해 그들은 서로 덜 신뢰하게 되고 보다 더 많은 갈등과 더 많은 서브그룹이 형성된다. Breuer, Hüffmeier 그리고 Hertel(2016) 등은 가상팀을 지도할 때는 신뢰가 중요한 요인이라는 것을 발견했다. 왜냐하면 팀원들이 서로 대면하는 팀에 비해 가상팀에게는 신뢰가 보다 더 중요하다는 사실이 밝혀졌기 때문이다.

The Center for Creative Leadership(창조적 리더십 센터)의 세계 141개 가상팀을 대상으로 한 연구에서 세 가지 주된 요인들이 가상팀의 효과성에 영향을 미친다는 것을 발견했다.

1. **기술(Technology)** 효과적인 팀리더십은 기술을 사용하여 팀 성원들 간의 연결 관계를 촉진하고 팀원들이 얼굴을 맞대고 대면하여 일하는 것처럼 느끼게 한다. 화상회의 시행(e.g.,Zoom)은 COVID-19의 대유행 기간에 팀의 성공을 위해 매우 중요한 역할을 하였다.

2. **간격의 관리(Managing distance)** 많은 경우 가상팀들은 서로 다른 시간대에 작업하므로 서로 다른 일정을 수용하는 것이 중요하다. 가상팀 리더십은 팀원들 간에 이른 아침의 책임(임무)과 늦은 저녁의 책임을 나누어 하도록 해야 한다. 어떤 팀원들은 시간대의 차이를 신체적으로 수용하기 어려운 사람들도 있다. 물리적 거리는 팀원들의 참여에 대한 도전이 되고, 리더는 팀 목표에 대한 팀원들의 헌신을 확보해야 한다.

3. **팀 구조(Team structure)** 가상팀 리더십은 팀원들을 신중히 고려해야 한다. 그리고 팀원들의 헌신을 확보해야 한다. 이것은 모든 팀들에게 유용한 것이지만 가상 팀에는 더욱 더 중요하다. 팀원들이 팀을 떠나기가 더욱 쉽기 때문이다. COVID-19의 대유행

중에 우리가 보았던 것처럼 어떤 팀원들은 많은 다른 가상팀들의 팀원으로 활동하였기 때문에 어느 한 팀을 향해서는 덜 노력하는 결과를 초래하여 조직 전체의 효과성(능률성)에 해를 끼치는 결과를 초래하기도 한다.

조직에서 팀을 기초로 한 구조는 지속적이고 급격한 변화에 대한 신속한 대응과 적응을 가능케 하여 조직이 경쟁에서 살아남게 하는 중요한 방식이 되고 있다. 대면적인 팀과 전 세계에 분산되어 통신기술에 의해 소통되는 팀(virtual teams)에 관한 연구들은 점차로 팀의 일처리 과정이나 팀의 성과에 초점을 맞추고 있다(Ilgen, Hollenbeck, Johnson, & Jundt, 2005; Thomas, Martin, & Riggio, 2013). 그리고 또 연구자들은 작업팀들이 당면한 문제들은 물론 이 같은 작업팀들을 보다 더 효과적인 팀으로 만들기 위한 방법에도 초점을 맞추어 연구하였다(Ilgen, Major, Hollenbeck, & Sego, 1993). 효과적인 조직의 팀들은 다음과 같이 많은 바람직한 성과를 만들어내고 있다(Parker, 1990).

- 보다 높은 생산성
- 보다 효과적인 자원의 활용
- 보다 더 우수한 의사결정과 문제해결
- 보다 더 질 높은 제품과 서비스
- 보다 더 위대한 혁신과 창조

그러나 팀들이 성공하기 위해서는 성원들의 적극적 참여를 지원하는 조직의 문화가 필요하다. 많은 조직들의 전통적인 권위적 조직 구조는 낮은 계층에서의 의사결정을 지원하지 않고 있다. 이것이 많은 팀들을 실패로 이어지게 하는 원인이었다. 팀워크(teamwork), 즉 협동 작업은 수평적 의사결정에 의해 나타나는 예로서 조직 내의 계급이나 지위에 기초한 계층적인 의사결정과는 반대되는 것이다. 팀 내에서 동태적이고 유동적인 권력 이동을 '헤터라키(heterarchy)'라 칭한다(Aime, Humphrey, DeRue, & Paul, 2014). 팀 내의 그 같은 권력 이동은 긍정적인(positive) 성과로 이어질 뿐만 아니라 팀의 성원들이 이같이 이동하는 권력의 원천을 정당하고 합리적인 것이라고 생각한다. 협력적인 팀의 노력과 팀의 의사결정을 지원하지 않는 조직문화에서는 팀의 활동이 어려워진다. 조직의 문화를 팀활동을 지원하는 문화로 바꾸는 일은 가능한 일이지만 시간과 노력이 소요되는 일이다(Levi, 2011).

그래서 팀의 리더십 역시 중요한 연구 분야가 되었다. 팀리더십의 아이디어로서 상황적 리더십(5장), 변혁적 리더십(8장) 등도 팀 상황에 적용될 수 있다. 그러나 팀리더십(team leadership)은 독특한 리더십 영역이고 매우 과정 지향적인 리더십이다. 팀들이 어떻게 그들의 "결정적으로 중요한 능력(critical capabilities)"을 개발해 가는가? 팀리더들은 뜻하지 않게 일어나는 우발적인 일을 처리하기 위해 어떻게 그들의 행동을 변경해가고 있는가? 리더의 활동이 어떻게 과업과 대인 간의 관계의 발전을 촉진하는가?(Kozlowski, Watola, Jensen, Kim, & Botero, 2009) 효과적인 팀리더십은 팀의 성공을 촉진시키고 팀의 실패를 피해가도록 도움을 준다(Stagl, Salas, & Burke, 2007; Stewart, & Manz, 1995). 그리고 효과적인 리더십 과정(effective leadership processes)은 팀의 성공에 중요한 결정적인 요인이다(Zaccaro, Rittman, & Marks, 2001, p. 452).

공유 혹은 분산된 리더십

팀 과정의 복잡성(the complexities of team processes)은 모든 팀 구성원들의 주목과 주의집중을 필요로 한다. 어떤 팀들은 자율적이고 공식적인 리더가 없고 자발적이다. 그러나 공식적인 리더가 있는 팀들까지도 팀 성원들 간의 리더십 공유(shared leadership)가 유익이 될 수도 있다. 팀리더십 기능은 공식적인 팀리더나 팀 성원들의 공유된 리더십에 의해 수행될 수 있다. 공유된 팀리더십 혹은 리더십 공유는 팀 성원들이 팀과 팀 효과성의 극대화에 영향을 미치려고 리더십 행동을 취할 때 일어나는 현상이다(Bergman, Rentsch, Small, Davenport, & Bergman, 2012). 공유된 리더십은 팀리더십 수용 능력(team leadership capacity)이라 칭하고 있는데, 이는 팀 전체의 분산된 리더십 범위를 포괄적으로 수용하는 개념이다(Day, Gronn, & Salas, 2004). 그러한 분산된 리더십(distributed leader- ship)의 포괄적 수용에는 팀 성원들에 의한 영향의 공유(sharing of influence)가 내포되어 있다. 여기에서 팀 성원들은 자신을 필요로 하는 상황이라고 판단될 때 앞으로 나아가 필요한 리더십을 발휘하고 나서 한발 물러나 다른 사람들이 요구되는 리더십을 발휘하도록 한다. 이같이 공유된 리더십은 오늘날의 조직에서 더욱더 중요하게 되었다. 보다 복잡한 현안문제들에 대한 신속한 대응을 가능케 하기 때문이다(Morgeson, DeRue, & Karam, 2010; Pearce, Manz, & Sims, 2009; Solansky, 2008).

공유된 리더십이 매우 중요한 반면에 위험 요소가 있고, 팀리더의 공식적 역할을 벗어난 리더십을 발휘하기 위해 선두에 서는 성원들에게 용기가 필요하다(Amos & Klimoski, 2014). 위험은 제쳐놓고 '공유된 리더십의 팀'은 공유된 리더십을 갖지 않는 팀보다 갈등이 더 적고 더 많은 의견일치, 더 많은 교감, 더 많은 신뢰 그리고 더 많은 응집성을 보인다(Bergman et al.,

2012). 가상 팀(virtual teams)의 경우 공유된 리더십은 훨씬 더 중요하다. 가상 팀은 공유된 팀 리더십이 있을 때 훨씬 더 효과적이 되기 때문이다(Hoch & Kozlowski, 2014; Muethel et al., 2012). 가상 팀의 경우 과업이 복잡할 때 특별히 공유된 리더십을 통해 유익을 얻는다(Wang, Waldman, & Zhang, 2014). 팀이 효과적이고 수월성을 성취하기 위해 리더와 성원들이 팀의 리더십을 어떻게 공유할 수 있는가에 대하여는 이 장에서 논의하게 될 것이다. 이 장에서 소개되는 팀리더십의 모델은 리더나 리더십을 발휘하는 팀 성원들이 문제들을 진단하고 그 같은 문제들을 해결하기 위해 적절한 조치들을 취할 수 있도록 하는 데 도움이 될 것이다.

팀리더십의 모델

Hill의 팀리더십 모델(그림 16-1)은 기능적 리더십(the functional leadership)에 기초하고 있는데, 기능적 리더십의 주장은 "리더의 직무란 팀을 감시(관찰)하고 팀의 효과성을 확보하기 위해 필요한 조치를 취하는 것이다."라고 한다. Hill의 모델은 팀리더십의 매우 복잡한 현상을 이해할 수 있는 도구를 제공하고 있다. 맨 윗칸의 '리더십 결정'으로부터 시작하여 '리더의 조치'로 이어지고 마지막으로 '팀 효과성의 지표'에 초점을 맞추고 있다.

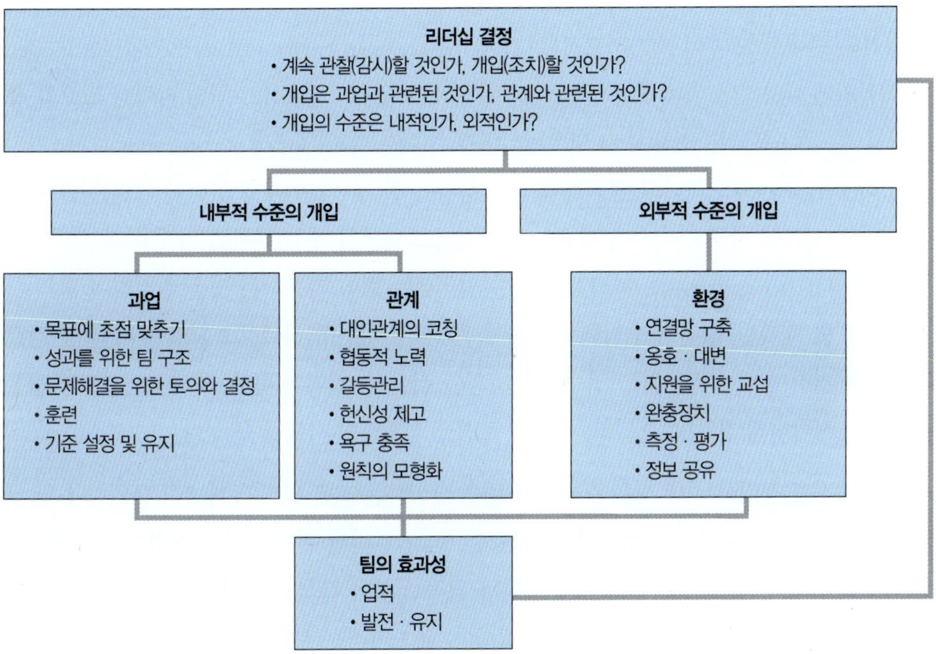

그림 16-1 Hill의 팀리더십 모델

이 모델은 조정(mediation)과 감시의 개념(monitoring concepts)을 통합하고 있으며(Barge, 1996; Hackman & Walton, 1986), 팀 효과성과도 통합하고 있다(Hughes et al., 1993; Larson &

LaFasto, 1989; Nadler, 1998). 더 나아가 이 모델은 팀 효과성을 개선하기 위해 리더가 취할 수 있는 구체적인 조치들을 제공하기도 한다(LaFasto & Larson, 2001; Zaccaro et al., 2001).

그리고 유능한 팀리더에게는 감시(관찰)하고 적절한 조치를 취하기 위해 '폭넓은 커뮤니케이션 기술의 레퍼토리(a wide repertoire of communication skills)'가 필요하다. 한마디로 이 모델은 팀리더십의 복잡한 특성을 단순화시켜 명확히 하고 있고 리더십상의 문제해결에 도움이 되는 '사용하기 쉬운 도구'를 제공하고 있다. 효과적인 팀업적은 리더의 '팀관리의 안내도 모델(the leader's mental model)'로부터 시작된다. 이 모델은 팀이 당면하고 있는 문제점의 구성 내용들(the components of the problem)을 포괄하고 있을 뿐만 아니라 집단을 둘러싼 조직 내의 상황 및 조직 외부 환경에서 일어나는 만일의 사태도 반영하고 있다. 이들 조직 내부의 환경이나 조직 외부의 환경 모두가 팀활동을 제약할 수 있는 상황여건이 되기 때문이다. 그래서 리더는 그 같은 상황에서 팀의 문제점이 무엇이고 주어진 조직적 · 환경적 제약 속에서 어떤 해결책이 가능한가를 제시하고 있는 모델을 개발한 것이다(Zaccaro et al., 2001, p. 462).

'팀관리의 안내도 모델'이 제기하고 있는 문제(the problem envisioned in the mental model)에 적절하게 대응하기 위해 훌륭한 리더는 행동의 유연성이 필요하고 팀의 다양한 필요를 충족시킬 수 있는 폭넓은 조치(행동) 및 기술 목록(a wide repertoire of actions or skills)을 가지고 있다(Barge, 1996). 리더의 행동이 복잡한 상황에 잘 맞아떨어지고 있다면 그것은 곧 리더가 집단의 필요를 충족시키는 데 필요한 필수적이고 다양한 행동 목록을 가지고 잘 대처하고 있는 것이다(Drecksel, 1991). 따라서 유능한 팀리더는 팀이 기능하는 것을 관찰하여 팀의 문제점을 위한 정확한 '팀관리의 안내도 모델'을 만들 수 있어야 하고, 그 모델에 따라 그 같은 문제를 해결하기 위한 적절하고 필수적인 조치를 취할 수 있어야 한다. 효과적인 팀리더들은 문제점을 정확하게 진단할 수 있고, 적절한 조치를 선택하여 시행할 수 있다.

집단이 업적을 성취하는 데 도움이 되는 기능을 발휘하는 것은 리더가 특별히 유의해야 할 책임이다. 이 같은 시각에서 보면 리더십 행동은 '팀과 관련된 문제점들'을 해결하는 행동으로 볼 수 있다. 이 같은 행동은 팀의 내적 상황과 외적 상황을 분석하여 적절한 행동을 선택 · 실천함으로써 팀의 목표를 달성하고 팀의 효과성을 확보하려는 시도인 것이다(Fleishman et al., 1991). 더 나아가 Zaccaro et al.(2001)에 의하면 리더는 사리 분별력을 발휘하여 어떤 문제점이 어떤 개입(intervention)과 조치를 필요로 하는가를 판단하여 가장 적절한 해결책을 선택하여야 한다는 것이다. 적절한 해결책은 상황 여건에 따라 달라야 할 것이고, 보다 더 효과적인 팀을 만들기 위해 꼭 필요하고 꼭 해야 할 일에 초점이 맞추어져야 할 것이다. 유능한 리더는 팀의 문제점들을 해결하기 위해 어떤 리더십 개입(조정)이 필요한가를 결정하는 능력을 가진 리더이다. 리더십이 팀 전체에 의해 공유될 때 다양한 재능을 가지고 있는 성원들은 문제점들을 진단하고 적절한 행동을 통해 개입한다. 그 같은 적절한 행동이 조정 · 선택되고 나면 팀 전체에 의해 공유된다. 이 같은 팀원들에 의한 리더십 공유는 팀 기능의 복잡성에도 불구하고 보다 더 큰 팀 효과성(greater team effectiveness)으로 이어진다.

1 팀 효과성

팀리더십의 Hill 모델의 하단에는 팀의 효과성, 즉 바람직한 팀워크(teamwork)의 성과에 초점을 맞추고 있다(그림 16-1 참조). 팀 효과성의 두 가지 핵심적 성과들이 표시되어 있다. 팀 효과성의 중요한 두 가지 기능은 업적(과업 성취)과 팀의 발전(팀의 유지)이다. 구체적으로 팀 업적(team performance)이란 "의사결정의 질(quality of decision making), 결정내용을 실행에 옮길 수 있는 능력(the ability to implement decisions), 문제해결과 작업 완성의 견지에서 팀워크의 성과(the outcomes of team work in terms of problems solved and work completed), 팀의 공식적 리더십의 질" 등을 말한다(Nadler, 1998, p. 24).

그리고 팀의 발전(team development)은 팀의 응집성(the cohesiveness of the team)과 집단 성원들이 다른 팀원들과 협력적이고 효과적으로 일해가면서 그들 자신의 욕구를 충족시키는 능력(the ability of team members to satisfy their own needs while working effectively with other team members; Nadler, 1998)이다. 그래서 탁월한 팀은 두 가지 목적, 즉 직무를 성공적으로 수행하는 것과 응집성 있는 팀을 유지하는 일을 성취한다.

많은 연구자들이 조직의 작업팀을 체계적으로 연구하여 팀의 건전성을 측정하는 데 사용될 수 있는 효과성의 기준 혹은 우수성의 척도를 개발하였다(Hackman, 1990, 2002, 2012; Hughes, Ginnett, & Curphey, 1993; LaFasto & Larson, 2001; Larson & LaFasto, 1989; Zaccaro et al., 2001). 그리고 Hackman(2012)은 효과적인 팀 기능으로 이어지도록 하는 6가지 조건들을 제시하고 있다. (1) 그 집단은 실제로 진정한 집단인가?(Is it a real team?) (2) 그 집단은 강한 흥미를 돋우는 목적을 가지고 있는가?(Does it have a compelling purpose?) (3) 그 집단은 적절한 사람들을 보유하고 있는가?(Does it have the right people?) (4) 행동규범은 명확한가?(Are the norms of conduct clear?) (5) 조직의 상황에서 외부로부터의 지원이 있는가?(Is there support from the organizational context?) (6) 팀에 초점을 둔 코칭이 있는가?(Is there team-focused coaching?)

Larson과 LaFasto(1989)는 실제로 성공하고 있는 팀을 대상으로 한 현장 연구를 통하여 팀의 규모와 상관없이 8개의 특성들이 팀의 우수성과 일관되게 관련되어 있음을 발견하였다. 다음 〈표 16-1〉의 이들 특성들(실증 연구에 의해 발견된 특성들)은 Hackman(2012)이 제시한 팀 우수성으로 이어지게 하는 조건들과 유사함을 보이고 있다. 팀리더들은 이 같은 집단 효과성의 조건들을 이해해야 할 필요가 있고 또 집단의 성취 수준을 측정하여 비효과적인 부분이 어디인가를 결정할 수 있어야 한다. 이 같은 팀 성공의 지표(these established indicators of team success)와 비교하여 팀이 어느 정도로 잘하고 있는가에 대한 측정의 결과는 가치 있는 정보가 되고, 리더로 하여금 팀 성공을 촉진하기 위해 적절한 조치를 취하는 데 지침을 제공한다.

표 16-1 팀 효과성에 대한 이론과 연구 기준(척도)의 비교

집단 효과성으로 이어지는 조건 (Hackman, 2012)	팀 우수성의 특성들 (Larson & LaFasto, 1989)
• 흥미를 돋우는 목적	• 명확하고 상향적인 목표 • 결과지향적 구조
• 적절한 사람들의 보유	• 유능한 팀 구성원
• 실제로 진정한 팀	• 통일된 헌신 • 협동적 노력의 분위기
• 명확한 행동 규범	• 우수성의 기준
• 지원적인 조직 여건	• 외부의 지원과 인정
• 집단에 초점을 둔 지도(코칭)	• 원칙중심의 리더십

1. 명확하고 상향적인 목표

강한 흥미를 돋우는 목표(a compelling purpose)는 팀 성원들을 동력화하여 그들의 집단적 목적(collective objective)을 지향하게 하고 그들의 재능을 아낌없이 투하하게 만든다(Hackman, 2012, p. 437). 팀의 목표는 모든 성원들이 업적 목표가 달성되고 있는지의 여부를 알 수 있을 만큼 매우 명확해야 한다. 어떤 집단들은 애매모호한 과업을 제시하고 실제로는 구체적인 작업의 수행을 요구하기 때문에 종종 실패하는 경우가 있다(Hackman, 1990). 뿐만 아니라 목표는 구성원들이 가치 있고 중요하다고 믿을 수 있도록 하여 구성원들을 동기부여할 수 있어야 한다. 어떤 팀들은 개인의 사적인 계획이나 사적인 영향력 확대와 관련된 이슈가 팀의 목표를 대신하고 있는 것을 그대로 방치하기 때문에 종종 실패하기도 한다(Larson & LaFasto, 1989). 수많은 팀으로부터 수집한 연구 데이터에 따르면 유능한 리더는 팀이 팀 목표 달성에 초점을 맞추어 행동하도록 하고 있다(LaFasto & Larson, 2001).

팀이 그 목표에 초점을 맞추어 일하도록 하는 것은 훌륭한 팀리더들이 일차적인 목표의 하나로 확인되어 왔다(Salas, Dinh, & Reyes, 2019). 팀리더십에 관한 광범위한 문헌들이 분석에 기초하여 그리고 그것이 어떻게 실행되고 있는가에 기초하여 Salas et al.(2019)가 주장하기를 팀 구성이 시작될 때(at the onset of a team's formation) 팀리더들은 팀 목표와 팀원들의 업무상 상호의존성을 결정하는 주요한 기회를 갖게 되고 이 같은 노력이 팀의 궤적에 강한 영향을 미친다고 주장한다. 팀리더들은 이 같은 일들을 여러가지 방법으로 수행할 수 있다. 거기에는 공유된 영향, 인식 및 행동을 팀원들에게 주입시키기 위한 사전 브리핑 등을 실시하는 것이 포함되고, 공통적이고 설득력 있는 임무를 강조하고, 팀원들이 집단적으로 일하도록 유도하는 것이 포함된다.

2. 결과 지향적 구조

팀은 팀의 목표를 성취하기 위한 최선의 구조를 찾아야만 한다. 팀 또는 작업 집단들은 서로 간에 일의 내용이나 성격이 매우 다르다. 최고경영팀은 주로 권력이나 영향력과 관련된 이슈들을 다루고, 태스크포스팀은 아이디어와 계획들을, 고객서비스팀은 고객을, 그리고 생산팀은 기술을 다룬다(Hackson, 1990). 이처럼 각기 다른 팀들은 세 가지 일반적인 유형의 팀들–문제해결팀(problem-resolution team), 연구개발팀(creative team), 그리고 전술팀(tactical team) 등–로 분류될 수 있다. 태스크포스와 같은 문제해결팀은 모든 구성원이 기꺼이 팀에 기여할 수 있도록 신뢰를 강조하는 구조를 구축해야 한다. 광고팀과 같은 독창적 연구개발팀은 모든 구성원이 기꺼이 위험(risk)을 감수하고 불합리한 검열과 단속으로부터 자유로운 자율성이 강조되어야 한다. 응급실팀과 같은 전술팀은 모든 구성원이 언제 무엇을 해야 하는지에 대해 잘 알 수 있도록 확실성이 강조되어야 한다. 그 밖에도 모든 팀은 성원들에게 분명한 역할이 주어져야 하고, 좋은 의사소통 시스템과 개인업적의 진단방법, 사실과 실적에 근거한 평가 등이 강조되어야 한다(Larson & LaFasto, 1989). 적절한 구조를 가진 집단은 집단 성원의 요구를 충족시킬 뿐만 아니라 팀의 목표 달성을 용이하게 하기 때문이다.

"무엇이 좋은 팀리더를 만드는가?"라는 의문에 답하기 위한 노력으로 Salas et al. (2019)

는 첫 번째 증거로 우선순위에 따라 무엇이나 가능하게 하는 팀 구조를 만드는 것이라고 확인하였다. 능률적인 구조는 다음과 같은 5가지를 하고 있는 리더에 의해 확립된다. (1) 지식, 특성, 기술을 혼합한 팀원들로 이루어진 팀을 구성한다. (2) 생산적인 규범을 확립한다. (3) 누가 어떤 결과에 대한 책임을 져야 하는가를 확인한다. (4) 팀의 기능과 권한을 지정한다. (5) 팀원들에게 주인의식을 심어준다.

3. 유능한 팀 구성원

팀들은 집단 내의 모든 과업을 성취하기 위해 적절한 인원과 적절한 구성원의 혼합으로 이루어져야 한다. 또한 구성원들이 유능한 팀 구성원이 되도록 하고, 계속 팀에 남아 있도록 하기 위해 충분한 정보와 교육, 그리고 훈련이 제공되어야 한다(Hackman & Walton, 1986). 그리고 집단 전체로서, 모든 성원들은 그 팀의 목표를 성취하기 위해 요구되는 필수적인 기술적 역량을 소지하고 있어야 한다. 그리고 모든 성원들은 각자가 대인 간의 기술(interpersonal skill)이나 팀워크를 이루어갈 수 있는 역량도 있어야 한다. 팀을 구성하는 과정에서 흔히 저지르는 실수는 문제해결을 위한 기술적 능력을 가진 사람은 팀 성원들과 더불어 효과적으로 일할 수 있는 대인관계적 능력도 가지고 있을 것이라고 생각한다는 것이다(Hackman, 1990). 그리고 팀 구성원들은 어떤 '핵심 역량(core competencies)'을 가지고 있어야 한다. 거기에는 직무 수행 능력과 문제해결 능력이 포함되어 있다. 그 밖에도 팀 구성원들은 개방성, 협동성, 실천 지향성, 긍정적 자세 등과 같은 팀워크를 촉진하는 요인들을 가지고 있어야 한다(LaFasto & Larson, 2001).

4. 통일된 헌신

흔히 일어나는 또 하나의 실수는 작업집단을 팀이라고 부르기는 하지만 단지 개인들의 집합체로 본다는 것이다(Hackman, 1990). 팀은 단지 우연하게 형성되는 것이 아니라 주의 깊게 설계되고 개발되어야 한다. 우수한 팀은 일체감과 정체성, 그리고 통일된 헌신성을 가지고 있어야 한다. 이 같은 팀 정신(team spirit)의 개발은 성원들을 집단과정의 모든 국면에 참여시킴으로써 가능해진다(Larson & Lafasto, 1989).

5. 협동적인 분위기

팀의 협동적 노력과 능력은 팀의 효과성에 필수적이다. 협동적 노력의 분위기란 성원들이 문제에 집중하고, 서로 간에 경청하고 이해하며, 자유롭게 위험을 감수하고, 서로 간의 부족을 메워주는 분위기이다. 협동적인 노력을 촉진하는 분위기를 만들기 위해서 우리는 정직과 개방성, 일관성, 그리고 존경에 기반을 둔 신뢰 관계를 구축해야 한다(Larson & LaFasto, 1989). 정직, 개방성, 일관성, 존경에 기초한 신뢰는 협동적인 분위기를 조성하는 데 필수적이다. 협동적인 분위기하에서는 구성원들이 문제점을 항상 확인할 수 있고, 서로 개방적이며 위험(risk)을 기꺼이 수용하고 부족한 점을 상호 보완할 수 있게 된다(Larson & LaFasto, 1989).

구성원 개개인의 활동을 통합하는 것은 효과적인 팀의 기본적 특성 중의 하나이다. 팀 구성원들은 구체적이고 나름의 특유한 역할을 가지고 있으며 각 역할의 수행이 집단적 성공에 공헌하게 되어 있다. 이것이 의미하는 것은 집단실패의 원인이 구성원의 무능력에 있는 것이 아니라 각 개인들의 노력을 조정하고 동시화(일치)시키는 데 있어서의 집단적 실패에서(in their collective failure to coordinate and synchronize their individual contributions) 찾아야 한다는 것을 의미한다(Zaccaro et al., 2001, p. 451).

연구 결과에 의하면 유능한 팀리더는 의사소통을 확실히 함으로써, 협동적 노력을 요구하고 보상함으로써, 팀의 문제해결 노력을 지도함으로써, 성원들 자신의 자율욕구를 관리함으로써 팀의 협동적 노력의 분위기를 조성한다는 것이다(LaFasto & Larson, 2001).

협력적 분위기를 조성하는 것과 유사하게 팀원들이 친가족처럼 심리적 안정을 경험할 수 있는 분위기의 중요성을 강조한다. 안정의 분위기는 팀리더가 자신의 잘못을 인정할 줄 알고 다른 사람들의 좋은 아이디어를 요청하고 발전적인 업무 보고 회의를 가질 때 나타난다. 안전한 환경에서 팀원들은 안정감을 가지고 더욱 더 자주 자신들을 개발하고 자신들의 생각을 표현한다. 팀리더가 지원적이고 비방어적이기 때문이다. 이 같은 분위기와 환경은 팀원들이 자신들의 생각을 표현하는 데 보다 더 자신감을 갖게 한다.

6. 우수성의 기준

명확한 행동 규범(우리는 어떻게 행동할 것인가, how we should behave)은 그 팀이 기능하는 데 매우 중요하다. 팀 구성원들의 효과적인 업무 수행을 위해 그들 각자의 활동이 조정되고 규제될 필요가 있기 때문이다(Hackman & Walton, 1986). 특히, 조직이나 집단에서 '우수성의 규범적 기준(normative standards of excellence)'을 설정함으로써 성원들이 가능한 한 최고의 수준으로 과업을 수행해야 한다는 압력을 느낄 수 있도록 하는 것은 매우 중요하다. 그 기준들은 명료하고 구체적이어야 하며 모든 구성원이 그 규범적인 우수성 기준에 맞게 업무를 수행하도록 요구해야 한다(Larson & LaFasto, 1989).

팀리더는 기대치를 명확히 하고, 결과를 검토하며, 성능 문제를 해결하기 위한 피드백을 제공하고, 결과를 보상함으로써 우수한 성능을 인정함으로써 이 프로세스를 촉진할 수 있다(LaFasto & Larson, 2001). 그러한 기준이 마련되고 모니터링되면서, 회원들은 최고 수준에서 활동하도록 장려될 것이다.

우수성의 기준을 확립하는 것과 함께 무엇이 좋은 팀리더를 만드는가에 대한 통찰력은 팀리더가 피드백과 보상을 통해 팀워크를 강화해야 한다(Salas et al.'s, 2019). 팀리더는 개인과 집단의 업무 수행 성적에 대한 명백한 기준을 설정할 필요가 있다. 그리고 그들의 업무 수행 성적을 객관적으로 조사할 수 있어야 한다. 개인들의 잘 수행된 업무에 대한 보상과 더불어 탁월한 업적에 대한 보상도 팀 수준에서 마련되어야 한다.

7. 외부의 지원과 인정

또 하나 자주 일어나는 실수는 조직 내의 각 팀들에게 도전적인 과업을 할당하고 나서 그 같은 과업을 성취할 수 있도록 조직 차원의 지원을 해 주지 않는다는 것이다(Hackman, 1990). 최상의 목표, 최상의 팀 구성원, 그리고 그들의 헌신은 그 같은 목표를 성취할 수 있도록 자금의 지원이나 설비 또는 필요한 물자의 지원이 없다면 아무 의미가 없을 것이다. 또한 조직은 때때로 팀 성원들에게 어려운 팀 과업(difficult team assignment)을 수행하도록 요구하지만 업적에 따른 급여 인상이나 상여금으로 보상하지 않는 경우가 있다. 1997년의 연구에서 Hyatt와 Ruddy는 작업 집단을 지원하는 시스템(명확한 지휘 감독, 정보, 자료, 자원배분, 보상, 교육 등)의 구축이 그 집단의 더 효과적인 운영과 업적 목표의 성취를 가능하게 해준다는 사실을 발견하였다. 외부로부터 직무 수행에 필요한 자원을 지원받고 있는 팀이나 팀의 성취업적을 인정받고 있는 팀, 그리고 팀 구성원 개인적 업적에 따른 보상보다는 집단 전체의 업적에 따른 집단적 보상을 받고 있는 팀들은 탁월한 업적을 성취할 수 있다(Larson & LaFasto, 1989).

중요하지만 그것을 못보고 넘어가는 경우도 있다. 즉, 팀리더가 멘토링(조직 내에서 상급자와 하급자 간의 강력하고 지속적인 관계 발전을 조정하고 유지시키는 과정)과 발전의 기회를 제공함으로써 팀원들의 성장을 지원하고 있을 때 인정해 주고 보상해 주는 측면이 간과되고 있다. Salas et al.'s(2019)가 발견한 것은 훌륭한 팀리더는 팀원들의 일 추진을 돕는 코치로서의 역할을 수행함으로써 팀원의 성장을 지원한다. 이 같은 지원 속에는 마음과 같은 것들도 포함된다. 일의 시작 시점에서 정보 청취, 집단의 직무 노력의 마지막 단계에서의 정보

청취 등이다. 이같이 정보 청취, 즉 보고를 받는 일은 팀원들이 그들이 알게된 것에 대한 일상적인 대화의 기회를 제공한다. 그리고 이 같은 정보는 그들이 새로운 도전에 직면했을 때 그들의 업적을 개선시킬 수 있도록 한다. 이에 더하여 훌륭한 팀리더는 새로 발전된 기술을 학습할 수 있는 기회를 팀원들에게 제공한다.

8. 원칙 중심의 리더십

효과적인 팀리더십은 팀 효과성과 일관되게 상관성을 보이고 있다는 것을 발견하였다(Zaccaro, Heinen, & Shuffler, 2009). Zaccaro 등의 주장에 따르면 팀리더십은 팀 효과성의 중심적 동력으로서 다음과 같은 네 가지 과정을 통해 팀에 영향을 미친다고 한다. 즉, 인지적 과정, 동기 유발 과정, 정서적 과정, 조정 · 통합 과정 등이 그것이다(Zaccaro et al., 2001). 인지적으로(cognitively) 리더는 팀이 당면한 문제가 무엇인지를 이해시킨다. 동기부여의 과정에서(motivationally) 리더는 높은 업적 기준을 설정하고 그것을 달성할 수 있도록 도움을 줌으로써 팀의 응집성과 역량을 높인다. 그리고 정서적 과정에서(affectively) 리더는 분명한 업적 목표, 직무 할당 및 목표 달성을 위한 전략을 제공함으로써 팀이 모호성에서 오는 스트레스의 상황을 해결하도록 돕는다. 조정 · 통합 과정에서(integratively) 리더는 구성원들의 역량과 역할을 적합시킴으로써, 업적 목표를 위한 명확한 전략을 제공하게 되고 작업 과정에서 그때그때 피드백을 제공해 줌으로써, 환경적 변화에 적응할 수 있게 된다. 이러한 활동은 팀의 활동을 조정 · 통합하는 데 도움을 줄 수 있다.

이와 유사한 연구 결과가 있다. 600개 팀의 6,000명의 구성원들을 대상으로 한 연구에서 유능한 리더는 다음과 같은 리더 행동을 하고 있는 것으로 보고되고 있다(LaFasto & Larson, 2001).

- 팀 활동의 초점이 목표에 있도록 한다.
- 협동적 노력의 분위기(문화)를 유지한다.
- 구성원들에게 자신감을 심어준다.
- 기술적 역량을 발휘하도록 한다.
- 활동의 우선순위를 설정한다.
- 업적을 관리한다.

효과적인 팀리더들은 팀의 목표 달성에 헌신적이고 가능한 한 팀 성원들에게 자율권을 주어 그들의 재능을 발휘하게 만든다. 그리고 리더들이 부적절한 과업수행에 대해 기꺼이 맞서 해결해 나가지 않을 때 팀의 효과성은 감소될 수 있고 너무 많은 우선순위를 갖고 있거나 팀 업적의 긍정적 측면만을 과대평가하면, 즉 너무 안이하게 생각하면 팀의 업무 수행 능력을 약화시키기도 한다. 유능한 리더는 개인적으로 팀의 목표 달성에 헌신적이며, 가능하면 팀 구성원들에게 자율권을 허용하여 그들이 스스로 능력을 발휘할 수 있게 한다(Larson & LaFasto, 1989). 팀리더십이 팀 우수성의 지표에 따라 평가되는 것은 매우 중요하다. 거기에서 얻은 피드백(feedback)이 팀의 건전성과 효과성을 위해 필수적인 것이 되기 때문이다. 리더는 팀우수성의 8가지 특성(지표)을 사용하여 팀의 건전성을 측정하고 팀의 약점에 초점을 맞춘 적절한 조치를 취할 수 있다(표 16-1 참조). 만약 리더가 팀 성공의 8가지 특성을 측정하여 그중 한두 가지의 특성이 취약하다면 그 같은 취약점을 개선하기 위한 적절한 조치를 취할 수 있다는 말이다. 그리고 팀 효과성의 기준을 계속 측정함으로써 리더가 자신의 팀 관리에 대한 피드백을 얻어 과거의 조치(개입)가 바람직한 결과를 가져왔는가를 알 수 있게 된다. 팀 효과성을 측정하기 위해 리더는 직접 관찰, 조사, 피드백, 업적 지표 등 어떤 측정 도구든지 마음대로 사용할 수 있다. 그리고 팀 효과성의 분석에서 얻은 정보는 리더에게 피드백을 제공하고 미래의 리더십에 관한 결정의 지침이 된다.

〈그림 16-1〉에서 팀 효과성 칸(team effectiveness box)과 리더십 결정 칸(leader-ship decision box)을 연결하는 선은 자료수집(data gathering)과 분석(analysis), 그리고 의사결정(decision making)을 연결하는 계속적인 학습과정을 나타내고 있다. 그 같은 피드백 고리(feedback loop)는 팀의 역동적이고 발전하는 성질을 나타내 보이고 있는 것이다(Ilgen et al., 2005). 과거의 리더십 결정과 조치는 팀의 '업적'과 '관계'에 대한 측정 결과에 반영되고, 이어서 그 결과는 미래의 분석과 팀리더십 결정의 방향을 결정한다.

2 리더십 결정

〈그림 16-1〉의 Hill의 팀리더십 모델(the team leadership model)의 맨 위쪽에 위치한 네모 칸 안에는 팀리더십의 주요한 결정사항들이 제시되어 있다: 팀의 기능을 개선하기 위해 개입할 것인가의 여부, 개입해야 한다면 어떻게 개입할 것인가에 대한 결정들이 제시되어 있다. 첫 번째 결정은 팀의 활동을 계속 관찰하고 감시(observe and monitor)하는 것이 가장 적절한

가 아니면 팀의 활동에 개입하여 어떤 조치를 취하는 것이 가장 적절한가를 결정하는 것이다. 두 번째 결정은 요구되는 개입(interventions)의 내용이 팀의 일반적인 과업(task)과 관련된 것인가 아니면 관계(relationship)와 관련된 것인가에 대한 결정이다(즉, 팀이 과업을 완성하는 데 도움이 필요한가 아니면 팀 내외의 관계를 유지하는 데 도움이 필요한가에 관한 결정이다). 세 번째 결정은 그 개입이 내적 수준(팀 그 자체 내부)의 개입인가 아니면 외적 수준(팀의 환경)의 개입인가를 결정하는 것이다.

■ 리더십 결정 1: 팀을 계속 관찰(감시)할 것인가, 아니면 개입(조치)할 것인가?

팀리더십 모델에서 리더가 당면한 첫 번째 결정은 팀의 활동을 계속 관찰(감시)할 것인가, 아니면 팀을 돕기 위한 조치(개입)를 취할 것인가이다. McGrath는 Hackman & Walton(1986)의 연구를 인용하여 집단 효과성을 위한 중요한 리더십 기능을 요약하고 있다. 내적 상황과 외적 상황의 분석 결과를 고려하여 즉각적인 개입(조치)을 요구하고 있는가의 여부를 결정하여야 한다는 것이다.

	감시	**적합한 조치**
집단 내부	(1) 집단의 문제점 진단	(2) 문제점을 교정하기 위한 적합한 조치
집단 외부	(3) 환경변화의 예측	(4) 해로운 변화에 대한 예방적 대응조치

그림 16-2 McGrath의 팀리더십의 핵심 기능

출처: McGrath's critical leadership function as cited in "Leading Groups in Organizations," by J. R. Hackman and R. E. Walton, 1986, in P. S. Goodman & Associates(Eds.), Designing Effective Work Groups (p. 76). San Francisco, CA: Jossey-Bass

〈그림 16-2〉(McGrath의 팀리더십 핵심 기능)는 이 같은 팀리더십 행동의 두 가지 차원을 보여준다. 팀리더십 행동의 두 차원이란 ① 관찰(감시)과 개입(조치), ② 집단의 내부 문제의 개입과 집단의 외부 문제의 개입 등이다(monitoring versus taking action and internal group issues versus external group issues). 리더로서 우리는 진단하고 분석하여 문제점을 예측하고(관찰, 감시), 그 문제를 해결하기 위해 즉각적인 조치(immediate action)를 취한다. 어떤 개입(조치)을 할 경우, 우리는 팀의 내부 문제에 초점을 맞출 수 있고 또 집단의 외부 문제에 초점을 맞출 수도 있다. 이 같은 두 가지 차원은 네 가지 유형의 리더십 기능을 낳게 한다(그림 16-2 참조).

사분면의 첫 번째 두 면은 팀의 내부적 기능에 초점을 맞추고 있다. 첫 번째 사분면에서(in the first quadrant) 리더는 집단의 문제점을 진단한다. 그리고 두 번째 사분면에서 리더는 관찰된 문제점을 교정하고 치유하는 조치를 취한다. 그리고 세 번째, 네 번째 사분면은 팀의 외부적 기능에 초점을 맞추고 있다. 세 번째 사분면에서 리더는 환경을 자세히 조사하여 집단에 영향을 미치게 될 외부적 변화가 무엇인가를 확정한다. 그리고 네 번째 사분면에서는 환경 내의 어떤 부정적 변화가 집단에 타격을 입히지 않도록 하기 위해 예방적 조치를 취한다.

그러므로 리더가 당면하게 되는 첫 번째 결정은 '나는 집단의 여러 요인들을 계속 관찰할 것인가, 아니면 내가 이미 수집하여 분류 · 구조화한 정보를 바탕으로 조치를 취할 것인가?'이다. 리더는 팀 기능의 정확한 '팀 관리의 안내도 모델'을 개발하고 정보를 얻어내기(수집하기) 위해 내부적 환경과 외부적 환경을 감시(관찰)하여 환경 내의 모호성을 줄여 구조화하고 장애요인들을 극복할 필요가 있는 것이다.

Fleishman et al.(1991)은 이 같은 첫 번째 과정에 두 가지 단계가 있음을 말하고 있다. 정보의 탐색과 정보의 구조화(information search and structuring)가 그것이다. 첫째로 리더는 팀 기능의 현재 상태를 이해하기 위해 정보를 찾아내야 한다(정보 탐색). 그리고 나서 그 정보는 분석되어야 하고 조직화되어야 하며 해석되어(must be analyzed, organized, and interpreted) 리더가 어떻게 개입할 것인가(조치를 취할 것인가)를 결정할 수 있게 해야 한다(정보의 구조화).

리더는 또 역시 정보의 수집 과정에서 도움을 얻기 위해 팀 성원들로부터 피드백을 얻기도 하고, 집단 외부의 사람들과 연결 관계를 맺기도 하며, 팀의 측정을 위해 조사를 실시하고, 또 집단의 성과를 평가하기도 한다. 이렇게 하여 집단에 관한 정보가 일단 수집되고 나면 리더는 실행 계획(action plan)을 만들 수 있도록 정보를 구조화하고 해석할 필요가 있다. 가상 팀들도 동일한 집단 역동성 원리에 의해 운용되고 감시와 적절한 개입이 필요하다(Berry, 2011).

팀의 모든 구성원들이 감시(monitoring)—정보 탐색과 정보 구조화—에 참여할 수 있다는 점을 유의하는 것이 중요하다. 그리고 분산되거나 공유된 리더십을 발휘하여 팀이 변화하는 상황에 잘 적응할 수 있도록 해야 한다는 점도 유의해야 한다. 빠른 속도로 변화하는 상황에서 팀리더와 팀원들은 상황을 정확하게 측정하기 위해 서로 협력하여 일할 수 있어야 한다. 팀의 공식적 리더는 외부환경의 정보를 처리하느라 너무 바빠 집단내부의 정보를 처리할 수 없을지도 모른다. 그래서 팀원들은 내부 문제에 통달함으로써 리더를 도울 수 있다. 그리하여 리더와 팀원들은 힘을 합쳐 팀 효과성을 향한 정확한 '팀관리의 안내도 모델'을 만들 수 있게 될 것이다.

정보를 수집하고 해석하는 것 이외에도 팀리더는 이 같은 정보를 기반으로 하여 올바른 조치를 취할 수 있어야 한다. 어떤 조치를 통한 조정(개입)은 리더십의 중심적인 기능인 것이다. 그것은 경합하고 있는 여러 가지 대안적 조치들 중에서 어느 것을 선택하는 일이고 집단 성원들로 하여금 조직화 시스템(a system of organizing)을 만들어내게 하여 질적으로 우수한 결정을 하도록 해야 한다(Barge, 1996, p. 324).

리더마다 상황 분석에 의한 조치를 취하는 성향이 다르다. 상황 분석 후 곧장 빠르게 조치를 취하는 리더가 있고, 취해야 할 조치를 지연시켜 천천히 하는 성향의 리더가 있다. 빠른 조치를 더 선호하는 리더는 문제가 통제불능상태로 빠지는 것을 예방할 수 있다. 그러나 올바른 조치(개입)를 할 수 없게 될지도 모른다. 필요한 모든 정보를 다 가질 수 없기 때문이다. 그러한 빠른 조치는 공유된 리더십, 즉 리더십 공유의 기회가 없어지게 한다. 상황을 주의 깊게 분석하고 조치를 천천히 취하는 것을 선호하는 리더는 다른 팀원들이 리더로 부상하는 것을 격려하게 된다. 그러나 문제점들이 관리 불가능 상태에 빠질 수도 있다.

리더십 개입(조치)의 적시성(the exact timing)은 유형의 선택만큼이나 중요하다(Wageman, Fisher, & Hackman, 2009). 집단은 다섯 가지 발전 단계를 통과한다고 한다. 다섯 가지 발전 단계란 형성 단계(forming), 내분 단계(storming), 평온 단계 (norming), 업무 수행 단계(performing), 폐회 단계(adjourning) 등이 그것이다(Tuckman & Jensen, 2010). 어떤 '리더십 행동들'은 팀의 모든 발전 단계에 공통적으로 필요하지만 각 단계에 특별히 기대되는 리더 행동도 있다. 예를 들어 만약 팀 발전 단계의 내분 단계(storming stage)에서 갈등이 일어나고 있다면 갈등이 일어나고 있는 동안에는 개입하지 않고 계속 감시하거나 혹은 개입하여 팀이 다음 단계인 평온 단계(norming stage)로 나아가게 할 수 있다. 그리고 다른 연구자들은 집단의 발전단계에서 취할 수 있는 리더십의 세 가지 개입 국면을 설명하고 있다: (1) 동기유발적 코칭(출발 시점), (2) 상담적 코칭(중간 시점), (3) 교육적 코칭(끝나는 시점) 등이다. 리더가 개입해야 할 순간(timing)을 포착하는 것이 중요하다. 그래서 리더는 팀의 발전단계에서 팀이 어느 단계에 와 있는가를 이해해야 하고 그 시점(단계)에 요구되는 리더십 유형을 제공하여야 한다(Hackman, 2012).

■ **리더십 결정 2 : 과업상의 문제를 위해 개입할 것인가, 아니면 그것과 관련된 관계상의 문제를 위해 개입할 것인가?**

리더가 당면한 두 번째 결정은 팀이 필요로 하고 있는 도움이 관계상의 문제를 다루는 데 있는가, 아니면 집단의 과업상의 문제를 다루는 데 있는가의 여부이다. 소집단에 관한 초기 연구 이래로 연구자들은 두 가지 중대한 리더십 기능, 즉 과업 기능과 유지 기능(task and maintenance function)에 초점을 맞추고 있다. 과업 리더십 기능(task leadership function)에는 일을 수행하는 것, 의사결정, 문제해결, 변화에 대한 적응, 계획 수립, 목표 달성 등이 포함되어 있다. 유지 기능(maintenance function)에는 협동적 팀분위기 조성, 대인 간의 문제해결, 성원들의 욕구 충족, 응집성의 개발 등이 포함된다. 그 후 '실제의 작업팀'을 연구하였던 학자들은 이 같은 기능을 팀의 업적과 발전(performance and development)으로 보았다(즉, 팀이 그들의 과업을 어떻게 잘 수행하고 있는가, 그리고 팀이 팀 내외의 효과적인 관계를 어떻게 유지 · 발전시키고 있는가이다).

우수한 팀리더십은 지속적으로 과업 기능과 유지 기능에 초점을 맞추고 있다(Kinlaw, 1998). 리더십 행동의 두 가지 유형(과업에 대한 초점과 사람에 대한 초점) 모두는 팀 효과성과 관계가 있음이 발견되었다(Burke et al., 2006). 과업(업적) 기능은 유지(발전) 기능과 밀접한 상관관계를 가지고 있다. 만약 팀이 잘 유지되고 있고 좋은 관계를 유지하고 있다면 팀 성원들은 함께 협동적으로 일하면서 과업을 더 잘 완성할 수 있을 것이다. 마찬가지로 만약 그 팀의 생산성이 높고 성공적으로 과업을 완성하고 있다면, 그 팀은 협동적 분위기가 조성되고 좋은 관계를 유지하기가 더 쉬워진다. 반대로 실패하고 있는 집단은 낮은 업적의 원인을 서로 상대에게 돌리려 할 것이고, 서로 갈등하며 싸우고 있는 팀은 성취하는 업적이 매우 적다.

최근 근무지를 달리하고 있는 가상 팀에 관한 연구는 과업상의 문제점에 초점을 맞추기에 앞서 먼저 팀 내의 좋은 관계를 구축하는 데 초점을 맞추고 있는 인지 모델(a cognitive model)을 강조하고 있다. 전자매체에 의해 시공간을 넘어 연결되어 있는 가상 팀에서는 관계 기능(relationship function)이 전통적인 동일한 장소에서 일하는 팀보다 훨씬 더 중요하다. 그래서 "이 같은 가상 팀의 리더는 전자통신의 세계에서 개인적 · 상황적으로 미묘한 차이를 모두 읽을 수 있어야 한다." 그리고 그들은 침묵, 오해, 어떤 가시적 표시나 징후가 없는 사소한 일들이 '문제의 원인이 될 수 있다는 것'을 알고 있어야 한다. 그리고 리더는 팀의 작업 과정의 '흐름'에 민감하고 팀의 과업을 빗나가게 하는 잠재적인 문제점들을 미리 예방하기 위해 사소한 문제에도 주의를 기울여야 한다(Pauleen, 2004, p. 229). 가상 팀은 전통적인 팀보다 더 많은 시간 투자(전통적인 팀에 필요한 시간보다 50% 이상)를 요구하고 있다(Dyer, Dyer, & Dyer, 2007). Zaccaro, Ardison, & Orvis(2004)는 가상 팀의 구체적인 리더십 문제들을 구체적으로 밝히고 그 같은 팀을 지도하기 위한 처방도 제공하고 있다.

연구 결과에 따르면 가상 팀의 리더는 대면적인 회피와 함께 팀 관리를 시작해야 한다. 가능하면 신뢰, 안정, 관계와 협조를 촉진할 수 있어야 한다. 이에 더해 가상 팀리더는 프로젝트 관리뿐만 아니라 정규적이고 조직화된 팀 미팅에 초점을 맞추어야 한다. 그러나 가상 팀리더들은 지나치게 과업에만 초점을 두지 않도록 주의해야 할 필요가 있다. 그리고 팀 간의 사회적 관계를 발전시키기 위해 노력해야 한다. 가상 팀리더들은 새로운 통신기술에 박식해야 하고 최상의 팀워크를 위해 그것들을 언제 어떻게 사용해야 하는지 알고 있어야 한다(Humbley, O'Neill & Kline, 2009). 가상 팀의 보급이 확산됨에 따라 이들 가상 팀들과 관련된 특정한 리더십 이슈와 개입이 점차 연구의 초점이 되고 있다(Berry, 2011; Cordery, Soo, Kirkman, Rosen, & Mathieu, 2009; Zaccaro, Ardison, & Orvis, 2004).

■ 리더십 결정 3: 내부적 수준의 개입인가, 아니면 외부적 수준의 개입인가?

유능한 팀리더는 팀의 내부적 요구와 외부적 요구를 분석하여 균형을 유지하고 상황의 변화에 적절하게 대응해간다(Barge, 1996). 만약 개입 혹은 조치가 취해지려면, 리더는 세 번째 전략적 결정, 즉 팀 과정의 어떤 수준에서 리더십 개입이 필요한가를 결정하여야 한다. 내부적인 과업, 혹은 팀 내부 팀원들의 역동적 관계인가, 아니면 팀 외부의 역동적인 환경인가이다. 집단 구성원들 간에 갈등이 있는가? 그렇다면 집단의 유지를 위해 대인 간의 관계를 개선하기 위해 조치를 취하는 것이 가장 적절할 것이다. 팀의 목표가 명료하지 않은가? 그렇다면 아마 목표에 초점을 맞추기 위한 집단 과업상의 개입이 요구될 것이다. 조직이 팀의 직무를 수행하는 데 필요한 적절한 지원을 하지 않고 있는가? 그렇다면 아마도 팀을 위한 외부적 지원을 얻어내는 데 초점을 맞추는 것이 가장 적절한 개입이 될 것이다. 최근 연구의 초점은 보다 넓은 조직환경 내에서 활동하고 있는 조직의 작업팀에 있다. '팀이 진행하고 있는 과업'과 '팀의 관계상의 필요성'(the ongoing task and relational needs of team) 간의 균형을 유지하는 일 이외에도 리더는 팀을 도와 외부 환경에 적응해 가도록 해야 한다.

대부분의 팀들은 팀의 내부적 문제에 초점을 맞추고 있다. 그러나 오늘날의 팀들은 외부 지향적이 되어 조직 내외의 밀접한 연결망을 형성하여 경계를 넘나드는 것이 점차 중요해지고 있다. 그렇게 함으로써 급변하는 환경에 효과적으로 대처할 수 있게 되기 때문이다(Ancona, Bresman, & Caldwell, 2009).

3 리더십 조치(개입)

팀리더십 모델의 두 번째 칸(section)은 내적으로(과업, 관계) 또는 외적으로(환경) 수행되는 많은 구체적인 리더십 기능들을 목록화하고 있다(그림 16-1 참조). 이 목록은 리더십 기능들을 총망라한 것이 아니고 팀의 수월성 연구나 팀 업적에 관한 연구의 결과를 편집한 것이다. 이들 구체적인 기능들을 이하에서 설명하기로 한다. 예를 들어, 명료한 목표와 과업 수행상의 기준이 명확하고 효과적인 팀 구조와 효과적 의사결정 시스템을 가지고 있는 팀은 높은 수준의 과업 수행으로 이어질 것이다. 갈등을 잘 관리할 수 있고, 팀원들이 다함께 협동적 노력을 하고 있으며, 높은 헌신성을 보이고 있는 팀은 좋은 관계를 유지해갈 것이다.

그리고 또 환경과 잘 연결되어 있고 환경으로부터 보호를 받을 수 있는 집단도 보다 더 생산적이 될 것이다. 어떤 조치가 요구되는가를 측정하여 그 상황적 요구에 대응하기 위해 구체적인 리더십 기능을 가지고 개입하는 것은 리더 자신의 판단에 달려 있다.

리더는 이 같은 리더십 기능에 필요한 기술(능력)과 개입을 위해 가장 적절한 기능이 무엇인가를 결정하는 전략적 선택을 할 수 있는 능력을 가지고 있어야 한다. 예를 들어, 만약 팀원들 간에 인간관계에 문제가 있다면 갈등 관리를 시도해야 할 것이다. 유능하고 효과적인 리더가 되려면, 그 상황에 필수적으로 요구되는 기능을 가지고 대응해야 할 필요가 있다. 그래서 상황을 분석하고 조정하기 위해 최선의 결정을 내리는 것이 리더의 직무인 것이다. 집단의 역동성과 대인 간의 과정(interpersonal processes)에 대한 자세한 지식은 효과적인 팀리더십에 긴요하다.

Gouran과 Hirokawa(1996)는 과업 완성을 방해하는 제약 요인들을 논의하였다. 그들의 주장에 의하면 리더는 팀의 목표 달성 과정에 무엇이 개입(방해)하고 있는가를 인지하고 해석하여 전략적 선택을 하고 적절한 조치(개입)로 대응해야 한다는 것이다. 만약 문제점이 팀의 업무 수행상의 문제로 진단된다면, 리더는 그 같은 과업상의 문제를 해결하기 위해 적절한 조치를 취해야 한다(즉, 목표에 초점 맞추기(goal focusing), 기준 설정 및 유지(maintaining standard), 훈련(training) 등이 그것이다). 만약 그 문제가 팀의 발전 단계의 문제(a team development problem)로 진단된다면, 리더는 그것과 관련된 문제를 해결하기 위해 적절한 조치를 결정해야 한다(즉, 갈등 관리, 헌신성의 제고 등이 그것이다). 만약 그 문제가 환경상의 문제로 진단된다면 환경 여건상의 문제를 해결하기 위해 적절한 조치를 결정해야 한다(즉, 연결망 구축, 집단의 옹호 및 대변, 정보의 공유 등이 그것이다).

■ 내부적 • 과업을 위한 조치

팀리더십 모델상의 '과업의 칸'(그림 16-1 참조)에는 팀의 과업 수행을 개선하기 위해 리더가 수행해야 하는 일련의 조치들(기술들)을 나열하여 목록화하고 있다. 팀의 업무 수행을 감시(관찰)하고 난 뒤 리더는 개입을 위해 다음과 같은 과업과 관련된 것들 중에 하나를 선택하게 될 것이다.

- **목표에 초점(목표의 명확화, 목표에 대한 합의 도출)** 예를 들어 팀 성원들이 목표를 향해 가는 방향에서 벗어나고 있다면, 리더가 개입하여 팀의 목표를 명확히 하고 팀원들과의 목표에 대한 합의를 도출해야 한다.

- **성과를 위한 구조화(비전 설정, 계획, 역할 명료화, 조직화, 권한위임)** 예를 들어 팀 성원들이 매일의 일상 업무에 빠져 미래를 내다보지 못하거나 팀의 미래를 위한 계획이 없는 것을 알았다면, 리더는 개입하여 성원들이 팀의 비전과 미래를 위한 계획을 하도록 도움을 주어야 한다.

- **의사결정의 촉진(정보, 통제, 조정, 중재, 종합, 이슈에 초점)** 예를 들어 팀 성원들이 서로 적절하게 정보 공유를 하고 있지 않다는 것을 알았다면, 리더는 공유되지 않고 있는 정보를 찾아내기 위해 질문을 할 수 있을 것이다.

- **팀 성원들의 과업기술 훈련(교육, 능력개발)** 예를 들어 만약 리더가 팀 성원들이 합리적인 결정을 내리는 데 필요한 기술을 가지고 있지 않다는 것을 확인했다면 의사결정을 위한 훈련 세미나를 제공할 수 있을 것이다.

- **우수성 기준의 유지(팀 및 개인 업적의 측정, 부적절한 업적에 대한 대응)** 예를 들어 만약 리더가 어떤 성원들이 모임에 늦게 참석하거나 참석하지 않은 것을 보았다면, 직접적인 조치를 취하거나 이들 성원들과 대면하여 부적절한 업무 수행을 다루어야 한다.

■ **내부적 • 관계를 위한 조치**

팀리더십 모델상의 '관계의 칸'에는 리더가 팀 내의 관계(team relationship)를 개선하기 위해 실천할 필요가 있는 조치들을 나열하여 목록화하고 있다. 리더는 팀의 업무 수행을 감시(관찰)하고 난 뒤 개입을 위해 다음과 같은 대인 간의 관계와 관련된 것들 중에서 하나를 선택하여 개입하게 될 것이다.

- **팀 성원들의 대인관계 기술 지도** 예를 들어 팀 성원들이 서로 상대방의 말에 귀를 기울이지 않고 상대방의 말을 경청하지 않은 것처럼 보인다면, 팀리더가 개입하여 팀 성원들이 경청하는 연습(listening practice)을 하게 할 수 있을 것이다.

- **협동적 노력(참여, 공동작업)** 예를 들어 어떤 팀원들이 다른 팀원들의 의견을 고려하거나 참작하지 않고 독단적으로 일처리하는 것을 관찰하였다면, 리더가 개입하여 팀원들이 서로 타협하여 일을 처리하도록 할 수 있을 것이다.

- **갈등 관리와 권력 이슈(power issues)(결투 및 대결의 회피, 상대방의 아이디어에 대한 의문 제기 및 비판, 집단사고의 회피)** 예를 들어 팀 성원들이 어떤 새로운 아이디어가 제시되면 단지 신속한 결정을 할 목적으로 그 아이디어에 대한 문제점이 무엇인지를 검토해 보지도 않고 합의하려는 것을 관찰했을 때, 리더가 개입하여 집단 사고(groupthink)의 부정적 측면에 대해 팀원들과 논의해야 한다(Neck & Manz, 1994).

- **헌신성 및 집단 정신(commitment and esprit de corps) 제고(낙관적, 혁신적, 비전 제시, 사회화, 보상, 인정)** 예를 들어 팀의 사기(morale)가 낮은 것을 관찰했다면, 리더가 개입하여 헌신성을 제고하고 과거의 팀 성공을 인정해줌으로써 사기가 높은 단일체로서 활동하도록 한다.

- **팀 성원들의 개인의 욕구 충족(신뢰, 지원, 옹호)** 예를 들어 어느 팀 성원이 다른 팀원들로부터의 무례와 경멸로 인해 스트레스를 받고 있다면, 리더는 그 멸시받고 있는 성원에게 지원을 제공하고 팀의 면전에서 그 성원을 옹호하는 모습을 보일 필요가 있다.

- **윤리적이고 원칙 중심적인 관행의 모형화(공정, 일관성, 규범적)** 예를 들어 팀리더가 내집단의 성원들(in-group members)과 비교하여 외집단 성원들(out-group members)을 다루는 방식이 다르다는 것을 알게 되었다면, 리더는 자신의 행동이 모든 팀원들 누구에게나 공정하고 일관되도록 해야 할 것이다.

■ 외부적 • 환경을 위한 조치

세 번째 '외부적 · 환경을 위한 조치들'은 리더가 팀과 환경 간의 상호작용을 개선하기 위해 리더가 실천할 필요가 있는 행동들을 나열하고 있다(그림 16-1 참조). 실제적으로 팀은 실험실에 존재하는 것이 아니라, 보다 더 광범위한 조직과 사회적 맥락의 하위 시스템인 것이다. 따라서 팀은 살아남기 위해 환경을 면밀히 관찰해야 하며 팀의 효과성을 증진시키기 위해 어떤 조치를 취해야 할 것인지를 결정해야 한다(Barge, 1996; Hyatt & Ruddy, 1997; Zaccaro et al., 2000). 환경감시(관찰)의 결과 리더십의 개입이 필요하게 되면 리더는 다음과 같은 리더십 기능들 중에서 선택해야 한다.

- **환경 내의 연결망 구축 및 제휴 형성(정보 수집, 영향력의 증대)** 예를 들어 팀 성원들이 외부에 잘 알려지지 않고 조직 전체에 걸친 연결망이 없다면, 리더가 개입하여 조직 내의 영향력 있고 존경을 받고 있는 사람들과 접촉하여 팀원들과의 관계를 형성하도록 주선할 수 있을 것이다.

- **외부(환경)에 대해 팀을 옹호하고 대변** 예를 들어 조직의 상급자들이 팀의 성공적인 업적달성을 모르고 있다는 것을 알게 되었다면, 리더는 팀의 업적이나 성공에 대한 정보를 즉각적으로 상부에 전달하는 동시에(신문기사, 표창 등) FYI 정책(for your information)을 개시한다(외부 환경에 대한 팀의 옹호와 대변). 그리고 리더는 팀의 성공 사례를 게재한 팀 회보(newsletter)를 발행할 수도 있을 것이다.

- **팀의 활동에 필요한 자원을 외부환경으로부터 확보하고 지원 및 인정을 받아내기 위해 상부와 협상(교섭)** 예를 들어 팀이 그 목표를 달성하기 위한 충분한 사무적 지원을 받지 못하고 있다면, 리더는 상부 관리자들과 교섭하여 필요한 지원을 얻어내야 할 것이 다. 만약 그 같은 교섭에 실패하였다면 상부 관리자들을 설득하여 거기에 따라 팀의 목표를 변경할 수도 있을 것이다.

- **환경적 혼란으로부터 팀 성원들을 보호(완충 장치)** 예를 들어 팀의 과업이 너무 과중하여 부담이 되고 있다면 리더가 개입하여 팀원들이 불필요한 요구를 받지 않고 주의산만함과 혼란스런 일들이 없도록 하여 그들이 목표에 집중하도록 할 수 있을 것이다.

- **팀의 효과성에 대한 외부적인(환경적) 지표의 측정(조사, 평가, 업적지표)** 예를 들어 팀 성원들이 그들이 어떻게 얼마만큼 잘 해오고 있는가를 알 방법이 없다면, 리더는 그들의 업적이 다른 팀들에 비해 뒤지지 않는다는 데이터(자료)를 외부로부터 수집하여 제공할

수 있을 것이다.

- **관련된 외부 정보를 팀원들과 공유** 예를 들어 리더가 외부 환경을 관찰하여 조직의 경영이 새로운 방향으로 진행되고 있다는 것을 알았다면, 리더는 그 같은 정보를 팀원들과 공유하고 팀도 그 같은 새로운 방향에 맞추어 일하도록 할 수 있을 것이다.

팀리더십은 복잡하다. 팀의 성공을 위한 간단한 '팀 성공의 비결'은 없다. 그래서 팀리더는 팀의 문제점들을 진단하고 이해하는 데 있어서 개방적이고 객관적이 되어야 하고, 또 팀의 목표 달성에 도움이 되는 가장 적절한 조치(조치를 취하지 않은 것도 포함하여)를 선택하는 데 능숙해야 한다.

그리고 이 같은 중요한 기능들이 꼭 리더에 의해서만 수행되어야 할 필요가 있는 것이 아니라는 것을 주목하는 것이 중요하다. 성숙한 집단의 경험 많은 성원들은 이 같은 리더십을 공유할 수 있다. 팀의 중대한 요구가 충족되는 한 그 리더십 행동이 누구에 의해(리더나 혹은 팀 성원들) 수행되든지 그것은 효과적인 리더십 행동이 될 것이기 때문이다.

이 같은 기능적 시각의 주된 주장(The key assertion of the functional perspective)은 집단의 충족되지 않은 필요를 충족하기 위해 필요한 것은 무엇이나 리더가 해낼 수 있어야 한다는 것이다. 그러나 만약 집단 성원들이 그 같은 필요를 충족시킬 수 있다면 리더가 해야 할 일은 매우 적어질 것이다.

팀리더십 모델의 효용

팀리더와 성원들은 팀의 현재 상황에 관한 의사결정을 하는 데 도움을 얻기 위해 이 모델을 활용할 수 있으며, 또 팀의 기능을 향상시키기 위해 취해야 할 구체적인 조치에 대한 의사결정을 하는 데도 이 모델을 사용할 수 있다. 이 모델은 리더십을 '팀 감시 기능(team oversight function)'으로 묘사하고 있는데, 팀 감시 기능으로서의 리더의 역할은 집단의 효과성을 확보하기 위해 필요한 것은 무엇이든 한다는 의미이다. 그리고 이 모델은 리더에게 집단의 필요를 확인하기 위한 인지적 안내도(cognitive map)를 제공해주며, 적절한 수정 조치를 어떻게 취하는가에 관한 제안을 제시하고 있다. 그리고 이 모델은 리더가 팀리더십의 복잡성을 이해할 수 있도록 도와주며, 집단을 더욱 효과적이 되도록 하기 위해 취해야 할 조치가 무엇인가에 관한 '이론과 연구 결과'에 근거한 실용적(실무적)인 제안을 제시하고 있다. 이 모델의 활용을 통해 팀리더는 리더의 중재 과정(leader mediation process)을 밟게 되는데 이 중재 과정에서는 팀을 위해 가장 적절한 것이 감시(monitoring)인지 아니면 조치를 취하는 것(taking action)인지를 결정하게 된다. 만약 감시의 결과, 팀 기능의 모든 측면이 만족스럽다면 리더는 직접적인 행동을 취하지 않고 팀의 업무 수행과 팀 개발(발전)의 관점에서 내부와 외부 환경 모두를 계속해서 감시한다. 만약 감시의 결과 조치를 취하는 것이 필요하다면 리더는 어떤 수준의 조치가 필요한지에 대해 결정을 해야 한다. 내부적 수준인지 외부적 수준인지를 결정해야 한다는 말이다. 마지막으로 리더는 팀의 요구를 충족시키기 위해 도입해야 할 기능(들) 또는 기술(들)을 결정해야 한다.

그러나 정확한 개입(the exact intervention)을 결정하기란 결코 쉬운 일이 아니다. 바로 그것이 팀리더십의 어려움을 말해주고 있는 것이다. 예를 들어, 팀의 내부적인 기능을 감시하는 리더가(a leader monitoring the internal functioning of the team) 통제와 권력을 둘러싼 내부적인 분쟁이 있는 것을 발견했다고 하자. 이때 리더는 이것을 한 구성원의 권위적이고 독단적인 태도 때문에 나타나는 내부적 관계의 문제점(internal relationship problem)으로 볼 수도 있고, 팀의 구조가 적합하지 않기 때문에, 그리고 집단 성원들의 역할과 책임이 불명확하기 때문에 발생하는 내부적 과업문제(internal task problem)로 볼 수도 있다.

그리고 또 리더는 팀이 조직으로부터 충분한 자율권을 부여받지 못해 결과적으로 성원들이 자신들에게 거의 없는 통제력과 권력을 두고 다투기 때문에 발생하는 외부적인 환경문제(external environmental problem)로 볼 수도 있을 것이고, 또한 리더가 그 같은 갈등의 문제를 집단의 발전 단계(예를 들어 내분단계; storming)에서 나타나는 잠정적인 것으로 볼 수도 있을 것이다. 어떠한 경우에서나 리더는 상황을 계속해 감시하면서 즉각적인 조치를 취하지 않기로 결정할 수도 있고(집단의 발전 단계 때문에 일어난 일이 아닌가 하여), 또 리더가 어떤 수준에서 개입할 것인가를 결정하고 그 수준에 가장 적합한 리더십 기능의 발휘를 결정할 수도 있다. 또 다른 가능성은 리더가 세 가지 모두의 수준에 대한 개입을 결정할 수도 있다. 즉, 권위적이고 독단적인 그 구성원 개인에 대하여(내부적 · 관계적), 집단의 역할을 분명히 하거나(내부적 · 과업), 그리고 팀의 더 많은 독립성을 확보하기 위해 조직의 상부와 교섭 내지는 협상(외부적)을 할 수도 있을 것이다.

팀리더십 모델은 스포츠팀과 마찬가지로 지속적인 팀의 분석과 발전(개선)을 위한 방법을 찾아내는 데 도움을 주고 있다. 스포츠에서 감독은 현재 팀이 이기고 있다고 해서 팀의 개선을 위한 노력을 멈추지 않는다. 예를 들어, 미식축구 감독은 헌신성의 제고, 젊은 선수들의 개발, 전문성의 공유, 새로운 방법과 전략의 개발, 그리고 전반적인 팀의 기능 향상을 위해 끊임 없이 노력한다. 유능한 미식축구 감독은 과거의 성공에 안주하지 않고 미래의 팀기능의 향상을 위해 지속적인 노력을 경주한다. 조직의 팀리더들은 스포츠팀 감독에게서 많은 것을 배울 수 있다. 팀리더십 모델이 그와 같은 지속적인 분석과 향상(개선)을 위한 방법을 제시하고 있기 때문이다. 리더는 설정된 팀 우수성의 기준(표준)과 자신의 팀 성적을 비교함으로써 리더 자신의 중요한 개입이 요구되는 가장 취약한 분야를 찾아낼 수 있어야 한다. 앞에서도 언급한 바와 같이 리더의 일차적인 기본 기능은 감시하는 것(to monitor)과 조치를 취하는 것(to take action)이다.

팀이 효과적인 방법으로 업무를 수행하고 있는지 여부를 조사하기 위해 지침을 제공하고 있는 팀리더십 모델을 활용함으로써 리더는 관심 분야(관심 영역)를 진단할 수 있게 된다. 그리하여 리더는 필요한 자원을 확보하거나 외부적 지원을 얻어냄으로써 팀외부에서 오는 문제에 대한 수정 조치를 취할 수 있고, 팀의 과업 기능과 관계 기능을 강화함으로써 팀 내부의 문제에 대한 수정 조치를 취할 수도 있다.

팀리더십을 위한 Hill Model은 팀리더십의 효율성에 대한 분명한 의미를 가지고 있다. 팀리더십에 대한 연구에는 여러 가지 강점과 약점이 있으며, 이에 대해서는 다음에서 알아 본다.

강점, 비판, 응용

1 강점

이 모델의 강점 중 하나는 실제적인 조직의 작업 집단에 필요한 리더십에 초점을 맞춤으로써 이전의 소집단 연구에서 답하지 못한 많은 의문들에 답할 수 있도록 설계되어 있다는 점이다. 이 모델은 조직, 산업 또는 사회의 다양한 환경적 여건 속에서 활동하고 있는 작업 집단 또는 팀을 연구대상으로 하고 있다. 그 밖에도 이 모델은 실제적인 팀의 업무 수행과 팀 효과성에 초점을 맞추고 있다. 그래서 팀과 구성원들이 팀의 문제점을 진단하고 수정 조치를 취할 수 있게 한다는 점이 하나의 장점이 되고 있다. 팀이 '우수성 기준'을 알고 그러한 기준을 팀의 업무 수행에 적용함으로써 리더는 팀의 업적을 보다 더 높은 수준으로 끌어올리는 방법을 더욱 효과적으로 터득할 수 있게 된다. 팀리더십은 내적 환경과 외적 환경에 초점을 맞추어 발휘하는 데 그것은 팀 내에서의 리더십 범위를 모두 포함한다. 리더는 팀 내에서의 동태적인 상황을 다루어야 하고 팀에 영향을 미치는 조직 내의 환경이나 조직 외부의 환경을 감시 · 관찰하여야 한다. 외부적 리더십(external leadership)을 포함하여 이 모델은 조직 내의 다중팀 시스템(multi-team systems-MTSs)으로의 변화도 포괄한다. MTSs는 한 팀으로는 다룰 수 없는 복잡한 문제를 해결하기 위해 필요하다. 외부적 팀리더십은 MTSs 내의 중요한 목표들을 조정하는 데 필요하다(Shuffler & Carter, 2018).

이 모델의 두 번째 강점은 팀 업적이 기대 이하일 경우, 리더가 효과적인 팀을 재설계하고 유지하는 데 도움이 되는 '복잡한 인지적 지침(a complex and cognitive guide)'을 제공하고 있다는 점이다. 이와 같은 접근은 팀 내의 복잡한 정보처리를 주된 임무로 하는 '매개체로서의 리더에 대한 최근의 이론적인 개념(the emerging theoretical notions of leader as medium)'과 일치한다. "리더십은 복잡한 과정이다. 따라서 조치의 복잡성(complexity of actions)은 리더십의 복잡성과 동일함을 확인할 수 있다"(Fisher, 1985, p. 185). 그래서 이러한 복잡한 과정을 단순화하려는 모델이나 이론은 부적절하고 불충분한 것이 될 수도 있다. 팀리더십 접근법도 단순하지 않다. 그런데 이 모델은 리더가 훌륭한 '매개체'로서 또는 '정보처리자'로서 행동하지 않으면 안 되게 만드는 많은 복잡한 요인들을 관리 가능하고 실무적인 형태로 통합하고 있다.

이 모델의 또 다른 강점은 조직에서 리더와 추종자의 변화하는 역할(changing roles)을 고려한다는 것이다. 지난 20년 동안 발생해 온 하향식, 계층적 리더십에서 보다 수평적인 팀 프로세스로의 패러다임 전환과 일치한다(Friedrich, Griffith, & Mumford, 2016). 이 모델은 리더의 권력 위치에 초점을 맞추지 않고 대신 진단 및 조치를 취하는 리더십의 중요한 기능에 초점을 맞춘다. 모든 팀원은 팀의 현재 효율성을 평가하고 적절한 조치를 취하기 위해 중요한 리더십 기능을 수행할 수 있다. 이 접근 방식은 작업 팀에서 리더십 책임을 재고하려는 조직의 현재 움직임과 일치한다. 목표 설정, 코칭, 보상과 같은 팀리더십의 책임이나 기능은 역사적으로 팀의 공식 리더에게 있었지만 이제는 조직 개편으로 인해 이러한 의무와 책임이 팀 전체에 분산되는 경우가 많다. 메타분석에 따르면 팀 내 리더십 공유는 팀 성과와 유의미하고 긍정적으로 관련되어 있다(D'Innocenzo, Mathieu, & Kukenberger, 2016).

추가적으로 팀리더십에 대한 이 같은 접근은 팀리더를 선발하는 데 도움을 준다. 팀리더를 선발해야 할 경우 훌륭한 진단 기술을 보유한 사람으로서 통찰력이 예리하고 개방적이며 객관적이고 분석적이며 남의 의견에 귀를 기울일 줄 아는 사람을 선발하는 것이 가장 현명할 것이다. 그 밖에도 조치를 취하는 데 있어서 기량의 폭이 넓은 리더, 즉 교섭(협상), 갈등 해결, 문제해결, 목표 집중, 상부에 대한 영향력 등과 같은 다양한 방법으로 집단 과정에 완벽하게 개입할 줄 아는 팀리더의 선발에 도움이 된다.

훌륭한 리더는 팀의 문제를 진단할 수 있을 뿐만 아니라, 그에 상응하는 적절한 조치들을 취할 수 있는 사람이다(필수적인 다양성). 예를 들어, 만약 팀 성원들 중 두 사람이 서로 갈등이 있다고 진단하였다면, 그 갈등의 근본적인 원인을 확인하고 문제를 해결하기 위한 가장 적절한 조치를 선택해야 한다.

2 비판

Hill의 팀리더십 모형(그림 16-1)은 개념적 틀(a conceptual framework)로서 '팀 중심 리더십'의 의사결정에 도움을 주기 위한 것이다. 그래서 이 모형은 의사결정에서 고려의 대상이 될 수 있는 많은 리더십 기술들 중에서 단지 몇 가지만을 제시하고 있을 뿐이다. 리더십 환경에 보다 더 초점을 맞춘 팀리더십의 경우 팀의 유형과 상황의 유형에 따라 리더십 기술들의 추가 여부가 결정될 것이다(Cobb, 2012). 코칭과 훈련에 초점을 맞추는 경우(Zaccaro et al., 2009), 계획의 재수립(replanning) 및 속도 조절에 초점을 맞추는 경우(Wageman et al., 2009) 등도 마찬가지이다. 그래서 '팀'은 특별히 팀 효과성과 관련된 리더십 기술들을 추가하여 '팀리더십 모형'을 수정(변경)해야 한다. 이 모형에 팀의 효율성에 영향을 미칠 수 있는 팀리더와 팀원들의 개인차이 조직문화 또는 팀 규모 등과 같은 요인들을 포함하고 있지 않다.

Hill의 모형이 이처럼 팀리더십의 초점에 따라 필요한 리더십 기술들을 모두 포함시키지 않고 있는데도 꽤 복잡한 모형이 되고 있다. 그래서 이 같은 팀리더십 모형을 활용하기 위해 팀리더가 의사결정을 할 때 이 모형, 즉 개념적 틀을 상황(초점을 두려는 상황)에 따라 조정해야 하는데 시간이 필요하게 될 것이다.

이 모형은 리더가 당면한 구체적인 문제의 상황('최선의 개입 시기는 언제인가', '일을 망쳐버리고 울고 있는 성원에게 뭐라 말할 것인가?', '팀워크를 뒷받침하지 않고 있는 조직문화를 다루기 위해 어떤 구체적인 조치를 취할 것인가?' 등과 같은 문제의 상황)에서 현장상황에 가장 맞는 해답을 제공하지 않고 있다. 따라서 이 모형은 리더에게 올바른 방향만을 지적하고 있고, 이 같은 복잡한 문제들을 해결하는 데 필요한 몇 가지 기술만을 제시하고 있을 뿐이다.

그리고 이 모형은 팀리더가 집단 과정, 의사결정, 대인 간의 의사소통, 갈등 해결 및 그 밖의 능력에서 능숙하게 숙련된 사람이라는 것을 가정하고 있다. 설상가상으로 많은 팀들이 공유 내지 분산된 리더십(shared or distributed leadership) 체제를 가지고 있어서 리더십을 제공하는 사람은 누구나 폭넓은 팀 지향적인 리더십 기술을 가지고 있어야 할 필요가 있다는 것이다. 게다가 리더와 성원들의 역할이 시간의 경과와 함께 변경되기 때문에 팀리더나 팀원들이 그때그때 요구되는 리더십 기술을 소유하고 있는 것이 매우 중요하다는 것이다.

점진적으로 팀리더십 학자들은 '팀리더십 기술'의 취약점 진단을 위한 방법들을 설명하고, 팀리더십 기술의 개발과 개선의 방법들을 제시하고 있다(Cobb, 2012; Levi, 2011; Morgeson et al., 2010; Salas, Burke, & Stagl, 2004). 팀워크나 팀리더십에 대한 설명은 팀을 진단하고 조치를 취하는 것에 초점을 맞출 필요가 있다. 그렇게 해야 팀리더십 기술이 팀 전체의 수준에서 개발될 수 있고, 보다 더 쉽게 실행될 수 있기 때문이다.

팀리더십 모델의 결과를 검토하고 측정하는 방법은 완전하게 정리되어 있지 않다. 대부분의 연구는 팀리더 행동에 대한 추종자 인식을 기반으로 하며, 이러한 연구는 일부 지침을 제공하지만 팀리더십에 대한 주관적 인식은 편향될 수 있다. 팀 구성원 평가에 의존하기보다는 팀 교육은 팀 성공을 결정하는 요인으로 팀리더십의 행동 관찰에 의존해야 한다(Cook, Zill & Meyer, 2020).

3 응용

조직의 팀 효과성을 증진시키기 위하여 팀리더십 모델을 적용하는 방법은 다양하다. 이 모델은 리더가 개입 여부를 결정하는 데 유용하다. 내가 나서야 할까? 만약 그렇다면 어떻게 해야 할까? 예를 들어, 집단이 효과적으로 업무 수행을 하지 못하고 있다면(팀 효과성), 리더는 상황을 감시하든지 혹은 팀의 기능을 향상시키기 위해 조치를 취하든지(by monitoring the situation or by acting to improve team functioning) 모델상의 첫 번째 전략적 선택을 할 수 있다.

만약 조치를 취하는 것이 적절하다고 여겨지면 리더는 그 조치가 팀 기능을 겨냥하여 내부적으로 취해져야 하는지, 아니면 환경을 겨냥하여 외부적으로 취해져야 하는지, 또는 양쪽 모두를 겨냥해야 할지를 결정해야 한다. 조치를 취해야 할 상황(the context for the action)이 확인되면 리더는 자신이 보유하고 있는 리더십 기술 중에서 그 상황에 가장 적합한 기술을 선택해야 한다. 그리고 나서 리더는 개입의 결과(the results of the intervention)를 계속해서 감시하고 그 결과에 따라 적절히 대응하는 것이 중요하다.

리더는 팀을 진단하고 조치를 취하는 절차를 설정하는 데 도움을 얻기 위해, 이 장의 마지막에 실린 설문지와 같은 조사 방법을 사용할 수 있다. LaFasto와 Larson(1987)에 의해 개발된 이 측정 도구는 앞에서 논의된 팀 우수성의 8가지 기준에 의해 팀의 건전성(a team's health)을 측정할 수 있게 되어 있다. 팀 성원들에게 설문지의 각 문항에 답할 것을 요구하고 팀리더에게도 똑같이 요구한다.

그리하여 이 설문지의 채점 결과는 팀 성원들에게 피드백되고, 그들로 하여금 팀의 규범적인 데이터 뱅크(기준 점수)와 그들의 설문지 점수를 비교해 볼 수 있게 한다. 연구에 의하면 각 차원의 효과성에 대한 리더의 평가는 일반 구성원들의 평가보다 더 높게 나타나고 있다(LaFasto & Larson, 2001).

이와 같은 규범적인 비교를 통해 팀리더와 팀 성원들은 가장 개선이 필요한 분야가 어디인지 알게 된다. 그리고 나서 팀은 우선순위가 높은 문제점(highest priority problems in the team)을 수정하기 위한 행동 계획(실행 계획)을 준비할 수 있다. 이러한 팀 평가 방법은 행동 계획에 참여하는 헌신적인 팀을 구축하기 위해 팀의 우수성에 영향을 미치는 복잡한 요인들을 밝히는 데 매우 도움이 된다.

사례 연구

팀리더십 모델에 대한 이해를 돕기 위해 다음의 사례 연구(사례 16.1, 16.2, 16.3)를 참고할 수 있다. 각각의 사례는 당신 자신이 팀리더의 역할을 수행하고 있다고 가정하여 팀의 문제를 분석하고 그것에 대한 해결책을 제시할 때 팀리더십 모델을 적용해 볼 수 있다.

사례 16.1: 근무 지역을 달리하고 있는 가상 팀

Jim Towne는 중견 국제기업에서 새로이 구성한 정보기술(IT)팀의 책임을 맡고 있다. 이 팀은 캐나다, 미국, 유럽, 남미, 아프리카, 그리고 오스트레일리아 등 현지에서 거주하며 업무를 수행하는 20명의 전문가들로 구성되어 있다. 팀의 모든 성원들은 Jim Towne에게 업무를 보고한다. 이 팀은 '근무 지역을 달리하고 있는 가상 팀'이며, 일차적으로 여러 가지 통신기술(화상회의, 집단의사결정지원시스템, e-메일, 그리고 국제전화)에 의해 서로 연결되어 있다.

이 팀은 목표를 설정하고 계획을 수립하기 위해 두 번의 회합을 가졌다. 팀의 모든 성원들은 각자의 분야에서 기술적으로 상당히 우수한 역량을 가진 사람들이다. 어떤 성원들은 회사와 오랫동안 돈독한 관계를 이어오고 있고, 다른 성원들은 기업 합병에 따라 이 회사의 성원이 되었다. 그래서 성원들은 이전에 어떤 프로젝트에서도 함께 일해 본 경험이 없다.

팀의 과업은 전 세계에 걸친 회사의 모든 사업부를 위해 새로운 기술혁신을 추진하고 그것을 실천하는 것이다. 팀은 자신들의 과제에 대한 중요성과 혁신성 때문에 매우 고무되어 있다. 그러나 팀은 '업무를 개시하는 데(off-the ground)' 어려움을 겪고 있으며, 성원들의 업무가 너무 과중하다는 보고를 받고 있다. 대부분의 팀 성원들은 적어도 한 달에 2주 정도는 사업 현장으로 출장을 간다. 출장은 매우 중요하지만 이로 인해 팀의 성원들의 업무 추진은 계속해서 지연되고 있다.

팀에는 뉴욕에 소재하고 있는 반나절 비서가 있다. 그녀의 임무는 주로 성원들의 출장 준비와 회의를 주선하는 것이다. 성원들은 여러 개의 프로젝트를 동시에 진행시키고 있어서 어느 한 프로젝트를 완료하는 데에도 어려움을 겪고 있다. 각각의 성원들이 보낸 모든 메시지의 복사본을 팀 전원에게 돌려야 하기 때문에, 아직까지 읽지 못한 e-메일이 500개에 달한다. Jim Towne는 이 팀이 효과적으로 운영되고 있다는 것과 조직의 업적에 크게 공헌하는 임무를 수행하고 있다는 것을 입증해 보여야 한다는 강한 중압감을 느끼고 있다.

질문

01 이 팀에는 8개의 팀 우수성의 어떤 특성이 결여되어 있는가?(표 16-1 참조)

02 팀을 개선하기 위해 Jim Towne는 어떤 수준에서 개입해야 하는가?(내부적 과업, 내부적 관계, 외적 관계 등) 아니면 개입하지 않고 계속해서 팀을 감시만 해야 하는가?

03 팀을 개선하기 위해 Jim Towne는 어떤 리더십 기능을 실행해야 하는가?

사례 16.2.: 용두사미

경영학과 교수인 Kim Green은 향후 20년간의 대학 사명서(mission statement)를 만들기 위한 대학위원회의 위원장직을 맡고 있다. 세 사람의 선임교수와 여러 행정부서에서 차출된 7명의 사무 직원들이 위원회에 참여한다.

총장인 Sulgrave 박사는 위원회에 임무를 부여하였다. "2035년 Northcoast 대학의 모습은 어떠한 모습이어야 할까?" Sulgrave 박사가 위원회에서 말하기를 이 태스크포스의 과업은 대학의 미래를 위해 매우 중요하며, 이 위원회의 임무가 다른 업무보다 우선시 되어야 한다고 강조하였다. 태스크포스 팀은 총장 전용 회의실을 사용해도 된다는 허락을 받았고 총장실 비서진의 사무 지원을 받도록 하였다. 위원회의 최종 보고는 2개월 후에 있을 예정이다.

태스크포스 팀의 성원들은 이렇게 중요한 팀의 일원으로 발탁된 것을 자랑스럽게 생각하였다. 팀은 매주마다 2시간 정도 회의를 진행하였다. 초기에 성원들은 그들의 중차대한 임무에 매우 큰 관심을 가지고 열성적으로 참여하였다. 그들은 회의에서 자신들의 조사 내용과 거기에서 수집한 정보를 회의에서 발표하고 정보를 공유하는 것을 자랑스럽게 생각하였다.

그러나 시간이 지남에 따라 회의는 순탄하게 진행되지 못하였다. 그들은 완수해야 할 임무를 놓고 서로 다툼을 벌였으며, 위원회 때문에 자신들의 본래의 직무시간을 너무 많이 빼앗긴다고 못마땅해 하였다. 또한 매주 모였지만 이루어내는 것은 없었다. 회의에 불참하는 사람, 지각하는 사람, 또는 일찍 자리를 떠나는 사람들로 인해 회의진행에 문제가 나타나기 시작하였다. 마침내 성원들은 위원회에 주어진 과제를 중단하게 되었다.

Kim Green은 어찌할 바를 몰랐다. 그러나 그녀는 총장에게 그들이 무엇을 해야 할지에 대해 감을 잡지 못하고 있다는 것을 알리고 싶지 않았다. 그녀는 계속해서 더 좌절에 빠졌다. 회의는 산발적으로 열리게 되었고, 결국에는 회의소집이 완전히 중단되고 말았다. 총장은 다른 업무를 해결하기 위해 몰두하고 있었으며 Kim Green의 위원회에 대해서는 관심이 없는 것 같았다. 총장은 위원회로부터의 보고를 요구하지도 않았으며 보고서(사명서) 작성은 끝내 미완성인 채로 남아 있다.

질문

01 이 태스크포스 팀에는 팀 우수성의 어떤 특성이 결여되어 있는가?

02 이 태스크포스 팀에서 팀 우수성의 어떤 특성을 찾아볼 수 있는가?

03 당신은 리더로서 Kim Green을 어떻게 평가하겠는가?

04 만약 당신이 이 태스크포스 팀의 리더였다면 어떤 행동을 취하였겠는가?

사례 16.3: 1980년 미국 올림픽 하키팀

1980년 미국의 아이스하키팀은 올림픽 역사상 가장 큰 이변을 만들었다. 소련 팀을 4-3으로 물리치고 이어서 핀란드를 4-2로 물리쳐 금메달을 획득했다. 1920년 아이스하키 종목이 올림픽 정식 종목으로 채택된 이래 미국으로서는 두 번째로 얻은 금메달이었다.

올림픽 메달을 획득한 것은 기분 좋은 일이지만 소련 팀을 누르고 얻은 금메달은 다소 당황스러웠다. 그동안 소련팀은 올림픽 아이스하키를 지배해왔고, 독보적이었다. 1956년 이후로 7개의 금메달을 획득했고 1968년 이후로는 누구에게도 금메달을 내주지 않았다. 두 팀 간에는 극명한 차이가 있었다. "Red Machine"이라는 별명을 가진 소련 팀은 전문직업적인 선수들로 구성되어 있고 그들은 여러 해 동안 소련 대표팀으로 경기를 함께 했다. 이것이 일반적임에도 불구하고 당시 올림픽 선수들에게 요구되는 아마추어 자격을 유지하기 위해 팀원들을 학생, 엔지니어, 군인으로 위장하여 요건을 충족한 사람을 올림픽 선수로 임명하였다.

소련 팀의 코치는 전직 KGB사관이었던 Viktor Tikhonov였고, 그는 소련의 군대식 유형과 리더십을 발휘하여 엄격한 복종과 모든 선수들의 헌신을 요구했다(Shevchenko, 2018). 모든 선수들은 11개월 동안 훈련소에서 함께 살았고 어떤 이유로든 이탈하는 것을 허용하지 않았다. 팀이 아이스하키에 대한 전념과 소련 아이스하키의 전통을 수호하는 것은 성공으로 이어졌고, 많은 사람들은 이를 공산주의 리더십의 효율성에 대한 증거로 보았고 효율적인 팀을 만들어 낸 Tikhonov의 능력으로 보았다(Lapin, 2015).

반면에 Herb Brooks가 코치로 있는 미국 대표팀은 평균나이 21세의 대학생이나 아마추어 선수들로 구성되었다. Brooks는 올림픽 코치로 발탁되기 전에 Minnesota대학교의 코치로 있었다. 1974년, 1976년, 1979년 세 번의 NCAA 챔피언십을 포함하여 Division I 하키(175 - 100 - 20)에서 가장 인상적인 우승 기록 중 하나를 일궈냈다. Brooks도 올림픽 하키가 낯설지 않았다. 경기가 시작되기 며칠 전에 1960년 올림픽 팀에서 제외되었지만, Brooks는 1964년과 1968년 올림픽 팀을 포함하여 8개의 미국 국가 및 올림픽 팀에서 뛰었다(Bernstein, 2006).

그러나 Brooks는 올림픽 코치라는 직업이 자동으로 된 것은 아니었다. 그는 1978년 코치에 지원했고 위원회의 첫 번째 선택이 거부된 후 Brooks를 만났다. 그는 선수 선택, 스태프 배치, 컨디셔닝, 올림픽 전 일정 및 제안된 경기 운영 유형에 대한 계획을 요약한 자료를 준비했다. 그리고 마지막으로 Brooks는 미네소타 팀에서 매우 성공적이었던 북미 하키의 전통적인 경기 운영 방식을 버리고 소련 하키팀에서 가져온 경기 방식인 하키 스틱 핸들링 훈련의 중요성을 강조하였다. 그리하여 그는 코치에 발탁되었다(Coffey, 2005).

Brooks는 처음부터 팀에 적합한 선수를 찾기로 결심했다. "나는 선수 모집의 핵심으로 사람을 먼저 찾고 다음으로 운동선수를 찾았다."라고 그는 말했다. "가치관은 그 어떤 것으로도 살 수 없으므로 건전한 가치관을 가진 사람을 원했다. 사람은 스스로의 가치만큼 훌륭하다. 나는 일찍부터 사람들에게 위대하다는 말을 붙이지 말라고 배웠다... 그러나 어떻게든 그 말을 꺼내려고 노력해야 한다."(Herb Brooks Foundation, n.d.)

Brooks는 1979년 6월 Colorado Springs에서 열린 National Sports Festival에서 선수를 찾았다. 그는 가장 재능 있는 선수를 찾기보다는 열심히 그리고 빠르게 스케이트를 탈 수 있고 직업윤리와 그의 새로운 경기 운영 방식을 기꺼이 수용하려는 의지를 보이면서 전체적으로 잘 어울릴 수 있는 선수를 찾았다. 그는 68명의 후보 선수를 선별하여 아이스하키장에서 지속적인 얼음 훈련을 진행하였고, 심리적 상태를 평가하기 위한 300개 질문으로 된 설문조사를 했다.

최종적으로 팀에 선발된 대부분의 유망주들은 Minnesota, Wisconsin, Michigan 그리고 New England 출신이었다. 그들을 하나의 팀으로 만들기 위해 Brooks는 스스로를 적으로 만들었다. 그의 끊임없는 요구와 마키아벨리적인 방법에 대한 공통된 불만은 팀원들을 집결하게 하는 외침이 될 것이다. 선수들이 얼음 위에 나가서 엉덩이를 걷어차고 싶어 하는 이유도 단지 그에게 보여주기 위해서였다. . . 끝까지 그가 과연 좋은 팀을 만들어 낼 수 있을지 많은 사람들이 염려하고 있었다(Coffey, 2005, p. 9). 하지만 결과적으로 선수들은 서로 화해하며 지역 경계를 허물면서 튼튼한 유대감을 형성했다.

그러나 Brooks는 자신과 팀 사이에 자신이 세운 거리와 벽이 누군가의 부드러운 손길로 상쇄되어야 한다는 것을 알고 있었다. 이를 위해 그는 Craig Patrick을 팀의 보조 코치로 선택하여 "나는 선수들에게 강하게 행동할 것이고 당신은 모두를 하나로 아우르는 부드러운 사람이 되어야 한다."라고 말했다(Coffey, 2005, p. 11). Patrick은 팀의 선수들을 위해 자문 역할을 하고 옹호하며 선수들의 가치를 높이는 역할을 수행했다.

Brooks는 인정사정없는 사람이었고 그가 가장 좋아하는 표현 중 하나는 "고통을 통해 성장을 준비하라."였다(Brown, 2014; Timetoast, n.d.). 올림픽을 앞두고 팀은 시범 경기를 치렀다. 미국이 노르웨이와의 경기에서 동점을 기록한 후에 팀 Brooks는 미국이 쉽게 노르웨이를 완파했어야 한다고 생각했다. 그는 선수들을 스케이트장에서 계속해서 스케이트를 타도록 했다. 그는 관리인이 스케이트장의 불을 끄고 팀 의사의 멈추라는 권고에도 불구하고 팀 선수들을 계속해서 훈련시켰다.

Brooks가 선수들에게 훈련시키는 것은 체력만이 아니었다. Brooks는 선수들을 알아감에 따라 어떤 버튼을 눌러야 하고 언제 눌러야 하는지 알게 되었다. 그는 그들을 선택하거나, 화나게 하거나, 말로 질책하거나, 아예 말을 하지 않기도 했다.

골키퍼인 Steve Janaszak은 "트라우마는 그를 위한 플레이를 설명하는 가장 좋은 단어이다."라고 말하면서 한 번은 Brooks의 인사를 듣지 못한 채 3개월을 보냈다고 말했다(Coffey, 2005, p. 102).

Brooks는 선수들과 심리 게임에 참여하여 언제든지 팀에서 제외될 수 있다는 두려움을 조장했다. Brooks는 불확실성이 선수들에게 동기를 부여하고 더 열심히 일하게 한다고 믿었다. 팀이 시범경기를 가진 7개월 동안 Brooks는 종종 외부 선수를 영입하여 팀의 라인업을 확대할 것을 분명히 했다. 대부분은 이러한 심리 게임은 선수들의 새로운 결심과 새로운 기술을 촉발했다. 그러나 다른 하나의 사례에서는 팀원들이 반격하고 나섰다.

Mike Eruzione은 팀 주장이었고 팀을 하나로 묶는 힘을 가지고 있었다. 그러나 시범경기 동안 평소에 높은 점수를 기록하는 선수들이 득점 부진을 겪었다. Brooks가 Eruzione을 퇴출할 계획을 세우고 두 명의 외부 선수를 데려와서 팀과 함께 스케이팅하는 실험적 시도를 함에 따라 팀을 화나게 했다. "그들은 6개월 동안 Brooks의 훈련을 겪었다. Eruzione은 팀의 정서적으로도 핵심적인 주장이었다(Coffey, 2005, p. 230)." 올림픽이 3주도 채 남지 않은 시점에서 팀은 Brooks와 갈등을 빚었다. 이는 새롭게 오디션을 본 사람들뿐만 아니라 몇 달 동안 함께 훈련한 선수들에게도 불공평한 처사였다. 선수들은 Brooks에게 같이 훈련한 선수들은 마치 가족과도 같고 올림픽 팀의 최종 명단은 그 안에서 나와야 한다고 말했다.

그러나 Brooks는 뒤로 물러서 있었다. 단결과 통합은 Brooks가 존중하고 보호하는 것이었다. 올림픽 기간에 그는 국제 언론뿐만 아니라 올림픽 조직위원회를 분노하게 만들었다. 일부 사람들은 Brooks가 자신에게 모든 관심을 원하기 때문에 팀의 정신과 본질을 구축하는 데 몇 달을 보냈고 한두 명의 선수가 모든 미디어의 관심을 받는 것으로 인해 선수들 사이의 유대가 손상되는 것을 원하지 않았다는 사실에 주목했다(Coffey, 2005, p. 100). 그는 미국이 소련에 대한 올림픽 승리를 거둔 뒤에도 언론의 인터뷰 요구에 응하지 않는 태도를 유지했다. 그러나 팀이 핀란드를 3-2로 꺾고 금메달을 목에 걸었을 때, 경기장은 축하와 함께 선수들은 팬, 가족, 언론인들의 높은 관심에 휩싸였다. 그러나 Brooks는 경기 종료를 알리는 버저가 울리자 곧바로 팀 라커룸으로 향했다.

"그들은 정신적으로 매우 강하고 목표 지향적인 선수들이다."라고 Brooks가 말했다. "그들은 각계각층에서 왔고 서로 경쟁했지만 뭉쳤고 결속력 있는 팀으로 성장했다. 나는 이 팀을 정말 강하게 몰아붙였다. 그들은 정말로 운동하고 경기하는 것을 즐겼다. 우리는 회피하지 않고 단련된 경기를 하는 빠르고 창의적인 팀이었다. 올림픽 내내 그들은 신체적으로나 정신적으로 큰 회복력을 가지고 있었다. 다시 말해 내가 하고 싶은 말은 그들이 승리하기 위해 6~7번의 역전승을 하고 여기까지 왔다는 것이다. 그들은 계속 움직이고 일하고 있었다."(Herb Brooks Foundation, n.d.)

올림픽이 끝난 지 4개월 후 Brookssms 팀의 모든 선수들에게 다음과 같은 편지를 썼다.

> 별도의 봉투를 통해 Craig(Patrick)와 저로부터 팀 사진을 받게 될 것입니다. 이것은 우리가 운동선수로서 그리고 한 사람으로서 당신에 대한 우리의 존경심을 담은 것입니다.
>
> 나는 존경이 스포츠계에서 가장 큰 보상이라고 생각합니다. 당신은 코칭스태프로부터 그것을 받을 자격이 있습니다. 개인적으로 올해는 코치진들에게 가장 즐거운 해였을 뿐만 아니라 가장 힘든 해이기도 했습니다. 그것은 우리의 최종 팀의 구성에 관한 많은 어려운 결정을 내리는 것이 포함되었기 때문입니다.
>
> 나는 최대한 객관적이고 싶었기 때문에 선수들 개개인과 친밀하면서도 개인적인 접촉은 일부러 멀리하였습니다. 미국 하키 커뮤니티에서 지역주의와 호감주의가 나의 최종 선수 선발에 개입되었다고 이야기 나오는 것을 보고 싶지 않았습니다. 올해는 우리 모두에게 도전의 해였고 그 도전은 다음과 같은 것들이었습니다.
>
> • 하나의 단위로 생활하고 일한다.
>
> • 창조적인 방법으로 긍정적인 경기를 한다
>
> • 우리가 꿈꾸어 온 것을 최대한 실현한다.
>
> 당신은 이러한 도전들에 직면하였고 잘 해냈습니다. 만약 내가 개인적으로 같이하고 싶은 팀이 있다면 그것은 지금의 우리 팀입니다.
>
> Herb Brooks

Brooks는 2003년에 자동차 사고로 66세의 나이에 세상을 떠났다. 그가 처음으로 그들을 데려온 지 24년 후 1980년 미국 올림픽 팀의 멤버들은 전 코치의 장례식장에 다시 모였다. 그에 대한 추도사에서 Mike Eruzione는 "당신을 깊이 사랑하는 아버지에 비유했지만 그가 선수를 너무 세게 몰아붙였기 때문에 항상 좋을 수만은 없었을 것입니다. 나는 그가 우리 하키팀을 사랑했다는 것을 알지만 우리들 전부 그렇게 느끼고 있지 않다는 것을 알고 있습니다."라고 말했다.

질문

01 팀리더로서 Herb Brooks에 대해 어떻게 생각하는가? 목적이 수단을 정당화할 수 있는가?

02 1980년 미국 올림픽 아이스하키팀에 대한 Brooks의 코칭에 팀 우수성의 8가지 특성이 각각 어떻게 적용되었는지 설명하여라.

03 팀리더십을 위한 Hill Model for Team Leadership은 리더의 임무는 팀을 모니터링하고 팀 효율성을 보장하는 데 필요한 모든 조치를 하는 것이라고 주장한다. 모델의 내부 리더십 측면과 관련하여 Brooks가 취한 조치를 설명하시오.

A. 작업(목표 집중, 결과를 위한 구조화, 의사결정 촉진, 교육, 표준 유지)

B. 관계형(코칭, 협력, 갈등 관리, 헌신 구축, 요구 충족, 모델링 원칙)

04 Hill은 "리더는 팀이 효율성을 달성하는 데 도움이 되는 방식으로 기능을 수행하는 데 특별한 책임이 있다."라고 말한다. 1980년 미국 올림픽 하키팀이 큰 성공을 거둔 동안 Herb Brooks의 리더십 때문이라고 생각하는가? 구체적으로 설명하시오.

리더십 측정 도구

팀 효과성과 팀리더십을 측정 · 평가하기 위해 여러 가지 측정 도구가 사용되어 왔다. Larson과 LaFasto(1989)는 팀의 건전성을 평가하기 위해 다양한 유형의 조직의 우수한 팀들을 연구한 끝에 이 설문지를 개발하였다. 그들의 연구는 팀의 우수성 및 탁월한 업적과 일관되게 관련되어 있는 8개의 요인(기준)들을 제시하고 있다. 설문지는 8개의 요인들을 중심으로 하여 40개의 문항으로 구성되어 있으며, 팀의 업적 수준을 진단하거나 어떤 부분에서 수정 조치가 필요한가를 찾아내는 데 사용된다. 이 측정 도구상의 8개 요인들은 원칙 중심의 리더십(principled leadership) 요인들이다. LaFasto와 Larson의 후속 연구 끝에 원칙 중심의 리더십 기준에 초점을 맞춘 42개 문항의 설문지가 개발되었다. 이 측정 도구의 신뢰성과 타당성에 대한 논의는 그들의 최근 발표에서 찾아볼 수 있다(LaFasto & Larson, 2001). 이 장의 끝부분에 제시되어 있는 설문지는 단지 독자들이 팀이나 팀리더십의 효과성이 어떻게 평가되는지를 볼 수 있도록 하기 위해 두 연구의 결과에서 표집한 문항들로 구성되어 있다(자신들의 조직의 팀들을 측정하고 싶은 독자들은 두 연구에서 사용되었던 설문지의 원본의 사용을 위해 자문을 받아야 한다).

설문지는 팀 성원들에게 배부되고 팀의 전체적인 견해를 알아보기 위해 그들의 점수를 합산하고 평균을 산출한다. 동시에 팀의 리더도 설문지를 작성한다. 팀리더의 응답을 팀 성원들의 그것과 비교하고 만약에 취약한 분야가 있다면 가장 취약한 분야를 진단하여 찾아낸다. 그 다음 팀은 리더와 함께 그러한 취약한 분야를 수정하고 향상시키기 위한 단계별 수정 조치를 계획한다. 실행 계획은 리더와 함께 일하는 팀 성원들과 협력하여 이루어진다.

설문지(the team excellence and collaborative team leader questionnaire)는 팀들이 그들에게 당면한 복잡하고 혼란스러운 문제점들을 가려내고 수정 조치가 필요한 분야를 정확히 지적해 낼 수 있도록 하기 위해 개발된 진단 도구이다. 이러한 여러 항목들에 대한 팀의 점수는 많은 다른 팀들의 점수와 비교될 수 있다. 그렇게 하면 팀의 현재 업적 수준에 대한 규범적 정보(some normative information about a team's current level of performance)를 얻어 볼 수 있기 때문이다.

본 장에 실린 설문지는 LaFasto와 Larson이 개발한 두 개의 설문지에서 표집된 문항들로 구성되어 있다. 맨 앞의 7개 문항들은 1987년에 개발된 팀 우수성 조사(team excellence survey)에서 취한 것인데, 이것들은 팀 우수성(목표, 구조, 팀 구성원, 헌신성, 분위기, 업적 기준, 외부 지원)의 기준에 따른 팀의 건전성을 측정하기 위한 것이다.

그리고 리더십의 측정은 1996년에 LaFasto와 Larson에 의해 개발된 협동적 팀리더조사(collaborative team leader survey)(LaFasto & Larson, 2001, pp. 151-154)에서 추출된 6개 문항에 의해 측정된다. 마지막 6개 문항들은 리더의 효과성을 측정하도록 되어 있는데, 각 문항은 다음과 같은 리더십 효과성 요인들을 측정하도록 되어 있다. 즉, 목표에 대한 초점, 협동적 분위기의 조성, 자신감 심기, 기술적 역량의 발휘, 우선순위의 설정, 업적 관리 등이다. 이 모든 요인들은 팀의 효과성과 상관성이 있는 것으로 판명되고 있다.

표본 설문지를 작성하면서 작성자는 구성원으로서 혹은 리더로서 속해 있는 자신의 집단이나 팀을 생각해 본다.

작성자가 '사실이 아니다(false)'(1 또는 2)라고 점수를 매긴 항목은 그 작성자의 개인적인 관점에서 봤을 때 팀의 약점인 것이다. 팀을 평가하기 위해 이 측정 도구상의 작성자의 점수와 다른 집단 성원들의 점수를 비교해 보아야 한다. 예를 들어, 팀 구성원 대부분이 항목 3, "팀의 구성원들은 팀의 목적을 달성하기 위한 필수적인 기량과 능력을 보유하고 있다"에 대해 '사실이 아니다.'라고 점수를 매겼다면, 팀리더는 팀 구성원들의 역량을 증진시키기 위한 교육을 실시해야 할 것이다. 팀 효과성을 측정하는 이 같은 도구는 팀의 취약한 분야의 진단을 가능하게 하고, 팀 효과성을 향상시키기 위한 해결책을 제시하고 있어서 특히 팀리더에게 도움이 될 것이다.

팀 효과성 측정 설문지

작성 요령: 이 설문지는 당신의 팀과 그 팀 내의 리더십에 관한 질문들을 담고 있다. 당신의 팀과 관련하여 각 문항들이 사실인지 또는 사실이 아닌지의 여부를 다음의 척도를 사용하여 해당되는 숫자를 각 문항 앞의 선 위에 써넣으시오.

Key: **1** = 사실이 아니다　**2** = 사실이 아닌 편이다　**3** = 사실에 가깝다　**4** = 사실이다

_____ **01** 팀의 존재를 정당화할 수 있는 명백하게 명시된 목표–달성되어야 하는 목표 내지는 수행해야 할 업적 목표–가 존재한다(팀–명확하고 가치 있는 팀 목표).

_____ **02** 우리는 개인의 업무 수행을 감시하고 피드백을 제공하기 위한 확실한 방법을 가지고 있다(팀–성과지향적 구조).

_____ **03** 팀의 성원들은 팀의 목적을 달성하기 위한 필수적인 기량과 능력을 보유하고 있다(팀–역량 있는 팀의 성원).

_____ **04** 팀의 목표 달성은 어느 한 개인의 목적 달성보다 우선한다(팀–통일된 헌신성).

_____ **05** 우리는 정보, 지각, 그리고 피드백을 정확하게 공유할 만큼 서로 간에 신뢰도가 높다(팀–협동적인 분위기).

_____ **06** 우리 팀은 업적을 개선하기 위해 진력을 다한다(팀–우수성의 기준).

_____ **07** 우리 팀에게는 작업을 완성하는 데 필요한 자원이 잘 지원되고 있다(팀–외부지원 인정).

_____ **08** 팀의 목표를 조정해야 할 필요가 있을 경우 우리의 팀리더는 우리에게 그 이유를 확실히 이해시킨다(리더십–목표에 대한 초점).

_____ **09** 우리의 팀리더는 팀 구성원들이 팀의 성공과 관련된 문제들을 공개적이고 협력적으로 논의할 수 있는 안전한(피해 입을 걱정이 없는 안전한) 분위기를 조성한다(리더십–협력적 분위기 조성).

_____ 10 우리의 팀리더는 팀 구성원들이 이룩한 공헌을 찾아내 인정해 준다(리더십–자신감 심기).

_____ 11 우리의 팀리더는 팀 목표의 달성 과정에서 우리가 당면하게 될 기술적인 문제들을 이해하고 있다(리더십–충분한 기술적 역량).

_____ 12 우리의 팀리더는 너무 많은 우선순위를 설정하여 우리의 팀 노력을 분산시키지 않는다(리더십–우선순위 설정).

_____ 13 우리의 팀리더는 팀 구성원들의 부적절한 업무 수행과 관련된 문제점들을 정면으로 대응하여 해결해 나갈 의지가 있다(리더십–업적관리).

출처: Questions 1–7: Team Excellence Survey(Copyright 1987 LaFasto and Larson, Portions reprinted with permission of Protract). Questions 8–13: the Collaborative Team Leader(Copyright 1996 LaFasto and Larson, Portions reprinted with permission).

채점 방법, 채점 결과의 해석 및 활용

우수성 기준 각각에 대한(on each of the criteria of excellence) 질문들 이외에도 설문지는 비지시적인 질문(open–ended questions)도 포함하고 있다. 이는 팀의 성원들에게 팀의 장점, 약점, 팀의 리더십, 필요한 변화들, 문제가 되고 있는 규범들, 또는 강조되어야 할 이슈 등과 같이 설문지에서 명확하게 다루어지지 않은 문제들에 대해 자신의 의견을 표명할 기회를 제공하기 위함이다.

설문지의 원본을 팀의 성원들과 팀리더에게 주어 응답하게 하고 그들 모두를 진단 과정에 참여시키고 또 그에 따르는 실행 계획 수립에 참여하게 한다. 이러한 방식은 조직 내의 각 팀의 자유재량권을 확대하고 있는 최근의 움직임(the empowerment movement in organizational teams)과 명백하게 일치하고 있으며, 팀이 효과적이 되도록 하는 데 따른 많은 복잡한 문제를 다루는 데도 도움이 된다.

요약

조직 내의 팀의 중요성이 증대되고 팀에 요구되는 리더십의 중요성이 증대됨에 따라 팀리더십 이론(team leadership theory)에 대한 새로운 관심이 고조되고 있다. 팀리더십 모델은 팀의 성과와 일반적인 효과성에 기여하는 체계적인 요인들(systematic factors)의 연구를 위한 틀을 제공하고 있다. 이 접근법에서 리더의 중요한 기능은 집단을 감시 · 진단하고 필요한 조치를 취함으로써 집단이 목표를 달성할 수 있도록 돕는 데 있다.

이 모델에서 전략적 의사결정(strategic decision)은 팀리더들이 집단의 효과성을 향상시키기 위해 결정해야 할 다양한 의사결정들을 보이고 있다. 이 모델은 세 가지 의사결정을 담고 있다. ① 어떠한 유형의 개입이 필요한가(감시 · 조치)? ② 어떠한 수준에서 개입을 단행해야 하는가(내부적 · 외부적)? ③ 집단의 기능을 향상시키기 위해 어떤 리더십 기능(기술)이 실행되어야 하는가?

팀의 성원들뿐만 아니라 팀리더에 의해 작성되는 설문지는 팀 내의 문제점이 있는 특정 분야를 진단하고 팀이 취해야 할 단계적 조치를 제시하는 데 도움을 주고 있다. 이 모델은 검증이 필요하고 발전적 확장이 필요하다. 그러나 이 접근법의 강점은 실제적인 조직의 팀과 그 팀의 효과성에 대한 실무적 상황에 초점을 맞추고 있다는 점이다.

그리고 이 모델은 역시 작업 집단의 내부에서 '공유 내지는 분산될 수 있는 리더십 기능들'을 강조하고 있다. 그리고 또 이 모델은 적절한 진단 기술과 조치를 취하는 기술을 보유한 팀리더의 선발과 팀 성원들의 선발을 위한 지침을 제공하기도 한다. 더욱이 이 모델은 그 내용의 복잡성도 적절하고 조직의 이해와 연구를 위한 인지적 모델을 제공하고 있기도 하다.

부정적인 측면에서 이 접근 방식은 팀 효율성과 관련된 모든 요소와 기술을 포함하지 않는다는 점에서 제한적이다. 또한 이 모델은 팀리더가 직면한 특정 문제에 대한 즉석 답변을 제공하지 않으며 팀리더십 기술을 팀 전체에서 공유할 수 있는 방법을 다루지 않는다. 마지막으로, 팀리더십 모델의 결과와 효과를 테스트하고 측정하는 방법이 완전히 정제되지 않았다.

CHAPTER 1

Aritz, J., Walker, R., Cardon, P., & Zhang, L.(2017). Discourse of leadership: The power of questions in organizational decision making. International Journal of Business Communication, 54(2), 161-181. doi:10.1177/2329488416687054

Bass, B. M. (1985). Leadership and performance beyond expectations. New York, NY: Free Press.

Bass, B. M. (2008). Bass and Stogdill's handbook of leadership: A survey of theory and research (4th ed.). New York, NY: Free Press.

Bass, B. M., & Riggio, R. E. (2006). Transformational leadership (2nd ed.). Mahwah, NJ: Erlbaum.

Bass, B. M., & Steidlmeier, P. (1999). Ethics, character, and authentic transformational leadership. The Leadership Quarterly, 10, 181-217.

Bennis, W. G., & Nanus, B. (2007). Leaders: The strategies for taking charge (2nd ed.). New York, NY: Harper & Row.

Berger, M. [@Coach_Berger]. (2020,January 30). An open letter [Tweet]. Twitter. https://twitter.com/coach_berger?lang=en

Boatner, C. (2020, January 31). College paper goes viral after unpublishing then republishing coach' s quote complimenting Hitler. Student Press Law Center. https://splc.org/2020/01/college-paper-goes-viralafter-unpublishing-then-republishingcoachs-quote-complimenting-hitler/

Brown, M. E., Treviño, L. K., & Harrison, D. A. (2005). Ethical leadership: A social learning perspective for construct development and testing. Organizational Behavior and Human Decision Processes, 97(2), 117-134.

Bryman, A. (1992). Charisma and leadership in organizations. London, UK: SAGE.

Bryman, A., Collinson, D., Grint, K.,Jackson, G., & Uhl-Bien, M. (Eds.).(2011). The SAGE handbook of leadership. London, UK: SAGE.

Burns, J. M. (1978). Leadership. New York, NY: Harper & Row.

Burns, J. M. (2003). Transforming leadership. New York, NY: Grove Press.

Chiu, C. Y. C., Balkundi, P., & Weinberg, F. J. (2017). When managers become leaders: The role of manager network centralities, social power, and followers' perception of leadership. The Leadership Quarterly, 28(2), 334-348.

Ciulla, J. B. (2014). The ethics of leadership (3rd ed.). Santa Barbara, CA: Praeger.

Colf, C. (2020, February 14). GVSU to focus on Holocaust education after football coach's Hitler comment. The Jewish News. https://thejewishnews.com/2020/02/14/gvsu-to-focus-on-holocaust-educationafter-football-coachs-hitler-comment/

Copeland, N. (1942). Psychology and the soldier. Harrisburg, PA: Military Service.

Day, D. V., & Antonakis, J. (Eds.). (2012). The nature of leadership (2nd ed.). Thousand Oaks, CA: SAGE.

Dinh, J. E., Lord, R. G., Gardner, W. L.,Meuser, J. D., Liden, R. C., & Hu, J. (2014). Leadership theory and research in the new millennium: Current theoretical trends and changing perspectives. The Leadership Quarterly, 25(1), 36-62.

Ellis, D. G., & Fisher, B. A. (1994). Small group decision making: Communication and the group process (4th ed.). New York, NY: McGraw-Hill.

Fairhurst, G. T. (2007). Discursive leadership: In conversation with leadership psychology. Thousand Oaks, CA: SAGE.

Fayol, H. (1916). General and industrial management. London, UK: Pitman.

Fleishman, E. A., Mumford, M. D., Zaccaro, S. J., Levin, K. Y., Korotkin, A. L.,& Hein, M. B. (1991). Taxonomic efforts in the description of leader behavior: A synthesis and functional interpretation. The Leadership Quarterly, 2(4), 245-287.

French, J. R., Jr., & Raven, B. H. (1959). The bases of social power. In D. Cartwright (Ed.), Studies in social power (pp. 259-269).

Ann Arbor, MI: Institute for Social Research. Fry, L. W. (2003). Toward a theory of spiritual leadership. The Leadership Quarterly, 14(6), 693-727.

Gardner, J. W. (1990). On leadership. New York, NY: Free Press. Gardner, W. L., Lowe, K. B., Meuser, J. D.,

Noghani, F., Gullifor, D. P., & Cogliser, C. C. (2020). The leadership trilogy: A review of the third decade of the leadership quarterly. The Leadership Quarterly. Advance online publication. https://doi.org/10.1016/j.leaqua.2019.101379

George, B. (2003). Authentic leadership: Rediscovering the secrets to creating lasting value. Warren Bennis signature series. San Francisco, CA: Jossey-Bass. Graham, J. W. (1991). Servant-leadership in organizations: Inspirational and moral. The Leadership Quarterly, 2(2), 105-119.

Heifetz, R. A. (1994). Leadership without easy answers. Cambridge, MA: Harvard University Press.

Heller, T., & Van Til, J. (1983). Leadership and followership: Some summary propositions. Journal of Applied Behavioral Science, 18, 405-414.

Hemphill, J. K. (1949). Situational factors in leadership.

Columbus: The Ohio State University, Bureau of Educational Research.

Hickman, G. R. (Ed.). (2016). Leading organizations: Perspectives for a new era (3rd ed.). Thousand Oaks, CA: SAGE.

Hogg, M. A. (2001). A social identity theory of leadership. Personality and Social Psychology Review, 5, 184–200.

Hollander, E. P. (1992). Leadership, followership, self, and others. The Leadership Quarterly, 3(1), 43–54.

Howell, J. M., & Avolio, B. J. (1993). The ethics of charismatic leadership: Submission of liberation? Academy of Management Executive, 6(2), 43–54.

Jago, A. G. (1982). Leadership: Perspectives in theory and research. Management Science, 28(3), 315–336.

Kellerman, B. (2012). The end of leadership. New York, NY: HarperCollins.

Kotter, J. P. (1990). A force for change: How leadership differs from management. New York, NY: Free Press.

Krasikova, D. V., Green, S. G., & LeBreton, J. M. (2013). Destructive leadership: A theoretical review, integration, and future research agenda. Journal of Management, 39(5), 1308–1338.

McClean, E. J., Martin, S. R., Emich, K. J., & Woodruff, C. T. (2018). The social consequences of voice: An examination of voice type and gender on status and subsequent leader emergence. Academy of Management Journal, 61(5), 1869–1891.

Moore, B. V. (1927). The May conference on leadership. Personnel Journal, 6, 124–128.

Mumford, M. D. (2006). Pathways to outstanding leadership: A comparative analysis of charismatic, ideological, and pragmatic leaders. Mahwah, NJ: Erlbaum.

Nederman, C. (2019, Summer). Niccolò Machiavelli. In Edward N. Zalta (Ed.), The Stanford encyclopedia of philosophy. https://plato.stanford.edu/archives/sum2019/entries/machiavelli/

Owens, B. P., & Hekman, D. R. (2012). Modeling how to grow: An inductive examination of humble leader behaviors, contingencies, and outcomes. Academy of Management Journal, 55(4), 787–818.

Padilla, A. (2013). Leadership: Leaders, followers, environments. Hoboken, NJ: John Wiley & Sons.

Peters, T. J., & Waterman, R. H. (1982). In search of excellence: Lessons from America's best-run companies. New York, NY: Warner Books.

Podsakoff, P. M., & Podsakoff, N. P. (2019). Experimental designs in management and leadership research: Strengths, limitations, and recommendations for improving publishability. The Leadership Quarterly, 30(1), 11–33.

Posner, B. Z. (2015). An investigation into the leadership practices of volunteer leaders. Leadership & Organization Development Journal, 36(7), 885–898.

Raven, B. H. (1965). Social influence and power. In I. D. Steiner & M. Fishbein (Eds.), Current studies in social psychology (pp. 371–382). New York, NY: Holt, Rinehart, & Winston.

Rost, J. C. (1991). Leadership for the twentyfirst century. New York, NY: Praeger. Ruben, B. D., & Gigliotti, R. A. (2017). Communication: Sine qua non of organizational leadership theory and practice. International Journal of Business Communication, 54(1), 12–30.

Seeman, M. (1960). Social status and leadership. Columbus: The Ohio State University, Bureau of Educational Research.

Shore, L. M., Cleveland, J. N., & Sanchez, D. (2018). Inclusive workplaces: A review and model. Human Resource Management Review, 28(2), 176–189.

Simonet, D. V., & Tett, R. P. (2012). Five perspectives on the leadershipmanagement relationship: A competencybased evaluation and integration. Journal of Leadership & Organizational Studies, 20(2), 199–213.

Smith, J. A., & Foti, R. J. (1998). A pattern approach to the study of leader emergence. The Leadership Quarterly, 9(2), 147–160.

Stogdill, R. M. (1974). Handbook of leadership: A survey of theory and research. New York, NY: Free Press.

Tepper, B. J. (2007). Abusive supervision in work organizations: Review, synthesis, and research agenda. Journal of Management, 33(3), 261–289.

Voss, K. (2020, January 23). Inside the mind of GVSU's newest offensive coordinator. Grand Valley Lanthorn. https://lanthorn.com/73049/sports/insidethe-mind-of-gvsus-newest-offensivecoordinator

Wallner, P. J. (2020, January 30). Grand Valley State coach resigns following his Hitler remarks. MLive.com. https://www.mlive.com/sports/grand-rapids/2020/01/grand-valley-state-coach-resigns-forhitler-remarks.html

Watson, C., & Hoffman, L. R. (2004). The role of task-related behavior in the emergence of leaders. Group & Organization Management, 29(6), 659–685.

Zaleznik, A. (1977, May–June). Managers and leaders: Are they different? Harvard Business Review, 55, 67–78.

CHAPTER 2

Antonakis, J. (2009). "Emotional intelligence": What does it measure and does it matter for leadership? In G. B. Graen (Ed.), LMX leadership—gamechanging designs: Research-based tools (Vol. 11, pp. 163–192). Greenwich, CT: Information Age.

Antonakis, J., House, R. J., & Simonton, D. K. (2017). Can super smart leaders suffer from too much of a good hing? The curvilinear effect of intelligence on perceived leadership behavior. Journal of Applied Psychology, 102(7), 1003 – 1021.

Ashkanasy, N. M., Dasborough, M. T., & Ascough, K. W. (2009). Developing leaders: Teaching about emotional intelligence and training in emotional skills. In S. J. Armstrong & C. V. Fukami (Eds.), The SAGE handbook of management learning, education and development (pp. 161 – 183). London, UK: SAGE.

Ashkanasy, N. M., & Daus, C. S. (2002). Emotion in the workplace: The new challenge for managers. Academy of Management Perspectives, 16(1), 76 – 86. Bass, B. M. (2008). Bass and Stogdill's handbook of leadership: A survey of theory and research (4th ed.). New York, NY: Free Press.

Bennis, W. G., & Nanus, B. (2007). Leaders: The strategies for taking charge (2nd ed.). New York, NY: Harper & Row.

Blair, C. A., Palmieri, R. E., & Paz-Aparicio, C. (2018). Do Big 5 personality characteristics and narcissism predict engagement in leader development? Frontiers in Psychology, 9, 1817.

Boyatzis, R. E. (2019). Emotional intelligence and its measurement. In Oxford Research Encyclopedia of Business and Management. DOI: 10.1093/acrefore/9780190224851.013.159

Bryman, A. (1992). Charisma and leadership in organizations. London, UK: SAGE.

Buckingham, M., & Clifton, D. (2001). Now, discover your strengths. New York, NY: Free Press.

Caruso, D. R., & Wolfe, C. J. (2004). Emotional intelligence and leadership development. In D. V. Day, S. J. Zaccaro, & S. M. Halpin (Eds.), Leader development for transforming organizations: Growing leaders for tomorrow (pp. 237 – 266). Mahwah, NJ: Erlbaum.

Crum, R. (2018, August 17). Worry over Musk's "stability": Tesla stock nosedives after CEO's emotional interview. Mercury News. https://www.mercurynews.com/2018/08/17/elon-musk-cries-laughs-andcalls-past-year-excruciating

Davies, A. (2018, May 3). Elon Musk's attack on Tesla investors could make him a liability. Wired. https://www.wired.com/story/elon-musk-tesla-model-3-earnings-call/

Dinh, J., Lord, R., Gardner, W., Meuser, J.,Liden, R. C., & Hu, J. (2014). Leadership theory and research in the new millennium: Current theoretical trends and changing perspectives. The Leadership Quarterly, 25(1), 36 – 62.

Dinh, J. E., & Lord, R. G. (2012). Implications of dispositional and process views of traits for individual difference research in leadership. The Leadership Quarterly, 23(4), 651 – 667.

Duckworth, A. L., Peterson, C., Matthews, M. D., & Kelly, D. R. (2007). Grit: Perseverance and passion for long-term goals. Journal of Personality and Social Psychology, 92(6), 1087 – 1101.

Feloni, R. (2014, October 23). Former SpaceX exec explains how Elon Musk taught himself rocket science. Business Insider. https://www.businessinsider.com/how-elon-musk-learned-rocket-sciencefor-spacex-2014-10?r=US&IR=T

Freedman, J. (2014). Case study: Emotional intelligence for people-first leadership at FedEx Express. Six Seconds. http://www.6seconds.org/2014/01/14/casestudy-emotional-intelligence-people-firstleadership-fedex-express/

French, J. R. P., Jr., & Raven, B. (1962). The bases of social power. In D. Cartwright (Ed.), Group dynamics: Research and theory (pp. 259 – 269). New York, NY: Harper and Row.

Frieder, R., Wang, G., & Oh, I. S. (2018). Linking job-relevant personality traits, transformational leadership, and job performance via perceived meaningfulness at work: A moderated mediation model. Journal of Applied Psychology, 103(3), 324 – 333.

Gardner, H. (1997). Extraordinary minds: Portraits of exceptional individuals and an examination of our extraordinariness. New York, NY: Basic Books.

Gelles, D. (2018, August 28). In Elon Musk's world, brakes are for cars, not C.E.O.s. New York Times. https://www.nytimes.com/2018/08/28/business/elonmusk-tesla.html

Goldberg, L. R. (1990). An alternative "description of personality": The Big-Five factor structure. Journal of Personality and Social Psychology, 59, 1216 – 1229.

Goleman, D. (1995). Emotional intelligence. New York, NY: Bantam.

Goleman, D. (1998). Working with emotional intelligence. New York, NY: Bantam.

Goleman, D., & Boyatzis, R. (2017). Emotional intelligence has 12 elements. Which do you need to work on? Harvard Business Review, 84(2), 1 – 5.

Goleman, D., & Nevarez, M. (2018). Boost your emotional intelligence with these three questions. Harvard Business Review. https://hbr.org/2018/08/boostyour-emotional-intelligence-with-these-3-questions

Gong, Z., & Jiao, X. (2019). Are effect sizes in emotional intelligence field declining? A meta-meta analysis. Frontiers in Psychology, 10, Article 1655.

Jackson, A. E. (2017, June 20). The art (& science) of leadership: Inside the mind of Elon Musk. Glassdoor. https://www.glassdoor.com/blog/elon-musk

Jacquart, P., & Antonakis, J. (2015). When does charisma matter for top-level leaders? Effect of attributional ambiguity. Academy of Management Journal, 58(4), 1051–1074.

Jago, A. G. (1982). Leadership: Perspectives in theory and research. Management Science, 28(3), 315–336.

Judge, T. A., Bono, J. E., Ilies, R., & Gerhardt, M. W. (2002). Personality and leadership: A qualitative and quantitative review. Journal of Applied Psychology, 87, 765–780.

Jung, D., & Sosik, J. J. (2006). Who are the spellbinders? Identifying personal attributes of charismatic leaders. Journal of Leadership & Organizational Studies, 12, 12–27.

Kidder, T. (2004). Mountains beyond mountains: The quest of Dr. Paul Farmer, a man who would cure the world. New York, NY: Random House.

Killgore, W. D. (2017). Refinement and validation of a military emotional intelligence training program. Tucson: University of Arizona. https://apps.dtic.mil/dtic/tr/fulltext/u2/1050120.pdf

Kirkpatrick, S. A., & Locke, E. A. (1991). Leadership: Do traits matter? The Executive, 5, 48–60.

Kotsou, I., Mikolajczak, M., Heeren, A., Grégoire, J., & Leys, C. (2019). Improving emotional intelligence: A systematic review of existing work and future challenges. Emotion Review, 11(2), 151–165.

Levin, S. (2018, July 16). Elon Musk calls British diver in Thai cave rescue "pedo" in baseless attack. The Guardian. https://www.theguardian.com/technology/2018/jul/15/elon-musk-british-diver-thai-cave-rescuepedo-twitter

Lord, R. G., DeVader, C. L., & Alliger, G. M. (1986). A meta-analysis of the relation between personality traits and leadership perceptions: An application of validity generalization procedures. Journal of Applied Psychology, 71, 402–410.

MacKie, D. (2016). Strength-based leadership coaching in organizations: An evidence-based guide to positive leadership development. London, UK: Kogan Page.

Mann, R. D. (1959). A review of the relationship between personality and performance in small groups. Psychological Bulletin, 56, 241–270.

Marlowe, H. A. (1986). Social intelligence: Evidence for multidimensionality and construct independence. Journal of Educational Psychology, 78, 52–58.

Mattingly, V., & Kraiger, K. (2019). Can emotional intelligence be trained? A meta-analytical investigation. Human Resource Management Review, 29(2), 140–155.

Mayer, J. D., Caruso, D. R., & Salovey, P. (2000). Selecting a measure of emotional intelligence: The case for ability scales. In R. Bar-On & J. D. A. Parker (Eds.), The handbook of emotional intelligence (pp. 320–342). San Francisco, CA: Jossey-Bass.

Mayer, J. D., & Salovey, P. (1995). Emotional intelligence and the construction and regulation of feelings. Applied & Preventive Psychology, 4, 197–208.

Mayer, J. D., & Salovey, P. (1997). What is emotional intelligence? In P. Salovey & D. Sluyter (Eds.), Emotional development and emotional intelligence: Implications for educators (pp. 3–31). New York, NY: Basic Books.

Mayer, J. D., Salovey, P., & Caruso, D. R. (2000). Models of emotional intelligence. In R. J. Sternberg (Ed.), Handbook of intelligence (pp. 396–420). Cambridge, UK: Cambridge University Press.

McCrae, R. R., & Costa, P. T. (1987). Validation of the five-factor model of personality across instruments and observers. Journal of Personality and Social Psychology, 52, 81–90.

Mind & Machine. (2017, August 13). Working at SpaceX, building the future of space exploration on MIND & MACHINE [Video file]. https://www.youtube.com/watch?v=N4glvduGG_U

Musk, E. (@ElonMusk). (2018, April 2). About a year ago, I asked Doug to manage both engineering & production. He agreed that Tesla needed eng & prod better aligned, so we don't design cars that are crazy hard to build. Right now, tho, better to divide & conquer, so I'm back to sleeping at factory. Car biz is hell . . .[Tweet]. https://twitter.com/elonmusk/status/980913157739765761?lang=en

Nadler, D. A., & Tushman, M. L. (2012). What makes for magic leadership? In W. E. Rosenbach & R. L. Taylor (Eds.), Contemporary issues in leadership (7th ed., pp. 135–139). Boulder, CO: Westview.

Partners In Health. (2017). Our work. https://www.pih.org/programs

Peterson, C. (2006). A primer in positive psychology. New York, NY: Oxford University Press.

Peterson, C., & Seligman, M. E. P. (2004). Character strengths and virtues: A handbook and classification. New York, NY: Oxford University Press; Washington, DC: American Psychological Association.

Rath, T. (2007). StrengthsFinder 2.0. New York, NY: Gallup Press.

Sacket, P. R., & Walmsley, P. T. (2014). Which personality attributes are most important in the workplace? Perspectives on Psychological Science, 9(5), 538–551.

Sage, A., & Rodriguez, S. (2018, July 1). Exclusive: Tesla hits Model 3 manufacturing milestone, hours after deadline—factory sources. Reuters. https://www.reuters.com/article/us-tesla-model3-exclusive/exclusivetesla-hits-model-3-manufacturingmilestone-hours-after-deadline-factorysources-idUSKBN1JR1WX

Sculley, J. (2011, October 10). No bozos. Ever. Bloomberg Businessweek, 4249, 27.

Shankman, M. L., & Allen, S. J. (2015). Emotionally intelligent leadership: A guide for college students (2nd ed.). San Francisco, CA: Jossey-Bass.

Slaski, M., & Cartwright, S. (2003). Emotional intelligence training and its implications for stress, health and performance. Stress & Health, 19(4), 233 – 239. https://doi.org/10.1002/smi.979

Snow, S. (2015, June 4). Steve Jobs's and Elon Musk's counterintuitive leadership traits. Fast Company. https://www.fastcompany.com/3046916/elon-musks-leadership-traits

Sosik, J. J., Chun, J. U., Ete, Z., Arenas, F. J., & Scherer, J. A. (2019). Self-control puts character in action: Examining how leader character strengths and ethical leadership relate to leader outcomes. Journal of Business Ethics, 160(3), 765 – 781.

Sosik, J. J., Gentry, W. A., & Chun, J. U. (2012). The value of virtue in the upper echelons: A multisource examination of executive character strengths and performance. The Leadership Quarterly, 23(3), 367 – 382. https://doi.org/10.1016/j.leaqua.2011.08.010

Space Exploration Technologies Corp. (2020). About SpaceX. SpaceX.com/about

Sternberg, R. J. (Ed.). (2004). International handbook of intelligence. New York, NY: Cambridge University Press.

Stogdill, R. M. (1948). Personal factors associated with leadership: A survey of the literature. Journal of Psychology, 25, 35 – 71.

Stogdill, R. M. (1974). Handbook of leadership: A survey of theory and research. New York, NY: Free Press.

Stone, B. (2011, October 10). The return. Bloomberg Businessweek, 4249, 40.

Zaccaro, S. J. (2002). Organizational leadership and social intelligence. In R. Riggio (Ed.), Multiple intelligence and leadership (pp. 29 – 54). Mahwah, NJ: Erlbaum.

Zaccaro, S. J. (2007). Trait-based perspectives of leadership. American Psychologist, 62, 6 – 16.

Zaccaro, S. J., Green, J. P., Dubrow, S., & Kolze, M. (2018). Leader individual differences, situational parameters, and leadership outcomes: A comprehensive review and integration. The Leadership Quarterly, 29(1), 2 – 43.

Zaccaro, S. J., Kemp, C., & Bader, P. (2004). Leader traits and attributes. In J. Antonakis, A. T. Cianciolo, & R. J.

Sternberg (Eds.), The nature of leadership (pp. 101 – 124). Thousand Oaks, CA: SAGE.

Zaccaro, S. J., Kemp, C., & Bader, P. (2017). Leader traits and attributes. In J. Antonakis, A. T. Cianciolo, & R. J. Sternberg (Eds.), The nature of leadership (3rd ed., pp. 29 – 55). Thousand Oaks, CA: SAGE.

Zaleznik, A. (1977, May – June). Managers and leaders: Are they different? Harvard Business Review, 55, 67 – 78.

CHAPTER 3

Bass, B. M. (2008). Bass and Stogdill's handbook of leadership: A survey of theory and research (4th ed.). New York, NY: Free Press.

Connelly, M. S., Gilbert, J. A., Zaccaro, S. J., Threlfall, K. V., Marks, M. A., & Mumford, M. D. (2000). Exploring the relationship of leadership skills and knowledge to leader performance. The Leadership Quarterly, 11(1), 65 – 86.

Gasiorek, J., & Ebesu Hubbard, A. (2017). Perspectives on perspective-taking in communication research. Review of Communication, 17(2), 87 – 105.

Griffith, J. A., Baur, J. E., & Buckley, M. R. (2019). Creating comprehensive leadership pipelines: Applying the real options approach to organizational leadership development. Human Resource Management Review, 29(3), 305 – 315.

Gurdjian, P., Halbeisen, T., & Lane, K. (2014). Why leadership-development programs fail. McKinsey Quarterly, 1(1), 121 – 126.

Katz, R. L. (1955). Skills of an effective administrator. Harvard Business Review, 33(1), 33 – 42.

Kellerman, B. (2012). The end of leadership. New York, NY: HarperCollins.

Kerns, C. D. (2015). Motivations to lead: A core leadership dimension. Journal of Organizational Psychology, 15(1), 9 – 23.

Koigi, B. (2019, August 16). Peter Tabichi—the world's best teacher about the role of science in ending poverty. FairPlanet. https://www.fairplanet.org/story/peter-tabichi-the-world%E2%80%99s-best-teacher-about-the-role-ofscience-in-ending-poverty/

Matara, E., & Njeru, L. (2019, March 31). A teacher who goes above the call of duty. The Citizen. https://www.thecitizen.co.tz/magazine/soundliving/1843780-5049978-y7i6dm/index.html

Melia, M., Amy, J., & Fenn, L. (2019, June 10). 3 million US students don't have home internet. Associated Press News. https://apnews.com/7f263b8f7d3a43d6be014f860d5e4132

Moorhead, J. (2019, May 29). The secret to unlocking children's potential, by the Kenyan friar named the "world' s best teacher." The Telegraph. https://www.telegraph.co.uk/family/schooling/secretskenyan-friar-became-worlds-best-teacher/

Mumford, M. D., & Connelly, M. S. (1991). Leaders as creators: Leader performance and problem solving in ill-defined domains. The Leadership Quarterly, 2, 289 – 315.

Mumford, M. D., Hester, K. S., Robledo, I. C., Peterson, D. R., Day, E. A., Hougen, D. F., & Barrett, J. D. (2012). Mental models and creative problem-solving: The relationship of objective and subjective model attributes. Creativity Research Journal, 24(4), 311 – 330.

Mumford, M. D., Todd, E. M., Higgs, C., & McIntosh, T. (2017). Cognitive skills and leadership performance: The nine critical skills. The Leadership Quarterly, 28(1), 24 – 39.

Mumford, M. D., Zaccaro, S. J., Connelly, M. S., & Marks, M. A. (2000). Leadership skills: Conclusions and future directions. The Leadership Quarterly, 11(1), 155 – 170.

Mumford, M. D., Zaccaro, S. J., Harding, F. D., Jacobs, T. O., & Fleishman, E. A. (2000). Leadership skills for a changing world: Solving complex social problems. The Leadership Quarterly, 11(1), 11 – 35.

Mumford, T. V., Campion, M. A., & Morgeson, F. P. (2007). The leadership skills strataplex: Leadership skill requirements across organizational levels. The Leadership Quarterly, 18, 154 – 166.

Rose, D. M., & Gordon, R. (2015). Age-related cognitive changes and distributed leadership. The Journal of Management Development, 34(3), 330 – 339.

Sousa, M. J., & Rocha, Á. (2019). Leadership styles and skills developed through game-based learning. Journal of Business Research, 94, 360 – 366.

Talking Education. (2019, February 20). The Kenyan teacher who gives his salary to the poor [Video file]. YouTube. https://www.youtube.com/watch?v=i41XlsaDc-wWestfall, C. (2019). Leadership development: Why most programs don't work. Forbes. https://www.forbes.com/sites/chriswestfall/2019/06/20/leadershipdevelopment-

why-most-programs-dontwork/#3e1d233a61de

Wodon, Q. (2019, September 17). An interview with Peter Tabichi, winner of the 2019 Global Teacher Prize. World Bank. https://www.worldbank.org/en/topic/education/brief/an-interview-withpeter-tabichi-winner-of-the-2019-globalteacher-prize

World Bank Live. (2019, September 6). The power of teachers in tackling the global learning crisis [Video file]. YouTube. https://www.youtube.com/watch?v=k9OAazNAEd8

Yammarino, F. J. (2000). Leadership skills: Introduction and overview. The Leadership Quarterly, 11(1), 5 – 9.

Zaccaro, S. J., Gilbert, J., Thor, K. K., & Mumford, M. D. (1991). Leadership and social intelligence: Linking social perceptiveness and behavioral flexibility to leader effectiveness. The Leadership Quarterly, 2, 317 – 331.

Zaccaro, S. J., Mumford, M. D., Connelly, M. S., Marks, M. A., & Gilbert, J. A. (2000). Assessment of leader problemsolving capabilities. The Leadership Quarterly, 11(1), 37 – 64.

Zaki, Y. (2019, March 25). Peter Tabichi: 10 things to know about Kenyan monkteacher who won $1 million. Gulf News. https://gulfnews.com/uae/education/peter-tabichi-10-things-to-know-aboutkenyan-monk-teacher-who-won-1-million-1.1553504923391

CHAPTER 4

Andersen, J. A. (2009). Your favourite manager is an organisational disaster. European Business Review, 21(1), 5 – 16.

Begum, R., & Mujtaba, B. G. (2016). Task and relationship orientation of Pakistani managers and working professionals: The interaction effect of demographics in a collective culture. Public Organization Review, 16(2), 199 – 215.

Behrendt, P., Matz, S., & Göritz, A. S. (2017). An integrative model of leadership behavior. The Leadership Quarterly, 28(1), 229 – 244.

Bennett, W. (2020, January 30). Cheer's Morgan Simianer sleeps in her makeup, idolizes Coach Monica—and is back at Navarro. Vogue. https://www.vogue.com/article/morgan-simianer-interview-cheer-netflix

Blake, R. R., & McCanse, A. A. (1991). Leadership dilemmas: Grid solutions. Houston, TX: Gulf.

Blake, R. R., & Mouton, J. S. (1964). The Managerial Grid. Houston, TX: Gulf.

Blake, R. R., & Mouton, J. S. (1978). The new Managerial Grid. Houston, TX: Gulf.

Blake, R. R., & Mouton, J. S. (1985). The Managerial Grid III. Houston, TX: Gulf.

Bowers, D. G., & Seashore, S. E. (1966). Predicting organizational effectiveness with a four-factor theory of leadership.

Administrative Science Quarterly, 11, 238 – 263.

Bryman, A. (1992). Charisma and leadership in organizations. London, UK: SAGE.

Cai, D. A., Fink, E. L., & Walker, C. B. (2019). Robert R. Blake, with recognition of Jane S. Mouton. Negotiation and Conflict Management Research. Advance online publication. https://doi.org/10.1111/ncmr.12151

Cartwright, D., & Zander, A. (1970). Group dynamics research and theory (3rd ed.). New York, NY: Tavistock.

Casimir, G., & Ng, Y. N. (2010). Combinative aspects of leadership style and the interaction between leadership behaviors. Leadership & Organization Development Journal, 31(6), 501 – 517.

Church, B. (2020, March 6). The "Queen" of Cheer reveals

how Netflix mega-hit changed her life. CNN. https://www.cnn.com/2020/03/06/sport/cheer-monicaaldama-netflix-cheerleading-spt-intl/index.html

Dinh, J. E., Lord, R. G., Gardner, W. L., Meuser, J. D., Liden, R. C., & Hu, J. (2014). Leadership theory and research in the new millennium: Current theoretical trends and changing perspectives. The Leadership Quarterly, 25(1), 36–62

Engle, R. L., Elahee, M. N., & Tatoglu, E. (2013). Antecedents of problem-solving cross-cultural negotiation style: Some preliminary evidence. Journal of Applied Management and Entrepreneurship, 18(2), 83–102.

Greenspan, R. (2020, March 10). Cheer shows competitive cheerleading is almost as dangerous as football. So why isn't it officially considered a sport? Time. Retrieved from https://time.com/5782136/cheer-netflix-cheerleading-dangers/

Hemphill, J. K., & Coons, A. E. (1957). Development of the Leader Behavior Description Questionnaire. In R. M. Stogdill & A. E. Coons (Eds.), Leader behavior: Its description and measurement (Research Monograph No. 88). Columbus: The Ohio State University, Bureau of Business Research.

Iguisi, O. (2014). Indigenous knowledge systems and leadership styles in Nigerian work organisations. International Journal of Research in Business and Social Science, 3(4), 1–13.

Judge, T., Piccolo, R., & Ilies, R. (2004). The forgotten ones? The validity of consideration and initiating structure in leadership research. Journal of Applied Psychology, 89(1), 36–51.

Kahn, R. L. (1956). The prediction of productivity. Journal of Social Issues, 12, 41–49.

Katz, D., & Kahn, R. L. (1951). Human organization and worker motivation. In L. R. Tripp (Ed.), Industrial productivity (pp. 146–171). Madison, WI: Industrial Relations Research Association.

Likert, R. (1961). New patterns of management. New York, NY: McGraw-Hill.

Likert, R. (1967). The human organization: Its management and value. New York, NY: McGraw-Hill.

Littrell, R. F. (2013). Explicit leader behaviour. The Journal of Management Development, 32(6), 567–605.

Martin, M. T., Rowlinson, S., Fellows, R., & Liu, A. M. M. (2012). Empowering the project team: Impact of leadership style and team context. Team Performance Management, 18(3), 149–175.

Misumi, J. (1985). The behavioral science of leadership: An interdisciplinary Japanese research program. Ann Arbor: University of Michigan Press.

Pellegrini, E. K., & Scandura, T. A. (2008). Paternalistic leadership: A review and agenda for future research. Journal of Management, 34(3), 566–593.

Silman, A. (2020, January 21). How Cheer's superstar coach Monica gets it done. The Cut. Retrieved from https://www.thecut.com/2020/01/how-cheers-coach-monicaaldama-gets-it-done.html

Stogdill, R. M. (1948). Personal factors associated with leadership: A survey of the literature. Journal of Psychology, 25, 35–71.

Stogdill, R. M. (1963). Manual for the Leader Behavior Description Questionnaire form XII. Columbus: The Ohio State University, Bureau of Business Research.

Stogdill, R. M. (1974). Handbook of leadership: A survey of theory and research. New York, NY: Free Press.

Whiteley, G. (2020, January 8). Cheer [TV series]. Boardwalk Pictures, Caviar and One Potato Productions.

Yukl, G. (2003). Leadership in organizations (8th ed.). Boston, MA: Pearson.

Yukl, G. (2012). Effective leadership behavior: What we know and what questions need more attention. Academy of Management Perspectives, 26(4), 66–85.

Zakin, C., & Weisberg, D. (Producers). (2020, February 4). Skimm'd from the Couch: Coach Monica Aldama [Audio podcast]. https://www.theskimm.com/money/skimmd-from-the-couch-coachmonica-aldama-3rKxVUjfCIDEm6p3NGo9SH

CHAPTER 5

Arvidsson, M., Johansson, C. R., Ek, Å.,& Akselsson, R. (2007). Situational leadership in air traffic control. Journal of Air Transportation, 12(1), 67–86.

Bass, B. M. (2008). The Bass handbook of leadership: Theory, research, and managerial applications (4th ed.). New York, NY: Free Press.

Blanchard, K. H. (1985). SLII®: A situational approach to managing people. Escondido, CA: Blanchard Training and Development.

Blanchard, K., Zigarmi, D., & Nelson, R. (1993). Situational Leadership® after 25 years: A retrospective. Journal of Leadership Studies, 1(1), 22–36.

Blanchard, K., Zigarmi, P., & Zigarmi, D. (1992). Game plan for leadership and the One Minute Manager. Escondido, CA: Blanchard Training and Development.

Blanchard, K., Zigarmi, P., & Zigarmi, D. (2013). Leadership and the One Minute Manager: Increasing effectiveness through Situational Leadership® II. New York, NY: William Morrow.

Blank, W., Green, S. G., & Weitzel, J. R. (1990). A test of

the situational leadership theory. Personnel Psychology, 43(3), 579 - 597.

Bosse, T., Duell, R., Memon, Z. A., Treur, J., & van der Wal, C. N. (2017). Computational model-based design of leadership support based on situational leadership theory. Simulation, 93(7), 605 - 617.

Carew, P., Parisi-Carew, E., & Blanchard, K. H. (1990). Group development and Situational Leadership II®. Escondido, CA: Blanchard Training and Development.

Cote, R. (2017). A comparison of leadership theories in an organizational environment. International Journal of Business Administration, 8(5), 28 - 35.

Fernandez, C. F., & Vecchio, R. P. (1997). Situational Leadership theory revisited: A test of an across-jobs perspective. The Leadership Quarterly, 8(1), 67 - 84.

Graeff, C. L. (1983). The Situational Leadership theory: A critical view. Academy of Management Review, 8, 285 - 291.

Graeff, C. L. (1997). Evolution of Situational Leadership theory: A critical review. The Leadership Quarterly, 8(2), 153 - 170.

Hersey, P., & Blanchard, K. H. (1969a). Life-cycle theory of leadership. Training and Development Journal, 23, 26 - 34.

Hersey, P., & Blanchard, K. H. (1969b). Management of organizational behavior: Utilizing human resources. Englewood Cliffs, NJ: Prentice Hall.

Hersey, P., & Blanchard, K. H. (1977). Management of organizational behavior: Utilizing human resources (3rd ed.). Englewood Cliffs, NJ: Prentice Hall.

Hersey, P., & Blanchard, K. H. (1988). Management of organizational behavior: Utilizing human resources (5th ed.). Englewood Cliffs, NJ: Prentice Hall.

Hersey, P., & Blanchard, K. H. (1993). Management of organizational behavior: Utilizing human resources (6th ed.). Englewood Cliffs, NJ: Prentice Hall.

Hersey, P., & Blanchard, K. H. (1996). Great ideas revisited: Revisiting the life-cycle theory of leadership. Training & Development Journal, 50(1), 42.

Huang, Y. H. (2000). The Personal Influence Model and Gao Guanxi in Taiwan Chinese public relations. Public Relations Review, 26(2), 219 - 236.

Johnson, C. E. (1999). Emerging perspectives in leadership ethics. www.academy.umd.edu/ila/Publications/Proceedings/1999/cjohnson.pdf

Larsson, J., & Vinberg, S. (2010). Leadership behavior in successful organizations: Universal or situationdependent? Total Quality Management & Business Excellence, 21(3), 317 - 334.

Lee, Y., Han, A., Byron, T., & Fan, H. (2008). Daoist leadership: Theory and application. In C. Chen & Y. Lee (Eds.), Leadership and management in China: Philosophies, theories, and practices (pp. 83 - 107). Cambridge, UK: Cambridge University Press. doi:10.1017/CBO9780511753763.005

Meirovich, G., & Gu, J. (2015). Empirical and theoretical validity of Hersey-Blanchard's contingency model: A critical analysis. Journal of Applied Management and Entrepreneurship, 20(3), 56 - 74. http://dx.doi.org/10.9774/GLEAF.3709.2015.ju.00006

Min-Huei, C. (2016). How Chinese philosophy applies in today's business world. International Journal of Arts and Commerce, 5(3), 102 - 110. https://www.ijac.org.uk/images/frontImages/gallery/Vol._5_No._3/12._102-110.pdf

Reddin, W. J. (1967, April). The 3-D management style theory. Training and Development Journal, pp. 8 - 17.

Thompson, G., & Glasø, L. (2015). Situational leadership theory: A test from three perspectives. Leadership & Organization Development Journal, 36(5), 527 - 544.

Thompson, G., & Glasø, L. (2018). Situational leadership theory: A test from a leader-follower congruence approach. Leadership & Organization Development Journal, 9(5), 574 - 591.

Thompson, G., & Vecchio, R. P. (2009). Situational leadership theory: A test of three versions. The Leadership Quarterly, 20, 837 - 848.

Vecchio, R. P. (1987). Situational leadership theory: An examination of a prescriptive theory. Journal of Applied Psychology, 72(3), 444 - 451.

Vecchio, R. P., & Boatwright, K. J. (2002). Preferences for idealized style of supervision. The Leadership Quarterly, 13, 327 - 342.

Vecchio, R. P., Bullis, R. C., & Brazil, D. M. (2006). The utility of situational leadership theory: A replication in a military setting. Small Group Leadership, 37, 407 - 424.

Vroom, V. H., & Yetton, P. W. (1973). Leadership and decision-making. Pittsburgh, PA: University of Pittsburgh Press.

Wang, B. (2018, January 1). Chinese leadership: 5 critical differences with the West. IEDP Developing Leaders. https://www.iedp.com/articles/chinese-leadership-5-critical-differences-with-the-west/

Yammarino, F. J., Dionne, S. D., Chun, J. U., & Dansereau, F. (2005). Leadership and levels of analysis: A state-of-the-science review. The Leadership Quarterly, 16(6), 879 - 919.

Yukl, G. A. (1989). Leadership in organizations (2nd ed.). Englewood Cliffs, NJ: Prentice Hall.

Yukl, G. A. (1998). Leadership in organizations (4th ed.). Upper Saddle River, NJ: Prentice Hall.

Zigarmi, D., & Roberts, T. P. (2017). A test of three basic assumptions of Situational Leadership® II model and their implications for HRD practitioners. European Journal of Training and Development, 41(3), 241 – 260.

CHAPTER 6

Ambrogi, M. (2013, April 28). New coach, no scholarship: "I' m sorry, we don't want you," is first thing Indy-area recruit told. Indianapolis Star, p. C1.

Asamani, J. A., Naab, F., & Ansah Ofei, A. M. (2016). Leadership styles in nursing management: Implications for staff outcomes. Journal of Health Sciences, 6(1), 23 – 36.

Bess, J. L., & Goldman, P. (2001). Leadership ambiguity in universities and K – 12 schools and the limits of contemporary leadership theory. The Leadership Quarterly, 12, 419 – 450.

Cote, R. (2017). A comparison of leadership theories in an organizational environment. International Journal of Business Administration, 8(28), 1923 – 4007. http://doi.org/10.5430/ijba.v8n5p28

Drew, D. (2013, May 15). WMU football coach P. J. Fleck explains his "Row the Boat" mantra and hopes it will define the program and his tenure. MLive.com. https://www.mlive.com/broncos/2013/05/wmu_football_coach_pj_fleck_ex.html

Eagly, A. H., & Johnson, B. T. (1990). Gender and leadership style: A metaanalysis. Psychological Bulletin, 108, 233 – 256.

Eagly, A. H., Makhijani, M. G., & Klonsky, B. G. (1992). Gender and the evaluation of leaders: A meta-analysis. Psychological Bulletin, 111, 3 – 22.

Evans, M. G. (1970). The effects of supervisory behavior on the path-goal relationship. Organizational Behavior and Human Performance, 5, 277 – 298.

Evans, M. G. (1996). R. J. House's "A pathgoal theory of leader effectiveness." The Leadership Quarterly, 7(3), 305 – 309. Fulk, J., & Wendler, E. R. (1982). Dimensionality of leader-subordinate interactions: A path-goal investigation. Organizational Behavior and Human Performance, 30, 241 – 264.

Giambalvo, E. (2019, November 5). Skeptical of P.J. Fleck and his slogans? So were others, but 8 – 0 Minnesota believes. Washington Post. https://www.washingtonpost.com/sports/2019/11/05/skeptical-pj-fleck-his-slogans-so-wereothers-minnesota-believes/

Greder, A. (2017, November 17). What is the "spiritual" part of P.J. Fleck's Gophers football makeover? St. Paul Pioneer Press. https://www.grandforksherald.com/sports/4361595-what-spiritual-part-pj-flecksgophers-football-makeover

Halpin, A. W., & Winer, B. J. (1957). A factorial study of the leader behavior descriptions. In R. M. Stogdill & A. E. Coons (Eds.), Leader behavior: Its description and measurement (pp. 39 – 51). Columbus: The Ohio State University, Bureau of Business Research, Monograph No. 88.

Heilman, M. E., Wallen, A. S., Fuchs, D., & Tamkins, M. M. (2004). Penalties for success: Reactions to women who succeed at male gender-typed tasks. Journal of Applied Psychology, 89, 416 – 427.

Hemphill, J. K., & Coons, A. E. (1957). Development of the Leader Behavior Description Questionnaire. In R. M. Stogdill & A. E. Coons (Eds.), Leader behavior: Its description and measurement (pp. 6 – 38). Columbus: The Ohio State University, Bureau of Business Research, Monograph No. 88.

Hersey, P., & Blanchard, K. H. (1969). Life cycle theory of leadership. Training & Development Journal, 23(5), 26 – 34.

House, R. J. (1971). A path-goal theory of leader effectiveness. Administrative Science Quarterly, 16, 321 – 328.

House, R. J. (1977). A 1976 theory of charismatic leadership. In J. G. Hunt & L. L. Larson (Eds.), Leadership: The cutting edge (pp. 189 – 207). Carbondale: Southern Illinois University Press.

House, R. J. (1996). Path-goal theory of leadership: Lessons, legacy, and a reformulated theory. The Leadership Quarterly, 7(3), 323 – 352.

House, R. J., & Dessler, G. (1974). The path-goal theory of leadership: Some post hoc and a priori tests. In J. Hunt & L. Larson (Eds.), Contingency approaches in leadership (pp. 29 – 55). Carbondale: Southern Illinois University Press.

House, R. J., & Mitchell, R. R. (1974). Path-goal theory of leadership. Journal of Contemporary Business, 3, 81 – 97.

Indvik, J. (1985). A path-goal theory investigation of superior-subordinate relationships. Unpublished doctoral dissertation, University of Wisconsin – Madison.

Indvik, J. (1986). Path-goal theory of leadership: A meta-analysis. In Proceedings of the Academy of Management Meeting (pp. 189 – 192). Briarcliff Manor, NY: Academy of Management.

Indvik, J. (1988). A more complete testing of path-goal theory. Paper presented at the Academy of Management, Anaheim, CA.

Jermier, J. M. (1996). The path-goal theory of leadership: A subtextual analysis. The Leadership Quarterly, 7(3), 311 – 316.

Kanfer, R., Frese, M., & Johnson, R. E. (2017). Motivation related to work: A century of progress. The Journal of Applied Psychology, 102(3), 338 – 355.

Markgraff, P. (2018). PJ Fleck on coaching your culture. AFCA Insider. https://insider.afca.com/pj-fleck-coachingculture/

Mattingly, B. (2017a). Into the fire [Television series episode]. In Sports Talk with Bo Mattingly and JM Associates (Executive Producers), Being P.J. Fleck. Bristol, CT: ESPN.

Mattingly, B. (2017b). Sleeping giant [Television series episode]. In Sports Talk with Bo Mattingly and JM Associates (Executive Producers), Being P.J. Fleck. Bristol, Connecticut: ESPN.

Mendez, M. J., & Busenbark, J. R. (2015). Shared leadership and gender: All members are equal . . . but some more than others. Leadership & Organization Development Journal, 36(1), 17–34.

Nichols, B. (2016, December 31). Whether with dances or costumes, P.J. Fleck always found ways to motivate Western Michigan all the way to Cotton Bowl. Dallas News.

Nothaft, P. (2017, October 12). Former WMU coach P.J. Fleck using past success, failures in Minnesota rebuild. MLive.com. https://www.mlive.com/sports/2017/10/former_wmu_coach_pj_fleck_usin.html

Rittenberg, A. (2019, November 8). How P.J. Fleck rebuilt Minnesota football using batting doughnuts, "The Dig" and the Nekton mentality. ESPN. https://www.espn.com/college-football/story/_/id/28028337/how-pj-fleck-rebuiltminnesota-football-using-battingdoughnuts-dig-nekton-mentality

Rosette, A. S., Koval, C. Z., Ma, A., & Livingston, R. (2016). Race matters for women leaders: Intersectional effects on agentic deficiencies and penalties. The Leadership Quarterly, 27(3), 429–445.

Schriesheim, C. A., Castro, S. L., Zhou, X., & DeChurch, L. A. (2006). An investigation of path-goal and transformational leadership theory predictions at the individual level of analysis. The Leadership Quarterly, 17, 21–38.

Schriesheim, C. A., & Kerr, S. (1977). Theories and measures of leadership: A critical appraisal. In J. G. Hunt & L. L. Larson (Eds.), Leadership: The cutting edge (pp. 9–45). Carbondale: Southern Illinois University Press.

Schriesheim, C. A., & Neider, L. L. (1996). Path-goal leadership theory: The long and winding road. The Leadership Quarterly, 7(3), 317–321.

Schriesheim, J. R., & Schriesheim, C. A. (1980). A test of the path-goal theory of leadership and some suggested directions for future research. Personnel Psychology, 33, 349–370.

Stinson, J. E., & Johnson, R. W. (1975). The path-goal theory of leadership: A partial test and suggested refinement. Academy of Management Journal, 18, 242–252.

Stogdill, R. M. (1963). Manual for the Leader Behavior Description Questionnaire form XII. Columbus: The Ohio State University, Bureau of Business Research.

Stumpf, S. A., Tymon, W. G., Ehr, R. J., & vanDam, N. H. M. (2016). Leading to intrinsically reward professionals for sustained engagement. Leadership & Organization Development Journal, 37(4), 467–486.

Turner, J. R., Baker, R., & Kellner, F. (2018). Theoretical literature review: Tracing the life cycle of a theory and its verified and falsified statements. Human Resource Development Review, 17(1), 34–61.

Vroom, V. H. (1964). Work and motivation. New York, NY: McGraw-Hill.

Wofford, J. C., & Liska, L. Z. (1993). Pathgoal theories of leadership: A meta-analysis. Journal of Management, 19(4), 857–876.

CHAPTER 7

Anand, S., Hu, J., Liden, R. C., & Vidyarthi, P. R. (2011). Leader–member exchange: Recent research findings and prospects for the future. In A. Bryman, D. Collinson, K. Grint, G. Jackson, & B. Uhl-Bien (Eds.), The SAGE handbook of leadership (pp. 311–325). London, UK: SAGE.

Atwater, L., & Carmeli, A. (2009). Leader–member exchange, feelings of energy, and involvement in creative work. The Leadership Quarterly, 20, 264–275.

Bakar, H. A., & Sheer, V. C. (2013). The mediating role of perceived cooperative communication in the relationship between interpersonal exchange relationships and perceived group cohesion. Management Communication Quarterly, 27, 443–465.

Bernerth, J. B., Armenakis, A. A., Feild, H. S., Giles, W. F., & Walker, H. J. (2007). Leader–member social exchange (LMSX): Development and validation of a scale. Journal of Organizational Behavior, 28, 979–1003.

Buch, R., Kuvaas, B., Dysvik, A., & Schyns, B. (2014). If and when social and economic leader–member exchange relationships predict follower work effort. Leadership & Organization Development Journal, 35(8), 725–739.

Catmull, E. (2008, September). How Pixar fosters collective creativity. Harvard Business Review. https://hbr.org/2008/09/how-pixar-fosters-collective-creativity

Cropanzano, R., Dasborough, M. T., & Weiss, H. M. (2017). Affective events and the development of leader–member exchange. Academy of Management Review, 42(2), 233–258.

Dansereau, F., Graen, G. B., & Haga, W. (1975). A vertical dyad linkage approach to leadership in formal organizations. Organizational Behavior and Human Performance, 13, 46–78.

Fairhurst, G., & Uhl-Bien, M. (2012). Organizational discourse analysis (ODA): Examining leadership as a relational process. The Leadership Quarterly, 23(6), 1043 – 1062.

Gerstner, C. R., & Day, D. V. (1997). Meta-analytic review of leader – member exchange theory: Correlates and construct issues. Journal of Applied Psychology, 82, 827 – 844.

Gottfredson, R. K., & Aguinis, H. (2017). Leadership behaviors and follower performance: Deductive and inductive examination of theoretical rationales and underlying mechanisms. Journal of Organizational Behavior, 38(4), 558 – 591.

Gottfredson, R. K., Wright, S. L., & Heaphy, E. D. (2020). A critique of the Leader – Member Exchange construct: Back to square one. The Leadership Quarterly. Advance online publication. https://doi.org/10.1016/j.leaqua.2020.101385

Graen, G. B. (1976). Role-making processes within complex organizations. In M. D. Dunnette (Ed.), Handbook of industrial and organizational psychology (pp. 1202 – 1245). Chicago, IL: Rand McNally.

Graen, G. B., & Cashman, J. (1975). A role-making model of leadership in formal organizations: A developmental approach. In J. G. Hunt & L. L. Larson (Eds.), Leadership frontiers (pp. 143 – 166). Kent, OH: Kent State University Press.

Graen, G. B., & Scandura, T. A. (1987). Toward a psychology of dyadic organizing. In B. Staw & L. L. Cumming (Eds.), Research in organizational behavior (Vol. 9, pp. 175 – 208). Greenwich, CT: JAI.

Graen, G. B., & Uhl-Bien, M. (1991). The transformation of professionals into self-managing and partially self-designing contributions: Toward a theory of leadership making. Journal of Management Systems, 3(3), 33 – 48.

Graen, G. B., & Uhl-Bien, M. (1995). Relationship-based approach to leadership: Development of leader – member exchange (LMX) theory of leadership over 25 years: Applying a multi-level, multi-domain perspective. The Leadership Quarterly, 6(2), 219 – 247.

Harris, K. J., Wheeler, A. R., & Kacmar, K. M. (2009). Leader – member exchange and empowerment: Direct and interactive effects on job satisfaction, turnover intentions, and performance. The Leadership Quarterly, 20, 371 – 382.

Harter, N., & Evanecky, D. (2002). Fairness in leader – member exchange theory: Do we all belong on the inside? Leadership Review, 2(2), 1 – 7.

Herman, H. M. Tse, & Troth, A. C. (2013). Perceptions and emotional experiences in differential supervisor-subordinate relationships. Leadership & Organization Development Journal, 34(3), 271 – 283.

Hill, L. (2014, September). How to manage for collective creativity [Video file]. TEDxCambridge. https://www.ted.com/talks/linda_hill_how_to_manage_for_collective_creativity

Hill, N. S., Kang, J. H., & Seo, M. (2014). The interactive effect of leader – member exchange and electronic communication on employee psychological empowerment and work outcomes. The Leadership Quarterly, 25(4), 772 – 783.

Ilies, R., Nahrgang, J. D., & Morgeson, F. P. (2007). Leader – member exchange and citizenship behaviors: A meta-analysis. Journal of Applied Psychology, 92(1), 269 – 277.

Katz, D. (1964). Motivational basis of organizational behavior. Behavioral Science, 9, 131 – 146.

Kelley, K. M. (2014). Leaders' narrative sensemaking during LMX role negotiations: Explaining how leaders make sense of who to trust and when. The Leadership Quarterly, 25(3), 433 – 448.

Lee, A., Thomas, G., Martin, R., Guillaume, Y., & Marstand, A. F. (2019). Beyond relationship quality: The role of leader – member exchange importance in leader – follower dyads. Journal of Occupational and Organizational Psychology, 92(4), 736 – 763.

Liao, Z., Liu, W., Li, X., & Song, Z. (2019). Give and take: An episodic perspective on leader – member exchange. Journal of Applied Psychology, 104(1), 34 – 51.

Liden, R. C., & Maslyn, J. M. (1998). Multidimensionality of leader – member exchange: An empirical assessment through scale development. Journal of Management, 24, 43 – 72.

Liden, R. C., Wayne, S. J., & Stilwell, D. (1993). A longitudinal study on the early development of leader – member exchange. Journal of Applied Psychology, 78, 662 – 674.

Madlock, P. E., & Booth-Butterfield, M. (2012). The influence of relational maintenance strategies among coworkers. Journal of Business Communication, 49, 21 – 47.

Malik, M., Wan, D., Ahmad, M. I., Naseem, M. A., & Rehman, R. ur. (2015). The role of LMX in employees' job motivation, satisfaction, empowerment, stress and turnover: Cross country analysis. Journal of Applied Business Research (JABR), 31(5), 1897 – 2000.

Martin, R., Guillaume, Y., Thomas, G., Lee, A., & Epitropaki, O. (2016). Leader – member exchange (LMX) and performance: A meta-analytic review. Personnel Psychology, 69(1), 67 – 121.

Maslyn, J. M., Schyns, B., & Farmer, S. M. (2017). Attachment style and leader – member exchange. Leadership and Organization Development Journal, 38(3), 450 – 462.

Matta, F. K., & Van Dyne, L. (2020). Understanding the disparate behavioral consequences of LMX differentiation: The role of social comparison emotions. Academy of Management Review, 45(1), 154 – 180.

McClane, W. E. (1991). Implications of member role differentiation: Analysis of a key concept in the LMX model of leadership. Group & Organization Studies, 16(1), 102–113.

Nahrgang, J. D., Morgeson, R. P., & Ilies, R. (2009). The development of leader–member exchanges: Exploring how personality and performance influence leader and member relationships over time. Organizational Behavior and Human Decision Processes, 108, 256–266.

Omilion-Hodges, L. M., & Baker, C. R. (2017). Communicating leader–member relationship quality: The development of leader communication exchange scales to measure relationship building and maintenance through the exchange of communication-based goods. International Journal of Business Communication, 54(2), 115–145.

Omilion-Hodges, L. M., Ptacek, J. K., & Zerilli, D. H. (2015). A comprehensive review and communication research agenda of the contextualized workgroup: The evolution and future of leader–member exchange, coworker exchange, and team-member exchange. In E. L. Cohen (Ed.), Communication yearbook (Vol. 40, pp. 343–377). New York, NY: Routledge.

Organ, D. W. (1988). Organizational citizenship behavior: The good soldier syndrome. Lexington, MA: Lexington Books.

Randolph-Seng, B., Cogliser, C. C., Randolph, A. F., Scandura, T. A., Miller, C. D., & Smith-Genthôs, R. (2016). Diversity in leadership: Race in leader–member exchanges. Leadership & Organization Development Journal, 37(6), 750–773.

Rockstuhl, T., Dulebohn, J. H., Ang, S., & Shore, L. M. (2012). Leader–member exchange (LMX) and culture: A metaanalysis of correlates of LMX across 23 countries. Journal of Applied Psychology, 97(6), 1097.

Scandura, T. A. (1999). Rethinking leader–member exchange: An organizational justice perspective. The Leadership Quarterly, 10(1), 25–40.

Schriesheim, C. A., Castro, S. L., & Cogliser, C. C. (1999). Leader–member exchange (LMX) research: A comprehensive review of theory, measurement, and data-analytic practices. The Leadership Quarterly, 10, 63–113.

Schriesheim, C. A., Castro, S. L., Zhou, X., & Yammarino, F. J. (2001). The folly of theorizing "A" but testing "B": A selective level-of-analysis review of the field and a detailed leader–member exchange illustration. The Leadership Quarterly, 12, 515–551.

Sheer, V. C. (2014). "Exchange lost" in leader–member exchange theory and research: A critique and a reconceptualization. Leadership, 11, 1–17.

Sparrowe, R. T., & Liden, R. C. (2005). Two routes to influence: Integrating leader–member exchange and social network perspectives. Administrative Science Quarterly, 50(4), 505–535.

Uhl-Bien, M., Maslyn, J., & Ospina, S. (2012). The nature of relational leadership: A multitheoretical lens on leadership relationships and processes. In D. V. Day & J. Antonakis (Eds.), The nature of leadership (2nd ed., pp. 289–330). Thousand Oaks, CA: SAGE.

Volmer, J., Spurk, D., & Niessen, C. (2012). Leader–member exchange (LMX), job autonomy, and creative work involvement. The Leadership Quarterly, 23(3), 456–465.

Xu, A. J., Loi, R., Cai, Z., & Liden, R. C. (2019). Reversing the lens: How followers influence leader–member exchange quality.

Journal of Occupational and Organizational Psychology, 92(3), 475–497.

Yukl, G. (1994). Leadership in organizations (3rd ed.). Englewood Cliffs, NJ: Prentice Hall.

CHAPTER 8

Andersen, J. A. (2015). Barking up the wrong tree: On the fallacies of the transformational leadership theory. Leadership & Organization Development Journal, 36(6), 765–777.

Anderson, H. J., Baur, J. E., Griffith, J. A., & Buckley, M. R. (2017). What works for you may not work for (Gen) me: Limitations of present leadership theories for the new generation. The Leadership Quarterly, 28(1), 245–260.

Antonakis, J. (2012). Transformational and charismatic leadership. In D. V. Day & J. Antonakis (Eds.), The nature of leadership (2nd ed., pp. 256–288). Thousand Oaks, CA: SAGE.

Antonakis, J., Avolio, B. J., & Sivasubramaniam, N. (2003). Context and leadership: An examination of the ninefactor full-range leadership theory using the Multifactor Leadership Questionnaire. The Leadership Quarterly, 14(3), 261–295.

Antonakis, J., & House, R. J. (2014). Instrumental leadership: Measurement and extension of transformational transactional leadership theory. The Leadership Quarterly, 25(4), 746–771.

Arthur, C. A., & Hardy, L. (2014). Transformational leadership: A quasiexperimental study. Leadership & Organization Development Journal, 35(1), 38–53.

Avolio, B. J. (1999). Full leadership development: Building the vital forces in organizations. Thousand Oaks, CA: SAGE.

Avolio, B. J., & Gibbons, T. C. (1988). Developing transformational leaders: A life span approach. In J. A. Conger, R. N. Kanungo, & Associates (Eds.), Charismatic leadership: The elusive factor in organizational effectiveness (pp. 276 – 308). San Francisco, CA: Jossey-Bass.

Bailey, J., & Axelrod, R. H. (2001). Leadership lessons from Mount Rushmore: An interview with James MacGregor Burns. The Leadership Quarterly, 12, 113 – 127.

Bass, B. M. (1985). Leadership and performance beyond expectations. New York, NY: Free Press.

Bass, B. M. (1990). From transactional to transformational leadership: Learning to share the vision. Organizational Dynamics, 18, 19 – 31.

Bass, B. M. (1997). Does the transactional – transformational leadership paradigm transcend organizational and national boundaries? American Psychologist, 52(2), 130 – 139.

Bass, B. M. (1998). The ethics of transformational leadership. In J. Ciulla (Ed.), Ethics: The heart of leadership (pp. 169 – 192). Westport, CT: Praeger.

Bass, B. M., & Avolio, B. J. (1990a). The implications of transactional and transformational leadership for individual, team, and organizational development. Research in Organizational Change and Development, 4, 231 – 272.

Bass, B. M., & Avolio, B. J. (1990b). Multifactor Leadership Questionnaire. Palo Alto, CA: Consulting Psychologists Press.

Bass, B. M., & Avolio, B. J. (1993). Transformational leadership: A response to critiques. In M. M. Chemers & R. Ayman (Eds.), Leadership theory and research: Perspectives and directions (pp. 49 – 80). San Diego, CA: Academic Press.

Bass, B. M., & Avolio, B. J. (1994). Improving organizational effectiveness through transformational leadership. Thousand Oaks, CA: SAGE.

Bass, B. M., & Avolio, B. J. (1995). Multifactor Leadership Questionnaire for research. Menlo Park, CA: Mind Garden.

Bass, B. M., & Riggio, R. E. (2006). Transformational leadership (2nd ed.). Mahwah, NJ: Erlbaum.

Bass, B. M., & Steidlmeier, P. (1999). Ethics, character, and authentic transformational leadership. The Leadership Quarterly, 10, 181 – 217.

Bennis, W. G., & Nanus, B. (1985). Leaders: The strategies for taking charge. New York, NY: Harper & Row.

Bennis, W. G., & Nanus, B. (2007). Leaders: The strategies for taking charge (2nd ed.). New York, NY: Harper & Row.

Boehm, S. A., Dwertmann, D. J. G., Bruch, H., & Shamir, B. (2015). The missing link? Investigating organizational identity strength and transformational leadership climate as mechanisms that connect CEO charisma with firm performance. The Leadership Quarterly, 26(2), 156 – 171.

Brandt, T., & Laiho, M. (2013). Gender and personality in transformational leadership context. Leadership & Organization Development Journal, 34(1), 44 – 66.

Bryman, A. (1992). Charisma and leadership in organizations. London, UK: SAGE.

Burns, J. M. (1978). Leadership. New York, NY: Harper & Row.

Caza, A., & Posner, B. Z. (2019). How and when does grit influence leaders' behavior? Leadership & Organization Development Journal, 40(1), 124 – 134.

Chibanda, D. (2017a, June 15). How a community-based approach to mental health is making strides in Zimbabwe. The Conversation. https://theconversation.com/how-a-community-based-approach-tomental-health-is-making-strides-inzimbabwe-79312

Chibanda, D. (2017b, May 16). The grandmothers who save lives. Los Angeles Times. https://www.latimes.com/world/global-development/la-fg-global-dixonchibanda-oped-20170516-story.html

Chibanda, D. (2017c). Why I train grandmothers to treat depression [Video file]. TEDWomen2017. https://www.ted.com/talks/dixon_chibanda_why_i_train_grandmothers_to_treat_depression

Christie, A., Barling, J., & Turner, N. (2011). Pseudo-transformational leadership: Model specification and outcomes. Journal of Applied Social Psychology, 44(12), 2943 – 2984.

Conger, J. A. (1999). Charismatic and transformational leadership in organizations: An insider's perspective on these developing streams of research. The Leadership Quarterly, 10(2), 145 – 179.

Conger, J. A., & Kanungo, R. N. (1998). Charismatic leadership in organizations. Thousand Oaks, CA: SAGE.

Credé, M., Jong, J., & Harms, P. (2019). The generalizability of transformational leadership across cultures: A meta-analysis. Journal of Managerial Psychology, 34(3), 139 – 155.

Dinh, J. E., Lord, R. G., Gardner, W. L., Meuser, J. D., Liden, R. C., & Hu, J. (2014). Leadership theory and research in the new millennium: Current theoretical trends and changing perspectives. The Leadership Quarterly, 25(1), 36 – 62.

Dong, Y., Bartol, K. M., Zhang, Z.-X., & Li, C. (2017). Enhancing employee creativity via individual skill development and team knowledge sharing: Influences of dual-focused transformational leadership. Journal of Organizational Behavior, 38, 439 – 458.

Gilbert, S., Horsman, P., & Kelloway, E. K. (2016). The motivation for transformational leadership scale. Leadership & Organization Development Journal, 37(2), 158 – 180.

Hamstra, M. R., Van Yperen, N. W., Wisse, B., & Sassenberg, K. (2014). Transformational and transactional leadership and followers' achievement goals. Journal of Business and Psychology, 29(3), 413 – 425.

Hinkin, T. R., & Schriesheim, C. A. (2008). A theoretical and empirical examination of the transactional and non-leadership dimensions of the Multifactor Leadership Questionnaire (MLQ). The Leadership Quarterly, 19, 501 – 513.

House, R. J. (1976). A 1976 theory of charismatic leadership. In J. G. Hunt & L. L. Larson (Eds.), Leadership: The cutting edge (pp. 189 – 207). Carbondale: Southern Illinois University Press.

Howell, J. M., & Avolio, B. J. (1993). The ethics of charismatic leadership: Submission or liberation? Academy of Management Executive, 6(2), 43 – 54.

Hunt, J. G., & Conger, J. A. (1999). From where we sit: An assessment of transformational and charismatic leadership research. The Leadership Quarterly, 10(3), 335 – 343.

Jung, D. I., Chow, C., & Wu, A. (2003). The role of transformational leadership in enhancing organizational innovation: Hypotheses and some preliminary findings. The Leadership Quarterly, 14(4 – 5), 525 – 544.

Kirkman, B. L., Chen, G., Farh, J., Chen, Z. X., & Lowe, K. B. (2009). Individual power distance orientation and follower reactions to transformational leaders: A cross-level, cross-cultural examination. Academy of Management Journal, 52, 744 – 764.

Knippenberg, D. van, & Sitkin, S. B. (2013). A critical assessment of charismatic – transformational leadership research: Back to the drawing board? The Academy of Management Annals, 7(1), 1 – 60.

Kouzes, J. M., & Posner, B. Z. (2002). The leadership challenge (3rd ed.). San Francisco, CA: Jossey-Bass.

Kouzes, J. M., & Posner, B. Z. (2017a). The leadership challenge: How to get extraordinary things done in organizations (6th ed.). San Francisco, CA: Jossey-Bass.

Kouzes, J., & Posner, B. (2017b). Who you are isn't who you will be. Leader to Leader, 83, 30 – 34.

Kuhnert, K. W. (1994). Transforming leadership: Developing people through delegation. In B. M. Bass & B. J. Avolio (Eds.), Improving organizational effectiveness through transformational leadership (pp. 10 – 25). Thousand Oaks, CA: SAGE.

Kuhnert, K. W., & Lewis, P. (1987). Transactional and transformational leadership: A constructive/developmental analysis. Academy of Management Review, 12(4), 648 – 657.

Landay, K., Harms, P. D., & Credé, M. (2019). Shall we serve the dark lords? A meta-analytic review of psychopathy and leadership. Journal of Applied Psychology, 104(1), 183 – 196.

Lovelace, J. B., Neely, B. H., Allen, J. B., & Hunter, S. T. (2019). Charismatic, ideological, & pragmatic (CIP) model of leadership: A critical review and agenda for future research. The Leadership Quarterly, 30(1), 96 – 110.

Lowe, K. B., & Gardner, W. L. (2001). Ten years of The Leadership Quarterly: Contributions and challenges for the future. The Leadership Quarterly, 11(4), 459 – 514.

Lowe, K. B., Kroeck, K. G., & Sivasubramaniam, N. (1996). Effectiveness correlates of transformational and transactional leadership: A meta-analytic review of the MLQ literature. The Leadership Quarterly, 7(3), 385 – 425.

Mason, C., Griffin, M., & Parker, S. (2014). Transformational leadership development: Connecting psychological and behavioral change. Leadership & Organization Development Journal, 35(3), 174 – 194.

Mohammed, Y. G., Fernando, M., & Caputi, P. (2013). Transformational leadership and work engagement. Leadership & Organization Development Journal, 34(6), 532 – 550.

Nemanich, L. A., & Keller, R. T. (2007). Transformational leadership in an acquisition: A field study of employees. The Leadership Quarterly, 18, 49 – 68.

Ng, E. S., Schweitzer, L., & Lyons, S. T. (2010). New generation, great expectations: A field study of the millennial generation. Journal of Business and Psychology, 25, 281 – 292.

Nicholls, J. (1988). Transforming leadership in organisations: Bringing meta "visioning" into the macro leadership role. European Management Journal, 6(3), 269 – 276.

Notgrass, D. (2014). The relationship between followers' perceived quality of relationship and preferred leadership style. Leadership & Organization Development Journal, 35(7), 605 – 621.

Nuwer, R. (2018, October 16). How a bench and a team of grandmothers can tackle depression. BBC. https://www.bbc .com/future/article/20181015-how-onebench-and-a-team-of-grandmothers-canbeat-depression

Posner, B. Z. (2016). Investigating the reliability and validity of the Leadership Practices Inventory®. Administrative Sciences, 6(4), 17. doi:10.3390/admsci6040017

Puni, A., Mohammed, I., & Asamoah, E. (2018). Transformational leadership and job satisfaction: The moderating effect of contingent reward. Leadership & Organization Development Journal, 39(4), 522 – 537.

Rowold, J., & Heinitz, K. (2007). Transformational and charismatic leadership: Assessing the convergent, divergent and criterion validity of the MLQ and the CKS. The Leadership Quarterly, 18, 121 – 133.

Shamir, B., House, R. J., & Arthur, M. B. (1993). The motivational effects of charismatic leadership: A self-concept based theory. Organization Science, 4(4), 577 – 594.

Sosik, J. J., & Jung, D. I. (2010). Full range leadership development: Pathways for people, profit, and planet. New

York, NY: Psychology Press.

Tejeda, M. J., Scandura, T. A., & Pillai, R. (2001). The MLQ revisited: Psychometric properties and recommendations. The Leadership Quarterly, 12, 31–52.

Tengblad, S. (2012). The work of managers: Towards a practice theory of management. Oxford, UK: Oxford University Press.

Tims, M., Bakker, A. B., & Xanthopoulou, D. (2011). Do transformational leaders enhance their followers' daily work engagement? The Leadership Quarterly, 22, 121–131.

Tourish, D. (2013). The dark side of transformational leadership: A critical perspective. New York, NY: Routledge.

Tracey, J. B., & Hinkin, T. R. (1998). Transformational leadership or effective managerial practices? Group & Organization Management, 23(3), 220–236.

Weber, M. (1947). The theory of social and economic organizations (T. Parsons, trans.). New York, NY: Free Press.

World Health Organization. (2018). Dixon Chibanda: Grandmothers help to scale up mental health care. Bulletin of the World Health Organization, 96(6), 376–377.

Yammarino, F. J. (1993). Transforming leadership studies: Bernard Bass' leadership and performance beyond expectations. The Leadership Quarterly, 4(3), 379–382.

Yang, I. (2015). Positive effects of laissez-faire leadership: Conceptual exploration. The Journal of Management Development, 34(10), 1246–1261.

Yukl, G. A. (1999). An evaluation of conceptual weaknesses in transformational and charismatic leadership theories. The Leadership Quarterly, 10(2), 285–305.

Zhu, W., Avolio, B. J., Riggio, R. E., & Sosik, J. J. (2011). The effect of authentic transformational leadership on follower and group ethics. The Leadership Quarterly, 22, 801–817.

CHAPTER 9

Alvesson, M., & Einola, K. (2019). Warning for excessive positivity: Authentic leadership and other traps in leadership studies. The Leadership Quarterly, 30(4), 383–395.

Anderson, H. J., Baur, J. E., Griffith, J. A., & Buckley, M. R. (2017). What works for you may not work for (Gen) me: Limitations of present leadership theories for the new generation. The Leadership Quarterly, 28(1), 245–260.

Avolio, B. J., & Gardner, W. L. (2005). Authentic leadership development: Getting to the root of positive forms of leadership. The Leadership Quarterly, 16, 315–338.

Avolio, B. J., Walumbwa, F. O., & Weber, T. J. (2009). Leadership: Current theories, research, and future directions. Annual Review of Psychology, 60, 421–449.

Avolio, B. J., & Wernsing, T. S. (2008). Practicing authentic leadership. Positive psychology: Exploring the best in people, 4, 147–165.

Avolio, B. J., Wernsing, T., & Gardner, W. L. (2018). Revisiting the development and validation of the authentic leadership questionnaire: Analytical clarifications. Journal of Management, 44(2), 399–411.

Azanza, G., Moriano, J. A., Molero, F., & Lévy Mangin, J. (2015). The effects of authentic leadership on turnover intention. Leadership & Organization Development Journal, 36(8), 955–971.

Bandura, A. (1997). Self-efficacy: The exercise of control. New York, NY: Freeman.

Bass, B. M. (1990). Handbook of leadership. New York, NY: Free Press.

Bass, B. M., & Steidlmeier, P. (1999). Ethics, character, and authentic transformational leadership. The Leadership Quarterly, 10, 181–217.

Brown, B. (2010). The power of vulnerability [Video file]. TED. https://www.ted.com/talks/brene_brown_the_power_of_vulnerability

Brown, B. (2012). Listening to shame [Video file]. TED. https://www.ted.com/talks/brene_brown_listening_to_shame

Brown, B. (2017). Braving the wilderness: The quest for true belonging and the courage to stand alone. New York, NY: Random House.

Brown, B. (2019a). Official bio. Brené Brown. https://Brenebrown.com/media-kit/

Brown, B. (2019b). Research. Brené Brown. https://Brenebrown.com/the-research/

Brown, B. (2019c, May 1). Let's rumble [Blog post]. Brené Brown. https://Brenebrown.com/blog/2019/05/01/lets-rumble/

Burns, J. M. (1978). Leadership. New York, NY: Harper & Row.

Cameron, K. S., Dutton, J. E., & Quinn, R. E. (2003). Foundations of positive organizational scholarship. In K. S. Cameron, J. E. Dutton, & R. E. Quinn (Eds.), Positive organizational scholarship (pp. 3–13). San Francisco, CA: Berrett-Koehler.

Chan, A. (2005). Authentic leadership measurement and development: Challenges and suggestions. In W. L. Gardner, B. J. Avolio, & F. O. Walumbwa (Eds.), Authentic leadership theory and practice: Origins, effects, and development (pp. 227–251). Oxford, UK: Elsevier Science.

Cianci, A. M., Hannah, S. T., Roberts, R. P., & Tsakumis, G. T. (2014). The effects of authentic leadership on followers' ethical decision-making in the face of temptation: An experimental study. The Leadership Quarterly, 25, 581–594.

Cooper, C., Scandura, T. A., & Schriesheim, C. A. (2005). Looking forward but learning from our past: Potential challenges to developing authentic leadership theory and authentic leaders. The Leadership Quarterly, 116, 474–495.

Covey, S. R. (1990). Principle-centered leadership. New York, NY: Fireside.

Dalton, K. (2002). Theodore Roosevelt: A strenuous life. New York, NY: Knopf.

Eagly, A. H. (2005). Achieving relational authenticity in leadership: Does gender matter? The Leadership Quarterly, 16, 459–474.

Efros, D., Findlay, D., & Mussman, J. (Producers), & Restrepo, S. (Director). (2019). Brené Brown: The call to courage [Video file]. Netflix. https://www.netflix.com/title/81010166

Fry, L. W., & Whittington, J. L. (2005). In search of authenticity: Spiritual leadership theory as a source for future theory, research, and practice on authentic leadership. In W. Gardner, B. J. Avolio, & F. O. Walumbwa (Eds.), Authentic leadership theory and practice: Origins, effects, and development (pp. 183–202). Oxford, UK: Elsevier Science.

Gardner, W. L., Avolio, B. J., Luthans, F., May, D. R., & Walumbwa, F. O. (2005). "Can you see the real me?" A self-based model of authentic leader and follower development. The Leadership Quarterly, 16, 343–372.

Gardner, W. L., Avolio, B. J., & Walumbwa, F. O. (2005a). Authentic leadership theory and practice: Origins, effects and development (Monographs in leadership and management, vol. 3). Bingley, UK: Emerald Group.

Gardner, W. L., Avolio, B. J., & Walumbwa, F. O. (2005b). Authentic leadership development: Emergent trends and future directions. In W. L. Gardner, B. J. Avolio, & F. O. Walumbwa (Eds.), Authentic leadership theory and practice: Origins, effects, and development (pp. 387–406). Oxford, UK: Elsevier Science.

Gatling, A., Kang, H. J. A., & Kim, J. S. (2016). The effects of authentic leadership and organizational commitment on turnover intention. Leadership & Organization Development Journal, 37(2), 181–199.

George, B. (2003). Authentic leadership: Rediscovering the secrets to creating lasting value. San Francisco, CA: Jossey-Bass.

George, B., & Sims, P. (2007). True north: Discover your authentic leadership. San Francisco, CA: Jossey-Bass.

Gill, C., & Caza, A. (2018). An investigation of authentic leadership's individual and group influences on follower responses. Journal of Management, 44(2), 530–554.

Helgesen, S. (1981). Wildcatters: A story of Texans, oil, and money. New York, NY: Doubleday.

Helgesen, S. (1990). The female advantage: Women's ways of leadership. New York, NY: Doubleday.

Hirst, G., Walumbwa, F., Aryee, S., Butarbutar, I., & Chen, C. J. H. (2016). A multi-level investigation of authentic leadership as an antecedent of helping behavior. Journal of Business Ethics, 139(3), 485–499.

Hoch, J. E., Bommer, W. H., Dulebohn, J. H., & Wu, D. (2018). Do ethical, authentic, and servant leadership explain variance above and beyond transformational leadership? A meta-analysis. Journal of Management, 44(2), 501–529.

Howard Schultz: Starbucks' first mate. (2008, October 10). Entrepreneur. Retrieved from https://www.entrepreneur.com/article/197692

Howell, J. M., & Avolio, B. J. (1993). The ethics of charismatic leadership: Submission or liberation? Academy of Management Executive, 6(2), 43–54.

Hu, Y., Wu, X., Zong, Z., Xiao, Y., Maguire, P., Qu, F., Wei, J., & Wang, D. (2018). Authentic leadership and proactive behavior: The role of psychological capital and compassion at work. Frontiers in Psychology, 9, 2470. https://doi.org/10.3389/fpsyg.2018.02470

Ilies, R., Morgeson, F. P., & Nahrgang, J. D. (2005). Authentic leadership and eudaemonic well-being: Understanding leader-follower outcomes. The Leadership Quarterly, 16, 373–394.

Kernis, M. H. (2003). Toward a conceptualization of optimal self-esteem. Psychological Inquiry, 14, 1–26.

Kumar, A. (2014). Authentic leadership and psychological ownership: Investigation of interrelations. Leadership & Organization Development Journal, 35(4), 266–285.

Lemoine, G. J., Hartnell, C. A., & Leroy, H. (2019). Taking stock of moral approaches to leadership: An integrative review of ethical, authentic, and servant leadership. Academy of Management Annals, 13(1), 148–187.

Leroy, H., Anseel, F., Gardner, W., & Sels, L. (2015). Authentic leadership, authentic followership, basic need satisfaction, and work role performance: A cross-level study. Journal of Management, 41(6), 1677–1697.

Luthans, F., & Avolio, B. J. (2003). Authentic leadership development. In K. S. Cameron, J. E. Dutton, & R. E. Quinn (Eds.), Positive organizational scholarship (pp. 241–258). San Francisco, CA: Berrett-Koehler.

Lyubovnikova, J., Legood, A., Turner, N., & Mamakouka, A. (2017). How authentic leadership influences team performance: The mediating role of team reflexivity. Journal of Business Ethics, 141(1), 59–70.

Miao, C., Humphrey, R., & Qian, S. (2018). Emotional

intelligence and authentic leadership: A meta-analysis. Leadership and Organization Development Journal, 39(5), 679–690.

Mintz, S. (2015, September 9). Is Donald Trump an authentic leader? Ethics Sage. http://www.ethicssage.com/2015/09/isdonald-trump-an-authentic-leader-.html

Peus, C., Wescher, J. S., Streicher, B., Braun, S., & Frey, S. (2012). Authentic leadership: An empirical test of its antecedents, consequences, and mediating mechanisms. Journal of Business Ethics, 107(3), 331–348.

Rego, A., Sousa, F., Marques, C., & Pina e Cunha, M. (2012). Authentic leadership promoting employees' psychological capital and creativity. Journal of Business Research, 65(3), 429–437.

Rego, A., Sousa, F., Marques, C., & Pina e Cunha, M. (2014). Hope and positive affect mediating the authentic leadership and creativity relationship. Journal of Business Research, 67(2), 200–210.

Semedo, A. S. D., Coelho, A. F. M., & Ribeiro, N. M. P. (2016). Effects of authentic leadership, affective commitment and job resourcefulness on employees' creativity and individual performance. Leadership & Organization Development Journal, 37(8), 1038–1055.

Shamir, B., & Eilam, G. (2005). "What's your story?" A life-stories approach to authentic leadership development. The Leadership Quarterly, 16, 395–417.

Sidani, Y. M., & Rowe, W. G. (2018). A reconceptualization of authentic leadership: Leader legitimation via follower-centered assessment of the moral dimension. The Leadership Quarterly, 29(6), 623–636.

Stander, F. W., Beer, L. T. de, & Stander, M. W. (2015). Authentic leadership as a source of optimism, trust in the organization and work engagement in the public health care sector. SA Journal of Human Resource Management, 13(1), 1–12.

Steffens, N. K., Mols, F., Haslam, S. A., & Okimoto, T. G. (2016). True to what we stand for: Championing collective interests as a path to authentic leadership. The Leadership Quarterly, 27(5), 726–744.

Sutcliffe, K. M., & Vogus, T. J. (2003). Organizing for resilience. In K. S. Cameron, J. E. Dutton, & R. E. Quinn (Eds.), Positive organizational scholarship (pp. 94–110). San Francisco, CA: Berrett-Koehler.

TED. (n.d.). The most popular talks of all time [Video file]. https://www.ted.com/playlists/171/the_most_popular_talks_of_all Terry Fox Foundation. (2017). http://www.terryfox.org/

Walumbwa, F. O., Avolio, B. J., Gardner,W. L., Wernsing, T. S., & Peterson, S. J.(2008). Authentic leadership: Development and validation of a theory-based measure. Journal of Management, 34(1), 89–126.

Wang, H., Sui, Y., Luthans, F., Wang, D., & Wu, Y. (2014). Impact of authentic leadership on performance: Role of followers' positive psychological capital and relational processes. Journal of Organizational Behavior, 35, 5–21.

Wei, F., Li, Y., Zhang, Y., & Liu, S. (2018). The interactive effect of authentic leadership and leader competency on followers' job performance: The mediating role of work engagement. Journal of Business Ethics, 153(3), 763–773.

Winfrey, O. (2013, March 17). Dr. Brené Brown's vulnerability breakdown [Television series episode]. In O. Winfrey (Producer), SuperSoul Sunday. West Hollywood, CA: Oprah Winfrey Network (OWN).

Xu, B., Zhao, S., Li, C., & Lin, C. (2017). Authentic leadership and employee creativity: Testing the multilevel mediation model. Leadership & Organization Development Journal, 38(3), 482–498.

Yavuz, M. (2020). Transformational leadership and authentic leadership as practical implications of positive organizational psychology. In E. Baykal (Ed.), Handbook of research on positive organizational behavior for improved workplace performance (pp. 122–139). Hershey, PA: IGI Global.

CHAPTER 10

Alverà, M. (2017). The surprising ingredient that makes businesses work better [Video file]. TED@BCG Milan. https://www.ted.com/talks/marco_Alvera_ the_surprising_ingredient_that_makes_businesses_work_better

Bande, B., Fernández-Ferrín, P., Varela-Neira, C., & Otero-Neira, C. (2016). Exploring the relationship among servant leadership, intrinsic motivation and performance in an industrial sales setting. The Journal of Business & Industrial Marketing, 31(2), 219–231.

Bao, Y., Li, C., & Zhao, H. (2018). Servant leadership and engagement: A dual mediation model. Journal of Managerial Psychology, 33(6), 406–417.

Barbuto, J. E., Jr., Gottfredson, R. K., & Searle, T. P. (2014). An examination of emotional intelligence as an antecedent of servant leadership. Journal of Leadership & Organizational Studies, 21(3), 315.

Barbuto, J. E., Jr., & Wheeler, D. W. (2006). Scale development and construct clarification of servant leadership. Group and Organizational Management, 31, 300–326.

Bauer, T. N., Perrot, S., Liden, R. C., & Erdogan, B. (2019). Understanding the consequences of newcomer proactive behaviors: The moderating contextual role of servant leadership. Journal of Vocational Behavior, 112, 356–368.

Beck, C. D. (2014). Antecedents of servant leadership: A mixed methods study. Journal of Leadership &

Organizational Studies, 21(3), 299.

Bennis, W. (2002). Become a tomorrow leader. In L. C. Spears & M. Lawrence (Eds.), Focus on leadership: Servantleadership for the twenty-first century (pp. 101–110). New York, NY: Wiley.

Blanchard, K., & Hodges, P. (2003). The servant leader: Transforming your hearts, heads, hands, and habits. Nashville, TN: Thomas Nelson.

Chen, Z., Zhu, J., & Zhou, M. (2015). How does a servant leader fuel the service fire? A multilevel model of servant leadership, individual self identity, group competition climate, and customer service performance. Journal of Applied Psychology, 100(2), 511–521.

Chiniara, M., & Bentein, K. (2016). Linking servant leadership to individual performance: Differentiating the mediating role of autonomy, competence and relatedness need satisfaction. The Leadership Quarterly, 27(1), 124.

Coetzer, M. F., Bussin, M., & Geldenhuys, M. (2017). The functions of a servant leader. Administrative Sciences, 7(1), 5. http://dx.doi.org/10.3390/admsci7010005

Covey, S. R. (2002). Foreword. In R. K. Greenleaf (Ed.), Servant leadership: A journey into the nature of legitimate power and greatness (pp. 1–14). New York, NY: Paulist Press.

Dennis, R. S., & Bocarnea, M. (2005). Development of the servant leadership assessment instrument. Leadership & Organization Development Journal, 26, 600–615.

DePree, M. (2002). Servant-leadership: Three things necessary. In L. C. Spears & M. Lawrence (Eds.), Focus on leadership: Servant-leadership for the twenty-first century (pp. 27–34). New York, NY: Wiley.

Ehrhart, M. G. (2004). Leadership and procedural justice climate as antecedents of unit-level organizational citizenship behavior. Personnel Psychology, 57, 61–94.

Elliott, S. (2018, June 7). View from the top: An interview with Marco Alverà, Snam CEO [Video file]. S&P Global Platts. https://www.bing.com/videos/search?q=marco+Alverà&&view=detail&mid=A610E9158A05C05711AAA610E9158A05C05711AA&&FORM=VDRVRV

Eva, N., Robin, M., Sendjaya, S., vanDierendonck, D., & Liden, R. C. (2019). Servant leadership: A systematic review and call for future research. The Leadership Quarterly, 30(1), 111–132.

Gandolfi, F., & Stone, S. (2018). Leadership, leadership styles, and servant leadership. Journal of Management Research, 18(4), 261–269.

Gergen, D. (2006, June 11). Bad news for bullies. U.S. News and World Report, 140, 54.

Graham, J. W. (1991). Servant leadership in organizations: Inspirational and moral. The Leadership Quarterly, 2, 105–119.

Greenleaf, R. K. (1970). The servant as leader. Westfield, IN: Greenleaf Center for Servant Leadership.

Greenleaf, R. K. (1972). The institution as servant. Westfield, IN: Greenleaf Center for Servant Leadership.

Greenleaf, R. K. (1977). Servant leadership: A journey into the nature of legitimate power and greatness. New York, NY: Paulist Press. Hale, J. R., & Fields, D. L. (2007). Exploring servant leadership across cultures: A study of followers in Ghana and the USA. Leadership, 3, 397–417.

Hesse, H. (1956). The journey to the East. London, UK: P. Owen.

Hoch, J. E., Bommer, W. H., Dulebohn, J. H., & Wu, D. (2018). Do ethical, authentic, and servant leadership explain variance above and beyond transformational leadership? A meta-analysis. Journal of Management, 44(2), 501–529.

Hu, J., & Liden, R. C. (2011). Antecedents of team potency and team effectiveness: An examination of goal and process clarity and servant leadership. Journal of Applied Psychology, 96(4), 851–862.

Hunter, E. M., Neubert, M., Perry, S. J., Witt, L. A., Penney, L. M., & Weinberger, E. (2013). Servant leaders inspire servant followers: Antecedent and outcomes for employees and the organization. The Leadership Quarterly, 24(2), 316–331.

Kidder, T. (2003). Mountains beyond mountains: The quest of Dr. Paul Farmer, a man who would cure the world. New York, NY: Random House.

Knowledge@Wharton. (2008, July 9). Southwest Airlines' Colleen Barrett flies high on fuel hedging and "servant leadership." http://knowledge.wharton.upenn.edu/ article.cfm?articleid=2006

Laub, J. A. (1999). Assessing the servant organization: Development of the servant organizational leadership assessment (SOLA) instrument. Dissertation Abstracts International, 60(2), 308. (UMI No. 9921922)

Lemoine, G. J., Hartnell, C. A., & Leroy, H. (2019). Taking stock of moral approaches to leadership: An integrative review of ethical, authentic, and servant leadership. Academy of Management Annals, 13(1), 148–187.

Liden, R. C., Panaccio, A., Hu, J., & Meuser, J. D. (2014). Servant leadership: Antecedents, consequences, and contextual moderators. In D. V. Day (Ed.), The Oxford handbook of leadership and organizations (pp. 357–379). Oxford, UK: Oxford University Press.

Liden, R. C., Wayne, S. J., Meuser, J. D., Hu, J., Wu, J., & Liao, C. (2015). Servant leadership: Validation of a short form of the SL-28. The Leadership Quarterly, 26(2), 254–269.

Liden, R. C., Wayne, S. J., Zhao, H., & Henderson, D. (2008).

Servant leadership: Development of a multidimensional measure and multi-level assessment. The Leadership Quarterly, 19, 161 – 177.

Meuser, J. D., Liden, R. C., Wayne, S. J., & Henderson, D. J. (2011, August). Is servant leadership always a good thing? The moderating influence of servant leadership prototype. Paper presented at the meeting of the Academy of Management, San Antonio, TX.

Neubert, M. J., Kacmar, K. M., Carlson, D. S., Chonko, L. B., & Roberts, J. A. (2008). Regulatory focus as a mediator of the influence of initiating structure and servant leadership on employee behavior. Journal of Applied Psychology, 93, 1220 – 1233.

Newman, A., Schwarz, G., Cooper, B., & Sendjaya, S. (2017). How servant leadership influences organizational citizenship behavior: The roles of LMX, empowerment, and proactive personality. Journal of Business Ethics, 145(1), 49 – 62.

Otero-Neira, C., Varela-Neira, C., & Bande, B. (2016). Supervisory servant leadership and employee's work role

performance. Leadership & Organization Development Journal, 37(7), 860 – 881.

Ozyilmaz, A., & Cicek, S. S. (2015). How does servant leadership affect employee attitudes, behaviors, and psychological climates in a for-profit organizational context? Journal of Management and Organization, 27(3), 263 – 290. http://dx.doi.org/10.1017/jmo.2014.80

Page, D., & Wong, P. (2000). A conceptual framework for measuring servantleadership. In S. Adjibolosoo (Ed.), The human factor in shaping the course of history and development (pp. 69 – 110). Lanham, MD: University Press of America.

Partners In Health. (2011). History. http://www.pih.org/pages/partners-in-healthhistory.html

Partners In Health. (2013). 2013 annual report. http://www.pih.org/pages/2013-annual-report

Patterson, K. A. (2003). Servant leadership: A theoretical model (Doctoral dissertation, Regent University, ATT 30882719).

Ronen, Z. (2018, May 9). On the power of fairness in generating employee motivation. Ze'ev Ronen-Business Excellence. https://business-excellence.co.il/en/my-blog/634-fairness-motivation

Russell, R. F., & Stone, A. G. (2002). A review of servant-leadership attributes: Developing a practical model. Leadership & Organization Development Journal, 23, 145 – 157.

Schaubroeck, J., Lam, S. S. K., & Peng, A. C. (2011). Cognition-based and affect-based trust as mediators of leader behavior influences on team performance. Journal of Applied Psychology, 96(4), 863 – 871.

Sendjaya, S., & Sarros, J. C. (2002). Servant leadership: Its origin, development, and application in organizations. Journal of Leadership & Organizational Studies, 9(2), 57 – 64.

Sendjaya, S., Sarros, J. C., & Santora, J. C. (2008). Defining and measuring servant leadership behaviour in organizations. Journal of Management Studies, 45(2), 402 – 424.

Senge, P. M. (2002). Afterword. In R. K. Greenleaf (Ed.), Servant leadership: A journey into the nature of legitimate power and greatness (pp. 343 – 360). New York, NY: Paulist Press.

Sousa, M., & van Dierendonck, D. (2017). Servant leadership and the effect of the interaction between humility, action, and hierarchical power on follower engagement. Journal of Business Ethics, 141(1), 13 – 25.

Spears, L. C. (2002). Tracing the past, present, and future of servant-leadership. In L. C. Spears & M. Lawrence (Eds.), Focus on leadership: Servant-leadership for the 21st century (pp. 1 – 16). New York, NY: Wiley.

Spears, L. C. (2010). Servant leadership and Robert K. Greenleaf 's legacy. In D. van Dierendonck & K. Patterson (Eds.), Servant leadership: Developments in theory and research (pp. 11 – 24). New York, NY: Palgrave Macmillan.

UniBocconi. (2019, September 20). Executive chat with Marco Alverà, CEO of Snam [Video file]. https://www.bing.com/videos/search?q=marco+Alverà&&view=detail&mid=438956C3E9633D336577438956C3E9633D336577&&FORM=VDRVRVvan ierendonck, D. (2011). Servant leadership: A review and synthesis. Journal of Management, 37(4), 1228 – 1261. van Dierendonck, D., & Nuijten, I (2011). The servant leadership survey: Development and validation of a multidimensional measure. Journal of Business and Psychology, 26, 249 – 267.

Walumbwa, F. O., Hartnell, C. A., & Oke, A. (2010). Servant leadership, procedural justice climate, service climate, employee attitudes, and organizational citizenship behavior: A cross-level investigation. Journal of Applied Psychology, 95, 517 – 529.

Wang, M. M., Kwan, H. K., & Zhou, A. Q. (2017). Effects of servant leadership on work-family balance in China. Asia Pacific Journal of Human Resources, 55(4): 387 – 407.

Wheatley, M. (2002). The work of the servant leader. In L. C. Spears & M. Lawrence (Eds.), Focus on leadership: Servant-leadership for the twenty-first century (pp. 349 – 362). New York, NY: Wiley.

Whittington, J. L. (2017). Creating a positive organization through servant leadership. In C. J. Davis (Ed.), Servant leadership and followership (pp. 51 – 79).

New York, NY: Palgrave Macmillan, Cham, Williams, W.

A., Randolph-Seng, B., Hayek, M., Haden, S. P., & Atinc, G. (2017). Servant leadership and followership creativity: The influence of workplace spirituality and political skill. Leadership & Organization Development Journal, 38(2), 178–193.

Winston, B., & Fields, D. (2015). Seeking and measuring the essential behaviors of servant leadership. Leadership & Organization Development Journal, 36(4), 413–434.

Wong, P. T. P., & Davey, D. (2007). Best practices in servant leadership. Paper presented at the Servant Leadership Research Roundtable, Regent University, Virginia Beach, VA.

Wu, J., Liden, R. C., Liao, C., & Wayne, S. J. (2020, April 9). Does manager servant leadership lead to follower serving behaviors? It depends on follower selfinterest. Journal of Applied Psychology. Advance online publication. http://dx.doi.org/10.1037/apl0000500

CHAPTER 11

Adams, J. A., Bailey, D. E., Jr., Anderson, R. A., & Galanos, A. N. (2013). Adaptive leadership: A novel approach for family decision making. Journal of Palliative Medicine, 16(3), 326–329.

Adams, J. A., Bailey, D. E., Jr., Anderson, R. A., & Thygeson, M. (2013). Finding your way through EOL challenges in the ICU using adaptive leadership behaviours: A qualitative descriptive case study. Intensive and Critical Care Nursing, 29, 329–336.

Audette, B. (2019a, November 11). Town struggles with Marlboro closure plan. Battleboro Reformer. https://www.reformer.com/stories/town-struggles-withmarlboro-college-closure-plan,589942

Audette, B. (2019b, December 16). Marlboro board chairman defends decision. Bennington Banner. https://www.benningtonbanner.com/stories/marlboroboard-chairman-defends-mergerdecision,592654

Audette, B. (2020, January 17). Marlboro College alum, former administrator laments "missed opportunity." Berkshire Eagle. https://www.berkshireeagle.com/stories/marlboro-college-alum-formeradministrator-

laments-missedopportunity,595009?

Benzie, H. J., Pryce, A., & Smith, K. (2017). The wicked problem of embedding academic literacies: Exploring rhizomatic ways of working through an adaptive leadership approach. Higher Education Research & Development, 36(2), 227–240.

Corazzini, K., Twersky, J., White, H. K., Buhr, G. T., McConnell, E. S., Weiner, M., & Colón-Emeric, C. S. (2014). Implementing culture change in nursing homes: An adaptive leadership framework. The Gerontologist, 55(4), 616–627.

DeRue, D. S. (2011). Adaptive leadership theory: Leading and following as a complex adaptive process. Research in Organizational Behavior, 31, 125–150.

Eubank, D., Geffken, D., Orzano, J., & Ricci, R. (2012, September). Teaching adaptive leadership to family medicine residents: What? Why? How? Families, Systems & Health, 30(3), 241–252.

Gilbert, N. L. (2013). The challenges of starting and leading a charter school: Examining the risks, the resistance, and the role of adaptive leadership—An autoethnography (Dissertation, University of Pennsylvania, AAI3562369).

Halpert, M., & Rosenfeld, E. (2014, May 21). Depressed, but not ashamed. New York Times. http://www.nytimes.com/2014/05/22/opinion/depressed-but-not-ashamed.html

Harlow, T. (2019, December 12). Declining enrollment prompts staff, budget cuts at Bethel University. Star Tribune. http://www.startribune.com/decliningenrollment-prompts-staff-budget-cuts-atbethel-university/566126311

Heifetz, R. A. (1994). Leadership without easy answers. Cambridge, MA: Belknap Press.

Heifetz, R. A., Grashow, A., & Linsky, M. (2009). The practice of adaptive leadership: Tools and tactics for changing your organization and the world. Boston, MA: Harvard Business School Press.

Heifetz, R. A., & Laurie, D. L. (1997). The work of leadership. Harvard Business Review, 7(1), 124–134.

Heifetz, R. A., & Linsky, M. (2002). Leadership on the line: Staying alive through the dangers of leading. Boston, MA: Harvard Business School Press.

Heifetz, R. A., Sinder, R., Jones, A., Hodge, L., & Rowley, K. (1991). Teaching and assessing leadership courses: Part one. Phi Kappa Phi Journal (Winter), 21–25.

Hess, A. (2019, December 13). The cost of college increased by more than 25% in the last 10 years—here's why. CNBC. https://www.cnbc.com/2019/12/13/cost-of-college-increased-by-more-than-25percent-in-the-last-10-years.html

Hlalele, D., Manicom, D., Preece, J., & Tsotetsi, C. T. (2015). Strategies and outcomes of involving university students in community engagement: An adaptive leadership perspective. JHEA/RESA, 13(1&2), 169–193.

Jaschik, S. (2019, January 24). Another small college will close. Inside HigherEd. https://www.insidehighered.com/news/2019/01/24/green-mountain-latest-small-college-close.

Klau, M., & Hufnagel, J. (2016). Strengthening communities through adaptive leadership: A case study of the Kansas Leadership Center and the Bangladesh Youth Leadership Center. In Creative social change: Leadership for a healthy world (pp. 279–294). Bingley, UK: Emerald Group.

Lapierre, L. M., & Carsten, M. K. (2014). Followership: What is it and why do people follow? Bingley, UK: Emerald Group. Marlboro College. (2019). What's next for Marlboro: Work continues on options for Marlboro' s future. Marlboro College News. https://www.marlboro.edu/community/news/what-is-next-for-marlboro/updates/?id=14

Marlboro College Board of Trustees. (2019). What's next for Marlboro: Open letter from Marlboro College Board ofTrustees. Marlboro College News. https://www.marlboro.edu/community/news/what-is-next-for-marlboro/updates/?id=42&fbclid=IwAR2-mlBBVo0BOmPoGGXLdgdi5SyZkNPzi24gZUY 9ue7-ulqGyVZsZ1pukq4

Marques-Quinteiro, P., Ramos-Villagrasa, P., Passos, A. M., & Curral, L. (2015). Measuring adaptive performance in individuals and teams. Team Performance Management, 21(7–8), 339–360.

Modell, A. H. (1976). The "holding environment" and the therapeutic action of psychoanalysis. Journal of the American Psychoanalytic Association, 24(2), 285–307.

Mugisha, S., & Berg, S. V. (2017). Adaptive leadership in water utility operations: The case of Uganda. Sustainable Water Resources Management, 1–9.

Nadworny, E., & Larkin, M. (2019, December 16). Fewer students are going to college. Here's why that matters. Morning Edition. https://www.npr.org/2019/12/16/787909495/fewer-students-are-going-tocollege-heres-why-that-matters

National Public Radio. (2014, May 24). Students struggle with depression—and with telling the story (S. Simon, interviewer). Weekend Edition Saturday. http://www.npr.org/2014/05/24/315445104/studentsstruggle-with-depression-and-with-tellingthe-story

Nelson, T., & Squires, V. (2017). Addressing complex challenges through adaptive leadership: A promising approach to collaborative problem solving. Journal of Leadership Education, 16(4), 111–123.

Preece, J. (2016). Negotiating service learning through community engagement: Adaptive leadership, knowledge, dialogue and power. Education as Change, 20(1), 104–125.

Ramalingam, B., Wild, L., & Ferrari, M. (2020). Adaptive leadership in the coronavirus response. Coronavirus Briefing Note. https://www.odi.org/sites/odi.org.uk/files/resource-documents/032020_pogo_coronavirus_adaptation.pdf

Rosenhead, J., Franco, L. A., Grint, K., & Friedland, B. (2019). Complexity theory and leadership practice: A review, a critique, and some recommendations. The Leadership Quarterly, 30(5), 101–304.

Shapiro, S. (2018, June 18). A Middlebury professor surveys student attitudes about free speech (opinion). Inside Higher Ed. https://www.insidehighered.com/views/2018/06/18/middlebury-professorsurveys-student-attitudes-about-freespeech-opinion Sunderman, H. M., Headrick, J., & McCain, K. D. (in press). Addressing complex issues and crises in higher education with an adaptive leadership framework. Change: The Magazine of Higher Learning.

Thygeson, M., Morrissey, L., & Ulstad, V. (2010). Adaptive leadership and the practice of medicine: A complexity-based approach to reframing the doctor-patient relationship. Journal of Evaluation in Clinical Practice, 16, 1009–1015.

Tourish, D. (2019). Is complexity leadership theory complex enough? A critical appraisal, some modifications and suggestions for further research. Organization Studies, 40(2), 219–238.

Uhl-Bien, M., & Arena, M. (2017). Complexity leadership. Organizational Dynamics, 1(46), 9–20.

Uhl-Bien, M., & Arena, M. (2018). Leadership for organizational adaptability: A theoretical synthesis and integrative framework. The Leadership Quarterly, 29(1), 89–104.

Uhl-Bien, M., Marion, R., & McKelvey, B. (2007). Complexity leadership theory: Shifting leadership from the industrial age to the knowledge era. The Leadership Quarterly, 18, 298–318.

Winnicott, D. W. (1965). The maturational processes and the facilitating environment: studies in the theory of emotional development. London, UK: Hogarth Press.

Zahneis, M. (2019, November 18). A college prepares to close its doors as students and alumni mourn—and scheme. The Chronicle of Higher Education. https://www.chronicle.com/article/A-College-Prepares-to-Close/247567

CHAPTER 12

Arnett, D. B., & Wittmann, C. M. (2014). Improving marketing success: The role of tacit knowledge exchange between sales and marketing. Journal of Business Research, 67(3), 324–331.

Booysen, L. (2014). The development of inclusive leadership practice and processes. In B. M. Ferdman & B. Deane (Eds.), Diversity at work: The practice of inclusion (pp. 296–329). San Francisco, CA: Jossey-Bass.

Brewer, M. B. (1991). The social self: On being the

same and different at the same time. Personality & Social Psychology Bulletin, 17, 475–482.

Carmeli, A., Reiter-Palmon, R., & Ziv, E. (2010). Inclusive leadership and employee involvement in creative tasks in the workplace: The mediating role of psychological safety. Creativity Research Journal, 22, 250–260.

Carter, D. R., Cullen-Lester, K. L., Jones, J. M., Gerbasi, A., Chrobot-Mason, D., & Nae, E. Y. (2020, February). Functional leadership in interteam contexts: Understanding "what" in the context of why? where? when? and who? The Leadership Quarterly, 31(1), 101378.

Choi, S. B., Tran, T. B. H., & Kang, S.-W. (2017). Inclusive leadership and employee well-being: The mediating role of personjob fit. Journal of Happiness Studies, 18, 1877–1901.

Choi, S. B., Tran, T. B. H., & Park, B. I. (2015). Inclusive leadership and work engagement: Mediating roles of affective organizational commitment and creativity. Social Behavior and Personality, 43, 931–944.

Chrobot-Mason, D., Ruderman, M., & Nishii, L. (2013). Leadership in a diverse workplace. In Q. Roberson's (Ed.), Oxford handbook of diversity (pp. 315–340). New York, NY: Oxford University Press.

Chung, B. G., Ehrhart, K. H., Shore, L. M., Randel, A. E., Dean, M. A., & Kedharnath, U. (2020). Work group inclusion: Test a scale and model. Group and Organization Management, 45(1), 75–102.

Church, A. H., Rotolo, C. T., Shull, A. C., & Tuller, M. D. (2014). Inclusive organizational development. In B. M. Ferdman & B. Deane (Eds.), Diversity at work: The practice of inclusion (pp. 287–288).

San Francisco, CA: Jossey-Bass. Corsaro, D., Ramos, C., Henneberg, S. C., & Naudé, P. (2012). The impact of network configurations on value constellations in business markets: The case of an innovation network. Industrial Marketing Management, 41(1), 54–67.

Cox, T. H., Jr., & Blake, S. (1991). Managing cultural diversity: Implications for organizational competitiveness. The Executive, 5(3), 45.

Dass, P., & Parker, B. (1999). Strategies for managing human resource diversity. Academy of Management Executive, 13, 68–80.

Davidson, M. N., & Ferdman, B. M. (2002, April). Inclusion: What can I and my organization do about it? The Industrial-Organizational Psychologist, 39, 80–85.

Edmondson, A. (1996). Learning from mistakes is easier said than done: Group and organizational influences on the detection and correction of human error. Journal of Applied Behavioral Science, 32, 5–32.

Edmondson, A. (1999). Psychological safety and learning behavior in work teams. Administrative Science Quarterly, 44, 350–383.

Edmondson, A. (2003). Speaking up in the operating room: How team leaders promote learning in interdisciplinary action teams. Journal of Management Studies, 40, 1419–1452.

Edmondson, A. (2004). Psychological safety, trust, and learning in organizations: A group-level lens. In R. M. Kramer & K. S. Cook (Eds.), Trust and distrust in organizations: Dilemmas and approaches (pp. 239–272). New York, NY: Russell Sage.

Ely, R. J., & Thomas, D. A. (2001). Cultural diversity at work: The effects of diversity perspectives on work group processes and outcomes. Administrative Science Quarterly, 46, 229–273.

Ernst, C., & Chrobot-Mason, D. (2010). Boundary spanning leadership: Six practices for solving problems, driving innovation, and transforming organizations. New York, NY: McGraw-Hill Professional.

Ferdman, B. M. (1992). The dynamics of ethnic diversity in organizations: Toward integrative models. In K. Kelley (Ed.), Advances in psychology: Issues, theory, and research in industrial/organizational psychology (pp. 339–384). Amsterdam, Netherlands: North-Holland.

Ferdman, B. M. (2014). The practice of inclusion in diverse organizations: Toward a systemic and inclusive framework. In B. M. Ferdman & B. Deane (Eds.), Diversity at work: The practice of inclusion (pp. 3–54). San Francisco, CA: Jossey-Bass.

Ferdman, B. M., & Davidson, M. N. (2002). A matter of differences—Inclusion: What can I and my organization do about it? The Industrial-Organizational Psychologist, 39, 80–85.

Ferdman, B. M., & Morgan Roberts, L. (2014). Creating inclusion for oneself: Knowing, accepting, and expressing one's whole self at work. In B. M. Ferdman & B. Deane (Eds.), Diversity at work: The practice of inclusion (pp. 93–127). San Francisco, CA: Jossey-Bass.

Greenwald, A. G., McGhee, D. E., & Schwartz, J. L. K. (1998). Measuring individual differences in implicit cognition: The Implicit Association Test. Journal of Personality and Social Psychology, 74, 1464–1480.

Hays-Thomas, R. (2017). Managing workplace diversity and inclusion: A psychological perspective. New York, NY: Routledge.

Hirak, R., Peng, A. C., Carmeli, A., & Schaubroeck, J. M. (2012). Linking leader inclusiveness to work unit performance: The importance of psychological safety and learning from failures. The Leadership Quarterly, 23, 107–117.

Hollander, E. P. (2009). Inclusive leadership: The essential leader-follower relationship. New York, NY: Routledge.

Ibarra, H. (1993). Personal networks of women and minorities in management: A conceptual framework. Academy of Management Review, 18, 56–87.

Ivancevich, J. M., & Gilbert, J. A. (2000). Diversity management: Time for a new approach. Public Personnel Management, 29, 75–92.

Javed, B., Naqvi, S. M. M. R., Khan, A. K., Arjoon, S., & Tayyeb, H. H. (2017). Impact of inclusive leadership on innovative work behavior: The role of psychological safety. Journal of Management and Organization, 25, 117–136.

Johnston, W. B., & Packer, A. H. (1987). Workforce 2000: Work and workers for the 21st century. Indianapolis, IN: Hudson Institute.

Kalev, A., Kelly, E., & Dobbin, F. (2006). Best practices or best guesses? Assessing the efficacy of corporate affirmative action and diversity policies. American Sociological Review, 71, 589–617.

Kossek, E. E., & Zonia, S. C. (1993). Assessing diversity climate: A field study of reactions to employer efforts to promote diversity. Journal of Organizational Behavior, 14, 61–81.

Levashina, J., Hartwell, C. J., Morgeson, F. P., & Campion, M. A. (2014). The structured employment interview: Narrative and quantitative review of the research literature. Personnel Psychology, 67(1), 241–293.

Linnehan, F., & Konrad, A. M. (1999). Diluting diversity: Implications for intergroup inequality in organizations. Journal of Management Inquiry, 8(4), 399–414. doi:10.1177/105649269984009

McIntosh, P. (1988). White privilege and male privilege: A personal account of coming to see correspondence through work in women's studies. Working Paper No. 189. Wellesley, MA: Wellesley Centers for Women.

Miles, R. E., Snow, C. C., Fjeldstad O. D., Miles, G., & Lettl, C. (2010). Designing organizations to meet 21st-century opportunities and challenges. Organizational Dynamics, 39, 93–103.

Mitchell, R., Boyle, B., Parker, V., Giles, M., Chiang, V., & Joyce, P. (2015). Managing inclusiveness and diversity in teams: How leader inclusiveness affects performance through status and team identity. Human Resource Management, 54, 217–239.

Mor Barak, M. E., & Cherin, D. A. (1998). A tool to expand organizational understanding of workforce diversity: Exploring a measure of inclusionexclusion. Administration in Social Work, 22, 47–64.

Mor Barak, M. E., Cherin, D. A., & Berkman, S. (1998). Organizational and personal dimensions of diversity climate: Ethnic and gender differences in employee perceptions. Journal of Applied Behavioral Science, 34, 82–104.

Nembhard, I. M., & Edmondson, A. C. (2006). Making it safe: The effects of leader inclusiveness and professional status on psychological safety and improvement efforts in health care teams. Journal of Organizational Behavior, 27, 942–966.

Nishii, L. H. (2013). The benefits of climate for inclusion for gender-diverse groups. Academy of Management Journal, 50, 1754–1774.

Nishii, L. H., & Mayer, D. M. (2009). Do inclusive leaders help to reduce turnover in diverse groups? The moderating role of leader-member exchange in the diversity to turnover relationship. Journal of Applied Psychology, 94, 1412–1426.

Nkomo, S. M., & Ariss, A. A. (2014). The historical origins of ethnic (white) privilege in US organizations. Journal of Managerial Psychology, 29(4), 389–404.

Northouse, P. G. (2018). Introduction to leadership: Concepts and practice (4th ed.). Thousand Oaks, CA: SAGE.

Offermann, L. R., Basford, T. E., Graebner, R., Jaffer, S., De Graaf, S. B., & Kaminsky, S. E. (2014). See no evil: Color blindness and perceptions of subtle racial discrimination in the workplace. Cultural Diversity and Ethnic Minority Psychology, 20(4), 499–507.

Pettigrew, T. F., & Martin, J. (1989). Organizational inclusion of minority groups: A social psychological analysis. In J. P. Van Oudenhoven & T. M. Willemsen (Eds.), Ethnic minorities: Social psychological perspectives (pp. 169–200). Berwyn, PA: Swets North America.

Qi, L., Liu, B., Wei, X., & Hu, Y. (2019). Impact of inclusive leadership on innovative behavior: Perceived innovative support as a mediator. PLoS ONE, 14, 1–14.

Randel, A. E., Dean, M., Ehrhart, K. H., Chung, B., & Shore, L. (2016). Leader inclusiveness, psychological diversity climate, and helping behaviors. Journal of Managerial Psychology, 31, 216–234.

Randel, A. E., Galvin, B. M., Shore, L. M., Ehrhart, K. H., Chung, B. G., Dean, M. A., & Kedharnath, U. (2018). Inclusive leadership: Realizing positive outcomes through belongingness and being valued for uniqueness. Human Resource Management Review, 28, 190–203.

Roberson, Q. M. (2006). Disentangling the meanings of diversity and inclusion in organizations. Group & Organization Management, 31, 212–236.

Roberson, Q. M., King, E. B., & Hebl, M. (2020). Designing more effective practices to address workplace inequality. Behavioral Science and Policy, 6(1), 39–49.

Roberson, Q. M., Ryan, A. M., & Ragins, B. R. (2017). The evolution and future of diversity at work. Journal of Applied Psychology, 102(3), 483 - 499.

Schutz, W. (1958). FIRO: A threedimensional theory of interpersonal behavior. New York, NY: Rinehart.

Shore, L. M., Randel, A. E., Chung, B. G., Dean, M. A., Ehrhart, K. H., & Singh, G. (2011). Inclusion and diversity in work groups: A review and model for future research. Journal of Management, 37, 1262 - 1289.

Strauss, J. P., & Connerley, M. L. (2003). Demographics, personality, contact, and university-diverse orientation: An exploratory examination. Human Resource Management, 42(2), 159 - 174.

Thomas, D. A., & Ely, R. J. (1996, September - October). Making differences matter: A new paradigm for managing diversity. Harvard Business Review, pp. 79 - 90.

Tyler, T. R., & Lind, E. A. (1992). A relational model of authority in groups. In M. P. Zanna (Ed.), Advances in experimental social psychology (Vol. 25, pp. 115 - 191).

New York, NY: Academic Press. Uhl-Bien, M. (2006). Relationship leadership theory: Exploring the social processes of leadership and organizing. Leadership Quarterly, 17, 654 - 676.

van Knippenberg, D., Homan, A. C., & van Ginkel, W. P. (2013). Diversity cognition and climates. In Q. Roberson' s (Ed)., Oxford Handbook of Diversity (pp. 220 - 238). New York, NY: Oxford University Press.

Van Velsor, E., McCauley, C. D., & Ruderman, M. N. (2010). The Center for Creative Leadership handbook of leadership development (3rd ed.). San Francisco, CA: Jossey-Bass.

Wasserman, I. C. (2014). Strengthening interpersonal awareness and fostering relational eloquence. In B. M. Ferdman & B. Deane (Eds.), Diversity at work: The practice of inclusion (pp. 128 - 154). San Francisco, CA: Jossey-Bass.

Yang, Y., & Konrad, A. M. (2011). Understanding diversity management practices: Implications of institutional theory and resource-based theory. Group and Organization Management, 36, 6 - 38.

Ye, Q., Wang, D., & Li, X. (2018). Promoting employees' learning from errors by inclusive leadership: Do mood and gender matter? Baltic Journal of Management, 13, 125 - 142.

CHAPTER 13

Alipour, K. K., Mohammed, S., & Martinez, P. N. (2017). Incorporating temporality into implicit leadership and followership theories: Exploring inconsistencies between time-based expectations and actual behaviors. The Leadership Quarterly, 28(2), 300 - 316.

Bastardoz, N., & Van Vugt, M. (2019). The nature of followership: Evolutionary analysis and review. The Leadership Quarterly, 30(1), 81 - 95.

Benson, A. J., Hardy, J., & Eys, M. (2016). Contextualizing leaders' interpretations of proactive followership. Journal of Organizational Behavior, 37(7), 949 - 966.

Braun, S., Kark, R., & Wisse, B. (2018). Fifty shades of grey: Exploring the dark sides of leadership and followership. Frontiers in Psychology, 9, 1877.

Brown, D. J. (2013). The boys in the boat: Nine Americans and their epic quest for gold at the 1936 Berlin Olympics. New York, NY: Penguin.

Cain, S. (2012). Quiet: The power of introverts in a world that can't stop talking. New York, NY: Crown.

Cain, S. (2017, March 24). Not leadership material? Good. The world needs followers. The glorification of leadership skills, especially in college admissions, has emptied leadership of its meaning. New York Times. https://www.nytimes.com/2017/03/24/opinion/sunday/notleadership-material-good-the-worldneeds-followers.html

Carsten, M. K., Harms, P., & Uhl-Bien, M. (2014). Exploring historical perspectives of followership: The need for an expanded view of followers and the follower role. In L. M Lapierre & R. K. Carsten (Eds.), Followership: What is it and why do people follow? (pp. 3 - 26). Bingley, UK: Emerald Group.

Carsten, M. K., Uhl-Bien, M., & Huang, L. (2018). Leader perceptions and motivation as outcomes of followership role orientation and behavior. Leadership, 14(6), 731 - 756.

Carsten, M. K., Uhl-Bien, M., West, B. J., Patera, J. L., & McGregor, R. (2010). Exploring social constructions of followership: A qualitative study. The Leadership Quarterly, 21, 543 - 562.

Chaleff, I. (1995). The courageous follower: Standing up to and for our leaders. San Francisco, CA: Berrett-Koehler.

Chaleff, I. (2008). Creating new ways of following. In R. E. Riggio, I. Chaleff, & J. Lipman-Blumen (Eds.), The art of followership: How great followers create great leaders and organizations (pp. 67 - 87). San Francisco, CA: Jossey-Bass.

Chaleff, I. (2009). The courageous follower: Standing up to and for our leaders (3rd ed.). San Francisco, CA: Berrett-Koehler.

Crossman, B., & Crossman, J. (2011). Conceptualising followership: A review of the literature. Leadership, 7(4), 481 - 497.

DeRue, S., & Ashford, S. (2010). Who will lead and who will follow? A social process of leadership identity construction in organizations. Academy of Management Review, 35(4), 627 - 647.

de Zilwa, D. (2014) A new conceptual framework for authentic followership. In L. Lapierre & M. Carsten (Eds.),

Followership: What is it, and why do people follow? (pp. 47–72). Bingley, UK: Emerald Group.

Epitropaki, O., Kark, R., Mainemelis, C., & Lord, R. G. (2017). Leadership and followership identity processes: A multilevel review. The Leadership Quarterly, 28(1), 104–129.

Fairhurst, G. T., & Uhl-Bien, M. (2012). Organizational discourse analysis (ODA): Examining leadership as a relational process. The Leadership Quarterly, 23(6), 1043–1062.

Follett, M. P. (1949). The essentials of leadership. London, UK: Management Publications Trust.

Foti, R. J., Hansbrough, T. K., Epitropaki, O., & Coyle, P. T. (2017). Dynamic viewpoints on implicit leadership and followership theories: Approaches, findings, and future directions. The Leadership Quarterly, 28(2), 261–267.

Hughes, R. L., Ginnett, R. C., & Curphy, G. J. (2014). Leadership: Enhancing the lessons of experience (8th ed.). New York, NY: McGraw-Hill.

Keller, J. (2012, July 12). How the Penn State report implicates top officials. The Chronicle of Higher Education. http://www.chronicle.com/article/How-the-Penn-State-Report/132837

Kellerman, B. (2008). Followership : How followers are creating change and changing leaders. Boston, MA: Harvard Business Press.

Kelley, R. E. (1988). In praise of followers. Harvard Business Review, 66(6), 141–148.

Kelley, R. E. (1992). The power of followership. New York, NY: Doubleday Business.

Kelley, R. E. (2008). Rethinking followership. In R. E. Riggio, I. Chaleff, & J. Lipman-Blumen (Eds.), The art of followership: How great followers create great leaders and organizations (pp. 5–16). San Francisco, CA: Jossey-Bass.

Lapierre, L. M., & Carsten, R. K. (Eds.). (2014). Followership: What is it and why do people follow? Bingley, UK: Emerald Group.

Lipman-Blumen, J. (2005). The allure of toxic leaders: Why we follow destructive bosses and corrupt politicians—and how we can survive them. New York, NY: Oxford University Press.

Lord, R., & Maher, K. J. (1991). Leadership and information processing: Linking perceptions and performance. Boston, MA: Unwin-Everyman.

Mahler, J. (2011, November 8). Grand experiment meets an inglorious end. New York Times, B12.

Meindl, J. R. (1990). On leadership: An alternative to the conventional wisdom. In B. M. Staw & L. L. Cummings (Eds.), Research in organizational behavior (Vol. 12, pp. 159–203). Greenwich, CT: JAI Press.

Meindl, J. R. (1995). The romance of leadership as a follower-centric theory: A social constructionist approach. The Leadership Quarterly, 6(3), 329–341.

Pietraszewski, D. (2019). The evolution of leadership: Leadership and followership as a solution to the problem of creating and executing successful coordination and cooperation enterprises. The Leadership Quarterly. doi:10.1016/j.leaqua.2019.05.006.

Popper, M. (2014). Why do people follow? In L. M. Lapierre & R. K. Carsten (Eds.), Followership: What is it and why do people follow? (pp. 109–120). Bingley, UK: Emerald Group.

Riggio, R. E., Chaleff, I., & Lipman-Blumen, J. (Eds.). (2008). The art of followership: How great followers create great leaders and organizations. San Francisco, CA: Jossey-Bass. Schutz, W. C. (1958). FIRO: A three dimensional theory of interpersonal behavior. New York, NY: Holt, Rinehart & Winston.

Schyns, B., Wisse, B., & Sanders, S. (2019). Shady strategic behavior: Recognizing strategic followership of Dark Triad followers. Academy of Management Perspectives, 33(2), 234–249. Shamir, B. (2007). From passive recipients to active co-producers: Followers' roles in the leadership process. In B. Shamir, R. Pillai, M. Bligh, & M. Uhl-Bien (Eds.), Follower-centered perspectives on leadership: A tribute to the memory of James R. Meindl (pp. ix–xxxix). Charlotte, NC: Information Age. Sy, T. (2010). What do you think of followers? Examining the content, structure, and consequences of implicit followership theories. Organizational Behavior and Human Decision Processes, 113, 73–84.

Tajfel, H., & Turner, J. C. (1986). The social identity theory of intergroup behavior. In S. Worchel & W. G. Austin (Eds.), Psychology of intergroup relations (pp. 7–24). Chicago, IL: Nelson-Hall.

Uhl-Bien, M., Riggio, R. E., Lowe, K. B., & Carsten, M. K. (2014). Followership theory: A review and research agenda. The Leadership Quarterly, 25, 83–104.

Wolverton, B. (2012, July 12). Penn State's culture of reverence led to "total disregard" for children's safety. The Chronicle of Higher Education. http://www.chronicle.com/article/Penn-States-Culture-of/132853

Yelsma, P. (1999). Small group problem solving as academic service-learning. In D. Droge & B. O. Murphy (Eds.), Voices of democracy, concepts and models for servicelearning in communication studies, American Association for Higher Education/NCA Press, pp. 87–96.

Zaleznik, A. (1965, May/June). The dynamics of subordinacy. Harvard Business Review.

CHAPTER 14

Adams, R. B., & Funk, P. (2012). Beyond the glass ceiling: Does gender matter? Management Science, 58, 219–235.

Amanatullah, E. T., & Tinsley, C. H. (2013a). Ask and ye shall receive? How gender and status moderate negotiation success. Negotiation and Conflict Management Research, 6, 253–272.

Amanatullah, E. T., & Tinsley, C. H. (2013b). Punishing female negotiators for asserting too much . . . or not enough: Exploring why advocacy moderates backlash against assertive female negotiators. Organizational Behavior and Human Decision Processes, 120, 110–122.

American Bar Association. (2019, April). Commission on women in the profession: A current glance at women in the law. https://www.americanbar.org/content/dam/aba/administrative/women/current_glance_2019.pdf

Andrews, P. H. (1992). Sex and gender differences in group communication: Impact on the facilitation process. Small Group Research, 23, 74–94.

Atkinson, N. (2018, July 10). Jacinda Ardern: Biography. New Zealand History. https://nzhistory.govt.nz/people/jacinda-ardern

Ayman, R., Korabik, K., & Morris, S. (2009). Is transformational leadership always perceived as effective? Male subordinates' devaluation of female transformational leaders. Journal of Applied Social Psychology, 39, 852–879.

Babcock, L., & Laschever, S. (2003). Women don't ask: Negotiation and the gender divide. Princeton, NJ: Princeton University Press.

Bass, B. M. (1985). Leadership: Good, better, best. Organizational Dynamics, 13, 26–40.

Belkin, L. (2003, October 26). The opt-out revolution. The New York Times, p. 42. Belkin, L. (2008, June 15). When mom and dad share it all. The New York Times. http://www.nytimes.com/2008/06/15/magazine/15parenting-t.html?ref=jobs&pagewanted=all

Bell, E., & Nkomo, S. (2001). Our separate ways: Black and white women and the struggle for professional identity. Boston, MA: Harvard Business School Press.

Bergeron, D. M., Block, C. J., & Echtenkamp, B. A. (2006). Disabling the able: Stereotype threat and women's work performance. Human Performance, 19, 133–158.

Bernardi, R. A., Bosco, S. M., & Columb, V. L. (2009). Does female representation on boards of directors associate with the "Most Ethical Companies" list? Corporate Reputation Review, 12, 270–280.

Bielby, D. D., & Bielby, W. T. (1988). She works hard for the money: Household responsibilities and the allocation of work effort. American Journal of Sociology, 93, 1031–1059.

Blank, R., & Slipp, S. (1994). Voices of diversity. New York, NY: AMACOM.

Book, E. W. (2000). Why the best man for the job is a woman. New York, NY: HarperCollins.

Borowski, N. (2019, March 21). 4 things to know about Jacinda Ardern, New Zealand's prime minister. USA Today. https://www.usatoday.com/story/news/world/2019/03/21/new-zealand-prime-ministerjacinda-ardern-leads-after-mosquekillings-christchurch/3231942002/

Boulouta, I. (2012). Hidden connections: The link between board gender diversity and corporate social performance. Journal of Business Ethics, 113, 185–197.

Bowles, H. R., Babcock, L., & Lai, L. (2007). Social incentives for gender differences in the propensity to initiate negotiations: Sometimes it does hurt to ask. Organizational Behavior and Human Decision Processes, 103, 84–103.

Bowles, H. R., & McGinn, K. L. (2005). Claiming authority: Negotiating challenges for women leaders. In D. M. Messick & R. M. Kramer (Eds.), The psychology of leadership: New perspectives and research (pp. 191–208). Mahwah, NJ: Erlbaum. Burgess, D., & Borgida, E. (1999). Who women are, who women should be: Descriptive and prescriptive gender stereotyping in sex discrimination. Psychology, Public Policy, & Law, 5, 665–692.

Burns, J. M. (1978). Leadership. New York, NY: Plenum. Carli, L. L. (2001). Gender and social influence. Journal of Social Issues, 57, 725–741.

Catalyst. (2004). The bottom line: Connecting corporate performance and gender diversity. New York, NY: Author.

Catalyst. (2020, January 15). Pyramid: Women in S&P 500 companies. https://www.catalyst.org/research/women-in-sp-500-companies/

Cave, D. (2020, May 23). Jacinda Ardern sold a drastic lockdown with straight talk and mom jokes. The New York Times. https://www.nytimes.com/2020/05/23/world/asia/jacinda-ardern-coronavirusnew-zealand.html

Center for American Women and Politics. (2020a). Women in elective office 2020. https://cawp.rutgers.edu/women-elective-office-2020

Center for American Women and Politics. (2020b). Women of color in elective office 2020. https://cawp.rutgers.edu/women-color-elective-office-2020

Chandler, A. (2020). 10 things we can learn from the way Jacinda Ardern communicates. Business Chicks. https://businesschicks.com/jacinda-ardern/

Chemers, M. M. (1997). An integrative theory of leadership. Mahwah, NJ: Erlbaum.

Chemers, M. M., & Murphy, S. E. (1995). Leadership and diversity in groups and organizations. In M. M. Chemers, S. Oskamp, & M. A. Constanzo (Eds.), Diversity in organizations: New perspectives for a changing workplace (pp. 157–190). Thousand Oaks, CA: SAGE.

Cohen, P., & Hsu, T. (2020, June 3). Pandemic could scar a generation of working mothers. The New York Times. https://www.nytimes.com/2020/06/03/business/economy/coronavirus-working-women.html

Cook, A., & Glass, C. (2015). Diversity begets diversity? The effects of board composition on the appointment and success of women CEOs. Social Science Research, 53, 137–147.

Cook, A., & Glass, C. (2016). Do women advance equity? The effect of gender leadership composition on LGBT-friendly policies in American firms. Human Relations, 69(7), 1431–1456.

Cook, A., Ingersoll, A. R., & Glass, C. (2019). Gender gaps at the top: Does board composition affect executive compensation? Human Relations, 72, 1292–1314.

Cooper, C. L., & Lewis, S. (1999). Gender and the changing nature of work. In G. N. Powell (Ed.), Handbook of gender and work (pp. 37–46). Thousand Oaks, CA: SAGE.

Couric, K. (2008, June 11). Katie Couric's notebook: Sexism and politics. CBS News. http://www.cbsnews.com/news/katie-courics-notebook-sexism-and-politics/

Craig, L. (2006). Does father care mean fathers share? A comparison of how mothers and fathers in intact families spend time with children. Gender and Society, 20, 259–281.

Dasgupta, N., & Asgari, S. (2004). Seeing is believing: Exposure to counterstereotypic women leaders and its effect on automatic gender stereotyping. Journal of Experimental Social Psychology, 40, 642–658.

Davies, P. G., Spencer, S. J., & Steele, C. M. (2005). Clearing the air: Identity safety moderates the effects of stereotype threat on women's leadership aspirations. Journal of Personality and Social Psychology, 88, 276–287.

Deaux, K., & Kite, M. (1993). Gender stereotypes. In F. L. Denmark & M. Paludi (Eds.), Psychology of women: A handbook of theory and issues (pp. 107–139). Westport, CT: Greenwood.

Dobbins, G. H., & Platz, S. J. (1986). Sex differences in leadership: How real are they? Academy of Management Review, 11, 118–127.

Dodge, K. A., Gilroy, F. D., & Fenzel, L. M. (1995). Requisite management characteristics revisited: Two decades later. Journal of Social Behavior and Personality, 10, 253–264.

Eagly, A. H. (2013). Women as leaders: Leadership style versus leaders' values and attitudes. In Gender and work: Challenging conventional wisdom. Boston, MA: Harvard Business School. http://www.hbs.edu/faculty/conferences/2013-w50-researchsymposium/Documents/eagly.pdf

Eagly, A. H. (2016). When passionate advocates meet research on diversity, does the honest broker stand a chance? Journal of Social Issues, 72, 199–222.

Eagly, A. H., & Carli, L. L. (2003). The female leadership advantage: An evaluation of the evidence. The Leadership Quarterly, 14, 807–834.

Eagly, A. H., & Carli, L. L. (2004). Women and men as leaders. In J. Antonakis, R. J. Sternberg, & A. T. Cianciolo (Eds.), The nature of leadership (pp. 279–301). Thousand Oaks, CA: SAGE.

Eagly, A. H., & Carli, L. L. (2007). Through the labyrinth: The truth about how women become leaders. Boston, MA: Harvard Business School Press.

Eagly, A. H., Johannesen-Schmidt, M. C., & van Engen, M. (2003). Transformational, transactional, and laissez-faire leadership styles: A meta-analysis comparing women and men. Psychological Bulletin, 129, 569–591.

Eagly, A. H., & Johnson, B. T. (1990). Gender and leadership style: A metaanalysis. Psychological Bulletin, 108, 233–256.

Eagly, A. H., & Karau, S. J. (1991). Gender and the emergence of leaders: A metaanalysis. Journal of Personality and Social Psychology, 60, 685–710.

Eagly, A. H., & Karau, S. J. (2002). Role congruity theory of prejudice toward female leaders. Psychological Review, 109, 573–598.

Eagly, A. H., Karau, S. J., & Makhijani, M. G. (1995). Gender and the effectiveness of leaders: A meta-analysis. Psychological Bulletin, 117, 125–145.

Eagly, A. H., Makhijani, M., & Klonsky, B. (1992). Gender and the evaluation of leaders: A meta-analysis. Psychological Bulletin, 111, 3–22.

Eagly, A. H., & Wood, W. (2013). The nature–nurture debates: 25 years of challenges in understanding the psychology of gender. Perspectives on Psychological Science, 8, 340–357.

Ensher, E. A., & Murphy, S. E. (2005). Power mentoring: How successful mentors and protégés get the most out of their relationships. San Francisco, CA: Jossey-Bass.

Fiske, S. (1998). Stereotyping, prejudice, and discrimination. In D. T. Gilbert, S. T. Fiske, & G. Lindzey (Eds.), The handbook of social psychology (4th ed., Vol. 2, pp. 982–1026). Boston, MA: McGraw-Hill.

Fiske, S., Bersoff, D. N., Borgida, E., Deaux, K., & Heilman, M. E. (1991). Social science research on trial: Use of sex stereotyping research in Price Waterhouse v. Hopkins. American Psychologist, 46, 1049–1060.

Fletcher, J. K. (2001). Disappearing acts: Gender, power,

and relational practice at work. Boston, MA: MIT Press.

Forsyth, D. R. (2010). Group dynamics (5th ed.). Belmont, CA: Wadsworth.

Friedman, U. (2020, April 19). New Zealand's prime minister may be the most effective leader on the planet. The Atlantic. https://www.theatlantic.com/politics/archive/2020/04/jacinda-ardern-newzealand-leadership-coronavirus/610237/

Galinsky, E., Aumann, K., & Bond, J. (2008). Times are changing: Gender and generation at work and at home. http://familiesandwork.org/site/research/reports/Times_Are_Changing.pdf

Glass, C., & Cook, A. (2018). Do women leaders promote positive change? Analyzing the effect of gender on business practices and diversity initiatives. Human Resource Management, 57, 823–837.

Glick, P., & Fiske, S. T. (1999). Sexism and other "isms": Independence, status, and the ambivalent content of stereotypes. In W. B. Swann Jr. & J. H. Langlois (Eds.), Sexism and stereotypes in modern society: The gender science of Janet Taylor Spence (pp. 193–221). Washington, DC: American Psychological Association.

Goldin, C., & Rouse, C. (2000). Orchestrating impartiality: The impact of "blind" auditions on female musicians. American Economic Review, 90, 715–741.

Goodwin, R. D., Dodson, S. J., Chen, J. M., & Diekmann, K. A. (2020). Gender, sense of power, and desire to lead: Why women don't "lean in" to apply to leadership groups that are majority-male. Psychology of Women Quarterly. Advance online publication.

Greenwald, A. G., McGhee, D. E., & Schwartz, J. L. K. (1998). Measuring individual differences in implicit cognition: The implicit association test. Journal of Personality and Social Psychology, 74, 1464–1480.

Gurin, P. (1985). Women's gender consciousness. Public Opinion Quarterly, 49, 143–163.

Hall, D. T. (1972). A model of coping with role conflict: The role behavior of collegeeducated women. Administrative Science Quarterly, 17, 471–486.

Hamilton, D. L., Stroessner, S. J., & Driscoll, D. M. (1994). Social cognition and the study of stereotyping. In P. G. Devine, D. L. Hamilton, & T. M. Ostrom (Eds.), Social cognition: Impact on social psychology (pp. 291–321). New York, NY: Academic Press.

Heilman, M. E. (2001). Description and prescription: How gender stereotypes prevent women's ascent up the organizational ladder. Journal of Social Issues, 57, 657–674.

Helgesen, S. (1990). The female advantage: Women's ways of leadership. New York, NY: Doubleday.

Hess, A. (2019, November, 11). Applications to business schools are down—but women are making modest gains. CNBC. https://www.cnbc.com/2019/11/11/business-schoolapplications-are-down-but-women-aremaking-gains.html

Hewlett, S. A. (2002). Creating a life: Professional women and the quest for children. New York, NY: Talk Miramax.

Hjelmgaard, K. (2019, March 19). Jacinda Ardern leads New Zealand in aftermath of killings police say could have been worse. USA Today. https://www.usatoday.com/story/news/world/2019/03/19/new-zealandjacinda-ardern-wins-praise-handlingmosque-shootings-prime-minister/3209576002/

Hollander, S. (2018, October 1). Jacinda Ardern's juggling act. The New Yorker. https://www.newyorker.com/magazine/2018/10/08/jacinda-arderns-juggling-act

Hoyt, C. L. (2010). Women, men, and leadership: Exploring the gender gap at the top. Social and Personality Psychology Compass, 4, 484–498.

Hoyt, C. L., Allison, S. T., Barnowski, A., & Sultan, A. (2020). Lay theories of heroism and leadership: The role of gender, communion, and agency. Social Psychology. Advance online publication.

Hoyt, C., & Blascovich, J. (2007). Leadership efficacy and women leaders' responses to stereotype activation. Group Processes and Intergroup Relations, 10, 595–616.

Hoyt, C., & Blascovich, J. (2010). The role of self-efficacy and stereotype activation on cardiovascular, behavioral and self-report responses in the leadership domain. The Leadership Quarterly, 21, 89–103.

Hoyt, C. L., & Chemers, M. M. (2008). Social stigma and leadership: A long climb up a slippery ladder. In C. L. Hoyt, G. R. Goethals, & D. R. Forsyth (Eds.), Leadership at the crossroads: Leadership and psychology (Vol. 1, pp. 165–180). Westport, CT: Praeger.

Hoyt, C., Johnson, S., Murphy, S., & Skinnell, K. (2010). The impact of blatant stereotype activation and group sex-composition on female leaders. The Leadership Quarterly, 21, 716–732.

Hoyt, C. L., & Simon, S. (2016). The role of social dominance orientation and patriotism in the evaluation of racial minority and female leaders. Journal of Applied Social Psychology, 46, 518–528.

Hymowitz, C., & Schellhardt, T. D. (1986, March 24). The glass ceiling: Why women can't seem to break the invisible barrier that blocks them from the top jobs. The Wall Street Journal, pp. D1, D4–D5.

Inter-Parliamentary Union. (2020). Monthly ranking of women in national parliaments. https://data.ipu.org/womenranking? month=6&year=2020

Jacobson, M. B., & Effertz, J. (1974). Sex roles and

leadership perceptions of the leaders and the led. Organizational Behavior and Human Performance, 12, 383–396.

Jones, A. (2017, October 19). Jacinda Ardern: "Stardust" ousts experience in New Zealand. BBC News. https://www.bbc.com/news/world-asia-41226232

Kaiser, R. B., & Wallace, W. T. (2016). Gender bias and substantive differences in ratings of leadership behavior: Toward a new narrative. Consulting Psychology Journal: Practice and Research, 68, 72–98.

Kanter, R. (1977). Men and women of the corporation. New York, NY: Basic Books.

Kelly, J. (2020, January, 13). Women now hold more jobs than men in the U.S. workforce. Forbes. https://www.forbes.com/sites/jackkelly/2020/01/13/women-nowhold-more-jobs-than-men/#17a487528f8a

Knoke, D., & Ishio, Y. (1998). The gender gap in company job training. Work and Occupations, 25, 141–167.

Koenig, A. M., Eagly, A. H., Mitchell, A. A., & Ristikari, T. (2011). Are leader stereotypes masculine? A meta-analysis of three research paradigms. Psychological Bulletin, 137, 616–642.

Konrad, A. M., Ritchie, J. E., Jr., Lieb, P., & Corrigall, E. (2000). Sex differences and similarities in job attribute preferences: A meta-analysis. Psychological Bulletin, 126, 593–641.

Kray, L., Reb, J., Galinsky, A., & Thompson, L. (2004). Stereotype reactance at the bargaining table: The effect of stereotype activation and power on claiming and creating value. Personality and Social Psychology Bulletin, 30, 399–411.

Kray, L. J., Thompson, L., & Galinsky, A. (2001). Battle of the sexes: Gender stereotype confirmation and reactance in negotiations. Journal of Personality & Social Psychology, 80, 942–958.

Kunda, Z., & Spencer, S. J. (2003). When do stereotypes come to mind and when do they color judgment? A goal-based theory of stereotype activation and application. Psychological Bulletin, 129, 522–544.

Livingston, R. W., Rosette, A. S., & Washington, E. F. (2012). Can an agentic Black woman get ahead? The impact of race and interpersonal dominance on perceptions of female leaders. Psychological Science, 23, 354–358.

Maume, D. J., Jr. (1999). Glass ceilings and glass escalators. Work & Occupations, 26, 483.

Miller, T., & Del Carmen Triana, M. (2009). Demographic diversity in the boardroom: Mediators of the board diversity-firm performance relationship. Journal of Management Studies, 46, 755–786.

Morgenroth, T., Kirby, T. A., Ryan, M. K., & Sudkämper, A. (2020). The who, when, and why of the glass cliff phenomenon: A meta-analysis of appointments to precarious leadership positions. Psychological Bulletin. Advance online publication.

Morrison, A., & Von Glinow, M. A. (1990). Women and minorities in management. American Psychologist, 45, 200–208.

Mulcahy, M., & Linehan, C. (2014). Females and precarious board positions: Further evidence of the glass cliff. British Journal of Management, 25, 425–438.

National Association of Women Business Owners. (2020). Women business owner statistics. https://www.nawbo.org/resources/women-business-owner-statistics

National Center for Education Statistics. (2018). Table 318.30. Bachelor's, master's, and doctor's degrees conferred by degree-granting institutions, by sex of student and discipline division: 2017–18. In Digest of education statistics. https://nces.ed.gov/programs/digest/d19/tables/dt19_318.30.asp

New Zealand History. (n.d.). Jacinda Ardern biography. https://nzhistory.govt.nz/people/jacinda-ardern

Nielsen, S., & Huse, M. (2010). The contribution of women on boards of directors: Going beyond the surface. Corporate Governance—An International Review, 18, 136–148.

Nieva, V. E., & Gutek, B. A. (1981). Women and work: A psychological perspective. New York, NY: Praeger.

Ohlott, P. J., Ruderman, M. N., & McCauley, C. D. (1994). Gender differences in managers' developmental job experiences. Academy of Management Journal, 37, 46–67.

Pailhe, A., & Solaz, A. (2006). Time with children: Do fathers and mothers replace each other when one parent is unemployed? European Journal of Population, 24, 211–236.

Powell, G. N. (1990). One more time: Do female and male managers differ? Academy of Management Executive, 4, 68–75.

Powell, G. N., & Graves, L. M. (2003). Women and men in management (3rd ed.). Thousand Oaks, CA: SAGE.

Purdie-Vaughns, V., & Eibach, R. P. (2008). Intersectional invisibility: The distinctive advantages and disadvantages of multiple subordinate-group identities. Sex Roles, 59(5–6), 377–391.

Ragins, B. R., Townsend, B., & Mattis, M. (1998). Gender gap in the executive suite: CEOs and female executives report on breaking the glass ceiling. Academy of Management Executive, 12, 28–42.

Rosener, J. (1995). America's competitive secret: Utilizing women as a management strategy. New York, NY: Oxford University Press.

Rosette, A. S., Koval, C. Z., Ma, A., & Livingston, R. (2016). Race matters for women leaders: Intersectional effects on agentic deficiencies and penalties. The Leadership Quarterly, 27, 429–445.

Rosette, A. S., & Livingston, R. W. (2012). Failure is not an option for Black women: Effects of organizational performance on leaders with single versus dual-subordinate identities. Journal of Experimental Social Psychology, 48, 1162–1167.

Rudman, L. A. (1998). Self-promotion as a risk factor for women: The costs and benefits of counter-stereotypical impression management. Journal of Personality and Social Psychology, 74, 629–645.

Rudman, L. A., & Glick, P. (2001). Prescriptive gender stereotypes and backlash toward agentic women. Journal of Social Issues, 57, 743–762.

Ryan, M. K., & Haslam, S. A. (2005). The glass cliff: Evidence that women are over-represented in precarious leadership positions. British Journal of Management, 16, 81–90.

Ryan, M. K., Haslam, S. A., Hersby, M. D., & Bongiorno, R. (2011). Think crisis–think female: The glass cliff and contextual variation in the think manager–think male stereotype. Journal of Applied Psychology, 96, 470–484.

Ryan, M. K., Haslam, S. A., & Postmes, T. (2007). Reactions to the glass cliff: Gender differences in the explanations for the precariousness of women's leadership positions. Journal of Organizational Change Management, 20, 182–197.

Sandberg, S. (2013). Lean in: Women, work, and the will to lead. New York, NY: Knopf.

Schein, V. E. (2001). A global look at psychological barriers to women's progress in management. Journal of Social Issues, 57, 675–688.

Schwartz, M. (2019, April 10). New Zealand passes law banning most semiautomatic weapons. NPR. https://www.npr.org/2019/04/10/711820023/newzealand-passes-law-banning-most-semiautomatic-weapons

Schwartz, S. H., & Rubel, T. (2005). Sex differences in value priorities: Crosscultural and multimethod studies. Journal of Personality and Social Psychology, 89, 1010–1028.

Sekaquaptewa, D., & Thompson, M. (2003). Solo status, stereotype threat, and performance expectancies: Their effects on women's performance. Journal of Experimental Social Psychology, 39, 68–74.

Sergent, K., & Stajkovic, A. D. (2020). Women's leadership is associated with fewer deaths during the COVID-19 crisis: Quantitative and qualitative analyses of United States governors. Journal of Applied Psychology, 105, 771–783.

Simon, S., & Hoyt, C. L. (2013). Exploring the effect of media images on women's leadership self-perceptions and aspirations. Group Processes & Intergroup Relations, 16, 232–245.

Small, D. A., Gelfand, M., Babcock, L., & Gettman, H. (2007). Who goes to the bargaining table? The influence of gender and framing on the initiation of negotiation. Journal of Personality and Social Psychology, 93, 600–613.

Smith, A., & Stewart, A. J. (1983). Approaches to studying racism and sexism in Black women's lives. Journal of Social Issues, 39, 1–15.

Stangor, C., Lynch, L., Duan, C., & Glass, B. (1992). Categorization of individuals on the basis of multiple social features. Journal of Personality and Social Psychology, 62, 207–218.

Thoits, P. A. (1992). Identity structures and psychological well-being: Gender and marital status comparisons. Social Psychology Quarterly, 55, 236–256.

Tsui, A. S., & Gutek, B. A. (1984). A role set analysis of gender differences in performance, affective relationship, and career success of industrial middle managers. Academy of Management Journal, 27, 619–635.

Twenge, J. M. (2001). Change in women's assertiveness in response to status and roles: A cross-temporal meta-analysis, 1931–1993. Journal of Personality and Social Psychology, 81, 133–145.

van Engen, M. L., van der Leeden, R., & Willemsen, T. M. (2001). Gender, context and leadership styles: A field study. Journal of Occupational and Organizational Psychology, 74, 581–598.

van Engen, M. L., & Willemsen, T. M. (2004). Sex and leadership styles: A metaanalysis of research published in the 1990s. Psychological Reports, 94, 3–18.

Vinkenburg, C. J., van Engen, M. L., Eagly, A. H., & Johannesen-Schmidt, M. C. (2011). An exploration of stereotypical beliefs about leadership styles: Is transformational leadership a route to women's promotion? The Leadership Quarterly, 22, 10–21.

Wallenfeldt, J. (2020). Jacinda Adern. Brittanica. https://www.britannica.com/biography/Jacinda-Ardern/Warner, J., Ellman, N., & Boesch, D. (2018,November, 20). The women's leadership gap. Center for American Progress. https://www.americanprogress.org/issues/women/reports/2018/11/20/461273/womens-leadership-gap-2/

Williams, C. L. (1992). The glass escalator: Hidden advantages for men in the "female" professions. Social Problems, 39, 253–267.

Williams, C. L. (1995). Still a man's world: Men who do "women's work." Berkeley: University of California Press.

Williams, J. (2010). Reshaping the workfamily debate: Why men and class matter. Cambridge, MA: Harvard University Press.

Williams, R. J. (2003). Women on corporate boards of directors and their influence on corporate philanthropy. Journal of Business Ethics, 42, 1 - 10.

Wirth, L. (2001). Breaking through the glass ceiling: Women in management. Geneva, Switzerland: International Labour Office.

Woolley, A. W., Chabris, C. F., Pentland, A., Hashmi, N., & Malone, T. M. (2010). Evidence for a collective intelligence factor in the performance of human groups. Science, 330, 686 - 688.

Zenger, J., & Folkman, J. (2012, March 15). Are women better leaders than men? Harvard Business Review. https://hbr.org/2012/03/astudy-in-leadership-women-do

Zenger, J., & Folkman, J. (2019, June 25). Research: Women score higher than men in most leadership skills. Harvard Business Review. https://hbr.org/2019/06/researchwomen-score-higher-than-men-in-mostleadership-skills

CHAPTER 15

Anderson, H. J., Baur, J. E., Griffith, J. A., & Buckley, M. R. (2017). What works for you may not work for (Gen) me: Limitations of present leadership theories for the new generation. The Leadership Quarterly, 28(1), 245 - 260.

Aronson, E. (2001). Integrating leadership styles and ethical perspectives. Canadian Journal of Administrative Sciences, 18(4), 244 - 256.

Avolio, B. J., & Locke, E. E. (2002). Contrasting different philosophies of leader motivation: Altruism versus egoism. The Leadership Quarterly, 13, 169 - 191.

Baehrend, W. R., Jr. (2016). Refinement of the Ethical Leadership Style Questionnaire. Lisle, IL: Benedictine University. (Pro Quest Number 10255065)

Bass, B. M., & Steidlmeier, P. (1999). Ethics, character, and authentic transformational leadership behavior. The Leadership Quarterly, 10(2), 181 - 217.

Beauchamp, T. L., & Bowie, N. E. (1988). Ethical theory and business (3rd ed.). Englewood Cliffs, NJ: Prentice Hall.

Beauchamp, T. L., & Childress, J. F. (1994). Principles of biomedical ethics (4th ed.). New York, NY: Oxford University Press.

Bedi, A., Alpaslan, C. M., & Green, S. (2016). A meta-analytic review of ethical leadership outcomes and moderators. Journal of Business Ethics, 139(3), 517 - 536.

Block, P. (1993). Stewardship: Choosing service over self-interest. San Francisco, CA: Berrett-Koehler. Bowie, N. E. (1991). Challenging the egoistic paradigm. Business Ethics Quarterly, 1(1), 1 - 21.

Brown, M. E., & Treviño, L. K. (2006). Ethical leadership: A review and future directions. The Leadership Quarterly, 17, 595 - 616.

Brown, M. E., Treviño, L. K., & Harrison, D. A. (2005). Ethical leadership: A social learning perspective for construct development and testing. Organizational Behavior and Human Decision Processes, 97(2), 117 - 134.

Burns, J. M. (1978). Leadership. New York, NY: Harper & Row.

Carlson, D. S., & Perrewe, P. L. (1995). Institutionalization of organizational ethics through transformational leadership. Journal of Business Ethics, 14(10), 829 - 838.

Chikeleze, M. C. (2014). Validation of the Ethical Leadership Style Questionnaire (ELSQ) (Doctoral dissertation). Lisle, IL: Benedictine University. Retrieved from ProQuest Dissertations and Theses database. (Order No. 3584797)

Chikeleze, M. C., & Baehrend, W. R. (2017). Ethical leadership style and its impact on decision-making. Journal of Leadership Studies, 11(2), 45 - 47. doi:10.1002/jls.21523

Ciulla, J. B. (1998). Ethics, the heart of leadership. Westport, CT: Greenwood.

Ciulla, J. B. (2001). Carving leaders from the warped wood of humanity. Canadian Journal of Administrative Sciences, 18(4), 313 - 319.

Ciulla, J. B. (2003). The ethics of leadership. Belmont, CA: Wadsworth/Thomson Learning.

Ciulla, J. B. (2014). Ethics, the heart of leadership (3rd ed.). Santa Barbara, CA: Praeger.

Conger, J. (1990). The dark side of leadership. Organizational Dynamics, 19, 44 - 55.

Cooper, H., Gibbons-Neff, T., Schmitt, E., & Cochrane, E. (2020, April 2). Navy Removes Captain of Aircraft Carrier Stricken by Coronavirus. New York Times (Online).

Covey, S. R. (1990). Principle-centered leadership. New York, NY: Fireside.

Crain, W. C. (1985). Kohlberg's stages of moral development. In W. C. Crain (Ed.), Theories of development: Concepts and applications (pp. 118 - 136). New York, NY: Prentice Hall.

Dalla Costa, J. (1998). The ethical imperative: Why moral leadership is good business. Reading, MA: Addison-Wesley.

Demirtas, O. (2015). Ethical leadership influence at organizations: Evidence from the field. Journal of Business

Ethics, 126(2), 273 - 284.

Den Hartog, D. N. (2015). Ethical leadership. Annual Review of Organizational Psychology and Organizational Behavior, 2(1), 409-434.

De Pree, M. (1989). Leadership is an art. New York, NY: Doubleday. Eisenbeiss, S. A. (2012). Re-thinking ethical leadership: An interdisciplinary integrative approach. The Leadership Quarterly, 23(5), 791 - 808. Eisenbeiss, S. A., van Knippenberg,

D., & Fahrbach, C. M. (2015). Doing well by doing good? Analyzing the relationship between CEO ethical leadership and firm performance. Journal of Business Ethics, 128(3), 635 - 651.

Ethics Resource Center. (2011). Generational differences in workplace ethics: A supplemental report of the 2011 National Business Ethics Survey. Retrieved from http://www.ethics.org/research/eci-research/nbes

Frankena, W. (1973). Ethics (2nd ed.). Englewood Cliffs, NJ: Prentice Hall.

Frisch, C., & Huppenbauer, M. (2014). New insights into ethical leadership: A qualitative investigation of the experiences of executive ethical leaders. Journal of Business Ethics, 123(1), 23 - 43.

Gafni, M. & Garofoli, J. (2020, March 31). Exclusive: Captain of aircraft carrier with growing coronavirus outbreak pleads for help from Navy. San Francisco Chronicle. https://www.sfchronicle.com/bayarea/article/Exclusive-Captain-of-aircraftcarrier-with-15167883.php

Gibbons-Neff, T., Schmitt, E., Cooper, H.,& Ismay, J. (2020, April 12). There will be losses: How a captain's plea exposed a rift in the military. New York Times (Online).

Gilligan, C. (1982). In a different voice: Psychological theory and women's development. Cambridge, MA: Harvard University Press.

Gini, A. (1998). Moral leadership and business ethics. In J. B. Ciulla (Ed.), Ethics, the heart of leadership (pp. 27 - 46). Westport, CT: Greenwood.

Greenleaf, R. K. (1970). The servant as leader. Newton Centre, MA: Robert K. Greenleaf Center.

Greenleaf, R. K. (1977). Servant leadership: A journey into the nature of legitimate power and greatness. New York, NY: Paulist.

Heifetz, R. A. (1994). Leadership without easy answers. Cambridge, MA: Harvard University Press.

Hoch, J. E., Bommer, W. H., Dulebohn, J. H., & Wu, D. (2018). Do ethical, authentic, and servant leadership explain variance above and beyond transformational leadership? A meta-analysis. Journal of Management, 44(2), 501 - 529.

Jaksa, J. A., & Pritchard, M. S. (1988). Communication ethics: Methods of analysis. Belmont, CA: Wadsworth.

Johnson, C. R. (2011). Meeting the ethical challenges of leadership (4th ed.). Thousand Oaks, CA: SAGE.

Johnson, C. R. (2018). Meeting the ethical challenges of leadership (6th ed.). Thousand Oaks, CA: SAGE. Kanungo, R. N. (2001). Ethical values of transactional and transformational leaders. Canadian Journal of Administrative Sciences, 18(4), 257 - 265.

Kanungo, R. N., & Mendonca, M. (1996). Ethical dimensions of leadership. Thousand Oaks, CA: SAGE.

Kitchener, K. S. (1984). Intuition, critical evaluation, and ethical principles: The foundation for ethical decisions in counseling psychology. Counseling Psychologist, 12(3), 43 - 55.

Kohlberg, L. (1984). Essays on moral development, Vol. 2: The psychology of moral development. New York, NY: Harper & Row.

Komives, S. R., Lucas, N., & McMahon, T. R. (1998). Exploring leadership: For college students who want to make a difference. San Francisco, CA: Jossey-Bass.

Kouzes, J. M., & Posner, B. Z. (1995). The leadership challenge: How to keep getting extraordinary things done in organizations (2nd ed.). San Francisco, CA: Jossey-Bass.

Kuenzi, M., Mayer, D. M., & Greenbaum, R. L. (2019). Creating an ethical organizational environment: The relationship between ethical leadership, ethical organizational climate, and unethical behavior. Personnel Psychology, 73(1), 43 - 71.

Lawton, A. & Páez, I. (2015). Developing a framework for ethical leadership. Journal of Business Ethics, 130(3), 639 - 649.

Lipman-Blumen, J. (2005). The allure of toxic leaders. New York, NY: Oxford University Press.

Martinez, L. (2020, April 29). Navy delays Crozier decision, launches broader investigation into carrier COVID-19 outbreak. ABC News. https://abcnews.go.com/Politics/navy-delays-crozier-decisionlaunches-broader-investigation-carrier/story?id=70404055

Mayer, D. M., Kuenzi, M., Greenbaum, R. L., Bardes, M., & Salvador, R. (2009). How low does ethical leadership flow? Test of a trickle-down model. Organizational Behavior & Human Decision Processes, 108, 1 - 13.

McManus, R. M., Ward, S. J., & Perry, A. K. (2018). Ethical leadership: A primer. Northampton, MA: Elgar.

Moore, C., Mayer, D. M., Chiang, F. F. T., Crossley, C., Karlesky, M. J., & Birtch, T. A. (2019). Leaders matter morally: The role of ethical leadership in shaping employee moral cognition and misconduct. The Journal of Applied Psychology, 104(1), 123 - 145.

Ng, T. W., & Feldman, D. C. (2015). Ethical leadership:

Meta-analytic evidence of criterion-related and incremental validity. Journal of Applied Psychology, 100(3), 948–965.

Padilla, A., Hogan, R., & Kaiser, R. B. (2007). The toxic triangle: Destructive leaders, susceptible followers, and conducive environments. The Leadership Quarterly, 18, 176–194.

Plaisance, P. L. (2014). Virtue in media: The moral psychology of U.S. exemplars in news and public relationships. Journalism and Mass Media Quarterly, 91(2), 308–325.

Pojman, L. P. (1995). Ethical theory: Classical and contemporary readings (2nd ed.). Belmont, CA: Wadsworth.

Price, T. (2008). Leadership ethics: An introduction. New York, NY: Cambridge University Press.

Rawls, J. (1971). A theory of justice. Boston, MA: Harvard University Press.

Resick, C. J., Hanges, P. J., Dickson, M. W., & Mitchelson, J. K. (2006). A cross-cultural examination of the endorsement of ethical leadership. Journal of Business Ethics, 63, 345–359.

Resick C. J., Martin, G. S., Keating, M. A., Dickson, M. W., Kwan, H. K., & Peng, C. (2011). What ethical leadership means to me: Asian, American, and European perspectives. Journal of Business Ethics, 101(3), 435–457.

Rost, J. C. (1991). Leadership for the twenty-first century. New York, NY: Praeger.

Schminke, M., Ambrose, M. L., & Noel, T. W. (1997). The effect of ethical frameworks on perceptions of organizational justice. Academy of Management Journal, 40(5), 1190–1207.

Schumann, P. L. (2001). A moral principles framework for human resource management ethics. Human Resource Management Review, 11, 93–111.

Schyns, B., & Schilling, J. (2013). How bad are the effects of bad leaders? A metaanalysis of destructive leadership and its outcomes. The Leadership Quarterly, 24, 138–158.

Senge, P. M. (1990). The fifth discipline: The art and practice of the learning organization. New York, NY: Doubleday.

Simkins, J. D. (2020, April 16). "Regardless of the impact to my career"—Crozier's email revealed, Navy won't rule out reinstatement. NavyTimes. https://www.navytimes.com/news/your-navy/2020/04/16/regardless-ofthe-impact-to-my-career-croziers-emailrevealed-navy-wont-rule-out-reinstatement/

Singh, N., Sengupta, S., & Dev, S. (2017). Toxicity in leadership: Exploring its dimensions in the Indian context. International Journal of Management Practice, 10(2), 109.

Thiel, C. E., Hardy, J. H., Peterson, D. R., Welsh, D., & Bonner, J. M. (2018). Too many sheep in the flock? Span of control attenuates the influence of ethical leadership. Journal of Applied Psychology, 103(12), 1324–1334.

Treviño, L. K. (1986). Ethical decision making in organizations: A person–situation interactionist model. Academy of Management Review, 11(3), 601–617.

Treviño, L. K., Brown, M., & Hartman, L. P. (2003). A qualitative investigation of perceived executive ethical leadership: Perceptions from inside and outside the executive suite. Human Relations, 56(1), 5–37.

Velasquez, M. G. (1992). Business ethics: Concepts and cases (3rd ed.). Englewood Cliffs, NJ: Prentice Hall.

Wang, Z., Xu, H., & Liu, Y. (2018). How does ethical leadership trickle down? Test of an integrative dual-process model. Journal of Business Ethics, 153(3), 691–705.

Wayne, L. (2009, May 29). A promise to be ethical in an era of immorality. The New York Times. Retrieved from http://www.nytimes.com/2009/05/30/business/30oath.html

Wilson, S., & McCalman, J. (2017). Re-imagining ethical leadership as leadership for the greater good. European Management Journal, 35(2), 151–154.

Xu, A. J., Loi, R., & Ngo, H. (2016). Ethical leadership behavior and employee justice perceptions: The mediating role of trust in organization. Journal of Business Ethics, 134(3), 493–504.

Yang, C. (2014). Does ethical leadership lead to happy workers? A study on the impact of ethical leadership, subjective well-being, and life happiness in the Chinese culture. Journal of Business Ethics, 123(3), 513–525.

Yukl, G., Mahsud, R., Hassan, S., & Prussia, G. E. (2013). An improved measure of ethical leadership. Journal of Leadership & Organizational Studies, 20(1), 38.

Ziesulewicz, G. (2020, May 5). Fired Theodore Roosevelt commander Brett Crozier reassigned to San Diego. NavyTimes. https://www.navytimes.com/news/your-navy/2020/05/05/fired-trcommander-reassigned-to-san-diego/

CHAPTER 16

Aime, F., Humphrey, S., DeRue, D. S., & Paul, J. B. (2014). The riddle of heterarchy: Power transitions in cross-functional teams. Academy of Management Journal, 57(2), 327–352.

Amos, B., & Klimoski, R. J. (2014). Courage: Making teamwork work well. Group & Organizational Management, 39(1), 110–128.

Ancona, D., Bresman, H., & Caldwell, D. (2009). The X-factor: Six steps to leading high-performing X-teams.

Organizational Dynamics, 38(3), 217 - 224.

Barge, J. K. (1996). Leadership skills and the dialectics of leadership in group decision making. In R. Y. Hirokawa & M. S. Poole (Eds.), Communication and group decision making (2nd ed., pp. 301 - 342). Thousand Oaks, CA: SAGE.

Bergman, J. Z., Rentsch, J. R., Small, E. E.,Davenport, S. W., & Bergman, S. M. (2012). The shared leadership process in decision-making teams. The Journal of Social Psychology, 152(1), 17 - 42.

Bernstein, R. (2006). America's coach: Life lessons and wisdom for gold medal success: A biographical journey of the late hockey icon Herb Brooks. New Brighton, MN: Bernstein Books.

Berry, G. R. (2011). Enhancing effectiveness on virtual teams: Understanding why traditional team skills are insufficient. Journal of Business Communication, 48(2), 186 - 206.

Breuer, C., Hüffmeier, J., & Hertel, G. (2016). Does trust matter more in virtual teams? A meta-analysis of trust and team effectiveness considering virtuality and documentation as moderators. Journal of Applied Psychology, 101(8), 1151 - 1177.

Brown, J. (2014). "Miracle" players recall Herb Brooks as gruff, great. NHL. https://www.nhl.com/news/miracle-players-recallherb-brooks-as-gruff-great/c-704235

Burke, C. S., Stagl, K. C., Klein, C.,Goodwin, G. F., Salas, E., & Halpin, S. M.(2006). What type of leadership behaviorsare functional in teams? A meta-analysis. The Leadership Quarterly, 17, 288 - 307.

Cobb, A. T. (2012). Leading project teams:The basics of project management and team leadership (2nd ed.). Thousand Oaks, CA: SAGE.

Coffey, W. (2005). The boys of winter: The untold story of a coach, a dream and the 1980 U.S. Olympic hockey team. New York, NY: Crown.

Cook, A. S., Zill, A., & Meyer, B. (2020, April). Observing leadership as behavior in teams and herds—An ethological approach to shared leadership research. The Leadership Quarterly, 31(2), 101296. https://doi.org/10.1016/j.leaqua.2019.05.003

Cordery, J., Soo, C., Kirkman, B., Rosen, B., & Mathieu, J. (2009). Leading parallel global virtual teams: Lessons from Alcoa. Organizational Dynamics, 38(3), 204 - 216.

Day, D. V., Gronn, P., & Salas, E. (2004). Leadership capacity in teams. The Leadership Quarterly, 15, 857 - 880.

D'Innocenzo, L., Mathieu, J. E., & Kukenberger, M. R. (2016). A metaanalysis of different forms of shared leadership - team performance relations. Journal of Management, 42(7), 1964 - 1991.

Drecksel, G. L. (1991). Leadership research: Some issues. Communication Yearbook, 14, 535 - 546.

Drescher, G., & Garbers, Y. (2016). Shared leadership and commonality: A policy-capturing study. The Leadership Quarterly, 27, 200 - 217.

Dyer, W. G., Dyer, W. G., Jr., & Dyer, J. H. (2007). Team building: Proven strategies for improving team performance (4th ed.). San Francisco, CA: Jossey-Bass.

Fisher, B. A. (1985, May). Leadership as medium: Treating complexity in group communication research. Small Group Behavior, 16(2), 167 - 196.

Fleishman, E. A., Mumford, M. D., Zaccaro, S. J., Levin, K. Y., Korotkin, A. L., & Hein, M. B. (1991). Taxonomic efforts in the description of leader behavior: A synthesis and functional interpretation. The Leadership Quarterly, 2(4), 245 - 287.

Friedrich, T. L., Griffith, J. A., & Mumford, M. D. (2016). Collective leadership behaviors: Evaluating the leader, team network, and problem situation characteristics that influence their use. The Leadership Quarterly, 27(2), 312 - 333.

Gouran, D. S., & Hirokawa, R. Y. (1996). Functional theory and communication in decision-making and problemsolving groups: An expanded view. In R. Y. Hirokawa & M. D. Poole (Eds.), Communication and group decision making (2nd ed., pp. 55 - 80). Thousand Oaks, CA: SAGE.

Hackman, J. R. (1990). Work teams in organizations: An orienting framework. In J. R. Hackman (Ed.), Groups that work (and those that don't): Creating conditions for effective teamwork (pp. 1 - 14). San Francisco, CA: Jossey-Bass.

Hackman, J. R. (2002). Leading teams: Setting the stage for great performances. Boston, MA: Harvard Business School Press.

Hackman, J. R. (2012). From causes to conditions in group research. Journal of Organizational Behavior, 33, 428 - 444.

Hackman, J. R., & Walton, R. E. (1986). Leading groups in organizations. In P. S. Goodman & Associates (Eds.), Designing effective work groups (pp. 72 - 119). San Francisco, CA: Jossey-Bass.

Han, S. J., & Beyerlein, M. (2016). Framing the effects of multinational cultural diversity on virtual team processes. Small Group Research, 47(4), 351 - 383.

Herb Brooks Foundation. (n.d.). About Coach Brooks. https://www.herbbrooksfoundation.com/coachbrooks

Hill, N. S., & Bartol, K. M. (2016). Empowering leadership and effective collaboration in geographically dispersed teams. Personnel Psychology, 69, 159-198.

Hoch, J. E., & Kozlowski, W. J. (2014). Leading virtual teams: Hierarchical leadership, structural supports, and shared team leadership. Journal of Applied Psychology, 99(3), 390-403.

Hughes, R. L., Ginnett, R. C., & Curphy, G. J. (1993). Leadership: Enhancing the lessons of experience.

Homewood, IL: Irwin. Humbley, L. A., O'Neill, T. A., & Kline, T. J. B. (2009). Virtual team leadership: Perspectives for the field. In N. Kock (Ed.), Virtual team leadership and collaborative engineering advancements: Contemporary issues and implications (pp. 84-104). Hershey, NY: Information Science Reference.

Hyatt, D. E., & Ruddy, T. M. (1997). An examination of the relationship between work group characteristics and performance: Once more into the breach. Personnel Psychology, 50, 553-585.

Ilgen, D. R., Hollenbeck, J. R., Johnson, M., & Jundt, D. (2005). Teams in organizations: From input-process-output models to IMOI models. Annual Review of Psychology, 56, 517-543.

Ilgen, D. R., Major, D. A., Hollenbeck, J. R., & Sego, D. J. (1993). Team research in the 1990s. In M. M. Chemers & R. Ayman (Eds.), Leadership theory and research: Perspectives and directions (pp. 245-270).

San Diego, CA: Academic Press. Katzenbach, J. R., & Smith, D. K. (2008). The discipline of teams. Boston, MA: Harvard Business Press.

Kinlaw, D. C. (1998). Superior teams: What they are and how to develop them. Hampshire, UK: Grove.

Kozlowski, S. W. J., Watola, D. J., Jensen, J. M., Kim, B. H., & Botero, I. C. (2009). Developing adaptive teams: A theory of dynamic team leadership. In E. Salas, G. F. Goodwin, & C. S. Burke (Eds.), Team effectiveness in complex organizations: Cross-disciplinary perspectives and approaches (pp. 113-155). New York, NY: Taylor & Francis Group.

LaFasto, F. M. J., & Larson, C. E. (1987). Team Excellence Survey. Denver, CO: Author. LaFasto, F. M. J., & Larson, C. E. (1996). Collaborative Team Leader Instrument. Denver, CO: Author.

LaFasto, F. M. J., & Larson, C. E. (2001). When teams work best: 6,000 team members and leaders tell what it takes to succeed. Thousand Oaks, CA: SAGE.

Lapin, A. (2015, January 22). The tale of the hockey players for whom 1980 was no miracle on ice. NPR. https://www.npr.org/2015/01/22/378609166/the-tale-of-thehockey-players-for-whom-1980-was-nomiracle-on-ice

Larson, C. E., & LaFasto, F. M. J. (1989). Teamwork: What must go right/what can go wrong. Newbury Park, CA: SAGE.

Lencioni, P. (2005). Overcoming the five dysfunctions of a team: A field guide for leaders, managers, and facilitators. San Francisco, CA: Jossey-Bass.

Leslie, J., & Hoole, E. (2018). Leading virtual teams. Center for Creative Leadership. https://www.ccl.org/articles/white-papers/how-to-lead-virtual-teams/

Levi, D. (2011). Group dynamics for teams. Thousand Oaks, CA: SAGE.

Mankin, D., Cohen, S. G., & Bikson, T. K. (1996). Teams and technology. Boston, MA: Harvard Business School Press.

Morgeson, F. P., DeRue, D. S., & Karam, E. P. (2010). Leadership in teams: A functional approach to understanding leadership structures and processes. Journal of Management, 36(1), 5-39.

Muethel, M., Gehrlein, S., & Hoegl, M . (2012). Socio-demographic factors and shared leadership behaviors in dispersed teams: Implications for human resource management. Human Resource Management, 51(4), 525-548.

Nadler, D. A. (1998). Executive team effectiveness: Teamwork at the top. In D. A. Nadler & J. L. Spencer (Eds.), Executive teams (pp. 21-39). San Francisco, CA: Jossey-Bass.

Neck, C. P., & Manz, C. C. (1994). From groupthink to teamthink: Toward the creation of constructive thought patterns in self-managing work teams. Human Relations, 47(8), 929-952.

Parker, G. M. (1990). Team players and teamwork. San Francisco, CA: Jossey-Bass.

Paul, R., Drake, J. R., & Liang, H. (2016). Global virtual team performance: The effect of coordination effectiveness, trust, and team cohesion. IEEE Transactions on Professional Communication, 59(3), 186-202.

Pauleen, D. J. (2004). An inductively derived model of leader-initiated relationship building with virtual team members. Journal of Management Information Systems, 20(3), 227-256.

Pearce, C. L., Manz, C. C., & Sims, H. P. (2009). Where do we go from here? Is shared leadership the key to team success? Organizational Dynamics, 38(3), 234-238.

Porter, G., & Beyerlein, M. (2000). Historic roots of team theory and practice. In M. M. Beyerlein (Ed.), Work teams: Past, present and future (pp. 3-24). Dordrecht, Netherlands: Kluwer.

Salas, E., Burke, C. S., & Stagl, D. C. (2004). Developing teams and team leaders: Strategies and principles. In D. V. Day, S. J. Zaccaro, & S. M. Halpin (Eds.), Leader development for transforming organizations: Growing leaders for tomorrow (pp. 325 – 355). Mahwah, NJ: Erlbaum.

Salas, E., Dinh, J., & Reyes, D. (2019). What makes a good team leader? The Journal of Character & Leadership Development, 6(1), 88 – 100.

Schmidt, G. B. (2014). Virtual leadership: An important leadership context. Industrial and Organizational Psychology, 7(2), 182 – 187.

Schouten, A. P., van den Hooff, B., & Feldberg, F. (2016). Virtual teamwork. Communication Research, 43(2), 180 – 210.

Scott, M. E. (2013). "Communicate through the roof ": A case study analysis of the communicative rules and resources of an effective global virtual team. Communication Quarterly, 61(3), 301 – 318.

Shevchenko, N. (2018, May 2). The fearsome Red Machine: The meteoric rise and dramatic decline of Soviet hockey. Russia Beyond. https://www.rbth.com/history/328171-rise-and-fall-soviet-hockey

Shuffler, M. L., & Carter, D. R. (2018). Teamwork situated in multiteam systems: Key lessons learned and future opportunities. American Psychologist, 73(4), 390 – 406.

Solansky, S. T. (2008). Leadership style and team processes in self-managed teams. Journal of Leadership and Organizational Studies, 14(4), 332 – 341.

Stagl, K. C., Salas, E., & Burke, C. S. (2007). Best practices in team leadership: What team leaders do to facilitate team effectiveness. In J. A. Conger & R. E. Riggio (Eds.), The practice of leadership: Developing the next generation of leaders (pp. 172 – 197). San Francisco, CA: Jossey-Bass.

Stewart, G. L., & Manz, C. C. (1995). Leadership for self-managing work teams: A typology and integrative model. Human Relations, 48(7), 747 – 770.

Thomas, G., Martin, R., & Riggio, R. E. (2013). Leading groups: Leadership as a group process. Group Processes and Intergroup Relations, 16(1), 3 – 16.

Timetoast. (n.d.). 1980 USA hockey team wins gold. https://www.timetoast.com/timelines/1980-usa-olympic-hockey-teamwins-gold

Tuckman, B. W., & Jensen, M. A. C. (2010). Stages of small-group development revisited. Group Facilitation: A Research and Applications Journal, 10, 43 – 48.

Wageman, R., Fisher, C. M., & Hackman, J. R. (2009). Leading teams when the time is right: Finding the best moments to act. Organizational Dynamics, 38(3), 192 – 203.

Wageman, R., Gardner, H., & Mortensen, M. (2012). The changing ecology of teams: New directions for teams research. Journal of Organizational Behavior, 33, 301 – 315.

Wang, D., Waldman, D. A., & Zhang, Z. (2014). A meta-analysis of shared leadership and team effectiveness. Journal of Applied Psychology, 99(2), 181 – 198.

Zaccaro, S. J., Ardison, S. D., & Orvis, K. L. (2004). Leadership in virtual teams. In D. V. Day, S. J. Zaccaro, & S. M. Halpin (Eds.), Leader development for transforming organizations: Growing leaders for tomorrow (pp. 267 – 292). Mahwah, NJ: Erlbaum.

Zaccaro, S. J., Heinen, B., & Shuffler, M. (2009). Team leadership and team effectiveness. In E. Salas, G. F. Goodwin, & C. S. Burke (Eds.), Team effectiveness in complex organizations: Cross-disciplinary perspectives and approaches (pp. 83 – 111).

New York, NY: Taylor & Francis Group. Zaccaro, S. J., Rittman, A. L., & Marks, M. A. (2001). Team leadership. The Leadership Quarterly, 12, 451 – 483.

찾아보기

ㅅ

ㅊ